【广东省马克思主义理论研究文库】

列宁“帝国主义论”与当代垄断资本主义

李雪阳　著

LIENING “DIGUOZHUYILUN” YU DANGDAI LONGDUAN ZIBENZHUYI

SPM
南方出版传媒
广东人民出版社
·广州·

图书在版编目（CIP）数据

列宁“帝国主义论”与当代垄断资本主义 / 李雪阳著．—广州：广东人民出版社，2018．6（2023.1重印）
（广东省马克思主义理论研究文库）
ISBN 978-7-218-12969-3

Ⅰ．①列…　Ⅱ．①李…　Ⅲ．①帝国主义—列宁著作研究②垄断资本主义—研究　Ⅳ．①A821．64 ②F038

中国版本图书馆 CIP 数据核字（2018）第 130690 号

LIENING “DIGUOZHUYILUN” YU DANGDAI LONGDUAN ZIBENZHUYI
列宁“帝国主义论”与当代垄断资本主义
李雪阳　著

出 版 人： 肖风华

责任编辑： 曾　之
封面设计： 李桢涛
责任技编： 吴彦斌　周星奎

出版发行： 广东人民出版社
地　　址： 广州市大沙头四马路 10 号（邮政编码：510199）
电　　话：（020）85716809（总编室）
传　　真：（020）83289585
网　　址： http://www.gdpph.com
印　　刷： 河北飞鸿印刷有限责任公司
开　　本： 787mm × 1092mm　1/16
印　　张： 33　**插　页：** 1　**字　数：** 500 千
版　　次： 2018年6月第1版
印　　次： 2023年 1月第 2次印刷
定　　价： 88.00元

如发现印装质量问题，影响阅读，请与出版社（020-85716808）联系调换。
售书热线：（020）87716172

谨以此书献给我的父亲和母亲

绪 论

帝国、帝国主义在持续演化更迭的历史形态及令人眼花缭乱的理论阐释外衣下潜藏着一颗既古老悠远，却又贪婪残暴、野心勃勃的灵魂。远溯千年前西方的希腊帝国、罗马帝国、查理曼帝国，东方的波斯帝国、汉唐帝国、阿拉伯帝国，近至“第一个日不落帝国”——西班牙帝国、大英帝国、德意志第三帝国，帝国、帝国主义绵延横亘了数千年人类文明史。有别于宗族政权、封建邦国、民族国家，帝国、帝国主义首要地意味着：建基于森严等级制（及其观念）之上的集权主义同专制主义盛行；对外军国主义同殖民主义泛滥；以及由此导致的保守主义同（狭隘）民族主义（甚至是种族主义）的持续崛兴（针对这一议题，大卫·哈维肯定并重申了汉娜·阿伦特“种族主义弥合了民族主义和帝国主义之间鸿沟”的观点），并逐渐令宗主与殖民、中心与依附、主人与奴仆、优等与劣等、统治与服从等“二元对立逻辑”被形塑、固化为社会政治主流意识形态。

正是在全球殖民主义、军国主义猖獗肆虐，西方社会深度奉行“丛林法则”“弱肉强食”伦理准则之基点上，19 世纪末 20 世纪初，西方思想界掀起了一股“帝国主义研究”浪潮。此次浪潮不仅重拾久违的“帝国主义”范畴，而且创造性地将之嵌入资本主义发展视阈中，用以观察、描述、阐释不同于自由资本主义的崭新历史阶段及其所呈现出的缤纷社会经济现象。鲁道夫·希法亭在《金融资本》中如是说道：“在被嘲笑为天真的旧的自由主义理想废墟之上，帝国主义意识形态诞生了。在这个以武器优势为最后仲裁的资本主义斗争的世界中，利益协调不过是幻想；在这个权力决定民族命运的世界中，通过宣传国际通用法则来达到最终和平也不过是幻想。最终，正义不过是个美梦，道德感筑不起铁路。帝国主义幻灭了资产阶级褪色的理想，只是为了用一个更大的幻想取而代之。”① 毋庸置疑，帝国主义“以武器为最后仲裁”的色彩在那一时期表现得异常显著而浓郁，有时甚至会令人隐约感觉由其产生的某种危险正步步紧逼。正因如此，出于一种狭隘保守的大不列颠民族和政治立场，特别是由于洞悉英帝国全球统治离心力持续增强，约·阿·霍布森在赞成殖民大臣加纳文爵士等人提议的英国应建立“帝国联邦”观点的基础上竭力反对以殖民主义、殖民扩张、军国主义泛滥等为重要表征的（新）帝国主义。霍布森声称，（新）帝国主义显然是“帝国联邦”和近代民族国家最严重的障碍与危险。马克思主义杰出女思想家罗莎·卢森堡则将帝国主义的暴力殖民和军国主义视为资本主义本质的一贯体现。在《资本积累论》中，她将那种抱定“资本主义和平发展”的观点上溯至所谓“正统自由放任派”学说中，并加以严厉斥责。卢森堡指出，在英国，“这种看法已经由四十年代的鸦片战争而彻底破产了。——远东商业国家利益的和谐是在鸦片战争的炮火声中宣布的，而鸦片战争通过并吞香港最后引起与这种和谐相反的东西，即利益范围体系的形成。”② 历史一再告诉人们，资本主义和平发展从来都是一种神话，如同列宁曾深刻阐释的那样：“过去有过一个比较‘和平的’资本主义时期……当然，即使在这个时期（大约是1871—1914年）‘和平的’资本主义所建立的生活条件，无论在军事的或一般阶级的意义上来讲，距离真正的‘和平’也都是非常非常之远的。对于各先进国家十分之九的居民，对于殖民地和落后国家的亿万居民来说，这个时期不是‘和平’，而是压迫、苦难和灾祸，也许，这种灾祸看来由于‘永无尽头’，而显得更加可怕，这个时代已经一去不复返了，它已经由一个有更多的激荡、突变、灾难和冲突的时代代替了，这时对于人民群众来说，典型的现象与其说是‘灾祸永无尽头’，不如说是‘到了尽头还是灾祸’。”③ 19世纪末20世

① ［德］鲁道夫·希法亭：《金融资本》，李琼译，华夏出版社2013年版，第384页。

② ［德］罗莎·卢森堡：《资本积累论》，彭尘舜等译，三联书店1959年版，第360页。

③ ［俄］尼·布哈林：《世界经济和帝国主义》，蒯兆德译，中国社会科学出版社1983年版，序言第2—3页。

纪初，被冠以“帝国主义”称谓的资本主义不仅以空前的殖民主义侵略和军国主义肆虐在全球范围复活了人们对古罗马帝国军事强力统治的模糊记忆，而且以千百倍于罗马军团的破坏力同残酷性令人对这一时期的帝国主义充满鲜血淋淋、白骨皑皑的恐怖印象。马克思曾生动描述的“从头到足每个毛孔都渗透着血和污物”的资本主义形象也因之在这一时期倍显贴切而深刻。帝国主义带给人类世界的“恐怖”究竟有多严重，仅从“马克思主义教皇”卡尔·考茨基抹平意识形态色彩的帝国主义定义（考茨基将帝国主义界定为：帝国主义是高度发达的工业资本主义的产物，帝国主义是每个工业民族力图吞并或征服愈来愈多的农业区域），以及一厢情愿炮制出来的具有虚幻抽象特征的“超帝国主义”和平愿景中就可窥一斑。在吓破了胆的情形下，考茨基居然发出了“全世界资本家联合起来”的骇人听闻的号召！然而，令人感到遗憾的是，机会主义和修正主义却永远也无法成为这位“理论教皇”的护身符，最终，考茨基于法西斯主义刚刚崛起之际，在颠沛流离的逃亡生涯中悻然离世。

除却致力于复兴看似“永无止境”的对外武力征伐和残暴屠戮外，帝国主义毫不犹豫抛弃了曾引以为傲的自由贸易及和平发展的幌子。出于民族资本家集团的狭隘私利，西方列强纷纷不加掩饰地积极出台“保护性关税”政策，因而，（垄断）资产阶级真实信守的“社会达尔文主义”和“个人利己主义”伦理准则昭然若揭。为进一步确保“保护性关税”所能达到的实际效果及本国统治集团的（一切）海外权益，各国资产阶级政权在经济、政治、军事领域或明或暗的角逐与争锋日趋白热化，曾一度高高飘扬于世界资本主义上空的“自由主义”彩旗开始降落，集权和独裁开始成为社会历史的主流及趋势，国家（军事）垄断资本主义雏形悄然显现。对此，布哈林总结到：“当个人所有的企业间的斗争为托拉斯间的斗争所代替的时候，斗争的方法（仅在世界市场上斗争的方法来说）也发生了一定的变化。……国家政权的重要性增长了——利用了关税率及运费率；……最后，当竞争发展到最高阶段——国家资本主义托拉斯之间的竞争——的时候，利用国家政权以及与之有联系的各种可能，开始起很大作用。……于是，政府实际上变成了企业家的组织的代表们所选出的‘委员会’，而且成为国家资本主义托拉斯的最高司令部。”① “经济领土的扩大给民族卡特尔开辟了农业区，从而开辟了原料市场，并且扩大了销售市场和投资范围；关税政策可以抑制外国的竞争，取得超额利润，并且使倾销这个破城槌发生作用。这一整套办法有助于垄断组织提高利润率。金融资本的这种政策就是帝国主义。”②

19 世纪末 20 世纪初的帝国主义究其实质而言乃是一个全新事物，其与历史上曾交叠出现的各式帝国和帝国主义有着本质上的区别。列宁在《帝国主义是资本主义的最高阶段》一书“大国瓜分世界”一章中提醒人们：殖民主义及帝国主义在人类社会历史长河中曾屡次出现，往昔比较典型的如古罗马帝国、奥匈帝国、俄罗斯帝国等。尽管 19 世纪末 20 世纪初出现的帝国主义看似也有着如同古罗马帝国一般的殖民主义政策及海外扩张行为，然而，它们之间有着最本质的区别，这种根本区别源于二者迥异的经济基础：古罗马帝国的经济基础是奴隶制度，而当前盛行于世的帝国主义经济基础则是（金融）垄断资本主义，“殖民政策和帝国主义在资本主义最新阶段以前，甚至在资本主义以前就已经有了。以奴隶制为基础的罗马就推行过殖民政策，实行过帝国主义。但是，‘泛泛地’谈论帝国主义而忘记或忽视社会经济形态的根本区别，必然会变成最空洞的废话或吹嘘，就像把‘大罗马和大不列颠’相提并论那样。就是资本主义过去各阶段的资本主义殖民政策，同金融资本的殖民政策也是有重大差别的。”③ 列宁依据经济基础划分帝国主义，并进而将 19 世纪末迄今的帝国主义视为资本主义的一个特殊历史阶段的做法获得了当代越来越多学者的认同及呼应。美国学者哈里·马格多夫十分赞赏列宁将资本—帝国主义视为一个建基于资本主义垄断经济基础之上的新的、更高一级的“历史阶段”的思想。特伦斯·麦克多诺在美国《科学与社会》（1995 年第 3 期）发表的《列宁、帝国主义与资本主义的发展阶段》

---

① ［俄］尼·布哈林：《世界经济和帝国主义》，蒯兆德译，中国社会科学出版社 1983 年版，第 95—101 页。

② ［俄］尼·布哈林：《世界经济和帝国主义》，蒯兆德译，中国社会科学出版社 1983 年版，第 80—81 页。

③ 《列宁专题文集——论资本主义》，人民出版社 2009 年版，第 169—170 页。

中指出，列宁帝国主义论对马克思主义资本主义发展阶段理论作出了卓越贡献。埃伦·伍德在《资本的帝国》中通过区分“前资本的帝国”和“资本的帝国”有力呼应了列宁的相应观点。她认为，古罗马帝国、西班牙帝国作为以掠夺领土、聚敛资源为目标的“领土的帝国”，中华帝国作为压制大地主阶级、依靠庞大官僚体制的“中央集权帝国”，阿拉伯穆斯林帝国、威尼斯帝国、荷兰共和国作为致力于夺取国际贸易控制权的“商业帝国”，无论它们的形式有多么不同，都是通过直接的暴力胁迫占有财富，实行超经济统治。前资本主义帝国的经济基础是小生产者的贡赋制。到了16世纪的英国，由于领主们采用竞争性的土地租赁制度，经济法则开始成为剥削的手段，标志着一种由资本逻辑驱动的帝国主义新形式的出现。但大英帝国的对外扩张仍然是通过暴力实施领土的直接控制，所以它可以被看作是前资本主义与资本主义帝国模式的共同发展，也是资本主义向全球扩张、超经济强制向经济法则过渡的时期。只有到了二战后，才最终确立了资本的帝国，即美帝国主义的统治。①正是在生产和资本日趋高度集中与垄断，以及金融资本强势崛起的质点上，列宁不仅将19世纪末20世纪初的帝国主义与以往历史上众多帝国主义从本质做出了区分，而且更进一步将建基于（金融）垄断资本之上的帝国主义界定为资本主义新的历史形态同新的发展阶段（资本主义最高、最后发展阶段），即列宁所说的“帝国主义是资本主义的垄断阶段”。当然，需要指出的是，列宁并非第一位关注资本主义垄断现象，以及将垄断视为资本—帝国主义最深厚本质内涵的马克思主义思想家。事实上，早在列宁之前，深刻洞悉资本主义这一最新、最本质性变化的不仅有马克思、恩格斯，还有拉法格、希法亭、卢森堡等人，换言之，列宁“帝国主义论”真实继承、延续并发展了马克思主义，尤其是发展了《资本论》中有关垄断资本主义的研究，是新时代（帝国主义时代）的马克思主义。

---

① ［加］埃伦·M. 伍德：《资本的帝国》，王恒杰等译，上海译文出版社2006年版，转引自陈人江：《从帝国主义到新帝国主义：本质内涵与问题意识辨析——兼评国际左翼的帝国主义理论》，《教学与研究》2015年第7期，第82页。

列宁曾将19世纪60至70年代视为一个"垄断组织还只是一点不甚明显的萌芽"的时期。然而，令人由衷感到惊叹与钦佩的是，尽管垄断在这一时期还仅仅只是资本主义社会中一个"小荷才露尖尖角"的社会经济萌芽现象，但马克思和恩格斯却已极为敏锐而准确地捕捉到了资本主义社会中自由竞争渐趋衰微及资本和生产日益集中垄断的重要演进趋势，并明确指出：不仅竞争已经被垄断所取代，而且垄断资本主义社会终将过渡到社会主义社会。对此，列宁颇为感慨地在《帝国主义是资本主义的最高阶段》中谈到："在半个世纪以前马克思写《资本论》的时候，绝大多数经济学家都认为自由竞争是一种'自然规律'。官方学者曾经力图用缄默这种阴谋手段来扼杀马克思的著作，因为马克思对资本主义所作的理论和历史的分析，证明了自由竞争产生生产集中，而生产集中发展到一定阶段就导致垄断。现在，垄断已经成了事实。"① 尽管由于马克思过早离世，并没有等到垄断资本主义时代的真正全面来临，因而马克思也就无法对垄断资本主义及诸多重要历史特征和经济现象作出更细致、更深入的阐述，然而，却不能不承认，马克思的思想并没有仅仅停留在自由资本主义时代。以《资本论》为杰出典范的一系列重要理论文献均毫无争议地表明，马克思的深邃思维和犀利目光早已穿越了历史重重迷雾，其不仅清晰洞察到垄断资本主义隐藏于暗夜中隐约而摇曳的轮廓，而且更是借助理论逻辑，遥遥望见地平线上峰峦叠嶂的群山被缓缓升起的新社会曙光所染着的斑驳光影。"资本的垄断成了与这种垄断一起并在这种垄断之下繁盛起来的生产方式的桎梏。生产资料的集中和劳动的社会化，达到了同它们的资本主义外壳不能相容的地步。这个外壳就要炸毁了。资本主义私有制的丧钟就要响了。剥夺者就要被剥夺了。"② 与马克思一样，恩格斯尽管同样也没能亲见垄断资本主义那些微弱征兆逐步发展为显著而耀眼的时代特征，不过，恩格斯不仅在马克思与世长辞后仍竭尽所能地忠实继承并发展弘扬马克思有关垄断资本主义的一系列观点和思想，作出了颇多对后世深具理论和实践意义的研究，

---

① 《列宁专题文集——论资本主义》，人民出版社2009年版，第111页。

② 《马克思恩格斯文集》第5卷，人民出版社2009年版，第874页。

而且，事实上，恩格斯在马克思辞世前就已对自由资本主义向垄断资本主义的过渡洞若观火，并在诸多文献中留下了极为珍贵的理论探索足迹。恩格斯在整理和编辑《资本论》第3卷时，在第27章《信用在资本主义生产中的作用》中增补了一段相当重要的论述。① 在这段论述中，恩格斯提到了建基于股份公司之上的一些“新的产业经营形式”，即“代表着股份公司二次方和三次方”的资本主义大垄断组织集团持续壮大。为避免严重的生产无政府状况所造成的生产过剩及可能由此引发的经济社会危机，垄断资本组织一开始是以国内卡特尔形式出现，随后演进为国际卡特尔组织，最后，甚至产生了高度垄断的大股份公司——托拉斯集团。这一切均昭示并宣告自由资本主义的寿终正寝，以及垄断资本主义时代的来临。恩格斯在文末再度响应与重申了马克思有关垄断资本主义面向新社会形态所具有的“过渡性质”“扬弃性质”的重要观点，“竞争已经为垄断所代替，并且已经最令人鼓舞地为将来由整个社会即全民族

---

① “大家知道，一些新的产业经营的形式发展起来了。这些形式代表着股份公司的二次方和三次方。在大工业的一切领域内，生产现在能以日益增长的速度增加，与此相反，这些增产的产品的市场的扩大却不断地变慢。大工业在几个月中生产的东西，市场在几年内未必吸收得了。此外，那种使每个工业国家同其他工业国家，特别是同英国隔绝的保护关税政策，又人为地提高了本国的生产能力。结果是全面的经常的生产过剩，价格下跌，利润下降甚至完全消失；总之，历来受人称赞的竞争自由已经日暮途穷，必然要自行宣告明显的可耻破产。这种破产表现在：在每个国家里，一定部门的大工业家会联合成一个卡特尔，以便调节生产。一个委员会确定每个企业的产量，并最后分配接到的订货。在个别场合，甚至有时会成立国际卡特尔，例如英国和德国在铁的生产方面成立的卡特尔。但是生产社会化的这个形式还嫌不足。各个公司的利益的对立，过于频繁地破坏了这个形式，并恢复了竞争。因此，在有些部门，只要生产发展的程度允许的话，就把该部门的全部生产，集中成为一个大股份公司，实行统一领导。在美国，这个办法已经多次实行；在欧洲，到现在为止，最大的一个实例是联合制碱托拉斯。这个托拉斯把英国的全部碱的生产集中到唯一的一家公司手里。单个工厂——超过30家——原来的所有者，以股票的形式取得他们的全部投资的估定价值，共约500万英镑，代表该托拉斯的固定资本。技术方面的管理，仍然留在原来的人手中，但是营业方面的领导则已集中在总管理处手中。约100万镑的流动资本是向公众筹集的。所以，总资本共有600万镑。因此，在英国，在这个构成整个化学工业的基础的部门，竞争已经为垄断所代替，并且已经最令人鼓舞地为将来由整个社会即全民族来实行剥夺做好了准备。”《马克思恩格斯文集》第7卷，人民出版社2009年版，第496—497页。

来实行剥夺做好了准备。”尽管马克思和恩格斯针对自由资本主义向垄断资本主义过渡时期，世界资本主义逐渐显露的一些几乎是全新的时代特征及未来历史趋势所作出的考察和诠释较为初步且属于带有浓厚探索性质的思想火花，然而，不容否认，正是这些星星点点、或隐或现的理论火焰极深刻且富预见性地探讨了帝国主义最为深厚的基础——私人经济垄断，以及在此基础上日益展现的诸多重要社会经济特征。故此，不仅可以断言，在马克思和恩格斯时期，马克思主义关于垄断资本主义的理论雏形正在形塑，而且，毫无疑问，这些重要思想均于日后极大启发了列宁以《帝国主义是资本主义的最高阶段》为典范的“帝国主义论”中的相关研究，并成为列宁“帝国主义论”当之无愧的理论逻辑起点及最为深厚渊远的思想泉源。

在忠实继承马克思和恩格斯有关垄断资本主义研究的基础上，保尔·拉法格同样深刻地洞悉到集中和垄断正悄然且剧烈改变着世界资本主义。拉法格在1896年完成的旨在为批驳维尔弗雷多·帕累托所作的《驳对卡尔·马克思的批评》（主要是其中《资产阶级政治经济学的永恒规律》一节）一文中试图告诉人们：由于人类社会经济现象持续不断演化，不可能存在某种所谓永远恒定、亘古不变的经济规律和经济原则。同世界万事万物一样，自由和竞争在不断发展壮大的进程中也渐渐产生出反对自身的强大力量——经济垄断，这一点恰如某些昆虫，在它们从卵中孵化出来之后就会吞食掉自己的母亲。竞争越是自由地展开，它就越是会不断地缩小自身发展的空间，于是，社会上只剩下数量越来越少，但资本和生产实力却越来越强大的经济垄断巨头。“竞争使商人和工业家破产，把他们从有限的生产和交换领域内赶出来，只留下一些巨头，而这些巨头最终又会联合起来，以便消除任何竞争。竞争摆脱了羁绊，以便摧毁小规模的手工业垄断，而在它一个一个地摧毁了这些手工业垄断之后，创造出了无比巨大的垄断，使任何竞争都成为不可能。”① 他在《驳对卡尔·马克思的批评》中如是说道，“我们正在走向垄断取消任何竞争和任何经济自由的社会。在这个社会里，经济三位一体的这两个伟

① 《拉法格文选》（下卷），人民出版社1985年版，第173页。

大的神将成为过去，就像希腊的宙斯和罗马的丘比特已经成为过去一样。”（在拉法格看来，“经济三位一体的这两个伟大的神”分别是“自由和竞争”，对此，他曾说过：“自由和竞争，是自由贸易的三位一体中的两个伟大的神，而愚蠢则是它的圣灵。”）[①] 在1903年写作完成的《美国托拉斯及其经济、社会和政治意义》中，拉法格再度重申：我们正在从自由资本主义历史阶段走向垄断资本主义时代，“资本以前所未见的惊人规模大量集中，单是这一现象本身就足以说明资本主义已演进到特殊阶段了。”[②] 在拉法格看来，垄断资本主义同建基于先进管理和高度社会化组织生产之上的以托拉斯为首的各类垄断资本集团不仅没有缓解，反倒是日趋加剧了资产阶级与无产阶级之间本就十分尖锐而激烈的矛盾，并因之导致有可能“出现内战爆发”或“同时爆发种族斗争”的悲观前景。正是在此意义上，拉法格将马克思和恩格斯对垄断资本主义“过渡性”的论断移植到了托拉斯体系上。拉法格说：“通过对托拉斯体系的研究，社会主义者对自己的理想得到了新的信心。他们可以更加坚定地确信，这种理想在不久的将来一定会实现。不论是牧师的祷告，还是经济学家的虚构，或者政府当局的欺骗和镇压，一分钟也延迟不了社会危机的到来。这种社会危机将使被剥削者通过猛烈的进攻一举推翻资本主义的寡头统治。”[③] “国内战争将把人类从国际战争中拯救出来！”

列宁逝世后，斯大林和毛泽东分别从不同方面继承发展了列宁的“帝国主义论”。应当说，某种意义上，斯大林有关垄断资本同帝国主义的思想可被视为列宁“帝国主义论”（特别是其关于帝国主义是资本主义最高、最后阶段，是“过渡”“垂死”资本主义的观点）的直接继承及相应发展。斯大林的主要观点充分集中并体现在“世界资本主义体系总危机”同“世界两个平行对立市场”理论上。“世界资本主义体系总危机”观点认为，俄国社会主义“十月革命”的胜利在世界帝国主义链条上打开了一个巨大缺口并由此揭开了世界资本主义总危机的序幕（资

① 《拉法格文选》（下卷），人民出版社1985年版，第174页。
② 《拉法格文选》（下卷），人民出版社1985年版，第212页。
③ 《拉法格文选》（下卷），人民出版社1985年版，第284页。

本主义总危机是全面渗透于资本主义社会中一切领域和角落的危机，其包括经济、政治、社会等诸多方面）。自此之后，一方面，世界资本主义的经济体系受到社会主义经济体系的冲击并逐渐趋于瓦解；另一方面，脱离了世界资本主义经济体系的社会主义国家和地区的社会经济实力与日俱增。与“总危机论”相呼应，“两个平行对立市场”理论指出，世界社会主义阵营的出现使全球社会主义国家和地区在经济领域日渐密切地联系起来，从而令往昔一统全球的资本主义世界市场体系土崩瓦解，并进而形成了两个相互对峙、相互平行的市场：资本主义市场和社会主义市场。按斯大林原话即：资本主义已不再是唯一且包罗万象的世界经济体系，除资本主义经济体系外，还存在社会主义体系，它日益成长着。

毛泽东有关帝国主义的思想主要集中并体现在“新民主主义革命对象”“两个中间地带”“三个世界”等理论中。毛泽东认为，有别于旧民主主义革命的新民主主义革命，以及接踵而来的社会主义革命和建设，毫无疑问均应属于整个国际共产主义运动中的一个有机组成部分，正因为这样，上述革命运动和建设实践首当其冲地将斗争方向和矛头直指世界资本主义，即帝国主义世界体系及欧美列强。1946 年 8 月，毛泽东在与美国记者安娜·路易斯·斯特朗的谈话中首度提出所谓“中间地带论”。此理论核心观点为，整个世界，除了美国、苏联外的所有国家和地区都处于被二者夹在其间的“中间地带”。继而，毛泽东又提出了“两个中间地带论”，在毛泽东看来，仅仅粗略地将除美国和苏联以外的世界所有国家和地区统统划到一个“中间地带”还是不够准确，因为亚非拉和欧洲、大洋洲、日本等国家和地区在社会经济发展水平上存在很大差距，将上述国家和地区严格区分开来是有必要的。正是基于上述思考，毛泽东于 1974 年 2 月 22 日会见赞比亚总统卡翁达时明确提出了著名的“三个世界”理论。“三个世界”理论应被视为列宁始终强调的全球被压迫地区和民族（殖民地和半殖民）应与世界社会主义阵营密切联合起来思想的延续和发展，其在客观效果上起到了最广泛团结全世界一切被压迫地区和民族，共同结成全球反帝统一战线的作用。

第二次世界大战结束后，西方在美国资本和科技的大力助推下，进入二三十年社会经济高速发展的“黄金时期”。相较战前，这一时期涌现出一系列颇富戏剧性的新现象：凯恩斯主义成为西方主流经济指导思想，政府日益深度介入社会生活，监管、调节，甚至计划化国民经济生产，实体产业科技含量跃升，从事脑力劳动的白领职员持续增加，部分劳动者收入及生活水平有了一定程度改善，商品市场异常繁荣，阶级冲突有所缓解等。垄断资本及其御用文人将上述改观当作反驳左翼理论及列宁“帝国主义论”的强有力凭证。他们采取的策略就是“避实就虚”：避开经济生产日益集中垄断及大量中小企业和经营者破产的状况同演化趋向不谈，转而粉饰、美化“股份制”并竭力炮制、鼓噪“人人都在变为资本家”的宣传舆论；避开垄断资本寡头日甚一日的残酷剥削压迫不谈，却将人们注意力导向部分劳动者生活水平极为有限的改善；避开社会对立阶级间的根深蒂固的激烈矛盾和尖锐对抗不谈，却转向着力淡化意识形态色彩，向人们允诺和描摹一幅幅虚幻缥缈、“中立”的“纯技术社会”愿景。正因此，“黄金时期”井喷般出现了一批形形色色，以“科学解读”“客观诠释”为幌子的资产阶级理论学说，如“人民资本主义论”“后工业社会论”“福利社会论”“信息社会论”等（经济全球化时期还相继涌现出拉尔夫·达伦道夫的“后资本主义社会论”、赫尔曼·卡恩等人的“后大规模消费社会论”、吉迪恩·绍伯格的“后福利社会论”及阿兰·杜汉纳的“后社会主义社会论”等众多思潮）。上述学说或观点尽管千差万别，然而却有一个显著共性，即否定马克思列宁主义、否定列宁的“帝国主义论”、否定垄断资本主义学说，以华彩而堂皇的“不实”理论外衣包裹自己，以“科学”的名义剥夺马克思列宁主义的合理性、真理性，以浮夸的理论逻辑推演及幻梦般的虚设“言辞”吸引眼球，最终，其只能沦为粉饰和美化（垄断）资本主义华而不实的说辞同注定破碎的梦呓。

历史的吊诡总是令人捉摸不透。西方发达国家和地区自战后以来，始终矗立于全球资本和科技的潮头，引领人类社会众多领域实现了一次又一次深刻变革。加之，他们时而奉行政府干预调控社会经济生活的凯恩斯主义，时而奉行去政府监管的（新）自由主义，因而，其不仅在一定程度和范围有效避免和延缓了周期性金融—经济危机的爆发，而且有效控制并消减了经济危机爆发所产生的负面效应，较好缓解了国内严峻的阶级矛盾和社会矛盾，而世界资本主义因之展现出令人惊叹的“高适应性”与“高弹性空间”。有人甚至据此来论证资本主义“永世长存”绝非神话，而社会主义（共产主义）充其量只能算是一种乌托邦幻影。同西方发达资本主义“繁花似锦”的社会历史景观相映衬，整个国际共产主义运动一路走来，既经历过高潮，也遭受过挫折，总体而言，是在曲折泥泞中艰难探索前行。特别是20世纪90年代初爆发的东欧剧变，不仅空前削弱了世界社会主义及全球一切进步群体的总体实力，致使国际共产主义运动和多个社会主义国家一度面临被国内外反动势力彻底倾覆的严重危险，并将世界社会主义事业拽入迄今尚未完全走出的低谷，而且令所有左翼理论和思潮（包括马克思列宁主义）均遭受到空前严峻的质疑、否定、诋毁，甚至妖魔化，全球进步力量及其曾取得的斐然成就似乎在一瞬间陷入摇摇欲坠的危境之中。

人类阶级社会历史长河中从来就不曾真正存在一种能获取全社会一致认同的理论学说，换言之，任何一种思想观点，任何一个理论体系，由于根本对立的阶级立场及巨大的差异性认知，似乎都天然存在自身的对立面，列宁主义及其“帝国主义论”自然也不例外。自诞生之日起，西方垄断资本及其御用学者由于恐慌、忌惮于列宁主义及其“帝国主义论”的科学性和革命性，一百年来始终致力于对其不遗余力地实施攻击、歪曲和污蔑。早在“第二国际”后期，以考茨基为代表的机会主义和修正主义就曾一度对列宁主义及其“帝国主义论”展开大肆歪曲及恶意诽谤。俄国社会主义“十月革命”前后，伊万诺维奇等人还专门创办《曙光》杂志用以攻击列宁主义。由于受到西方垄断资本及其御用学者反马克思列宁主义言论与思潮的长久浸淫，尤其是受到新自由主义同以美国为首的“新帝国主义”在意识形态和文化殖民方面的深刻影响（加之东欧剧变的强烈现实冲击），当然，还包括戴着“去意识形态”假面的经济全球化的深度蛊惑（如同唐纳德·萨松所言：世界上的证券商通过光导通信工具异口同声地呐喊：“经济基础万岁，打倒上层建筑！”①），一

① ［英］唐纳德·萨松：《世纪末的社会主义：统一的、温和的左派》，闫月梅译，载《“第三条道路”与新的理论》，杨雪冬等译，社会科学文献出版社2000年版，第127页。

部分共产党员和左翼人士的马克思列宁主义信仰、社会主义（共产主义）信仰动摇了，西方那一套垄断资本意识形态及资产阶级人生哲学慢慢渗透并深植进这些人的脑际。越来越多劳动群众和左翼人士开始对帝国主义的最终历史走向与历史结局感到困惑不解，列宁曾经在《帝国主义是资本主义的最高阶段》中所作出的帝国主义是“腐朽寄生”、“过渡垂死”的资本主义那铿锵有力的论断也渐渐变得不再那么有说服力了。有人甚至套用列宁的语言戏谑地说道：帝国主义是“垂而不死”和“腐而不朽”的！

以“西方列宁学”“西方苏维埃学”“历史虚无主义”、西方“社会民主党”为代表，他们将矛头直指列宁、斯大林，以及俄国社会主义“十月革命”，妄图全面彻底否定列宁主义。他们断言，列宁主义“背离”了正统经典马克思主义，在列宁主义及其“帝国主义论”引领下所发动的俄国“十月革命”只能算作是一场与社会主义革命毫无关联的“阴谋政变”，而在“十月革命”之后如火如荼展开的苏东社会主义建设事业则更是一个“超阶段”的“早产儿”，其为东欧剧变“埋下了祸根”。俄国“十月革命”和苏联社会主义实践是一次“唐·吉诃德”式的荒唐而愚蠢的行为，是俄国社会和历史的悲剧，而这又恰好证明了列宁“帝国主义论”是极端谬误的，苏东注定的历史命运就是回归资本主义“温暖的怀抱”中。苏联解体和东欧剧变既是一种“历史必然”，同时更是一种“解放”与“社会的进步”。他们认为，列宁主义的哲学部分来自于恩格斯思想体系中的“机械唯物主义”，列宁主义的意识形态部分来源于以车尔尼雪夫斯基为代表人物的俄国民粹主义传统（另一种更加极端的看法将列宁主义视为对源于俄国 19 世纪 30—60 年代“斯拉夫主义”的继承与发展）。进而，有人试图在“污名化”斯大林和斯大林主义的基础上，将列宁和列宁主义一同拉下水。阿夫托尔汉诺夫就在自己的著作中说道：笔者在对列宁主义的理论和斯大林的实践进行一番认真研究之后，得出如下结论：第一，应当到列宁极权的“权力哲学”中去寻找斯大林主义的根源，例如，列宁把“无产阶级专政”说成是一种“新型的”国家；第二，应当到这一专政的组织独裁制度中去寻找斯大林主义的根源，列宁向斯大林教授了一条列宁“权力哲学”的主导原则。

经济全球化时期，许多西方学者，包括一部分前苏联学者均认为，列宁“帝国主义论”与当代资本主义现实差距太远，它已经不能对当代资本主义所发生的新变化、新改观作出科学合理的解释了。昂里·佩雷(Henri Peyret) 就认为，“在美国……大公司发展所说明的情况远不是什么进入愈来愈完全的垄断情况，倒是大公司增长，日益消除竞争，在市场上呈现出显著的地位。然后，就有其他公司在周围兴起，逐渐开始抵制它们，啃掉它们在市场中的份额，迫使它们退到比较合理的范围中去”。李连塞尔（D. E. Lienthal）也说，“单个公司的规模同它所属的整个工业部门的规模比较相对来讲是大大发展了……然而，不要忘记，小型企业也是一个普遍现象……我们的高度集中没有排除企业的巨大的多样性。”[①] 奇洛特提出，列宁“帝国主义论”尽管在某种意义上可以同时被视为一种社会信仰和社会学原则，然而，其在实质上则更接近于一种社会信仰。[②] 约翰·威洛比认为，列宁批驳考茨基“超帝国主义”仅仅源于一种意识形态上的斗争，事实上，“超帝国主义论”十分有利于国际工人运动，而且“超帝国主义论”比列宁建基于列强相互竞争和对抗之上的“帝国主义论”能更好地解释当代资本主义。[③] 甚至连左翼学者斯威齐和巴兰在他们合著的《垄断资本》中也提出：只有在垄断资本主义形成期——大约 1870 年以后的半个世纪里——金融控制才是大企业世界中的正常现象。自第二次世界大战以来，大公司普遍强大得足以自立了，在与金融界的关系上至少是平等的伙伴，在当代资本主义，金融资本的统治已经消失了。俄罗斯学者罗·雅·叶夫泽罗夫在《列宁的帝国主义论——神话与现实》中指出，数十年历史发展已表明，列宁“帝国主义论”中的许多观点和论断其实并不完全正确，如《帝国主义是资

---

① 余泽波：《战后西方某些帝国主义理论的评介》，《经济科学》1985 年第 1 期，第 51—52 页。

② Light I. “The Lenin – Hobson Theory of Imperialism”, *Teaching Sociology*, Vol. 14, No. 4(Oct. , 1986) , p. 281.

③ Willoughby J. “Rejoinder to Blaut”, *Science & Society*, Vol. 61, No. 3(Fall, 1997) , pp. 394 – 395.

本主义的最高阶段》中曾经非常肯定地指出了帝国主义的垂死性，但后来的事实却证明此类判断严重忽视了资产阶级的自主能动性和资本主义所具有的强大的适应调节能力，所以，必须历史地看待列宁的帝国主义研究。莫斯科大学经济系的奇布里科夫试图说明，生产的社会化既不会自动地、也不会直接或间接地导致社会生产关系的大爆炸，资本主义能适应新情况。经济学博士奥萨德恰娅认为，列宁关于帝国主义基本特征的理论与当代资本主义现状相距太远，它对于20世纪头25年的资本主义来说或许是正确的，资本主义灭亡也是有可能的，但那已是太遥远的事情了。她认为列宁的论断立足于两个理论基点：第一，广义的垄断化趋势成了进步的障碍，导致腐朽性；第二，国家所有制的发展是为社会主义创造前提条件。但在现实中，这两点均没有完全得到证实，资本主义自身是沿着消除寄生性和腐朽性道路前进的。莫斯科大学的鲁达科娃认为，列宁关于垄断资本主义的论述符合当时的历史情况，但随着时间推移，资本主义显示出了极其强大的适应能力和新的生长点，并由此而进入了一个新的历史发展时期。①

正是在这样一种具有高度迷惑性、高度欺骗性且比较有市场的反列宁主义、反列宁“帝国主义论”的思潮的深刻影响下，普通群众，甚或连某些党内同志也渐渐不再提及列宁“帝国主义论”，不再提及帝国主义问题，甚至不再提及帝国主义概念了。列宁“帝国主义论”在这种集体无意识且令人倍感压抑的缄默中逐渐沦为了一个连希腊神庙残柱都不如的历史遗迹（希腊神庙至少还有人时时去瞻仰与缅怀）。一时间，列宁“帝国主义论”似乎只留下了一个渐行渐远的模糊背影。年轻一点的人每当提及帝国主义时可能更多想到的反而是历史甚为久远的古罗马帝国、拜占庭帝国、蒙古帝国、俄罗斯帝国等，却一点也不熟悉列宁专门用于指称垄断资本主义的“帝国主义”。当然，更多人会毫不犹豫地将帝国主义视为一个政治口号或宣传称谓，其仅仅只是令人回忆起那段看似有些遥远的群众运动和阶级斗争急风暴雨的岁月。

---

① 熊乐兰、詹真荣：《国外学者关于列宁帝国主义理论的研究综述》，《杭州师范学院学报》（社会科学版）2006年第6期，第103页。

然而，真相却是，弥漫于人类社会历史进程中的表象尘埃绝不可能永远遮蔽住真理的光芒，正如同覆盖在珍宝之上的浮尘那样，只需微风稍稍掠过就会在顷刻之间消散得荡然无存：自二战以来，虽然西方发达资本主义历经诸多变革，然而，作为帝国主义最深厚的经济基础——建立在生产和资本高度集中基础之上的“经济垄断”不仅没有消退或弱化，反而在凯恩斯国家干预主义同新自由主义导引下持续不断地得以巩固、提升；二战迄今，金融（垄断）资本对社会经济领域的全方位统治同样变得愈加牢固而深入，银行的“包罗一切性质”和“金融恐怖主义”色彩由此倍加突显，金融（垄断）资本不仅日益深度渗透进社会经济生活领域的方方面面，而且在社会经济控制力、对全球财富的肆意掠夺、推高虚拟经济泡沫，以及滋生“腐朽寄生性”等方面均远胜于列宁时期；尽管以军事入侵和领土争夺为主要特征的旧殖民主义和旧世界殖民体系已于战后全面崩溃瓦解，然而，凭借超强经济、科技、军事综合实力，以经济剥削和文化（意识形态）渗透为主要手段和特征的“新殖民主义”远未消遁，其在形式上更具隐蔽性、欺骗性，在压迫剥削上更加残忍而严酷。也正因此，习近平在访问俄罗斯莫斯科国际关系学院时才如是说道：世界潮流，浩浩荡荡，顺之则昌，逆之则亡。要跟上时代前进步伐，就不能身体已进入21世纪，而脑袋还停留在过去，停留在殖民扩张的旧时代里，停留在冷战思维、零和博弈老框框内。①

在面对二战迄今（特别是当苏联解体和东欧剧变之后，在一种极其不利于国际共产主义运动的社会历史环境中）各类持续不绝、汹涌而至的反列宁主义及其“帝国主义论”的狂风浊浪中，中外许多左翼学者均纷纷从进步立场及客观研究角度出发，正面肯定并进一步深入阐发了列宁“帝国主义论”中众多具有重要理论价值和重大实践意义的内容。美国学者约翰·福斯特自2002年以来就在一系列相继公开发表的学术论文中指出：那种指认列宁“帝国主义论”已经过时的观点无疑是极其错误的，列宁对以资本集中和垄断为主要特征的新的资本主义阶段的认知与

---

① 《顺应时代前进潮流　促进世界和平发展——在莫科科国际关系学院的演讲》，人民网2013年3月24日。

论述在当代仍然有着极其重要的意义和价值。与约翰·福斯特相关观点具有相似性或一致性，美国学者哈里·马格多夫十分认同和赞赏列宁将帝国主义视为一个建基于资本主义垄断经济基础之上的新的、更高一级的“历史阶段”的思想。特伦斯·麦克多诺则在美国《科学与社会》（1995 年第 3 期）发表的《列宁、帝国主义与资本主义的发展阶段》中指出，列宁“帝国主义论”是对马克思主义资本主义发展阶段理论的重大发展。值得关注的是，自苏联解体以来，俄罗斯学术界也积极展开了重估或重评列宁“帝国主义论”的工作。俄罗斯哲学博士科索拉波夫认为，在当前资本主义经济全球化历史时期，列宁曾经所作出的有关帝国主义的深刻论断仍不容置疑并正在为实践所广泛地证实，无论是社会主义还是资本主义都在运用列宁的思想去解决当代社会历史所面临的诸多尖锐问题和难题。俄罗斯科学院罗·雅·叶夫泽罗夫认为：列宁关于帝国主义乃是一种“过渡资本主义”“垂死资本主义”的论断无疑是非常正确的，当代垄断资本主义，无论是从经济生活，还是从社会保障和政治等领域来说，均出现了只有社会主义社会才具有的某些发展趋向、特征与成分。[①]

邓小平同志曾经明确指出：一切问题的关键在于对时代的正确分析，这个问题在国际共产主义运动中有不同的解释，发生了列宁关于帝国主义是资本主义最高阶段这个论断合不合用的问题。我们的观点概括地说，列宁的论断并没有过时，帝国主义的特征没有改变。[②] 邓小平同志于 1989 年 6 月 16 日的一次外交谈话中提醒到，“整个帝国主义西方世界企图使社会主义各国都放弃社会主义道路，最终纳入国际垄断资本的统治，纳入资本主义的轨道。现在我们要顶住这股逆流，旗帜要鲜明。因为如果我们不坚持社会主义，最终发展起来也不过成为一个附庸国，而且就连想要发展起来也不容易。”[③] 与邓小平同志的观点一致，陈云同志也于

① 熊乐兰、詹真荣：《国外学者关于列宁帝国主义理论的研究综述》，《杭州师范学院学报》（社会科学版）2006 年第 6 期，第 100—101 页。

② 《邓小平年谱（1904—1974）》（下），中央文献出版社 2009 年版，第 1562 页。

③ 《邓小平文选》第 3 卷，人民出版社 1993 年版，第 311 页。

1989年明确指出，帝国主义的本质属性迄今为止并没有改变：“列宁论帝国主义五大特点和侵略别国、互相争霸的本质，是不是过时了？我看，没有过时。” “从历史事实看，帝国主义的侵略、渗透，过去主要是‘武’的，后来‘文’‘武’并用，现在‘文’的（包括政治的、经济的和文化的）突出起来，特别是对社会主义国家搞所谓的‘和平演变’。那种认为列宁的帝国主义论已经过时的观点，是完全错误的，非常有害的。”“这个问题，到了大呼特呼的时候了。”① 古巴革命领袖菲德尔·卡斯特罗在其生前题为《我终将离去，但理想不朽》的最后一次演讲中语重心长地指出：“但在革命70年后，列宁的作品被轻贱，这是多么沉痛的历史教训啊！应该说，不应当再流逝70年的时间，上演一场如同当年俄国大革命那样的重大事件，来给人们呈现一场同样伟大的社会革命作为例子，以解释对抗殖民主义以及帝国主义的一大步。”②

21世纪最初数年，美国房地产市场次贷危机不仅引发了一场全球范围的金融—经济大危机、大风暴，而且更导致了一场直指资本主义的，全面而深刻的意识形态危机和社会制度危机，即资本主义系统性危机。全世界通过这场经济全球化时期空前的金融—经济大危机，彻底认清了资本主义的历史局限性；认清了垄断资产阶级对资本极度渴求、贪婪、短视的自私自利的丑陋嘴脸；认清了垄断资本对全球广大普通劳动者极度残忍、冷酷、默然的阶级特质；认清了肇始于“里根经济学”和“撒切尔主义”的新自由主义及其所竭力倡导的所谓金融自由化和金融全球化应对此次危机所负的主要责任；认清了“投机资本主义”和“赌场资本主义”所追求的绝不可能是国家和民族的生产发展、科技进步，以及普通群众的富裕幸福生活，“利润最大化”考量永远是垄断资本时时萦绕于心间的唯一目的及存在的一切价值。与此同时，全世界通过这场经济全球化时期空前的金融—经济大危机隐隐约约意识到马克思列宁主义，特别是以《帝国主义是资本主义的最高阶段》为典范的列宁“帝国主义论”似乎具有某种不以人主观意志为转移的客观真理性、旺盛的生命力

① 《陈云文选》第3卷，人民出版社1995年版，第370页。
② 《我终将离去，但理想不朽》，搜狐网2016年4月22日。

及蓬勃的理论活力。一时间，重读《资本论》，重读《帝国主义是资本主义的最高阶段》不仅蔚然成风，而且进一步促推国内外学术界、思想界采取更为审慎、更为严谨、更为客观的态度深入学习和研讨马克思列宁主义。正是在这样的社会历史背景下，从普通大众到专家学者对金融—经济危机本质的认知逐渐跳出了“政府与市场”这种传统的狭隘范式及西方主流经济学藩篱，转向了更加宽广的社会历史形态和社会制度视阈。西方左翼人士与马克思列宁主义者更是及时指出了此次危机所昭示的资本主义的局限性和狭隘性，以及资本主义自身无法根本超越和克服的内在基本矛盾，并由此积极展望了资本主义历史的终结及代表人类先进方向的社会主义。美国《国际社会主义评论》编辑乔尔·戈伊尔深刻指出，此次世纪初年爆发的经济危机乃是一场国际范围的资本主义系统性危机。在这场危机影响下，工人的阶级意识正逐渐觉醒，社会主义左派的复兴将迎来历史性机遇。美国左翼思想家伊曼纽尔·沃勒斯坦也同样认为，现在是资本主义体系危机，也就是说我们处在正常衰退过程的紧要关头。资本主义体系将会消失并且被另外一种世界体系所完全取代。面对此次空前严重的大危机，甚至连弗朗西斯·福山也开始修正其“历史终结”的观点，被迫承认西方自由民主可能并非人类历史进化的终点，并严厉批评了自由民主制的僵化性。与此同时，越来越多人开始意识到，新自由主义就意识形态层面而言，实际是代表超级垄断资产阶级利益的一种意识形态，完全适应超级金融垄断资产阶级操纵金融市场、剥夺全世界的需要，并进而对资本主义产生了幻灭感。对此，德国经济学家马尔特·菲舍尔说道：“金融危机和全球经济衰退动摇了对资本主义和市场经济的自愈能力的信仰。”埃及阿拉伯投资者联盟主席贾迈勒·卜尤米也强调，此次危机“印证了自由资本主义的失败。而这一失败的原因则在于自由资本主义无法控制自由资本产生的黑洞”。世界经济论坛创始人克劳斯·施瓦布认为，现行资本主义体系已经过时，现在的关键就是要对旧体系的错误有所认识，并找到符合时代需求的新资本主义模式。执教于纽约大学的鲁里埃尔·罗比尼教授在 2011 年 8 月 13 日接受《华尔街日报》采访时指出，马克思的理论足以解释当今全球经济动荡的现象与原因，马克思所说的是对的：资本主义到一定的阶段就会自我毁灭，市场机制已经失灵了。①

更为重要的是，由此次金融危机所激发起来的越来越多的群众运动和社会运动均将斗争矛头直指经济全球化时期的垄断资本主义和垄断资产阶级，特别是那些长期盘踞在经济政治权力金字塔顶峰的一小撮垄断寡头们。“占领华尔街”运动就是其中最为典型及最具有代表性的一次大规模群众运动。尽管“占领华尔街”运动以美国警方的暴力镇压暂告一段落，但是，整个占领运动并未就此结束。事实上，占领运动前后延续了半年多时间，从“占领华尔街”到“占领华盛顿”，从“占领美国”到“占领全球”，从“占领经济”到“占领政治”“占领文化”，“占领”运动正日益发展壮大，其所蕴含的丰富思想同先进性必将在以后漫长岁月中逐渐释放出来。“美国著名经济学家理查德·沃尔夫教授认为，‘占领华尔街’运动是数十年来首次有群众运动从总体上质疑资本主义，在美国影响巨大。应将当前的危机称之为资本主义危机，因为这是整个制度的危机：是华尔街和中产阶级的危机，是金融业和工业的危机，是出口和劳务市场的危机。……英国共产党总书记罗伯特·格里菲斯认为，这次金融和经济危机暴露了资本主义制度中深层次的结构性问题。资本主义所有权的集中，即垄断造成巨大的经济和政治权力向少数庞大公司积聚。资本主义政治是一种‘财团政治’，‘占领华尔街’表达了美国民众对政府的不满，表明他们已经理解由资本支持和控制的政府不可能是人民的政府，因而也不可能从根本上反映和代表广大人民的根本利益。”②“占领华尔街”运动的示威群众甚至已经喊出了“资本主义应被某种更好的东西取代”“革命已经开始”等响亮口号。肯尼迪记者奖和普利策奖得主泰德·罗尔就在其著作《新美国革命——一个美国人的反美宣言》中旗帜鲜明地发出了社会革命的号召：从布什执政那几年看到现在，革命将会成为正确的时间里一场正义的战争。对于想要改善自己

---

① 吕薇洲、邢文增：《从金融危机看当代资本主义的矛盾与困境》，《郑州大学学报》（哲学社会科学版）2013 年第 4 期，第 15—16 页。

② 吕薇洲、易艳华：《“占领”运动、金融危机与资本主义的历史命运》，《山东社会科学》2012 年第 8 期，第 8 页。

生活的人，对于其他人和其他生物，从道德上讲这都是必须的。而从物质上讲——没有一个健康的星球我们就无法生存。所以让我们面对它吧——我们长期以来从未见过像现在一样团结的现象。美国人暴怒、绝望，并且很快会变得既暴怒又绝望。一个以其被动性著称的民族——星条旗永不落？才怪！——也许就会马上起来为自己、为正义的事业斗争。这个体制是脆弱的，衰竭的，并且几乎会自己走向灭亡。时候到了！①

“占领华尔街”运动虽然暂告一段落，但是，整个运动所焕发出的普通劳动群众蕴藏的巨大反抗力量不仅对全球广大被压迫民族和人民的自由解放事业具有重大启迪意义，同时也相当剧烈地震撼了当代垄断资本主义、新自由主义、投机资本，以及金融寡头等一切资本主义因素，使其不得不在一段时期内采取缓和而怀柔的政策措施以求苟延残喘。然而，人类社会历史发展趋势是注定和必然的，资本主义必将在类似“占领运动”的其他众多群众运动、社会运动，乃至革命运动中从当前的颓势、尴尬、狼狈、抱头鼠窜走向彻彻底底的灭亡。垄断资本主义穷途末日的身形已渐渐颤颤巍巍地从一系列以“占领运动”为代表的反抗号角同斗争狼烟中变得清晰可辨。列宁“帝国主义论”中有关帝国主义是“过渡”和“垂死”资本主义的重要论断正通过经济全球化时期导源于垄断资本主义内在基本矛盾而频频爆发且于规模、波及范围、影响深刻程度方面都愈加严重的周期性金融—经济危机，及由此进一步引发并推高的各类复杂难解的社会问题和困境和一系列不定期爆发的制度危机、社会危机、精神信仰危机中不断得到确证！

① ［美］泰德·罗尔：《新美国革命——一个美国人的反美宣言》，吴文君、林琳译，重庆出版社 2011 年版，第 138 页。

第一章　列宁“帝国主义论”诞生的历史背景和理论源流

理论往往既是时代与现实高度抽象的思想凝练，同时也是一种历史性的蔓延与传承。人类社会历史长河中每一个熠熠闪烁的学说、思想或信仰都绝不可能是无源之水、无本之木，其之所以能够成为独树一帜的思维体系不仅仅只是因为它那具有标志性的创造，换言之，假若缺乏特定时代沃土、社会语境的深度培育及遥远历史源流的持续塑造，任何所谓的思想和理论创新从根本而言均无法超脱“空中楼阁”的虚妄与“思想实验”的徒劳。以《帝国主义是资本主义的最高阶段》为典范的列宁“帝国主义论”亦概莫能外。作为马克思主义在垄断资本主义时代与时俱进的集中体现和表征，列宁主义及其“帝国主义论”不仅系统而全面地忠实继承了马克思主义的基本立场、原理、世界观、方法论等“活的灵魂”，而且还在此基础上广泛汲取与吸纳了有关垄断资本（主义）研究的“百家学说”，其中既包括了马克思主义学者，如拉法格、希法亭、卢森堡等人的学说，同时也包括了非马克思主义学者，如霍布森等人相关研究中的“合理内核”。当然，列宁“帝国主义论”更是通过对现实世界资本主义最新发展阶段的本质内涵及基本社会经济特征，如自由资本主义逐渐被垄断资本主义所取代、金融资本成为无所不包的“万能垄断者”、阶级剥削和压迫日益严酷、殖民主义泛滥、工人阶级及其运动持续分化、“第二国际”彻底破产、第一次世界大战全面爆发等实际状况深入而及时地捕捉及凝练、升华其理论，并日渐成熟，从而极大地拓展和延伸了马克思主义的理论视阈，有力地推动了马克思主义向前发展的历史进程，而这一切思想理论成就均在《帝国主义是资本主义的最高阶段》中得到了淋漓尽致的彰显。

第一节 列宁“帝国主义论”诞生的历史背景

一、19世纪末20世纪初世界资本主义社会经济发展新趋势

正如马克思主义经典作家曾经深刻揭示的那样，资本主义作为全面超越和全面取代封建主义的新的人类社会形态，在其既定历史局限性的前提下，于一段时期内，会持续展现出不容小觑的“先锋性”与“进步性”。当第一次工业革命渐趋落幕，世界资本主义的社会经济建设进程不仅没有随之呈现衰微之势，反而以前所未有的强劲势头持续推进。19世纪下半叶至20世纪初期，得益于物理学、生物学、化学等自然科学领域的高歌猛进，肇始于19世纪70年代中期的以电力的广泛应用为主要标志的第二次工业革命冉冉升腾于西方世界。受其深刻影响及有力推动，西方发达国家和地区的科学技术、社会生产力、生产关系、管理经营模式、日常生活与工作方式等众多社会景观发生了较大改观，世界资本主义迎来了新一轮社会经济快速发展时期，人类在交通方式、通讯方式、生活工作用品等方面取得了史无前例的飞跃性突破和创新，内燃机汽车、飞机、电话、有线（无线）电报、电灯、炸药、塑料、人造纤维等一系列超越往昔人类想象力和创造力极限的新事物层出不穷。与此相应，西方主要发达资本主义国家和地区的产业结构得到了进一步调整与重组，欧美各国在此期间先后将技术革命重心从昔日以纺织业和采掘业等为典型代表的传统产业领域陆续转移到重工业领域，遂成为以重工业为主导的工业强国，从而完成了工业化历史进程，并进而形成了西欧和北美这两个全球最为主要的发达工业化地带。毫无疑问，这一历史进程的意义十分深远，迄今为止，仍然或直接、或间接地对全世界经济政治格局、国际分工、资本流动等诸多方面产生着这样或那样的影响。

19世纪下半叶至20世纪初期，由于受到自然科学远未停息的前进步伐以及生产领域中产业技术不断的升级的深刻影响和促推，资本主义社会中各类企业与公司都争先恐后在生产中积极主动地采用新产业技术和生产工艺以期增强自身在市场中的综合竞争实力。于是，这样一来，

资本主义各类企业通过在市场上相互之间的激烈角逐同残酷竞争践行着弱肉强食的“丛林法则”，从而在客观上造成了企业和公司日趋严重的两极分化：少数成功实现技术转型和升级的资本集团利用自身新技术形成的优势不断挤垮或吞并掉那些技术相对落后的企业和公司，尔后将巨量资本迅速地集中到自己手中，渐渐地这些企业和公司慢慢显现出在某个特定行业、部门甚至是整个社会范围内生产与资本的集中垄断特征。与此同时，垄断资本为了维持、巩固自身统治以及出于利益最大化考量，纷纷积极介入到日常社会经济生活中：一方面，各国资产阶级政权纷纷竭力复兴军国主义，强化对内、对外暴力镇压与军事武装威慑；另一方面，相继出台并施行以保护性关税为代表的一系列旨在保护和扶持国内私人垄断企业和公司为根本目的的国家政策。有赖于上述这些原因，卡特尔、辛迪加、康采恩、托拉斯等私人垄断资本集团渐趋在社会经济领域中成为了占据着统治地位的显赫力量。昔日自由资本主义时代那种“偶然”“暂时”“例外”的经济垄断现象越来越成为一种极为普遍且最为重要的社会经济（时代）特征，自由资本主义在时光不知不觉的流逝中悄然将王冠摘下，并颤颤巍巍地递到了垄断资本主义手中。对此，列宁曾这样评价道：“这种从竞争到垄断的转变，不说是最新资本主义经济中最重要的现象，也是最重要的现象之一。”① 据当时一些实证统计材料显示：某些经济最发达的资本主义国家和地区内，为数不多的大垄断资本集团甚至已经将一半（以上）的国民经济产业部门聚集到自己麾下。当然，资本主义社会资本和生产的集中垄断发展趋势绝不仅仅局限于工商业领域。在资本主义工商业集中垄断趋势推波助澜的作用下，资本主义银行机构也逐渐由往昔业务功能单一的普通资本“中介人”角色华丽转变为一个深度掌控资本主义工商业界（当然还包括了农业、服务业等众多行业领域）的“万能垄断者”。银行垄断资本与工商业垄断资本相互渗透、相互融合、混合生长，最终催生出了“金融资本”这一资本主义最新的垄断资本形态。正是在“金融资本”强大力量的推动下，资本主义社会中所谓“银行大王”“石油大王”“钢铁大王”“铝业大王”

① 《列宁专题文集——论资本主义》，人民出版社 2009 年版，第 108 页。

“铁路大王”“汽车大王”等一批具有高度垄断色彩，手握巨大经济政治权柄的垄断寡头们纷纷在世纪之交粉墨登场，作为资本主义最高历史阶段且具有显著经济政治专制集权特征的帝国主义时代的厚重帷幕也因而得以缓缓开启。

毋庸置疑，帝国主义时代，世界资本主义的科学技术以及现实社会生产力均获得了相较于以往任何一个时期而言更加显著的解放、发展和进步。全人类，特别是发达资本主义社会中普通劳动群众日常的生活状况和工作条件较之以往均出现了程度不等的提升。这一点恰如列宁所言：帝国主义时代，资本主义在某些工业部门，在某些国家，或者在某些时期内将会呈现出令人惊叹的高速发展，“整个说来，资本主义的发展比从前要快得多”。[①] 不过，无论怎样，帝国主义从本质上来说毕竟仍然隶属于资本主义，作为一个阶级剥削和阶级压迫存在于其始终的特定社会形态和历史阶段，它的基本矛盾不仅没有得到丝毫弱化，反而变得越来越激烈而尖锐，它的时代局限性与落后反动的特征也愈益显著。对此，《资本论》深刻揭示道：尽管在一定时期和范围内，资本主义不仅仍然能够持续促进科学技术及社会生产力水平的提升，竭尽所能改善和调整社会生产无政府状况，但由于这一切变化与改观始终囿于资本主义藩篱内，并未越此特定社会形态和历史阶段雷池一步，因而随着垄断资本主义不断深入发展，资本主义固有的剥削性、压迫性、掠夺性会变得愈加严重，“贫困、压迫、奴役、退化和剥削的程度不断加深，而日益壮大的、由资本主义生产过程本身的机制所训练、联合和组织起来的工人阶级的反抗也不断增长”，久而久之，“资本的垄断成了与这种垄断一起并在这种垄断之下繁盛起来的生产方式的桎梏。生产资料的集中和劳动的社会化，达到了同它们的资本主义外壳不能相容的地步。这个外壳就要炸毁了。资本主义私有制的丧钟就要响了。剥夺者就要被剥夺了。”[②]

首先，在弱肉强食、物竞天择的“丛林法则”的引领与推动下，垄断资本为了自身利益的最大化，不仅相互之间进行着极为激烈、残酷的

---

① 《列宁专题文集——论资本主义》，人民出版社2009年版，第210页。
② 《马克思恩格斯文集》第5卷，人民出版社2009年版，第874页。

恶性竞争，而且更是使尽浑身解数摧毁或兼并无数实力不如自己的中小企业，加上维护同代言垄断资本利益的资产阶级政府对经济生活的介入与干预，资本主义社会贫富两极分化趋势愈演愈烈：一方面是大量破产并被无情并吞的中小企业，以及大批被抛入无产阶级队伍和就业后备军的小私营企业主与手工业生产者；另一方面则是经济政治权力与日倍增且数量越来越少的垄断财团及垄断寡头。其次，出于维护和保障一小撮私人寡头利益的考量，垄断资本不仅在生产过程中对以无产阶级为首的广大劳动群众施行日益严酷的剥削压榨，而且资本主义国家各类巨额支出，如军备竞赛、豢养庞大官僚体系、海外开拓殖民地等方面的沉重经济负担最后也都毫无疑问地压在劳动群众肩上，即其要么通过课重税，要么以扣除、冻结工人实际收入等诸多方式来实现。据有关数据显示，1890 年至 1912 年，德国工人的工资在 20 多年时间内平均增加了 25%，而生活费用却至少增加了 40%；英国工人在 1900 年至 1908 年这段时间内工资几乎没有增加，而生活费用却大大增长；法国、美国及其他帝国主义国家的工人生活状况也处于持续不断恶化境况中。广大劳动人民生活处境的恶化同频繁爆发的经济危机形成了恶性循环，垄断资本则往往通过牺牲工人阶级的利益来弥补经济危机所造成的损失。帝国主义列强内部阶级矛盾和阶级斗争进一步激化和尖锐起来。以欧洲大陆为例，法国在 1890 年到 1899 年的 10 年间，罢工人数为 924000 人，而在 1900 年到 1905 年的 6 年时间内，罢工人数就高达 1107000 人。德国在 1895 年到 1899 年共爆发罢工 3609 次，平均每年 720 次，而在 1900 年到 1904 年的时间内则发生罢工 7235 次，平均每年高达 1447 次。[①] 再次，垄断资本为了获得更大经济利益，攫取更多生产和战略资源并摆脱国内消费严重不足的困境，在大规模商品输出基础上，积极推行资本输出。为了彻底扫除一切存在于资本输出金光大道上的障碍，帝国主义必须全面复兴和提升以坚船利炮为标志的军国主义，借此为赤裸裸压迫和剥削殖民地、半

① 《国际共产主义运动史》编写组编：《国际共产主义运动史》，人民出版社 1978 年版，第 439 页，转引自王伟光、侯才主编：《社会主义通史》第 3 卷，人民出版社 2011 年版，第 11 页。

殖民地广大“现代奴隶”的殖民主义“保驾护航”。帝国主义与殖民地、半殖民地人民之间的矛盾和斗争呈现出愈演愈烈之势。此外，伴随自由资本主义向垄断资本主义过渡的历史进程，帝国主义列强之间本来就存在的严重社会经济不平衡状况进一步加剧和恶化了。德、美等国跳跃式发展，迅速赶上并超过英、法等老牌资本主义国家。从各国工业增长的速度看，1870 年至 1913 年，美国增长 8.1 倍，德国增长 4.6 倍，而法国却只增长 1.9 倍，英国只增长 1.3 倍。就各国工业生产在世界工业生产中的比重而言，1870 年至 1913 年，美国从 23% 上升为 38%，德国从 13% 上升为 16%，而英国则从 32% 下降到 14%，法国从 10% 下降到 6%。英国丧失了“世界工厂”的地位，而美国的工业总产量已经跃居世界第一，德国的工业总产量则在欧洲首屈一指。① 由此一来，帝国主义列强之间的固有矛盾也就变得越来越尖锐与突出，这集中反映和表现在帝国主义历史时期世界经济发展过程中展现的“双重趋势”，即资本的“国际化”与“民族化”进程：一方面是世界经济不断增强的相互依赖性和融合性，而另一方面则是它日益分裂为各个独立的民族国家集团。这一点诚如布哈林提醒人们的那样：每个“民族国家”金融资本的最终理想是进行无限制扩张直至成为一个遍及全球的帝国，因为资本自身逻辑发展要求实现“国际化”或“全球化”；然而，各“民族国家”的金融资本必将会在各自全球化进程中为了捍卫与拓展自身利益而频繁发生激烈对抗与冲突，而这样一来，就会反过来强化资本的“民族”色彩。以帝国主义列强在全球争夺殖民地、半殖民地为例：一方面，资本自身发展逻辑要求帝国主义在全球化进程中持续不断向前迈进，帝国主义列强依照这一逻辑必将积极向外推行殖民主义，抢占殖民地、半殖民地；另一方面，每一垄断资本都是有归属和有主的，随着各有主垄断资本全球化步伐的加剧，它们相互之间终将遭遇并进而产生出势不两立的激烈矛盾与尖锐对抗。加之帝国主义列强始终存在严重的社会经济发展不平衡以及由此引致的国家综合实力的此消彼长，因而，帝国主义列强相互之间的矛盾与斗争似乎永远都不可能被彻底根除。以一战前夕的情况视

① 《国际共产主义运动史》，人民出版社 2012 年版，第 133 页。

之，尽管新崛起的美、德、日本在经济发展速度和经济实力等诸多方面均远远超过了英、法、俄等老牌资本主义国家，然而，由于历史原因，帝国主义列强所占有的殖民地以及拥有的势力范围却存在着巨大差距，甚至可以说与其现实实力极不相称，如美、德等国所拥有的殖民地只有法国的1/3，俄国的1/5，英国的1/10等，加之在这一特殊历史时期世界领土已经基本被分割完毕，不难想见，帝国主义列强为了维护本国垄断资本的利益，进一步扩大商品输出、资本输出，尤其是那些后来居上的强国，为了谋求到一个能与其自身经济、政治、军事实力相匹配的全球势力范围，一场源于帝国主义列强旨在“重新洗牌”的帝国主义世界战争或早或迟终将爆发。

帝国主义时代，资本与资本之间，“劳动和资本之间、殖民地和宗主国之间、帝国主义各主要强国之间的矛盾激化，必然导致资本主义总危机的发生，使世界大战和无产阶级革命的到来迫在眉睫。”① 由于内在基本矛盾始终如一，加之帝国主义对这一内在基本矛盾的空前加剧和激化，帝国主义繁花似锦的社会历史景观下潜藏着重重危机。

二、工人阶级的分化与“第二国际”的破产

（一）资本主义国家工人阶级的分化

事实上，现实世界中的工人阶级当然不可能是铁板一块，其内部长期以来始终存在着较为显明的阶层差异性。这一点其实并不难理解，熟练工人与非熟练工人，某些技能要求更高的工种与较低技能要求的工种，以智力劳动为主的工作岗位与以高体能劳动为主的工作岗位等，其相互之间均客观存在着不容忽视的区别，有时候这种差异性甚至超乎了一般的想象。正因为这样，西方社会一度广泛流行着这样一种看法：在任何情况下，都不应当将“手艺人”（或“工匠”）与普通的体力劳动者混为一谈。带有浓厚技术含量的“手艺人”和“工匠”们往往认为，体力劳

① ［苏］祖波克主编：《第二国际史》第2卷，南开大学外文系译，人民出版社1984年版，第12页，转引自王伟光、侯才主编：《社会主义通史》第3卷，人民出版社2011年版，第12页。

动者们理应属于一个较为低下的社会阶层。锅炉制造工人工会书记一想到能允许一个普通体力劳动者去干“工匠”的工作就会吓得要死。有技术的纺纱工人工会书记确信，他的会员一般说来在高超的技能方面与接线工人和缺少技术的工人是截然有别的。[①] 在此（根深蒂固）观念基础上，世界资本主义早期旨在保障与维护熟练工人和具有高技能“工匠”们切身利益的具有浓厚封建行会宗派色彩的工会组织纷纷应运而生，久而久之，这些工会组织伴随着资本主义的持续发展而日益显现出难以回避的保守性、落后性、反动性，以及对整个工人阶级及其运动的严重危害性：首先，这些早期工会组织顽固地维护着封建行会森严等级秩序的糟粕，不仅其成员基本上都是在各行业中具有较为稳定职业、工资待遇较为优厚的熟练“手艺人”，而且工会组织还往往通过抬高入会门槛，如缴纳高额的会费等，将大量体力劳动者、女工、童工拒之于工会组织大门之外，“锅炉和轮船制造协会”总书记罗伯特·奈特的言辞对此做出了最好注释：“我们一定要循规蹈矩，铁甲工人是技匠，打下手的自然应当听技匠的指挥”；其次，这些早期工会组织并不致力于在政治上和意识形态上彻底反抗资产阶级政府及资本主义制度，它们始终认为资产阶级与工人阶级之间的利益具有一致性，主张劳资利益可以进行协调，其真正的兴趣点仅在于为工会会员尽可能争取到较大经济利益同更好的工作条件等，也就是人们通常所说的过度沉湎于“经济斗争”一瓜一枣的利益考量，而为达此类目标，这些组织甚至不惜牺牲掉整个工人阶级的根本长远利益及阶级原则，渐渐地这些工会组织不仅日趋沦为了某种“纯而又纯”的工人“福利组织”，而且还在客观上起到了严重滞碍马克思主义传播并阉割掉其理论中革命灵魂的恶劣作用；再次，这些工会组织在工会官僚化进程中慢慢地培养出了一个日益脱离广大劳动群众的上层特权工人阶层或工人贵族阶层，其工会领袖们也逐渐变为一批对下（无产阶级）怒目横眉，对上（资产阶级）趋炎附势的“富裕一族”。正因此，这些工会组织在现实生活中客观造成了整个工人阶级组织和运动

---

① ［英］E. J. 霍布斯鲍姆：《19 世纪英国的工人贵族》，吴木生摘译，《当代世界与社会主义》1988 年第 2 期，第 238 页。

的分裂，并严重削弱了工人阶级反对资产阶级的整体实力。

在自由资本主义向垄断资本主义过渡的漫漫数十年间，垄断资本始终没有放弃积极培植和豢养自己在工人阶级中的忠诚代理人——工人贵族阶层的努力，特别是凭借军国主义、殖民主义攫取到的巨量海外经济（超额）利润，垄断资本集团大肆收买与笼络这些曾经带有封建行会性质的工会组织及其领导团队。因而，在此期间，资本主义世界逐渐出现了一个界限渐趋明晰，与雇主关系暧昧不清且已经严重资产阶级化了的工人贵族阶层，以及由这个工人贵族阶层担任主要领导的“黄色工会”。工人贵族及其所领导的“黄色工会”始终信奉劳资利益根本一致及可协调观点，主张用和平仲裁的方式消除劳资间的矛盾与争议，他们从根本上否定阶级斗争的必要性、必然性，反对任何形式的暴力反抗，甚至包括合理合法的游行示威与罢工等。他们不再积极介入和参与任何激进的革命运动，转而迷恋、散布、鼓吹“阶级和解”“议会斗争”“经济斗争”“合法斗争”等诸多修正主义、机会主义论调，并在现实中致力于分裂无产阶级革命队伍及其运动。

由于工人贵族目光短狭，众多工会领导人禁不住资产阶级政府“合法”“和平”“富裕”等理念及现实经济利益的诱惑，纷纷告别了工人革命运动，转而投身到资产阶级反动阵营中，并日益成为为垄断资本一己私利保驾护航的马前卒同卫道士。特别是当帝国主义列强间由来已久的矛盾和对抗频频升级，以至于帝国主义列强最终爆发了那场惨烈程度与战争规模均史无前例的第一次世界大战之后，各国工人阶级上层不仅不参与到“反战”洪流中，反而愈加卖力地向国内普通民众与工人阶级鼓噪并吹嘘所谓“爱国主义”思想，欲图使人们淡忘国内尖锐的阶级仇恨与斗争，煽动人们积极投身到以“保卫祖国”旗帜为遮羞布的帝国主义战争中。其不仅在很大程度上满足了缺乏马克思主义正确教育与指导的普通劳动群众一时兴起且极为虚幻的爱国主义情愫，而且的确或多或少“成功”地瓦解与摧毁了国际无产阶级之间的大团结、大联合，为欧美发达资本主义避免遭受世界社会主义运动和革命的致命冲击起到了不容忽视的缓冲与保护作用，使帝国主义能够继续得以苟延残喘，并因而宣告了“第二国际”的彻底破产。对此，布哈林曾十分愤慨地指责道，

“欧洲工人从帝国主义殖民政策中得到的几文钱，与几百万被屠杀的工人、战争吞噬的无数财富、猖狂的军国主义骇人听闻的镇压、恣意破坏生产力的暴行、高昂的生活费用和饥馑比起来，又算得了什么呢?”① 与这群作为“第二国际”同资本主义主要社会支柱的工人贵族迥然有别，以列宁、卢森堡等人为杰出代表的“第二国际”左翼沉着应对、高瞻远瞩，时刻以马克思主义及无产阶级国际主义精神提醒自己。他们不仅十分清晰地看到了在垄断资本竭力笼络与收买策略作用下，早已资产阶级化了的工人贵族对工人阶级革命队伍与革命运动的分化给整个国际共产主义运动及其前景所带来的深重灾祸，而且更意识到需要彻底揭穿垄断资本、工人贵族以及“黄色工会”宣扬和鼓噪的“和平长入社会主义”“合法议会斗争”“为保卫祖国而战”等观念和口号所蕴藏的巨大欺骗性，警示广大劳动群众远离资产阶级那辆插满了“保卫祖国”彩旗的“爱国战车”，号召全世界无产者真正联合起来，在历史时机允许的情况下发挥主观能动实践，用革命武装斗争推翻与摧毁腐朽堕落的垄断资本主义国家机器，为最终建立属于工人阶级的新政权而不懈奋斗。

（二）“第二国际”的破产

恰如列宁正确指出的那样：从本质上而言，已经资产阶级化了的工人贵族既是“第二国际”的主要支柱，同时也是资产阶级的重要社会支柱。随着时间的推移，工人贵族对整个工人阶级队伍及其运动所起到的分裂和破坏作用，不知不觉中也逐渐渗透进了“第二国际”内部。正是在这个意义上，“第二国际”的彻底破产与最终解体既是工人阶级分化发展的必然逻辑结局，同时也是长期充斥在工人贵族群体中的机会主义、沙文主义蔓延泛滥的结果。

在列宁看来，对于“第二国际”破产的认知不应当仅从表象与形式去理解，即不能仅从如欧洲各交战国社会民主党之间国际联系的中断，不再召开社会民主党国际代表会议以及社会党国际局会议等方面去理解

① ［俄］尼·布哈林：《世界经济和帝国主义》，蒯兆德译，中国社会科学出版社 1983 年版，第 134 页。

这个问题，而应当着力深入本质，即从在面对帝国主义世界大战时，各国社会民主党不是在国内外竭力反战、反对军事拨款、反对为战争辩护、公开主张自己政府的失败、建立一个国际机构以“宣传战壕联欢”以及创办秘密报刊以宣传过渡到革命行动的必要性等，而是最终选择了在“老党统一口号”引领下，一边倒地站到自己的资产阶级政府和资产阶级利益集团方面去专心致志地反对各国无产阶级，使一国无产阶级政党同本国资产阶级达到“统一”而同各国无产阶级进行决裂等本质内涵去理解。正因此，列宁在《第二国际的破产》一文中明确指出了“第二国际”彻底破产的显著标志：国际的破产就是大多数正式社会民主党令人触目惊心地背叛了自己的信念，背叛了自己在斯图加特国际代表大会和巴塞尔国际代表大会上的演说、决议等中所作的最庄严的声明。

“第二国际”在帝国主义世界大战全面爆发面前不堪一击，多数社会党成员不仅纷纷向各自资产阶级政府缴械投诚，而且还高擎着“保卫祖国”的招摇撞骗的幌子自觉自愿主动钻入帝国主义战争的前线战壕中。以德国党为例，1913 年初，德国社会民主党国会党团以多数票赞成政府扩军备战的军事预算。1913 年 6 月 30 日，已把持国会党团的机会主义者，公开投票赞成为军事拨款法筹资的一次性国防税和财产增值税法，公然违反了国际代表大会的决议，支持政府参加战争，走上了背叛无产阶级的道路。“第二国际”的其他大多数政党也与德国党大体相似，开始堕落。[①] 大战爆发前夕，德国党执行委员会曾宣称自己忠实于国际社会党代表大会关于争取和平、反对帝国主义战争的决议。在 1914 年 7 月 25 日《前进报》上党的执行委员会还发表宣言呼吁德国有阶级觉悟的无产阶级以人性和文明的名义抗议战争挑动者的破坏性行动。无产阶级迫切要求德国政府对奥地利政府施加影响以维护和平。不允许为了奥地利统治者的权力欲、为了帝国主义的利润而牺牲德国任何一个士兵的一滴鲜血。宣言最后高呼：我们不要战争！打倒战争！各民族兄弟般的国际团结万岁！但是在这个时候，社会民主党的右派首脑却与政府进行了秘密勾结。阿·休特古姆以德国社会民主党国会议员的身份同首相接触，

① 《国际共产主义运动史》，人民出版社 2012 年版，第 111 页。

并向政府保证社会民主党的领导将赞成各国参与战争的军事拨款，“在8月3日下午的社会民主党国会党团主席团会议上，对军事拨款进行表决，结果以78票对14票通过同意军事拨款。当时以卡尔·李卜克内西为首的14名党团成员对军事拨款投了反对票，可是他们为了维护党的纪律和组织形式上的统一，在第二天的国会会议上便和其他议员们一起投了赞成票。后来，社会民主党党团主席、中派分子胡果·哈阿兹宣读了表示赞成军事拨款的声明，并宣称为了防御‘俄国入侵’，接受‘保卫祖国’的口号，宣传‘在危险时刻我们不会抛弃祖国’。”① 在德国党的影响下，工会还要求德国工人在战争期间放弃罢工，宣布实行所谓的国内和平政策，驱使250万会员充当战争炮灰。右派谢德曼之流还亲自到瑞士、瑞典、丹麦等中立国游说，为本国政府辩护。为了防止革命，机会主义者还多方破坏左派占优势的地方组织，迫害左派分子，甚至协助警察把卢森堡、卡尔·李卜克内西、梅林等左派领袖逮捕入狱。② 与德国社会民主党支持并最终参与到帝国主义战争中类似，法国社会党、英国社会党右翼、比利时社会党和俄国孟什维克等也都纷纷支持对同盟国作战，奥、意、美、荷、丹等国社会党首领，也都无条件地支持本国政府。在这个时期，各国社会民主党基本靠向了社会沙文主义立场与帝国主义立场上，而且对持不同政见者采取了类似帝国主义的残酷而血腥的手腕。例如，在世界大战爆发前夕的法国，“饶勒斯的反战活动十分活跃，这引起了社会沙文主义者的憎恨。1914年7月31日，饶勒斯被社会沙文主义者暗杀。这几乎成为法国社会党领导们关于战争的态度的明显转折点。在饶勒斯遇刺前，法国社会党的领导们一直倾向于认为法国政府不愿意参战，但是在他遇刺后，他们的这种观点就逐渐转变到‘保卫祖国’上来。”③

事实上，诚如列宁在分析沙文主义、机会主义、合法主义相互关系

---

① 王伟光、侯才主编：《社会主义通史》第3卷，人民出版社2011年版，第42—43页。

② 《国际共产主义运动史》，人民出版社2012年版，第111—112页。

③ 王伟光、侯才主编：《社会主义通史》第3卷，人民出版社2011年版，第44—45页。

问题时所深刻阐述的那样，这一切令人目不暇接的历史转变和历史迷局当然不是在一朝一夕之间形成与发生的。亦如俄国社会主义“十月革命”在短时期内迅猛爆发那样，其无疑是一个漫长历史进程经年累积以及各种历史因素长期相互交汇、相互作用的必然结果。首先，尽管“第二国际”早期在恩格斯的正确领导下开展和实施了一系列非常有意义和价值且对日后整个国际共产主义运动有着极为深远影响的革命实践活动同战略布局，然而，不容忽视的是，由于“第二国际”自成立之初起就是一个组织形式比较松散的团体，其在组织原则上过于强调各国社会党充分的独立自主性，加之“第二国际”内部成员成分十分芜杂，思潮纷乱、流派多元，因而，自恩格斯与世长辞之后，“第二国际”长期以来始终缺乏一个如同布尔什维克党那样在思想与组织方面具有高度统一性的强有力正统马克思主义领导核心力量以及能够令众人信服和自觉跟随的精神领袖。其次，那些自恩格斯逝世后在“第二国际”具有较大影响力和老资格的“大人物们”，如伯恩斯坦、考茨基等人究其实质而言并非坚定、忠诚的马克思主义者，而一旦当他们不再对其真实的思想和政治取向遮遮掩掩、羞羞答答并逐渐转向修正主义、机会主义右倾路线时，由于其昔日在“第二国际”内部以至于在整个国际共产主义运动中“熠熠生辉”的学术和政治地位，一方面，必然会有大批盲目的崇拜者义无反顾地成为其铁杆拥趸与追随者，另一方面，这些耀眼的方面“光芒”将他们真实的学术倾向与政治路线深深掩藏起来了。列宁就曾在《第二国际的破产》中以著名寓言《杜鹃和公鸡》对此类现象进行了非常辛辣的嘲讽。所以，当帝国主义世界大战爆发时，“第二国际”这座本就不太稳固的“大厦”在以伯恩斯坦、考茨基为代表人物的修正主义、机会主义强大思潮的误导下顷刻之间分崩离析自然也就不足为奇了。再次，“第二国际”内部自始至终存在着数个斗争异常尖锐、激烈的理论和政治派别。如在国际成立的早期，其内部就存在着马克思主义、无政府主义和改良主义三个主要思想与政治派别。然而，由于在前期活动中，“第二国际”的马克思主义者将主要精力用于竭力反对和排除无政府主义对整个国际工人运动的负面干扰和影响，所以，没有足够正视在这个组织内部存在着的同样势力强大的右倾改良主义思潮和政治路线，更没有能够对这些错误思潮和政治路线进行及时而精准的压制、批判和清算，从而导致在 19 世纪末 20 世纪初，“第二国际”内部积存已久的以伯恩斯坦为主要代表的右倾改良主义逐渐发展为在理论上全面系统修改马克思主义的声势日隆的修正主义流派，而此时的“第二国际”也日趋形成了三个主要思想和组织派别：以伯恩斯坦为代表的修正主义派、以考茨基为代表的中派以及以列宁和卢森堡等为代表的马克思主义左派。伯恩斯坦在 1896 年及随后的数年内以《社会主义问题》为总题目在《新时代》杂志上陆陆续续发表了一系列文章，尝试着对马克思主义进行全面修正。特别是，在 1899 年完成的《社会主义的前提和社会民主党的任务》一书中，伯恩斯坦将他的修正主义理论进一步系统化和公开化了。以被冠以“马克思主义理论教皇”荣誉头衔的考茨基为主要代表的所谓“第二国际”中派虽然也曾经积极参与到对伯恩斯坦修正主义的论战中并始终以“正统马克思主义”泰然自居，但其思想和行动中却时时处处散发出右倾机会主义的强烈气息。在考茨基这位“马克思主义理论教皇”提出了思想史上臭名昭著的“超帝国主义论”之后，其右倾机会主义本来面目愈发显著，愈发不加修饰，并渐渐向他曾经竭力攻击和批判过的伯恩斯坦修正主义持续靠拢（尽管他因为在批判伯恩斯坦修正主义的过程中体现出明显的左右摇摆立场而获得了“含糊橡皮性”称号，但客观地讲，考茨基在行动上毕竟还是对修正主义作出了声讨，而且也的确作出了或多或少的历史贡献）。考茨基在《新时代》上发表《现在做什么?》《新战略》《在巴登和卢森堡之间》等一系列文章同左派代表卢森堡等人进行论战，并进而提出了所谓的“疲劳战略”，其根本旨向无非是竭力鼓吹革命斗争以外的“合法主义”“议会斗争”，希冀通过无数次资产阶级议会内部的小角逐逐渐削弱垄断资本统治政权的力量，进而，整个世界就可以不费吹灰之力地“和平地长入社会主义”了。对于考茨基主义及其中派主义的本质内涵，列宁一针见血地归纳总结道：以考茨基为代表的中派主义最突出的特点就是，政治上怯懦，不敢发动群众，不相信工人阶级的力量；思想上教条主义；哲学上抛弃了马克思主义的辩证法，采取了折中主义；行动上反对左派的正确主张力图调和工人运动中的左派和右派的原则分歧，其实质上是一种有利于右倾机会主义发展的思潮。[①] 质言之，正是由于“第二国际”马克思主义左翼对右倾修正主义和机会主义长期有意无意地忽视和纵容，才最终导致在“第二国际”发展的中后期，修正主义与机会主义的整体实力同社会影响均大大超过了以列宁、卢森堡等人为主要代表的左翼联盟，资产阶级政权也因之找到了自己在无产阶级队伍中势力强大的合作伙伴同代理人。正因此，“第二国际”发展中后期渐趋被右翼机会主义、修正主义以及相关的组织势力所腐蚀和蛀空，从而难逃最后彻底破产、彻底解体的悲剧性命运。

理解“第二国际”彻底破产的关键词除了“背叛”还是“背叛”，即多数国家社会党及其成员对国际共产主义运动和工人运动赤裸裸的“背叛”。无论当时的亲历者或后来人竭力为这种“背叛”寻到什么样的冠冕堂皇的理由，“背叛”就是“背叛”，这一点绝对不容回避！毫无疑问，此次“背叛”给整个国际共产主义事业及其未来本可以相当光明的发展前景带来了难以估量的损失，的确令人扼腕。这一点诚如美国学者威廉·福斯特在《三个国际的历史》中所评价的那样：“第二国际多数社会党的叛变，是世界工人阶级有史以来所遭受到的最大灾难。”不过，马克思主义教导人们应当全面、发展、动态地看待世界万物的演进与变迁。“第二国际”由于多数成员国社会民主党的背叛而最终招致彻底破产和解体的历史事件同样存在值得肯定的方面。列宁曾在《第二国际的破产》中表达出了某种辩证的乐观主义情绪。列宁认为，第一次世界大战以及“第二国际”的宣告破产虽然给整个国际共产主义运动和工人运动带来了诸多不幸的影响，然而，其在另一方面却生动地揭露了机会主义作为资产阶级政权同盟者的真面目，证明了多数国家社会民主党已经腐朽与堕落：“这场大战所造成的危机，揭开了帷幕，打破了常规，割破了早已熟透了的脓疮，表明了机会主义所扮演的真正角色就是资产阶级的同盟者。”[②] 不难想见，“第二国际”彻底破产和解体的教训以及惨绝

---

① 王伟光、侯才主编：《社会主义通史》第3卷，人民出版社2011年版，第239页。

② 《列宁选集》第2卷，人民出版社2012年版，第504页。

人寰的帝国主义战争（第一次世界大战）的全面爆发均为列宁及其所领导的俄国布尔什维克党提供了许多值得借鉴的极为宝贵的经验和教训，在反面助推了俄国社会主义“十月革命”的胜利。

第一次世界大战结束之后的1923年5月，“第二国际”社会党的右派和中派在汉堡召开合并大会，正式宣告成立社会主义工人国际，此次合并大会标志着“第二国际”在组织上正式终结（正式解体）。

三、第一次世界大战：《帝国主义是资本主义的最高阶段》写作和完成的重要历史背景

列宁“帝国主义论”当然不是一蹴而就的，其实际上经历了比较漫长的形塑过程。尽管列宁“帝国主义论”最为集中而系统地呈现于《帝国主义是资本主义的最高阶段》中，但需要指出，他的“帝国主义论”绝不仅限于此文。事实上，列宁“帝国主义论”是一个以《帝国主义是资本主义的最高阶段》为最高峰及最耀眼代表的庞大思想体系。如果仅从目前能够查阅到的文献来看，列宁的“帝国主义论”的成长和成熟的确经历了一个比较漫长的时期（十几年甚至二十年左右），而列宁许多关于帝国主义的研究文献与篇章基本上都是在第一次世界大战爆发期间写作或完成的，这其中包括了“重量级别”的《帝国主义是资本主义的最高阶段》《关于帝国主义的笔记》等。

简单梳理一下，列宁最早使用“帝国主义”这一词语是在1905年写作的《旅顺口的陷落》一文中；紧接着，他在1907年写作的《斯图加特国际社会党代表大会》中提出了“资产阶级帝国主义”概念；在1914年10月写作的《无产阶级和战争的报告》中，列宁明确指出“当前”的战争（第一次世界大战）不是过去的那种民族战争，而是帝国主义战争，他提到帝国主义乃是资本主义“完成了它所能完成的一切而转向衰落的这样一种状态”，即一个高级时期和腐朽时代；在1915年5—6月完成的名篇《第二国际的破产》中，列宁深刻分析了第一次世界大战爆发后，“第二国际”各主要国家的社会党纷纷背叛国际共产主义运动和工人运动，转而向帝国主义投诚的思想根源，即以考茨基主义及其“超帝国主义论”为代表的右倾机会主义和社会沙文主义对“第二国际”进行

的长期腐蚀；列宁在接下来的1915年7—8月期间所完成的《社会主义与战争》中不仅一针见血地指出了第一次世界大战的帝国主义战争本质，而且还驳斥了那种认为这场战争具有资产阶级进步性质和某种民族解放意义的错误观念；在1915年8月完成的《论欧洲联邦口号》中，列宁不仅明确反对“欧洲联邦口号”（某种意义上也可以将之视为反“超帝国主义论”的另一种表述），而且还通过揭露帝国主义时代资本主义经济、政治不平衡发展的客观规律，第一次明确提出社会主义有可能首先在少数甚至单独一个资本主义国家内获得胜利的光辉思想；1916年1—6月，列宁完成了代表其“帝国主义思想”的最为光辉的名著——《帝国主义是资本主义的最高阶段》，在此文中，列宁详细而极具说服力地阐释了帝国主义的经济基础、主要社会经济特征、历史地位和历史走向等异常重大且带有根本性的问题。在1916年完成《帝国主义是资本主义的最高阶段》之后，列宁又马不停蹄地写作了《无产阶级革命的军事纲领》《帝国主义和社会主义运动中的分裂》等一系列与他“帝国主义论”密切关联（或者说更进一步、更广泛的阐释）且与《帝国主义是资本主义的最高阶段》遥相呼应的光辉篇章。与此同时，也就是在1912—1916年期间，列宁写作和完成了一部篇幅浩繁的伟大作品——《关于帝国主义的笔记》。在这部有关帝国主义研究总的笔记中，列宁总共收录了20本关于帝国主义问题的资料，这些极为详细、理论研讨极为深入的分笔记是列宁于1912—1916年就同一问题所作的札记。

从上述梳理的情况可大致得出这样一个结论：本质上为帝国主义列强之间“史上”第一次世界战争的“第一次世界大战”无疑成为了理解列宁“帝国主义思想”与《帝国主义是资本主义的最高阶段》极为重要和关键的历史时代背景与历史大事件。第一次世界大战的全面爆发在客观上对促进列宁“帝国主义论”快速成长、成熟，以及《帝国主义是资本主义的最高阶段》的最终成型起到了不可磨灭的历史作用，列宁的“帝国主义论”也因而烙上了深深的时代印记。在这个问题上，尽管尼尔·哈丁的看法略有极端之嫌，但仍不失为一个提请人们正视本质上为帝国主义列强之间世界战争的“第一次世界大战”对于列宁“帝国主义论”最终形成所具有的重大意义的价值独到的见解。尼尔·哈丁认为：

1914 年之前并不存在一种成熟的列宁主义，“列宁主义，在其起源和内容方面，被最佳地理解为是对世界大战的反应。”“作为对当代资本主义完整的批判，作为社会主义世界革命日益临近和不可避免的信念的列宁主义在 1914 年至 1917 年间很快形成。”“正是在分化的战争时期，列宁主义当作一种独特的意识形态开始被有意识地加以阐发，它这种意识形态不仅区别并对抗于所有的资产阶级意识形态的流派，而且区别并对抗于所有其他社会主义的派别：1914 年是列宁主义作为一种综合化意识形态的产生之年。”①

第一次世界大战的全面爆发直接促使早已貌合神离、异常脆弱的“第二国际”宣告彻底破产并逐渐走上了组织最终解体的“不归路”。在第一次世界大战的漫长酝酿、全面爆发及各国资产阶级政权的不断拉拢中，许多国家的社会民主党纷纷上演了一幕幕莎士比亚戏剧式的“背叛”戏码，与资产阶级站在了同一战壕内，并与交战国的社会民主党及其所代表的本国工人阶级相交恶。在此意义上，第一次世界大战不仅成为了验证各国社会民主党人及其所奉行的思想政治路线是否还是工人阶级属性的最为牢靠的“试金石”，而且更无可辩驳地证明了“第二国际”内部长期存在的修正主义和机会主义早已“背离”了真正的马克思主义，背离了国际共产主义运动，背离了世界工人运动的正确方向。

面对此情此景（第一次世界大战全面爆发以及由此直接导致的“第二国际”的彻底破产），特别是受到“第二国际”彻底破产的强烈刺激，列宁深深感到：第一，有必要对“第二国际”社会民主党内部长期存在的以伯恩斯坦主义、考茨基主义为代表的右倾修正主义和机会主义等诸类非马克思主义（或反马克思主义）思潮进行一次彻底批判与清算，这既是一次对过往失败教训及时而深刻的归纳与反思，同时更是对“未来国际”（“第三国际”或“共产国际”）建设及继续矢志不渝推动国际共产主义运动和工人运动在思想上、政治上、组织上所作出的最重要准备；第二，除了对修正主义和机会主义进行最为严肃与彻底的批判、清算外，

① 张传平：《西方“列宁学”视域中的列宁主义及其批判》，《南京社会科学》2008 年第 12 期，第 12 页。

更应当从正面积极、系统地阐述与论证真正具有马克思主义性质的关于垄断资本主义（帝国主义）及其所发动的世界大战（第一次世界大战）本质属性的观点和学说，以期一方面正本清源，真正捍卫、坚持和发展马克思主义，另一方面彻底消除修正主义、机会主义对国际共产主义运动和工人运动所产生的不良影响，为国际共产主义运动和工人运动指明一个正确奋斗方向，并竭尽全力地最大程度动员和团结全世界工人阶级与最广大劳动群众，在合适的历史时机到来时，打击、撼动或彻底推翻帝国主义的全球统治。事实上，列宁针对修正主义和机会主义错误思潮，包括对它们关于帝国主义本质内涵、重要特征及未来走向错误观点的批判与清除同列宁正面阐述他的帝国主义论，共同辩证地构筑了列宁“帝国主义论”的完整整体及其丰富内涵，换言之，正因为上述正反两个方面都存在，才使得列宁的“帝国主义论”内容丰富、思想饱满、体系完整、说理透彻。列宁在面对第一次世界大战全面爆发，欧美发达资本主义国家国内工人阶级逐渐分化，“第二国际”彻底破产等历史时局下所产生的上述学术与政治、理论与实践诉求均可清晰地在他于第一次世界大战期间所写作的各类文章，特别是有关帝国主义（垄断资本主义）研究的作品中看到。

列宁在《帝国主义是资本主义的最高阶段》中非常注意批判和清算长期存在于“第二国际”内部以“考茨基主义”为代表的机会主义思潮。列宁坚信，以“考茨基主义”为代表的机会主义思潮同具有鲜明资产阶级属性的所谓“和平主义”以及一般“民主主义”一样，不仅都在竭力地掩饰帝国主义最根本、最深刻的矛盾以及帝国主义产生革命危机的必然性，而且在现实中也的确成为了“第二国际”瓦解和腐烂的原因，同时也成为了“第二国际”瓦解和腐烂的结果。总之，其本质上是一个由于整个生活环境被资产阶级偏见和民主偏见所俘虏的小资产阶级意识形态的必然产物。所以，在《帝国主义是资本主义的最高阶段》中（当然也在其他许多重要文献，如在《第二国际的破产》等众多文献中，列宁同样严厉地批驳了考茨基的“超帝国主义论”），列宁不仅严厉批判了“考茨基主义”对帝国主义所作出的荒谬定义，而且更不吝惜笔墨重点批判和清算了考茨基的“超帝国主义论”。总的来说，列宁认为，考茨基精心炮制出来的“超帝国主义论”不仅给世界工人阶级和共产主义运动提供了一个“虚幻”“和平”的历史前景，在很大程度上削弱了无产阶级及其政党针对资产阶级政权统治展开阶级斗争的意志与现实实践，而且更是起到了为各国机会主义者在帝国主义战争面前令人惊愕地背叛无产阶级事业、放弃革命策略、违背《巴塞尔决议》精神、登上帝国主义以“保卫祖国”为幌子的战车等行为进行可耻狡辩的卑劣作用。在列宁看来，“超帝国主义论”就是长期存在于“第二国际”内部的机会主义、合法主义、社会沙文主义的必然产儿，其比较集中地呈现出了修正主义者、机会主义者不言自明的腐朽、堕落和反动等特质，具有很坏、很恶劣的影响，马克思主义者必须花大力气对其进行深入揭露和无情批判。列宁严厉驳斥考茨基“超帝国主义论”对于以列宁“帝国主义论”为典范的马克思主义的帝国主义思想及时、系统、完整地登上人类思想史历史舞台所具有的不容小觑的意义和价值。对此，苏联学者查戈洛夫正确地指出：正是基于对“超帝国主义论”的反对立场，列宁最终提出了帝国主义是资本主义的最高阶段这一著名论断。同样，布鲁厄也认为，列宁写作《帝国主义是资本主义的最高阶段》的主要目的是为了反驳考茨基主义（主要是他的“超帝国主义论”）和其他“马克思主义者”（包括希法亭在内）的宣传，因为在他看来，这些错误的观点正在把实质上早已四分五裂的“第二国际”引向了一个完全错误的方向。①

第一次世界大战作为有史以来帝国主义列强之间全面爆发的第一次世界性的惨绝人寰的正面交锋，不仅其本质从一开始起就没有被世人所深刻了解和洞悉，而且甚至一度成为欧美某些群体（如许多知识分子、政客等）热情讴歌与极力颂扬的对象。这一点恰如历史学家帕尔默所描述的那样：1914 年之前的数十年里，许多欧洲知识分子开始质疑古典自由主义理论，并歌颂人类斗争与暴力的社会价值。这样的思想得到大众作家和知识分子的广泛宣传，对每个国家加入到世界大战时的公众热情，起了推波助澜的作用。的确，一些闻名遐迩的年轻作家，包括法国的夏

---

① ［英］安东尼·布鲁厄：《马克思主义的帝国主义理论》，陆俊译，重庆出版社 2003 年版，第 118—119 页。

尔·佩吉和英国的鲁珀特·布鲁克，他们在早期的战役中丧生，留下关于为国牺牲精神可贵的文学遗言。但是，随着大战拖延长达四年之久，其残酷血腥程度与日俱增，早期的文学爱国主义很大程度上纷纷转变为犬儒主义、厌世主义乃至悲观失望。到了1918年，著名战争诗人如萨松和欧文，谴责毫无意义的战争带来的恐怖景象，并对每个民族政府所作的宣传加以嘲讽。反语和尖刻成为“一战”后欧洲文化领域里创造性作品中到处弥漫的主题。爱尔兰诗人W. B. 叶芝，同样察觉出欧洲的某些东西已经步入歧途，他的著名的诗作《基督重临》（1919年）对整整一代人的焦躁不安作了概括：世界上到处弥漫着一片混乱，血色迷糊的潮流奔腾汹涌，到处把纯真的礼仪淹没其中，优秀的人们信心尽失，坏蛋们则充满了炽烈的狂热。①

在这个极度考验人洞察力、马克思主义理论水平以及客观冷静品质的时刻，列宁一而再、再而三地在各种文献中反反复复地强调指出了这场世界大战的本质属性：这是一场各参战资本主义国家国内一小撮垄断资产者及与之相关的既得利益集团为了谋求自身阶级集团狭隘（经济）利益而发动的非正义战争，是一场使人类同胞相互戕害、极度罪恶的帝国主义强盗集团之间的战争，这场战争充分暴露出了帝国主义极端反动、腐朽和垂死的特征。当这场规模空前的帝国主义世界战争的惨烈程度随着战争的持续深入与不断蔓延升级，欧洲大陆的空气中逐渐充盈与弥漫着越来越浓烈的硝烟与尸体腐烂的恼人气味，而之前帝国主义政权大肆宣扬的“誓死捍卫祖国利益和尊严”那高高飘扬的绚烂彩旗也日益被浸染上了凝重的血色时（面对此情此景，英国外交大臣也不由得发出了这样的慨叹：“灯光正在整个欧洲熄灭”），列宁却异常冷静地从这个“最暗无天日的时代”中洞悉到了无产阶级革命及其终将取得胜利的曙光（尽管这一缕光线在当时硝烟冲天和家园涂炭的暗淡境况中是如此微不足道）。于是，列宁不仅在《社会主义与战争》中发出了“变帝国主义战争为国内战争”这样振聋发聩的号召，而且还严谨细致地论证了“资本

① ［美］R. R. 帕尔默：《现代世界史》，罗荣渠等译，世界图书出版公司2009年版，第600—601页。

主义社会经济和政治发展的不平衡”的绝对规律，在《论欧洲联邦口号》中首次提出“社会主义可能首先在少数甚至单独一个资本主义国家内获得胜利”的光辉灿烂的思想。这一思想始终指导着俄国布尔什维克党及其领导的广大工人阶级同劳动群众，直到欧洲帝国主义最薄弱环节——俄罗斯帝国在“一瞬间”被社会主义“十月革命”所彻底倾覆。

《帝国主义是资本主义的最高阶段》通过严密的学理考察以及对事实材料令人信服的深入剖析，不仅重申了世界资本主义经济和政治发展不平衡的绝对规律同现实状况，而且对帝国主义的本质内涵、重要特征、历史地位、历史走向和最终结局等诸多重要方面作出了相当杰出的研究，并据此得出了帝国主义在政治上极端反动，在经济上体现出空前严重的“寄生性”“腐朽性”，以及由此导致的“必然的垂死性”和向社会主义社会的“过渡性”等重要论断。当然，列宁不是中世纪神秘的占星家，他当然无法对人类社会还未发生的事情作出精准判断和预言，换句话说，对于具体在什么时候、哪个国家和地区会率先爆发反帝革命，革命是否会取得最终胜利，帝国主义在什么时候让位于社会主义等，列宁是无法准确说出的。不过，列宁依据马克思主义，并结合对当时世情、国情、民情的综合考量后坚信：只要坚持马克思主义，坚信社会主义必将取代资本主义的历史结局，坚定“反对帝国主义战争”“反对本国垄断资产阶级政权”，在帝国主义列强社会经济不平衡发展原理指引下积极“寻找”帝国主义世界阵营的“薄弱环节”和“突破口”，注意发挥无产阶级主观能动性，就是各国无产阶级及其政党唯一可能且可行的正确方向。

第二节　列宁“帝国主义论”诞生的理论源流

——“前列宁时期”和“与列宁同时期”有关垄断资本主义的代表性研究

一、概述

在自由资本主义向垄断资本主义过渡的漫漫数十年间，世界资本主义在科学技术、社会生产力、生产关系、上层建筑、政府与市场、国际外交实践等诸多方面均发生了广泛而深刻的演进与变迁。面对最新社会时代变局，众多思想家（包括马克思主义与非马克思主义学者）因应人类社会历史发展呈现出的这样一种巨大变化和改观，力求在理论上对资本主义最新进程同社会景观作出积极探索和深入研究，从不同维度和视角考察了这一独特历史时期的社会历史内涵与时代基本特征，从而形成了蔚为壮观的“前列宁时期”以及“与列宁同时期”的垄断资本主义（或帝国主义研究）思想理论传统。

垄断资本主义肇始之际，马克思和恩格斯不仅敏锐洞察到此次转变绝非一次无足轻重的量变（是一次质变，不过，严谨地说，仅仅属于一次在资本主义社会形态藩篱之内的“部分质变”，正如《资本论》所言：这种转化并没有克服财富作为社会财富的性质和作为私人财富的性质之间的对立，只是在新的形态上发展了这种对立而已），而且更是极富远见地指出：不同于积累、积聚，资本和生产的持续集中正急速驰骋在高度垄断道路上，朝向一种社会总资本要么掌握在唯一资本家手中，要么合并在唯一资本家公司手中的“极限境界”，自由资本主义已经日暮穷途、日薄西山，但与此相反，建基于股份公司大发展之上的垄断资本主义却正通过“资本家剥夺资本家”而日渐隆兴，并显现出越来越浓郁的面向未来新社会形态“过渡”的色彩。恩格斯乐观展望到：“竞争已经为垄断所代替，并且已经最令人鼓舞地为将来由整个社会即全民族来实行剥夺做好了准备”。[①] 作为马克思主义最忠实的继承者之一的拉法格同样也洞察到了作为帝国主义最为深厚的经济基础——资本主义私人垄断，进而他将帝国主义界定为资本主义由于托拉斯经济形态和有关组织持续不断发展而进入的一个特殊历史阶段。希法亭在《金融资本》一书中，运用马克思主义的基本观点和研究方法深入考察了银行资本与工商业资本相互融合的情形，强调了“金融资本”在垄断资本主义历史时期的核心作用，并由此指出，资本主义最新发展阶段是金融资本阶段。卢森堡则在《资本积累论》中突出强调了“资本—非资本”的相互关系，她通过

① 《马克思恩格斯文集》第7卷，人民出版社2009年版，第497页。

质疑“马克思扩大再生产图式”提出，资本主义社会中剩余价值的完全实现在很大程度上依赖于“非资本主义环境”，资本主义的持续发展必将来到这样一个历史阶段，即出于自身利益考量，资本主义各国对“非资本主义环境”的激烈争夺终将导致帝国主义的出现。布哈林的帝国主义理论综合了列宁、希法亭、卢森堡等前人的有关思想，并在《世界经济与帝国主义》（1917）、《过渡时期的经济》（1920）、《帝国主义与资本积累》（1925）等著作中得以呈现，其中，最为集中展现布哈林帝国主义观点的作品是《世界经济与帝国主义》一书。列宁高度评价了《世界经济与帝国主义》这一著作，列宁指出，“布哈林这本书的科学意义特别在于：他考察了世界经济中有关帝国主义的基本事实，他把帝国主义看成一个整体，看成极其发达的资本主义的一定的发展阶段。”① 该书是在列宁的《帝国主义是资本主义的最高阶段》发表5个月之后出版的，它有力地配合、宣传了列宁的“帝国主义论”。考茨基的相关观点则主要彰显了资本主义“工业—农业”的产业结构与相互关系，他认为，帝国主义就是高度发达工业资本主义民族力图吞并或征服更多农业区域的产物，是一种金融资本“比较爱好的”政策。考茨基设想在不远的将来，帝国主义政策很有可能将会被一种全新的“超帝国主义”政策（帝国主义国家的区域性甚或是全球范围大联合政策）所取代，超帝国主义政策“将以实行国际联合的金融资本共同剥削世界来代替各国金融资本的相互斗争”。除上述马克思主义学者外，英国自由主义经济学家霍布森于1902年出版了《帝国主义》一书，该学术著作可以称得上是世界上第一部对帝国主义进行专门政治经济分析的力作。霍布森的帝国主义思想可以大致归结为：帝国主义源于这样一对难以超越的社会矛盾，即资本主义生产和积累的不断扩大与国内广大普通劳动群众消费能力相对日益缩小之间所产生的尖锐对立与冲突，为了解决这一日益升级和恶化的社会矛盾，资本主义各国不得不将过剩资本投向海外，于是，这样一来，以向外积极推行殖民主义为重要特征的帝国主义就在不知不觉中出现了。

---

① ［俄］尼·布哈林：《世界经济和帝国主义》，蒯兆德译，中国社会科学出版社1983年版，序言第2页。

与此同时，霍布森也注意到了金融资本在这一历史阶段所具有的独特作用和地位，他认为，正是金融资本成为资本主义对外扩张的各种力量的推动者和组织者，成为了帝国主义的核心力量。列宁对此书作出了较高的评价，他认为，尽管约·阿·霍布森的《帝国主义》一书所持的是资产阶级社会改良主义与和平主义的观点，但是，霍布森对帝国主义的基本经济特点和政治特点作了一个很好、很详尽的说明。

以《帝国主义是资本主义的最高阶段》为典范代表的列宁“帝国主义论”主要是对自由资本主义向垄断资本主义过渡时期及帝国主义初期世界资本主义客观情况和社会经济特征的一种理论反映同思想凝练。马克思主义经典作家及其他众多思想家们，包括一些资产阶级学者（如霍布森）对垄断资本主义所作出的理论研究与抽象思考于不同层面和维度上对列宁“帝国主义论”的形塑与最终成熟起到了巨大启发意义与推动作用。列宁当然绝非第一个，更非唯一一个研究垄断资本主义或帝国主义的思想家。应当说，在很大程度上，以《帝国主义是资本主义的最高阶段》为代表的列宁“帝国主义论”乃是某种建基于“兼容并蓄”“博采众家之长”之上的马克思主义有关帝国主义或垄断资本主义的理论的创新与发展，是新的历史时代——垄断资本主义时代或帝国主义时代的马克思主义。值得注意的是，尽管人们对列宁“帝国主义论”同其他学者的帝国主义理论学说之间的关系作出了种种猜测、推定与断言（当然，有的十分歪曲、错误甚至荒谬，如某些别有用心的西方学者就认定列宁的“帝国主义论”并不具有一种理论原创性，其主要来源于希法亭、霍布森或布哈林），但是，必须予以肯定的是，列宁“帝国主义论”的基本立场、基本原理、研究方法及其显著的学说特质均时时处处散发着马克思主义耀眼的理论光芒。列宁“帝国主义论”最深厚的“思想源头”及“血统”毋庸置疑来自于马克思和恩格斯，而其他众多学者的观点和看法尽管也可能从这个方面或那个方面对他的“帝国主义论”或多或少地起到这样或那样的启发与促进作用，但这些影响充其量只能算是起到辅助作用的“细枝末流”罢了。因而，如果力求更为全面、更为深刻、更为系统地认知和理解以《帝国主义是资本主义的最高阶段》为典范代表的列宁“帝国主义论”就不得不首先要回顾马克思和恩格斯关于垄断资本主义所作出的深刻探讨。尽管马、恩的研究与列宁的“帝国主义论”相比较而言显得不算完整和系统，但这却无法磨灭马、恩有关研究的理论深刻性及其对列宁“帝国主义论”最终形成所起到的无可替代的重大作用。

二、马克思和恩格斯对垄断资本的初步研究

“资本所以能在这里，在一个人手中增长成巨大的量，是因为它在那里，在许多单个人的手中被夺走了。”——卡尔·马克思

“竞争已经为垄断所代替，并且已经最令人鼓舞地为将来由整个社会即全民族来实行剥夺做好了准备。”——弗里德里希·恩格斯

自由资本主义向垄断资本主义过渡的大致时间段为19世纪六七十年代至20世纪初。列宁曾经明确地将19世纪六七十年代视为“垄断组织还只是一点不甚明显的萌芽”时期。然而，令人由衷惊叹的是，尽管（资本主义私人）垄断在这一历史时期还仅仅只是资本主义社会中一个“小荷才露尖尖角”的社会经济萌芽现象，但马克思和恩格斯却极为敏锐而准确地捕捉到了自由竞争衰微与资本和生产日益集中垄断的重要发展趋势，并明确指出：不仅竞争已经被垄断所取代，而且垄断资本主义终将会过渡到社会主义社会。对此，列宁颇为感慨地在《帝国主义是资本主义的最高阶段》中如是说道：“在半个世纪以前马克思写《资本论》的时候，绝大多数经济学家都认为自由竞争是一种‘自然规律’。官方学者曾经力图用缄默这种阴谋手段来扼杀马克思的著作，因为马克思对资本主义所作的理论和历史的分析，证明了自由竞争产生生产集中，而生产集中发展到一定阶段就导致垄断。现在，垄断已经成了事实。”①

马克思在《资本论》第1卷第23章中重点论及了迥然不同于“资本积累”和“资本积聚”的“资本集中”。马克思指出，实现“资本集

① 《列宁专题文集——论资本主义》，人民出版社2009年版，第111页。

中"有两条主要途径：第一，在资本主义的市场竞争中，通过大企业吞并（兼并）中小企业的"强制"方式来实现，于是，这样，就产生出了一种自由资本主义向垄断资本主义过渡时期越来越司空见惯的"大资本家剥夺中小资本家""大鱼吃小鱼"的社会经济现象，资本也由此最终转入到（越来越少的）资本竞争胜利者的手中；第二，一种被马克思誉为"比较平滑"的办法，即其主要通过建立股份公司，广泛吸纳社会闲散资金来实现。在马克思和恩格斯看来，资本日益集中并朝向垄断的不断发展和演进进程，归根究底来说是由于受到社会生产力不断进步的巨大推动作用而发生的，充分体现了资本集中与垄断历史进程的股份公司亦是如此。具体来讲，由于世界资本主义的社会生产力在科技日新月异的持续影响下不断得以推进，因而，各个企业需要不断地更新和升级生产设备，并向技术研发方面持续投入大量资金，因而，其资金需求量就会不断攀升。与此同时，世界资本主义带有鲜明的"丛林法则"色彩的自由竞争理念与实践被奉行了数百年，因而，在激烈的竞争过程中，尽管资本日趋积聚与集中在越来越少的资本集团手中，大产业集团的生产规模迅速拓展，不过，在资本无止境欲望指引下，面对日益白热化的残酷竞争局面，各产业集团仅凭手中的"单个资本"越来越感到难以支撑和应付。正因此，一种作为最广泛吸纳、联合与筹集社会多方资本的最新经营模式——股份公司制应运而生了。这样一来：一方面，职能与资本所有权逐渐分离，劳动与生产资料、剩余劳动的所有权逐渐分离；另一方面，体现出越来越多的社会财产属性和"过渡"特征，"这是资本主义生产方式在资本主义生产方式本身范围内的扬弃，因而是一个自行扬弃的矛盾，这个矛盾明显地表现为通向一种新的生产形式的单纯过渡点。"①

马克思认为，在自由资本主义向垄断资本主义过渡的漫长历史时期内，资本主义社会兴起并渐渐蔚然成风的"信用事业"对于资本持续加速推进的"积累""积聚"以至于"集中"起到了推波助澜的作用。按照马克思在《资本论》第1卷中的原话就是：资本主义"信用"事业从

① 《马克思恩格斯文集》第7卷，人民出版社2009年版，第494—495页。

一开始那个默默无闻地协助资本家们进行积累的“小小助手”逐渐成长为竞争斗争中的一个新的可怕武器，并最终转化为一个实现资本集中的庞大社会机构。[①] 马克思对资本主义信用制度越来越有利于资本所有者，特别是大资本家投机行为的趋向做出了鞭辟入里的剖析。在马克思看来，资本主义信用制度或信用体系早已成为资本主义生产过剩以及商业过度投机的重要杠杆，因为仅仅凭借信用制度及相关系统，资产阶级以自身所拥有的极为有限的个别资本（马克思讽刺到，甚至是连资本家们“奢侈”的消费和生活方式本身都越来越成为获得“信用”的重要手段）为基石，就能够吸纳数量更多、规模更加庞大、来源更为广泛的社会资本，也因此在实质上进一步获得了对社会劳动越来越深入而全面的支配权。在此情形下，资产阶级，特别是那些进行经济投机活动的资产者们可以堂而皇之地“拿社会的财产，而不是拿自己的财产来冒险”。于是，一方面，传统那种有关资本起源于节约的观点和说法正日益变成为一种非常荒唐而无稽的言辞；另一方面，在信用的投机冒险（或资本赌博）旅程中，资本集中的势头大大超越了以往历史时期，并愈发迅猛。按照马克思的原话就是“小鱼为鲨鱼所吞掉，羊为交易所的狼所吞掉”。总之，“成功和失败同时导致资本的集中，从而导致最大规模的剥夺”。“在这里，剥夺已经从直接生产者扩展到中小资本家自身。这种剥夺是资本主义生产方式的出发点；实现这种剥夺是资本主义生产方式的目的，而且最后是要剥夺一切个人的生产资料，这些生产资料随着社会生产的发展已不再是私人生产的资料和私人生产的产品，它们只有在联合起来的生产者手中还能是生产资料，因而还能是他们的社会财产，正如它们是他们的社会产品一样。但是，这种剥夺在资本主义制度本身内，以对立的形态表现出来，即社会财产为少数人所占有；而信用使这少数人越来越具有纯粹冒险家的性质。”[②] 当然，与关于资本、生产持续集中垄断发展趋势（如作为具体经济组织形式的股份公司）的看法相似，马克思在《资本论》第 3 卷中同样辩证地阐释了资本主义“信用制度”内涵的

---

① 《马克思恩格斯文集》第 5 卷，人民出版社 2009 年版，第 722 页。
② 《马克思恩格斯文集》第 7 卷，人民出版社 2009 年版，第 498 页。

（往往是深藏不露的）“两重性质”，特别是对于资本主义“信用制度”及在其基础上建设的资本主义股份公司所内藏的“过渡性质”“扬弃性质”，即某种客观存在的“先锋性”与“进步性”，马克思可谓是反复提及并进行了不厌其烦的阐述：“没有从资本主义生产方式中产生的工厂制度，合作工厂就不可能发展起来；同样，没有从资本主义生产方式中产生的信用制度，合作工厂也不可能发展起来。信用制度是资本主义的私人企业逐渐转化为资本主义的股份公司的主要基础，同样，它又是按或大或小的国家规模逐渐扩大合作企业的手段。资本主义的股份企业，也和合作工厂一样，应当被看做是由资本主义生产方式转化为联合的生产方式的过渡形式，只不过在前者那里，对立是消极地扬弃的，而在后者那里，对立是积极地扬弃的。……信用制度加速了生产力的物质上的发展和世界市场的形成；使这二者作为新生产形式的物质基础发展到一定的高度，是资本主义生产方式的历史使命。同时，信用加速了这种矛盾的暴力的爆发，即危机，因而促进了旧生产方式解体的各要素。信用制度固有的二重性质是：一方面，把资本主义生产的动力——用剥削他人劳动的办法来发财致富——发展成为最纯粹最巨大的赌博欺诈制度，并且使剥削社会财富的少数人的人数越来越减少；另一方面，造成转到一种新生产方式的过渡形式。正是这种二重性质，使信用的主要宣扬者，从约翰·罗到伊萨克·贝列拉，都具有这样一种有趣的混合性质：既是骗子又是预言家。”① 尽管由于马克思过早离世，没有等到垄断资本主义历史阶段的真正到来，因而也就无法更多地对垄断资本主义发展以及诸多重要历史特征和经济现象作出更详尽、更细致、更深入的阐述与说明，但却不得不承认，马克思的政治经济学思想并没有仅仅停留在自由资本主义时代。以《资本论》为杰出典范的一系列马克思主义重要文献均毫无争议地表明，马克思深邃的理论思考和犀利的眼光早已洞穿了历史重重的迷雾，其不仅已经清楚地洞悉到垄断资本主义隐藏在暗夜中隐约而摇曳的轮廓，而且更是借助于理论逻辑的帮助，遥遥望见了地平线上峰峦叠嶂的群山被缓缓升起的新社会曙光所染红、着色的斑驳光影：“资本

① 《马克思恩格斯文集》第7卷，人民出版社2009年版，第499—500页。

的垄断成了与这种垄断一起并在这种垄断之下繁盛起来的生产方式的桎梏。生产资料的集中和劳动的社会化，达到了同它们的资本主义外壳不能相容的地步。这个外壳就要炸毁了。资本主义私有制的丧钟就要响了。剥夺者就要被剥夺了。”①

与马克思一样，恩格斯尽管也没能亲眼目睹到（如列宁所见到的那般）垄断资本主义那些微弱的征兆逐渐发展为显著而耀眼的时代特征，不过，需要说明的是，恩格斯不仅在马克思与世长辞后仍竭尽所能地忠实继承并发展弘扬马克思有关垄断资本主义的一系列思想，作出了颇多对后世深具理论与实践意义和价值的探索。而且事实上，恩格斯早在马克思生前就已经对自由资本主义向垄断资本主义的过渡有所洞察，并在诸多文献中留下了极为珍贵的理论探索足迹。例如，恩格斯在他曾于1843年写作的《国民经济学批判大纲》中就辩证而深入地分析了资本主义竞争与垄断之间的关系，他指出，资本主义社会中的每一个竞争者（无论他是谁，是工人、资本家，还是土地占有者）从内心最原始的欲望出发都希望取得一种排斥竞争存在的相对或绝对的经济垄断地位，然而，这却反过来形成了竞争深层的矛盾，也就是说，对于社会和群体来说，他们必将会由于个体和小群体的经济垄断而遭受损失，所以，必定会竭力排除社会上的经济垄断。从资本主义发展的具体历史进程来看，重商主义所造成的经济垄断引起了资本主义早期（自由资本主义时期）对自由竞争的渴求与不竭追寻。不过，由于竞争建立在一己私利考量的基础上，因而，自由竞争早早晚晚还是会过渡到垄断，即所谓的“利益引起垄断”“竞争转为垄断”。在以《反杜林论》之名载入人类思想史史册的《欧根·杜林先生在科学中实行的变革》的名篇中，恩格斯比较详细地考察了资本主义社会中生产社会化同资本积累和集中过程之间的深层关系，并指出了股份公司这种“社会化形式”由于受到“猛烈增长着的生产力”的巨大推动正以前所未有的高速度发展着，“猛烈增长着的生产力对它的资本属性的这种反作用力，要求承认生产力的社会本性的这种日益增长的压力，迫使资本家阶级本身在资本关系内部可能的限度

① 《马克思恩格斯文集》第5卷，人民出版社2009年版，第874页。

内，越来越把生产力当作社会生产力看待。无论是信用无限膨胀的工业高涨时期，还是由大资本主义企业的破产造成的崩溃本身，都使大量生产资料不得不采取像我们在各种股份公司中所遇见的那种社会化形式。”① 不过，这一切改变均具有巨大的历史局限性，即其所有的发展与进步仍然被牢牢地禁锢在资本主义制度藩篱之中，因而，都既没有改变生产力的资本主义性质（恩格斯认为，只是由于生产力的持续进步所产生的与资本主义生产关系的矛盾的不断激化，才迫使资本家阶级将“生产力”视为“社会生产力”），同时也没有改变资本主义的内在社会矛盾。在最早于1880年出版的《社会主义从空想到科学的发展》（法文版）中，恩格斯提出了与日后在整理、修订、编辑《资本论》第3卷第27章《信用在资本主义生产中的作用》中增补内容几乎完全一致的观点。极具价值的是，恩格斯明确指出了垄断资本主义的历史走向和无可更改的历史命运：在托拉斯中，自由竞争转变为垄断，不过，在这里，剥削变得这样明显，以致它必然要崩溃，任何一个民族都不会容忍由托拉斯领导的生产，不会容忍由一小撮专靠剪息票为生的人对全社会进行如此露骨的剥削。因此，资本主义社会的无计划生产终将会向行将到来的社会主义社会的计划生产投降。②

自马克思逝世后，恩格斯在整理和编辑《资本论》第3卷时，在第27章《信用在资本主义生产中的作用》中增补了一段极为重要的论述：“自从马克思写了上面这些话以来，大家知道，一些新的产业经营的形式发展起来了。这些形式代表着股份公司的二次方和三次方。在大工业的一切领域内，生产现在能以日益增长的速度增加，与此相反，这些增产的产品的市场的扩大却不断地变慢。大工业在几个月中生产的东西，市场在几年内未必吸收得了。此外，那种使每个工业国家同其他工业国家，特别是同英国隔绝的保护关税政策，又人为地提高了本国的生产能力。结果是全面的经常的生产过剩，价格下跌，利润下降甚至完全消失；总之，历来受人称赞的竞争自由已经日暮途穷，必然要自行宣告明显的可

① 《马克思恩格斯选集》第3卷，人民出版社1995年版，第628页。
② 《马克思恩格斯选集》第3卷，人民出版社1995年版，第752页。

耻破产。这种破产表现在：在每个国家里，一定部门的大工业家会联合成一个卡特尔，以便调节生产。一个委员会确定每个企业的产量，并最后分配接到的订货单。在个别场合，甚至有时会成立国际卡特尔，例如英国和德国在铁的生产方面成立的卡特尔。但是生产社会化的这个形式还嫌不足。各个公司的利益的对立，过于频繁地破坏了这个形式，并恢复了竞争。因此，在有些部门，只要生产发展的程度允许的话，就把该部门的全部生产，集中成为一个大股份公司，实行统一领导。在美国，这个办法已经多次实行；在欧洲，到现在为止，最大的一个实例是联合制碱托拉斯。这个托拉斯把英国的全部碱的生产集中到唯一的一家公司手里。单个工厂——超过 30 家——原来的所有者，以股票的形式取得他们的全部投资的估定价值，共约 500 万英镑，代表该托拉斯的固定资本。技术方面的管理，仍然留在原来的人手中，但是营业方面的领导则已集中在总管理处手中。约 100 万镑的流动资本是向公众筹集的。所以，总资本共有 600 万镑。因此，在英国，在这个构成整个化学工业的基础的部门，竞争已经为垄断所代替，并且已经最令人鼓舞地为将来由整个社会即全民族来实行剥夺做好了准备。”① 在这段阐述中，恩格斯首先提到了建基于股份公司之上的一些“新的产业经营形式”，即“代表着股份公司二次方和三次方”的资本主义大垄断组织持续壮大和发展起来。为了避免严重的生产无政府状况所造成的生产过剩以及可能由此引发的经济社会危机，垄断组织一开始是以国内卡特尔形式出现，随后演进为国际卡特尔，最后，甚至产生了高度垄断性质的大股份公司——（国际）托拉斯集团。这一切都昭示并宣告了自由资本主义的寿终正寝，以及垄断资本主义时代的来临。进而，恩格斯在文末再度响应和重申了马克思有关资本主义“信用制度”及在其基础上建设的股份公司所固有的“过渡性质”“扬弃性质”等重要观点。此外，恩格斯在《资本论》第 3 卷第 30 章《货币资本和现实资本 Ⅰ》中的一个较长篇幅的注释以及他对《资本论》第 3 卷所做的一个增补短文——《交易所》中，首次研究了帝国主义两个极其重要的时代特征：资本输出与殖民主义问题，“欧洲的

---

① 《马克思恩格斯文集》第 7 卷，人民出版社 2009 年版，第 496—497 页。

过剩资本，在世界各地开辟了无限广阔和多种多样的投资领域”；开拓殖民地“纯粹是交易所的附属物。欧洲列强为了交易所的利益在几年前就把非洲瓜分了”。特别值得一提的是，《交易所》一文比较详细地论述了新历史时期资本主义社会中金融资本的性质及其新的社会功能。在文中，恩格斯明确地指出，集中代表证券市场的交易所已经成为了“资本主义生产本身最突出的代表”，不仅一个个工业企业逐渐转变为股份企业，而且商业、农业，甚至连银行或其他信用机构都均是如此：大批新设的，都是股份有限公司，甚至像一切国外投资都早已采取了股份形式。①

尽管马克思和恩格斯针对自由资本主义向垄断资本主义过渡时期，资本主义世界所逐渐显露出的一些几乎是全新的时代特征与可能的未来历史发展趋势作出的考察与诠释是较为初步且带有浓厚探索性质的思想火花，然而，不容否认的是，正是这些星星点点、或隐或现的理论火焰已经极为深刻且极富预见性地探讨了帝国主义最为深厚的经济基础——资本主义私人垄断，以及在此基础上日益展现出来的诸多重要的社会经济特征。例如，恩格斯预见到，在资本主义制度下，由于基本矛盾的尖锐化，资本主义列强之间必然会爆发世界战争。他在《波克罕〈纪念1806至1807年德意志极端爱国主义者〉》一书的引言里如是说道：“对于普鲁士德意志来说，现在除了世界战争以外已经不可能有任何别的战争了。这会是一场具有空前规模和空前剧烈的世界战争。那时会有800万到1000万的士兵彼此残杀，同时把整个欧洲都吃得干干净净，比任何时候的蝗虫群还要吃得厉害。三十年战争所造成的大破坏集中在三四年里重演出来并遍及整个大陆；到处是饥荒、瘟疫，军队和人民群众因极端困苦而普遍野蛮化；我们在商业、工业和信贷方面的人造机构陷于无法收拾的混乱状态，其结局是普遍的破产；旧的国家及其世代相因的治国才略一齐崩溃，以致王冠成打地滚在街上而无人拾取。”虽然限于历史原因，恩格斯当时还没有具体说明产生这种世界战争的原因，但是他完全预见到了战争的严重后果。这一点正如同列宁所言：“这真是多么天才

---

① 《马克思恩格斯文集》第7卷，人民出版社2009年版，第554页注释8、第1028—1030页。

的预见！在这个明确的、简要的、科学的阶级分析中，每一句话的含义是多么丰富。”此外，恩格斯还在《资本论》（第3卷）增补中揭示了资本主义的腐朽性和寄生性问题，他指出，随着资本积累的增长，靠食利金生活的人数增加了。[①] 故此，不仅可以断言，马克思、恩格斯时期，马克思主义关于垄断资本主义的理论学说雏形已经大致形成，而且，毫无疑问，这些重要思想观点均极大地启发并开启了列宁在以《帝国主义是资本主义的最高阶段》为典范代表的“帝国主义论”中的相关研究，成为了列宁“帝国主义论”当之无愧的理论逻辑起点以及最为深厚的思想源泉。

三、拉法格对垄断资本的初步考察

保尔·拉法格（1842—1911）是“马克思主义思想最有天才、最渊博的传播者之一”，法国工人党与“第二国际”的主要创建者之一，闻名于世的著名马克思主义学者、宣传家与国际工人运动实践家，为法国和国际无产阶级争取自由、解放的革命事业殚精竭虑地奋斗了一生。拉法格与妻子劳拉商定，当他们年迈体衰、不能为党工作时，就自动离开人世。1911年11月25日晚，他们出席了巴黎的歌剧晚会后，回到巴黎附近的德拉维镇寓所，在臂上注入氰化钾，双双躺在安乐椅上平静地去世。12月3日，拉法格和劳拉的遗体在拉雪兹墓地火化。列宁代表俄国社会民主工党在葬礼上致词，高度评价了这位卓越的国际工人运动活动家和马克思主义理论家的光辉一生：“在拉法格的身上结合着两个时代：一个是法国革命青年同法国工人为了共和制的理想进攻帝国的时代；一个是法国无产阶级在马克思主义者领导下进行反对整个资产阶级制度的坚定的阶级斗争、迎接反对资产阶级而争取社会主义的最后斗争的时代。”克鲁普斯卡娅在回忆列宁的致辞演说时这样说道：“他想对拉法格夫妇的遗体说，他们的工作并不是没有结果的。他们所开创的事业，无论是与保尔·拉法格还是劳拉·拉法格都有如此密切关系的马克思的事

① 韩淑颖：《恩格斯对马克思的垄断理论的发展》，《教学与研究》1985年第3期，第38—39页。

业，在扩大着，在增长着，并且已经传播到遥远的亚洲去了。这时在中国恰好掀起了群众性的革命运动的浪潮。”① 普法战争和“巴黎公社”革命时期，拉法格积极投身于揭露“国防政府”卖国行径的工作中，倡导以革命的强硬手腕反对普鲁士侵略，亲自领导波尔多无产阶级保卫和声援“巴黎公社”的斗争。对于拉法格为了筹建法国独立的工人政党而参与制定的《哈佛尔纲领》，马克思曾盛赞道：自从哈佛尔代表大会通过了纲领后，法国出现了“第一次真正的工人运动”。由于拉法格通过在《波尔多论坛报》上连载文章以及时、准确地向社会各界报道“巴黎公社”革命的最新情况，因而被恩格斯亲切地誉为“巴黎这座光明之城的一盏明灯”。“巴黎公社”革命失败后，拉法格虽然流亡海外，但仍继续坚持革命工作。拉法格在这一时期不仅写作了大量论战性文章，同时也发表了许多学术性很强的论著，如《卡尔·马克思的经济唯物主义》《共产主义的经济演变》《唯心史观与唯物史观》《财产的起源和发展》等。

尽管拉法格早年间深受蒲鲁东主义和布朗基主义等小资产阶级学说的影响，不过，总体来说，在马克思和恩格斯长期悉心的帮助与谆谆教导下，拉法格思想观念中正统的马克思主义成分还是占据着主导地位，而且，在马克思和恩格斯相继辞世之后的历史史实也雄辩地证明，拉法格一生都在竭尽全力地捍卫与发展马克思主义。毫不夸张地说，拉法格对于马克思主义真理性学说的信仰、坚守、继承与发展是无比忠诚以及发自灵魂深处的，这一点仅从他留给世人的遗书中就可窥一斑：“我怀着无限快乐的心情离开人世，深信我为之奋斗了45年的事业在不久的将来就会取得胜利。共产主义万岁！”拉法格始终坚定地批判资产阶级经济学家对《资本论》所发动的猛烈攻击与恶意诋毁，有力地捍卫了马克思主义经济学的基石——剩余价值学说。关于这一点，苏联学者哈·尼·莫姆江这样评论道：扼杀《资本论》的人，仿佛是传说中的一条盛怒的蛇，一口咬住铁锉，要试试自己牙齿的劲头。法国那些攻击《资本论》

① ［苏］哈·尼·莫姆江：《拉法格与马克思主义哲学》，张大翔、张凡琪等译，国际文化出版公司1987年版，第71页。

的人遭到了拉法格的坚决回击。① 保尔·拉法格思想的马克思主义属性不仅体现在他对马克思主义的忠实继承上，而且更体现在他因应时代变局，虚心谦卑地向“粗糙的尘世”讨教与学习，以及由此对马克思主义正确推进和发展的真正马克思主义“活的灵魂”上。正因此，在自由资本主义向垄断资本主义过渡数十年激烈社会历史变革进程中，拉法格十分注意在马克思主义基本立场、原理和方法指引下，展开对资本主义过渡时期呈现出的新时代特征的研究与深入分析，并由此斩获了一系列关于垄断资本主义的重要理论成果。这些思想结晶，如对垄断资本出现、美国托拉斯、金融资本、金融寡头等因素的考察均集中而突出地体现在1896年完成的《驳对卡尔·马克思的批评》以及1903年完成的《美国托拉斯及其经济、社会和政治意义》等诸多闪耀着锐利思想光芒的著名篇章中。拉法格的“帝国主义思想”无疑对以后以《帝国主义是资本主义的最高阶段》为典范代表的列宁“帝国主义论”的最终成型奠定了坚实的理论基础，起到了毋庸置疑的启迪作用。正是在这个意义上，将拉法格视为马克思主义的帝国主义思想或理论学说的重要创建人之一是恰如其分的。

（一）自由竞争向垄断的过渡和发展

“我们正在走向垄断取消任何竞争和任何经济自由的社会。在这个社会里，经济三位一体的这两个伟大的神将成为过去，就像希腊的宙斯和罗马的丘比特已经成为过去一样。”

——保尔·拉法格

拉法格在1896完成的为了批驳维尔弗雷多·帕累托而作的《驳对卡尔·马克思的批评》（主要是其中《资产阶级政治经济学的永恒规律》一节）一文中，通过阐述在自由资本主义向垄断资本主义过渡时期，资本主义世界逐渐崛起的“保护关税主义”与“保护关税派”事实上是对曾经一度被视为经济领域内唯一规律和基本准则的“自由放任”与“竞

① ［苏］哈·尼·莫姆江：《拉法格与马克思主义哲学》，张大翔、张凡琪等译，国际文化出版公司1987年版，第38页。

争”原则的根本抛弃和超越，断然否定了在人类社会或经济世界中存在着某种历久以来被资产阶级经济学家们奉为与自然界规律具有一致性的“永恒不变”的经济规律。他指出：那种认为政治经济学规律同天文学规律一样很少变化，经济现象的发展同宇宙世界的发展一样缓慢而不显著，换言之，人类生产方式自史前时代至今（而且将来也不会）就从未发生任何演变的观点是十足的谬论，因为“力图推翻资产阶级政治经济学的‘永恒的’但已经过时的规律的，不是社会主义者，而是经济现象”。①

拉法格通过对一度被资产阶级学者们视为金科玉律同“宇宙基本规律之一”的“自由放任”和“竞争”经济原则“永恒性”的彻底否定和颠覆，试图告诉人们：由于人类社会与经济现象持续不断地演化与进步，不可能存在某种所谓永远恒定、亘古不变的经济规律和经济原则。与世间万事万物一样，自由和竞争在不断发展壮大的进程中也渐渐产生出了反对、否定自身的强大力量——经济垄断，正如同某些昆虫那样，在它们从卵中孵化出来之后就会吞食掉自己的母亲。竞争越是自由地展开，它就越是会不断地缩小自身发展的空间与地盘，也就是说，在自由竞争持续发展的过程中，中小工业家和商人不断地被大资本家所吞并，资本和生产疾驰在快速集中垄断的道路上，于是，社会上只剩下越来越少，然而资本与生产实力却越来越强大的经济垄断巨头。“竞争使商人和工业家破产，把他们从有限的生产和交换领域内赶出来，只留下一些巨头，而这些巨头最终又会联合起来，以便消除任何竞争。竞争摆脱了羁绊，以便摧毁小规模的手工业垄断，而在它一个一个地摧毁了这些手工业垄断之后，创造出了无比巨大的垄断，使任何竞争都成为不可能。”②

质言之，拉法格认为，资本主义自由竞争在自身不断演化发展进程中创造出越来越多反对自身的力量和因素，资本主义的自由竞争经济发展到一定历史阶段必定会被新的超越性势力所代替，因而，自由资本主义的衰微与垄断资本主义的崛起同样不可避免。可以说，在自由资本主

---

① 《拉法格文选》（下卷），人民出版社 1985 年版，第 172 页。

② 《拉法格文选》（下卷），人民出版社 1985 年版，第 173 页。

义时期流行的自由竞争原则乃是对封建行会制度和办事原则的超越与否定，而在自由资本主义向垄断资本主义过渡的历史时期愈发显著的经济高度集中垄断发展趋势则是对资本主义早期自由竞争原则的超越与否定，这就是人类社会历史“螺旋式上升”与“否定之否定”的过程及其体现出的基本辩证发展规律。资本主义已然在不知不觉中进入到经济（高度）集中垄断时期。这个建基于自由竞争基础之上，并调转头反对和否定自由竞争的新近出现的垄断历史时期被拉法格视为一个“取消任何竞争和任何经济自由”的社会或历史阶段。对此，他在《驳对卡尔·马克思的批评》中如是说道，“我们正在走向垄断取消任何竞争和任何经济自由的社会。在这个社会里，经济三位一体的这两个伟大的神将成为过去，就像希腊的宙斯和罗马的丘比特已经成为过去一样。”① （在拉法格看来，“经济三位一体的这两个伟大的神”分别是“自由和竞争”，对此，他曾说过：“自由和竞争，是自由贸易的三位一体中的两个伟大的神，而愚蠢则是它的圣灵。”）

（二）垄断资本主义的基本时代特征

“美国的托拉斯是一种新的历史现象，它对资本主义世界的影响是如此巨大，以致最近四十年来发生的一切经济的、政治的和科学的现象都退居第二位了。”

——保尔·拉法格

拉法格在其于1903年写作完成的《美国托拉斯及其经济、社会和政治意义》中开宗明义地再度重申了他于《驳对卡尔·马克思的批评》一文中提出的重要观点：我们正在从自由资本主义历史阶段走向垄断资本主义时代，“资本以前所未见的惊人规模大量集中，单是这一现象本身就足以说明资本主义已演进到特殊阶段了。”② （对此，马健行在其文《拉

① 《拉法格文选》（下卷），人民出版社1985年版，第174页。
② 《拉法格文选》（下卷），人民出版社1985年版，第212页。

法格对帝国主义理论的贡献》① 中明确指出，“拉法格的这个论断的提出比希法亭提出的帝国主义是‘资本主义发展的最新阶段’早了2—7年；比列宁提出‘帝国主义是资本主义发展的最高阶段’早了近13年。”）垄断资本主义最显著的一个时代特征就是以托拉斯为首的资本主义各类垄断组织和集团拥有令人感到无比惊愕的巨量资金与财富，特别是垄断组织高级形态的托拉斯组织更是达到了富可敌国的程度，随随便便一个垄断组织往往拥有数千万甚至数十亿美元资本。拉法格在引用美国缅因州议员利特尔菲尔德提出的一份据说截至1903年1月1日最为完整的美国托拉斯名单基础上，考虑上全部蒸汽铁路公司，所有这些托拉斯组织所拥有和掌控的资本总额已经超过了1000亿美元，然而，美国这一时期的全国总财富量也不过4850亿美元。由此可见一斑，资本和生产在垄断资本主义时代已经达到了一种怎样高度集中垄断的程度！

由于各类垄断组织，特别是托拉斯手中握有的超乎一般人想象的巨额资本，它们才能够有雄厚的经济实力去促推被拉法格称之为“工业整体化”的进程。所谓“工业整体化”即是指以托拉斯为首的垄断组织将彼此独立发展的各类产业部门和各个经济集团合并同集中于高度统一的领导下，产生出一个新的、完整的、各部分有着内在合理联系的经济生产机构。于是，资本主义垄断组织逐渐控制着越来越多的单个、零散、独立的产业单位，以至于有的托拉斯几乎完全掌控了某个国民产业经济领域的全部单位。这样一来，垄断组织的有计划和经统筹考量的生产安排在很大程度上消除或减少了社会上曾经大量存在着的分散且激烈的微小竞争，部分缓解了资本主义生产的无政府状态。

拉法格敏锐察觉到，在资本主义社会资本和生产迅猛集中于以托拉斯为首的各类垄断组织的同时，往昔，即自由资本主义时期广泛存在于社会上的各式各样的中小企业的数量却伴随着这一“集中”的历史趋势的发展而日益减少，最后竟形成了在某个经济领域甚至全国工业领域只剩下寥寥数个巨型垄断集团和它们为数不多的实际统治者——金融寡头

---

① 马健行：《拉法格对帝国主义理论的贡献》，《中国人民大学学报》1988年第3期，第18页。

的令人惊讶却又不得不承认和接受的现实。对此，拉法格说道：独立地、不受监督地和不负责任地支配这1000亿的金融资本家人数竟然很少。美国5个非常著名的金融资本家集团——摩根集团、古耳德—洛克菲勒集团、哈里曼—库恩—罗比集团、万德比尔特集团和宾夕法尼亚集团——控制着美国几家大铁路公司的业务。组成这5个集团的金融资本家们，在各种公司的名义掩盖之下控制着各种类型的工业企业、商业企业和金融企业。他们从铁路、银行、矿场、铁、铜、银、金，以及钢、粮食、肉类等的经营中攫取收益。所有美国的农业生产部门和工业生产部门都向他们纳贡。[①] 这些垄断组织与寡头们在资本无止境扩张欲望以及海外巨额利润回报的推动下，当然不可能仅仅满足于在国内实施经济剥削与统治，正因此，拉法格指出：这一小撮资本家不仅剥削美国，而且把手伸到全世界。

拉法格还提及托拉斯体系对资本主义经济领域所产生的一个重大影响：托拉斯对商业和商人优先地位的排斥与打压（这个观点很有可能启发了日后希法亭《金融资本》的相关研究）。自由资本主义时期，商业和商人往往被人们视为市场“不可缺少”的重要环节和有机构成部分，然而，自从垄断资本主义崛起，资本主义商业与商人的地位遭受到了空前挑战与实质性打击。对此，拉法格如是说道：“十七世纪和十八世纪的商人开办了手工工场，从而破坏了行会手艺人的手工业生产，在不知不觉中为资本主义大生产铺平了道路，后者反过来又破坏了手工工场的生产。当资本主义大生产上升到托拉斯体系，即发展到资本主义演变过程的顶峰时，便迫使商业变得仅仅成为生产上的一个配角，即使不是把它取消的话。”[②]

拉法格对垄断资本主义研究的突出贡献之一在于他深刻揭示了在自由资本主义向垄断资本主义过渡的历史时期，工业托拉斯垄断组织与资本主义银行业日益“溶合在一起”的发展趋势。拉法格指出，由于企业生产规模与日俱增，往日里那种仅仅依靠个人单薄资本来拓展企业规模

---

① 《拉法格文选》（下卷），人民出版社1985年版，第215页。

② 《拉法格文选》（下卷），人民出版社1985年版，第267页。

及持续运转资本主义再生产的模式渐渐被一种“社会融资”的模式所取代，于是，股份公司和债券公司应运而生，特别是那些积聚了大量资金，并且只有通过不断向工商业企业中注入资金才有利可图的以资本主义银行为代表的金融行业的重要性日益提升。由于资本与生产集中趋势的迅猛发展，“集中”甚至也渗透到了银行业自身，其表现就是，虽然银行数量在不断减少，资本却在急遽增长，而且最主要的银行之间结成金融同盟的需求也显得越来越迫切。进而，出于利益最大化考虑及现实需要，一些资本主义工商业托拉斯也慢慢地开始与以资本主义银行为首的金融业进行着不同程度的“溶合”。拉法格十分深刻地指出，尽管托拉斯在表面上显现出一种所谓的“去无政府化”生产，以及某种程度的有组织、有计划性生产，然而，归根究底，垄断组织本质上仍属于资本主义性质，其生产的目的仍然是为了追求利润最大化，所以，其不仅无法根除资本主义由于生产过剩而导致的资本主义经济危机，而且由于其生产和使用资金规模都大大超过了以往历史时期，因而，以托拉斯为首的资本主义垄断组织反而日益成为促推经济危机（在更大程度、更大社会范围以及更为深远和尖锐化的影响层面）频频爆发的主要根源。据此，拉法格认为，正是由于资本主义经济垄断以及垄断组织持续不断地发展，迫使各资本主义国家（包括美国）纷纷走上了以对外进行殖民侵略、掠夺压迫为重要时代特征的帝国主义道路。

面对传统资产阶级及其御用文人为资本家们不劳而获所寻找的各类极为可笑的粉饰借口（包括所谓的“管理才能说”“运气说”“积累说”等），拉法格秉承着马克思和恩格斯的一贯立场与观点，通过阐述股份公司将资本获利与在一线从事具体劳动生产分割得越来越远的无可辩驳的事实，说明资产阶级的真实嘴脸只是一味地关心股票交易所里抽象（主要呈现为数字）的利润收益，而对实体产业中的具体生产状况却绝不会、也从未真正关心过（拉法格对此尖锐地讽刺道，“从此资本家只认得一个东西，即利息”“资本家谋取利息的欲望要比任何一个农民祈求上帝恩典的欲望强烈”），以此深刻揭示出资产阶级十足的“食利性”“寄生性”，以及对社会经济发展“毫无用处”的阶级本质特征。此外，针对资产阶级指认，由于股份制度和股份有限公司的出现，这种“财产非个人化”发展趋势已经将资本家们所拥有的企业一夜之间转变为“属于大众”的、财产普及化、民主化了的企业，民众相应地变成了小资本家的极端错误的观点，拉法格给予了最为严厉的批判以及最为充分的揭露：半个世纪以来，股份公司把小老百姓的少量的钱从钱罐中和羊毛袜里挤了出来。把这些迄今为止还是自由的、分散的民间储蓄集中起来，不加监督，不承担责任地交给金融资本家管理，使他们有可能利用交易所的投机手段及其他高级金融魔术，把这些积蓄囊括过来。所谓股份公司的财产民主化，不过是大资本家对小积蓄者的掠夺而已。由于国家通过银行发行公债，直接向公众伸手，才使股份公司和信贷机构能把全国人民腰包里的货币财富集中起来，正如第二帝国的一位大臣所说的那样，股份公司和信贷机构通过这种所谓利息民主化，使老百姓习惯于把它们宝贵的钱财拿出来，可是一拿出来他们就再也见不着了。①

以托拉斯为首的各类资本主义垄断组织不仅牢牢控制和统治着国内经济领域，而且凭借着强大的经济力量，将触角伸向了社会和政治领域的各个角落，如同拉法格所指出的那样，托拉斯集团不仅热衷于投资兴建教堂、学校来为自身服务，而且更醉心于掌控与操纵国内政坛及其走向。它们不仅指挥着众多的参议员、众议员、各部部长，而且这些集团的寡头们甚至亲自竞选国家总统职位。从本质上看，垄断财团与资产阶级政府及其统治集团之间实际上是“酒肉朋友”，也就是说，它们之间存在着千丝万缕的“利益”瓜葛。拉法格指出，无论是美国的共和党人还是民主党人都曾在竞选中热情洋溢地许愿说要遏制托拉斯并消除它们的危害性，但最终的事实却是，上述诺言都仅仅只是一张空头支票而已。以托拉斯为首的资产阶级垄断财团最终在“那个有形的、但却是纸上的政府”之上构筑起了一个真正具有统治实权的、可以干预和左右国家内政外交路线与具体政策的“资本主义总司令部”。拉法格针对这一点说道：“宾夕法尼亚矿场的矿主，起初曾以轻蔑的态度拒绝了旷工罢工时期罗斯福总统提出的调解建议，但是后来摩根出来一说话他就接受了。这

① 《拉法格文选》（下卷），人民出版社1985年版，第275—276页。

件事最好不过地证明：的确有一个至高无上的政权存在。”①

“奴隶和牛马的主人必定怜惜奴隶和牛马，因为它们值钱。但工厂主却无须去关心那些随时可以雇到的雇佣工人。一旦不再需要工人的劳动时，就把他们一脚踢开，听任他们到处流落饿死。……托拉斯体系所引起的集中，使资本主义统治套在工人阶级身上的枷锁变得更沉重了。”②垄断资本主义以及在先进管理和高度社会化组织生产基础上形成的以托拉斯为首的各类资产阶级垄断集团不仅没有缓解，反而日趋加剧了资产阶级与无产阶级之间本就十分尖锐激烈的矛盾，因而，甚至如拉法格所预言的那样，以致可能“出现内战爆发”以及“同时爆发种族斗争”的前景。也正是在这个意义上，拉法格将马克思和恩格斯曾经对垄断资本主义作出的“过渡性”论断移植到了托拉斯体系上。拉法格说：“通过对托拉斯体系的研究，社会主义者对自己的理想得到了新的信心。他们可以更加坚定地确信，这种理想在不久的将来一定会实现。不论是牧师的祷告，还是经济学家的虚构，或者政府当局的欺骗和镇压，一分钟也延迟不了社会危机的到来。这种社会危机将使被剥削者通过猛烈的进攻一举推翻资本主义的寡头统治。”“国内战争将把人类从国际战争中拯救出来！”③

四、希法亭的《金融资本》

鲁道夫·希法亭（1877—1941）是奥地利社会民主工党、德国社会民主党及“第二国际”领导人之一，他出身于奥地利维也纳一个犹太人家庭，于1901年获得医学博士学位。自1899年以来，希法亭的文章频繁地见诸各类社会主义刊物（其中包括由考茨基主编的《新时代》）。希法亭的政治立场与学术思想在20世纪20年代后逐渐向右倾：1923年和1928年，他两次担任德国资产阶级政府的财政部长，竭力推行用以挽救资本主义的政策；1927年5月，他在德国社会民主党基尔代表大会上公

① 《拉法格文选》（下卷），人民出版社1985年版，第219页。
② 《拉法格文选》（下卷），人民出版社1985年版，第289页。
③ 《拉法格文选》（下卷），人民出版社1985年版，第284页。

开宣扬“有组织的”资本主义理论，从而在理论上彻底否定了无产阶级对未来社会的领导地位、阶级斗争的必要性以及帝国主义必然灭亡的历史命运。希特勒上台执政后，希法亭逃亡法国，不久后被引渡，死于集中营。

1910年，鲁道夫·希法亭在维也纳出版了《金融资本》一书。《金融资本》的研究思路与基本逻辑线索是：货币——信用——银行资本——金融资本——垄断组织——帝国主义的未来与无产阶级的斗争。该书细致、深入地剖析了银行资本与工业资本之间日益密切的联系及相互融合的发展趋势，得出资本主义发展的最新阶段是金融资本时代，金融资本要的不是自由而是统治，资本输出必然加剧殖民地矛盾和民族反抗情绪以及对金融资本和帝国主义的答复只能是社会主义革命等重要结论。不过，该书的主要缺点是，在研究金融资本时，不是从帝国主义最主要的经济特征，即生产过程中的集中和垄断开始，而是从信用与货币开始，由此一来，便忽视了帝国主义列强对世界的瓜分，忽视了帝国主义的寄生性、腐朽性以及帝国主义与机会主义的联系等。[①] 列宁曾对该书评价道，“作者在货币理论问题上有错误，并且书中有某种把马克思主义同机会主义调和起来的倾向，但是这本书对‘资本主义发展的最新阶段’（希法亭这本书的副标题）作了一个极有价值的理论分析。”[②] 不过，列宁同时也明确指出：希法亭事实上已经沦为“考茨基的战友”和“德国独立社会民主党”的资产阶级改良主义者，所以，在对帝国主义寄生性、腐朽性等问题的认识上甚至比露骨的和平主义与改良主义的非马克思主义者霍布森显得还要差。

（一）金融资本与垄断组织

“金光闪闪的货币是青年资本主义的第一个热恋对象，重商主义理论就是它的情书。它的强烈的激情，焕发着浪漫主义的全部光彩。为了赢

① 王金存：《帝国主义历史的终结——当代帝国主义的形成和发展趋势》，社会科学文献出版社2008年版，第36页。

② 《列宁专题文集——论资本主义》，人民出版社2009年版，第106页。

得这一至爱，资本主义完成了数不清的英雄主义业绩，它的浪漫主义狂热甚至摧毁了作为所有浪漫主义基础的中世纪。但随着年龄的增长，它变得理智了。在商业票据、钞票和其他票据上，资本主义写下了给情人的绝情书，信用的崩溃，使突然被抛弃的资本主义绝望地回到了它的旧情人——黄金那里。”

——鲁道夫·希法亭

1. 银行信用系统与金融资本的形成

希法亭敏锐地看到，在自由资本主义向垄断资本主义过渡的历史时期，资本主义世界中产业（企业）资本家与货币资本家之间的区分正变得越来越显著，并进而形成了两类各具特征和实践功能的资本家群体。产业（企业）资本家主要在实体经济（通常指的是工商业）领域从事生产和营销活动。不过，由于资本无限拓展的欲望以及扩大再生产的现实需要，产业（企业）资本家手中的货币资本往往显得捉襟见肘，因而，他们就不得不向握有巨量闲散资金的货币资本家进行求助。与此同时，由于在货币资本循环的过程中总会有一些剩余货币作为暂时性闲置货币被周期性地游离出来，加之这些闲置货币又根本不可能自动地产生出任何利润，因而，手握着这些闲置货币的资本家出于自身利益最大化考虑，就不得不将闲置货币尽快地转变为能够赚取剩余价值的货币资本，货币资本家最为通常的做法就是将手中握有的大量暂时闲置货币作为借贷资金给予其他资本家，特别是产业（企业）资本家。于是，货币资本家通过贷款获得利息（即分割剩余价值），产业（企业）则将贷款用于扩大再生产，以期获得更多剩余价值。这样一来，市场上就渐渐形成了需求与供给的双重自主意愿，资本主义信用体系也由此而逐步建构起来。

然而，希法亭也指出，仅仅存在产业（企业）资本家和货币资本家还不够，因为两者缺乏直接联系和相互信任。因而，企业资本家与货币资本家借贷需求的最终达成就必然需要一个双方都信得过的“第三方中介”信用部门在两者之间牵线搭桥，执行货币的转移并最终实现其增值。随着资本主义持续深入发展，资本主义银行信用系统逐渐取代了传统商业信用而日渐成为主流信用体系，而当这些银行机构将自有资本投到资本主义工商业生产中的同时也就越来越将自己视为名副其实的产业资本家了。于是，希法亭不无担忧地提到了这样一种情形，即资本主义工商业因其过于快速的发展，不得不向资本主义银行借贷越来越多的货币资金，这就势必使得资本主义工商业在不知不觉中形成对银行机构的过度（深度）依赖（对于这个问题，列宁在《帝国主义是资本主义的最高阶段》中也通过谈及所谓的“银行恐怖主义”作出了更为详细的论述和解读）。希法亭在《金融资本》中深刻揭示了金融资本的“融合”特征：金融资本意味着资本的统一化，也就是说，产业资本、商业资本和银行资本这些曾经泾渭分明的范畴，现在统一由金融资本来进行共同指挥。① 与此同时，银行资本在华丽转身为金融资本之后，便自然而然地演化出了一大批以银行为核心的金融垄断组织，再加上资本主义股份公司的不断发展和壮大，金融资本及其机构也因而获得了空前的垄断性权力。

2. 金融资本与垄断组织

(1) 金融资本及其现实集团维护和深化了资本主义工商业的垄断

金融资本的出现不仅催生出一大批以银行为核心的金融组织集团，而且这批货币资本高度集中的金融集团也反过来更进一步加深和促推了资本主义工商业垄断组织（如托拉斯、卡特尔、辛迪加）的垄断性，并日益成为维持产业和贸易垄断的支柱性力量。除了以往以银行为首的金融机构对企业、公司给予借贷的方式之外，金融集团还通过积极参股（入股）工商业企业的最新近方式，进一步渗透到实体经济领域中，以期达到更为深入且牢固地掌控实体经济的目的。希法亭在《金融资本》中提到，正是在这一特殊历史时期，以银行为主的资本主义金融集团寻找各种机会，积极介入到商品交易所的业务中（尤其是在期货交易方面）去，它们利用其实际控制着的巨量货币资本以及对市场发展行情全面而深入的了解，一方面，加强其对期货市场交易商品的控制并从中牟得巨大的经济利益，另一方面，竭力保护与自身有着信用或股份合作关系的资本主义工商业企业和公司尽可能不受市场动荡、周期性经济危机以及经济大萧条等诸多因素的影响、打击。于是，这样一来，资本主义

---

① ［德］鲁道夫·希法亭：《金融资本》，李琼译，华夏出版社 2013 年版，第 345 页。

金融集团便在客观上起到了保护和大大加速、提升资本主义工商业企业垄断地位的作用。

（2）产业企业垄断组织对商业的破坏与摧毁

自由资本主义时期，相对于产业资本家来说，商业资本家往往占据优势性地位。这是因为：商业资本家不仅通常会极其精明地利用产业资本家激烈竞争的空隙以及不得不按期向金融机构偿还贷款等诸多方面的压力与产业资本家进行周旋与讨价还价，特别是到了资本主义周期性经济危机或者社会经济大萧条期间，他们还会将几乎所有的经济损失一股脑地转嫁给产业资本家，以求保障自身根本利益。然而，希法亭在《金融资本》中谈到，随着银行与产业资本家关系的不断改观，尤其是当金融资本逐渐成为资本主义社会的统治性力量，加之产业资本联合的兴起（即当资本主义产业企业在激烈竞争与不断合并过程中成为经济政治权力和社会影响力越来越强大的垄断组织集团后），商业资本家曾经不可一世的情形被彻底扭转了。

以托拉斯为首的产业垄断集团在这一时期往往倾向于由其自身内部机构来承担销售其所制造商品的任务，这样一来，社会上存在的大量独立零售商们（特别是资本实力不雄厚的中小型商业企业）就似秋风扫落叶般几乎被消灭殆尽。与此同时，垄断产业集团还竭力在社会上大肆美化自己，将自己打扮成反对和遏制经济无政府主义的优秀代表，宣扬、鼓吹其所获得的利润是“自己作为组织者应得的报酬”，并积极向人们鼓吹自己的所谓产业垄断伦理学观念：最严重的罪行就是破坏团结、自由竞争、拒绝参加垄断利润团体，对于这一罪行，他们认为社会排斥和经济破产就是应得的惩罚。面对产业垄断对资本主义商业几乎是连根拔起的摧毁作用，希法亭在《金融资本》一书中提醒人们，尽管资本主义产业垄断组织逐渐取代了资本主义商业组织及其相关的商业活动，产业资本家也的的确确抢回了商业资本家曾经高枕无忧就可以攫取到的剩余价值的一部分利润，但应当注意到的是，这些现象仅仅意味着产业资本家不再把他们的利润让渡给商业资本家，却并不意味着在市场上待售商品的销售价格会因此而有所变化（如降低），换言之，产业资本家绝不会将从商业资本家手中夺过来的剩余价值利润让渡给普通群众（消费者）。

在这段从自由资本主义向垄断资本主义高歌猛进的历史时期，金融资本及其金融垄断集团利用手中掌控的巨量资本空前贪婪地掠夺产业和商业领域的利润，并因此而成为了最大的赢家，其不仅获得了前所未有的巨大经济权力，而且也在信奉“金钱拜物教”为唯一世界观、价值观、人生观和伦理原则的资本主义世界中牢牢触握到了资产阶级政权“法老权杖”上的宝石，并自此盘踞于资本与权力牢牢铸就的金字塔最顶端。面对此情此景，希法亭说出了这样意蕴隽永的话语：产业资本合并了商业利润，自身又被资本化为了创业利润，变成了以金融资本为资本最高形式的三位一体的战利品。因为产业资本是圣父，它带来的商业和银行资本是圣子，而货币资本则是圣灵，这三位一体的东西就是金融资本。

（二）帝国主义

“在被嘲笑为天真的旧的自由主义理想废墟之上，帝国主义意识形态诞生了。在这个以武器优势为最后仲裁的资本主义斗争的世界中，利益协调不过是幻想；在这个权力决定民族命运的世界中，通过宣传国际通用法则来达到最终和平也不过是幻想。最终，正义不过是个美梦，道德感筑不起铁路。帝国主义幻灭了资产阶级褪色的理想，只是为了用一个更大的幻想取而代之。”

——鲁道夫·希法亭

在从自由资本主义向垄断资本主义过渡的既短暂又漫长的数十年间，资本主义那曾经令人振奋的在与落后、羸弱封建势力长期较量过程中涌现出的自由、平等、博爱理想，自由主义积极倡导和推行的经济与贸易自由信条，以及数百年来由此得以塑造的社会历史景观遭受到了资本与生俱来无止境贪婪和残暴本性的无情摧毁而日趋变得面目全非。正如列宁一再强调指出的那样：当资本主义进入帝国主义历史阶段之后，其极端反动和残暴压迫的特性就开始以一种前所未有的，不加掩饰和毫无顾忌的姿态显露出来了。曾经象征着资本主义核心意识形态的“三色旗”逐渐被染上了充盈于前资本主义时期历届古老帝国中的“奴役”“征伐”

“贪婪”这浓郁的“新三色”。也正是在这一历史时期，资产阶级政权毫无遮掩地掀掉了罩在面上的伪善的“守夜人”面纱，积极参与到为了维护和保障国内垄断资产阶级集团切身利益的一切活动中来。于是，带有“保护性关税壁垒”“资本输出”“殖民主义”“军国主义”等显著时代特征的帝国主义开始全面强势崛起。

生活在这个历史阶段的希法亭无疑敏锐地捕捉到了资本主义历史进程中的上述最新变化同最近发展。尽管希法亭在《金融资本》中竭力寻找垄断资本主义的根本起因，但是，在他看来，帝国主义最根本、最深厚的基础或时代特征却并不是垄断。他认为帝国主义乃是由资本主义政权所推行和实施的一系列国家内外政策（及其呈现出的特征）所共同构筑起来的新的历史时期（一种迥异于列宁建基在经济基础分析之上的“内在阶段论”的所谓“外在阶段论”，归根究源其实质上仍为“国家政策论”）。在此理论藩篱中，希法亭认为，19 世纪末 20 世纪初，由于资产阶级政权积极介入社会经济生活，广泛施行以“保护性关税”为主要代表的一系列具有保守主义特征的国家政策，一方面严重阻碍了资本的合理流动、国际范围内的劳动分工以及社会生产力的进一步发展，另一方面却极大地加剧了国内资本主义垄断集团的持续发展和壮大，尤其是保护性关税的纷纷出台更加使得各国国内的垄断组织可以明目张胆地利用国家政权机器同外交手腕来强化对竞争国国内垄断组织的进攻和打击，与此同时，资本主义垄断集团也因为可以高枕无忧地躲在厚厚的关税壁垒背后，从而不仅巩固和扩大自身的资本实力，同时也在很大程度上增加了各国垄断资本集团之间相互打击、摧毁或“吃掉”对方的难度，因而空前促进了这一时期国际卡特尔协议、相应组织及生产经营模式的广泛流行。

当然，除了保护性关税壁垒之外，资本输出也是保证垄断组织获得超额利润的重要方式。希法亭指出，由于广大殖民地、半殖民地国家和地区生产资源与劳动力非常低廉，因而，足以确保垄断资本集团持续获取高额回报、高额利润，并因而彻底消除了由于保护性关税所造成的生产受到关税限制而出现的利润率降低等“副作用”。但是，非资本主义（落后）国家和地区当然不会对帝国主义的殖民侵略和掠夺压迫束手就擒，因此，在帝国主义具体施行和推广殖民主义的过程中必将遭遇到来自落后国家与地区政府和人民所设置的巨大障碍甚至是顽强反抗，而帝国主义对此则只有一个解决办法，那就是采取强制性政权手腕同极端暴力的军事武装行动，这样一来，帝国主义列强的军国主义和军事对抗在这一时期便得以全面复兴。不过，军国主义势力的强势抬头并不仅仅只是为了应付殖民主义全球化所遭遇到的当地抵抗和阻挠，事实上，复兴军国主义并持续强化与提升本国、本地区武装力量更为重要和深远的旨向在于应付其他帝国主义国家的抗衡与挑战。质言之，希法亭认为，在帝国主义历史时期，“保护性关税壁垒”“资本输出”“殖民主义”以及“军国主义”等诸多貌似不太相关的因素之间并非是相互隔绝的，其实质上处于千丝万缕的相互关联中，并共同形成和塑造了帝国主义迥异于以往资本主义发展时期的典型时代特征。

金融资本每征服一个新的国家或地区就意味着跨越了旧的地理边界，同时，这种统治力量的拓展反过来又会深深刺激金融资本对未征服领域的渴望与贪恋。金融资本不但毫不犹豫地抛弃了自由贸易及其所承载的“和平自由发展”理念，同时也毫不犹豫地抛弃了和平主义旗帜之下的民族、民族国家平等观念，转而形成了在国际上对“种族特质”，即优等民族及优等民族对其他民族凌驾和统治的某种图腾式崇拜，以及在国内持续强化对以无产阶级为首的广大劳动人民的残酷镇压与无情压迫剥削。于是，在金融资本无穷拓展本性及对资本所带来的利润的无止境贪婪欲望的作用下，旧自由主义理念所统摄的自由竞争、自由贸易以及和平人道主义信仰渐渐成了明日黄花，并被建基于金融资本之上的带有浓厚经济垄断、集权统治、寡头政治特征的，一种狭隘民族主义与经济世界化（全球化）的矛盾结合体——帝国主义全面取而代之。也恰恰正是在这个矛盾结合体中，以工人阶级为首的并不掌握生产资料的广大劳动群众和社会民主党由于长期浸淫在金融资本政权的蛊惑中，渐渐模糊了阶级自觉性，并不断强化所谓“自然性种族”意识，久而久之，在高高飘扬于欧洲大陆上空的（极端）民族主义旗帜的鼓噪和号召下，丧失理智狂热地加入到资本家所统帅并忠诚服务于垄断资本的战争军团中，一种貌似包涵了伸张正义的“爱国主义”情愫在胸中持续升腾，“荣耀”地成为第一次世界大战最终被人类与历史彻底遗忘的“帝国主义战争炮灰”。

五、卢森堡的《资本积累论》

1913年，德国社会民主党左派领袖、德国共产党创始人之一，马克思主义杰出的思想家罗莎·卢森堡发表了《资本积累论》一书。“小书薄命——所有的书都有自己的命运”，这是卢森堡在直面自己心血之作《资本积累论》自发表以来所遭受到的始料未及的激烈争议，甚至是完全批判和否定所发自内心深处的慨叹，而卢森堡本人的人生命运亦如该书一样坎坷多舛。汉娜·阿伦特遗憾而又无奈地说道：“‘成功’恰好是罗莎·卢森堡在生活中、死亡时和死后都受到抑制的事情。”《资本积累论》在出版后遭到了来自社会民主党内部的诸多批评，因而，卢森堡只能站出来为自己的这部专著进行辩护。卢森堡强调她所写的东西“有一部分是以马克思的理论作为基础的，有一部分则是批评他的——特别是关于他不进一步阐述积累问题，而只是提出几个模式和一种分析。我的批评就从那里开始”。对此，亨利·列菲弗尔在《论国家：从黑格尔到斯大林和毛泽东》中指出，卢森堡在马克思主义的基础上“打开了”马克思主义。对于这个评价，有学者认为可能包含两个层次的含义：第一，卢森堡的《资本积累论》从质疑马克思的扩大再生产图式出发，打破了对马克思的教条式理解；第二，其打破了传统上将资本主义视为一个封闭体系加以研究的做法，从资本主义与非资本主义的辩证关系着眼，从资本积累的可能性问题着眼进行研究，从而不仅拓展了研究视阈，而且预见了资本全球化的逻辑进程和历史趋势。[①] 卢森堡在《资本积累——一个反批判》中指出，“久经考验的‘权威们’正在引起人们的挑战。但是，马克思主义并不是互相吹捧、垄断获取‘专门知识’的权利的十几个人，广大虔诚的穆斯林必须盲目地拜倒在他们的脚下。”在她看来，马克思主义是一个革命的世界观，其必须努力挖掘新的东西，必须鄙视

---

① 熊敏：《资本全球化的逻辑与历史——罗莎·卢森堡资本积累理论研究》，人民出版社2011年版，第146页。

“一度正确的论点的僵化”，因而，它的活力来源于自我批评的争论并在历史的波涛中得到最好的保存。

卢森堡的《资本积累论》集中分析了资本积累的实现过程，揭露了帝国主义列强疯狂掠夺海外殖民地、积极对外扩张的反动特征。列宁对卢森堡的资本积累思想作出过详细的研读和分析，并且甚至曾经一度从总体上制定了彻底清算卢森堡错误理论的写作架构和提纲。据记载，列宁是通过阅读了潘涅库克发表在《不来梅市民报》上的评论文章才获知卢森堡写作了《资本积累论》的。在 1913 年 3 月《致列·波·加米涅夫》的信中，列宁有些激动地说道：“罗莎的新著《资本积累论》读过了。胡说八道！完全歪曲了马克思。我非常高兴，潘涅库克、埃克施泰因和奥·鲍威尔异口同声地谴责这本书，而且他们对这本书的批判，说的就是我在 1899 年反对民粹派时说过的话。我准备在《启蒙》杂志第 4 期上写篇文章谈谈罗莎这本书。”① 不过，由于后来列宁始终将主要精力和注意力放在了批判以考茨基主义为代表的机会主义上，因而在《帝国主义是资本主义的最高阶段》一书中也就没有真正展开对卢森堡资本积累论思想及建立于其基础之上的帝国主义观的讨论与批评。卢森堡的积累理论和帝国主义思想中尽管存在这样或那样的瑕疵与缺憾，但其在本质上毕竟迥异于伯恩斯坦的修正主义同考茨基的机会主义，也正因为如此，列宁才会将出自于《克雷洛夫寓言》中《老鹰与母鸡》的典故引申用于肯定相较于修正主义与机会主义而言的卢森堡及其学说所具有的马克思主义眼光同崇高的学术地位：“卢森堡是革命之鹰；鹰有时比鸡飞得低，但鸡永远不能像鹰飞得那样高！”与列宁相似，布哈林虽然也批评了卢森堡理论的某些缺陷，但最终也还是给出了比较公允的评价：第一，卢森堡提出了资本主义和非资本主义环境之间的问题，她只限于提出问题而已。但是，单是提出这问题，就值得给予很大的注意。第二，把再生产问题提到了首位。再生产观点在今天看来，比以往任何时候都更有必要，如果卢森堡不忽略资本主义生产关系的扩大再生产同时就是所有

---

① 《列宁全集》第 46 卷，人民出版社 1990 年版，第 262 页。

资本主义矛盾的扩大再生产，那就更好。第三，尽管她没有在理论上将这个问题作为最新时期的特殊问题来理解，没有从必然追逐更多垄断利润（或超额利润）以及金融资本运动这条路线上来寻找帝国主义的根据，而是从“第三者”角度出发作出探寻，但是她终究还是提出了帝国主义历史必然性问题。①

（一）卢森堡《资本积累论》对马克思扩大再生产图式的质疑与修正

“资本如果没有全地球的生产资料与劳动力，那是不成的。为得要使积累运动顺利进展，必须要地球上一切地带的自然财富及劳动力。”

——罗莎·卢森堡

1. 对马克思扩大再生产图式的质疑

卢森堡《资本积累论》对《资本论》中的积累图式提出了挑战。卢森堡认为，马克思的积累图式并没有解答扩大再生产为谁而进行这一（根本）问题，“如果从字面上看资本论第二卷末尾的图式，好像资本主义生产，总是自己实现全部剩余价值，并应自己的要求，来使用资本化的剩余价值的。……在这里，积累是自动地进行着，到底生产是为何人而益加扩大？为哪一些新的消费者而益加扩大？一点也不清楚。……这样一来，事情就绕着圈子‘无限地’反复旋转。如果孤立来看马克思的图式，它的确可以作这样的解释，因为马克思本人曾经反复而明确地指出，他企图从单纯由资本家与劳动者所构成的社会中，去说明总资本的积累过程。……生产增大了，社会消费也会同时增大。资本家的消费增大了，劳动者的消费也会增大……倘若是这样，那么，那些不断扩大的剩余价值，靠谁人去实现呢？图式告诉我们：是资本家本身，只有他们才能实现。那么他们怎样处置这些日益增大的剩余价值呢？图式告诉我们：他们为了日益扩大自己的生产而使用它。从而，这些资本家们就成

① 陈其人：《卢森堡——资本积累理论研究》，中国出版集团东方出版中心2009年版，第160页。

为一种为扩大生产而扩大生产的糊涂虫了。他们为了要用来制造新机器，所以反复不断地制造更多的新机器。于是，结局就不是资本的积累，而是毫无目的地增加生产资料的生产了。”①

卢森堡认为，资本主义生产的目的是追求利润，但是更要追求“不断增长的利润”，而这其中的核心就是所谓的“第三部分”，即它既不是用于更新消耗掉的生产资料，也不是用于维持工人和资本家的生活，它的真实价值在于用作资本化和积累，即创造和占有剩余价值是生产真正的目的和动机。剩余价值必须脱去作为剩余生产物的形态，然后才能重新采取以积累为目的的形态。其必须经历货币阶段，换言之，只有商品成为货币，剩余价值才能够得以实现。不过，工人的需要总是有限的，这并非是说，在资本主义社会工人已经过上了丰衣足食的生活，恰恰相反，这仅仅表明在资本主义制度下，工人的微薄收入只够养家糊口的“生存”所需。另一方面，资本家阶级也在竭力控制着自己的“奢侈型或挥霍型消费”，因为“对于作为一个阶级的所有资本家来说，把剩余价值作为奢侈品全部消费掉，这是彻头彻尾的精神错乱，经济自杀，因为它从根本上摧毁了积累”②。为了积累，资本家必须将剩余生产物（商品形式的实物）的一部分转化为可以追加投资用以扩大再生产之需的资本。

在卢森堡看来，马克思的积累理论并没有解答资本主义扩大再生产是为了谁而进行的这一问题。资本主义扩大再生产得以实现的前提条件是剩余价值的资本化，而剩余价值资本化也有前提，即谁来消费承载着剩余价值的商品形式。卢森堡批评《资本论》所采用的两个方法：第一，将复杂的社会阶级简化为两个根本对立的阶级；第二，指认资本主义生产是社会存在的唯一且完全占统治地位的生产形式，并将研究放置于某个假定的资本主义工厂中的单个资本及其剥削上，忽视了剩余价值

---

① ［德］罗莎·卢森堡：《资本积累论》，彭尘舜等译，三联书店 1959 年版，第 257—262 页。

② ［德］罗莎·卢森堡、［苏］尼·布哈林：《帝国主义与资本积累》，柴金如等译，黑龙江人民出版社 1982 年版，第 64 页。

的流通和实现环节。她认为，这两个研究方法无疑带有很明显的抽象与简化特质，其虽然有助于作出纯粹理论的考察，但毕竟或多或少脱离了资本主义社会的真实情况。当然，卢森堡也并非简单地否定《资本论》对于资本主义生产（尤其是扩大再生产）的理论分析，她给予了马克思的相关研究以相当程度的尊重与体谅。她认为，正是得益于马克思对资本主义总生产过程作出的深刻分析，“尤其是他对单纯再生产问题的天才说明，才开始暴露出积累问题的症结所在，以及过去为了解决这个问题所作各种尝试中的弱点。但马克思不能立即提供一个解答，这一方面是因为他对这个问题的分析才刚刚开始，就搁下来了，另一方面，也因为他当时致力于驳斥亚当·斯密的错误分析，不免忽略了这个主要问题。……但是，在马克思对简单再生产的全面分析和对资本主义总过程的特征的阐述（这个阐述表明了资本主义总过程的各种内在矛盾和这些矛盾的发展，见‘资本论’第三卷）中，已暗含着对积累问题的解答，而这个解答是与马克思学说的其他部分相协调的，也与资本主义的历史经验与日常实践相协调的。因此，图式中的缺陷是可以补救的。”①

卢森堡指出，马克思对积累过程，尤其是对扩大再生产的分析是在一个以无产阶级和资产阶级辩证对立地形构而成的“封闭”理论模式中展开的，资本家与工人是社会消费的唯一代表。这个理论模式在有助于研究某些问题的时候却也渐渐远离了真实的人类（资本主义）社会。因为现实中还存在其他非“势不两立的两个主要阶级”，如官吏、艺术家、自由职业者等。所以，总的说来，这个研究方法也仅仅只能算是一种权宜之计。“对资本主义封闭积累的可能性辩护仍然只限于形式逻辑推理上的成立，问题是形式逻辑问题有时与现实问题是完全脱节的，它推论出的命题是相对于逻辑上的‘真’，却也可以是相对于现实的荒谬。‘存在一个纯粹资本主义社会’这个前提只能是假设的，而不是一个真命题，由它推出的结论‘在纯粹资本主义社会积累是可能的’固然符合形式逻

① ［德］罗莎·卢森堡：《资本积累论》，彭尘舜等译，三联书店1959年版，第276页。

辑推理，在现实中却无立足之地。”① 除此之外，卢森堡还指出，马克思扩大再生产图式“完全没有考虑到增大的劳动生产力。……在资本积累增大的条件下，资本的构成及剩余价值率，并不是像马克思的图式所假定的那样，停止不变。事实恰恰相反，伴随着积累的进行，两部类的 C（不变资本）不仅绝对地增大，而且比之 V + m，或新创出的价值全体也相对地增大。同时，不变资本比之可变资本，以及剩余价值比之可变资本，也相对地增大。换言之，剩余价值率也同样地增大。”因此，“如果要相应地修正那个图式，那么，这种积累方法会产生每年的生产资料愈加不足，消费资料愈加过剩的结果”②。所以说，市场必须不断扩大，即市场显然不得不超过资本家与工人的消费范围而持续不断地扩大。最终，卢森堡否定了马克思由两个对立阶级——资产阶级和无产阶级辩证构成的理想资本主义社会的理论设定。

2. 卢森堡对马克思积累图式的“修正”

在质疑和批评马克思积累图式的基础上，卢森堡提出了解决这一“悖论”的新思路：为了实现剩余价值，必需引进工人和资本家以外的消费者，即“第三者”。“剩余价值既不能由工人，也不能由资本家来实现，而是由那种属于非资本主义生产方式的社会阶层或社会结构来实现的。这里，可以设想两种不同的情况。第一，资本主义生产供给超过自身需要（工人与资本家）以上的消费资料，其购买者是非资本主义的阶层和非资本主义国家。例如，英国的棉业，在十九世纪最初六十年间，以棉织品供给欧洲大陆的农民及都市小资产阶级以及印度、美洲和非洲等的农民。……其次，从相反的方面看，资本主义生产提供超越自己所需要的生产资料，并从非资本主义国家中找到购买者。例如，英国工业在十九世纪前半期，供给美洲澳洲诸国建设铁路的材料。……所有这些

① 熊敏：《资本全球化的逻辑与历史——罗莎·卢森堡资本积累理论研究》，人民出版社 2011 年版，第 39 页。

② ［德］罗莎·卢森堡：《资本积累论》，彭尘舜等译，三联书店 1959 年版，第 263 页。

情况，都和马克思的图式不同。”① 卢森堡提议，应当把资本积累视为一个包括了资本新陈代谢以及它的历史环境的总进程来进行研究，因为作为一种历史进程的资本主义积累，始终是在一个具有前（非）资本主义各种经济结构的环境中得以生长和发展的。与此同时，她认为，资本主义扩大再生产的顺利推进还有一个追加劳动力来源的问题，而马克思扩大再生产图式同样也没有回答这个问题。虽然马克思曾经指出由于资本有机构成的提高也可能导致产生一个产业后备军，但是其图式中并无这方面的任何说明，因而，工人的自然繁殖，无论在时间上、在数量上，都不和积累资本的要求相适应。所以，现实的可变资本，即活劳动对于资本主义再生产的供应——产业后备军的持续扩充也需要从非资本主义阶层及非资本主义国家中获得。总之，卢森堡提出了一种迥然有别于《资本论》所揭示的剩余价值得以实现的途径：资本主义生产超过自身需要以外的消费资料和生产资料必须供给非资本主义的阶层以及非资本主义的国家和地区（环境）。卢森堡的结论是：马克思扩大再生产图式，不符合积累在实际进展中的诸条件。积累的进展不能像马克思图式所规定的那样，简单地分解为社会生产两大部类（生产资料部类与消费资料部类）之间的静止的相互关系。积累不只是资本主义经济各部类间的内部关系，它首先是资本主义与非资本主义环境之间的关系！马克思的积累图式，不过是一种对资本的统治已达到顶点的那一瞬间的理论表现而已。因此，在某种条件或意义上，这个图式，只是一个虚构的东西而已。

不难想象，卢森堡建基于批评马克思《资本论》积累图式之上极具“开放性”特征且具有某种“世界体系”意蕴的“新积累理论”遭到了马克思主义阵营理论家们的激烈抨击，包括列宁与布哈林等人都对她提出的新颖观点表示激烈反对。其中，布哈林对卢森堡的抨击较为系统而深入。布哈林认为：如果按照卢森堡的学说，资本主义必须依赖非资本主义环境，但是“按照历史唯物论的公式，历史上继起的经济形态或社会形态，从前一经济形态或社会形态中产生（社会主义和共产主义社会

① ［德］罗莎·卢森堡：《资本积累论》，彭尘舜等译，三联书店 1959 年版，第 276—278 页。

例外）以后，就独自存在，不以其他的经济形态或社会形态的存在为其存在的条件”[①]。因此，可以说，卢森堡的“新积累理论”在某种意义上是在向马克思主义政治经济学及历史唯物论发起挑战。

（二）帝国主义——因应时代发展的国家（内外）政策

“‘从头到足每个毛孔都渗透着血和污物’，这不仅在资本诞生时如此，而且资本主义在世界上每一步的进展中，也都是如此。因此，资本主义准备着在更加剧烈的痉挛震动下迎接自身的灭亡。”

——罗莎·卢森堡

历史与现实一再表明：资本主义的发展从来就不是在一派和平祥瑞的景象中进行的。资产阶级为了能够攫取到最大经济利益就必然一方面对以工人阶级为首的广大国内外劳动者施以惨无人道的剥削与压榨，而另一方面则必然向海外积极推行殖民主义，以武装力量的刺刀和大炮为先导和开拓者，大肆掠夺全球广袤的非（前）资本主义地域中的自然资源和廉价劳动力（需要明确：落后地区劳动力的廉价并非是天然的，其无疑是殖民主义所造成的最主要恶果之一）。正因此，卢森堡将那种抱定“资本主义和平发展”的观点上溯到所谓的“正统自由放任派”的学说理论中，并加以严厉批驳。她指出，在英国，“这种看法已经由四十年代的鸦片战争而彻底破产了。——远东商业国家利益的和谐是在鸦片战争的炮火声中宣布的，而鸦片战争通过并吞香港最后引起与这种和谐相反的东西，即利益范围体系的形成。”[②] 这一点如同列宁深刻指出的那样，“过去有过一个比较‘和平的’资本主义时期……当然，即使在这个时期（大约是1871—1914年）‘和平的’资本主义所建立的生活条件，无论在军事的或一般阶级的意义上来讲，距离真正的‘和平’也都是非常

① 陈其人：《卢森堡——资本积累理论研究》，中国出版集团东方出版中心2009年版，第178页。

② ［德］罗莎·卢森堡：《资本积累论》，彭尘舜等译，三联书店1959年版，第360页。

非常之远的。对于各先进国家十分之九的居民，对于殖民地和落后国家的亿万居民来说，这个时期不是‘和平’，而是压迫、苦难和灾祸，也许，这种灾祸看来由于‘永无尽头’，而显得更加可怕，这个时代已经一去不复返了，它已经由一个有更多的激荡、突变、灾难和冲突的时代代替了，这时对于人民群众来说，典型的现象与其说是‘灾祸永无尽头’，不如说是‘到了尽头还是灾祸’。”① 如果说，资本主义血腥和残暴的本性在自由资本主义时期还有所收敛或并不那么猖獗的话，那么，到了从自由资本主义向垄断资本主义过渡的漫漫数十年间以及帝国主义历史阶段的最初期，资本主义（帝国主义）则不再对这一本性遮遮掩掩了。在这一历史阶段，由于各国资产阶级政权纷纷积极介入社会经济生活，竭力保护和扩张本国垄断资产阶级集团的根本利益，因而资本主义制度与资产阶级统治者肆无忌惮剥削压迫全世界以无产阶级为首的劳动群众以及广大落后国家、地区和族群狰狞的真实面目就越发明显了。与希法亭类似，卢森堡也认为帝国主义的本质内涵就是为了维护、拓展一小撮垄断资产者的切身利益而采取的一系列不同于以往资本主义历史时期的政治行为、政策举措以及军事侵略行动，因此，卢森堡这样界定帝国主义：帝国主义是一个政治名词，用来表达在争夺尚未被侵占的非资本主义环境的竞争中所进行的资本积累。② 除了各主要资本主义国家国内普遍的军国主义全面复兴和强势崛起以及由此产生并引发的频繁的、规模日益扩大的帝国主义军事侵略、军备竞赛之外，卢森堡在《资本积累论》中还着重提及了帝国主义在经济方面的两个重要变化或时代特征：第一，资本输出；第二，保护性关税。

首先，帝国主义列强，如英、德等国由于国内资本主义生产所产生的剩余价值无法在国内顺利得以实现，于是，便将大量剩余资本投放到南美洲、澳洲、非洲好望角地区、美索不达米亚或东亚等极为广阔的非

---

① ［俄］尼·布哈林：《世界经济和帝国主义》，蒯兆德译，中国社会科学出版社 1983 年版，序言第 2—3 页。

② ［德］罗莎·卢森堡：《资本积累论》，彭尘舜等译，三联书店 1959 年版，第 359 页。

（前）资本主义地域中，将这些过剩资本用于当地铁路建设、水利建设、矿业开采等实体经济领域同基础建设中，这就是典型的帝国主义时代的资本输出。资本主义生产的根本目的（赚取剩余价值）决定了大量闲置资本必须从帝国主义国家内部向海外进行输出，因而，资本输出渐渐成为帝国主义历史时期一个极其重要的经济特征和时代标志。帝国主义时期广泛的资本输出不但为各帝国主义国家赚回了大量经济利润，同时也通过向这些落后的非（前）资本主义国家和地区大举“给予”经济贷款，从而使得这些国家、地区及其人民自此背负上了极为沉重的债务包袱，而帝国主义列强也趁势在这些国家和地区获得了难以计数的经济、政治“特权”，并进而将这些落后国家和地区变为自己的殖民地和半殖民地。对此，卢森堡十分深刻地指出，帝国主义对非（前）资本主义国家和地区的借款，从本质上看绝非是想帮助当地发展经济，而是为了从中牟取巨额高利贷利息，进而，当这些落后国家和地区无法偿还贷款而产生“利滚利”的巨额利息时，或者当地劳动人民无法忍受帝国主义残酷的剥削压迫而奋起反抗时，高利贷帝国主义便会借机以强大的军事机器打击并彻底摧毁当地反对势力，并趁势炮制出花样百出的可笑借口，以期达到最终占领与控制这些非资本主义地域的邪恶目的。为了形象而生动地说明上述观点，卢森堡较为详尽地叙述了埃及是如何一步步被英帝国主义最终彻底转变为其所属殖民地的历史。她指出，正是由于帝国主义列强给予埃及的高利贷借款，从而使得埃及及其广大劳动人民从此背负上了难以卸下的巨额外债，于是，埃及在欧洲高利贷资本打着“援助善举”的大旗之下被肆意地剥削与践踏，忍无可忍的埃及军人与亚力山大港备受帝国主义长期压迫的劳苦群众共同联合起来，发动了针对英帝国主义的社会大暴乱，只不过，这次暴乱不仅没有获得完胜反而给英帝国主义的军事入侵、军事打击和军事占领提供了寻觅已久的再好不过的借口。

其次，卢森堡在《资本积累论》中对帝国主义时期各主要资本主义国家纷纷出台的保护性关税政策同曾经西方资本主义引以为傲的自由主义倡导下的自由经济和自由贸易进行比较后指出，保护性关税的出台不仅再次表明了帝国主义极其明显的反动性和保守性，而且历史过往与当下事实也一再表明，资本主义虽然在表面上高喊着“和平发展”“自由贸易”等响亮口号，但是，在那“道德”层面上显得十分崇高的资本主义“自由经济发展”和“自由贸易”从来就不曾真正地存在过。

当资本主义不再需要自由贸易和和平发展来促进和发展自己的工业与经济，或者当资产阶级政权在面临外界咄咄逼人的威胁压力之下（如其他国家施行保护性关税、其他国家强大的托拉斯入侵等）时，便会义无反顾地制定及采取一系列旨在保障和拓展国内（垄断）资本集团切身利益的国家政策与措施。因此，当世界资本主义刚刚跨过帝国主义历史门槛的一刹那，曾经那面高高飘扬于世界资本主义上空的“自由贸易”彩旗就已然徐徐降下，继而被以“保护性关税”为代表的一系列带有极端保守和极端集权特色的国家政策所取代。特别是19世纪末20世纪初，欧美资本主义列强在全世界发动的一系列殖民主义战争，帝国主义国家相互之间日益激烈的竞争和剑拔弩张的国际时局，均一次次宣告了以“利益和谐”为主旨的“自由竞争”“自由贸易”学说日薄西山的历史命运。“自由竞争”“自由贸易”理念和原则也渐渐褪变为帝国主义强制要求其所控制的势力范围内所有殖民地、半殖民地必须遵从的主人对奴隶发号施令似的“洞开国门”的意旨，以及具有高度欺骗性的“幌子”。

六、列宁“帝国主义论”的追随者——布哈林及其《世界经济和帝国主义》

尼古拉·伊万诺维奇·布哈林的帝国主义学说综合了列宁、希法亭、卢森堡等前人的有关思想，并在《世界经济与帝国主义》（1917）、《过渡时期的经济》（1920）、《帝国主义与资本积累》（1925）等著作中得以呈现，其中，最为集中展现布哈林帝国主义观点的作品是《世界经济与帝国主义》一书。列宁高度评价了《世界经济与帝国主义》这一著作，列宁指出，“布哈林这本书的科学意义特别在于：他考察了世界经济中有关帝国主义的基本事实，他把帝国主义看成一个整体，看成极其发达的资本主义的一定的发展阶段。”① 该书是在列宁《帝国主义是资本主义的最高阶段》发表5个月之后出版的，它有力地配合、宣传了列宁“帝国主义论”。此外，该书还比较系统深入地剖析和批判了考茨基的“超帝国主义论”，布哈林认为，考茨基的这个“超帝国主义论”乍看起来好像十分激进，其实是彻头彻尾的修正主义。该书重点论述了世界经济发展与帝国主义的关系，比较系统地阐释了“资本国际化”和“资本民族化”双重进程以及帝国主义同世界经济的未来前景。应当是受到列宁“帝国主义论”的影响，与列宁在《帝国主义是资本主义的最高阶段》书中观点类似，布哈林也认为，帝国主义作为征服政策是一个建立在特定经济基础之上的历史范畴，那种将帝国主义视作传统历史上“种族间征服政策与斗争”以及“把古代罗马与现代美国”相提并论的观点与做法必须予以严厉批判。

（一）布哈林的“世界体系论”

“资本主义新世界这个巨大的蓄水池吸收了欧亚两洲的‘过剩人口’，从被驱逐出农业的贫困破产农民起，直到各城市中失业的‘后备军’为止。这就在世界范围内按照资本的需要造成对‘劳动人手’的供给和需求的一致。”

——尼·布哈林

从某种角度上看，布哈林可以算是马克思主义思想史上第一个明确提出垄断资本主义事实上已经构成一种世界体系的理论家。“认为垄断资本主义经济是一种世界体系的重要理论家，首先是布哈林。他在1915年写成、于1918年出版的《世界经济和帝国主义》中，说明了垄断的金融资本向非垄断资本扩张的必然性，事实上阐述了帝国主义的经济实质，但并没有意识到这一点。因为他仍受当时流行观点的束缚，认为帝国主义既是一种政策，同时也可以是一种意识形态，如同自由主义既是一种政策，同时也可以是一种意识形态一样。帝国主义适用于金融资本时期。

① ［俄］尼·布哈林：《世界经济和帝国主义》，蒯兆德译，中国社会科学出版社1983年版，序言第2页。

自由主义适用于产业资本时期。”①

1．世界经济的形成及其界定

受到列宁“帝国主义论”的深刻影响，在《世界经济和帝国主义》一书开篇布哈林就谈到，20世纪初期，西方主要资本主义民族国家间战争的本质并非如其竭力宣传的那样是为了实现和保卫所谓“民族大义”“民族利益”，其实质为民族国家（垄断）资本集团为了各自切身利益而发起的帝国主义战争。布哈林提出了自己有关世界经济一体化的观点：各个国家的国民经济有机体系早已不是一个与世隔绝的独立单位，其正如各式各样的企业构成了整体国民经济体系，并成为国民经济体系内在有机部分一样，日益被囊括在整个世界经济体系之中。因此，“现代‘国民经济机体’间的斗争，应当首先看作是世界经济中各个竞争部分的斗争——正像我们把各个企业间的斗争看作是社会经济生活中的一种现象一样。”② 布哈林认为，类似于一国之内工农业的区别、各个企业间不同的分工以及不同生产部门间的分工，随着资本主义迅猛发展，逐渐出现了一种各“国民经济”间的分工，或者说各个国家经济分工，即所谓跨越了“国民经济”疆域的国际分工。他注意到了导致国际分工的两个前提条件：第一，自然环境条件。如咖啡主要生长在巴西，而小部分产于中美洲，在非洲和亚洲的产量则非常少，黄麻则只有印度才有；西班牙、瑞典、阿尔及利亚等国开采铁矿，高加索、南俄罗斯、印度等地主要供应锰矿，等等。第二，生产力发展水平以及由此导致的全球化生产力发展不平衡状况是更为重要且根本的条件，并且，由此导致了从前仅是一国范围之内的“城乡分离”渐渐在一个更大范围再现出来，即所有工业国家变成了“城市”或工业国，而全世界所有非工业区域则变成了“乡村”。在广泛国际分工基础上，国际交换、世界市场、世界价格逐步得以构建，世界经济体系的基本雏形初露端倪。据此，布哈林将世

① 陈其人：《卢森堡——资本积累理论研究》，中国出版集团东方出版中心2009年版，第231页。

② ［俄］尼·布哈林：《世界经济和帝国主义》，蒯兆德译，中国社会科学出版社1983年版，第1页。

界经济定义为：全世界范围的生产关系及与之相适应的交换关系的国际体系。

2.“国际化”抑或“民族化”——世界经济的双重发展趋向

布鲁厄在《马克思主义的帝国主义理论》一书中论及布哈林的一个重要观点，即他有关世界经济发展的“双重化趋势”思想，“在希法亭看到一个过程——资本的集中和集聚——起作用的地方，布哈林看到了两个过程：资本的‘国际化’和‘民族化’，一方面是世界经济不断增加的相互依赖性，而另一方面是它分裂为各个国家集团。这两种相反趋势之间的矛盾促使体系陷入战争和崩溃。”① 布哈林在《世界经济和帝国主义》中如是说道：“经济生活的国际化会加剧、而且正在加剧各‘民族的’资产阶级集团之间的利害冲突，使这个冲突极度尖锐起来。……与这个过程并行发生的，是经济发展进程造成一种相反的趋向，即资本家利益民族化的趋向。”② 在布哈林看来，资本“民族化”乃是金融资本主义及其思想意识的产物，在金融资本的影响和控制下，一个国家整体“国民经济”随着资本主义的发展日益成为一个在金融寡头与资本主义国家政权监护下的巨大联合企业，这个联合企业垄断了国内市场，并且为着更高且有组织生产积极做准备。伴随着“国民经济”日益民族化趋势的持续强化，国家关税也发生了根本变化，即现代关税演变为卡特尔等垄断组织的保护性关税，以及垄断组织为了获取额外利润的一种手段，而与保护性关税相伴生的还有垄断组织特有的输出政策——倾销。布哈林认为，无论是保护性关税还是倾销都与反自由竞争贸易传统的帝国主义有着内在的联系。布哈林指出，由于主要资本主义国家社会生产各部门之间的不平衡性，尤其是农业与工业间存在的巨大且日益扩大的不平衡，导致农产品及其他原料价格上涨，各“国民经济”资本家要求扩大和垄断原料市场的倾向也随之变得日益迫切。所以，在资本主义发展新

① ［英］安东尼·布鲁厄：《马克思主义的帝国主义理论》，陆俊译，重庆出版社2003年版，第113页。

② ［俄］尼·布哈林：《世界经济和帝国主义》，蒯兆德译，中国社会科学出版社1983年版，第40—41页。

阶段，在原料领域里的冲突变得尖锐起来。与此同时，布哈林还提到了资本输出的极端重要性。资本输出是大国垄断组织对新的投资范围的攫取和垄断化，或者是一种有组织的“民族”工业、“民族”金融资本对新的投资范围的攫取和垄断化。资本输出深刻地影响着列强之间的关系，尤其是当列强共同占领或瓜分某一弱国时，势必引起列强为争夺投资而演变为武装斗争。最后，布哈林得出了世界经济体系“双重化”发展趋势的基本结论：一方面，资本主义经济自身发展逻辑要求“国际化”“全球化”；另一方面，每个“民族国家”金融资本也竭力谋求着自身利益在全球范围得以顺利实现。

（二）帝国主义是一种“金融资本”的（竞争与征服）政策

“经济领土的扩大给民族卡特尔开辟了农业区，从而开辟了原料市场，并且扩大了销售市场和投资范围；关税政策可以抑制外国的竞争，取得超额利润，并且使倾销这个破城槌发生作用。这一整套办法有助于垄断组织提高利润率。金融资本的这种政策就是帝国主义。”

——尼·布哈林

布哈林认为，帝国主义从本质上而言是资本主义国家的“金融资本征服的政策”，同时，帝国主义还是资本主义国家之间竞争的主要介入同干预手段，“经济领土的扩大给民族卡特尔开辟了农业区，从而开辟了原料市场，并且扩大了销售市场和投资范围；关税政策可以抑制外国的竞争，取得超额利润，并且使倾销这个破城槌发生作用。这一整套办法有助于垄断组织提高利润率。金融资本的这种政策就是帝国主义。”①

《世界经济与帝国主义》深刻揭示到，资本主义经济单位之间的竞争手段随着资本主义积累与集中的升级而发生着持续性变化：其中，引人注目的一个关键性转变是，当资本主义进入帝国主义时期，国家资本

① ［俄］尼·布哈林：《世界经济和帝国主义》，蒯兆德译，中国社会科学出版社1983年版，第80—81页。

主义托拉斯之间展开了激烈的竞争的时候，历史上资本主义曾经使用的较为“和平竞争”的经济手段和其他竞争方式逐渐被军国主义和国家之间残酷的战争所取代，“当个人所有的企业间的斗争为托拉斯间的斗争所代替的时候，斗争的方法（仅在世界市场上斗争的方法来说）也发生了一定的变化。……国家政权的重要性增长了——利用了关税率及运费率；……最后，当竞争发展到最高阶段——国家资本主义托拉斯之间的竞争——的时候，利用国家政权以及与之有联系的各种可能，开始起很大作用。……于是，政府实际上变成了企业家的组织的代表们所选出的‘委员会’，而且成为国家资本主义托拉斯的最高司令部。”①

在谈到帝国主义国家间的战争所产生的巨大破坏作用（尤其是对国民经济而言）及其导致的对社会生产力的大规模浪费的负面作用时，布哈林认为，战争的确带来了巨大的毁灭作用，不仅使生产力遭到野蛮的浪费（包括物质生产资料的破坏和活劳动的毁灭），而且造成了资产阶级中等阶层的迅速灭亡。然而，大规模的卡特尔工业却丝毫未受到损害，大资产阶级不但没有损伤反而在战争期间得到了保护并且加强了垄断地位，“战后对于资本的巨大需求将促进大银行的迅速成长，因而加速资本的集中和积累。接着而来的是医治战争所造成创伤的狂热时期：重建被破坏的或过度陈旧的铁路、车间、工厂、机器、各种设备、交通运输工具等；这类活动中还有恢复与扩充国家的军事机器。这将大幅度地增加对于资本的需求，并加强银行业托拉斯的地位。与金融资本家集团日益强大同时，国家对经济生活的干预也大大加强了。”② 概言之，帝国主义列强之间的世界战争尽管在很大程度和范围内造成了国内社会经济的极大破坏，然而，战争却阻止不了世界资本主义一般发展进程，反而不断强化了各“国民经济”体系内部的资本集中，空前加速了全世界范围金融资本主义的发展，巩固并深化了金融资本与国家政权对“国民经济”

① ［俄］尼·布哈林：《世界经济和帝国主义》，蒯兆德译，中国社会科学出版社 1983 年版，第 95—101 页。

② ［俄］尼·布哈林：《世界经济和帝国主义》，蒯兆德译，中国社会科学出版社 1983 年版，第 118—119 页。

的联合统治。

事实上，国家政权与私人垄断资本在国家资本主义托拉斯结构内正日益紧密地结成一个有机统一体。布哈林通过一针见血地指出资本主义国家政权与私人垄断资本之间存在着的隐秘且千丝万缕的人事结合关系深刻揭示出资本主义国家政权在帝国主义时期越来越深度介入和干预社会经济生活的根源。当国家政权逐步渗入并开始统领“国民经济”时，工业生产的有组织化程度及国家经济活动便自然而然地得到空前强化。那么，这种变化到底意味着什么呢？布哈林特别指出：到了资本主义发展的这个时期，所谓“国家社会主义”及“战争时期的社会主义”的拥护者往往会产生一种错觉，即将帝国主义与资本主义的军国主义误认为，由于国家政权日渐深度介入到社会经济生活中，整个社会正在或逐渐接近于所谓的“国家社会主义”。针对这种极端错误的观点，布哈林驳斥到，“摆在我们面前的，是国家资本主义托拉斯结构内加速集中的过程，这个国家资本主义已经发展到最高形式，它不是国家社会主义，而是国家资本主义。这里我们看到的，决不是什么新的生产结构，也就是说，决不是各阶级的相互关系有了改变。恰恰相反，我们所看到的，是一个阶级——这个阶级拥有空前数量的生产资料——的权势的扩大。”① 在布哈林看来，所谓的“国家社会主义”与“战争时期的社会主义”等称谓和宣传均可以被视为一种“故意散布之词”，其目的在于将人们引入误解、混淆与“歧途”，用“动听的”辞藻来掩盖不雅的事实。于是，布哈林通过引用雅费的言辞试图从另一个维度——伦理维度，充分展现真正的社会主义与国家垄断资本主义（及军国主义）之间的本质区别：“经济生活的军国主义化和社会主义不同的地方主要在于，社会主义一词是与‘幸福论’的思潮联系着的，而在战争之中，个人完全献身于为‘整体’服务。”②

① ［俄］尼·布哈林：《世界经济和帝国主义》，蒯兆德译，中国社会科学出版社1983年版，第126页。

② ［俄］尼·布哈林：《世界经济和帝国主义》，蒯兆德译，中国社会科学出版社1983年版，第125页。

（三）相较于列宁“帝国主义”而言，布哈林的帝国主义理论并不具有“先在性”同“主导地位”

“列宁的小册子（《帝国主义是资本主义的最高阶段》）经历地下活动的冒险有了稍微更成功的通道，因而比布哈林的书早几个月出版。然而，列宁序言注明的日期再清楚不过地证明了这个事实，布哈林著作在列宁的著作之前产生。”

——安东尼·布鲁厄

20 世纪 50 年代，特别是自 1956 年春在时任苏共中央委员会第一书记赫鲁晓夫领导下召开的苏共“二十大”刮起了一股从根本上反对斯大林，甚至是部分反对列宁主义（例如，赫鲁晓夫在苏共“二十大”上所作的报告中就重申了苏共对不同社会和政治制度国家之间和平共处政策的支持，否定了列宁关于只要帝国主义存在，战争就不可避免的理论，并进而指出，在一些国家和地区可以通过议会这条“合法主义”的道路“和平过渡”到社会主义）的学术和政治风潮后，西方垄断资本及其御用文人逐渐兴起了一股研究布哈林学说思想（包括其帝国主义观）的热潮。不应否认，西方学界对布哈林学说的考察与分析中不乏本着客观求真精神而作出的严谨研究，不过，同样难以否认的是，西方学界大多数相关研究中均存在一种不容忽视的过度吹捧布哈林学说价值并同时贬抑列宁主义（包括列宁“帝国主义论”）的显著（人为）倾向。具体到帝国主义理论中，此类带有明显倾向性研究的核心思想概而言之就是：布哈林对帝国主义的研究早于列宁，并因此而奠定了列宁及日后苏联布尔什维克党展开相关研究坚实的学理基础，换言之，列宁的“帝国主义论”很难被视为一个具有鲜明独创性的理论体系，而且依据对历史文献以及其他史实材料的考证，布哈林对帝国主义的研究在很大程度上启发并深刻地影响了列宁有关思想的最终形塑。他们肯定地指出，布哈林的帝国主义学说相较于列宁的“帝国主义论”而言，在布尔什维克党及其理论界中具有不容置疑的“先导性”（“先在性”），并牢牢占据着学理上的“主导地位”。其中，如西德尼·海特曼就在《列宁和斯大林之间：尼古拉·布哈林》中盛赞布哈林的思想是“布尔什维克思想发展过程中突出的里程碑”，他认为，布哈林在《世界经济和帝国主义》一书中所作出的有关帝国主义的杰出研究与分析比列宁“正式发表自己对帝国主义的解释”要早整整一年，这意味着，在列宁注意到这个问题以前，布哈林早已有所洞察并提出了在工业资本主义阶段以后还有一个“更高”的资本主义发展阶段。因此，以《帝国主义是资本主义的最高阶段》为代表的列宁“帝国主义论”多半成就应归功于布哈林的卓越研究，尽管列宁从未承认这一点。① 与西德尼·海特曼的看法类似，科恩也认为，布哈林所著的《世界经济和帝国主义》事实上比列宁的《帝国主义是资本主义的最高阶段》要早上几个月，而且如果仔细比较和考察这两个重要文本的话就不难发现，列宁的《帝国主义是资本主义的最高阶段》大量采用了《世界经济和帝国主义》中的相关研究成果。同样地，安东尼·布鲁厄也在其著作《马克思主义的帝国主义》中旁敲侧击地议论到：关于布哈林的《世界经济和帝国主义》，列宁为它写了一篇赞美性的序言，它直到 1927 年才被重新发现和发表。其间，列宁自己也写了论同样主题的著作。他的《帝国主义是资本主义的最高阶段》写于 1916 年，换言之，是在 1915 年 12 月给布哈林的书写序后不久。② 安东尼·布鲁厄在这里无非是想暗示和断定，布哈林的帝国主义研究早于列宁，而且似乎布哈林的有关思想对列宁起到了不小的影响。

事实上，不难看出，西方学者那么不遗余力地颂扬布哈林帝国主义学说的“先导性”和“主导地位”，同时竭尽所能地贬抑列宁的帝国主义研究及其理论成果，当然是具有极其深远的学术和政治诉求的。按照海特曼和科恩的说法就是：通过布哈林及他的帝国主义理论“这个分光棱镜”去检查布尔什维克革命的历史，修正人们对某些重大历史事件的看法与理解，重新确证国际共产主义运动的历史。当然这只是一种用学

---

① 蔡中兴：《当代帝国主义理论》，上海三联书店 1992 年版，第 423—426 页。

② ［英］安东尼·布鲁厄：《马克思主义的帝国主义》，陆俊译，重庆出版社 2003 年版，第 109—110 页。

术修辞“加密”过的言辞。将上述文辞华美的学术语言翻译成通俗白话就是：他们希望通过对布哈林学术生涯及其理论思想的重新深度“发掘”同创新性阐释，一方面，着力抬高布哈林的政治和学术地位，具体到帝国主义研究方面，就是将布哈林指认为具有“先导性”“首创性”的思想家（但这却不是最为根本的“终极目标”）；另一方面，于此基础之上，以塑造布哈林的学术丰碑作为一个强有力的武器，妄图将列宁主义及其帝国主义学说降格为“深受其影响”的，或“抄袭”“因袭”别人思想的“二流理论”，将列宁降格为“二流思想家”（甚至是“不入流的思想家”），从而期望，不仅最终达到复兴布哈林具有修正主义性质的“人道社会主义”理念的目的，而且更期望达到彻底瓦解、摧毁列宁主义（及其“帝国主义论”）应有的学术价值和学术地位，并达到贬抑列宁的目的，从而达到历史虚无化，以及彻底否定以由列宁主义和布尔什维克党领导的苏东社会主义革命和建设为典范代表的无产阶级专政理论及其现实实践的“终极目的”。

然而，我们却不得不“很遗憾地”指出，西方某些学者别有用心的做法和目的恐怕最终是难以达成的，因为他们的相关论证并不成立：首先，从学术思想史角度看，列宁的帝国主义学说是一个相当完整的理论体系，其从初期萌发到最终成形，实质上经历了一个比较漫长的历史过程（大致为十多年甚至二十年），换言之，以《帝国主义是资本主义的最高阶段》为经典代表的列宁“帝国主义论”绝非是一蹴而就的，其之所以能够在理论水平上达到这样一个高度无疑是与列宁长期的理论探索、实证资料储备，以及积极而投入的思考分不开的。如果看一看列宁于1912—1916年期间所完成的那部篇幅浩繁的《关于帝国主义的笔记》就不难理解这点了。然而，反观布哈林对帝国主义的研究却仅仅是在第一次世界大战爆发之后才开始进行的，其主要代表作品也基本上是在这一时期（集中于1915年前后）面世的。因此，列宁对帝国主义（垄断资本主义）的思考和研究不仅远远早于布哈林，而且，列宁的“帝国主义论”事实上是一个历史性构筑的完整且日趋庞大而成熟的理论体系（包括在一二十年间不断迸发出和逐渐成形的新的理论观点和学术思想）。由此视之，西方某些学者认为布哈林在一个极为短暂的时期内（几个月或至多一年）对列宁的相关研究发挥了重要的启发作用同深刻影响的观点，毫无疑问是罔顾事实以及不负责任的信口雌黄。

其次，《世界经济和帝国主义》与《帝国主义是资本主义的最高阶段》两本著作分别在主要内容、分析逻辑思路以及理论推导方面皆存在着难以忽视的迥异差别。布哈林的《世界经济和帝国主义》偏重于从一种“世界经济体系论”的视角来阐发其对于帝国主义的分析和研判。当然，更重要的是，与列宁明确将帝国主义指认为资本主义的一个（最高）“历史阶段”不同，布哈林在书中主要偏重于将帝国主义视为一种金融资本的（竞争和征服）政策。列宁的“帝国主义论”则在坚持唯物史观基本原理、方法和立场的前提下，重点关注资本主义的生产关系和经济基础，通过经济基础层面上的显著变化（即资本主义生产日益呈现集中化趋势，而集中又最终导致了垄断资本主义的出现）来指认世界资本主义进入到一个崭新的历史发展阶段——帝国主义时代。概言之，布哈林将帝国主义归结为一种资本主义的国家政策，而列宁却始终在立足于唯物史观的基础上将帝国主义视为一个新的历史发展阶段，或说得更具体一些就是，人类社会历史发展长河中的特定社会形态——资本主义社会形态中的一个“次级形态”（或“分阶段”），这恰恰是布哈林与列宁最为本质性的差异。

再次，事实上，不仅不是布哈林启发与影响了列宁，反倒是列宁给予布哈林的启发和影响要更多、更重要、更深远。需要指出的是，正式出版的《世界经济和帝国主义》并非 1915 年写就的原始稿件，而是布哈林依据遗失后残存的零散稿件在 1917 年冬天经过整理补充后才形成的。恰恰正是在这一个时间段，列宁的《帝国主义是资本主义的最高阶段》早已顺利写作完成并公之于世了，正因此，在《世界经济和帝国主义》中，可以明显看到布哈林大量引用和转述了列宁《帝国主义是资本主义的最高阶段》中的有关思想和资料，如帝国主义列强广泛推动施行的殖民主义的诸多实证材料等。此外，列宁对布哈林的帝国主义研究给予过一定关注，并对其诸多观点提出过颇多善意的批评和纠正。例如，列宁曾在《对布哈林“过渡时期的经济”一书的评论》中指出，布哈林在无产阶级专政、国家资本主义等重要问题上过度陷入概念讨论而缺乏实际材料，不仅已经偏离了马克思主义观点和分析方法，而且甚至还有美化资本主义之嫌。

综上而言，那种指认布哈林帝国主义学说由于“先在于”“领先于”列宁有关研究，因而在布尔什维克党及其理论界中处于“主导地位”的观点无疑是站不住脚的。事实上，在对同一客观事物的研究中出现某种程度上的相似性既是难以避免的，同时也是再正常不过的。例如，在对帝国主义（垄断资本主义）研究的过程中，希法亭、卢森堡、布哈林等马克思主义理论家们均不约而同地看到并在各自研究中重点讨论了帝国主义历史阶段，各国资产阶级政权一改往日“守夜人”角色，日益深度介入到社会经济生活中，主动实施保护性关税、设置贸易壁垒、复兴军国主义、大力推行殖民主义等众多方面。然而，却不能就此武断地认定，谁受到了谁的影响，或谁抄袭了谁的某个理论观点。在学术研究中，给予思想家们在一定程度和范围得出具有（可理解的）“相似性”观点与结论的容忍度是极为必要且再正常不过的。况且，通过以上阐述，可以清晰地看到，列宁不仅在研究帝国主义的时间上远远早于布哈林，而且其历史性（一二十年以来）累积形成的迥然不同于布哈林的观点最终也在《帝国主义是资本主义的最高阶段》及随后一些作品中得到集中而系统的阐发与呈现。如果考虑到列宁在国际共产主义运动、世界共产党、马克思主义学界中日渐形成且越来越巩固的（精神）领袖地位，以及俄共（布）“第一领导人”的身份，很难想象布哈林可能对列宁、俄共（布）或联共、俄罗斯或苏联理论界产生什么实质性的“主导作用”与深远影响，恰恰相反，反倒是布哈林数十年来在列宁的善意关爱与悉心指导下，逐渐向列宁主义靠拢。

七、霍布森和考茨基的帝国主义思想

（一）霍布森的《帝国主义》

霍布森（1858—1904）是英国资产阶级学者，任职于牛津大学和伦敦大学。他一生著述颇丰，除《帝国主义》外，还相继写作了《贫穷问题》《失业经济学》《分配经济学》《工业制度》《新世界的问题》等诸本专著。《帝国主义》是霍布森的主要学术专著，可以说，在某种意义上，其通过列宁《帝国主义是资本主义的最高阶段》的转述与批评获得了广泛而持久的社会知名度。按照霍布森自己的说法，他写作这部专门研究帝国主义的学术著作的主要旨向在于“试图发现和探讨构成帝国主义政策基础的一般原则”。仅从这句话就可以清晰辨识出霍布森与列宁在帝国主义认识上的根本差异，即列宁依据经济基础层面上的垄断特征将帝国主义指认为资本主义发展的一个最新且最高的历史阶段，而霍布森却将帝国主义指认为一种国家政策。具体来说，霍布森认知的这种国家政策主要内涵为：凭借手中强大的政治权力和军事武装力量寻求海外市场，夺取、占领殖民地以图扩大政治势力并获取最大化商业利益。尽管如此，不能不说霍布森的帝国主义学说无论从正面也好，从反面也罢，对列宁“帝国主义论”的最终成型或多或少还是起到了一些促进作用，这一点仅凭《帝国主义是资本主义的最高阶段》中多次提及霍布森的有关研究就可见一斑。

1. 作为国家政策的帝国主义诞生的经济根源

在霍布森看来，作为一种国家政策的帝国主义的产生有其深刻的经济根源。通过重点考察美国托拉斯或联合企业的历史进程以及当时所呈现出来的特定状况，霍布森指出，依据1885年经济萧条委员会少数派直截了当的报告，产生帝国主义最深层的经济根源就是所谓的“生产过剩”。进一步来看，这种蔓延于资本主义社会始终的“生产过剩”当然并非绝对意义上的过剩，即这并非是说人们不需要那些充斥于市场上的“丰沛”的产品或这些产品的出现已经超过了人们真实的需求，其仅仅意味着，在一段时期内，资本主义社会生产力的增长超过了国内消费能力的增长，也即霍布森所归纳的“消费不能自动地与社会生产力采取同一个步调”。对此，霍布森说，既然从根本意义上而言，人类的需要是无限的，因而，如果从这个角度出发就绝对不会出现所谓的“消费不足”或“储蓄过剩”的情况，但事实却是，在资本主义社会中的的确确广泛地出现了此类情形。那该如何解释这种社会经济现象呢？霍布斯认为应当从分配领域中寻求答案，也就是说，有些人，如资本家分配到了大大超过其现实需求或实际用途的消费能力，而另一些人，如劳工阶级则仅仅分配到了甚至不足以满足维系体力需求的消费能力。作为占社会绝大多数的普通劳动者实际上所得到的分配额少得可怜，这就很好地解释了为什么资本主义社会国内的消费能力远远跟不上其社会生产力的蓬勃发展。同样是因为分配领域中的极端不公正，在另一方面，与广大劳动者的普遍贫穷截然相反，垄断资产者们手中握有的财富和资本储蓄却与日俱增地积聚起来。这样一来，就产生出两个较为显著的社会经济现象：第一，资本主义社会先进生产力所源源不断制造出来的产品在国内得不到充分的消费，因而“生产过剩”似乎成了一个司空平常的社会经济现象；第二，资产者们手中的过剩财富渐渐累积而成为了一种“过剩储蓄”。霍布斯认为，资产者们为了给自己过剩的生产力及过剩的储蓄（资本）寻找一条合适的出路来补偿国内被严格限制的工业，以殖民主义和军国主义为主要表征的帝国主义就这样自然而然地应运而生了，“帝国主义力图成为工业的大统治者，为它们在国内不能销售的商品和不能运用的资本寻求国外市场和国外投资，以便扩大渠道来容纳下它们剩余财富的洪流。”① 据此，霍布森在批评那种认为“帝国扩张是工业发展必然道路”观点的基础上提出了他具有鲜明改良主义色彩的抑制（或转变）帝国主义外侵特征的主张（也正因此，列宁一针见血地揭露霍布森的立场和观点本质上属于“资产阶级社会改良主义与和平主义”）。霍布森首先指责作为催生帝国主义的经济根源的“过剩储蓄”事实上是一种没有正当存在理由的“不劳而获”的收入，接着，霍布森提出，应当将资产所有者的过剩收入拿来提高工人阶级的薪酬待遇并向社会缴纳赋税，只有这样，才能真正促进和提升资本主义社会国内消费能力，才能真正彻底避免面向海外争夺市场和投资场所的帝国主义。恰如霍布森自己所说，“如果在经济上稍加调整，使富人过剩储蓄中涌现出来的增高泛滥水流的产品，能够转而提高这1/4贫乏的人的收入和消费标准，就不需要推行帝国主义，而社会改良也就取得极大胜利了。”② 尽管霍布森号称自

---

① ［英］约·阿·霍布森：《帝国主义》，纪明译，人民出版社1960年版，第69页。

② ［英］约·阿·霍布森：《帝国主义》，纪明译，人民出版社1960年版，第69—70页。

己对帝国主义的研究是从经济根源上展开的，但事实却是，霍布森的“经济根源”分析仅仅停留在社会分配和消费领域，却严重忽略了社会生产领域，忽略了经济所有制问题。难以想象，仅凭改良主义不切实际的鼓噪与喧哗，却不通过实际地剥夺剥削者，切实地改变资本主义私人所有制，就能令所有（垄断）资产者心甘情愿将自己攥得紧紧的资本和财富的一部分再分配给以工人阶级为首的广大劳动群众。套用霍布森自己的话就是：除非斩断了树木的经济根源，否则光是攻击帝国主义或军国主义的策略或政策是没有用的。

2. 帝国的联合

出于一种虚假的反帝或一种狭隘的大不列颠民族立场，以及由于深刻洞悉到在自由资本主义向垄断资本主义过渡的漫漫数十年间因为英帝国全球统治离心力的持续增强而出现的深度担忧，霍布森在赞成以殖民大臣加纳文爵士为代表的主张英国应当建立起一种宗主国与殖民地的统治与被统治关系更加密切的帝国联邦的观点的基础上提议，英帝国同其所实际掌控的全球广袤的殖民地与势力范围之间应当采用一种所谓的“国家联合”的基本形式以期最终实现宗主国与殖民地区的大一统，而这就是霍布森称谓的“帝国的联合”。在霍布森看来，只有这种建基于所谓共同血统、语言和制度纽带之上的（联合）帝国真正在全球广泛地建立起来（霍布森认为，与这种高度联合和统一的英帝国相似，世界上还同时存在着如泛斯拉夫帝国、泛拉丁帝国等众多大的联合帝国），世界的良好秩序、进步文明及长久和平才拥有了真正的保障。在提出这个想法的过程中，霍布森始终口口声声地反对以殖民主义、殖民扩张、军国主义泛滥为主要特征的（新）帝国主义。他甚至说道：帝国主义显然是“帝国联邦”和近代民族国家最严重的障碍与危险。不过，事实上，霍布森的此类观点无疑是坚定地站在（垄断）资产阶级以及资本主义国家政权一方作出的，其不仅根本不可能有利于无产阶级同广大殖民地上被压迫剥削的民族和劳动者的解放自由事业，而且更是扎扎实实地奠定了以考茨基主义为代表的修正主义、（极端）机会主义希冀在“超帝国主义”羽翼下寻求人类社会永久和平与繁荣发展虚幻愿景的思想基石，其本质上无疑应当被视为“超帝国主义”的理论先声。

（二）考茨基的帝国主义概念及其“超帝国主义论”

卡尔·考茨基于1854年10月4日生于奥地利帝国布拉格的一个画家家庭，是马克思主义发展史中的一位重要人物。恩格斯逝世后，他成为了德国社会民主党及“第二国际”的主要理论家和领导人之一。尽管考茨基在马克思和恩格斯的谆谆教导下曾经一度被视为一个忠诚的马克思主义理论家、革命实践家和“第二国际”的精神领袖，然而，由于他个人在思想上长期深受新康德主义、拉萨尔主义等理论学说的浸染，因而，在他思想深处始终潜藏着机会主义、修正主义的种子，而这些思想种子最终也的确促成了作为“第二国际”机会主义代表的考茨基主义的诞生。

20世纪最初数年，也即帝国主义世界大战浓厚阴霾开始盘旋笼罩在欧洲大陆上空时，作为“第二国际”最具影响力的理论家和领导人之一的考茨基伙同希法亭、鲍威尔等人组成了所谓“第二国际”的“中派集团”，考茨基主义相应地成为“中派集团”的核心指导思想，并逐渐成为“中派主义”或“机会主义”的代名词。对于所谓“中派”及作为其指导思想的考茨基主义，列宁入木三分地指出：作为“中派集团”指导理论的考茨基主义承认马克思主义中的一切，就是不承认革命的斗争手段，不承认要采用这种手段进行宣传和准备并用这种精神教育群众。考茨基主义将社会沙文主义（主要表现为鼓噪在这场帝国主义世界战争中保卫祖国）与对社会民主党左派作外交式的表面让步（如在投票表决军事拨款时弃权，在口头上承认自己采取反对派立场等）这两个毫无共同之处的主张无原则地“调和起来”。在考茨基主义的引领下，考茨基在帝国主义问题上既不赞同左派观点，同时也驳斥了以库诺等人为代表的将之视为一个历史新阶段的看法，他认为，帝国主义在本质上应该被理解为一种资本主义的“国家政策”。在此基础上，考茨基提出了具有浓厚“机会主义”与“等待主义”色彩的“超帝国主义论”，并因而遭到了“第二国际”以列宁、布哈林等人为代表的左派的强烈反对同深刻批判。

1. 考茨基将帝国主义视为“国家政策”

与希法亭、卢森堡、布哈林等人有所不同，考茨基的帝国主义概念具有鲜明易辨的“国家政策论”特征。尽管考茨基也承认，垄断资本主义时代已经到来，但他还是坚持认为，帝国主义从本质上来说是一种资本主义的国家政策而非资本主义发展的某个特定历史阶段。为了证明自己观点的正确性，考茨基甚至搬出了自己所崇拜的“偶像”——希法亭的观点。他说，希法亭“非常注意避免用人所共知的‘帝国主义’一词来表示资本主义的这一最新阶段。他也用帝国主义这个词来表示政策的一种特殊类型，而不是表示一个‘经济阶段’。”① 在考茨基看来，作为资本主义国家政策的帝国主义主要包括了保护性关税政策以及对外殖民政策两个方面，所以，帝国主义实质上是一种现代化了的、最大规模的“重商主义”，是金融资本所采取的一种与经济基础并无必然联系的“政策”或“方法”。考茨基之所以不赞同将帝国主义视为资本主义社会经济发展的某个特定“历史阶段”，其中最重要的原因就在于，他认为“历史阶段论”似乎或多或少地暗含了一种“毫无意义”的“历史必然性”意蕴。对此，他说：如果人们将帝国主义视为资本主义发展史上一个必经历史阶段而非国家政策的话，那么，这个命题无疑从一开始就拥有了一种浓厚的“历史必然性”意蕴了。这样一来，似乎也就意味着，无论是哪个资本主义的国家或民族都必将拥有一种由“神秘的命运”所制定好了的相同或者至少大体类似的社会历史发展进程。但是，历史和现实却以无可辩驳的“铁的事实”告诉人们，并非所有资本主义国家都是帝国主义或都采取了帝国主义的扩张性政策，换言之，事实上，仅仅只有几个资本主义强国在施行着所谓的帝国主义国家政策，而且，这些国家的帝国主义政策还因为其历史背景和民族文化传统的巨大差异而各具特色，互不相似。据此，可以认为，人类社会历史漫长的发展进程中绝不可能存在一种所谓的“统一”或“同质性”的帝国主义模式与道路。考茨基进一步提出：第一，帝国主义作为资产阶级政权的国家政策根本不可能是所有资本主义发达国家的政策，而只能是少数资本主义大

① 卡尔·考茨基：《帝国主义》，史集译，三联书店 1964 年版，第 25—26 页。

国或强国的政策；第二，帝国主义作为一种国家政策对于资本主义统治下持续不断发展着的工业生产而言，不具有必然性，其仅仅只是资产阶级获得超额利润的方法之一；第三，如果非要指认帝国主义具有某种历史必然性的话，那么，也只能从帝国主义已然存在于世及其之所以能够得以存在的现实必然原因这个角度来进行理解（不过，考茨基认为，在这个层面来讨论帝国主义的历史必然性并不能真正帮助人们对帝国主义的将来得出更多的有益认识，所以，确认帝国主义是否具备“必然性”没有任何意义）；第四，依据上述几点理由，既然帝国主义已成为历史的客观存在物，那么，就应该更多地去讨论帝国主义对于无产阶级及其革命斗争而言到底意味着什么这样一类具有现实意义的迫切议题。

2. 考茨基的“超帝国主义论”

1914 年，考茨基发表了《帝国主义》一文。在此文中，他通过讨论工业与农业，工业国家与农业国家的关系提出，应当将（当前的）帝国主义视为资本主义的“国家政策”，而非某个特定“历史发展阶段”。进而，在此基础上，考茨基提出了思想史上臭名昭著的“超帝国主义论”。考茨基在阐述其“超帝国主义”设想时居然发出了这般令人异常惊愕的号召：如今的资本主义世界受到了帝国主义政策的严重威胁，因此，任何一个有远见的资本家都要向他的伙伴们大声疾呼，“全世界资本家联合起来!”

考茨基通过对帝国主义的研究，发现并指出了资本主义社会经济生产发展过程中所存在的一个悖论：一方面，伴随着资本主义日益深入而快速地发展，资本主义工业占据了越来越多的农业地区和人口；而另一方面，资本主义工业发展对农业的依赖也越来越严重。这两者之间客观存在的矛盾必将随着资本主义的持续发展和演进而变得越来越尖锐、激化。资本主义工业和农业生产部类的比例与产能遭受到严重破坏，二者之间动态的平衡被打破，最终必将在资本主义社会周期性地引发一种所谓的“自发性”的调节方式，即资本主义“周期性经济危机”。在考茨基看来，尽管资本主义周期性经济危机可以在一定程度和范围内促进资本主义社会各生产部门的恰当比例得以重建，但是，资产阶级统治集团却绝不希望看到危机持续不断地频繁爆发。所以，为了避免资本主义工业生产资源与劳动力不足这个难题，并最大限度地延缓、推迟或避免资本主义经济危机的爆发，帝国主义就必然会向广袤的非资本主义地域（农业地区）积极推行以扩张和侵略为核心的殖民主义。尽管在某种程度上或者在一段历史时期内，帝国主义通过武装力量扩大了自身势力范围并将某些非资本主义区域（农业地区）转变成自己的直接殖民地，帝国主义既极大地拓展了国内市场，扩大和稳定了宗主国工业产品的销路，实现了资本持续不断地对外输出，同时更因此攫取到大量国内资本主义工业发展所急需的几乎一切自然资源和廉价劳动力，从而切实有力地暂缓了资本主义社会经济发展所面临的重重矛盾与困境。然而，由于帝国主义列强出于自己国内社会经济持续不断稳健发展目的而产生的对非资本主义环境日益严重的依赖性不可能无止境地延续、拓张下去，换言之，非资本主义地域和环境再广袤，其毕竟是有限的（在地球这颗行星范围内）。因此，帝国主义列强终将有朝一日会为了争夺同一块非资本主义地域（农业地区）或者重新分配同一片势力范围而爆发激烈的对抗，甚至是惨绝人寰的世界战争。正因为这样，帝国主义列强（有的帝国主义国家已经有了切肤之痛的历史遭遇，有的帝国主义国家则是未雨绸缪）才会在其国内大力复兴军国主义，用巨额国家财政积极支持耗资不菲的军备竞赛（甚至是倾全国之财力和物力），这种情形在 19 世纪末至 20 世纪初期呈现出愈演愈烈的势头。为了争夺生存和发展空间，帝国主义列强就如同资本主义社会中的各类企业和公司那般，始终信奉与遵循着惨无人道的（极端）“丛林法则”和“社会达尔文主义”，互相残酷地竞争、厮杀，以至于最终出现人类历史上最为极端的对抗和荼毒形式——帝国主义世界大战的全面爆发。

考茨基看到了上述种种帝国主义面临的困境，但却天真地以为，帝国主义列强一定会像资本主义垄断组织之间相互妥协而最终催生出（国际）卡特尔组织（或协定）那样产生出一种如同国际卡特尔那般的和平大联盟——“超帝国主义”。客观地说，考茨基提出这个理论设想确实并非随意捏造。依据卡特尔，尤其是国际卡特尔组织（或协定）的广泛兴盛以及帝国主义最初时期，帝国主义列强相互之间为了各自利益最大化考量而作出的适度适时的退让与妥协等客观情况，考茨基大胆猜测和推断，随着时间不断推移，帝国主义列强之间必将会越来越顾及和注重防范由于相互对抗所可能产生的悲剧性后果，因而，一种建立在相互和解与妥协基础之上的“超帝国主义”（政权组织）形式或历史阶段必将在不远的将来出现。不过，国家政权的权力结构毕竟不同于一般资本主义国家国内企业的权力结构，若世界资本主义真正欲求实现一种全球意义和规模上的“帝国主义国家卡特尔”——“超帝国主义”，其所必备的各类条件与前提毫无疑问将远远复杂于企业之间的（国际）卡特尔组织建构。更何况，考茨基的“超帝国主义”设想的确在客观上起到了泯灭、削弱和破坏国际共产主义运动、世界工人运动的恶劣作用。这个幼稚而天真的未来世界构想连同考茨基一贯坚持和奉为真理的“合法主义”“议会斗争”“社会沙文主义”等理论与实践均散发出难以掩盖的“修正主义”“机会主义”的腐朽臭味，并因而遭到了以列宁、卢森堡等人为代表的“第二国际”左派的无情嘲笑、严厉谴责同深刻批判。

第二章　列宁“帝国主义论”的主要内容及其理论和历史贡献

《帝国主义是资本主义的最高阶段》是列宁“帝国主义论”学说体系中一座辉煌的理论丰碑。在这部彪炳史册的学术著作中，列宁从马克思主义基本立场和原理出发，将帝国主义，也就是垄断资本主义视为建基于私人经济垄断之上的资本主义发展历程中最新、最高的一个历史阶段。因此，在列宁“帝国主义论”中，于认识帝国主义而言，经济垄断占据着首要的地位。在此基础上，《帝国主义是资本主义的最高阶段》又相继重点讨论了金融资本的统治、以资本输出为主要特征的经济殖民主义、军事—地理殖民主义、帝国主义的“腐朽寄生性”以及帝国主义的“过渡”或“垂死”特征。除此之外，不得不提及的是，列宁还在《帝国主义是资本主义的最高阶段》中极为深刻地揭示出帝国主义社会经济“不平衡发展”的基本规律与现实状况，并据此于日后相继提出寻找帝国主义世界统治链条上的“薄弱环节”（或“突破口”）及“一国首先胜利论”等命题，进而凭着这些伟大洞见指导俄国社会主义“十月革命”赢得全面胜利。

第一节　列宁“帝国主义论”的主要内容

一、列宁创建帝国主义“历史阶段论”批驳“国家政策论”

（一）列宁对帝国主义的界定

“第二国际”中后期，众多理论家对帝国主义所作出的界定普遍存在着不容忽视和否认的模糊性、歧义性。简单地说，人们很难准确而清晰地辨识出这些理论家们给出的帝国主义定义到底属于一种“历史阶段论”抑或一种“国家政策论”，而这种混乱情形又进一步加剧和激化了此后学界的相关论争。

拉法格就在其涉及垄断资本主义研究的文章中既将帝国主义视为一个“历史特殊阶段”，同时却又反复强调帝国主义的“国家政策”维度。对于希法亭的帝国主义观，布鲁厄在《马克思主义的帝国主义理论》中明确否认了其帝国主义概念具有什么实际内涵。《马克思主义的帝国主义理论》指出，希法亭的《金融资本》事实上并没有形成一个明确的帝国主义概念，“希法亭没有一般地使用‘帝国主义’一词，而是倾向于使用诸如‘现代保护主义政策’‘现代殖民政策’和‘金融资本的对外政策’这样的短语。当他的确使用这一概念时，它是对资本主义的军国主义和扩张主义趋势的一个笼统的描述性术语，因此还有一些用语，如‘现代保护主义政策，它与帝国主义不可分解地缠绕在一起’和‘资本除帝国主义政策之外没有其他能够执行的政策’。所有这些参考资料都出现在那本书的最后一章。帝国主义是一个与当时时代相关的单词，希法亭用它来为他的结论增加活力。词的使用并不具有本质上的重要性。重要的是缺乏任何清楚的帝国主义概念，希法亭用各种各样的短语来表示现象的不同方面就表明了这种缺乏。”“希法亭为什么没有构造一个帝国主义的概念的原因是非常清楚的：他的兴趣在主要的资本主义中心的内部发展上面，在金融资本的兴起上面。”[①] 列宁在《帝国主义是资本主义的最高阶段》中对希法亭的《金融资本》作过一个较高的评价，充分赞扬了《金融资本》对“资本主义发展的最新阶段”（希法亭为该书写的副标题）作了一个极有价值的理论分析。那么，这是否意味着，列宁将希法亭的帝国主义概念视为了一种“历史阶段论”呢？国内外的确有许多学者认为希法亭的帝国主义概念属于“历史阶段论”而非“国家政策论”。然而，事实果真如此吗？这个看法值得商榷。我们认为，一种较为合理的解释应当是，希法亭的帝国主义概念可能是一种“历史阶段论”与“国家政策论”的结合体：一方面，希法亭帝国主义概念的确或多或

---

① ［英］安东尼·布鲁厄：《马克思主义的帝国主义理论》，陆俊译，重庆出版社 2003 年版，第 108—109 页。

少、或隐或显呈现出一些“历史阶段论”的痕迹，这不仅能够从他书的副标题上看出，同时也可从《金融资本》的多处描写中看出，如“资本主义产业的发展产生了银行的集中，这个已经集中化了的银行制度本身，是达到作为资本主义集中的最高阶段的卡特尔和托拉斯的重要力量”[①]。尤其是，当希法亭在谈及垄断生产组织支持保护性关税现象时，曾使用了“资本主义垄断阶段”指代帝国主义。但与此同时，应当强调，希法亭的“历史阶段”意蕴决非列宁牢牢建立在经济基础分析之上的“真实（内在）历史阶段论”，其更多的是一种建立在历史诸多（外在）特征（如政策、军事、外交等）综合表征意义上的“外在历史阶段论”。除此以外，希法亭还在书中多处地方暗示帝国主义的“国家政策”本质属性，如他说到的“资本除帝国主义政策之外没有其他能够执行的政策”，在他看来，这个政策包括保护性关税、殖民主义扩张、军国主义等诸多方面。在这个意义上，希法亭的帝国主义概念无疑属于一种“国家政策论”。

与拉法格、希法亭类似，卢森堡对帝国主义作出的界定也同样存在着令人难以捉摸的模糊性、歧义性，因而，围绕着她的帝国主义概念也就难免会出现针锋相对的论争。在《资本积累论》中，卢森堡强调：“帝国主义是一个政治名词，用来表达在争夺尚未被侵占的非资本主义环境的竞争中所进行的资本积累”[②]。据此，国内学者彭尘舜等人认为，卢森堡没有将帝国主义视为资本主义发展的一个历史阶段，却反而将其看作资本主义国家争夺世界上剩余“非资本主义领域”的国家政策。“这样理解帝国主义，实质上，与考茨基对帝国主义所下的定义没有多大的区别。”[③] 不过，还是在同一本书中，卢森堡却又出现了将帝国主义指认为一个历史阶段或时期的语句。如卢森堡在《资本积累论》中这样说：“对于资本而言，积累的停顿意味着资本主义生产力的扩大发展的停止，

① ［德］鲁道夫·希法亭：《金融资本》，李琼译，华夏出版社2013年版，第256页。

② ［德］罗莎·卢森堡：《资本积累论》，彭尘舜等译，三联书店1959年版，第359页。

③ ［德］罗莎·卢森堡：《资本积累论》，彭尘舜等译，三联书店1959年版，第382—383页。

同时，也意味着资本主义崩溃的客观历史必然性。这个就是资本主义在历史生命上的最后阶段——帝国主义——所表现的矛盾行动的道理。”“实际上，扩张已经伴随着资本主义的全部历史及其现在的最终的帝国主义阶段，它形成了这样一种放荡不羁的特性，以致整个人类文明都置于它的威胁之下。”① 因此，有一批学者坚信，卢森堡的帝国主义概念实质上可以被视为一种“历史阶段论”，如国内学者蔡中兴就在《罗莎·卢森堡是这样认识帝国主义的？——对一种传统看法的异议》中将卢森堡对帝国主义的理解划入“历史阶段论”的范畴中。面对这样迥异和对立的阐释，张保和等人尽管在《罗莎·卢森堡的〈资本积累论〉与其帝国主义理论的内在逻辑》中对卢森堡帝国主义概念属于“历史阶段论”的看法表达出温和的赞同，但却也不得不在文章结尾处发出了这样的感叹，“卢森堡给帝国主义所下的定义含糊不清。”②

与上述思想家类似，布哈林在《世界经济和帝国主义》中对帝国主义的阐释同样也呈现出模棱两可的矛盾特征：一方面，他认为帝国主义是作为资本主义国家“金融资本征服政策”而出现的；但另一方面，他又认为帝国主义作为资本主义国家的“金融资本征服政策”实质上是一个历史范畴或历史实体。面对这样表述上的自相冲突，一种观点认为，布哈林的帝国主义观既有“国家政策”含义，同时又具有“历史阶段论”意蕴，其深受希法亭影响，却超越了希法亭。另一类观点，如布鲁厄则认为，与列宁完全不同，布哈林的帝国主义观实质上属于“国家政策论”，“布哈林和列宁是以十分不同的方式来使用‘帝国主义’这一术语的。布哈林把它界定为一种政策：……他坚持认为，如果征服政策是金融资本的政策，那么它只有当做帝国主义来考虑。他还认为，这一政策必然被金融资本所遵循。”③ 尽管如此，布鲁厄对布哈林帝国主义观到

① ［德］罗莎·卢森堡：《资本积累论》，彭尘舜等译，三联书店 1959 年版，第 333、365 页。

② 张保和等：《罗莎·卢森堡的〈资本积累论〉与其帝国主义理论的内在逻辑——兼论其帝国主义理论的功绩与不足》，《科学社会主义》2010 年第 2 期，第 153 页。

③ ［英］安东尼·布鲁厄：《马克思主义的帝国主义》，陆俊译，重庆出版社 2003 年版，第 112 页。

底属于“国家政策论”还是“历史阶段论”却始终呈现出一种反复与犹疑不决的态度。布鲁厄认为，布哈林对帝国主义概念的认知事实上经历了一个从金融资本政策及其意识形态过渡到“一个特殊发展阶段”的过程，而这中间起到关键性改变作用的是帝国主义国家间的激烈竞争，“从世界范围看，重要的不是任何一个单独的国家按照帝国主义政策行事这一事实，而是它们之间的竞争；这清楚地出现在他的章节标题中：‘作为更大范围资本主义竞争再生产的帝国主义’。因此，他的论证就从作为一种政策和一种意识形态的帝国主义转移到作为一个特殊发展阶段世界经济的一种特征的帝国主义。”① 假若布哈林关于帝国主义的认知果真存在一种“转变”过程，那么，其原因可能还在于布哈林或多或少受到列宁思想的影响转而开始关注经济因素的重要性（基础性）。

有趣的是，与众多“第二国际”学者在有关著述和文章中将帝国主义指认为资本主义发展进程中的一个特定“历史阶段”（或时期）时所表现出来的闪烁其词与羞羞答答截然不同，几乎所有学者在考察和讨论帝国主义实质上为一种资本主义“国家政策”时却均显得旗帜鲜明、底气十足。在帝国主义本质上究竟为一种资本主义新近出现的“国家政策”还是一个“历史阶段”问题上，与上述“第二国际”学者不同，列宁的立场十分明确，其理论观点与研究方法也独树一帜。尽管同“第二国际”许多学者一样，列宁也注意到了这一历史时期世界资本主义呈现出来的各种显著社会经济特征，如古典自由主义的衰微、以保护性关税政策出台为代表的欧洲保守主义的全面复兴、殖民主义和军国主义的强势崛起以及一种不同于但却建基于银行资本之上的金融资本的全新亮相，等等，但列宁始终坚持从马克思主义基本政治立场、学术原理及研究方法的基础上去分析世界资本主义最新近社会历史的变迁，由此一来，极大地推动了以《资本论》为代表的马克思主义政治经济学与时俱进的步伐。在列宁看来，世界资本主义在这一时期纷纷涌现出来的一系列最新动态及一系列最新社会经济特征绝非偶然的历史现象，也非支离破碎、

① ［英］安东尼·布鲁厄：《马克思主义的帝国主义理论》，陆俊译，重庆出版社 2003 年版，第 112 页。

互不相干的“分裂”的社会景观，所有这一切变迁与改观有着相同的“经济基础源头”——垄断资本主义的出现及持续推进。基于这种认知，列宁将帝国主义视为资本主义漫漫发展历程中一个建基于自由资本主义之上，并逐渐转化到“自己对立面”（也就是垄断）的空前崭新的历史阶段（时期），即如同列宁在《帝国主义是资本主义的最高阶段》中所明确表述的那样：帝国主义是一个不同于自由资本主义历史时期的垄断阶段。

列宁为帝国主义作出的科学界定说明了这样两个问题：第一，根基牢固地建立在自由资本主义基础之上，并进而由之发展、演进而来的垄断资本主义，在帝国主义时代无疑是一个迥然有别于，或者说是“对立于”自由资本主义历史时期的崭新的历史发展阶段；第二，帝国主义或者说垄断资本主义，尽管发源于自由资本主义，却是一个超越了自由资本主义的更高级的历史阶段，其内涵相较于自由资本主义而言越发显著的面向更高一级的社会形态——社会主义社会“过渡”的特质。列宁依据马克思主义基本立场和原理，从资本主义经济基础着眼，为帝国主义给出了一个科学的阐释和界定，即将帝国主义等同垄断资本主义，进而将垄断资本主义视为资本主义发展史上一个特殊且相较于自由资本主义而言更加高级的历史时期。不过，无论是马克思、恩格斯，抑或是他们忠实的继承者——拉法格、列宁从来都不会将自己的理论学说僵化地固定于某一点上，而不给其未来发展深化、持续拓展留出足够空间和余地。具体来讲，列宁尽管在《帝国主义是资本主义的最高阶段》中从经济基础层面给出了一个科学的帝国主义界定，然而，列宁却并没有将自己所给出的这个定义视为绝对且不可更改的“真理总体”，换言之，他在《帝国主义是资本主义的最高阶段》中为日后人们从其他方面和视角对帝国主义作出界定与总结提供了足够宽广的空间。列宁在《帝国主义是资本主义的最高阶段》中明确指出，他所给出的这个帝国主义定义属于纯经济范畴，言外之意，帝国主义还可能有其他非经济学意义上的理解与阐释。然而，由于列宁当时主要精力和时间都放在了繁重的革命实践工作及其他方面的写作任务中，因而，他能够从帝国主义经济基础出发进而完成对整个帝国主义大厦体系的描绘与分析已实属不易。以《帝国主义是资本主义的最高阶段》为代表的列宁“帝国主义论”所作出的卓越贡献之一在于，建基于马克思主义科学理论，通过将资本主义这一特定社会形态进一步划分为“自由资本主义”和“垄断资本主义”两个“历史阶段”或“次级社会形态”，从而不仅极大拓展、深化了马克思主义社会形态理论，同时也极大地推动了以《资本论》为典范的马克思主义政治经济学，奠定了马克思主义科学的帝国主义理论分析范式，为日后人们对世界资本主义的研究增添了一个异常重要的视角与维度，自此开创了一片崭新且充满蓬勃生机活力的帝国主义研究视阈。

（二）“历史阶段论”抑或“国家政策论”——列宁与考茨基对帝国主义理解的根本分歧

在列宁所生活的历史时期，垄断资本主义正逐渐取代传统自由资本主义而日益成为世界资本主义的真正统治者。面对人类社会历史最新近的深刻变迁，出现了三类值得警惕的思潮：第一类，直接体现垄断资本利益从而公开为帝国主义辩护的思潮；第二类，囿于小资产阶级政治学术立场而对垄断资本主义作出有限且保守的批评的思潮；第三类，“第二国际”内部泛滥的修正主义与机会主义。在上述思潮中，列宁重点考察并批判了具有鲜明修正主义、机会主义色彩的考茨基主义及其帝国主义学说。

在列宁看来，考茨基主义从表面上看似乎仍是“第二国际”内部正统马克思主义的典范，然而，其思想内核却正伴随着垄断资本主义全面取代自由资本主义的历史进程而日渐呈现出腐朽堕落的特征，换言之，考茨基主义正日益成为修正主义、机会主义、合法主义（包括议会主义）、社会沙文主义等各类形形色色早已“背离”马克思主义的思潮的“集大成者”与“标杆”，并最终成为导致“第二国际”彻底破产与瓦解的重要思想“策源地”。考茨基主义不仅已经彻底背弃了过去曾誓死捍卫的马克思主义，而且在实践上更是变本加厉地与各类极端机会主义，甚至与资产阶级政府日益紧密地联合起来。特别是考虑到考茨基本人在“第二国际”内部同整个国际共产主义运动和工人运动中的“崇高”号召力与影响力，以及考茨基主义正成为一种越来越国际化的机会主义右倾思潮，列宁深感，只有彻底揭露、批判考茨基主义潜藏的理论错误，才有望在国际共产主义运动和工人运动指导思想与实践上纠正并清算其所造成的诸般不良影响。《帝国主义是资本主义的最高阶段》一书，一方面，毫无疑问建立在坚定批判考茨基主义及其（超）帝国主义学说的基础之上；另一方面，列宁对考茨基主义及其（超）帝国主义学说的声讨同他在书中所作出的正面阐述同样重要，正是这一正一反两个方面共同坚实地构筑起了列宁“帝国主义论”的完整思想体系。譬如，在帝国主义界定问题上，尽管列宁已经明确给出了一个符合马克思主义的科学定义，但列宁仍旗帜鲜明地指出：“我们不得不在帝国主义的定义问题上，首先同所谓第二国际时代（1889—1914 年这 25 年间）主要的马克思主义理论家卡·考茨基进行争论。”① 针对考茨基的帝国主义定义（考茨基将帝国主义界定为：帝国主义是高度发达的工业资本主义的产物，帝国主义就是每个工业资本主义民族力图吞并或征服愈来愈多的农业区域），列宁始终坚定地站在马克思主义基本立场上予以严厉批驳。列宁指出，考茨基的定义不仅是错误的和非马克思主义的，而且还成为了全面背离马克思主义理论和实践的那一整套观点的基础，考茨基所挑起的那种关于帝国主义的字面上的争论，即资本主义的最新历史发展阶段应当叫帝国主义还是叫金融资本时期实际上是毫无意义的。考茨基在帝国主义定义问题上之所以背离了马克思主义，最重要且根本的原因是，考茨基将帝国主义的政治同它的经济基础割裂开了，而这样做的一个严重后果就是，帝国主义历史时期最根本且最深刻的社会矛盾（按照列宁的看法就是：垄断同与之并存的自由竞争之间的矛盾，金融资本凭借其超乎想象的垄断统治而拥有的庞大业务量及其所攫取到的巨量经济利益同自由市场上“诚实买卖”之间的矛盾，以及卡特尔、托拉斯等垄断组织集团同没有进入垄断进程的工商企业之间的矛盾等）不是被揭示和暴露出来，反而是得以被深深地掩饰和遮蔽了。这就是考茨基主义，它同马克思主义毫无共同之处！

首先，考茨基的帝国主义界定无视或抛弃了世界资本主义经济基础的本质性演进与变迁，将那些仅仅属于社会历史表象层面的事物，如大

---

① 《列宁专题文集——论资本主义》，人民出版社 2009 年版，第 176 页。

肆对外拓展的殖民主义、军国主义复兴、保护性关税政策普遍崛兴等视为帝国主义的本质内涵。正是在这个意义上，列宁认为考茨基的帝国主义概念是极端倒退以及极端反动的，其于实质上早已沦为了资产阶级政权及其思想学说的忠诚奴仆和卫道士。其次，列宁认为，考茨基的帝国主义概念之所以是极端错误和“要不得”的根本原因还在于：第一，考茨基帝国主义概念中将殖民者与被殖民者之间的关系偷换成工业资本主义民族与农业民族间的关系的做法，实质上取消了马克思主义阶级分析法，给人们一种帝国主义本质内涵其实是“民族矛盾与冲突问题”的错误印象；第二，尽管从国家政治层面来看，强调工业资本对其他民族和区域进行兼并无疑有对的成分，然而，众所周知，帝国主义用以兼并广袤非资本主义地区的主要手段却并非以“和平发展”为基调和特征的工业及工业资本，而是使用残酷、血腥、暴力的军事武装侵略手段以及政治干涉民族国家主权的卑劣手段；第三，帝国主义列强并不只是兼并农业区域，它同时也力图兼并其他较弱的工业发达区域。再次，从经济方面看，帝国主义最根本的经济特征决非工业资本及其扩张进程，其之所以迥然有别于往昔资本主义发展阶段恰恰是由于这一时期出现了一种不同于传统工业资本的金融资本在实施全面且深度的垄断性统治。最后，列宁提出考茨基帝国主义概念中一个致命错误就是：严重忽视了帝国主义列强相互之间客观存在的激烈而残酷的竞争，甚至是你死我活的世界战争。正因为上述原因，列宁指出，考茨基甚至比资产阶级学者霍布森还后退了一步。

二、列宁“帝国主义论”中阐明的帝国主义社会经济特征

《帝国主义是资本主义的最高阶段》花费了大量篇幅与笔墨用以系统并逐一分析和研讨帝国主义时代最显著、最基本的社会经济特征。在列宁看来，研究人类社会历史进程中某个特定社会形态及其演变毫无疑问必须坚持马克思主义基本立场、原理与研究方法，其中，最为关键之处就是必须首先研究该社会形态的经济基础及其持续性变迁、演进，因为无论是哪个特殊社会形态或历史阶段，其最深厚的本质内涵与显耀的社会经济特征毫无疑问均来源于其自身的经济土壤，最终均由其经济基

础所决定并自始至终受其深刻而持续的影响。具体到研究帝国主义亦是这样。正因此，列宁才通过帝国主义最深厚的经济基础——资本主义私人垄断来深度刻画与阐释帝国主义。列宁给出了一个简短但精练的帝国主义界定：帝国主义是资本主义的垄断阶段。不过，列宁认为，尽管这个定义比较方便而简短，但如果力图从这个定义中去推导“应当下定义的现象的那些最重要的特点”却是远远不够的。于是，列宁在给出了这个帝国主义简短界定之后进而分别一一详尽地讨论了帝国主义历史阶段中数个最为关键、最为重要的基本社会经济特征。值得注意的是，《帝国主义是资本主义的最高阶段》中详细考察的数个最显著的社会经济特征在重要性及相互关系上却不处于相同（或完全平等）地位，换言之，列宁在书中提及的第一个社会经济特征，即由生产和资本持续不断集中而慢慢演化出来的资本主义私人垄断——垄断经济形态以及垄断经济组织，无疑是其他所有帝国主义社会经济特征最重要、最深厚的根基同首要前提，即所有其他帝国主义社会经济特征均是在资本主义经济垄断这一基础上逐渐生发与形塑的。

（一）自由竞争、集中与垄断

尽管马克思和恩格斯在他们晚年对建基于生产和资本日益集中垄断趋向之上的自由资本主义向垄断资本主义过渡的历史演化早已洞若观火，并且甚至还明确指出了垄断资本主义朝向更高一级社会形态——社会主义社会的“过渡性质”与“有待扬弃”的历史命运，然而，令人感到遗憾和惋惜的是，在垄断资本主义全面取代自由资本主义以前，两位伟大的思想家不幸相继辞世。所以，他们并未来得及对垄断资本主义作出一个更加深入、系统而全面的学理研究，这对于整个国际共产主义运动及马克思主义自身发展来说无疑是一笔无法估量且永远不可弥补的巨大损失。循着两位伟大革命导师的思想轨迹，孜孜不倦地汲取他们有关垄断资本研究的丰富理论营养，身处垄断资本处于全面统治地位时期的列宁不仅对资本主义生产和资本的集中垄断演变趋势作出了非常深入且系统的探讨，而且更是首度将由于持续集中而造成的经济垄断现象作为衡量资本主义社会经济发展是否进入到新历史阶段的重要标尺。

在列宁看来，帝国主义最为典型、最为深刻的社会经济特征无疑就是建基于生产和资本日益迅猛集中趋向之上的“（经济）垄断的出现”。列宁在《帝国主义是资本主义的最高阶段》中运用大量具有说服力的统计数据以及同时期的实证研究来对资本主义这一特殊发展时期的生产和资本的集中与垄断现象及其可能的趋势作出了形象生动、细致入微的描绘与阐述。列宁指出：在德国，每1000个工业企业中，雇佣工人50人以上的大企业，1882年有3个，1895年有6个，1907年有9个。每100个工人中，这些企业的工人分别占22人、30人、37人。但是，生产集中的程度要比工人集中的程度大得多。不到1%的企业竟占有总数3/4以上的蒸汽力和电力！而297万个小企业（雇佣工人不超过5人的），即占总数91%的企业，却只占有7%的蒸汽力和电力！德国在1907年雇用工人1000人和1000人以上的企业有586个，它们的工人几乎占总数的1/10（138万），它们的蒸汽力和电力则几乎占总数的1/3（32%）。在美国，生产和资本的集中垄断进程发展得更为迅猛。粗略估算，美国所有企业的全部产值几乎有一半掌握在仅占企业总数1%的企业手中！1904年，产值在100万美元和100万美元以上的最大企业有1900个（占企业总数216180个的0.9%），它们有140万工人（占工人总数550万的25.6%），产值为56亿美元（占总产值148亿美元的38%）。5年之后，即1909年，相应数字如下：3060个企业（占企业总数268491个的1.1%），有200万工人（占工人总数660万的30.5%），产值为90亿美元（占总产值207亿美元的43.8%）。[①] 进而，列宁不仅区分出所谓“行业部门垄断”与“社会垄断”，而且还分别从“雇佣的劳动力人数”“占有蒸汽力和电力总量”“企业产值”“实际控制资本”等诸多视角与维度观察和论述了帝国主义最初时期德国、美国、英国等欧美主要资本主义国家生产和资本集中垄断的具体情状。

正是在世界资本主义生产和资本的集中垄断日益迅猛发展的趋势的强劲推动下，以卡特尔、辛迪加、托拉斯为典型代表的资本主义垄断组织机构纷纷从萌芽状态一步步地茁壮成长为在世界资本主义社会经济中占据着统治地位的大垄断资本集团。帝国主义时代，以卡特尔、托拉斯

---

① 《列宁专题文集——论资本主义》，人民出版社2009年版，第107—108页。

为首的各类资本垄断集团尽管有力地将资本主义生产社会化推向了一个新的发展高度和阶段，然而，同样不容回避的是，一方面，这些大大小小在组织结构与外在形式上有所差别的垄断组织仍然属于资本主义私人所有制；另一方面，这些垄断资本组织出于小集团本位主义“一己私利”考量，通常都会利用手中牢牢掌控的垄断权力，对整个资本主义社会经济发展实行一种极为严酷且高度集权的专制统治。质言之，以建基于生产和资本日益集中之上的经济垄断为最重要社会经济特征的帝国主义时代的全面来临意味着曾经有着辉煌发展历程的自由资本主义时代一去不复返了。当然，这并非是由哪个个体、利益集团或阶级的主观意愿恣意而为的历史趋势，其最为根本和深厚地根源于资本主义自身内涵的，由其无法超越或克服的内在基本矛盾推动的历史发展规律同必然演进逻辑。

（二）金融资本与金融寡头的形成及其统治地位

自由资本主义时期，资本主义银行在人类社会舞台上所扮演的无非是一个货币资本中转的默默无闻的普通角色。它日常的、当然也是最为主要的工作就是通过各种有偿方式将社会上多样化来源且暂时派不上用场的货币资本收集汇拢起来，交给亟待资金用度的各类产业资本家，供其扩大再生产等诸多生产和业务活动所需，并从中收取高额借贷经济利息。于是，这样一来，资本主义银行就把一些暂时“看似无用”的货币资本转变为能够幻生出巨量财富的“活资本”了。由于资本主义工商业领域（当然也包括资本主义农业）生产和资本集中垄断迅猛发展趋势的不断推动，资本主义银行业与资本主义工商业一样也出现了集中与垄断不断加剧的情形。其主要表现在：一方面，众多中小银行纷纷丧失独立性，数量在持续不断地减少，即这些银行要么被大银行彻底挤垮，要么被大银行直接兼并，要么沦为大银行的下属或分支机构；另一方面，大银行资本的集中与垄断特征日益明显，许多迄今仍声名显赫的资本主义垄断银行就是在那个时期诞生的。与资本主义银行业持续不断推进的集中垄断趋势相伴随，越来越多的大银行渐渐不再满足于仅仅依靠货币资本中转而取得的那一点点利息资本了，它们凭借手中握有的巨量资金将触角延伸到资本主义工商业领域的各个角落，通过密切监管借贷资金的运行轨迹与方向、买卖或交换企业的股票、“参与制”、直接吞并等多种手段不仅日益深度渗透进资本主义工商业领域中，而且在客观上“联合”“征服”和“吸收”了越来越多的资本主义工商业界中的中小企业。用资本主义银行业“自己的术语”说，就是“加入到自己的康采恩中”！越来越多的资本主义银行，尤其是具有垄断性质的大银行逐渐从最初普通的资金中介人角色演变为势力无可比拟的“包罗一切”的垄断资本集团。[①] 质言之，在从自由资本主义向垄断资本主义过渡以及帝国主义最初形成的历史时期，资本主义银行已经从传统普通资金中介人角色一跃而成为了对资本主义工业生产和商业经营具有空前决定性控制力的垄断集团或“极少数垄断者的同盟”。列宁依据阿尔弗勒德·兰斯堡《五年来的德国银行业》中的统计情况指出，资本主义社会银行发生变化的总体态势是：小银行被大银行排挤，银行业开始从集中迅速跃升至垄断。“据舒尔采—格弗尼茨计算，1913 年底，存款总额约为 100 亿马克，而柏林 9 家大银行就占了 51 亿马克。这位作者不仅注意到存款，而且注意

① 关于银行的“包罗一切性质”，列宁主要论证了三个方面：第一，关于大银行力求在尽可能不同的地区和行业同工业企业发生联系；第二，银行的“恐怖主义”，即大银行对工业企业的深度干涉、压迫或“发号施令”；第三，银行推动新技术的开发，并以此左右工业企业的发展，最终满足自身利益。上述均使得企业与银行的关系日益密切，而其结果为：第一，银行将越来越多的资本聚集在自己手里，同时，也日益了解某个企业的情况，并掌控企业的发展进程；第二，银行同工业企业及政府“人事结合”程度深化，“双方通过占有股票，通过银行和工商业企业的经理互任对方的监事（或董事），而日益融合起来。……柏林 6 家最大的银行由经理做代表，参加了 344 个工业公司，又由董事做代表，参加了 407 个公司，一共参加了 751 个公司。它们在 289 个公司中各有两个监事，或者占据了董事长的位置。在这些工商业公司中，有各种各样的行业，如保险业、交通运输业、饭馆、戏院、工艺美术业等等。另一方面，在这 6 家银行的监事会中（在 1910 年）有 51 个最大的工业家，其中有克虏伯公司的经理、大轮船公司汉堡—美洲包裹投递股份公司（Hamburg——Amerika）的经理，等等。在 1895—1910 年间，这 6 家银行中的每一家银行都参加了替数百个（281 个至 419 个）工业公司发行股票和债券的工作。除银行同工业的‘人事结合’以外，还有这些或那些公司同政府的‘人事结合’。耶德尔斯写道：‘它们自愿把监事职位让给有声望的人物和过去的政府官吏，这些人可以使公司在同当局打交道的时候得到不少方便……’‘在大银行的监事会里，常有国会议员或柏林市议会的议员。’”《列宁专题文集——论资本主义》，人民出版社 2009 年版，第 130—134 页。

到全部银行资本，他写道：‘1909 年年底，柏林 9 家大银行及其附属银行，支配着 113 亿马克，即约占德国银行资本总额的 83%。’”① 资本主义银行垄断资本集团因此显现出愈益浓厚且带有鲜明集权色彩的“银行恐怖主义”。对此，列宁感叹道：“银行渠道的密网扩展得多么迅速，它布满全国，集中所有的资本和货币收入，把成千上万分散的经济变成一个统一的全国性的资本主义经济，并进而变成世界性的资本主义经济。……其实，这是集权，是垄断巨头的作用、意义和实力的加强。”② 正是由于银行凭借自身所掌控的巨量财富与资本不断深度渗透到资本主义工商业领域，才最终促成一种建基于银行资本与工业资本相互日益融合之上的全新资本形式——金融资本的诞生。在金融资本的形成历程及现实资本结构中，资本主义银行业及其所拥有的银行资本无疑是理解金融资本本质内涵和运行等方面的一个极为重要且关键的因素，换言之，金融资本在很大程度上可以被视为由银行资本“华丽转身”而来的。这意味着：作为曾经一度数量众多且扮演普通中介人角色的资本主义银行转变为极少数在资本主义世界中拥有强大经济政治权力的资本垄断者的这种历史演变毫无疑问乃是帝国主义时代最显著、最重要的社会经济特征之一。

垄断资产阶级、金融寡头及其所豢养的众多学术辩护士当然不仅不可能坦然承认金融垄断资本空前严酷的剥削压迫性及它们攫取巨额经济利润的真实手腕和各式内部黑幕，而且往往还会使用各种各样堂皇美妙的辞藻与修饰（如一段时期内非常流行的将垄断资本主义视为一种“有组织的资本主义”）来竭力掩盖粉饰金融垄断寡头高高在上的阶级统治及其广泛且长期施行的诸般令人发指的剥削压迫罪恶行径。对此，列宁给予了严厉坚决的批判。他指出，像以舒尔采—格弗尼茨和利夫曼之流为代表的“理论家们”用官场口吻颂扬的所谓美妙的“有组织的”资本主义是极端错误而有害的。例如，众多资产阶级辩护者及右倾机会主义者均曾一度指认，资本主义社会中股票占有的日益“民主化”，也即股

① 《列宁专题文集——论资本主义》，人民出版社 2009 年版，第 121 页。
② 《列宁专题文集——论资本主义》，人民出版社 2009 年版，第 123—124 页。

票的“小额化”“社会化”“大众化”“分散化”必将产生“资本的民主化”，同时会起到某种强化社会中小生产的作用。然而，事实上，这一切只不过是“加强金融寡头实力的一种手段而已”。列宁一针见血地指出：帝国主义时代，有关金融寡头统治骇人听闻的事实太触目惊心了，其中，最为典型的要数金融寡头推行的“参与制”。列宁通过引用德国经济学家海曼的相关研究来揭露“参与制”，“领导人控制着总公司（直译是‘母亲公司’），总公司统治着依赖于它的公司（‘女儿公司’），后者又统治着‘孙女公司’，如此等等。这样，拥有不太多的资本，就可以统治巨大的生产部门。事实上，拥有 50% 的资本，往往就能控制整个股份公司，所以，一个领导人只要拥有 100 万资本，就能控制各孙女公司的 800 万资本。如果这样‘交织’下去，那么拥有 100 万资本就能控制 1600 万、3200 万以至更多的资本。”① 因此，事实上只要占有 40% 的股票或者更少就能够实际操纵一个股份公司的业务，因为总有一部分分散的小股东实际上根本没有可能参加股东大会。“参与制”使垄断者可以不受惩罚地并为所欲为地干一些见不得人的龌龊勾当以及盘剥公众，因为母亲公司的领导人在形式上和法律上对女儿公司是不担负责任的，女儿公司算是“独立的”，但是一切事情都可以通过女儿公司去“实施”。例如，“卡塞尔的弹簧钢股份公司在几年以前算是德国最赚钱的企业之一。后来因为管理得很糟糕，股息从 15% 跌到 0%。原来，董事会没有通知股东就出借了 600 万马克给自己的一个女儿公司哈西亚，而哈西亚的名义资本只有几十万马克。这笔几乎比母亲公司的股份资本大两倍的借款，根本没有记入母亲公司的资产负债表；在法律上，这样的隐瞒是完全合法的，而且可以隐瞒整整两年，因为这样做并不违反任何一条商业法。……这个在股份公司里极常见的、在资产负债表上玩弄平衡把戏的典型例子，向我们说明为什么股份公司董事会干起冒险勾当来，心里要比私人企业家轻松得多。……最简单、因而也是最常用的一种把资产负债表弄得令人捉摸不透的办法，是成立女儿公司或合并女儿公司，把一个统一的企业分成几部分。……好心的——即怀有维护和粉饰资本主

① 《列宁专题文集——论资本主义》，人民出版社 2009 年版，第 137—138 页。

义的好心的——教授和官员们用来吸引公众注意的种种有关监督、公布资产负债表、规定一定的资产负债表格式、设立监察机构等等的条例，在这里根本不能起什么作用。因为私有财产是神圣的，谁也不能禁止股票的买卖、交换和典押等等。”①“参与制”在客观上鼓励和滋生出了一种相当具有投机性质的企业文化。“参与制”还充分体现出金融资本对工商业趁火打劫的丑恶嘴脸。譬如，当资本主义工业高涨时期，水涨船高，那么金融资本也就因此获得巨额利润，而当处于资本主义工商业衰落期时，众多中小企业以及不稳固的企业纷纷倒闭，金融垄断资本就开始趁机要么利用“参与制”贱价收买这些企业，要么低价入股这些企业进行有利可图的所谓“整理”或“改组”。

（三）资本输出

《帝国主义是资本主义的最高阶段》指出，商品输出是自由资本主义的典型特征，而资本输出则是垄断资本主义的典型特征。然而，资本输出与商品输出并不是那种完全对立、相互排斥的关系。这是因为：第一，在自由资本主义时期，资本输出与商品输出均共同存在、共存共赢，只不过，在那个历史阶段，商品输出较之于资本输出而言在经济生活中占据主导地位；第二，到了帝国主义时期，尽管资本输出日渐成为资本主义社会经济生活一个显著特征，然而，这却并不意味着商品输出已然淡出历史舞台或对垄断资本来说已经丧失了原有价值，恰恰相反，商品输出的绝对数量在这一时期反倒是伴随资本输出的不断强化而获得了一定程度提升；第三，资本输出与商品输出不仅不是一种相互排斥与对抗的关系，其二者反而日益呈现出相互促进、相互依赖的密切联系。

列宁指出，之所以在垄断资本主义时代这一特殊历史阶段资本输出逐渐成为一个显著的社会经济特征，其根本原因就在于：首先，由于帝国主义最深厚的经济基础——资本主义私人垄断以及在此基础上积极推广和施行的殖民主义侵略和军事占领行动，帝国主义列强拥有前所未有的广袤的殖民地、半殖民和势力范围。这些区域中的绝大部分属于所谓“非（前）资本主义”环境，不仅拥有极为丰富的自然资源，而且土地

---

① 《列宁专题文集——论资本主义》，人民出版社2009年版，第138—140页。

资源和雇佣工人薪酬等诸多生产要件和因素的价格均远远低于资本主义世界，因而，为了攫取更多（超额）剩余利润，资本输出开始大行其道并取代了商品输出的统治地位。其次，由于帝国主义列强国内普遍存在着严重的贫富两极分化，以及国内广大劳动群众生活绝对意义上的贫困状况（甚至是赤贫），因而，其消费能力时常处于一种疲软状态，西方发达资本主义国家国内“有利可图”的投资领域和产业越来越少，垄断寡头手中紧紧攥着的资本越来越成为一种“相对过剩”的“死资本”。为了让“过剩资本”继续施展榨取剩余价值的本领进而变成“活资本”，帝国主义自然而然就将视线投向了海外广袤的殖民地和半殖民地。

资本输出一般来说具有两种基本形式：第一、生产资本输出，顾名思义就是将资本投入海外生产领域，如在海外直接投资开办工厂，开采矿产资源，经营各类工商业企业等；第二、借贷资本输出，顾名思义就是将资本主要用于海外放贷，如贷款给国外政府、企业等。在帝国主义时代，通过上述方式或渠道，资本输出国攫取到了空前的巨额经济利润。据列宁统计，在第一次世界大战前夜，“3 个主要国家（英、法、德）的国外投资已经达到 1750 亿—2000 亿法郎。按 5% 的低利率计算，这笔款额的收入一年可达 80 亿—100 亿法郎。”① 正因如此，列宁才说出了这样意蕴深远的话：在帝国主义时代，资本输出国家在瓜分一词的转义意义上已经将世界瓜分完毕了，可以清晰地看到，资本输出不仅是帝国主义压迫和剥削世界上大多数民族和国家的坚实基础，同时也是极少数最富国家资本主义寄生性的坚实基础！

（四）资本家同盟对世界的直接经济瓜分

列宁在《帝国主义是资本主义的最高阶段》中提到，帝国主义对世界的直接瓜分主要有两种方式：一种直接瓜分方式是指行业产业或曰经济垄断层面上的瓜分（主要表现为所谓国际“协议性联盟”与“妥协性联盟”的达成）；另一种直接瓜分方式是指领土殖民地化，即从领土上瓜分世界，争夺殖民地、半殖民地与势力范围。列宁指出，他所处的帝国主义初期是一个全世界领土基本被瓜分完毕，以后帝国主义只能依据

---

① 《列宁专题文集——论资本主义》，人民出版社 2009 年版，第 152 页。

各自实力在全球范围进行“重新瓜分”的历史阶段。

在列宁看来，由于资本主义具有一种根本无法遏制的扩张性，因而，在以卡特尔、辛迪加、托拉斯为代表的各类垄断资本集团将本国国内生产差不多完全掌控之后，必然会将眼光与拓展的步伐移向海外，而实际上，资本主义早就促成了世界市场的形成。正因此，伴随资本输出在垄断资本主义时期的持续高涨，以及“最大垄断同盟的国外联系、殖民地联系和‘势力范围’的极力扩大”，某个特定行业以及某些国家国内的大垄断资本集团之间必将很容易达成某种国际协定，从而形成“国际卡特尔”。为此，列宁举了一个美德两国电力托拉斯订立“瓜分世界”协定的例子：在20世纪初期形成的德国大电力工业托拉斯——电气总公司（A. E. G.）与美国大电力工业托拉斯——通用电气公司（G. E. C.）于1907年订立了一份旨在消除二者之间爆发残酷竞争的协议。自此以后，美国通用电气公司获得了美国和加拿大的经济势力范围，而德国电气总公司则获得了德国、奥地利、俄国、荷兰、丹麦、瑞士、土耳其和巴尔干等国家与地区的经济势力范围。不过，列宁始终不忘提醒人们，这种国际垄断同盟或协定毫无疑问不可能长时期处于一种稳定状态，当协定方之间实力由于不平衡发展、战争、经济崩溃等诸多原因而发生改变后，此类带有暂时妥协、退让性质的松散国际同盟或协定必将解体和作废，一场新的“重新瓜分”世界经济势力范围和版图的战争又将重新打响。为了生动说明这一观点，列宁举了洛克菲勒煤油托拉斯与德意志银行之间激烈角逐的例子。据此，列宁严厉批驳了那种以资产阶级学者和考茨基等人为代表，盛赞国际卡特尔（作为资本国际化最突出表现之一）必将为人类各民族和国家在资本主义制度下实现和平带来希望的错误思潮。列宁深刻揭露了此类观点的机会主义面目，并明确指出：这种看法严重混淆了事物实质与形式之间的区分，国际卡特尔在本性上是一种瓜分世界的经济斗争，这一点只要资本主义制度存在就永远不会改变。垄断资本之间的对抗和斗争既可以采取剑拔弩张的直接竞争，当然也可以采取表面上看似比较缓和的“国际联盟”或“国际协定”方式，切不可以形式掩盖实质。然而，令人感到遗憾的是，以考茨基为代表的机会主义却得出了某种愚蠢的结论。

（五）帝国主义对世界的直接地理瓜分

列宁在《帝国主义是资本主义的最高阶段》中指出，地理学家亚·苏潘有关在帝国主义初期亚洲和美洲“无主的土地”已经没有了的结论应当作出进一步扩展，即变成：帝国主义时代，世界在地理上已经被帝国主义瓜分完毕。不过，列宁抱着与在讨论“帝国主义直接经济瓜分”问题时同样的观点，始终坚持认为，目前地理瓜分完毕的状况并不意味着帝国主义列强不可能对相互之间的势力范围进行再度洗牌，即所谓的“重新瓜分”。列宁指出：“我们已经看到，世界上 7500 万平方公里的全部殖民地中，有 6500 万平方公里，即 86% 集中在 6 个大国手里；有 6100 万平方公里，即 81% 集中在 3 个大国手里。”① “我们所考察的这个时期的特点是世界瓜分完毕。所谓完毕，并不是说不可能重新瓜分了——相反，重新瓜分是可能的，并且是不可避免的——，而是说在资本主义各国的殖民政策之下，我们这个行星上无主的土地都被霸占完了。世界已第一次被瓜分完毕，所以以后只能是重新瓜分，也就是从一个‘主人’转归另一个‘主人’，而不是从无主的变为‘有主的’。”②

面对密布全球的世界地理殖民网络，列宁提出了这样一个问题：帝国主义列强纷纷强化殖民政策，相互之间争夺殖民地斗争的尖锐化、白热化等现象是不是恰好在金融资本垄断时代出现？通过对有关统计材料的详细考察后，列宁得出了肯定的答复：“英国特别加紧夺取殖民地是在 1860—1880 年这个时期，而且在 19 世纪最后 20 年还在大量地夺取。法德两国加紧夺取殖民地也正是在这 20 年间。我们在上面已经看到，垄断前的资本主义，即自由竞争占统治的资本主义，发展到顶点的时期是 19 世纪 60 年代和 70 年代。现在我们又看到，正是在这个时期以后，开始了夺取殖民地的大‘高潮’，瓜分世界领土的斗争达到了极其尖锐的程度。所以，毫无疑问，资本主义向垄断资本主义阶段的过渡，即向金融资本的过渡，是同瓜分世界的斗争的尖锐化联系着的。” “值得注意的是，这些居于领导地位的英国资产阶级政治家当时就清楚地看到现代帝

---

① 《列宁专题文集——论资本主义》，人民出版社 2009 年版，第 194 页。

② 《列宁专题文集——论资本主义》，人民出版社 2009 年版，第 164 页。

国主义的所谓纯粹经济根源和社会政治根源之间的联系。张伯伦鼓吹帝国主义是‘正确、明智和经济的政策’，他特别举出目前英国在世界市场上遇到的来自德国、美国、比利时的竞争。资本家说，挽救的办法是实行垄断，于是就创办卡特尔、辛迪加、托拉斯。资产阶级的政治领袖随声附和说，挽救的办法是实行垄断，于是就急急忙忙地去夺取世界上尚未瓜分的土地。”①

列宁在“大国瓜分世界”章节中提醒人们：殖民主义及其相应的国家政策与帝国主义在人类社会历史长河中曾屡次出现。往昔西方比较典型的例子如古罗马帝国、奥匈帝国、俄罗斯帝国等。19 世纪末 20 世纪初出现的帝国主义初看好像也有着如同古罗马帝国一般的殖民主义政策，如积极的海外扩张行为等，不过，事实上，它们之间有着最本质的区别，这种根本差异来源于二者迥异的经济基础：古罗马帝国的经济基础是奴隶制度，而当前盛行于世的帝国主义的经济基础则是资本主义私人垄断。所以，不仅不应当将古罗马帝国与大不列颠帝国相提并论，而且甚至也不能将以往资本主义各阶段所推行的殖民政策同当前金融资本所施行的殖民政策相提并论与等同视之。“殖民政策和帝国主义在资本主义最新阶段以前，甚至在资本主义以前就已经有了。以奴隶制为基础的罗马就推行过殖民政策，实行过帝国主义。但是，‘泛泛地’谈论帝国主义而忘记或忽视社会经济形态的根本区别，必然会变成最空洞的废话或吹嘘，就像把‘大罗马和大不列颠’相提并论那样。就是资本主义过去各阶段的资本主义殖民政策，同金融资本的殖民政策也是有重大差别的。”② 列宁在此再度重申了唯物史观的基本原理和立场，即经济基础对于一个社会形态而言具有本质性同根基性的决定作用，欲求确切而深入认知某个特定社会形态就不得不首先了解和研究其所赖以维系的经济基础。（近现代）帝国主义的经济基础为资本主义私人垄断，这样一种经济基础决定了其必然不同于往昔历史各个时期所出现的帝国主义。饱含资本主义属性和特质的（近现代）帝国主义绝不像以往历朝历代出现过的帝国那样

---

① 《列宁专题文集——论资本主义》，人民出版社 2009 年版，第 165—166 页。

② 《列宁专题文集——论资本主义》，人民出版社 2009 年版，第 169—170 页。

仅仅源自于简单的领土和人口要求而已，其最为深远且根本的诉求和旨向乃在于坚定维护与持续扩大垄断资本全方位的经济政治权益。

列宁提出了数个影响或推动帝国主义列强积极施行殖民主义的重要因素：第一，对生产原材料、自然资源、廉价劳动力永无止境的渴求。第二，资本输出同样强有力地推动着帝国主义列强广泛而持续地施行殖民主义政策，因为在海外殖民地、半殖民地（包括地理势力范围）市场上，垄断资本更加易于采取经济垄断手段以排挤其他竞争者，借此达到保障自己攫取高额垄断经济利润的目的。第三，帝国主义时代，垄断资本不仅没有改善或缓解资本主义基本矛盾，反而促使其变得越来越尖锐并激化，因此，为了转移国内被压迫剥削阶级的斗争视线，就必须在海外积极推行殖民主义，以此避免国内可能爆发的足以威胁垄断资本政权统治的群众运动或社会革命。通过百万富翁、金融大王、英布战争的罪魁塞西尔·罗得斯对新闻记者斯特德的一番谈话中可以充分窥见这一点，“我反复思考着看到的情景，结果我比以前更相信帝国主义的重要了……我的一个夙愿就是解决社会问题，就是说，为了使联合王国4000万居民免遭流血的内战，我们这些殖民主义政治家应当占领新的土地，来安置过剩的人口，为工厂和矿山生产的商品找到新的销售地区。我常常说，帝国就是吃饭问题。要是你不希望发生内战，你就应当成为帝国主义者。”① 列宁还援引《法国在殖民地》中的相关论述进一步说明这一点，“愈来愈艰难的生活不仅压迫着工人群众，而且压迫着中间阶级，因此在一切老的文明国家中都积下了‘一种危及社会安定的急躁、愤怒和憎恨的情绪；应当为脱离一定阶级常轨的力量找到应用的场所，应当给它在国外找到出路，以免在国内发生爆炸’。”② 随着帝国主义经济垄断的持续发展，这种所谓“有组织的生产”并没有给广大劳动人民及中小资产者带去胜于自由资本主义时期的“好生活”，恰恰相反，日益严重的社会贫富两极分化，相对甚至绝对意义上的贫困状况在持续加剧，资产阶级凭着经济垄断无节制地追求（超额）剩余价值，变本加厉地盘剥压榨广大劳动群众同毫无竞争优势的中小资产者。帝国主义列强国内的社会

---

① 《列宁专题文集——论资本主义》，人民出版社2009年版，第167页。
② 《列宁专题文集——论资本主义》，人民出版社2009年版，第172页。

矛盾和阶级矛盾日益激化，资产阶级为了稳固自身统治地位则往往倾向于采取对外的殖民战争，将国内经济危机和各种矛盾冲突转嫁到殖民地、半殖民地，同时将从殖民地掠夺而来的巨额利润抽取一部分用来收买工人阶级中的少数上层分子，培植工人贵族，以达到分裂和破坏工人运动的目的。第四，殖民主义于垄断资本主义时期盛极一时的原因还存在着军事方面的重要考量，“在几个帝国主义强国争夺世界霸权的斗争中，殖民地、半殖民地在战略上具有特别重要的地位。通过占领殖民地，帝国主义得以控制重要的港湾、海峡、岛屿以及其他战略要地，建立各种军事基地，获得制空权和制海权，占据地理上的战略优势。在战争期间，帝国主义还可以从殖民地、半殖民地获得重要的战略物资、粮食和士兵的补给来源。”①

质言之，在列宁看来，尽管从表象层面上看，如殖民战争、军事入侵、外族统治等方面，近现代帝国主义与以往历史时期出现的帝国主义似乎并无二致，然而，由于近现代帝国主义最深厚的经济基础乃是资本主义私人垄断，这就必然决定了其所采取的一切行为及施行的众多国家政策均是为着垄断资本服务的，正是在这点上，其截然不同于历史上任何一类帝国主义或某一特殊的帝国。列宁在对垄断资本主义时期殖民主义泛滥现象的分析中始终坚持历史唯物主义的基本原理、方法、立场，从而有力地捍卫了马克思主义对人类社会形态定性同社会变迁研判的经济基础分析法。列宁对殖民主义的分析迥然有别于同时期其他思想家，其已不再仅仅局限和停留在“地理入侵与控制”表象，而是实质性地构成了一个复合型分析架构。应当说，列宁关于殖民主义的独特考察手段与理论道路为我们深入理解第二次世界大战后滥觞的新殖民主义及其与旧殖民主义千丝万缕的关联提供了科学的研究视角和方法。

三、帝国主义的历史地位、走向及最终结局

（一）从“腐朽寄生性”看帝国主义的“过渡垂死性”

列宁在详细考察和深入分析了帝国主义时代数个最为重要且基本的

① 王茂湘等：《列宁的〈帝国主义论〉和当代资本主义》，四川人民出版社1982年版，第168—169页。

社会经济特征之后，进而着重从帝国主义基本历史走向和历史结局维度探讨了另外两个容易被帝国主义研究者及普罗大众或忽视、或认识不足的时代特征：腐朽性与寄生性。正是在这个论域中，列宁再度重申了马克思、恩格斯（包括拉法格）曾经对垄断资本主义历史地位和历史走向的深刻洞见，即作为全面取代自由资本主义的垄断资本主义乃是资本主义朝向更高级社会形态——社会主义社会“过渡”的特殊历史阶段，其无可更改的历史命运就是终归有朝一日将被社会主义社会所取代和超越。这主要是因为，垄断资本主义不仅没有克服往昔一般资本主义所无法彻底根除或至少缓解的基本社会经济矛盾及由此引发的一系列复杂难解的社会问题，而且资本主义私人垄断必将或迟或早地在社会上广泛而普遍地催生出一种日益显著的“停滞”与“腐朽”的特征和趋向。对此，列宁明确指出：帝国主义或垄断资本主义越来越明显地呈现出一种“过渡”与“垂死”的趋向，正因此，“帝国主义是无产阶级社会革命的前夜!”

在列宁看来，帝国主义之所以会在生产经济领域中呈现出以“停滞”为主要特征的“腐朽性”，其根源就在于帝国主义最为深厚的经济基础——资本主义私人垄断。正是由于资本主义私人垄断，帝国主义必将在生产和技术创新过程中或多或少、或迟或早地产生严重的停滞现象。垄断资本推动社会生产力进步及科技发展的最终目的不是为了发展生产和提升科技水平本身，也不是为了惠及广大劳动群众，而是为了最大限度榨取剩余价值。当某些垄断资本在一定程度和范围内形成了较为牢固的垄断态势之后，资本家就不会再去过多地考虑发展社会生产及推动科技进步一类的事情了，因为此时的垄断资本可以凭借其生产、研发、销售的相对或绝对垄断地位，任意地规定产品的市场垄断价格，从而从中牟取到高额垄断利润。于是，垄断资本得以从往昔自由竞争时期始终高度关注社会生产力和科技水平进步以期从中获得更多剩余价值的习惯中游离出来，此时此刻，怎样维持垄断地位并竭力保持垄断价格反倒成为其优先和首要关注的焦点。更何况，过度追求与推动科技进步及其在生产领域中的广泛应用的确会在很大程度上影响到垄断利润的攫取：假如新科学技术仅用在某些个别的生产企业中，那么无疑将为这些企业降低个别生产费用，令这些企业获得更多超额剩余价值，然而，一旦当这些新科技被普遍而广泛地采用后，上述诸多有利方面就荡然无存了，因为其必然会导致社会生产力的普遍提升及产品产量的大幅增加，并在一定时期内形成商品供大于求的基本态势，从而增加了产品在市场上销售的难度；与此同时，新技术的研发与应用，包括企业生产设备的大规模换代升级等无疑都将会消耗掉资本家手中的大量资本，有时候甚至可能是白白消耗。因此，但凡只要垄断资本一日处于相对或绝对的垄断地位，那么，它根本就不愿意向生产科技研发领域投入过多资金。正因为如此，垄断资本既不希望看到别的竞争者获得太过于迅猛的科技进步，同时也不希望自己率先研发新科技且也不急于广泛地将最新科技应用于生产。它们通常采取的做法是，通过高价收购科技发明专利权，进而，要么将新技术和新的发明设计束之高阁，要么就干脆将其彻底毁掉。列宁曾经举了这样一个生动的实例：德国制瓶垄断资本集团收买了一项由美国人欧文斯所发明的能够引起制瓶业革命的制瓶机发明专利权，然而，该集团随后却将这个发明束之高阁，阻碍它的推广和实际应用。① 据上述可见，在垄断资本主义时代，一旦当资本主义社会中的经济垄断真正形成时，那么，毫无疑问，接下来，垄断资本必将会为了持续巩固自身生产和经济垄断优势地位以及尽可能少量地消耗自己所拥有的资金而竭尽所能地人为阻碍科学技术的研发、应用和推广，因而，垄断资本主义所固有的以生产科技“停滞现象”为主要表征的“腐朽趋向”必将会随着时间的推移而愈加显著。②

---

① 《列宁专题文集——论资本主义》，人民出版社 2009 年版，第 185—186 页。

② 国内学者王茂湘等人认为，帝国主义国家经济迅速发展和停滞腐朽的两种趋势构成了垄断资本主义对立统一的发展过程，但垄断经济和生产关系总的趋势是停滞和腐朽的，其具体表现为：第一，帝国主义阶段，资本主义经济危机更加频繁，更加深刻。资本主义的生产和技术的发展经常被危机所中断。第二，由于垄断所产生的生产和技术停滞因素还在不同程度地发生作用，这就使得企业的发展与现代科技成就以及现代化生产所提供的巨大可能性之间还有相当大的差距。第三，当某（个）些帝国主义国家在整个资本主义世界中占据垄断地位从而能凭借垄断统治攫取垄断高额利润时，生产技术停滞的趋势就比较明显，这就是为什么老牌帝国主义国家所表现出的停滞性和腐朽性特别突出。王茂湘等：《列宁的〈帝国主义论〉和当代资本主义》，四川人民出版社 1982 年版，第 235—236 页。

帝国主义时代，与以“停滞现象”为主要表征的“腐朽趋向”紧密伴随且日益明显的另一个社会经济特征就是广泛存在且色彩越来越浓郁的“寄生性”。在列宁看来，由于在帝国主义历史阶段，货币资本越来越快速且大量地聚集于少数资本主义国家及少数大垄断资本家手中，加之，资本输出在规模与总量上日趋扩大，于是，不知不觉中造就出了一大批主要依赖于“剪息票”为生且不参加任何生产劳动和企业经营，完全彻底脱离和告别了日常社会生产且终日游手好闲的所谓“食利者阶层”。以英国为例，据列宁相关描述和统计，当时英国有越来越多的土地不再用于农业生产，而成为专供富人运动娱乐的场所，英国食利者人数激增至100万人左右，与之相较，从事生产劳动的人口则日益下降。在此基础上，那种依靠向海外放高利贷来赚取巨额利润的高利贷国家也成为了人们口中越来越频繁提及的所谓“食利国”，全球各个国家和地区也因此被区分为（极少数）高利贷国家以及（绝大多数）债务国家。对此，列宁极为深刻地指出：那些终日依赖“剪息票”同海外巨额借贷所产生的经济利息收益为生的帝国主义列强及其国内越来越广泛存在的“食利阶层”早已被打上了深深的“寄生性”烙印。“食利国”及其国内大批“食利者阶层”长期以来攫取到的丰厚利润无疑最为充分地暴露出帝国主义（列强）对全球众多债务国家、地区、民族剥削压榨程度的日益深化及这种剥削的严酷性。这一点正如同卢森堡在考察帝国主义列强对埃及放款借贷及随后深度盘剥时所正确指出的那样：正是那一笔笔资本主义高额借贷导致埃及人民日渐背上了沉重的巨额外债，这些无论如何也偿还不完的“高利贷”不仅使帝国主义实现了对埃及和埃及农民极尽所能的剥削敲诈，而且最终使帝国主义全方位掌控了埃及的主权。

诚如列宁深刻揭示的那样：无产阶级同社会上的其他阶级之间并没有隔着“一道万里长城”。伴随垄断资本主义持续深入发展，帝国主义各方面的消极反动因素也日渐渗透进工人阶级组织队伍及工人运动中去了。其中，最为重要且日益明显的一个帝国主义对无产阶级及其运动持久渗透的方面就是由帝国主义“腐朽性”“寄生性”所带来的对工人队伍和工人运动的深刻且越来越广泛的负面影响。帝国主义凭借着在海外严酷盘剥与榨取到的巨量经济利润，竭力从经济方面去收买国内工人阶级队伍中的上层人群（甚至是领袖人物和核心团队），如工会主席、书记等工人阶级中的“大人物”，从而逐步在工人阶级队伍中慢慢培植出了一个所谓的“工人贵族阶层”（及“黄色工会”）。于是，帝国主义不仅成功地实现了对无产阶级队伍的分化，而且还在客观上推动了修正主义、机会主义、合法主义、大国沙文主义等诸多“偏离”马克思列宁主义和社会主义的错误思潮的不断滋长与蔓延，以致最终促使机会主义与各国资产阶级政权及其意识形态紧密地结合在了一起，无产阶级队伍及其各类运动因而遭受到了垄断资本（及其意识形态）的严重“腐蚀”与冲击。

正是通过对帝国主义数个最显著社会经济特征深入而细致的考察与分析，特别是，由于深刻洞察到帝国主义的“腐朽性”和“寄生性”特征及其基本演变趋向，列宁才在《帝国主义是资本主义的最高阶段》中再度重申了马克思和恩格斯（包括拉法格）曾经反复强调指出的垄断资本主义朝向比资本主义更高级的社会形态——社会主义社会持续演进的重要“过渡”特征，以及帝国主义无可避免且日益明显的“垂死”时代征兆。帝国主义的“过渡性”和“垂死性”直接源于帝国主义数个最重要的社会经济特征，特别是“腐朽性”和“寄生性”最根本地源于资本主义私人垄断经济基础。因为经济垄断空前激化和尖锐化了一般资本主义本来就已广泛存在的基本矛盾和社会阶级矛盾，资本主义所能容忍与控制的内在所有矛盾对抗达到了一个史无前例的极限。据此，帝国主义成为资本主义“最高”“最后”的社会形态，也就是处于“日薄西山”态势的“垂暮之年”历史阶段，进而，其持续不断显现出如“腐朽性”“寄生性”等诸般“垂死性”时代症候同“回光返照”征兆，而且更成为了面向未来更高级社会形态——社会主义社会的“过渡”历史阶段以及必然消亡的历史时代。

一般而言，国内外学界对列宁将帝国主义表述为资本主义面向更高级社会形态——社会主义社会的一个特殊（具体特定）“过渡阶段”没有更多异议，然而，却对帝国主义的“垂死性”长期存在着激烈争议。争议一方或反对声音认为，列宁将帝国主义视为“向社会主义过渡”是能够理解的，因为过渡阶段可长可短，具有较大理论阐释的弹性空间。

然而，帝国主义“垂死性”却与人类社会历史数十年来的客观发展状况严重不符：一方面，二战后至今，世界资本主义长期保持着较为强劲旺盛的社会经济发展生命力，不仅始终占据着全球科技发展及社会生产力发展的制高点，而且其国内普通人民群众的物质生活水平也获得了持续性提升，全社会基本实现了普遍富裕；另一方面，国际共产主义运动却并没有如列宁曾经所估计的那样“一帆风顺”，尤其是，令人感到惊愕与扼腕痛惜的东欧剧变自那之后将整个世界的社会主义事业拽入到一个迄今为止都没有完全走出去的低谷。当今世界是资本主义的整体实力远远强过社会主义而不是相反，以美国为首的世界帝国主义远没有达至“垂死”的历史境地，反倒是世界社会主义面临着诸多挑战、难题与困局。

那么，应当怎样理解列宁有关帝国主义“垂死性”的论断呢？如果从思想史继承、延续和发展的角度来说，列宁指认帝国主义是“垂死的资本主义”并不是一个凭空生发且毫无依据的臆想与妄自猜度，这个重要论断应该被视为马克思、恩格斯（包括拉法格）有关垄断资本主义实质上是一个“过渡的历史阶段”的思想的忠实继承与自然逻辑演进。帝国主义的“垂死性”直接根源于帝国主义本身客观的历史地位与无法阻挡且符合人类社会历史发展内在规律的基本发展趋向。在这个意义上而言，帝国主义的“垂死性”具有某种客观历史必然性，而这恰恰是理解列宁有关帝国主义是“垂死的资本主义”论断的一个不容忽视的重要理论前提同基础。据此而言，那种认为列宁的帝国主义是“垂死的资本主义”的论断仅仅是因为列宁受到当时世界革命形势影响而得出的较为仓促且武断的判断的看法不能不算是一种思想史研究匮乏的表现。重视历史时代背景的考察方法无疑是正确的，只不过，不应当将这种方法过度夸大或与其他考察思路完全剥离开。

列宁之所以作出帝国主义是“垂死的资本主义”的论断无疑还源于当时世界垄断资本主义突飞猛进的时代大环境：一方面，垄断资本主义已然成为世界的真正统治者，正是在这一时期，垄断资产阶级的经济政治集权统治及其对国内外普通劳动者，甚至是中小企业主的压迫剥削日益严酷，于这些人而言，帝国主义越来越像一个巨大的军事苦役营，进而，各式各样建筑于经济垄断之上的“腐朽性”和“寄生性”广泛滋生、蔓延；另一方面，帝国主义列强之间由于长期以来严重的社会经济不平衡发展，其相互之间（主要是各民族国家内部的垄断资本之间）由来已久的宿怨和矛盾正变得越来越尖锐并突显，帝国主义列强之间的对抗也日益剑拔弩张，军国主义和军备竞赛普遍强势崛起，国际形势风云变幻，这一切均空前加重了国内普通劳动群众的经济压力和精神负担，最终一场史无前例惨绝人寰的帝国主义世界大战全面爆发，而随着“一战”深入进行，世界资本主义各类矛盾更是被推向了一个似乎只有彻底的（无产阶级）社会革命才能得以解决的境地。处在这样的历史时代大背景中，列宁所受到触动的深刻程度与强烈程度自然是不言而喻的。列宁依据当时国际形势以及帝国主义充分暴露出来的倒行逆施、空前反动、残忍暴虐等特征指出：帝国主义已经促使资本主义各种长期难以缓和的社会矛盾和阶级矛盾达到了一个极端尖锐化、白热化的程度，社会革命高潮的来临似乎只是一个时间问题。这个时候，列宁在言语措辞上使用“帝国主义的垂死性”以代替“帝国主义的过渡性”不仅合乎具体历史语境，而且更符合历史浩浩汤汤的潮流以及全球亿万劳动群众的民心。

正因为列宁将帝国主义视为“垂死的资本主义”是在拥有深远马克思主义思想渊源前提下，尤其是处在那样一个特殊的历史时代中作出的，所以，这一重要论断于当时而言绝不是一个仅仅局限于书斋和象牙塔内的纯学理研讨，其毫无疑问担负着沉甸甸的历史使命与社会责任，换言之，当列宁在看到全世界被压迫人民和民族日益深陷于越来越难以承受的连天烽火同愈发苦难的环境中，却极为敏锐地洞察到帝国主义世界统治体系中存在着可以突破的“薄弱环节”时，列宁所作出的帝国主义是“垂死的资本主义”这一重要论断自然而然就变成了最大程度团结和号召全世界无产阶级及广大劳动群众奋起推翻帝国主义严苛统治颇富感染力和鼓舞力的旗帜。在《帝国主义是资本主义的最高阶段》中，还有与列宁的帝国主义是“垂死的资本主义”论断相呼应且同样具有强烈感染力的是“战前动员式”的论断（或口号），如列宁在 1920 年 7 月 6 日为《帝国主义是资本主义的最高阶段》所写的法文版和德文版序言中这样铿锵有力的话语：“帝国主义是无产阶级社会革命的前夜。从 1917 年起，这已经在全世界范围内得到了证实!”不难看出，其中洋溢着的昂扬斗志与令人怦然心动的号召力早已跃然纸上。

那些质疑、批评帝国主义是“垂死的资本主义”论断的见解之所以不足取还有一个重要原因，即此类观点对“垂死性”作出了过于僵化和机械的解读。它们往往认为，“垂死性”包含着“立即”“迅即”“马上”死掉、灭亡掉的意蕴。事实上，对这个词汇应当给予一个更加辩证而宽广的解释视阈：第一，在列宁那里，“垂死性”是“过渡性”的自然延伸同合理逻辑结论，“垂死性”需要首先放置于“过渡性”的语境中作出阐释与解读，换言之，“垂死性”乃是“过渡性”的极端化表述。第二，在列宁那里，“垂死性”当然决不意味着帝国主义“马上死亡”“快速灭亡”，在“过渡性”的语境中，“垂死性”主要指认了资本主义一种总的、基本的历史必然发展倾向与趋势，正如同人类的老年或暮年时光一样，其注定消亡，然而却无疑有一个时间过程，有时候这一过程甚至还可能比较漫长。列宁事实上并未否认垄断资本主义在未来一段时期可能仍具有不容小觑的发展潜力，以及由此展现出的“进步性”（尽管有限），他在《帝国主义是资本主义的最高阶段》中说，“如果以为腐朽趋势排除了资本主义的迅速发展，那就错了。不，在帝国主义时代，某些工业部门，某些资产阶级阶层，某些国家，不同程度地时而表现出这种趋势，时而又表现出那种趋势。整个说来，资本主义的发展比从前要快得多”。[①] 第三，人类以往任何一个社会形态的诞生直至彻底消亡无一不是横跨并绵延了数百年甚至上千年的时间，因此，仅凭《帝国主义是资本主义的最高阶段》发表迄今短短百余年时间就去质疑和批判列宁有关帝国主义“垂死性”的论断似乎才是真正操之过急了。如同美国学者詹姆斯·布劳特在一个针对批评列宁的帝国主义是“垂死的资本主义”重要论断观点作出的反批评中所说的那样：列宁“帝国主义论”并不像某些人想当然认为的那样预言资本主义将会在短时期内迅速垮台。实际上，其仅仅作出了这样一种预判：帝国主义时期内必然充满了罢工、战争、起义，以及其他类似的社会动荡，此后或早或迟就是社会主义的

① 《列宁全集》第27卷，人民出版社1990年版，第436页。

全面来临。①

（二）列宁对“超帝国主义论”的批判

作为资本主义最新、最高、最后历史阶段的帝国主义不仅没有治愈或至少是缓解，反而将之前一般资本主义社会中存在的由来已久的基本矛盾、阶级矛盾以及各式各样的社会矛盾一并空前地尖锐化和激化了。加上帝国主义呈现出来的一系列如生产和资本的集中与垄断、金融资本统治、国际卡特尔的形成等往昔自由资本主义时期不曾有过的社会经济特征，特别是其散发出来的日益浓郁的以“停滞现象”为主要表征的“腐朽”“寄生”色彩，帝国主义表现出了史无前例的反动腐朽症候。据此，列宁深刻揭示出帝国主义从本质而言乃是一个朝向更高级社会形态——社会主义社会“过渡”的“短暂”历史时期，其注定是一种“垂死的资本主义”，是无产阶级社会革命的“前夜”和“先声”。然而，恰于此时，“第二国际”“马克思主义理论权威”考茨基却频频向资产阶级政权暗送秋波，并最终抛出了惊世骇俗的“超帝国主义论”。他认为，从一种纯粹经济视角出发，即依据在帝国主义历史阶段资本主义社会普遍涌现出来的（由于考虑到激烈残酷的相互竞争可能带来的毁灭性打击以及无可估量的巨大资本耗费），建基于垄断资本集团相互妥协同有限合作之上的（国际）卡特尔组织及其协定，可以逻辑性地推测，帝国主义列强之间也极有可能采取某种类似于（国际）卡特尔及其协定的方式构建一个跨地区、跨国，甚至全球性的帝国主义政权大联盟——超帝国主义。这样一来，从前那种各自为政、相互对抗的帝国主义时代将被一个联合起来的，甚至是日益融为一体的全球金融垄断资本大联盟集体施行对世界剥削的时代所彻底取代。

面对考茨基无比荒唐且又极可能对国际共产主义运动和工人运动产生严重误导的“超帝国主义论”，列宁立场坚定、旗帜鲜明地指出：考茨基不仅已经背叛了他早期的马克思主义立场，而且在“超帝国主义论”这个问题上，考茨基犯了将垄断资本集团相互订立同盟契约的简单

① Blaut J. M., “Evaluating Imperialism”. *Science & Society*, Vol. 61, No. 3 (Fall, 1997), p. 388.

经济形式等同于资产阶级国家政权之间订立联盟的复杂政治形式的错误，因而，考茨基的“超帝国主义论”不仅在理论上十分荒谬，而且更是在实践上沦为了垄断资本、资产阶级政权和机会主义的卫道士。

列宁认为，考茨基“超帝国主义论”最荒谬的地方就在于这个“理论”太过于抽象，太过于脱离客观现实情状。考茨基自始至终醉心于从他想当然的“纯粹经济观点”出发去衡量与设想帝国主义列强之间未来新型国际关系的建构。这无疑是一个非常冒险的做法，因为单纯依据经济现象去推演现实世界中资产阶级国家政权的变革必将逐渐远离真实社会历史发展而堕入到“纯粹的”抽象概念游戏中，并在理论上日益呈现出空洞、苍白与谬误。对此，列宁说，“如果纯粹经济的观点指的是一种‘纯粹的’抽象概念，那么……就好像说：‘发展的趋势’是走向在实验室里生产食物。在这个意义上，‘超帝国主义论’就如同什么‘超农业论’一样是荒唐的。”[①] 这种理论抽象不仅令其自身日益变为一个异常僵化的概念，而且用虚假的描述与曼妙的幻想厚厚遮蔽、掩盖住了帝国主义最深刻、最根本的矛盾，让人们忘却了资本主义自诞生之日以来始终难以克服和超越的基本矛盾、阶级矛盾及各式各样的社会矛盾。在此种概念严重误导下，人们将会于总体性上和深刻性上逐渐丧失对帝国主义客观存在的各类严重问题同危机的基本正确判断，丧失对人类社会历史基本走向的清晰展望。

考茨基“毫无内容”“毫无生命力”的“超帝国主义论”还严重遮蔽住了帝国主义时期列强间“社会经济不平衡发展”的规律和现实情状，以及金融垄断资本全面统治的负面作用。据此，列宁明确指出，“超帝国主义论”无论如何也不可能从客观具体现实状况出发去揭示社会经济发展严重不平衡以及斗争异常激烈的帝国主义列强是如何一致性地走向和平的“超帝国主义”的，其注定是终将彻底幻灭的一厢情愿的空想而已。不过，需要指出的是，列宁并未完全否定世界资本主义在一定范围和程度内取得一个短暂“和平时期”的可能性，只不过，在列宁看来，由于帝国主义无法从根本上克服同消弭它们之间自始至终存在着的

---

① 《列宁专题文集——论资本主义》，人民出版社 2009 年版，第 181 页。

社会经济发展严重不平衡的状况，况且，帝国主义又是信奉“按实力”来说话信条的，即按各自综合国力来协调与处理国际事务，加之资本主义社会经济的不平衡发展并非一成不变，其始终处于动态演进过程中，因此，资本主义世界的和平，即帝国主义列强结成一个全球联盟来“和平”瓜分世界的局面，即使可能出现，其也仅可能是帝国主义列强长久对抗同战争之间短暂的“喘息”而已。[①] 考茨基竭力鼓吹回到“和平发展”自由资本主义的主张，以及提出资本主义如果不使用暴力，而是采取和平民主的方式则可能会发展得更好、更快些的观点不仅因其本质上为一种脱离实际的空想而注定会被帝国主义刺刀无情戳破，而且更充分暴露了考茨基将一切改变现实的希冀均寄托于垄断资本及其政权身上的机会主义者的丑陋嘴脸。

通过批驳“超帝国主义论”，列宁试图阐明：自由资本主义正在或已经被垄断资本主义全面取代，殖民主义、军国主义及其他方方面面世界资本主义于这一历史时期集中呈现出的一系列社会经济特征并非垄断资本及其政权刻意而为，其事实上客观地根源于帝国主义最为深厚的经济基础——资本主义私人“垄断”。“超帝国主义论”理论上的“纯粹抽象性”根本无助于人们正确观察、认知和理解现实世界资本主义的具体经济矛盾以及摆在各国无产阶级及其政党面前的诸多尖锐问题。列宁提议，应当拿现代世界的具体经济现实与“超帝国主义论”那套具有欺骗性的说辞加以认真比对和甄别，只有这样，人们才能够穿透以考茨基为首的机会主义者所释放出来的充满盲目乐观主义的迷幻烟雾，真切地看到并感知到帝国主义的极端保守性和反动性，从而也才能对人类社会历史的变迁及其发展趋向作出客观而准确的预判。

（三）“超帝国主义论”与国际共产主义运动和无产阶级革命

考茨基的“超帝国主义论”，因其理论上的“过度抽象性”，不仅严

---

① 对此，美国学者詹姆斯·布劳特认为：列宁并没有坚持认为一种和平前景的资本主义是完全不可能的，只不过，他认为，这种和平前景并不会持久，并且与当前的斗争毫无关联。Blaut J. M., “Evaluating Imperialism”. *Science & Society*, Vol. 61, No. 3(Fall, 1997), p. 388.

重忽视了垄断资本主义正在或已经全面取代了自由资本主义的现实，而且严重忽视了帝国主义列强之间社会经济发展不平衡的规律及现状，从而最终沦为一种注定幻灭的空想。然而，“超帝国主义论”所（可能或现实）起到的破坏作用却不容轻视：首先，其向世界允诺了一个虚假的和平前景（类似于“和平长入社会主义”）；其次，其日益淡化了以无产阶级为首的广大劳动群众对社会阶级、阶级斗争问题的认知，麻痹了人民为争取解放、自由、独立进行不懈斗争的思想与意志；再次，考虑到考茨基在“第二国际”和国际共产主义运动中较高的声望、地位、影响力，列宁最担心的自然还是“超帝国主义论”对整个国际共产主义运动所可能产生的负面影响。列宁始终觉得，考茨基主义（包括其“超帝国主义论”）犹如一种麻醉剂或迷幻剂，假若任其泛滥，必将致使工人阶级和广大劳动群众逐渐丧失清晰而正确的判断力，丧失与资产阶级进行彻底决裂和斗争的昂扬气势同坚定意志力，尤其是丧失掉力求改变现状的诸般革命实践。诚如麦克尔·哈特与安东尼奥·奈格里在《帝国——全球化的政治秩序》中深刻分析的那样：列宁强烈反对的是考茨基企图用一个和平前景来否定目前现实的诸般动力，列宁谴责考茨基极其反动的、企图缓和现实各种矛盾的想法，在列宁看来，与其等待某种和平的“超帝国主义”在未来降临，革命者应该现在就对帝国主义所呈现出的矛盾采取行动。①

列宁认为，尽管考茨基自认为精心炮制出来的“超帝国主义论”应当与希法亭的相关理论具有一致性，因为考茨基曾一再声称，“希法亭的结论是所有社会党人理论家一致同意的”，然而，事实上，考茨基的“超帝国主义论”在理论内涵上却是彻头彻尾的霍布森“国际帝国主义”老调子的毫无新意的重弹，同时其在实践上更是堕落为工人阶级日益分化以及工人贵族合理化的重要理据之一。为了证明这一点，列宁在《帝国主义是资本主义的最高阶段》中比较完整地引用了希法亭所写的段落，其大致意思为：无产阶级对金融资本和帝国主义的回答，不可能是早已

① ［美］麦克尔·哈特、［意］安东尼奥·奈格里：《帝国——全球化的政治秩序》，杨建国、范一亭译，江苏人民出版社 2008 年版，第 225—227 页。

经变成历史老黄历的自由资本主义，而只能是通过消灭资本主义来彻底根除资本主义竞争的社会主义。经过这番比照，考茨基主义那副在本质上早已沦为资产阶级学说之一的极端机会主义的真面目昭然若揭。正因此，列宁才如是批评以"超帝国主义论"为代表的考茨基主义：考茨基主义同马克思主义毫无共同之处，因为他回避与掩盖了帝国主义最深层的矛盾而只能不断鼓吹同机会主义者和社会沙文主义者保持和平统一。与霍布森的有关理论相较而言，"超帝国主义论"除了用一个拉丁词语替换了另一个词头以外，唯一的"科学"见解就是企图将霍布森的观点冒充为马克思主义。而为了安定工人，使之与已经投到资产阶级方面去的社会沙文主义者调和，考茨基不力求去深入地作帝国主义时期"和平与战争"的辩证分析，却仅仅将一种僵死抽象的概念"献给工人"，其根本意旨无非就是力图使广大工人阶级与他们那些"僵死的领袖"调和。"考茨基对帝国主义的理论分析，以及他在经济上和政治上对帝国主义的批评，都始终贯穿着一种同马克思主义绝对不相容的、掩饰和缓和最根本矛盾的精神，一种尽力把欧洲工人运动中同机会主义的正在破裂的统一保持下去的意图。"①

客观地看，考茨基在《帝国主义》一文中并未完全而彻底地否定世界无产阶级与社会主义革命力量反抗帝国主义的历史作用。例如，当考茨基在阐述完"超帝国主义论"的"高见"之后便赶忙且犹犹豫豫地补上了一句"不痛不痒"的话，"我们当然必须像反对帝国主义一样激烈地反对超帝国主义，不过它的危险不在军备竞赛和威胁世界和平这一方面，而是在别的方面。"② 此外，考茨基在谈论反抗帝国主义列强对殖民地民族和人民残酷压迫时似乎突然意识到了马克思阶级斗争学说的重要性，于是，他忙不迭地补充到：由于资本家阶级以及任何一个资产阶级政党都不会主动放弃殖民主义，因而，只有当"农业地区"（殖民地、半殖民地）已经沦为帝国主义奴隶的居民们以及世界资本主义的工人阶级强大到足以粉碎帝国主义枷锁的时候，世界殖民主义体系才会彻底崩

① 《列宁专题文集——论资本主义》，人民出版社2009年版，第208页。
② 王学东编：《考茨基文选》，人民出版社2008年版，第310页。

毁，“帝国主义的这一面只有通过社会主义才能被消灭。”① 考茨基甚至一度认为，由于“农业地区”伴随帝国主义拓殖步伐的加快而日渐缩小，世界资本主义必将面临一个经济发展上限，所以，帝国主义既可能因为无产阶级日益增长的政治反抗而垮掉，同时也可能由于经济崩溃而毁灭。考茨基的上述言论和观点虽然似乎仍在竭力宣示自己的马克思主义立场，然而，不难看出，他对无产阶级、社会革命以及广大劳动群众“实践能动性”等因素的肯定仍表现出较大的含糊性和犹豫性，而这些无疑能使考茨基文章的读者再次肯定与确认考茨基主义“含糊橡皮性”的“机会主义”特质。最后，在有关帝国主义未来走向及最终历史结局问题上，考茨基再次淋漓尽致地展现出了他“中派主义”的一贯“风采”，“我承认，仅就这一点来说，谈论资本主义的完全的最终的破产，哪怕只是道义上的破产，是为时过早的。但是我认为，宣称这种破产长久之后都不可能出现，同样也是过分性急的。”②

第二节 列宁“帝国主义论”的理论和历史贡献

《帝国主义是资本主义的最高阶段》诞生于帝国主义（第一次）世界大战正酣之际。其时，一方面，整个世界大战所产生的惨烈状况以及由此带来的社会经济全面衰退等诸多方面使得资本主义社会及其全球殖民体系中的广大民众日益深陷到空前的悲惨境况同悲观主义泛滥的氤氲之中；另一方面，由于占“第二国际”绝大多数的右派、中派修正主义和机会主义势力在战争爆发初期就已堕落为垄断资本与资产阶级政权忠诚的“卫道士”，并不遗余力地持续为帝国主义战争大肆进行“爱国主义”鼓噪，这就宣告了“第二国际”的彻底破产。受此影响，全球左翼进步力量遭受极大冲击，并自此处于全面守势。在如此严峻的时代背景中，《帝国主义是资本主义的最高阶段》的诞生无疑向全世界彰显了马克思主义蓬勃的理论生命力和活力，她不仅在世界广大劳动群众及一部

① 王学东编：《考茨基文选》，人民出版社2008年版，第308页。

② 卡尔·考茨基：《帝国主义》，史集译，三联书店1964年版，第37页。

分左翼人士对社会历史未来发展前景同社会主义前途日益丧失信心的关键时刻，通过对作为资本主义最高历史阶段的帝国主义最显著的社会经济特征、时代内涵及其最终历史走向和结局等方面进行翔实而深入的考察，科学解答了帝国主义本质内涵到底为何、帝国主义和无产阶级社会革命之间的关系、人类社会历史基本走向等一系列重大且基本的理论与实践难题，而且更是在密切依据时代发展基本情状和具体国情、民情的基础上，创新而大胆地肯定了落后国家、地区和民族在社会历史条件允许的前提下，具备突破帝国主义世界链条上“薄弱环节”，实现跨越“资本主义卡夫丁峡谷”的可能性，从而为全世界惨遭垄断资本日益严酷压迫剥削的广大落后国家、地区、民族和人民在帝国主义统治雾霭最为浓重，弥漫着深重“异化”感和迷失感的“黑暗年代”点亮了一抹“来自远方”的希望之光。《帝国主义是资本主义的最高阶段》向全世界庄严宣示：马克思主义乃是颠扑不破的真理，资本主义在达到了帝国主义这一历史最高峰之后，即将步入全面衰亡的历史轨道，全球一切正义力量应当坚信，越是在灾难和困苦最为深重的时期，全人类赢取解放、自由的希望和曙光，以及充盈着美德内蕴的社会主义恰恰离人们最为接近。在《帝国主义是资本主义的最高阶段》理论灯塔的照耀下，国际共产主义运动同全球被压迫民族和人民掀开了寻求独立、解放、自由的光辉历史篇章，其不仅于第一次世界大战尾声彻底击碎、摧毁了帝国主义一统全球的世界体系，空前改变了国际经济政治（军事）格局和国际（外交）关系，而且更是逐步建立起了以苏东社会主义阵营为核心的同世界资本主义势力相抗衡的全球进步力量联盟。

一、“帝国主义论”的理论贡献

马克思和恩格斯在其晚年时光不仅敏锐洞察到了在那个时期而言还仅仅算是初露端倪的垄断资本主义，更进而对股份公司和信用制度体系等一系列崭新的社会经济现象进行了较为深入的考察，从而形成了马克思主义的垄断资本主义（帝国主义）研究传统及诸多可贵成果。然而，由于马克思和恩格斯在短暂涉足垄断资本主义研究之后就相继离世，加之当时垄断资本主义还未完全取代自由资本主义，很多典型的社会经济特征还未显现，因此，马克思和恩格斯并没有最终形成一套较为完备且系统的垄断资本主义思想体系，这一历史任务只能留待后继者们去开拓与担当。

由于列宁基本生活在垄断资本主义正在或已经取代自由资本主义而占统治地位的历史时期，所以，列宁较之于马克思和恩格斯而言，对垄断资本主义展开考察研究无疑具备更加优越的先天条件。同时，更因为列宁始终认真刻苦地钻研马克思主义，坚持马克思主义学术政治立场，掌握并继承马克思主义基本原理和研究方法，因而，列宁自然而然地担负起了继承同发展马克思主义的垄断资本主义学说的历史重任。以《帝国主义是资本主义的最高阶段》为典范的列宁“帝国主义论”毫无异议应当被视为《资本论》中有关垄断资本主义研究思想的忠实继承同与时俱进发展，换言之，以《帝国主义是资本主义的最高阶段》为代表的列宁“帝国主义论”不仅首先继承了马克思和恩格斯（包括拉法格）对垄断资本主义研究的核心思想，而且更进一步通过对成熟垄断资本主义的现实观察和深入剖析，以及博采众家学说之长，最终使列宁的“帝国主义论”成为一个理论逻辑较为完备、实证材料和统计数据丰富、知识结构较为合理而系统的马克思主义的帝国主义理论体系，并自此将马克思和恩格斯等人的有关垄断资本主义的研究推向了一个更高、更完善、更成熟的境界。列宁“帝国主义论”中最为根本且关键的一点是：彻底阐明了帝国主义的真正本质内涵不是资本主义的某种“国家政策”，而是资本主义发展进程中的一个“特殊历史阶段”或“最高历史阶段”。按照列宁原话表述就是：帝国主义是资本主义的垄断阶段。正是在这一点上，列宁与“第二国际”诸理论家，特别是带有鲜明机会主义特征的考茨基主义在垄断资本主义的研究上划清了界限。列宁与考茨基针对帝国主义从本质而言究竟是一个“历史阶段”，还是某种“国家政策”的有关争论绝不仅仅只是“字面上毫无意义的争论”。由于敏锐洞察到考茨基的帝国主义定义在否定帝国主义经济基础——资本主义私人垄断的背后暗藏着一种仅仅期待改良资本主义社会上层建筑的“机会主义”苗头，因此列宁对其予以了坚决反对和强烈批驳，并进而将这种批判的火焰蔓延、燃烧到了考茨基的“超帝国主义论”。应当说，《帝国主义是资本主义的最高阶段》是马克思主义者（包括世界一切左翼进步力量）针对“第二国际”中的右倾修正主义、机会主义向极端机会主义同资产阶级政权投诚行为埋藏许久的“呐喊”“怒斥”，及蓄势已久只待时机成熟便会喷薄而出的火山光焰！以《帝国主义是资本主义的最高阶段》为代表的列宁“帝国主义论”将帝国主义视为一个由其社会经济基础（及其变迁）所决定的特殊历史阶段，由此一来，列宁“帝国主义论”展现出了一种马克思主义思想史上崭新的“亚社会形态”分析视角和研究方法，从而拓展、丰富了马克思主义“社会形态”学说的视野和内涵。列宁“帝国主义论”及其研究方法意味着：第一，应当始终坚持将经济基础（及其持续变更），而不是其他因素，特别是上层建筑因素（如国家政策等）的变化作为辨别是否是同一社会形态以及在同一社会形态内是否是同一历史阶段的根本依据和标准；第二，第一点决定了“经济基础”辨认标准应当从经济生产领域，而非经济流通或经济分配领域出发，即应当始终坚持从社会生产内在机制出发去研究和辨别人类社会历史发展历程中的不同社会形态及“亚社会形态”；第三，对社会形态及“亚社会形态”变化发展的分析不能仅仅依赖一种对当前现状静态式的经验实证方法，恰恰相反，由于任何现存看似静态的客观情状均是具有发展因缘及未来趋势的永恒动态进程中的一个质点而已，因此，在研究方法上必须抛弃就事论事的风格，学习并掌握前瞻和回溯的考察方法；第四，高度重视列宁分析帝国主义时所使用的唯物辩证法，具体而言就是要学习并掌握现象与本质的辩证统一，具体与抽象的辩证统一，逻辑与历史的辩证统一；第五，高度尊重历史唯物主义深刻揭示出的一般人类社会发展规律，坚信资本主义被社会主义全面取代乃是人类社会历史发展的必然规律同基本趋向。

《帝国主义是资本主义的最高阶段》在将帝国主义明确界定为资本主义发展历程中一个与自由资本主义时代前后相续，并高于后者的经济垄断历史阶段后，花费了大量篇幅和笔墨逐一考察并深入探讨了帝国主义时代数个最为重要且显著的社会经济特征。正是通过对这一系列社会经济特征的逐一细致分析，不仅使列宁“帝国主义论”呈现出逻辑自洽、判断周延、推论严谨、理论系统等诸多特点，而且更使列宁“帝国主义论”成为一座思想史上令人高山仰止的理论“丰碑”。列宁在《帝国主义是资本主义的最高阶段》中重点提及并深入阐述的数个帝国主义时代的社会经济特征依次为：第一，建立在生产和资本集中基础上的资本主义经济垄断及其日益深化、扩张的发展趋势；第二，银行资本和工业资本日益融合，产生了所谓“金融资本”，并进而出现了垄断程度更高、经济政治权力更大，深度掌控着工商业和农业等诸多经济领域的金融垄断资本集团及其实际集权者——金融垄断寡头；第三，与自由资本主义时期商品输出占据无与伦比的重要地位不同，垄断资本主义阶段，资本输出日益成为时代的主角；第四，帝国主义列强的垄断资本集团之间为了避免残酷激烈的竞争，逐渐形成了建基于垄断资本集团相互妥协、合作共赢之上的新模式——（国际）卡特尔组织及其协定，从而形成了垄断资本对全球经济瓜分的态势，就像考茨基所表述那样，各国金融垄断资本共同施行着对全世界的剥削和压迫；第五，帝国主义列强疯狂推行和实施以掠夺落后国家和地区丰富资源、廉价劳动力等重要生产要素和珍稀矿藏资源为主要表征的“军事—地理占领型”殖民主义，据列宁相关研究显示，至20世纪初，从地理上看，全球已基本被帝国主义列强瓜分完毕。除上述这五个最为重要且基本的社会经济特征外，列宁还着重提到了帝国主义时代以“停滞现象”为主要表征的“腐朽性”特征以及以“食利阶层”和“食利国”为主要表征的“寄生性”特征。正是在深刻揭露帝国主义数个最为重要且基本的社会经济特征基础之上，列宁敏锐地捕捉到了马克思和恩格斯（包括拉法格）有关垄断资本主义乃是朝向新的、更高社会形态——社会主义社会“过渡”的历史阶段的深邃思想，进而，他不仅依据帝国主义空前加剧并激化了各类资本主义社会中早已存在的矛盾的客观事实再度重申了这一极富远见卓识的洞见，而且更进一步在新的社会历史语境中以富有号召力和感染力的“帝国主义是垂死的资本主义”的言语，既将“过渡性”论断推向了一个更高的层级，同时也为全世界被压迫民族和人民在极端苦难的烽火岁月中不至于丢掉对未来应当抱持的憧憬和希望（特别是对于社会主义社会的信念）提供了足够坚固同足够强大的学理—心理支撑。不言而喻，在以考茨基“超帝国主义论”为代表的机会主义、修正主义、合法主义等众多同马克思主义渐行渐远（甚至背道而驰）的思潮横行泛滥的时代背景和社会环境中，当虚幻的和平前景被纷飞的炮火所摧毁的往昔宁静的家园及血肉模糊的战士身躯取而代之时，列宁将帝国主义视为“垂死的资本主义”的观点无异于空谷中振聋发聩的“怒吼”，也似唤醒沉沉昏睡与日渐迷惘的劳苦大众的一声嘹亮的“集结号”。自此，全世界被压迫民族和人民寻求自由、解放泥泞道路的正前方始终被一盏散发着温暖色调并承载着满满期许的明灯照耀着。尽管帝国主义时代焕发出了前所未有的斑斓光芒，然而，由于其自身的资本主义属性，这一切注定是海市蜃楼以及迟早终将破灭的幻影。正因此，列宁在《帝国主义是资本主义的最高阶段》中写出了如此隽永且令人心潮澎湃的文字：“帝国主义是社会主义革命的前夜!”

《帝国主义是资本主义的最高阶段》通过对考茨基主义及其“超帝国主义论”中深深潜藏的“机会主义”“等待主义”政治立场和理论倾向所进行的严厉批判，有力捍卫并真正继承、发展了马克思主义的基本原则、立场和方法，最大限度地团结并号召了全世界左翼人士及一切进步力量为反帝反封伟大事业共同战斗。其中，《帝国主义是资本主义的最高阶段》对第一次世界大战从本质而言属于帝国主义列强世界战争的再度重申毫无疑问具有非常深远的理论意义同实践价值。早在1912年11月“第二国际”召开的巴塞尔代表大会就已经一致通过了《国际局势和社会民主党反对战争危险的统一行动》决议，即史称的《巴塞尔宣言》。该宣言明确指出了即将全面爆发的世界战争从性质上看乃属于帝国主义（列强）战争。然而，当第一次世界大战真正爆发后，“第二国际”内部的修正主义、机会主义、社会沙文主义、合法主义等众多早已背离了马克思主义的思潮以及大多数国家社会民主党却纷纷撕毁了《巴塞尔宣言》，站在与这个宣言相悖的立场上，大唱特唱“保卫祖国”的高调，将广大工人阶级和普通劳动群众绑上了帝国主义为垄断资本卖命的战车上。对此，列宁指出，第一次世界大战的全面爆发，一方面直接导致了“第二国际”的彻底破产，然而，另一方面却彻底戳破了世界社会主义运动、工人运动及“第二国际”中早已经腐烂且散发出恶臭气味的“脓包”（即揭露出早就与资产阶级媾和的机会主义、社会沙文主义等思潮以及在其指导下各国社会民主党的真面目)。因而，从这个意义上来看也算是好事：第一，让全世界认清了机会主义、社会沙文主义、合法主义等众多思潮的实质；第二，净化了革命队伍和组织，如工会组织、党组织等；第三，为日后新的左翼革命（党）组织的建立，如共产党的建立奠定了一定的思想和组织基础。列宁在《帝国主义是资本主义的最高阶段》中对第一次世界大战乃属帝国主义战争的再度强调和重申不仅起到了再次警醒全球广大劳动者和革命者的作用，而且还起到了在全社会范围广泛动员以无产阶级为首的广大劳动群众和各国革命者紧密团结起来为反对帝国主义及其战争的一致目标共同奋斗的作用。更为重要的是，《帝国主义是资本主义的最高阶段》对第一次世界大战本质属性的强调与重申为列宁完成《帝国主义是资本主义的最高阶段》后接下来一段时期内非常智慧、策略地寻找由于世界大战极大削弱了全球帝国主义整体力量而出现的帝国主义世界链条上的“薄弱环节”，并进而在这个“薄弱环节”上寻求社会革命的“突破口”提供了重要思想基点。

1915 年 8 月，列宁在《论欧洲联邦口号》中首度明确提出“一国首先胜利”思想。1916 年 8 月，列宁在《无产阶级革命的军事纲领》中进一步强调和重申了这一重要思想。此后，当列宁在研究帝国主义社会经济发展不平衡（规律和现状）同帝国主义战争的关系问题时进一步指出：正是由于资本主义社会经济普遍存在着的发展不平衡规律及现实状况，最终导致帝国主义世界战争无可避免，而持续数年的世界大战空前严重地削弱了帝国主义列强综合实力，促使帝国主义世界统治链条上出现了“薄弱环节”和社会革命“突破口”，如沙皇俄国，这就使得社会主义革命可能在某一国家或几个国家首先赢得胜利。正因为列宁“一国首先胜利”思想主要植根于帝国主义社会经济发展不平衡规律和现状，所以，尽管列宁是在《论欧洲联邦口号》和《无产阶级革命的军事纲领》两篇文章中明确提出“一国首先胜利”，尤其《论欧洲联邦口号》刊载时间又早于《帝国主义是资本主义的最高阶段》，但诚如杨世友所言，列宁创立“一国首先胜利”学说具有一个基础、四个依据，其中，《帝国主义是资本主义的最高阶段》乃是“一国首先胜利”学说创立的重要基础。[1] 列宁“一国首先胜利”思想应被视为以《帝国主义是资本主义的最高阶段》为典范的列宁“帝国主义论”直接或间接的理论结晶：首先，社会经济发展不平衡规律及现状客观地存在于资本主义历史进程始终，到了帝国主义时代，保守主义复兴、军国主义崛起、殖民主义泛滥、国内阶级压迫日趋严酷、帝国主义对抗持续升级、垄断资本集权独裁程度和范围大大超越了往昔，这些因素均空前加剧了列强之间社会经济发展不平衡情状。正是在此意义上，列宁断言，帝国主义世界战争将无法避免，《帝国主义是资本主义的最高阶段》采用大量实证研究和统计数据对此作出了较为详尽且系统的讨论。其次，由于帝国主义要的不是自由，而是强权统治，因此，这一时期，各国垄断资本集团及其寡头均大大强化了对国内外劳动阶级的剥削压迫，加之帝国主义战争空前惨烈的程度及难以估量的破坏性，帝国主义才真正与无产阶级社会革命，而不是与“超帝国主义”虚假和平前景发生了联系。正是得益于列宁在《帝国主义是资本主义的最高阶段》中对帝国主义从经济基础到上层建筑，从垄断资本国内阶级压迫到海外殖民征伐（包括列强间激烈军事对抗）等诸多维度客观而辩证的卓越分析，加之列宁忠实继承了马克思、恩格斯对作为社会历史主体的人的能动实践性高度尊崇的一贯理论风格，《帝国主义是资本主义的最高阶段》中有关帝国主义社会经济发展不平衡（规律及现状）的深入研讨才最终成为“一国首先胜利”学说喷薄而出的思想沃土。

二、“帝国主义论”的历史贡献

《帝国主义是资本主义的最高阶段》无疑是一篇非常重要的马克思主义政治经济学文献，不过，却不能因此忽视或否定《帝国主义是资本主义的最高阶段》其他方面的价值和贡献，换言之，尽管列宁在《帝国主义是资本主义的最高阶段》中作出了极为卓越的政治经济学分析，但《帝国主义是资本主义的最高阶段》同时也应被视为一篇充满唯物史观

---

① 杨世友：《对列宁“一国首先胜利”学说创立依据的再认识》，《许昌师专学报》（社会科学版）1988 年第 4 期，第 1—4 页。

和辩证法内涵的哲学著作，以及一篇在最艰难历史时期正确展望帝国主义历史地位、历史走向与社会主义前景的科学社会主义辉煌巨作。恰如尼尔·哈丁深刻指出的那样：列宁全部政治思想是建立在对资本主义社会经济的科学分析基础之上的。① 如果从直接触发俄国社会主义“十月革命”前后相连的历史因果链上看，《帝国主义是资本主义的最高阶段》或者那些较早公开明确宣示“一国首先胜利”观的诸多文献，如《论欧洲联邦口号》《无产阶级革命的军事纲领》等文章似乎不如《布尔什维克必须夺取政权》《马克思主义和起义》等篇章对这场意义和影响均无比深远的社会主义革命更具直接性指导意义同号召作用。但难以否认的是，“一国首先胜利”观，以及作为“一国首先胜利”观思想土壤和理论基石的《帝国主义是资本主义的最高阶段》所蕴藏的丰富、深刻、系统的思想理论内涵无疑既为俄国社会主义“十月革命”奠定了无比深厚而强大的学术基础，同时也为俄国社会主义“十月革命”提供了行之有效的实践指导方针。

《帝国主义是资本主义的最高阶段》对帝国主义社会经济特征的分析与阐释自然绝不仅仅只是为了分析而分析，为了描述而描述。通过对数个帝国主义时代最突出、最显著、最根本社会经济特征的细致考察，列宁指出：垄断资本要的不是自由，而是寡头集权统治，垄断资本主义并不如想象中那样美好，尽管它的确较之于自由资本主义而言在社会生产力发展及科技进步等诸多方面均有着更为出色的表现。垄断资本主义由于自身特有的社会经济特征（包括“腐朽性”“寄生性”等），不仅空前加剧了一般资本主义固有难解的基本矛盾，同时更空前激化了资本主义社会客观存在的各类矛盾，如统治阶级与被压迫阶级之间的矛盾、各垄断资本集团之间的矛盾、垄断资本集团与非垄断中小企业之间的矛盾等。垄断资本主义已将一般资本主义所无法自我克服和超越的各类矛盾推向了一个极限，并日益体现出面向更高社会形态——社会主义社会的

① Harding N., *Lenin's Political Thought*, *Volume* 1. New York: St. Martin's Press, 1977, p. 79，转引自刘维春，刘怀玉：《列宁两种资本主义观的历史意义与当代价值》，《南京大学学报》2007 年第 6 期，第 16 页，注释 2。

“过渡性”和“垂死性”。《帝国主义是资本主义的最高阶段》通过深入系统考察帝国主义本质内涵、社会经济特征、历史地位走向等方面，既将帝国主义所固有的几乎一切深具历史局限性、残酷性、反动性的时代基本特征向全世界清晰地揭示出来，同时更通过阐明存在于资本主义始终的“不平衡发展”基本规律及客观情状，不仅令考茨基“超帝国主义论”提供的帝国主义大联合的未来“和平景观”的虚假性昭然若揭，而且更令以“超帝国主义论”为代表的修正主义、机会主义、合法主义、沙文主义等早已堕落为垄断资本意识形态及现实政权“卫道士”和“仆从”的思潮的真实面貌无处遁形。列宁在深入讨论了数个帝国主义社会经济特征的基础上，更进一步揭露了帝国主义令人发指的“腐朽性”“寄生性”特征，从而无比正确地指出了帝国主义实质上乃是面向社会主义社会的“过渡历史阶段”及“垂死的资本主义”。《帝国主义是资本主义的最高阶段》在当时国际共产主义运动、工人运动长期遭受“第二国际”修正主义、机会主义思潮及实践深度浸染的严峻社会历史环境中，无疑是一盏指引广大劳动人民寻求自由解放航向的明灯以及一针坚定人们革命意志同社会主义（共产主义）信念的强心剂。

根植并茁壮生长于《帝国主义是资本主义的最高阶段》思想沃土中的“一国首先胜利”学说与《帝国主义是资本主义的最高阶段》相较而言，无疑具有更加显著的现实性、直接性、号召性。“一国首先胜利”学说依据在《帝国主义是资本主义的最高阶段》中得到周详考察的帝国主义社会经济发展不平衡（规律及现状），并作为根源于“不平衡发展”，又反过来加剧“不平衡发展”的世界战争的直接反映，恰逢其时地指出：由于贯穿资本主义始终的“不平衡发展”（规律及现状），以及帝国主义世界大战进一步加剧并恶化了这一状况，最终导致帝国主义全球统治链条上产生出“薄弱环节”，因而，国际共产主义运动和无产阶级社会革命可以试着在这个或这些“薄弱环节”中寻找“突破口”。这一深邃眼光和重要战略思想在当时世界大战正酣之际，最大化地解放了人们的思维方式，空前释放了现实的人们的革命实践能动性，非常策略而智慧地指导俄国布尔什维克党把握住千载难逢的历史机遇，最终赢得了俄国社会主义“十月革命”的全面胜利。

正是在以《帝国主义是资本主义的最高阶段》为典范的列宁“帝国主义论”，包括“一国首先胜利”思想的正确指引下，俄国布尔什维克党成功发动了社会主义“十月革命”。这场彪炳史册的伟大革命所产生的历史价值和深远影响当然绝不仅仅局限于自身，其对整个国际共产主义运动作出了无可估量的历史贡献，对整个人类社会历史进程产生了难以想象的深远影响：首先，在列宁主义（包括列宁“帝国主义论”）指导下成功发动的俄国社会主义“十月革命”从本质而言迥然有别于以往人类历史时期的任何一次社会革命，此次社会革命在一个幅员辽阔的落后国家——俄罗斯帝国彻底推翻了人剥削人、人压迫人的经济基础和政治制度，并于随后漫长岁月中逐步建立起了劳动人民当家做主的（无产阶级专政）国家政权；其次，俄国社会主义“十月革命”将科学社会主义（包括“一国首先胜利”学说）从纯粹理论抽象变为客观现实存在，从而开创了人类社会历史新纪元，掀开了时代新的壮丽篇章，自此，人类社会历史上首度建立起了以生产资料公有制为经济基础的社会主义社会，以工人阶级为首的广大劳动群众第一次获得了真实的人民民主，当家做了主人；再次，俄国社会主义“十月革命”以惊人的力量冲毁、撕裂了帝国主义一统全球的世界秩序，极大地震撼了帝国主义权力中心和大后方，使世界资本主义惶惶不可终日，苏维埃俄国与苏联的相继成立更是空前巩固并扩大了这种由“十月革命”带来的对世界经济政治格局和国际关系所产生的巨大而深远的影响。

俄国社会主义“十月革命”的胜利，相继成立的苏维埃俄国、苏维埃社会主义共和国联盟（苏联），以及在列宁主义指导下，持续深入开展的令人心潮澎湃且如火如荼的苏东社会主义建设，不仅宛如暗夜中引领人们正确航向的座座灯塔般熠熠生辉，而且极大鼓舞并激发了全球以无产阶级为首的广大劳动群众同帝国主义进行坚决斗争，以及寻求本民族、本阶级自由解放道路的信心与决心。由于深受1920年底至1921年初苏维埃俄国彻底粉碎英、法、美、日等帝国主义列强联合发动的对俄武装干涉的影响和鼓舞，全球掀起了新一轮反帝反殖运动高潮：这一方面表现为1923年后西方某些资本主义国家国内迎来的革命运动高潮，如德国工人阶级发动的“十月行动”、保加利亚的“九月人民起义”、波兰克拉科夫的工人起义等；另一方面则表现为殖民地、半殖民地人民掀起的反帝反殖运动高潮，如中国共产党的成立及中国革命道路的初步探索、朝鲜和越南等国反帝反殖运动的兴起与高涨等。以俄国社会主义“十月革命”胜利为重大历史转折点并深受其鼓舞，国际共产主义运动同全世界被压迫民族及落后地区的反帝反殖运动进入到了一个不同于往昔资本主义一统江山的新时代。

第三节 “转变”抑或“始终如一”
——列宁的“两种资本主义观”？

列宁早期在批判俄国“民粹派”时倡导俄国发展资本主义的主张似乎与日后“帝国主义论”中坚定反资本主义世界统治体系的基本立场形成了难以回避的表述矛盾和观点对立。也正因此，学界中有人将列宁的资本主义观划分成前后两个截然不同的范式，即前期对资本主义的肯定同后期对资本主义的否定（以“帝国主义论”为代表）。然而，这种结论是难以成立的：首先，其混淆了现象和本质，将文献叙述呈现出的前后不一致表象错判为基本立场或本质内涵上的一种根本“转换”与“演进”；其次，其回避并忽视了列宁早期文献中阐述资本主义历史局限性、过渡性，积极展望社会主义的言辞及其中蕴藏的深邃思想；再次，缺乏足够证据证明列宁主张俄国发展资本主义内含着社会形态更迭“铁的必然性”意蕴；最后，此类观点对列宁“帝国主义论”作出的颇多指责有失偏颇。本节通过回顾列宁早期对俄国“民粹派”同“合法马克思主义”的批判，以及大力倡导俄国土地国有化方向等史实，试图表明：列宁对资本主义的批评与否定早已有之且自始至终，其并非源起于1914年或《帝国主义是资本主义的最高阶段》写作时期。列宁的资本主义观从来都始终如一，资本主义永远只是朝向更高一级社会形态——社会主义社会的“过渡”和“中介”，其终将被全面超越与取代。这一历史进程并不存在某种教条、僵化、神秘的“铁的必然性”，在条件允许时，越早实现越好。

一、一种辩证资本主义观——列宁对俄国“民粹派”的批判

俄国“民粹派”① 是在俄国1861年开始的农奴制改革进程中出现的一种代表小资产阶级利益的理论流派，其可被划分为新、旧两个时期或理论流派，即所谓的新、旧民粹主义（新民粹主义也被称为自由主义的民粹主义）。然而，无论新、旧民粹主义，在对待俄国发展资本主义问题时均基本上持一种断然否定的态度和立场。在他们看来，一方面，俄国根本就不具有发展资本主义的先天优势，如果说当时俄国的确已经出现了一些资本主义因素，也只能这样认为，即这仅仅是一种“偶然”的“人为”（或“离开道路”）现象，其应被视为一种衰落和退步的象征；另一方面，由于俄国农民、俄国“农民村社”及其劳动组织形式在集体合作的意义上比资本主义制度更加优越，因而，其无疑应当成为未来俄国成功跨越资本主义“卡夫丁峡谷”后的社会主义社会的某种胚胎或萌芽组织形式。作为俄国“民粹派”重要代表人物之一的丹尼尔逊明确提出，俄国有可能不经过资本主义道路来发展自身的社会经济。他曾对恩格斯这样说：“资本主义导致危机，损害了我们的全部社会的和经济的生活。俄国不会从资本主义找到出路……出路只能够从继承我们先前的历史发展的基础找到。”②

面对俄国“民粹派”，尤其是自由主义民粹思想长期以来对俄国社会及思想界的持续浸染，列宁指出，俄国“民粹派”的相关言论及其基本立场无视俄国社会客观发展状况，牢牢禁锢在一种抽象“先验”的理

---

① 俄国“民粹派”“共有三派，早期的包括‘回到民间’派或者‘宣传派’及‘准备派’，以拉普罗夫为代表；还有同期的特卡乔夫与巴枯宁为代表的‘暴力派’；以及后期的自由主义民粹派。按照列宁的说法，俄国民粹派分两个阶段，第一个阶段是19世纪60—70年代的革命的民粹主义或旧民粹派，第二个时期是19世纪80—90年代自由主义的民粹主义。民粹派的基本观点是把俄国的村社制度理想化，肯定俄国的非资本主义发展道路，主张跳越资本主义阶段直接过渡到社会主义。”张一兵主编：《资本主义理解史》第3卷，江苏人民出版社2009年版，第31页。

② 王伟光、侯才主编：《社会主义通史》第3卷，人民出版社2011年版，第139—140页。

念藩篱之中，其得出的见解和展望必然是荒谬且没有出路的。通过观察俄国当时特殊的国情、民情，列宁严厉批驳了俄国“民粹派”彻底否定在俄国发展资本主义的错误思潮。首先，列宁在1893年完成的《农民生活中的新的经济变动》中，通过考察俄国社会中三类农民（所谓上、中、下等级）生产生活中存在且愈发显著的“经济悬殊”状况（两极分化）深刻揭示出，无论主观意愿如何，其时，俄国农村公社中早已客观存有资本主义因素，从而有力批驳了俄国“民粹派”有关俄国农村公社尚未被资本主义触动的错误见解。

其次，在1897年底完成的《我们拒绝什么遗产》中，列宁将俄国“民粹派”指认为这样一种思想体系，其大略包含下述三个特征：第一，“民粹派”认为资本主义因素对俄国而言意味着一种衰落和退步；第二，“民粹派”认为相较于资本主义，俄国经济制度具有独特性、优越性，特别是农民及其村社和劳动组合等方面；第三，“民粹派”忽视“知识分子”和全国法律政治制度与一定社会阶级的物质利益有着密切关联。针对俄国“民粹派”将传统农村公社视为某种与前资本主义时期任何国家的任何其他农村制度迥然有别的特殊东西的盲目乐观主义，列宁批评到，这种盲目乐观主义与清醒的现实主义传统处于极端矛盾之中，“对农村的虚伪的理想化与关于‘村社倾向’的浪漫主义的梦想，使民粹派分子对于农民在当前经济发展下的真正需要采取了极其轻率的态度。……宁肯停滞，也不要资本主义的进步——这实质上就是每个民粹派分子对农村的看法。”①

再次，在《俄国资本主义的发展》（1895—1899）中，针对“民粹派”否认俄国存在商品经济和社会分工的看法，列宁在该文第一章“民粹派经济学家的理论错误”中给予了严厉批驳。列宁指出：商业性的（和资本主义的）农业的专业化，出现在所有资本主义国家中，出现在国际分工中，同样也出现在改革后的俄国。以瓦·沃及其《俄国农业和工业的分工》（1884年《欧洲通报》第7期）为代表的“民粹派”认为俄国社会分工“不是从人民生活深处成长起来的，而是企图从外部硬挤

① 《列宁选集》第1卷，人民出版社1995年版，第122—123页。

进去”的观点竭力否认与抹杀俄国社会分工的客观事实。此类观点根本站不住脚，因其建立在“没有任何资料，不顾众所周知的事实”的虚妄和“先验”基础之上。俄国“民粹派”除了使用罔顾事实地否认俄国社会分工或宣布其为“人为的”的方法以外，就再也没有其他办法来建立俄国资本主义的“人为性”理论了。①

复次，针对以瓦·沃和尼·逊为代表的“民粹派”在资本主义国内市场理论中漏掉“人口离开农业到工业中去”及“这一事实对农业的影响”这样一类在俄国已然出现的客观情形，列宁指出：商品经济的发展是一个工业部门同农业相分离的过程，同时也是愈来愈多人口同农业相分离的过程，这样一个社会历史进程意味着：工业人口增加以及农业人口相应减少。② 列宁认为，这样一种农业人口离开本土持续向外“流动迁徙”的现象不仅对工人而言是有利的（因为能获得较高薪酬），而且也代表着“一种进步”，因为其必将有力地破坏由大地主施行的本土工役制度所产生的严酷盘剥。列宁对此阐释到：“迁移是防止农民‘生苔’的极重要的因素之一，历史堆积在他们身上的苔藓太多了。不造成居民的流动，就不可能有居民的开化。”③

同样在《俄国资本主义的发展》中，针对俄国“民粹派”认为由于俄国社会中的小生产逐渐被大生产所代替，小业主变成了雇佣工人，因此俄国国内资本主义市场日益缩小的看法，列宁批评到“这种观点是完全错误的”。对于资本主义市场，重要的不是众多社会生产者的生活水平，而是生产者所拥有的货币量，换言之，当一部分人破产后，这部分人曾经握有的生产资料与货币必然会转移到别人手中。所以，“早先主要经营自然经济的宗法式农民，他们生活水平的降低与他们手中货币数目的增加完全相一致，因为这种农民愈是破产，他们就愈加不得不出卖自己的劳动力，他们就愈加必须在市场上购买自己的（即使是极有限的）生活资料的更大一部分。……从抽象的理论观点来看，在商品经济和资

① 《列宁全集》第 3 卷，人民出版社 2013 年版，第 19 页。
② 《列宁全集》第 3 卷，人民出版社 2013 年版，第 20 页。
③ 《列宁全集》第 3 卷，人民出版社 2013 年版，第 220 页。

本主义正在发展的社会中，小生产者破产所表明的情况……是国内市场的建立，而不是缩小。”①

最后，列宁还颇费笔墨地批驳了俄国“民粹派”认为资本主义国家必须有国外市场，因为资本家不能用别的办法来实现产品的额外剩余价值，进而，由于俄国国内农民破产这样一类现象，国外市场是像俄国这样的后进资本主义国家所可望而不可即的东西的谬论（某种意义上说，列宁的这个批评直接回应了卢森堡的相关看法）。在列宁看来，以尼·逊和瓦·沃为代表的“民粹派”早已远离了《资本论》中有关分析资本主义再生产及额外剩余价值实现的问题时应避免将对外贸易引入范式的基本原理（尽管他们号称自己在“体系中所采用的正是马克思的理论”）。②列宁批评道：尼·逊和瓦·沃“对资本主义的矛盾的估计是极为肤浅的，因为如果讲到实现的‘困难’，讲到由此而产生的危机等等，就应当承认，这些‘困难’决不单单对额外价值，而且对资本主义产品的各个部分都不仅是可能的，并且是必然的。这一种因各生产部门分配的不合比例而引起的困难，不仅在实现额外价值时，而且在实现可变资本和不变资本时，不仅在实现消费品产品时，而且在实现生产资料产品时，都经常发生。没有这种‘困难’和危机，资本主义生产……是根本不可能存在的。”③ 进而，列宁在资本主义破坏了以往旧经济体系的孤立与闭关自守状态并将全世界所有国家和地区连接成一个统一经济整体的意义上试

---

① 《列宁全集》第3卷，人民出版社2013年版，第22页。

② 对此，列宁进一步阐释到，“生产的发展（因而也是国内市场的发展）主要靠生产资料，看来是令人难以置信的，并且显然是有矛盾的。这是真正的‘为生产而生产’，就是说生产扩大了，而消费没有相应地扩大。但这不是理论上的矛盾，而是实际生活中的矛盾；这正是一种同资本主义的本性本身和这个社会经济制度的其他矛盾相适应的矛盾。正是这种生产扩大而消费没有相应扩大的现象，才符合资本主义的历史使命及其特有的社会结构，因为资本主义的历史使命是发展社会生产力，而资本主义特有的社会结构却不让人民群众利用这些技术成就。在资本主义固有的无限制扩大生产的趋向和人民群众有限的消费（所以是有限的，是因为他们处于无产阶级地位）之间，存在着明显的矛盾。马克思在一些原理中也确认了这种矛盾，而民粹派却喜欢用这些原理来论证他们所谓国内市场在缩小、资本主义不先进等等的观点。”《列宁全集》第3卷，人民出版社2013年版，第40页。

③ 《列宁全集》第3卷，人民出版社2013年版，第28—29页。

图表明，寻求国外市场并不像“民粹派”经济学家描述的那样，是证明资本主义无力维持下去的证据，恰恰相反，其毫无异议地证明了资本主义进步的历史作用。总之，在列宁看来，以尼·逊和瓦·沃为代表的俄国“民粹派”不仅在额外剩余价值的实现问题上的分析和结论是错误的，而且在讨论俄国是否有国外市场问题上也由于其深陷某种“先验”的理论研究方法而注定归于荒谬。

质言之，列宁批判俄国“民粹派”经济学家们的基本观点可大致归纳为：现存（当时）俄国社会中已经不以人的主观意志为转移地出现了资本主义因素。资本主义相较于以往历史上众多的社会经济制度及其相应社会生产力而言无疑具有显著历史进步性，并非如“民粹派”指认的那样，资本主义在俄国必定意味着衰落和退步。俄国“民粹派”在认知传统农民和村社问题时罔顾客观事实，犯了严重理想化的错误，犯了总是把“资本主义的现实同对前资本主义制度的虚构加以比较”的错误，犯了始终坚信由于俄国存在传统公社制度，俄国就完全可以不经过资本主义而直接过渡到社会主义的错误。于是这样一来，“资本主义愈往前愈深入地发展，任何资本主义商品社会所共有的矛盾在农村中表现得愈厉害，则民粹派分子关于农民的‘村社倾向’‘劳动组合心理’这类甜言蜜语与农民分化为农村资产阶级和农村无产阶级这一事实之间的对立就愈来愈尖锐，继续用农民眼光观察事物的民粹派分子就愈加迅速地从感伤的浪漫主义者变成小资产阶级的思想家。”① 客观的情状况恰恰是，现存（当时）俄国农村公社制度与资本主义相较而言反倒是呈现出更加明显的落后性，并日益成为俄国资本主义发展的严重阻碍，其不仅没有任何能力促进俄国社会经济的建设发展，反而会使本来就已经远远落后于西欧的俄国变得愈加贫困和落后。俄国未来社会经济发展的关键不在于刻意强调俄国传统农奴制度中农民、俄国“农民村社”及其劳动组织形式等虚幻抽象的社会主义社会“胚胎”的地位或作用，恰恰相反，俄国未来社会经济建设发展的希望只能是因势利导，即不仅不应当刻意回避在俄国早已蔓延开来的资本主义经济因素，以及由此催生出的资本主义

---

① 《列宁选集》第1卷，人民出版社1995年版，第122页。

政治和文化因素，而且还应当充分意识到，俄国社会主义革命只能建立在资本主义充分发展基础之上，落后的农村公社无力成为社会主义社会的基石，与此相应，俄国革命的领导阶级也绝对不是“民粹派”认定的天生具有社会主义素质的农民，而是俄国产业工人。列宁甚为深刻地指出：“俄国当前的资本主义发展是缓慢的。它不能不是缓慢的，因为没有一个资本主义国家内残存着这样多的旧制度，这些旧制度与资本主义不相容，阻碍资本主义发展，使生产者状况无限制地恶化，而生产者‘不仅苦于资本主义生产的发展，并且苦于资本主义生产的不发展’。”①

但是，必须指出，早期肯定俄国发展资本主义道路的列宁绝不是无立场、无原则地一味肯定和赞赏资本主义。事实上，通读《俄国资本主义的发展》（以及这一时期他的其他诸多文献）不难发现，列宁在当时已经表现出了一种辩证的资本主义观，即在倡导俄国发展资本主义的同时仍不忘提醒人们时刻注意和警惕资本主义的黑暗面、消极面，及其面向更高级社会形态——社会主义社会的“过渡”特质。在《俄国资本主义的发展》“资本主义的‘使命’”章节中，列宁明确写到：“我们还要对著作界称之为资本主义的‘使命’问题，即资本主义在俄国经济发展中的历史作用问题作出总结。承认这种作用的进步性，与完全承认资本主义的消极面和黑暗面，与完全承认资本主义所必然具有的那些揭示这一经济制度的历史暂时性的深刻的全面的社会矛盾，是完全一致的（我们在叙述事实的每一阶段上都力求详细指明这一点）。正是民粹派竭尽全力把事情说成这样，仿佛承认资本主义的历史进步性就是充当资本主义的辩护人，正是他们犯了过低估计（有时是抹杀）俄国资本主义最深刻的矛盾的毛病，他们掩盖农民的分化、我国农业演进的资本主义性质、具有份地的农村雇佣工人与手工业雇佣工人阶级的形成，掩盖资本主义最低级最恶劣的形式在著名的‘手工’工业中完全占优势的事实。”② 由此视之，仅凭列宁这段极度重要且关键的深刻论述就足以彻底驳倒那一类坚称列宁早期拥有一种肯定和赞赏资本主义立场的褊狭且错误的观点。

① 《列宁全集》第 3 卷，人民出版社 2013 年版，第 552 页。
② 《列宁全集》第 3 卷，人民出版社 2013 年版，第 549 页。

从以上论述至少可以得出这样的看法：第一，列宁在批判俄国“民粹派”时肯定在俄国国内发展资本主义与正视资本主义的黑暗面、消极面及其必然历史局限性并不构成矛盾和对立，事实上，二者是辩证统一的；第二，过于偏执地否认俄国已经存在的日益壮大的资本主义，罔顾事实地主张在俄国国内复兴陈腐落后的封建农奴制度基础上实现社会主义，不仅因违背了客观现状及一般发展规律而注定归于失败，而且必将低估、抹杀、掩盖资本主义最深刻的矛盾；第三，列宁在反驳“民粹派”时提出俄国应当发展资本主义的观点并非是在一种“绝对意义”上得出的，换言之，其仅仅具有“相对意义”，列宁主张或肯定在俄国发展资本主义是在深刻认知俄国传统经济政治制度落后性的基础上得以建构与形塑的，即同落后的俄国传统农奴制度相较而言，资本主义毫无疑义具有“比较”维度上的进步性和优越性，然而，这却并不意味着列宁早期主张俄国发展资本主义内含着社会形态更迭“铁的必然性”意蕴。

最为关键且难能可贵的是，尽管身处最为黑暗、最为艰难的岁月中，尽管列宁肯定在俄国发展资本主义，然而，列宁却始终没有忘记积极展望无产阶级革命及社会主义社会的璀璨前景，始终没有忘记马克思主义的根本旨向和崇高诉求：为了人类的解放和自由，必须超越资本主义，实现社会主义！在《俄国资本主义的发展》中，列宁提醒人们：“无限制扩大生产的趋向和有限的消费之间的矛盾并不是资本主义唯一的矛盾，而资本主义没有矛盾就根本不能存在和发展。资本主义的种种矛盾，证明了它的历史暂时性，说明了它瓦解和向高级形态转化的条件和原因。”① 综上视之，一方面，正是由于上述，列宁早期对资本主义的肯定同后文将要论述的“合法马克思主义”无原则地颂扬资本主义制度的做法彻底划清了界限；另一方面，列宁在后期（“帝国主义论”时期）主张超越和推翻帝国主义世界统治的思想绝非空中楼阁或无源之水式的突发奇想，换言之，其实际上与他早期反俄国“民粹派”时所呈现出的辩证资本主义观无疑是一脉相承、前后相续的。

---

① 《列宁全集》第3卷，人民出版社2013年版，第42页。

二、资本主义并非永恒——列宁对“合法马克思主义”的批判

19世纪90年代，俄国社会上涌现出一股被称为“合法马克思主义”(其又被称为“司徒卢威主义”。因其常常打着马克思主义的旗号在经过沙皇政府准许的合法报纸杂志上发表言论，故而列宁在《怎么办?》一文中将之戏谑地称为“合法马克思主义”）的资产阶级改良主义思潮，其学说主要代表人物有司徒卢威、杜冈巴拉诺斯基、布尔加柯夫、别尔嘉也夫等人。值得一提的是，“合法马克思主义”曾经一度与列宁一起共同对俄国“民粹派”进行批判。“合法马克思主义”的核心观点为：坦然承认俄国已经走上资本主义发展道路，肯定俄国资本主义发展的必然性及其取代封建（农奴）制度的进步性。正是在这个意义上，“合法马克思主义”在声讨与批判“民粹派”的过程中客观上或多或少展现出了一定程度的积极意义。也正因此，列宁才一度将其视为俄国马克思主义者“暂时的同路人”。

然而，“合法马克思主义”的弊病却也是显而易见的。该思潮总是试图将对民粹主义本来属于正确范围内的批判别有用心地转变到另一个方向上去，即转变到过度粉饰、美化资本主义的方向上去。“合法马克思主义”将资本主义奉为人类社会经济发展的（最佳）典范，竭力颂扬资产阶级，号召向这个已经在西欧全面取代了封建贵族的（先进）阶级学习。司徒卢威就曾大肆鼓噪，要人们“承认自己的不文明并向资本主义学习”！最终，“合法马克思主义”在向外宣介其核心思想的过程中逐渐暴露出深藏的真实旨向与诉求：否认资本主义必将会由于自身无法克服与超越的内在基本矛盾而最终走向灭亡的客观历史规律；试图抽象地证明资本主义的高度优越性及其永世长存的历史必然性；试图否认和取消资本主义社会的阶级对抗与斗争。这一点正如苏联学者罗森塔尔在《哲学家列宁》中所说的那样：“司徒卢威主义对马克思主义的歪曲首先在于试图取消资本主义社会内的阶级斗争，把历史过程看成脱离人们积极的实践活动、脱离阶级和政党斗争的过程。”① 特别值得一提的是，以司

① ［苏］马·莫·罗森塔尔：《哲学家列宁》，沈真等译，北京出版社1985年版，第34页。

徒卢威为首的“合法马克思主义”在考察了马克思有关社会资本再生产的理论之后居然断言：通过对马克思有关研究所能得出的一个基本结论就是，资本主义实现了协调的、按比例的发展。对此，巴兰诺夫斯基甚至公开宣称：在资本主义社会中，“只要社会生产比例适当，无论消费需求怎样减少，也不会使市场上产品供给总量超过需求。”①

正因为“合法马克思主义”在同俄国“民粹派”的激烈论战以及自身持续演进的过程中上述美化、粉饰资本主义的倾向愈加突显，列宁才异常愤慨地指责道：“合法马克思主义”为了在沙皇政府准许的合法报纸杂志上发表观点，已经将马克思主义缩小和曲解得“不成样子”了！“合法马克思主义”从来不谈马克思主义的阶级学说；从来不谈马克思主义的直接目的及其深邃旨向乃是通过揭露一切对抗和剥削形式以帮助无产阶级实现推翻这些形式；将一些根本不懂阶级斗争，不懂资本主义社会固有的必然对抗，不懂无产阶级革命的人算做马克思主义者，甚至把一些直接提出资产阶级方案的人也算做马克思主义者。因而，“合法马克思主义”早已经沦为了俄国或世界机会主义链条中的一环！② 列宁进而有力地批驳了修正主义（包括“合法马克思主义”）对资本主义永恒性辩护的错误立场：“现实很快就向修正主义者表明，危机的时代并没有过去：在繁荣之后，接着就来了危机。……卡特尔和托拉斯把生产联合起来了，但是大家都看到，它们同时又使生产的无政府状态变本加厉，使无产阶级的生活更加没有保障，资本的压迫更加严重，从而使阶级矛盾尖锐到空前的程度。最新的巨型托拉斯恰恰特别清楚、特别广泛地表明资本主义正在走向崩溃，不管这是指一次次政治危机和经济危机，还是指整个资本主义制度的完全崩溃。”③ 此外，针对“合法马克思主义”将马克思社会再生产的实现理论转化成按比例分配理论的做法，列宁相继写作了《再论实现论问题》《市场问题评述》等文章，从资本主义无

① 王伟光、侯才主编：《社会主义通史》第 3 卷，人民出版社 2011 年版，第 146 页。

② 《列宁选集》第 1 卷，人民出版社 1995 年版，第 81—82 页。

③ 《列宁选集》第 2 卷，人民出版社 1995 年版，第 5 页。

法克服与逾越其内在基本矛盾的角度出发予以了严厉批驳。他指出：无限扩大生产的企图和有限消费之间的矛盾是资本主义再生产的固有矛盾，资本主义再生产归根到底要依靠个人消费来推动，而由于资本家一方面要尽量限制广大人民群众的个人消费，促使人民群众无产阶级化，另一方面却要无限扩大积累和生产，由此必然导致资本主义再生产中已然存在的矛盾越来越尖锐和激烈。资本主义根本没有能力超越和解决这个根深蒂固、由来已久的基本矛盾，并因之而日益严重地阻碍了社会生产力的发展步伐，所以，资本主义生产方式必将被取代和超越。“马克思的理论指出了资本主义所固有的矛盾，即人民的消费没有随着生产的巨大增长而相应地增长这一矛盾是怎样发生的。因此，马克思的理论不仅没有复活为资产阶级辩护的理论（像司徒卢威幻想的那样），相反，它却提供了最有力的武器去反对这种辩护论。……我根本不想否认存在着无数历史的和实际的条件（更不必说资本主义的内在矛盾了），这些条件正在并且必定会把资本主义引向灭亡，而不会把现代资本主义变成理想的资本主义。”①

学术思想上的某种既定立场必将深刻影响现实实践。不难想见，“合法马克思主义”表面上高擎着马克思主义旗帜，实质上却干着为资本主义唱赞歌勾当的一贯理论立场所导致的最终历史结局就是：尽管“合法马克思主义”在一段时期内可能显示出相对意义上的“进步性”，然而，由于内在资本主义卫道士的本性使然，其在指导思想及政治实践上或早或迟必将陷入全面反动。而日后的事实也的确无情地证实了这一点：在理论上，司徒卢威与别尔嘉也夫等人很快抛弃了马克思主义转而拥抱新康德主义，进而别尔嘉也夫彻底走向了宗教神秘主义；在政治实践上，司徒卢威等人于1909年参加编写《路标》文集，公开拥护斯托雷平的反动统治，俄国社会主义“十月革命”胜利后，众多“合法马克思主义”者相继成为白卫分子，司徒卢威本人则成为了邓尼金和弗兰格尔反动政府的成员。

---

① 《列宁全集》第4卷，人民出版社2013年版，第73—74页。

三、俄国土地改革的“美国式道路”与社会主义旨向

在俄国，1905 年革命尤其是“六三政变”后，农民与土地逐渐成为俄国社会最为关注的焦点之一。在当时俄国特殊的社会历史背景下，破除旧的农奴制封建残余，为资本主义社会经济发展彻底扫除障碍，成为俄国社会革命的第一要务。因而，在这一点上，独立的农民运动以及土地革命便自然而然地成为了当时俄国革命的中心任务，换言之，俄国革命只有作为农民土地革命才能获得胜利。① 1907 年冬，列宁重新深入调查和研究了俄国的土地问题，提出并论证了俄国社会未来的土地国有化纲领。在《社会民主党在 1905—1907 年俄国第一次革命中的土地纲领》一文中，列宁首次提出在俄国国内消灭封建农奴制度的“两条道路”选择问题，即要么选择农奴主农场缓慢地转变为资产阶级农场，大批农民从此变成贫困农民和雇农，同时一小撮农民成为资产阶级农场主的所谓“普鲁士道路”；要么选择建基于“美国式道路”之上的废除土地私有制，将全部土地转归国家所有的“道路”。列宁最后的选择无疑就是后者：“要在俄国建立起真正自由的农场经济，必须‘废除’全部土地……的‘地界’。必须摧毁一切中世纪的土地占有制……体现这种经济必要性的，就是土地国有化，废除土地私有制，将全部土地转归国家所有。”② 进而列宁在思考和探索俄国土地国有化革命运动议题时，以社会主义革命更高历史目标和任务提醒俄国社会民主党：作为争取在全世界实现社会主义的社会民主党当然不能把自己和任何资产阶级革命的任何时期联结在一起，不能把自己的命运同某一资产阶级革命的某种结局联结在一起。无论结局怎样，我们都应当是独立的、纯粹的无产阶级政党，应当坚定不移地领导劳动群众去实现他们的伟大的社会主义目标。由此必然得出结论：我们社会民主党在俄国资产阶级革命中的纲领只能是土地国有化。列宁于 1917 年 9 月 28 日在为《社会民主党在 1905—1907 年

---

① 王伟光、侯才主编：《社会主义通史》第 3 卷，人民出版社 2011 年版，第 178 页。

② 《列宁全集》第 16 卷，人民出版社 1988 年版，第 390—391 页。

俄国第一次革命中的土地纲领》所写作的《跋》中进一步提出：土地国有化不仅是资产阶级革命的“最高成就”，而且是走向社会主义的一个步骤。[①] 由此可见，无论是在1905—1907年间，还是在1917年9月，列宁始终坚定地提出的“俄国土地国有化”方案，其内涵的深远诉求和最终旨向均毫无疑义地着眼于无产阶级革命实践运动及实现社会主义的远大目标。

四、对列宁“两种资本主义观”看法的反驳

《列宁帝国主义论的再理解》提出，列宁的资本主义观并不等于列宁“帝国主义论”，换言之，列宁对资本主义的分析是有着前后两种明显不同范式的（以1914年为分野），即1914年之前主张自由竞争的“前期资本主义观”及1914年以后的以“帝国主义论”为典范的“后期资本主义观”。该书认为，1914年之前的列宁的资本主义观直接来源于马克思、恩格斯，是对马克思古典自由主义理论的坚持和发展，是传统意义上马克思主义资本主义观的经典表述。这一时期列宁在继承《资本论》思想基础上，根据俄国当时特殊的国情和社会历史状况对俄国资本主义发展作出了详细阐述。通过对俄国现状的分析，他指出，俄国的现实不在于否定资本主义的发展而在于资本主义是否得到了充分发展，俄国只有在资本主义充分发展基础上才能找到自己真正的出路，即实现社会主义。[②] 首先，该书详细回顾了列宁为批驳俄国“民粹派”而写作的《俄国资本主义的发展》，认为此鸿篇巨制的完成标志着早期列宁资本主义观的最终形成。接着，该书回顾并考察了列宁“经典资本主义观”的理论渊源和形成语境，认为列宁不仅受到普列汉诺夫有关俄国资本主义发展的影响，而且更受到了马克思主义（包括《资本论》）直接且强烈的影响，因而，列宁一方面形成了马克思经典的“资本主义作为一种制度是人类社会不可逾越的阶段”的“铁的必然性”观点；另一方面在对

① 《列宁选集》第1卷，人民出版社1995年版，第780—788页。

② 刘维春：《列宁帝国主义论的再理解》，社会科学文献出版社2013年版，第40页。

资本主义经济发展进行阶段划分这个意义上与普列汉诺夫有所区别。此外，该书还考察了列宁同“民粹派”的斗争和交融，与“合法马克思主义”的联合与斗争，以及同经济派斗争的具体历程。其最后结论就是：列宁的前期资本主义观是对资本主义的肯定，后期的资本主义观则更多地倾向于对资本主义的否定。列宁的后期资本主义观表明：资本主义现阶段已发展到帝国主义历史阶段同无产阶级革命视野中的国家垄断资本主义，帝国主义作为垄断资本主义的一种特殊表现已经从本质上发生了改变，从竞争的、具有强大推动力的、前进的资本主义变成了垄断的、垂死的、腐朽的垄断资本主义。[①] 然而，列宁资本主义观的“转换”是有代价的：(1) 对自由资本主义否定过多，过分夸大垄断的力量，而否定了自由竞争的力量，武断地否定了自由资本主义存在的必然，看不到资本主义的进步性，而当今的事实却是，自由资本主义和垄断资本主义并存；(2) 把帝国主义理论范式等同于资本主义观的最后、最高成就，将帝国主义阶段当做了最终阶段和走向灭亡的阶段。在列宁看来，帝国主义的垄断必然导致腐朽和寄生的趋势，而这些趋势又势必造成资本主义的最终消亡，帝国主义预示着资本主义的结束和终结，然而，历史给人们开了个巨大的玩笑，列宁之后的帝国主义并没有消亡，反而还继续发展。[②]

客观地讲，这本专著中的某些分析还是富有启发性的，如对列宁早期资本主义观诸多形成因素的辩证考察；提醒人们进一步思考列宁早期资本主义观中到底是否蕴含着一种“铁的必然性”内涵等。然而，该专著中的不足之处也较为明显：首先，该书将列宁的资本主义观机械地划分为两个前后迥异的历史阶段或范式的做法值得商榷；其次，该书对列宁资本主义观“转换”而付出的“惨重代价”的阐释也欠准确和妥当。

由上述回顾可见，第一，列宁早期批判俄国“民粹派”时，尽管主

---

① 刘维春：《列宁帝国主义论的再理解》，社会科学文献出版社 2013 年版，第 57 页。

② 刘维春：《列宁帝国主义论的再理解》，社会科学文献出版社 2013 年版，第 74—75 页。

要是以肯定俄国的资本主义发展面貌呈现于世的，然而，不容忽视的是，列宁并没有在一种“无立场”“无原则”的“绝对意义”上对资本主义制度及其在俄国的发展持肯定或赞赏态度。换言之，列宁仅仅只是在一种“相对意义”上肯定俄国的资本主义发展，而且，他在当时写作的各类文献中仍不忘时时提醒人们注意资本主义与生俱来的“黑暗面”“消极面”，及其作为人类社会历史上的一个特殊形态在朝向更高级社会历史形态——社会主义社会行进时所具有的“暂时性”和“过渡性”特征。第二，列宁否定或严厉批判资本主义（包括积极展望无产阶级革命和实现社会主义）的思想和言论也并非 1914 年或“帝国主义论”形成、成熟时期才出现，事实上，早在批判俄国“民粹派”时期和批判“合法马克思主义”时期，以及思考俄国土地革命的国有化道路时期就已有之。据此而言，那种指认列宁具有两种截然相反资本主义观的看法毫无疑问是站不住脚的：其不仅将言语表述同深层思想内含和基本立场相混淆，而且断章取义，有意无意地回避了列宁早期相关文献中反资本主义（包括展望未来社会主义）的言辞及其所体现出来的重要思想；此类观点仅仅通过强调列宁早期肯定俄国资本主义发展道路的言辞和篇章就断定列宁一定是沿着所谓《资本论》序言里“铁的必然性”思路继续往下走的观点也是过于主观、武断、偏激的。换言之，并无更多证据证明列宁早期主张俄国发展资本主义内含着社会形态更迭“铁的必然性”意蕴。我们同样可以设想或猜测，列宁并非具有这样一种“铁的必然性”思路，而仅仅只是依据当时俄国农村公社更多呈现出来的现实落后性及资本主义彰显出来的某些显著先进性来肯定俄国资本主义发展道路的，这里更多体现出来的恰恰是列宁在战略策略层面上的高度“现实性”和高度“灵活性”。加之，列宁早期多个文献中对于资本主义“暂时性”“过渡性”“黑暗面”“消极面”的深刻揭示无疑早已形成了一个坚固的“反资本主义”立场，很难想象，拥有这一坚定立场的列宁还可能会具有某种“铁的必然性”思路与信念（考茨基等机会主义者或修正主义者拥有某种意义上“铁的必然性”思路倒不难想象）。

将列宁本来始终如一的资本主义观截然划分为迥然有别的两类或两个时期资本主义观的看法的另一个“充分理据”是，学界和政治界普遍承认的列宁在理论和实践上一贯的高度变通性和高度灵活性，“列宁作为马克思主义者，其思想是处于不断发展变化之中的，列宁最大的特点之一就是始终能根据现实的变化在理论和实践上及时地调整自己的策略。用他本人的话来说就是：‘马克思主义不是死的教条，不是什么一成不变的学说，而是活的行动指南，所以它就不能不反映社会生活条件的异常剧烈的变化’。”① 然而，这里似乎出现了一个严重误判，即列宁在理论上与实践上的高度灵活性和高度变通性仅仅停留在非原则和非基本立场的层面，也可以说仅仅停留在一种战略策略层面。换言之，列宁最大的特点之一尽管是始终能依据现实变化在理论和实践上及时调整自己的战略策略，然而，这种调整却决非“无原则”和“无立场”的。对此，可以回顾一下卢卡奇的相关评论：列宁主义的力量在于“无论一个概念在哲学上是多么抽象，他总是考虑它在人类实践之中的现实含义，同时，他的每一个行动总是基于对有关情况的具体分析之上，他总是要使他的分析能够与马克思主义的原则有机地、辩证地结合在一起”②。注意，这里卢卡奇强调了马克思主义的原则。

显而易见，该见解对列宁后期资本主义观（帝国主义观）持一种“部分否定”态度，这一点单纯从“转换的代价”这样一类用语中就可窥见一斑。然而，其对列宁后期批判帝国主义世界统治体系立场的批评多少还是显得有些仓促与偏颇。首先，该见解指责列宁思想转化的代价首当其冲地在于对自由竞争资本主义否定过多。然而，事实却是，列宁并未因为世界资本主义呈现出越来越显著的集中垄断趋势而彻底否定掉自由竞争，列宁只是说，垄断占据了统治地位，而非自由竞争。列宁更进一步指出，垄断并没有也不可能完全消除或摒除掉竞争（包括大多数中小企业之间的竞争以及垄断资本集团之间的竞争），相反，垄断统治之下的竞争的残酷性和激烈程度反倒是与日俱增。当前时期，自由竞争毫

① 刘维春：《列宁帝国主义论的再理解》，社会科学文献出版社 2013 年版，第 58 页。

② ［匈］卢卡奇：《历史与阶级意识》，杜章智等译，商务印书馆 2012 年版，第 30 页。

无疑问的确存在，然而，这种自由竞争决然不同于古典自由资本主义时期的自由竞争，其不仅始终处于新自由主义意识形态笼罩之下，而且始终处于由跨国集团担纲执行者、承载者、营运者的垄断资本的“全球化”“自由化”历史进程中，其远未离开列宁意义上的垄断资本主义历史阶段，换言之，这一时期仍是经济垄断而非自由竞争占据着统治地位。因此，假若非得说经济全球化时期自由资本主义与垄断资本主义并存的话，那么，实际上，这个判断在列宁曾深刻指出的帝国主义最深厚的经济基础乃是垄断这点上并没有显示出太多现实意义和理论价值。

另外，该类见解还指出了另一个“转换代价”，即列宁将帝国主义视为资本主义最高、最后阶段的论断似乎遭遇到了历史和现状的“无情嘲笑”。对此，我们认为，首先，不要将眼光仅仅局限于数十年或百年短暂的时间藩篱内，换个角度看，自由资本主义不也历经了数百年沧桑变化吗？而且，列宁事实上早已为垄断资本主义可能出现的适应性调整及快速发展腾挪出了足够的弹性空间，他曾在《帝国主义是资本主义的最高阶段》中如是说道：“如果以为腐朽趋势排除了资本主义的迅速发展，那就错了。不，在帝国主义时代，某些工业部门，某些资产阶级阶层，某些国家，不同程度地时而表现出这种趋势，时而又表现出那种趋势。整个说来，资本主义的发展比从前要快得多。”① 再者说，今昔社会历史语境客观地存在着巨大差异，其时列宁作出此类论断无疑是有其战略实践深意的，即尽最大可能动员和激励以无产阶级为首的广大劳动群众，竭力突破帝国主义世界链条中的薄弱环节，争取赢得社会革命全面胜利。所以，这一重要论断在当时不仅是一个单纯学理研讨，更担负着沉甸甸的历史使命与社会责任。其次，应当怎样理解列宁作出的帝国主义是“腐朽寄生”以及“垂死”资本主义的论断呢？第一，在列宁看来，“腐朽寄生性”并非只有帝国主义才有，其事实上贯穿了整个资本主义发展历程，只不过，在帝国主义时期，这些特征变得异常明显（且越来越明显）；第二，在列宁那里，“垂死性”是“过渡性”的自然延伸与逻辑结论，因此，“垂死性”需要首先放在“过渡性”语境中作出阐释；第三，

---

① 《列宁全集》第27卷，人民出版社1990年版，第436页。

在列宁那里，“垂死性”并不意味着帝国主义“马上死亡”“快速灭亡”，在“过渡性”语境中，“垂死性”主要指认了资本主义的一种总的历史必然发展倾向和趋势，正如同人类的老年或暮年时光一样，其注定消亡，然而却有一个时间过程，这一过程有时候甚至还可能比较漫长。诚如美国学者詹姆斯·布劳特在一个针对批评列宁的帝国主义是“垂死的资本主义”重要论断观点做出的反批评中所说的那样：列宁“帝国主义论”并不像某些人想当然认为的那样预言资本主义将会在短时期内迅速垮台。实际上，其仅仅作出了这样一种预判：帝国主义时期内必然充满了罢工、战争、起义，以及其他类似的社会动荡，此后或早或迟就是社会主义的全面来临。①

综上所述，第一，列宁从来就不曾有两种截然相反的资本主义观，其资本主义观历来始终如一，即无论是暂时倡导资本主义发展还是彻底否定资本主义，资本主义永远只是朝向更高级社会形态——社会主义社会的“过渡”和“中介”，其毫无疑问必将被新的社会形态所最终超越与取代，这一历史进程并不存在某种教条、僵化、神秘的“铁的必然性”，在条件允许时，越早实现越好；第二，列宁的“资本主义观”决然不同于以“超帝国主义论”为代表的考茨基式的“消极等待主义”，也决然不同于以“和平长入社会主义”空想为代表的伯恩斯坦式的“修正主义”同“机会主义”。与“帝国主义论”中的思想、立场，甚至情绪相一致，列宁在早期对“民粹派”以及“合法马克思主义”等错误学术流派及其观点的严厉批判中满满地充溢和张扬着对作为历史主体的人的主观能动实践性的高度尊崇，并始终闪耀着辩证法的睿智光芒。毋宁说，列宁的“资本主义观”始终从属并服务于无产阶级革命实践运动以及步入社会主义社会的伟大历史进程。

---

① Blaut J. M., “Evaluating Imperialism”. *Science & Society*, Vol. 61, No. 3 (Fall, 1997), p. 388.

第三章 列宁“帝国主义论”的现实性与当代价值

列宁逝世迄今近百年时间，世界经济政治格局同国际关系发生了翻天覆地的变化：一方面，国际共产主义运动一路走来颠颠簸簸，荆棘与坎坷不断，特别是苏联解体和东欧剧变这一令人深感震撼与扼腕的历史悲剧空前削弱了世界进步力量的总体实力，致使整个国际共产主义运动及多个社会主义国家一度面临被帝国主义彻底倾覆的危险；另一方面，第二次世界大战结束后，各主要发达资本主义国家为了保障垄断资本政权的永续，深度介入社会经济生活中，积极调节规划国家经济发展运行及国民经济（再）分配，因而，西方世界经历了一段自20世纪50年代延伸至80年代初的社会经济发展“黄金时期”，资本主义社会中一部分普通居民的生活水平获得了一定程度的改善。此外，由于科技水平持续提升，资本主义产业结构不断调整、升级，“蓝领工人”数量锐减，从事文职和高技术含量工作的“白领职员”持续增加。据此，资产阶级及其御用文人提出，当代资本主义不仅日益变成主要由“中产阶级”构建的“橄榄型”稳定社会，而且正转变为“人民资本主义”或“福利国家”。上述正反两个方面共同构成了对马克思列宁主义和社会主义（共产主义）信仰的严重冲击。尤其是在经济全球化时期，由于新自由主义空前泛滥，垄断资本主义以强劲发展势头企望掌控与统治全世界。正是在这样严酷的社会历史背景中，反社会主义（共产主义）、反马克思主义的思潮及现实利益联盟试图对马克思主义、社会主义以及整个国际共产主义运动的理论、实践和制度作出最后的历史宣判，他们狂妄且声嘶力竭地喊道：“马克思主义已经破产！”与此同时，反列宁主义的思潮也试图对列宁主义（包括列宁“帝国主义论”），以及苏东社会主义建设作出全盘否定。某些“西方列宁学”“苏维埃学”专家甚至公然叫嚣：苏联解体最根本的原因就在于列宁主义“背离”了经典正统的马克思主义，在列宁主义指引下所发动的俄国“十月革命”并不具有社会主义性质，据此，苏东社会主义建设乃是一个“先天不足”的“早产儿”。

然而，理论的真理性从来就不是由某人说了算的，其必须得到客观实践长期而严格的检验，列宁主义及其“帝国主义论”自然亦是如此。经济全球化时期，人们越来越清晰地看到，当代资本主义的经济垄断（甚至是科技垄断和政治权力垄断）特征不仅没有丝毫削弱或减退，反而由往昔国内私人垄断逐渐演化为当前范围更大、程度更深的全球私人垄断。正是在这一最深厚经济基础的决定性作用之下，帝国主义固有的诸多基本社会经济特征也均处于一种生物学意义上的“进化”历程中，如金融统治的日益强化、新殖民主义的滥觞、帝国主义“腐朽寄生性”持续升级，等等。因此，以《帝国主义是资本主义的最高阶段》为典范的列宁“帝国主义论”对研究、分析、阐释当代垄断资本主义仍具有无可替代的理论指导意义同重大实践价值。将帝国主义最新近演化和改观解释为资本主义最终灭亡前的“回光返照”，还是视为资本主义“永恒存在”的一个强有力的证据，无疑是验证马克思列宁主义信仰坚定性以及理论水平高低的屡试不爽的一块“试金石”，亦如当年的列宁和考茨基那样。

第一节　国际共产主义运动的曲折历程与世界资本主义改良式发展

一、国际共产主义运动在曲折中前进

世间万事万物的发展和演进从来都不可能是一帆风顺与波澜不惊的，尤其是新生事物自诞生之日起就不得不饱经风霜雨雪的轮番“洗礼”。只有在“螺旋式”的前进道路中才得以锻造，表征客观规律且具足充盈进步性的新生事物才能最终涅槃为时代脊梁，国际共产主义运动亦是如此。列宁逝世迄今，国际共产主义运动遭遇到了史所罕见的诸般困境与

多重挑战，在泥泞和荆棘密布的曲折道路中艰难前行。毋庸讳言，这一切的确对马克思列宁主义的广泛传播和忠诚信仰，对社会主义的建设发展造成了比较负面的影响及破坏性冲击。

毫无疑问，列宁逝世后在苏联广袤疆域上迅速崛起的人类有史以来第一个社会主义建设发展成熟模式——斯大林模式为整个国际共产主义运动，特别是苏联社会经济的高速发展作出了不容忽视的突出贡献。正是在这个人类历史上第一个社会主义建设发展模式（主要表现为 1928 年肇始的一系列由苏联国家计划委员会制定的具有高度计划经济特征的国家发展“五年计划”）的引领与推动下，苏联令人赞叹地在一个较短时期内迅速而有力地提升了国内工业化、现代化水平。据有关统计资料显示：苏联在全球工业总产量中所占的份额从 1921 年的 1.5% 猛增到 1966 年的 20%。这一在落后国家和地区依靠“后发优势”进行“跨越式发展”的崭新道路为世界上所有落后贫穷的国家和地区寻求自身民族国家的发展与强盛提供了非常有借鉴价值的参考范例。正是得益于斯大林模式，苏联才有能力在二战期间，特别是在苏德战争期间那种被动而困难的情况下，迅速动员和集结起全国的财力、物资及生产能力，从而为最终取得苏德战争乃至世界反法西斯战争的完全胜利提供了强有力的制度、经济、物资与人员保障。不过，尽管斯大林社会主义建设发展模式的优势相当显著，然而，其劣势方面也不容回避。首先，斯大林模式容易在政治制度方面导向一种高度集权的体制机制，集权在战争时期无疑是非常必要且有益的，然而，却易于产生“个人盲目崇拜”以及建基于高度集权之上的“政治独裁”；其次，斯大林模式导致苏东社会主义建设长期过度关注重工业（特别是军事重工业）发展，却相对忽视了农业、轻工业及民用产业的发展；再次，斯大林模式催生出的“个人盲目崇拜”逐渐蔓延到意识形态领域，其主要表现为：不仅苏联国内对马克思列宁主义的理解同阐释日益深陷到一种绝对权威、僵化教条的状态，而且二战结束后，联共（布）往往以“老大党”“领导党”“国际共产主义运动的核心领导”自居，不管也不顾其他社会主义国家，尤其是东欧各国与苏联迥异复杂的国情民情，将苏联建设的一贯模式及专属苏联国情民情的思路强行推广到这些国家和地区。这样一来，就在无形中给这些国家、地区和民族的社会、经济、政治发展造成了难以挽回的损失及相当严重的后果，同时也在不远的将来对整个国际共产主义运动造成了难以弥合的裂痕。

总的说来，“共产国际”相继召开的第五、六、七次代表大会所制定的战略方针与深入讨论的诸多议题基本符合同正确反映了第一次世界大战结束后整个国际共产主义运动的总体发展趋势、特征及一些基本要求，与此同时，“共产国际”在长期广泛革命斗争实践中所积累的大量宝贵经验（教训）也为国际共产主义运动作出了巨大贡献。然而，列宁逝世后的“共产国际”却一改以往列宁力求对共产主义运动中“左”派幼稚病纠偏的基本路线，反过来一再纵容并推动各国共产党内部“左”倾冒险主义和盲动主义。特别是，“共产国际”第五次代表大会提出要求各国共产党“布尔什维克化”任务，即要求各国共产党组织严格遵照唯一的“布尔什维克模式”改建自身，同时无条件绝对服从“共产国际”一切指挥与安排（由于苏联共产党和斯大林在国际共产主义运动及“共产国际”中的崇高威望，以及其他国家和党难以企及的特殊地位，因此，毫无疑问，听从“共产国际”实质上也就是听从苏联共产党、听从斯大林个人的指挥），而这无疑再次挑战了列宁一贯尊重各国特殊国情民情的基本立场，将苏联自身的社会主义建设发展经验神圣化、教条化、权威化，极大窒息了各国共产党及所有左翼组织的积极性与创造力，对整个国际共产主义运动造成了空前困难，以至重大损失。“布尔什维克化遏制了各国党的独立性、自主性。1925 年通过《共产国际所属各国党的布尔什维克化》提纲对各国党的布尔什维克化做了极其广泛的圈定，从理论到策略，从工会工作到青年运动和妇女工作，从农民政策到民族问题，从反君主制鼓动到不合法的党的活动，从组织到干部，从工作的计划性到检查执行情况等，都有具体而统一的要求。布尔什维克化强调的是‘化’，即按照一个布尔什维克的模式塑造各国党。布尔什维克化在组织上要求加强共产国际这个‘国际性的中心来进行全盘的领导’，要求各国党无条件地、绝对地服从共产国际。由于苏联共产党在共产国际内具有特殊的地位和影响，布尔什维克化实际上变成一切听从俄国党指挥。"[①] 以中国为例，由于"共产国际"无视当时中国具体国情民情及特殊历史条件，如缺乏如同俄国那样强大的产业工人阶级队伍及组织、国民党反动力量的强大以及中国共产党力量的弱小等，向中共中央发出了一系列明显违背中国现实客观情况的错误指示，从而将早期中国革命事业置于一个空前危险和苦难的境地。对此，毛泽东这样评价道："在列宁去世后斯大林成了共产国际的实际领导人，他通过共产国际给了中共中央许多错误指示。这些错误的指示是由于不考虑中共中央的意见而产生的。那个时候王明作为共产国际的工作人员经常见到斯大林，积极地向他报告中央的情况。看来，斯大林把王明看作中共中央的唯一代表。王明、李立三作为中共在共产国际的代表，企图把中共的领导权掌握在自己的手里。所有批评王明和李立三的错误的共产党员都被看作机会主义分子。""共产国际以中共三中全会在讨论李立三盲动主义错误时没有进行彻底的批判为由，过了三四个月派了两名工作人员——米夫和王明来中国召开四中全会。在米夫和王明的压力下通过的四中全会决议实际上比立三路线更左。在决议中说，应当大举进攻并夺取大城市，而不是争取农村地区。……由于这种政策，中国红军从 1929 年的 30 万人减少到 1934—1935 年的 2.5 万人，而苏区面积减少了 99%，在城市中的共产党组织几乎被国民党全部消灭。党员人数从 30 万减少到 2.6 万人。"毛泽东对"共产国际"有一个总体评价："在列宁生前，共产国际在团结国际共产主义力量，建立和巩固各国共产党，在同第二国际机会主义的斗争中发挥了杰出的作用。这个时期较短。后来季诺维也夫、布哈林等人进入共产国际，他们在中国革命问题上相信王明更胜于相信中共中央。""共产国际的工作可分三个时期，其中第二个时期最长，对中国革命带来的损失最大。遗憾的是这一时期共产国际对东方革命指导得最多。""可以直率地讲，那个时期中国革命的失败除了其他原因，也是共产国际错误指导的结果。因此，坦率地说，得知共产国际解散，我们是

---

① 王伟光、叶庆丰主编：《社会主义通史》第 4 卷，人民出版社 2011 年版，第 464 页。

高兴的。”① 总之，“共产国际”在列宁逝世后就开始了向“左”倾偏斜的历程，“共产国际”在盲目乐观主义情绪的带动下逐渐忘记并彻底抛弃了列宁曾经针对“左”倾冒险主义和盲动主义可能对整个国际共产主义运动带来严重危害而提出的严厉告诫。于是，“左”倾思潮在指导国际共产主义运动过程中犯了一个又一个不顾具体社会历史条件同时机的冒险主义和盲动主义错误，从而削弱了世界各国共产党的实力，对整个国际共产主义运动造成了难以估量的重大损失。

1956年2月14日，苏共二十大在克里姆林宫召开，并于2月24日宣布闭幕。相当出人意料的是，在24日深夜，参加此次大会的代表们又被突然召回到克里姆林宫并听取了赫鲁晓夫作出的旨在批判斯大林个人错误的《关于个人崇拜及其后果》秘密报告（被召回列席秘密会议的还包括外国代表团代表中唯一被召回的代表，波兰统一工人党代表团团长、党中央第一书记贝鲁特和100名在20世纪30年代遭到迫害，但已恢复名誉并重返工作岗位的党员干部）。这份秘密报告主要论及了下述几个方面：第一，在反敌斗争中，斯大林杀害了许多无辜的共产主义者以及为捍卫党的列宁主义方针而同托洛茨基和其他右派进行积极斗争的人们；第二，斯大林大搞个人独断专行，破坏了集体领导的列宁主义原则，走上了大规模镇压和恐怖的道路，滥用权力，将自己凌驾于苏共中央和党之上；第三，对希特勒发动侵略苏联战争的准备不足；第四，在农业问题、民族政策和国际关系等方面随心所欲地行动，犯了很多错误，比如，将一些民族整体地连同所有共产党员和共青团员一起赶出他们的故土，迁到遥远的地方；第五，将南斯拉夫共产党开除出共产党情报局，等等。② 总的来说，这份秘密报告尽管有建基于历史史实的部分，然而，某些地方的确是夸大其辞，并于文中多处使用了“情绪偏激的刻毒字眼”，关键是这份秘密报告并未经过苏联共产党和其他国家共产党内部充

---

① 梅雪良：《毛泽东谈共产国际和斯大林——原苏联驻华大使尤金的日记》，《世纪风采》1997年第3期，转引自王伟光、叶庆丰主编：《社会主义通史》第4卷，人民出版社2011年版，第517—518页。

② 王伟光、王怀超主编：《社会主义通史》第6卷，人民出版社2011年版，第78—79页。

分讨论，带有明显的“突袭性”和“仓促性”。毋庸置疑，该报告在客观效果上给苏联共产党以及整个国际共产主义运动带去了难以弥合的麻烦与困境：不仅西方资本主义对这份秘密报告感到幸灾乐祸并加以挖苦和讥讽，而且也给各国共产党和国际共产主义运动先前较为良好的秩序带去了混乱，如这份秘密报告直接造成了1956年6月爆发的波兰“波兹南事件”及10月发生的“匈牙利事件”。该秘密报告在资本主义国家的共产党中引发了思想上的极大混乱，大批共产党员因之而宣布退出共产党，甚至连美国共产党总书记法斯特也在公开谴责苏共对匈牙利人民施行的暴力镇压之后，公开宣布退党。不难想见，受该秘密报告影响最深的自然还是苏联自身。据当时与会的目击者声称：“当赫鲁晓夫宣读秘密报告时，会场上的气氛异常压抑和紧张，甚至有人当场晕倒。”该报告引起了苏联人民的极大思想混乱。也有不少人接受报告的基调，认为斯大林是国家的罪人，但更多的人却认为，秘密报告是对斯大林的诽谤，把一切罪过都推到斯大林身上是不公正的，称颂斯大林将永远活在整个进步人类的心中。其中，最突出的事例是，当年3月7日至9日，在斯大林的故乡格鲁吉亚第比利斯市发生大规模流血事件，对批判斯大林强烈不满的人群与军警发生冲突，造成数百人伤亡，大批“肇事者”被判处1年至10年的有期徒刑。[①] 面对赫鲁晓夫主要针对斯大林个人展开攻击的这份秘密报告，毛泽东表现出明显反感情绪，他指出：秘密报告一是“揭了盖子”，二是“捅了娄子”。“揭了盖子”表明斯大林和苏联的种种做法并非是完全没有错误的，各国党应当根据自己独特的国情民情来办事，不要迷信；“捅了娄子”表明赫鲁晓夫这种通过秘密报告批评斯大林晚年错误，以及搞“个人崇拜”“个人迷信”的做法不妥，“捅了娄子，搞突然袭击，不仅各国党没有思想准备，苏联党也没有思想准备。这么大的事情，这么重要的国际人物，不同各国党商量是不对的。”[②] 对

① 王伟光、王怀超主编：《社会主义通史》第6卷，人民出版社2011年版，第80页。

② 吴冷西：《十年论战》上，中央文献出版社1999年版，第6页，转引自王伟光、王怀超主编：《社会主义通史》第6卷，人民出版社2011年版，第86页。

此，毛泽东的基本观点是：斯大林同志是一个伟大的马克思列宁主义者，但也是一个犯了几个严重错误而不自觉其为错误的马克思主义者；对斯大林同志的功过应该采取“三七开”的看法，即成绩是主要的（七分），而错误是次要的（三分）；社会主义道路是前无古人的伟大事业，错误在所难免。自此之后，中苏两国两党之间的分歧日益扩大，进而爆发了史上著名的“中苏论战”，并由此导致两国两党关系最终彻底决裂。尽管“中苏论战”和中苏两国两党关系的彻底破裂具有某些正面意义，如论战和两国两党的决裂促使各自开始自觉意识到盲目的个人崇拜和树立个人绝对权威是不对的，是应当竭力避免的，并由此分别走上了互不影响且建基于各自国情民情之上具有鲜明民族特色的社会主义建设发展道路。可是，从客观影响来说，毕竟两国两党关系的彻底决裂还是或多或少地对整个国际共产主义运动产生了严重冲击，其中最为主要的影响无疑就是中苏两国两党关系的彻底破裂加速了世界社会主义阵营的解体以及国际共产主义运动的分裂。

当然，自 1917 年俄国社会主义“十月革命”赢得全面胜利迄今，国际共产主义运动所遭受到的最严酷打击无疑就是 20 世纪 90 年代初前后爆发的苏联解体和东欧剧变历史事件。这场对整个国际共产主义运动而言几乎可以称得上是“灭顶之灾”的政治大事变使之至今为止都还未完全走出阴霾和低谷。特别是，对于俄罗斯及其周边苏联曾经的加盟共和国而言，不仅在其解体最初数年时光，而且甚至在其解体之后近三十年后，仍然没能恢复到解体之前较为良好的社会经济发展状况。尽管当前的俄国已经“华丽转身”为世界资本主义的一员，然而，其不仅远远没有恢复曾经叱咤风云的世界“第二强国”地位，而且其现在从社会经济发展水平上看已沦为世界资本主义“不入流”的国家了。仅凭这一点就可以看出，以美国为首的西方列强曾经一度对苏联表现出的“关怀备至”“嘘寒问暖”，以及当着戈尔巴乔夫和叶利钦等苏共领导人的面许诺的美好发展愿景都只不过是不同于“星球大战”计划的另一种攻击方式——“糖衣导弹”而已。

毋庸置疑，导致苏联解体和东欧剧变的原因自然是多元而复杂的，也就是说，既有直接触发原因，也有比较间接的深层原因，如经济、政治、意识形态等诸方面影响因素，当然还有众多外部干扰因素，如社会主义敌对势力数十年如一日不断的渗透与颠覆等。诚如曾于戈尔巴乔夫时期担任总理的雷日科夫所言：“改革的悲剧性结局是一系列因素合力作用的结果，包括：时代的特点，公开提出的和暗中隐藏的目标以及戈尔巴乔夫的个人品质等等。”① 如果粗略地将国内外学界有关东欧剧变原因的研究大致作出总结归纳，应当有下述数个主要影响因素：第一，苏联社会主义建设模式长期以来形成的比较僵化教条的意识形态及在此指导下逐渐形塑而成的同样较为机械刻板的政治体制机制、国民经济结构、经济发展方式等；第二，自斯大林时期开始，苏联社会经济建设模式中蕴藏了众多不合理、不科学的负面因素，其中，最著名的如斯大林时期所开创的所谓“五重五轻”发展模式，这一社会经济发展模式及价值取向在东欧很多国家和地区的施行过程中日渐暴露出愈来愈多的问题，从而导致苏东社会经济发展自二战结束后慢慢落后于美、日、西欧等发达资本主义；第三，苏联内部由于某些历史原因在一些地区存在的深刻民族矛盾及由此生长出来的极端民族分裂主义；第四，资本主义同社会主义两个阵营长期紧张对峙，包括“冷战”，对苏联国内社会、经济、政治、文化诸领域的发展建设产生了巨大外在压力同相当负面的影响，尤其是规模空前的军备竞赛极大消耗了苏联国内大量宝贵的生产资源和劳动力，从而导致国内居民生活水平持续下降；第五，由于某些国家和地区的左翼政党各自为政、互不买账、相互攻击的情况愈演愈烈，不仅日益远离了“双赢共赢”的最佳发展道路，而且还导致世界社会主义阵营进行了毫无意义的“内耗”与纷争，世界社会主义阵营和国际共产主义运动中各国共产党以及各民族国家之间的矛盾对抗日渐凸显，不团结就必然会被外界敌对势力分而治之并拆解与摧毁；第六，苏联（最）高层领导自觉自愿地主动放弃马克思列宁主义指导地位及社会主义（共产主

---

① ［苏］尼·雷日科夫：《背叛的历史：苏联改革秘录》，高洪山等译，吉林人民出版社 1993 年版，第 564 页，转引自王伟光、康绍邦主编：《社会主义通史》第 7 卷，人民出版社 2011 年版，第 185 页。

义）信仰，积极从组织内部瓦解破坏共产党（组织），通过大众舆论和社会传媒大肆诋毁、诽谤党团组织及其主要领导人，这样一来，苏联各类各级党团组织及其领导人在广大人民群众中的形象与威信便一落千丈，各种反对势力乘虚而入，疯狂抢夺苏共留下的意识形态和政治经济权力的“真空”地带。

曾经有种看法一度甚嚣尘上，即苏联解体和东欧剧变乃是一种具有必然性的历史结局，其并不十分出乎人们普遍预料，因为苏东数十年社会主义建设，特别是其集权（独裁）的政治体制机制以及僵化低效的经济发展方式，早已将苏联社会经济置于濒临崩溃的悬崖之上。然而，最近许多实证研究和统计数据却表明，苏联当年（解体之前数年、十数年）的社会经济状况远远没有达到某种所谓“必然解体”的严重程度，其并不是导致苏联解体的根本决定性因素，甚至也不是主要因素之一，换言之，苏联共产党内部以戈尔巴乔夫和叶利钦等人为首的最高领导集团因为被西方意识形态长期腐蚀而不再信仰马克思列宁主义，进而在政治实践中自觉自愿放弃马克思列宁主义指导思想并继而贯彻施行了一系列极端错误的思想路线、政治路线和组织路线，从而为以美国为首的西方资本主义敌对势力从外部轻轻松松攻破苏联社会主义那看似牢不可破的坚固堡垒提供了千载难寻的“特洛伊木马”才是苏联解体和东欧剧变最为直接且最为根本的原因。苏共二十八大曾一度将建立一种所谓“人道的、民主的社会主义”作为苏联共产党的最高指导思想同奋斗目标，大肆鼓吹“全人类的利益高于阶级利益”，宣扬所谓“人道主义和全人类价值”。当然，这一错误思潮绝非空穴来风，其根源于当时苏联最高领导者戈尔巴乔夫一贯反对马克思列宁主义的思想渊源。他曾经非常明确地提出，苏联如果要获得“改革”的胜利就必须从经济基础到上层建筑全面改造整个社会主义大厦，后来他又说要“炸毁”这座大厦。他认为，建设所谓“人道的、民主的社会主义”要害就在于抛弃马克思主义的指导地位，放弃科学社会主义的基本原则。①

---

① 《国际共产主义运动史》，人民出版社 2012 年版，第 358 页。

二、世界资本主义改良式发展：从战后经济复苏到“新帝国主义”

与战后国际共产主义运动在曲折中不断探索、艰难前行的历史景象有所不同，西方各主要资本主义国家和地区在美国“输血式”巨额资金借贷和“援助”的拯救之下，踉踉跄跄地从第二次世界大战所造成的满目疮痍的废墟中缓缓站了起来，并进而于20世纪50—80年代初这漫长的二三十年中经历了一个社会经济较为快速发展的“黄金时期”。据有关统计资料显示，“黄金时期”的西方资本主义年均经济增长率达到了5.3%，远远超过第二次世界大战全面爆发之前的水平，战败国西德和日本的社会经济建设也得以逐渐恢复并获得了快于战前的迅猛发展速度。以日本为例，至20世纪70年代初，其不仅已经达到高度发达的工业现代化水准，而且整体国民经济实力甚至已跃居于世界资本主义亚军位置。总之，西方社会的工业生产和经济建设在战后进入了一个较为快速发展的时期，其分别在钢铁冶炼、建筑、化学工业、生物医药、电子产业、汽车制造、航空航天等诸多产业领域实现了高新技术的持续创新和广泛应用，并频频“刷新”和突破产量产值的历史记录。战后西方社会经济与社会生产力所获得的较为快速的发展无疑与“第三次科学技术革命”密不可分。由于这次以激光电子、航空航天、新能源技术、新材料制造等众多前沿科学技术领域为主导的科技革命不仅在纯理论领域产生了诸多前所未见的革命性突破，令人类认知自然和宇宙的水平与视阈一再更新，而且更因为此次科技革命与生产实践结合的紧密程度和速度均远高于第一、二次科技革命，加之生产管理科学化、现代化水平持续提升，因而，在“第三次科技革命”的直接推动和深刻影响下，世界资本主义主要国家和地区能够在战后迎来一个社会经济全面快速发展的“黄金时期”自然就不足为奇了。

伴随资本主义社会生产力和科技水平的不断发展与持续提升，西方发达资本主义的对外贸易和资本输出也日趋扩大。“从50年代中期到1973年，日本、西欧经济共同体九国和美国的出口贸易量的年平均增长率分别高达14.9%、8.8%和6.0%。在此期间，主要资本主义国家的出口贸易的增长速度也比发展中国家的出口贸易增长速度快。它们控制着世界市场，在世界出口贸易中的比重由65%提高到71%，而发展中国家所占的比重则由25%降低到18%。……从战争结束到70年代初期，发达资本主义国家的资本输出总额则从510亿美元猛增到5000亿美元左右，即大约增长了9倍。1973年，光是这些国家的跨国公司对外直接投资总额就已达2872亿美元。”①

由于发达资本主义社会生产力和科技水平的不断提升与持续进步，加上社会经济快速发展，资本主义社会中充斥着越来越多看似无论如何也消费不完的日用品、奢侈品，资本主义因而日渐成为一个名副其实的“丰沛社会”“消费社会”。对此，法国学者让·鲍德里亚意味深长地说道：“今天，在我们的周围，存在着一种由不断增长的物、服务和物质财富所构成的惊人的消费和丰盛现象。它构成了人类自然环境中的一种根本变化。恰当地说，富裕的人们不再像过去那样受到人的包围，而是受到物的包围……大商店里琳琅满目的罐头食品、服装、食品和烹饪材料，可视为丰盛的基本风景和几何区。在所有的街道上，堆积着商品的橱窗光芒四射……还有肉店的货架以及举办整个食品与服装的节日，无不令人垂涎欲滴。在堆积之中，还有产品总和之外的东西：显而易见的过剩，对稀有之物神奇而决定性的否定，以及对科卡尼地区物质奢华的狂妄自负。我们的市场，我们的商业动脉，我们的絮佩尔絮佩尼克超级商场就是这样模仿了一个被寻找回来的异常肥沃的自然：在我们的萨纳昂山谷，霓虹灯的灯光像牛奶和蜜一样在番茄沙司和塑料上流淌。”②

与此同时，西方主要资本主义国家和地区的部分劳工的薪酬、普通居民的物质生活水平和富裕程度等方面相较于战前都有了一定程度的提高。一些对普通工薪家庭来说曾经一度遥不可及的家用（电器）产品，甚至是价格不菲的家庭轿车等均日益成为了寻常百姓家中的必备生活用品。产业工人们也开始纷纷搬入城市的公寓住宅或郊区独栋（别墅）住

---

① 樊亢主编：《资本主义兴衰史》，经济管理出版社2007年版，第245页。

② ［法］波德里亚：《消费社会》，刘成富、全志钢译，南京大学出版社2000年版，第1—3页。

宅中去了。尽管这些工薪阶层可能背负着资本主义银行的巨额购房贷款，而且还需要数十年如一日地偿还其高昂的借贷利息，但毕竟是有属于自己的住房了。

由于资本主义工农业生产现代化、自动化水平日新月异的提升，以及迥异于传统“第一产业”“第二产业”的“第三产业”迅速崛起，资本主义社会产业劳动人员的成分与结构发生了某种变化，大批劳动者从往昔的物质生产部门（即第一、二产业部门）纷纷涌向了非物质生产服务业领域（第三产业部门）。与此相应，从事体力劳动的“蓝领工人”占就业总人数的比重日益下降，而从事文案和技术工作的所谓“白领职员”数量却直线上扬。以美国为例，到了20世纪70年代初期，其国内“白领职员”的总人数约占到全部就业人员总数的一半左右。这就是资产阶级及其御用学者声嘶力竭鼓噪的所谓“第三产业革命”或“白领革命”。对此，有人甚至宣称：第二次世界大战结束后，西方社会中，传统意义上的“工人阶级”正在消失或瓦解，以“白领职员”为主要代表的所谓“中产阶级”开始勃兴，并日益成为构筑西方社会的主流人群，西方发达资本主义因而越来越成为由“中产阶级”组构而成的“橄榄型”（大肚子）稳定社会。

战后西方资本主义最重要、最显著的一个变化就是资产阶级政权开始积极深度介入日常社会经济生活中，并对国民经济生产和国民收入（再）分配作出调节和规划，这一时期，“国家垄断资本主义”开始形成。正是在资产阶级政权深度长期干预下，所谓“福利制度”和“福利国家”这种掩盖粉饰资产阶级政权本质，具有高度迷惑性和欺骗性的最新近社会现象开始跃入人们眼帘。“福利制度”“福利国家”通常是指，那些号称在全社会范围内普遍推行的一整套从每名普通公民个人利益角度出发的，从“摇篮”到“坟墓”，全方位的保障措施和制度，这套措施和制度一般而言包括社会保险、失业救济、社会保健、义务教育、家庭补助等领域，可以说，其几乎涵盖了现代生活的一切方面。在素有欧洲“福利橱窗”美誉的瑞典，其“福利措施更是名目繁多，从婴儿、儿童、学生到产妇、病人、残废者、寡妇、失业者、老年人，都能获得与之相应的补贴和救济。”① 正因为这样，资产阶级及其御用学者往往倾向于将战后的西方资本主义国家（尤其是“北欧”）称为“福利国家”或“普遍福利国家”，将西方资本主义社会称为“福利社会”“全民福利社会”或“丰裕社会”。

自20世纪70—80年代伊始，西方各国资产阶级政权为了减缓、克服70年代中期以经济滞胀、发展放缓及财政严重赤字等为主要症候的经济社会大危机（大萧条），广泛推行以“里根经济学”和“撒切尔主义”为典型代表的新自由主义经济思想和经济政策，积极提倡“私有化”“市场化”“自由化”“全球化”，人类社会自此徐徐揭开了资本主义经济全球化那厚重的历史帷幕。总的来说，在这一时期，国际共产主义运动无疑仍处于低潮，世界资本主义总体实力却又出现了一定程度的相对提升。以美国为首的西方发达资本主义在东欧剧变之后进入到新一轮以信息科技、新材料、新能源、核能和航空航天为技术革命核心的社会生产力快速发展时期。由于施行了新自由主义经济思想和经济政策，以垄断资本跨国集团为主要代表和载体的国际垄断资本主义得以空前迅猛发展。西方各类跨国公司凭借着其拥有的雄厚资本、科技与劳动力综合实力，攫取到更多的生产资源、核心科技、高科技人才，当然还有巨量经济利润。当今世界的核心科技、生产能力及经济运营正被数量与其掌控的巨量资本和财富严重不匹配的极少数私人（巨型）垄断资本集团全面而深度地掌控与操纵，而普罗大众的日常生活和工作也日益深陷于（而且必将越来越多地深陷于）国际垄断资本集团的全方位笼罩之中。正是在当前这种极度有利于垄断资本主义发展同跨国垄断资本集团攫取各方面经济利益的“最佳历史时期”，美帝国主义在其雄厚资本、先进科技水平、发达社会生产力的有力支撑下，凭借当今唯一“超级大国”的经济政治地位同强大军事武装力量，越来越不加掩饰地以“新帝国主义”自居，愈益享受并炫耀这一“显赫”身份，而在另一个“极点”，以工人阶级为首的全球普通劳动者被帝国主义剥削压迫的程度却日渐深重，并越来越深陷进赤贫的“梦魇”中，乏力自拔。

---

① 樊亢主编：《资本主义兴衰史》，经济管理出版社2007年版，第259页。

第二节 对列宁“帝国主义论”作出“完全否定”与“部分否定”的各类思潮

人类思想史上任何一种理论或学说都无一能完全逃脱遭受反复质疑和论争的历史命运，以《帝国主义是资本主义的最高阶段》为代表的列宁“帝国主义论”同样也无法例外。自诞生迄今一百余年时间内，列宁“帝国主义论”经受住了从理论到实践，多角度、全方位的反复冲击和锤炼。回溯历史，早在“第二国际”中后期，以考茨基、鲍威尔为代表人物的机会主义、修正主义就已经向列宁主义（包括“帝国主义论”），以及“第二国际”左翼展开了不遗余力的歪曲、攻击与诽谤；而俄国社会主义“十月革命”前后一段时期，伊万诺维奇等人则公然创办了以批判列宁主义及其领导的布尔什维克党为根本宗旨的《曙光》杂志，等等。总之，以社会民主党为代表的右翼势力从未停止过对以列宁“帝国主义论”为典范的列宁主义的质疑和攻击。在西方，各种表面堂皇然而其真实目的难以见光的恶意质疑以及牵强附会批判列宁主义及其“帝国主义论”的思潮和声浪更是此起彼伏，未曾有过停歇。列宁逝世迄今，一方面，国际共产主义运动在曲折道路上颠簸前行；另一方面，出于维护和巩固资本主义制度的目的，资产阶级政权自第二次世界大战结束后就开始深度介入日常社会经济生活，对整个国民经济结构、社会生产发展、国民收入（再）分配等方面积极作出调整和规划，加之西方垄断资本始终牢牢占据着人类科技制高点并持续促发和推动科学技术进步，所以战后至今，西方发达资本主义获得了较为快速而持久的发展，部分劳动群众的生活工作条件也因此获得了一定程度的改善。

深受上述正反两方面影响，战后，西方垄断资本集团及其御用文人、社会民主党、新自由主义者，乃至苏联和俄罗斯的部分政治力量同学者质疑和批评马克思列宁主义的浪潮此起彼伏，声势浩大，特别是，由于受到新自由主义意识形态浸染以及东欧剧变历史事件的强烈刺激，这种仇视、敌对马克思列宁主义的思潮和实践甚至影响并严重动摇了一部分共产党员、马克思列宁主义（包括社会主义）者的信仰。例如，王若水就曾在《我的马克思主义观》中十分露骨地说：由于苏联和东欧社会主义体系的崩溃，十月革命道路，科学社会主义，马克思列宁主义均宣告“一齐破了产”。当然，对那些反对社会主义（共产主义）、马克思列宁主义的社会思潮和政治实践不应简单地等同视之，换言之，这些思潮和实践远非铁板一块，质疑、反对、否定列宁主义（包括“帝国主义论”）的思潮和实践亦是如此。倘若对质疑、反对、否定列宁主义（包括“帝国主义论”）的诸多思潮大致做出一个梳理和归纳的话，其基本可划分为下述两个类型，即所谓“完全否定型”和“部分否定型”。

“完全否定型”，即对以《帝国主义是资本主义的最高阶段》为代表的列宁“帝国主义论”的重要学术观点、学术上的独创性、重大理论意义和实践价值，以及是否继承发展了马克思主义等众多方面给予了彻底否定。此类思潮可再进一步细化为两个次级类型：第一个次级类型侧重于彻底否定《帝国主义是资本主义的最高阶段》内涵的基本观点、具有的学术价值、理论独创性等方面的成就；另一个次级类型侧重于彻底否定以《帝国主义是资本主义的最高阶段》为典范的列宁主义（包括“帝国主义论”）同马克思主义存在任何“血脉”关联。在“完全否定型”第一个次级类型中，英国学者布鲁厄以彻底否定《帝国主义是资本主义的最高阶段》的理论原创性而具代表性。他在《马克思主义的帝国主义理论》中指出：“我将证明，列宁在其《帝国主义是资本主义的最高阶段》中的贡献主要是把希法亭和布哈林的理论通俗化，并且引入了取自霍布森的观念。”“列宁的小册子《帝国主义是资本主义的最高阶段》是最著名的关于帝国主义的马克思主义著作。我惊奇地发现，它对帝国主义理论的发展做出了很少的贡献，或者说没有贡献。它的理论内容是微不足道的，且来源于希法亭、布哈林和霍布森。”① 与布鲁厄上述极端观点相呼应，美国学者查尔斯·林赛也认为，列宁关于帝国主义的思想不能成为一种理论，同时也不能作为研究帝国主义问题的理论基础，林赛说道：“这不是对列宁的否定，而是对那些把列宁的《帝国主义论》当

① ［英］安东尼·布鲁厄：《马克思主义的帝国主义理论》，陆俊译，重庆出版社2003年版，第90—91、118页。

作是一部理论著作，认为这本小册子构成了当代帝国主义问题研究的基础的人们的批判。”亚历克斯·卡利尼克斯沿着布鲁厄和林赛等人的思路坚决彻底地否定了列宁《帝国主义是资本主义的最高阶段》的原创性，“列宁绝不是最伟大的马克思主义经济思想家。他关于帝国主义的文章显然是利用了明显由马克思主义者希法亭和布哈林以及自由主义者霍布森所做的更原始的贡献的二次推广。”霍华德与金在关于列宁《帝国主义是资本主义的最高阶段》的首创性问题上同样断言，列宁在《帝国主义是资本主义的最高阶段》中仅仅只是在“资本主义最高阶段”的概念上作了勾画，“1900 年之前的列宁政治经济思想并无创新性。尽管在某些方面有新特征，但就整体框架而言还是普列汉诺夫的。与之相类似，一战期间列宁所形成的经济理论也是建立在别人的基础之上的，如著名的希法亭和布哈林。后一阶段在列宁的思想中毫无疑问是最重要的，因为它为布尔什维克革命提供了理论。”① 西德尼·拉特纳在一篇回顾性文章中坚决否定了列宁《帝国主义是资本主义的最高阶段》的原创性，他说：新马克思主义者们较为完整而系统地推进了资本主义的帝国主义理论，其中，尽管列宁与考茨基的相关著述是具有政治影响力的作品，但究其实质而言，他们在帝国主义研究上并不是具有原创意义的重要理论家（相较而言希法亭和卢森堡的研究更具原创性）。② 与拉特纳具有相似性，美国学者大卫·史密斯也明确指出，列宁并不像希法亭和卢森堡那样是帝国主义研究的理论先锋。③ 另一种更加极端的看法，如奇洛特就认为，尽管列宁的帝国主义理论在某种意义上可以同时被视为一种社会信仰以及一种社会学原则，然而，究其实质，其更接近于一种社会信仰。④ 除

① 上述几种观点均引自刘维春：《批判与辩护：列宁“帝国主义论”研究面面观》，《陕西学前师范学院学报》2014 年第 3 期，第 121—122 页。

② Ratner S., “Review”. *The American Political Science Review*, Vol. 43, No. 1(Feb., 1949), p. 158.

③ Smith D. G., “Lenin's‘ Imperialism’: A Study in the Unity of Theory and Practice”. *The Journal of Politics*, Vol. 17, No. 4(Nov., 1955), p. 555.

④ Light I., “The Lenin - Hobson Theory of Imperialism”. *Teaching Sociology*, Vol. 14, No. 4(Oct., 1986), p. 281.

了试图完全彻底否定列宁《帝国主义是资本主义的最高阶段》所具有的原创性及独特学术价值之外，“完全否定型”思潮还竭力试图彻底否定《帝国主义是资本主义的最高阶段》中内涵的诸多基本理论分析、观点及结论。例如，约翰·威洛比认为，列宁批驳考茨基的“超帝国主义论”仅仅源于一种意识形态上的斗争，事实上，“超帝国主义论”十分有利于国际工人运动，而且“超帝国主义论”比列宁建基于列强相互竞争和对抗之上的帝国主义论能更好地解释当代资本主义。[①] 西舒曼斯基（Al Szymanski）认为，《帝国主义是资本主义的最高阶段》是建立在一种极端错误见解基础之上的：第一，列宁、卢森堡及其追随者认为资本主义没有帝国主义就不能存在；第二，但是，从美国私人投资和原料需求来看，资本主义没有帝国主义是可以生存的；第三，既然资本主义没有帝国主义可以生存，就有可能消除帝国主义而保留资本主义。无疑，西舒曼斯基的上述看法是相当幼稚的。在他的观念里，“资本主义”无非是那个信奉自由竞争和自由贸易的（古典）自由资本主义，消除帝国主义保留资本主义无非就是主张退回到（古典）自由资本主义历史时期。事实上，这个陈旧的调子早已被考茨基等人一再地重弹过，当然也被列宁从理论上深刻地批判过。此外，某些资产阶级学者坚决否认当代资本主义社会中存在真正的经济垄断，其理由无非是，经济垄断并没有彻底根除社会上大、中、小企业相互之间的广泛竞争，况且，大量中小企业在大企业存在的前提下并没有丧失生存的土壤或根基，换言之，当代资本主义社会中仍然存在着大量的中小企业及相应的组织机构。例如，昂里·佩雷（Henri Peyret）就认为，“在美国……大公司发展所说明的情况远不是什么进入愈来愈完全的垄断情况，倒是大公司增长，日益消除竞争，在市场上呈现出显著的地位。然后，就有其他公司在周围兴起，逐渐开始抵制它们，啃掉它们在市场中的份额，迫使它们退到比较合理的范围中去。”李连塞尔（D. E. Lienthal）也认为，“单个公司的规模同它所属的整个工业部门的规模比较相对来讲是大大发展了……然而，

① Willoughby J. “Rejoinder to Blaut”. *Science & Society*, Vol. 61, No. 3(Fall, 1997), pp. 394 – 395.

不要忘记，小型企业也是一个普遍现象……我们的高度集中没有排除企业的巨大的多样性。"①

对列宁主义及其"帝国主义论"持"完全否定型"立场和态度的第二个次级类型为：彻底否定其与马克思主义的任何"血肉"联系，也即力图彻底否定列宁主义合法的马克思主义地位，人为制造出所谓列宁主义与马克思主义"两个主义"相对立的假象。实际上，这与西方某些学者将恩格斯学术思想同马克思学术思想，以及将马克思早期学术思想同其晚年学术思想人为对立起来的做法完全如出一辙。20 世纪 30 年代，尤其是第二次世界大战结束以后，随着大量马克思身前未发表手稿和文章相继问世，西方学术界一些别有用心的学者开始借题发挥，纷纷指责由于列宁活着的时候并未见到及研读这些反映马克思思想的"手稿"，因此，列宁主义（及其"帝国主义论"）同马克思主义是有所区别的，其实际上早已"背离"了经典正统的马克思主义。质言之，列宁主义哲学部分是来自于恩格斯思想体系中的"机械唯物主义"的，列宁主义意识形态部分则是来源于以车尔尼雪夫斯基为主要代表人物的俄国民粹主义传统的（还有一种更加极端的看法将列宁主义视为俄国 19 世纪 30—60 年代出现的"斯拉夫主义"的某种继承与发展）。归根究源，其实，此类思潮无非是由于"害怕列宁主义的革命性，而企图把它同马克思主义对立起来，以达到把它同国际工人运动隔离开来的目的。因此他们把经济决定论变成'桂冠'强行戴在马克思主义的历史观上，然后把列宁主义的历史观歪曲为'唯意志论'"②。与此同时，有些人甚至感到，仅仅通过文献考据而将列宁主义同马克思主义简单对立起来似乎仍然"不解气""不过瘾"（污蔑、抹黑列宁和列宁主义的程度不够），于是，竭力通过在"污名化"斯大林和斯大林主义的基础上，试图将列宁一同拉下水，即不仅指责斯大林是一个"暴虐"的集权独裁统治者，而且更进

---

① 余泽波：《战后西方某些帝国主义理论的评介》，《经济科学》1985 年第 1 期，第 51—52 页。

② 叶卫平：《评西方"列宁学"所谓的列宁主义同马克思主义的哲学"对立"》，《中国人民大学学报》1987 年第 3 期，第 57 页。

一步指出斯大林和斯大林主义多年来所形成的专制集权独裁暴政应当而且可以在列宁和列宁主义那里追溯到最悠远的“源头”，由此证明，列宁主义乃为斯大林主义的“原罪”。阿夫托尔汉诺夫就曾在自己的著作中露骨地说：笔者在对列宁主义的理论和斯大林的实践进行一番认真的研究之后，得出如下结论，第一，应当到列宁集权的“权力哲学”中去寻找斯大林主义的根源，例如，列宁把“无产阶级专政”说成是一种“新型的”国家；第二，应当到这一专政的组织独裁制度中去寻找斯大林主义的根源，列宁向斯大林教授了一条列宁“权力哲学”的主导原则。20 世纪 90 年代初前后爆发的东欧剧变历史事件更是空前鼓舞、刺激了“蛰伏已久”的列宁主义及俄国社会主义“十月革命”的（激烈）反对者。他们纷纷跳出来歪曲历史，污蔑列宁，抹黑并妖魔化列宁主义。他们说，东欧剧变并非一场偶然的历史事件，其最为遥远且深刻的（必然性）历史根源应当追溯到列宁主义及其所引领的“非社会主义性质”的“十月革命”那里去，因为恰恰正是由于列宁主义对经典正统马克思主义的严重“背离”以及俄国“十月革命”的“先天不足”和“早产”，才最终导致了 70 多年后苏东事件全面而迅速的爆发。俄国“十月革命”是一次如同“唐·吉诃德”式的愚蠢行为，是俄国社会和历史的悲剧。高擎“经典正统马克思主义”旗帜、紧攥“政治正确”“尚方宝剑”，毫无根据或者说假装“有历史和文献依据”地肆意对列宁、斯大林个人进行“污名化”，对列宁主义和斯大林主义作出不负责任的任意“歪曲”同“负面解读”，其实质就是企图将列宁主义同马克思主义一脉相承的血肉联系生生撕裂开。进而，通过论证列宁主义的非马克思主义性质，达到彻底推翻列宁主义在国际共产主义运动中崇高的指导地位，彻底否定俄国“十月革命”社会主义性质及其无与伦比的历史贡献，彻底否定苏东社会主义建设数十年来所取得的宝贵经验（教训）的目的。而这就是所谓“西方列宁学”“西方苏维埃学”及众多“社会民主党”人士孜孜钻研马克思列宁主义同国际共产主义运动史的“良苦用心”。

质疑、反对以《帝国主义是资本主义的最高阶段》为代表的列宁“帝国主义论”的第二种类型为所谓“部分否定型”，其可以进一步细分为两个次级类型：“过时论”和“修正论”。典型的“过时论”代表有资产阶级学者加尔布雷思、贝利，马克思主义学者瓦尔加、斯威齐、巴兰、雅莱等人，他们的一个理论共同点就是，认定战后世界资本主义的金融资本统治现象正逐渐消失。例如，斯威齐认为，只有在垄断资本主义形成期——大约在1870年以后半个世纪里——金融控制才是大企业世界中的正常现象。自第二次世界大战以来，大公司普遍地强大得足以自立了，在与金融界的关系上至少是平等的伙伴，而且往往还不止是平等的伙伴。于是，他得出了这样一个结论：当代资本主义时期，金融资本统治已经消失。与斯威齐相似，西方社会民主党（人）及（新）自由主义者也纷纷指出，当代资本主义时期，列宁意义上的传统帝国主义早就消失，帝国主义如今已成为了一个老旧的历史概念，而对此最好的证明就是传统欧洲各大帝国在历经两次世界大战之后要么纷纷解体、要么持续衰败下去，尤其是曾经一统全球的军事—地理殖民主义体系也已随二战硝烟的散去而分崩离析。由于苏联解体、东欧剧变所带来的深远影响和巨大冲击，以《帝国主义是资本主义的最高阶段》为典范的列宁“帝国主义论”更是遭到了来自现实而非仅仅理论上的强有力挑战。一时间，列宁《帝国主义是资本主义的最高阶段》中的几乎所有研究成果都被贴上了“极度可疑”“极度错误”或至少是“早已过时”的显著标签。“一切似乎都预示着列宁是错的，而考茨基则可能是对的——各主要资本主义强国有可能在‘和平’协作的基础上建立一种超帝国主义（当前具有代表性的是七国集团——在俄罗斯加入后变成了八国集团，尽管该集团处于美国霸权领导之下），而且金融资本的世界性（以达沃斯世界经济论坛年会为标志）将可能是其最基本的意识形态。”① 西方许多学者（包括俄罗斯国内部分学者）均开始认为，列宁曾经论述的帝国主义及其主要社会经济特征与当今世界资本主义现状差距太远，如果说，列宁“帝国主义论”曾经一度还算具有某些真理性成分的话，那么，其目前早已不再具有对当代资本主义作出任何科学合理解释的能力了，换言之，列宁“帝国主义论”已然“过时”。尤其是俄罗斯，其学术界的“过时论”在

① ［英］大卫·哈维：《新帝国主义》，初立忠、沈晓雷译，社会科学文献出版社2009年版，第57页。

东欧剧变之后似乎一下子就成为了“主流话语和观点”。例如，罗·雅·叶夫泽罗夫在《列宁的帝国主义论——神话与现实》中说，数十年客观历史发展事实已经无可争辩地表明，列宁“帝国主义论”中的许多观点和论断其实并不完全正确，如《帝国主义是资本主义的最高阶段》中曾经非常肯定地指出了帝国主义的垂死性，但后来的事实证明此类判断严重忽视了资产阶级的自主能动性以及资本主义具有的强大适应调节能力，所以，列宁“帝国主义论”具有比较明显的局限性和时代烙印，必须历史地看待列宁的帝国主义研究。莫斯科大学经济系奇布里科夫试图说明，在当代条件下不能把资本输出仅仅看作是帝国主义寄生性和腐朽性的表现，实践表明，生产的社会化既不会自动地、也不会直接或间接地导致社会生产关系的大爆炸，资本主义能适应新情况。经济学博士奥萨德恰娅认为，列宁关于帝国主义基本社会经济特征的理论与当代资本主义现状相距太远，它对于20世纪头25年的资本主义来说是正确的，资本主义灭亡也是有可能的，但那已是太遥远的事情了。列宁相关论断立足于两个理论基点：第一，广义的垄断化趋势成了进步的障碍，导致了腐朽性；第二，国家所有制的发展是为社会主义创造前提条件。但在现实中，这两点均没有完全得到证实，资本主义自身是沿着消除寄生和腐朽性道路前进的。莫斯科大学鲁达科娃也提出，列宁关于垄断资本主义的论述符合当时的历史情况，但随着时间推移，资本主义显示出了极其强大的适应能力和新的生长点，并由此而进入到一个新的历史发展时期。舍伊尼斯认为，用以说明资本主义寄生性特点的那些论据在任何社会制度中都存在，不值得将其当作资本主义本质特征，等等。① “部分否定型”中的“过时论”相较于“完全否定型”的立场和态度来说，显得比较温和与中立。此类观点最大特征就是，它们并不完全否定或全面敌视列宁“帝国主义论”，在它们看来，以《帝国主义是资本主义的最高阶段》为典范的列宁“帝国主义论”体系在一定时期和范围内具有真理性及合理解释力，只不过，那都是过去的老黄历了。随着人类社会历史

① 熊乐兰、詹真荣：《国外学者关于列宁帝国主义理论的研究综述》，《杭州师范学院学报》（社会科学版）2006年第6期，第103页。

进程的不断更迭与持续演进，列宁“帝国主义论”体系的解释力与合理性正在日益消退，即当列宁“帝国主义论”体系面对当代世界资本主义时，已然不再具有恰当的描述和解释能力了。总体上，以《帝国主义是资本主义的最高阶段》为典范的列宁“帝国主义论”在当前时期不具有继续存在的价值、意义，其理论的生命力与活力正在衰退。

质疑、反对列宁“帝国主义论”的所谓“部分否定型”中的第二个次级类型为“修正论”。“修正论”是一种相较于“过时论”更加温和且更为客观的学术立场。其核心思想大致为：以《帝国主义是资本主义的最高阶段》为典范的列宁“帝国主义论”对世界资本主义曾经的一段发展历史作出了正确而卓越的解释和分析，同时也在实践上起到了不容忽视的巨大影响和推动作用。迄今为止，列宁“帝国主义论”中的基本立场、学术原则、理论观点、逻辑架构及一些分析研究方法还算得上是正确的，也可以用来进一步指导分析当代垄断资本主义，只不过，一方面，列宁“帝国主义论”的确存在一些难以弥补的缺陷，如列宁主要集中考察了帝国主义数个显著的经济特征，却严重忽视了其他方面，如社会、文化、精神领域等，因而显得不够全面；另一方面，由于人类社会历史自《帝国主义是资本主义的最高阶段》完成百余年来发生了巨大变迁和改观，加之人类思想史上任何一个理论学说均不可能是一劳永逸且一成不变的，所以，列宁“帝国主义论”必须因应时代变局及世界最新近发展作出适应于社会历史持续演进和变迁的（重大）调整。例如，俄罗斯学者科洛米泽夫就认为，对列宁100年前完成的帝国主义理论需要作出一定程度的修正，“譬如，列宁主义关于帝国主义‘在各方面都是反动的’命题在局部上是正确的：在法西斯国家100%是这样，而在西方民主国家则出现了一定的民主政治生活。列宁观察过与第一次世界大战有关的国家垄断资本主义的产生，但他未能看到资产阶级国家社会职能的发展。二战后，跨国公司的资本集中加强了，但同时生产管理的形式变得更加灵活，更加分散；国家的调控作用扩大了；社会的阶级结构发生了变化；许多国家出现了政治结构的民主化进程。”①

---

① 熊乐兰、詹真荣：《国外学者关于列宁帝国主义理论的研究综述》，《杭州师范学院学报》（社会科学版）2006年第6期，第102页。

第三节　列宁“帝国主义论”的现实性
——当代资本主义仍属帝国主义时代

一、肯定与捍卫列宁“帝国主义论”现实性与当代价值的观点

自《帝国主义是资本主义的最高阶段》诞生迄今，人类社会历史所发生的日新月异的巨大变迁和持续改观乃是一个毋庸赘言且不容否认的客观事实。面对国际共产主义运动在行进途中所遭遇到的众多始料未及的挫折和困境，面对世界资本主义因应于时代变局和社会具体状况积极而有效地作出调整后所展现出来的显著适应性、变通性和顽强生命力，以及未来一段时期内其可能存有的发展潜力，我国老一辈革命家（如邓小平和陈云），始终坚定地站稳马克思列宁主义政治学术立场，旗帜鲜明地指出：马克思主义绝没有过时，列宁主义绝没有过时，列宁《帝国主义是资本主义的最高阶段》对作为资本主义最高（或最后）历史发展阶段的帝国主义时代做出的深刻研究及其所取得的一系列重要理论成果和科学论断同样也没有过时，它们深刻揭示出的人类社会历史发展进程一般规律，乃是颠扑不破的真理。面对二战结束迄今（特别是当苏联解体和东欧剧变之后，在一种极其不利于国际共产主义运动的社会历史大环境中）各式汹涌而至的反对列宁主义（及其以《帝国主义是资本主义的最高阶段》为典范的“帝国主义论”）的狂风浊浪，不仅是老一辈革命家、社会主义国家和共产党的领导人、社会主义和共产主义的坚定信仰者等仍在为捍卫马克思列宁主义同列宁“帝国主义论”积极地与各种反动势力及其思潮进行着不懈的斗争，甚至连西方许多左翼学者也纷纷积极发声，正面肯定并深入阐发了列宁“帝国主义论”中众多重要理论特质。例如，美国学者约翰·福斯特自 2002 年以来，先后在《每月评论》上发表了一系列论文，评论垄断资本主义的最新变化及列宁帝国主义理论。他说：那种认定列宁“帝国主义论”已经过时的观点是极其错误的，列宁对一种新的、更加发达的资本主义形式的认识，即资本集中和

垄断阶段出现，在当代无疑仍具有重要意义和价值。为了回应和批驳约翰·威洛比在《对列宁帝国主义理论的评论》中对列宁帝国主义思想的质疑和责难，美国学者詹姆斯·布劳特在《科学与社会》1997 年秋季刊上发表了题为《对帝国主义的评价》一文。布劳特在《对帝国主义的评价》中指出：列宁“帝国主义论”不仅毫无异议地具有学术原创性，而且还迥异于“第二国际”时期诸多理论家的相关思想。他的帝国主义理论是一个“可选择”“非传播”，带有“均变说”色彩的世界模式论。在此观点看来，革命行动既可以由帝国主义中心地区的被压迫者进行，同时也可以由边缘地区的被压迫者施行；与此同时，帝国主义中心地区的剥削压迫者自此开始既需面对其国内的被剥削压迫阶级，也需面对边缘地区的被剥削压迫阶级。[①] 与上述学者相关见解类似，美国学者特伦斯·麦克多诺在《科学与社会》1995 年第 3 期上发表的《列宁、帝国主义与资本主义的发展阶段》中说道，列宁的“帝国主义论”作出了两个意义非常重大的贡献：第一个贡献在于它具体地确定了帝国主义是资本主义的一个“历史阶段”；第二个贡献在于它确定了帝国主义历史阶段乃是垄断的资本主义。此外，列宁所提出的帝国主义五个基本社会经济特征强调了资本主义由前一阶段（自由资本主义）向新的帝国主义历史阶段（垄断资本主义）过渡的“量变性质”，其也算是一个独到的贡献。[②] 与麦克多诺的观点具有一致性，美国学者哈里·马格多夫也十分认同和赞赏列宁将帝国主义视为一个建基于资本主义经济集中和垄断之上的新的、更高一级的“历史阶段”的思想。他认为，列宁在世界资本主义的漫长进程中明显标示出一个新的历史时期，无疑是有着充分客观依据的。此外，自东欧剧变至今，俄罗斯学术界也开启了重估和重评列宁“帝国主义论”的新历程，其中，不乏众多肯定、赞赏列宁“帝国主义论”的观点。例如，俄罗斯哲学博士科索拉波夫认为，资本主义经济

---

① Blaut J. M. “Evaluating Imperialism”. *Science & Society*, Vol. 61, No. 3 (Fall, 1997). p. 391.

② 刘维春：《批判与辩护：列宁“帝国主义论”研究面面观》，《陕西学前师范学院学报》2014 年第 3 期，第 121 页。

全球化时期，列宁所作出的有关帝国主义的诸多深刻理论论断仍不容置疑，并正在为实践广泛地证实，可以清晰地看到，无论是社会主义还是资本主义都在积极运用列宁的相关思想去解决当代社会历史所面临的诸多尖锐难题。俄罗斯科学院罗·雅·叶夫泽罗夫也认为，列宁关于帝国主义从本质上而言乃是一种“过渡的资本主义”“垂死的资本主义”的论断无疑是极为正确的，当代垄断资本主义，无论是从经济生活，还是从社会保障和政治等诸领域均出现了只有社会主义社会才具有的某些发展趋向、特征与成分。①

二、当代资本主义国家的资产阶级统治政权没有改变

马克思主义国家学说指出：人类历史上出现的所谓“国家”从来就不是“无阶级”“去阶级”“超阶级”，“全民属性”的政权组织形式。自人类原始公社全面瓦解迄今为止，一切建基于各类社会形态之上的国家（政权组织）形式，从奴隶制国家（政权）到无产阶级专政国家（政权），都是某一特定（统治）阶级出于维护本阶级（一切）根本利益目的所施行的广泛深入且有助于阶级统治的（有效）暴力机器。当且仅当人类来到社会各个阶级全面消亡的共产主义社会之际，国家（政权）这个已然存在了数千年（甚或数万年）岁月的暴力机器才会自动消亡、毁灭。资本主义国家（政权）当然没有，也不可能出离于马克思主义国家学说所深刻揭示出的这个客观基本的（一般）社会历史发展规律。资产阶级国家政权及其政府从本质属性和基本内涵上来说，仍然是资产阶级统治集团的“总代表”或“总资本家”。尽管它也会执行多项社会职能（而且如同某些学者所言，其负责的社会职能在全球化时期正日益增多），如向社会发放失业救济金、养老金、改善医疗环境、修缮和建设公共设施、制定义务制教育制度，等等，不过，归根究底，其还自始至终地忠实履行着资产阶级统治集团对被统治阶级（以无产阶级为首的广大劳动群众）实施残酷压迫剥削，并以此来维护、巩固和拓展资产阶级统

① 熊乐兰、詹真荣：《国外学者关于列宁帝国主义理论的研究综述》，《杭州师范学院学报》（社会科学版）2006 年第 6 期，第 100—101 页。

治政权的阶级职能。如同恩格斯在《反杜林论》中深刻揭示的那样：“现代国家，不管它的形式如何，本质上都是资本主义的机器，资本家的国家，理想的总资本家。……它（国家）是当时独自代表整个社会的那个阶级的国家：在古代是占有奴隶的公民的国家，在中世纪是封建贵族的国家，在我们的时代是资产阶级的国家。当国家终于真正成为整个社会的代表时，它就使自己成为多余的了。”① 因此，无论（垄断）资产阶级统治者及其御用学者怎样改头换面或创新性地称呼当前资本主义的国家（政权），即无论是所谓的“国家垄断资本主义”“国际垄断资本主义”，还是所谓的“福利国家”“人民资本主义”“后工业社会”或“新帝国主义”，其实质内涵均无一例外地从属于（垄断）资产阶级实施全面社会阶级统治的国家政权，即恩格斯所说的“资产阶级的国家”，这一点自资本主义诞生之日起至今漫漫数百年来从未出现过一丝一毫的改变。

然而，有人却一度对所谓“国家垄断资本主义”及其现实政府产生了相当糊涂且混淆的认知、判断（当然也不排除别有用心或故意制造混乱的可能性）。其基本立场同核心观点大致为：由于资产阶级国家政权在第二次世界大战结束后就开始逐步地深度介入到日常社会经济生活中，积极干预、调节甚至计划化国民经济发展及国民收入（再）分配等诸多领域，因而这样一来，似乎当代资本主义国家（政权），即“国家垄断资本主义”正逐步朝向一种“去阶级”或“超阶级”的“全民型”（即只单纯执行社会职能）国家（政权）进行过渡。然而，真相到底是否是这样的呢？事实上，“国家垄断资本主义”当然远未为人类社会带来一种所谓“超阶级”或“无阶级”的“全民型”国家（政权）。“国家垄断资本主义”虽然被冠以“国家”这一极具迷惑性、欺骗性的修饰前缀，然而，需要注意的是，其最终落脚点或其后缀词语仍是“资本主义”。实际上，“国家垄断资本主义”这种深受“凯恩斯主义”影响的世界资本主义“自主式”改良和调整路径，包括其在国民收入分配领域对普通公民社会福利和养老保障等众多方面的关注与强调，其最初的出发点并非广大劳动群众的福祉，而仅仅只是出于维护、巩固、拓展（垄

① 《马克思恩格斯选集》第3卷，人民出版社1995年版，第629—631页。

断）资产阶级（一切）利益及其阶级统治，同时保障资本主义社会稳定和发展的目的而已。究其实质，所谓“国家垄断资本主义”的国家政权仍然是为垄断资本家统治阶级全心全意服务的一种“暴力机器”而已。其实，只要是资产阶级国家政权，无论哪个历史时期，其都相当紧密地与资产阶级统治阶级根本利益考量相结合，因为在本质上既然是（垄断）资产阶级的“总代表”或“总资本家”，当然就得责无旁贷地为垄断资产阶级（一切）根本利益进行服务。只不过，二战后出现的“国家垄断资本主义”较之以往资产阶级国家政权而言表现得更加积极且“常态化”地介入到了日常社会经济生活中，加之由此一来，普通劳动群众的生活水平及所能享受到的社会福利待遇、经济保障等的确有了一定程度的提高，因而，人们很容易错误地将这个所谓的“国家垄断资本主义”视为一个（截然）不同于往昔资本主义国家政权，崭新、过渡或“去阶级”“超阶级”的“全民型”政权组织形式。

回溯幕幕历史过往，“国家垄断资本主义”实际上并非什么新鲜事物，甚至可以说，在某种程度上，它几乎是与私人垄断资本主义同时出现的。马克思主义学者希法亭、卢森堡、布哈林等人早在帝国主义刚刚崛起的最初时期就已洞若观火地觉察到了“国家垄断资本主义”深深隐藏着的摇曳影姿。这些理论家们都在自己有关垄断资本主义研究的著作中或多或少提及并阐述了垄断资产阶级政权对其国内社会经济一定程度和范围的介入、干预、调节等新近现象。例如，列强纷纷出台保护性关税政策，列强国内军国主义强势复兴等。与这些理论家们一样，列宁同样敏锐地观察到“国家垄断资本主义”羞羞答答藏于帝国主义背后的隐约身形。透过第一次世界大战的全面爆发列宁看到，某种带有“准军事化”色彩的“国家垄断资本主义”正悄然崛起：由垄断资产阶级统治者积极推行和广泛实施的所谓的“国家垄断资本主义”，“给工人建立了军事苦役营，给银行家和资本家建立了天堂。这些国家的调节就是把工人‘勒紧’到挨饿的地步，就是保证（在私下用反动官僚手段）资本家获得比战前更高的利润。”①

---

① 《列宁专题文集——论资本主义》，人民出版社 2009 年版，第 220—221 页。

三、私人垄断仍为当代资本主义最深厚的经济基础

毋庸置疑，世界资本主义自《帝国主义是资本主义的最高阶段》诞生以来百余年间的确在诸多（表象）层面同维度发生了显著而空前的演化和改观，众多最新近涌现的经济特征、社会特征、政治特征、文化特征令人目不暇接。与此同时，帝国主义最为深厚的经济基础——资本主义私人垄断在一百余年间相继经历了私人垄断资本主义、国家垄断资本主义、国际垄断资本主义等具体形态（或从属于垄断资本主义历史阶段的“次级阶段”“分阶段”）。但是，无论历经多少岁月流逝、社会持续变迁，以及历史事件的不断洗刷和冲击，世界资本主义最为深厚的经济基础——资本主义私人垄断仍未发生任何实质性改变，换言之，资本主义私人垄断仍旧牢固地统治着资本主义世界，以至全球。这一点即使在以“国家”这一容易令人产生无穷幻想与深度误解的词汇作为前缀修饰语的战后“国家垄断资本主义”“次级阶段”（战后至20世纪80年代左右）也未发生过任何变化或动摇。

以“国家垄断资本主义”时期在西方主要资本主义国家出现的极具迷惑性、欺骗性的“国有化”浪潮为例。这场所谓的“国有化”革新浪潮尽管在表象上呈现出不同于以往资本主义阶段的创新性、独特性，然而，如果从此次“国有化”浪潮本质内涵及其在日后时光里对现实生活，特别是对普通劳动群众生活工作的真实影响来看的话，这场看似根本有违于资本主义性质的“国有化”浪潮在西方各国垄断资本政权密切监管下自然不可能动摇到资本主义社会的私人所有制经济基础，从而也完全不可能改变或从根本意义上铲除资本主义经济政治制度对广大劳动者剥削压迫的阶级关系。因此，总的来看，此次于战后一段时期内在资本主义世界比较大规模施行的“国有化”浪潮并未如同某些饱含乐观主义情绪的人士所指出的那样，在或多或少程度上意味着世界资本主义正朝着相较于资本主义而言更高一级的社会形态——社会主义社会作出某种“过渡”，恰恰相反，此次徒有虚名的“国有化”充其量仅仅只是在资本主义制度允许范围内实行的一种相当有限的社会经济局部调整而已。事实上，与上述充盈着乐观主义预期的看法完全不同，这场颇具戏剧色

彩的“国有化”在客观结果上实实在在地使某些资本寡头及其垄断资本集团受益匪浅：第一，此次“国有化”举措的主要收购目标是众多资本家手中握有的效率低下、生产力水平落后、难以为继的“困难户”企业和公司，一旦当政府以高价收购这些企业之后（毫无疑问很多企业和公司自然不值这个价钱），资本家们不仅解决了一个时时萦绕于心间的担忧，避免了在这些企业和公司上继续耗费不必要的资金、精力，或是彻底破产的命运，而且更会利用从政府手里得来的巨额资本积极投向那些有利可图的经济生产领域或企业，从而继续掌控着剥削压迫广大劳动群众的特权；第二，各国资产阶级政府、垄断寡头及其资本集团沆瀣一气，政府利用手中握有的“国有企业”，将其生产出来的各类产品源源不断以低于市场交易的价格“卖给”寡头及其资本集团，于是，资本家们又可以不劳而获凭空攫取到一部分由广大劳动者创造出来的剩余价值；第三，各资本主义国家“国有企业”中的普通劳动者无疑并没有因为“国有化”进程而摆脱阶级压迫剥削的受奴役地位，唯一改变的仅仅是老板由单个资本家或少数资本家换成了资产阶级政府或由政府指定委派的“领导人”“经营管理者”，实际上，各国资产阶级政府往往还会将一部分已经“国有化”了的企业和公司转交给原来的私人所有者进行管理和运营，由此，所谓“国有化”进程与革新当然就沦为了一种“换汤不换药”的官样文章而已；第四，一旦资产阶级政府认定某些国有企业在生产销售方面“走上了正轨”，逐渐成为生产销售业绩都非常良好的生产组织机构之后，便会毫不犹豫转手将这些“优质”国有企业或公司以极低价格出售给寡头及其垄断资本集团，这一点在“最终客观效果”上非常类似于在以“撒切尔主义”“里根经济学”为代表的新自由主义经济思想和经济政策指导下资本主义世界普遍刮起的“私有化”浪潮。

综上所述，战后世界资本主义大肆刮起的“国有化”浪潮，其实质和客观结局“就是使资产阶级国有经济成为垄断资本公开盗窃国库的工具。……大垄断资本往往利用资产阶级国有化以及非国有化将‘国有’企业以廉价卖给私人的交替手段来达到他们公开盗窃国库攫取高额垄断利润的目的”[①]。战后一段时期，资本主义世界涌现的“国有化”浪潮在“国有化”这张极具蛊惑性、欺骗性、诱惑性的“画皮”和“假面”之下干尽了垄断资本及其寡头之前梦寐以求却始终难以实现的一系列“卑劣勾当”与“龌龊行为”，而另一方面，广大劳动阶级自始至终远未彻底摆脱为垄断资本做牛做马的悲惨境况。与真正的“国有化”相去甚远，这场颇具闹剧色彩的世界资本主义“国有化”浪潮似乎为垄断资产阶级及其“总代言人”——资产阶级国家（政权）在日后新自由主义意识形态指导下猖獗施行的“私有化”进程提供了颇多值得参考、借鉴的经验与策略。

资本主义私有制在这种颇具“弹性空间”的制度举措下不仅得以继续苟延残喘，而且还进一步使垄断资本及其寡头攫取到更多看得见、摸得着的经济利益。至此为止，我们不得不惊讶和叹服列宁曾经推论出的众多极具敏锐性同深邃洞察力的理论论断。关于国家垄断资本主义及其发明推行的一系列（隐蔽性、欺骗性较强的）政策和措施的本质，列宁早就明察秋毫、洞若观火：“国家的垄断不过是提高和保证某个工业部门快要破产的百万富翁的收入的一种手段罢了。”[②]

在谈完资本主义“国有化”浪潮朝向更高社会形态“过渡”的虚假表象之后，还可以进一步看看资本主义世界“国有经济”在其整个国民经济中的具体占比情况。实际上，大量统计资料和实证研究早已无可辩驳地证明了：战后初期直至20世纪80年代前后，西方发达资本主义的国民经济不出人意料地仍旧以私有制为主体。值得一提的是，美国的“国有经济”成分及其同全国经济总体规模的比值相较于欧洲发达资本主义国家和地区而言始终处于一个“低得多”的尴尬水准（大概只占到约5%左右）。由此可知，战后发达资本主义即令是大张旗鼓地鼓吹与施行所谓“国有化”，“竭力”推进其“国有化”进程，将许多曾经属于私人业主的企业和公司收归国家（或全民）所有，但却没有从整体和根本

① 南开大学政治经济学系经济研究所编：《垄断·财团·大公司》（上），人民出版社1974年版，第43—44页。

② 《列宁专题文集——论资本主义》，人民出版社2009年版，第128页。

上改变与动摇世界资本主义私人所有制盘根错节的经济基础，甚至也没有从整体和根本上改变与动摇世界资本主义私有制经济成分在其整个国民经济体系中占据绝对优势的地位。

如若只是一般性地谈论资本主义及其经济基础，那么，事实上只需关注其普遍而广泛存在并占据社会统治地位的资本主义私人所有制就足够了，然而，到了帝国主义时代，相关研讨如果仅仅只是达到这个层次恐怕是远远不够了。列宁在其闻名遐迩的学术名篇《帝国主义是资本主义的最高阶段》中一再强调指出：帝国主义从归根究底的意义上而言为（私人）垄断资本主义，帝国主义最为深厚的经济基础乃是建基于资本和生产高度集中之上史无前例的资本主义私人垄断，正是这一经济基础决定了资本主义已然默默挥别了自由资本主义（时代），并昂首阔步来到新的、最高、最后的历史阶段——帝国主义时代。这意味着，考察和研讨帝国主义的经济基础仅仅一般性地指出资本主义私人所有制是远远不够的，换言之，必须深入资本主义私人经济垄断层面才能真正揭示出帝国主义经济基础及其本质内涵的众多时代特征同历史走向。在列宁生活的历史时期，私人垄断资本主义或帝国主义已经全面而广泛地取代了自由资本主义，资本主义生产和资本高度集中态势迅猛地发展着，以至于资本主义经济垄断在不知不觉、后知后觉中逐渐演化为一个显著的时代表征及普遍的社会经济现象。尽管在资本主义社会中仍广泛存在着众多相互激烈竞争的中、小私人企业和公司，然而，其真正现实且最为深厚的经济基础早就转变为资本主义私人垄断。私人垄断资本集团，尤其是那些超大（巨型）私人垄断资本集团，如那些具有高度经济社会垄断特征的资本主义“私人财团”，不仅日益成为帝国主义时代最为重要的经济生产组织，而且正日益成为帝国主义时代（几乎全方位、深度掌控着世界资本主义，以至于全球社会、经济、政治、文化生活的方方面面）真正的统治者——资本“法老”。

如果从发生学角度或核心权力控制角度来看，资本主义的“私人财团”往往是指那些由（极）少数拥有庞大雄厚资本实力的私人家族作为核心管理运营层，并充分享有一切或绝大多数经济利益，真实履行寡头集权（独裁）统治的垄断资本集团。这些凭借和仰仗着无与伦比资本财富实力，真正实现对世界资本主义，乃至全球进行统治的最著名垄断资本“私人财团”家族：在英国有依靠银行业发家致富的罗思柴尔德家族、作为旧贵族和大地主的博克柳家族、汉密尔顿家族等；在美国有洛克菲勒家族、摩根家族、梅隆家族、杜邦家族、福特家族等；在德国有历来就作为德意志帝国军国主义柱石的克虏伯家族、西门子家族等；在日本有三井家族、住友家族等。

有人仅凭二战结束后迄今世界资本主义经济生产领域中涌现出的众多令人眼花缭乱的（仅属表象层面）演变和改观就武断认定：由于垄断资本私人财团自战后以来已经不再仅仅主要由某一私人家族或几个家族（联合）进行管控同运营，因而在管控同运营方面，垄断资本私人财团的“集体化”或“社会化”特征突显，发展趋势迅猛，大有彻底超越并全面取代私人家族掌控、管理垄断财团的陈旧模式，据此而言，垄断资本私人财团不再专属于往昔那些“显赫”的私人家族，而正日益转变为集体、社会，甚至人民的财团。概言之，战后时期，资本主义涌现出的众多（仅属表象层面）演变和改观大略有：国家政权日益深入频繁地对社会经济生活介入和干预、调控和规划；由于垄断财团相互间的“参与”“投资”“并购”行为十分兴盛，特别是由于受到垄断资本国际化、全球化发展趋势的强劲推动，甚至连第三世界（大）股东们也逐渐加入西方私人垄断财团日常管理运营中，往昔垄断财团某个特定家族独裁集权的浓厚色彩被空前稀释、冲淡；伴随着“职业经理人”群体的强势崛起，垄断财团的私人寡头不再面面俱到地管理和经营每一家企业和公司，也不再以担任（所有）分支机构的“一把手”为内心“关切”；私人垄断财团及其旗下企业公司“上市”的股票呈现出越益显著的“社会化”“分散化”“平民化”“大众化”特征及演化倾向。然而，事实和真相究竟是怎样的呢，资本主义垄断资本财团的私人所有制到底有无发生变化？我们的基本观点和回答是：自二战结束以来，尽管世界资本主义的经济生产等诸方面发生了这样或那样的演变与改观，然而，究其实质，一方面，资本主义私人所有制的经济基础并未发生丝毫改变；另一方面，以私人垄断财团为主要统治者及社会表征的帝国主义最深厚的经济基础——私人垄断也并未发生丝毫改变。

尽管从表面上看，私人垄断财团的真正统治者——私人寡头（家族），正积极而全面地从集团内部（重要）岗位撤离，然而，这却绝不意味着私人寡头（家族）因而日益丧失对垄断财团的真实掌控和操纵：第一，这恰恰从侧面深刻反映了资本主义社会生产和资本的集中垄断发展趋势愈演愈烈，由于私人垄断财团总体规模以及统摄资本财富总量越来越庞大，垄断寡头已不再可能像他们的先辈那样面面俱到、事事亲力亲为了，毕竟作为个体来说，无论从精力、时间、个人能力、身体状况等诸方面都是有限的，寡头们亦如此；第二，垄断寡头从财团“显赫”位置退让的同时，却转而大量安插了完全效忠、服务于自己的“眼线”和“亲信”，这些居于各分支机构（主要管理运营岗位）的负责人成为垄断寡头们尽心尽力的利益“代言人”“代理人”，所以，虽然在财团各部门及分支机构罕于见到寡头们往昔忙碌的身影，然而，他们并没有消失，恰恰相反，寡头们比以往任何时候都更加密切而深入地掌控着垄断财团；第三，实际上，寡头从垄断财团各部门、分支机构、子公司（孙子公司）负责岗位退下乃为一种因应社会历史最新发展时局的战略策略，这种退却意味着寡头能够更加高效、更加集中地管理运营那些财团内部最为重要、最为核心的金融机构。例如，美国摩根家族自始至终牢牢“掌握着美国最大商业银行中占第四位的摩根保险信托公司和占第八位的纽约银行家信托公司，连同它所控制的谨慎人寿保险公司和纽约人寿保险公司”①；与此同时，尽管“‘石油王国’洛克菲勒财团的主要几家大石油公司的董事会里已找不到姓洛克菲勒的人，但该财团的核心银行——大通曼哈顿银行的董事会却控制在戴维·洛克菲勒手中”②；此外，洛克菲勒家族中的老大约翰·洛克菲勒任洛克菲勒基金委员会主席，老二纳尔逊·奥尔德里奇·洛克菲勒任洛克菲勒中心董事长和主席，老三劳伦斯·斯佩尔曼·洛克菲勒担任洛克菲勒兄弟公司董事长等职，老

---

① 南开大学政治经济学系经济研究所编：《垄断·财团·大公司》（上），人民出版社1974年版，第68页。

② 复旦大学资本主义国家经济研究所编：《美国垄断财团》，上海人民出版社1977年版，第40页。

四温思罗普·洛克菲勒在洛克菲勒家族的各种基金会和企业中担任了许多重要职务等。据上易见，垄断财团的私人寡头（家族），但凡有一丝可能性存在，就绝不会放弃其对垄断财团核心金融部门和机构的掌控，就绝不会放弃对垄断财团的真正全面深度操纵，换言之，垄断财团于战后时期呈现出的寡头岗位退让现象实质上是一种更加集权且更加有效的管理和运营的战略策略。正是得益于这一“聪明”的变通方式，垄断财团的寡头（家族）实现了在新的历史时期对垄断财团及其巨量资本更加深入、更为高效（“垂帘听政”般）的操纵与管控，并依靠这一新颖手段攫取到了规模、总量都更加庞大而惊人的资本同财富。

列宁在《帝国主义是资本主义的最高阶段》中深刻揭示出，垄断资本主义历史时期，垄断资本集团及其寡头，或出于为了拓展自身经济利益的目的，或出于竭力避免势力同样强大的同行之间残酷且激烈竞争的诉求，或出于在资金不宽裕情况下稳扎稳打、步步为营兼并别的企业公司的险恶用心，通常惯于使用所谓的“参与制”方式去购买标的企业公司的股份。凭借此种“先进”经济手段，一方面，垄断资本集团及其寡头可以通过“参与”的股份获得利润分红；另一方面，当时机、资金都允许的情况下，通过持续购买标的方股权逐渐达到或超过一定股份占比后，垄断资本集团及其寡头将“合理合法”地夺得标的企业公司的实际管理控制权，从而实现“四两拨千斤”“以小博大”的杠杆效应，以最小（最少量）资本完成对标的企业公司全面吞并和深度掌控的企图。二战结束后，西方日益涌现的垄断资本财团间相互兼容的最新现象（例如，梅隆财团已不仅仅代表梅隆家族的利益，还代表了皮克泰思、海因兹等家族的利益等），从深层本质而言，无非仍是“参与制”在形式上略有变化的某种应用而已。如果非要指出其与列宁时期的“参与制”有什么不一样的话，那么，非常重要的一点就是，这种垄断财团间的相互参与相较于帝国主义初期，是在一个影响更加广泛、资本总量规模更加庞大的基础上展开的。战后垄断财团间的相互融合不仅没有削弱私人财团的家族金融垄断统治，恰恰相反，通过控制尽可能多的股权、股份，垄断寡头（家族）以等量资本获得了更加多元、更为广泛的对工商业、农业及金融业的控制权：第一，垄断寡头在失去自己财团某些企业公司股权的同时业已攫取到其他垄断财团及其旗下公司企业的股权，垄断寡头失去的仅仅只是表象层面的集权弱化，但得到的却是更加广泛、更加多元的经营途径和盈利渠道，因而极大增强了自身抵御金融—经济风险，甚至经济危机、社会危机的抗打击能力，空前巩固了自身金融垄断统治地位；第二，任何一个积极施行“参与制”的企业或公司，无论其手中握有多少股权、股份，其在别的财团（各部门、各分支机构）中都必须有完全效忠和服务于自身的忠诚“代理人”“代言人”，只有这样，在每一次垄断财团作出具体战略部署、战略决策时，寡头们的切身经济利益才能得到有效保障，并竭力争取“最大化”预期。

当然，那种认为垄断财团及其下属企业公司股份由于资本主义股份制广泛推行正日益变得“社会化”“分散化”“平民化”“大众化”，因而，必将或早或迟从根本上彻底改变资本主义私人所有制的看法无疑是一种极端肤浅、极端错误的见解。事实上，资本主义股份制度及其表象上显现的所谓股权“社会化”“分散化”“平民化”“大众化”特征与趋势，同“参与制”一样，均为垄断资本利用手中有限资本企望尽可能多地管理、掌控和营运企业公司的一种具有高度创新性且极为“聪明”的方式和策略。从这个意义上讲，垄断财团及其寡头无疑相当乐于看到自己属下企业公司的股权日益“社会化”“分散化”“平民化”“大众化”，因为越是这样，他们就越能以等量资金去控制更多企业公司。具体而言，假如垄断财团旗下的某个企业或公司的股权越是变得日趋“分散化”和“社会化”，尤其是如果当这些企业或公司能够发行越来越多的小额股票时，那么实际控制这个企业或公司需要达到的股权占比毫无疑问就越小（世界资本主义发展客观事实表明，有时候甚至只需要占5%左右的股权就能令垄断寡头们实际掌控一个企业，从而成为这个企业的董事长、总裁等实权人物），寡头们就越是可以用少量资金掌控这个企业，同时剩留更多资金用以投入到其他有利可图之处，换言之，在一个充斥着满眼尽是大股东的企业或公司中，如果企望实际控制这个企业或公司，寡头势必需要在股权占比上超过其他同样手中握有大量股权的大股东，即寡头投入这家企业或公司的资金只能是越多越好，由此一来，寡头所面临的经营和生产风险也就越大，如果这家企业或公司倒闭了，那么寡头大量资本投入无疑也就“打水漂”了。加之，“股东大会”往昔的“崇高地位”及其重要性正逐渐被由一小撮董事们召开的（在这个意义上也可以理解为“秘密地”）“董事会议”所消解与取代，因而，社会众多分散小股东们实际上长期处在对自己花钱投资的企业或公司的管理和运营“毫无发言权”“毫无质疑权”“毫无监督管理权”“毫无申诉权”“毫无制裁权”的卑微地位！真正掌控着企业和公司未来发展规划与管理的仅仅只是这一小撮作为大股东的“董事会成员”。正是在这个意义上，可以说，通过资本主义股份制（及股票交易所），垄断寡头们正利用手中握有的资金与财富操纵和玩弄着亿万普通民众通过辛勤劳作换来的“血汗钱”，并将之用来为自己及自己周边的亲信和幕僚们服务。对此，列宁早已淋漓尽致地揭露道：这种资本主义社会中涌现的所谓股票“民主化”趋势并不会起到加强社会中小生产的作用，反而日益成为“加强金融寡头实力的一种手段而已”，“在比较先进的或比较老、比较‘有经验的’资本主义国家里，法律准许发行票额较小的股票。德国法律不准许发行1000马克以下的股票，所以德国金融巨头看见英国法律准许发行一英镑的股票，就很羡慕。1900年6月7日，德国最大的工业家和‘金融大王’之一西门子，在帝国国会中声称：‘一英镑的股票是不列颠帝国主义的基础。’”①

战后以来，世界资本主义所发生的一系列“最新”且令人感到要么惊讶、要么迷惑的社会历史变化，从实质层面来看，仅仅只是一种（垄断）资本主义的持续“演进”而已，即仅仅只是垄断财团及其私人寡头（家族）在生产、经营、管理等诸多方面因应于时局作出的某种调整而已。这种从表象层面看起来好似战后以来，资本主义私人垄断，尤其是私人财团家族色彩逐渐被垄断资本集团自身管理营运上的某种改变及其股权“社会化”“分散化”“平民化”“大众化”特征同趋势冲淡，因而正大踏步朝向更高、更新社会形态——社会主义社会迈进的新近社会经济现象，仅仅不过是一种错觉，一场“美丽的误会”。事实上，战后以来世界资本主义数十年的发展历程及无数实证研究和统计资料均充分显

① 《列宁专题文集——论资本主义》，人民出版社2009年版，第138页。

示：尽管资本主义垄断财团由于受到资产阶级国家政权的干预和调节，似乎一度褪去了曾附着在其身上的“极端利己主义”道德形象，尽管资本主义垄断财团显现出股权“分散化”“社会化”“平民化”“大众化”特征及演变趋势，尽管资本主义垄断财团呈现出私人家族色彩由于财团相互间“参与”“投资”或“并吞”行为而日渐退化的现象，尽管资本主义垄断财团出现了私人寡头纷纷从各类重要岗位相继“退让”的现象，然而，毋庸置疑，资本主义垄断财团的私人（家族）垄断经济所有制并未发生一丝一毫地改变或动摇。恰恰相反，正是得益于上述创新性调整与改变，垄断财团及其真正统治者——私人寡头（家族）更加适应社会时代的巨大变迁，从而得以在“垂帘听政”幕后深入而广泛地掌控垄断财团及其下属企业公司，空前强化了自身抵御金融—经济风险（甚至是经济危机和社会危机大风暴）的能力，在一个更高层次上强化、拓展了自身对资本主义社会的全面统治，并持续攫取到日益增多且渠道来源更为多样化、广泛化的经济利益。自列宁所生活的历史时期起迄今，垄断资本主义相继经历了私人垄断资本主义、国家垄断资本主义、国际垄断资本主义等诸多具体形态或发展阶段，然而，事实却雄辩地证明：私人垄断资本主义、国家垄断资本主义以及国际垄断资本主义绝不是截然分开、迥然有别、彼此毫无关联的，换言之，此三者始终处于密不可分、相互缠绕、相互促推的密切关系中，资本主义私人垄断就如同帝国主义有机组织中的基本细胞那样自始至终深深植根于资本主义社会这个巨型机体中，并作为国家垄断资本主义同国际垄断资本主义的经济基础、构成要素和前提条件存在于垄断资本主义发展历程的始终。

四、帝国主义基本特征不仅仍存在，而且处于进一步变化和演进的过程中

二战后迄今，不仅帝国主义最深厚的经济基础——资本主义私人垄断没有发生任何实质性改变，而且，与此相应，由列宁所深刻揭示出来的，建基于资本主义私人垄断经济基础之上的帝国主义历史阶段的诸般最重要、最显著的社会经济特征也没有发生任何实质性改变。当然，这并不意味着，历经了数十年漫长社会历史演进和变迁，众多曾经被列宁

重点提及同深入阐述的帝国主义社会经济特征始终中规中矩，仍完全恪守着列宁生活时期呈现出来的样貌与特征而未发生丝毫变化。事实上，指认帝国主义基本社会经济特征没有发生本质性改变并不排斥其形式上可能发生某些并不影响其内涵的表象改观。准确地说，不仅是列宁阐释过的数个帝国主义基本社会经济特征的确在形式上出现了程度不同的演进和变化，而且甚至在此基础上还相继衍生出了一系列列宁当时未曾重点提及和阐述的新的社会经济特征及现象。

第二次世界大战结束后，世界资本主义资本和生产的集中垄断不仅没有消退，相反，其愈发呈现出进一步深化拓展的趋势。在私人垄断资本主义基础上，战后由于西方社会普遍奉行凯恩斯主义，资产阶级国家政权开始对社会经济生活积极介入、调控与干预，一种史无前例的国家垄断资本主义全面勃兴。当然，不难想见，这种具有高度形式主义特征的“国家计划经济”并不能从实质上动摇与改变私人（家族）财团的统治地位及私人垄断资本主义的深厚根基。以西方国家战后普遍出台的所谓“银行管制法案”为例。尽管西方各国政府始终高调表示，必须严格“限制银行向工商业领域的拓展和投资”，以此避免当金融—经济危机到来时银行业的大面积倒闭和破产。然而，事实却是，以银行业为首的西方资本主义金融业却想出了种种“打擦边球”“钻法律空子”的“好方法”，其中，以金融业积极建立银行“信托基金”为最典型。正因此，战后的西方资本主义金融业依然如故地从事着广泛而深入的“投机性投融资”，并由此进一步促推了自身的集中与垄断，以及银行业同资本主义工商业（包括农业等经济生产领域）相融合的进程。经济全球化时期，世界资本主义资本和生产的集中垄断更由于新自由主义（意识形态）的猖獗肆掠在全球范围获得了空前拓展，一些史无前例的（超大）垄断资本跨国集团应运而生，并渐渐成为经济全球化当仁不让的主角以及世界政治、经济、社会、文化权力的实际操控者，而垄断资本跨国集团的真正统治者——垄断（金融）寡头也因而日渐成为世界资本主义乃至全球权力金字塔顶端的盘踞者——“帝国主义法老”。对此，很多人发出这样的慨叹：我们生活的时代已经被数个全球最大的垄断资本跨国集团所牢牢控制了，我们生活在跨国公司施行全面、深入统治的时代！尽管事情往往具有两面性，譬如，帝国主义时期，世界资本主义生产和资本的日益集中垄断发展趋势能够在一定程度与范围推动生产社会化进程，并因而为人类最终超越帝国主义时代奠定坚实的经济生产基础，然而，只就当前时期而言，这丝毫不影响（甚至空前加剧）垄断资本集团及其寡头对广大劳动者愈发深重的压迫和剥削。一个显著的事例是，经济全球化时期密布于世界各地（包括发达资本主义国家和地区）的“血汗工厂”愈益成为一个相当普遍且越来越令人“熟视无睹”的社会经济现象。当世界资本主义生产和资本日益显现出全球集中垄断的基本趋势时，不应当妄自揣度，帝国主义有可能形成一种类似于考茨基“超帝国主义”意义上的“跨国国际政权形式”或“跨国资产阶级”，并反过来肆意指责建基于“民族国家”与“竞争资本”理论之上的列宁“帝国主义论”。此类指认帝国主义列强终将在“一笑泯恩仇”基础上形成一个相互妥协、互谅互让的“跨国国际政权”，以及具有统一意识形态和共同利益的“跨国资产阶级”的观点首先忽略了资本家阶级内部客观存在着建基于极端利己主义伦理价值观之上永不可弥合的排他性、竞争性，特别是以多样态自然地域和人种差异为前提的“民族国家”（垄断）资本集团更是先天以邻为壑地设置了彼此之间一道难以逾越的天然屏障；其次，这种观点遗漏或忽视了列宁强烈反对“超帝国主义论”的深层原因，即列宁认定资产阶级内部永不可能达成真实统一（由于个体资本家对利益的无穷尽追求，必将产生相互激烈尖锐的对抗和竞争，其与全世界无产阶级的真正统一是根本不同的），加之考虑到世界资本主义各国间始终存在严重的社会经济发展不平衡及由此引发的各类深层社会问题和矛盾，所以，他指出，第一，帝国主义列强之间的战争不可避免，第二，虚假“和平愿景”的“超帝国主义”不可能实现；再次，列宁反对“超帝国主义论”还由于其鲜明的机会主义、修正主义、等待主义特质不仅会误导人们对资本主义、资产阶级同社会主义、无产阶级的正确认知，而且更严重遮蔽、压制了人们对无产阶级革命能动性的领悟，窒息了社会革命的坚定意志与激情。此外，不应将列宁对帝国主义国家之间的战争简化为单纯的军事战斗。列宁身处 20 世纪初帝国主义刚刚崛起诸侯混战的“战国时代”，时代性要求他必然将帝国主义列强间由来已久的尖锐矛盾形象描绘为无产阶级能够直接感知到的战斗或战争，然而，列宁真正力求揭示的是，帝国主义列强之间出于“民族国家”（垄断）资本集团及其寡头狭隘切身利益考量而引发的深层且永远难以克服的矛盾和冲突。事实证明，战后迄今漫漫数十年，那种带有浓重幻想色彩的“超帝国主义”不仅没有得以形塑，反而在当前现实世界格局中越来越呈现为一种以美国同日本、欧盟同美日、俄罗斯同美欧、第三世界资本主义同西方发达资本主义等众多民族国家矛盾对立日趋深化为重要表征的“分裂性”与“全球性”并存的国际关系情状及基本演化趋势。与此相应，众多国际垄断资本财团（以跨国公司为代表）不是脱离，反而是愈加密切地与某个特定国家政权纠缠在一起。资本和生产的集中垄断在全球范围的进一步演进，允许人们有更多想象空间：当帝国主义列强间的矛盾对立来到某一个无法调节与缓和的临界点时，帝国主义世界战争是不是会不顾考茨基当代门徒机会主义的“和平愿景”而再度无情爆发呢？无论答案如何，至少当前人们能看见，帝国主义列强间的矛盾对立始终呈现为一种极度紧绷的基本态势，战争硝烟始终在以美国为首的帝国主义列强身旁氤氲缭绕。

事实胜于雄辩。当代（垄断）金融资本对全球统治的深广程度自然远胜于列宁时期，人们甚至一度将当代金融资本的高度垄断统治状况描绘为所谓的“金融帝国主义”。不仅以银行为首的资本主义金融业集中垄断进程自战后以来始终处于异常快速的发展阶段（这种集中垄断不仅局限于自身领域内，同时更顺势蔓延到了资本主义工商业、农业等众多领域，并进而与这些领域形成了日益紧密的融合态势），而且以美国为首的帝国主义在战后通过众多金融手段（产业资本输出、金融资本输出、高利贷放款、美元霸权、国际游资、金融衍生品等）深入而广泛地实施着对第三世界，乃至全球的剥削与压榨。当今世界唯一超级大国——美利坚合众国，凭借美元霸权地位，动不动就开启国内印钞机，将其向世界各国家和地区的巨量借款最大限度地稀释掉。此外，以美国为首的帝国主义持续推动全球金融自由化和金融国际化进程，在促进国际货币流动性增加的同时，极大提升了全球经济虚拟化程度（最典型的如金融衍生品源源不断地被“发明创造”出来），从而给全球社会经济发展及其稳定带来了空前严峻的风险和危机（2008 年横扫全世界的金融—经济危机以及由此进一步诱发的资本主义社会的全面危机就是非常好的一个例证)。那些具有高度投机性的巨量"国际游资"在金融自由化、全球化浪潮强劲推动下，通过短期内大量涌入某些发展中国家和地区（有时候也进入到发达国家和地区)，推高其楼市股市并从中攫取到大量经济利润后旋即迅速撤资的卑劣方式，最终令这些国家和地区广大劳动群众多年创造和累积下来的巨量国民财富瞬间化为乌有。据上述，足以证明和窥见列宁曾经重点论及与阐述的以银行为首的资本主义金融业的"恐怖主义"。

二战后，部分西方学者，当然也包括国内一部分深受蛊惑或别有深意的学者指出：西方各主要资本主义国家于战后纷纷"自觉自愿"地主动放弃了那些曾经被它们牢牢掌控的殖民地、半殖民地及军事—地理势力范围，自此以后，曾经沦为帝国主义列强股掌之中的殖民地、半殖民及军事—地理势力范围因此相继建国，获得了民族的自由和独立。所以，第一，列宁有关帝国主义列强从地理上"瓜分世界"，并由此而频频爆发帝国主义列强之间的对抗、战争等研究同论断毫无疑问已经"过时"；第二，战后迄今，世界军事—地理殖民主义及世界军事—地理殖民体系早就彻底崩溃、消亡，殖民主义无疑已变成了一个遥远的历史范畴。应当指出：此类见解不仅明显罔顾世界旧军事—地理殖民体系瓦解的真实原因，而且也严重忽略了新殖民主义在战后泛滥猖獗的事实。战后，世界军事—地理旧殖民体系如"多米诺骨牌"般的倾塌，以及帝国主义列强（不得不）放弃武装侵略占领广袤殖民地、半殖民地的行为当然决非源于帝国主义的"仁慈"或"无殖民地美国的引领"，其真实原因乃是，两次世界大战对世界资本主义的极大损耗，以及如雨后春笋般涌现的社会主义国家（及其形成的坚固阵营）同第三世界民族民主力量对帝国主义的强大制约和威慑。正因此，帝国主义不得不收敛起早期屡试不爽的"大棒政策"和军事武装侵略手腕。尽管这样，这一切绝不意味着殖民主义意识形态及相关实践已然烟消殒灭。实际上，战后迄今飞驰而过的一幕幕历史场景一再告诫人们，帝国主义永远不可能主动自愿放弃殖民主义，因为这曾经给它带去了难以计数的经济政治利益。帝国主义仅仅只是从往昔明目张胆以武装入侵和军事占领等“硬手段”为主要表征的旧殖民主义转变到以经济（主要是依靠资本输出等经济金融手段）和文化（通过多种媒介形式，如影视剧、书籍报刊、网络等，向全球大肆传播其主流意识形态和价值观）等“软手段”入侵为主要表征的新殖民主义，换言之，殖民主义在当代远未消散，其仍是帝国主义时代的基本特征之一。众所瞩目，即令是到了号称文明和进步的21世纪，以美国为首的帝国主义也并没有彻底放弃依靠军事武力入侵打击他国以达到其经济政治等目的的旧式殖民主义思维及实践，如近些年来相继爆发的数次美伊战争，美国对南联盟、阿富汗、叙利亚悍然发动的众多局部战争等。

在金融帝国主义与新殖民主义深刻影响下，帝国主义的“腐朽寄生性”愈益显著：一方面，资本主义实体经济同虚拟经济之间产生了日趋严重的分裂、分化。伴随金融资本自由化和全球化进程不受管制地疯狂发展，虚拟经济在人们投机心理普遍高涨地持续推动下制造出越来越多金融—经济泡沫，世界资本主义金融业甚至一度与其实体经济背道而驰，因而，这样一来，就失去了实体经济雄厚坚实的根基，金融资本持续“高盈利”“高回报率”等众多现象注定成为一种难以久长的“幻象”及经济社会暴风雨来临前的“最后疯狂”。另一方面，战后帝国主义积极推动的以经济和文化等“软手段”为主要表征的新殖民主义政策及实践，使第三世界在刚刚告别了被奴役、被压迫、被统治的旧殖民主义时代之后，旋即又被经济文化殖民锁链牢牢捆住，并日趋沦为帝国主义的“附庸”“外围”。通过资本输出、美元霸权、金融衍生品等一系列经济殖民手段，金融寡头持续不断从海外攫取到巨额经济利润，坐享其成地收割第三世界广大劳动群众创造和累计的劳动果实。这一点恰如列宁深刻指出的那样：对被压迫民族的剥削，特别是少数“大国”对殖民地的剥削，使“文明”世界越来越变成叮在数万万“不文明”“落后野蛮”民族身上的寄生虫。与此同时，帝国主义生产领域中的“腐朽性”不仅依然如故，而且愈加严重。例如，为了获取高额垄断利润，当代许多资本主义企业或垄断资本财团竭力阻碍科学技术的高速度进步及其广泛普及化进程：一方面，垄断资本财团高价收购、买断最新技术，以求彻底排除其他竞争者获得这些生产技术的可能性；另一方面，垄断资本财团在实在无法避免科技生产进步的情况下，会尽量延缓新技术、新产品的问世速度，并将这些技术和产品分批次销往市场（例如，某些著名电子产品“分代”“分批次”地向社会市场进行销售，第一代、第二代、第三代……这一点如同列宁在《帝国主义是资本主义的最高阶段》中生动描述的那样，垄断资本是要从“一头牛身上剥下两张皮来”）。许多人都误以为列宁对帝国主义“腐朽性”的判断已然过时，因为战后迄今世界资本主义科技生产快速发展的事实似乎与列宁曾经的论断有所差异。然而，事实上，列宁从未否认“腐朽性”能始终与资本主义社会经济高速发展相伴随，恰恰相反，列宁在《帝国主义是资本主义的最高阶段》中早就辩证地指出：认为腐朽趋势排除了资本主义的迅速发展实是一种错误观念，“整个说来，资本主义的发展比从前要快得多”。

在由列宁曾经深刻揭示出的帝国主义基本社会经济特征基础之上，近些年来，尤其是经济全球化时期，世界资本主义逐渐呈现出某种所谓“文化帝国主义”侵略、渗透的重要特征，这是一条迥然有别于以往帝国主义列强依靠强势武装军事力量入侵和打击的当前帝国主义对全球施行影响同侵略的重要手段。其主要内涵为：以美国为首的世界帝国主义凭借其所拥有的强大科技、经济、政治和军事实力，有意识、有预谋、有计划地向全球大肆推行及宣传资产阶级世界观、价值观、生活方式等意识形态因素，以期从思想和价值观信仰层面彻底、完全地推翻和摧毁其他（非资本主义）国家、地区、民族信奉并传承了数百（千）年，多元丰富的民族文化传统、价值观体系、意识形态信仰及生活方式等“软实力的民族万里长城”，试图将世界多姿多彩、多元化、多样态、自然绵延的文化生态系统人为地、僵化机械地转变为一种全球大一统，同时也是唯一的，资本主义属性的信仰内容、文化理念与价值系统。毫无疑问，从客观现状来观察与衡量，“文化帝国主义”所具有的对世界多元文化、信仰、价值观生态系统的破坏力绝对不容小觑：在宏观国家政治层面，二战结束后至今，其已经相当成功地促成了苏联解体、东欧剧变及多个国家相继发生“颜色革命”；在微观生活方式及价值观层面，“文化帝国主义”依靠美国“好莱坞”影视剧、“美国之音”“麦当劳”“肯德基”

等诸多快餐流行文化，将资本主义文化和价值观快速、广泛且潜移默化地传播到第三世界以及社会主义国家亿万普通劳动群众的日常生活工作中，甚至是他们的思维方式同价值追求中。“文化帝国主义”就如同资本主义新的历史时代的一次“十字军东征”布道，其所可能产生的后果在某种程度上远比军事武装侵略来得更加深远、持久、稳固，同时又不会受到当地民族、人民的强烈反感与激烈排斥。正因此，第三世界，尤其是社会主义国家应当高度警惕“文化帝国主义”的持久入侵，并真正下功夫去及时、因应地建设一套强大的由传统民族文化、社会主义、马克思列宁主义共同构筑的优越于（垄断）资本主义的价值信仰与文化体系。

第四节　列宁“帝国主义论”的当代价值

列宁“帝国主义论”对马克思主义、人类思想史，以及国际共产主义运动作出了无与伦比的贡献。经济全球化时期，列宁“帝国主义论”决不像某些人认定的那样，已经逐渐丧失了理论生命力和现实解释力，成为了一种“过时”或被证伪的思想体系，恰恰相反，由于列宁“帝国主义论”深刻揭示出人类社会历史发展一般规律，特别是帝国主义众多显著社会经济特征及其基本历史走向，所以，以《帝国主义是资本主义的最高阶段》为典范的列宁“帝国主义论”不仅曾经对国际共产主义运动、苏东社会主义建设、第三世界民族解放和独立等方面起到过难以磨灭的引领作用，而且对人们在经济全球化时期穿透层层社会历史迷雾，更为深入、更为全面、更为系统地正确认知与研判（国际）垄断资本主义阶段性特征、国际基本格局和关系、帝国主义时代最终历史走向与结局等方面仍具有无可替代、无可比拟的重大理论价值同实践意义。加之，由于帝国主义在经济全球化时期“远足”而频频惊现的金融—经济危机肇始，以各类社会危机共同爆发为症候的“资本主义总危机”苗头或隐或现，列宁“帝国主义论”深广的理论包容度与蓬勃的现实生命力正日益强盛地显现出来。

一、“帝国主义论”是分析当代垄断资本主义重要的马克思主义范式

列宁的《帝国主义是资本主义的最高阶段》自诞生迄今，世界资本主义历经漫漫数十年的演变与改观，涌现出了众多相当新颖且形式上迥异于列宁时代的一系列社会经济特征与现象。面对世界资本主义多年来令人惊讶的快速发展及其在某些方面实现的社会经济进步，国内外各学科领域的学者们纷纷试图对这一历史时期的本质内涵及基本社会经济特征作出细致梳理、详尽归纳同深刻理论阐释。西方资产阶级学者往往倾向于从非经济基础、非生产关系的社会表象层面，如社会福利持续增加、电子信息技术普及应用、股权股份广泛社会化等将战后至今的当代资本主义称谓为所谓的“福利社会”“后工业社会”“人民资本主义”“新帝国主义”等。国内大多数学者则从马克思列宁主义基本立场和原理出发，重点关注资本主义社会经济基础或生产关系领域中所发生的演化与改观，将当代资本主义称谓为“国家垄断资本主义”“国际垄断资本主义”“金融帝国主义”“新殖民主义”等。不过，事实上，无论国内外学者将当代资本主义冠以何种最时髦的名称，究其最深层实质，只要当代资本主义私人垄断的经济基础没有发生任何实质性转变，只要建基于私人经济垄断基础上的众多帝国主义社会经济特征本质上没有发生变化，当代资本主义就仍旧并始终处于列宁意义上的帝国主义历史阶段。当然，帝国主义（垄断资本主义）在本质内涵上的始终如一并不妨碍其于社会经济表象层面呈现出一些与列宁时代不一样的东西。例如，经济全球化时期，西方“文化帝国主义”正强势崛起，战后传统军事—地理殖民主义（及其世界体系）渐渐被经济—文化新殖民主义所取代，世界资本主义资本和生产的集中垄断趋势空前强势地拓展至全球范围等。正是在这个意义上，以《帝国主义是资本主义的最高阶段》为典范的列宁“帝国主义论”伴随着世界资本主义日益持续深化发展和演进彰显出越来越耀眼而强烈的现实性，而列宁“帝国主义论”所蕴藏的这种耀眼而强烈的现实性又反过来决定了其具有不可替代、无与伦比的重大学术价值同实践意义。列宁“帝国主义论”强烈而耀眼的现实性及其日益彰显出的不可替

代、无与伦比的重大学术价值同实践意义不仅雄辩地批驳了那种指认其早已过时的错误思潮，同时也为在以《帝国主义是资本主义的最高阶段》为代表的列宁“帝国主义论”的基本立场、学术原理、理论逻辑、研究方法指导下进一步全面、深入、系统展开对当代垄断资本主义的剖析和研究奠定了坚实的思想基础并铺垫了平坦的理论道路。列宁“帝国主义论”因其坚定而忠实地沿着以《资本论》为典范的马克思主义政治经济学及唯物史观的基本立场、原理、研究方法正确方向前行，因而成为帝国主义时代与时俱进的新的历史时期的马克思主义，成为迄今为止最为详尽、最为深刻、最为系统的一套完整而科学分析作为资本主义发展最高（最后）阶段——帝国主义（垄断资本主义）时代的马克思主义帝国主义学术思想体系。这一点诚如俄罗斯哲学博士科索拉波夫深刻指出的那样：当前经济全球化时期，列宁的帝国主义理论比以往任何时候都显得更有价值与意义，列宁的有关理论论断正在不断为实践所广泛地证实。据上述，以《帝国主义是资本主义的最高阶段》为典范的列宁“帝国主义论”日益成为经济全球化时期人们正确考察与深入剖析当代垄断资本主义最重要、最深刻、最富远见和洞察力的马克思主义帝国主义理论范式同思想体系。正是在这个意义上，可以说，如若希冀获得对当代垄断资本主义科学、正确、全面认知的话，离开了以《帝国主义是资本主义的最高阶段》为典范的“帝国主义论”的引领、指导，必将陷入徒劳和虚妄。

二、“帝国主义论”为正确继承和发展马克思主义提供了经典范本

列宁的《帝国主义是资本主义的最高阶段》并非空穴来风或凭空捏造的理论产物，其深深根植于马克思主义政治经济学与历史唯物主义这片深厚而肥沃的理论土壤，从中源源不断汲取丰富思想养分，换言之，列宁成功写就的《帝国主义是资本主义的最高阶段》在基本立场、理论原理、分析研究方法等诸多具有根本意义的方面均不曾远离马克思主义科学分析范式。然而，与此同时，也必须清醒地认识到：马克思主义永远只是一套科学的分析方法和基本指导原则，而不是随用随取的“锦囊

妙计”与僵化的理论教条。正因此，恩格斯才会在1890年致恩斯特的信中明确提出，应当将“唯物史观”作为一种研究具体社会历史的方法和指南，而非“按照它来裁剪各种历史事实”。当然，这可能是“庸人们”永远无法理解和接受的辩证真理。列宁在真正继承马克思主义科学分析范式基础上，因应具体国情、世情及特定社会历史背景，与时俱进地推动和发展了马克思主义，从而形成了列宁主义，即新时代（帝国主义时代）的马克思主义。具体到《帝国主义是资本主义的最高阶段》中，列宁在很好继承马克思主义基本立场、理论原理和研究方法的基础上，积极且开放式地研究、学习、吸纳了马克思、恩格斯（甚至包括了拉法格等人）关于垄断资本、垄断资本主义的初步研究成果（其中主要是有关股份制公司、资本主义信用体系、生产和资本日益集中垄断及其同自由竞争间的关系等众多方面的理论研究），同时广泛利用他生活时期大量丰富的实证研究成果及翔实可靠的统计数据（包括大量具体现实案例），从而将马克思、恩格斯、拉法格等人经典垄断资本主义研究传统（尽管是比较初步的）升华为一个较为系统、完整、全面的思想体系，进而在深刻揭露帝国主义时代越来越显著而严重“寄生腐朽性”基础上将马克思和恩格斯曾经深刻预测的垄断资本主义“过渡性”论断发挥到极致，并明确得出了帝国主义是垂死资本主义的精彩结论，科学预判了帝国主义必然的历史走向和历史结局，为无产阶级社会革命指明了方向。应当说，在这个意义上，列宁无疑真正响应了恩格斯“唯物史观应当成为具体社会历史研究指南”的谆谆教导。

经济全球化时期，我们当然不能僵化而执拗地认为，当代垄断资本主义同列宁时代一模一样，毫无变化。倘若这样，显然违背了辩证唯物主义揭示的社会历史一般发展规律：社会、世界，乃至宇宙中万事万物始终处于生生不息变化、发展、演进态势中，一成不变的事物在现实世界中并不存在，其仅仅只存于形而上学头脑及康德“彼岸世界”中。因此，应当看到，同时也应该大胆承认，尽管当代资本主义从本质上来说仍旧处于帝国主义时代中或垄断资本主义历史阶段，但是，其历经百余年发展变迁展现出了许多迥异于往昔的新变化、新特征。因此，如果只会死盯住列宁《帝国主义是资本主义的最高阶段》中某些个别篇章论断和言辞，而不去作因应于时局的理解与诠释，就算不上真正继承列宁主义及其“帝国主义论”，或迟或早必将遏制、背离马克思列宁主义科学理论蓬勃的生命力与朝气。欲图真正继承列宁主义毫无疑问就需要如同列宁当年那般，既坚定地坚持马克思主义基本立场、理论原理和研究方法，同时又以实事求是的理论眼光审慎观察同深刻研判资本主义社会经济呈现出的最新变化、前所未有的时代新特征及持续不断涌现的历史新事件，并将这些最新近因素纳入马克思列宁主义科学理论分析范式中，以期推动马克思列宁主义与时俱进的发展。具体到帝国主义（垄断资本主义）研究中，应当敏锐洞察且历史看待战后迄今世界资本主义在表象层面上呈现出来的巨大社会历史性变迁和演化，以及那些具有里程碑意义的重大历史事件，如“文化帝国主义”的崛起，军事—地理殖民主义及其世界体系的彻底瓦解及随后而来的以经济—文化“软实力”为主要侵略、掠夺途径的新殖民主义的出现，由金融资本空前强化和泛滥及其“全球化”“自由化”“虚拟化”“投机性”等进程和特征所引致的金融—经济危机，乃至于全面社会危机，东欧剧变，等等。总之，以列宁伟大著作——《帝国主义是资本主义的最高阶段》为典范的“帝国主义论”在当代最重要的价值之一，就是为人们继续深入推动马克思主义帝国主义理论的“与时俱进”提供了一个经典范例同实践榜样。《帝国主义是资本主义的最高阶段》之所以成为马克思主义思想史中的光辉典范，绝不仅仅局限于为人们研究当代垄断资本主义作出了学术理论上的卓越研究，并因此奠定了坚实的思想基础，更在于这部伟大著作在方法论和研究进路上以身作则地告诫人们：过于僵化机械地理解和阐释列宁主义（包括“帝国主义论”）必将最终导致窒息和扼杀真正的列宁主义；应当学习当年列宁写作《帝国主义是资本主义的最高阶段》时的做法，即在坚持马克思列宁主义基本立场、理论原理和研究方法的基础之上，注重将当代资本主义所发生的诸多具有重大社会历史价值和意义的大事件同一系列（最新近的）基本社会经济特征尽最大可能纳入到“帝国主义论”科学分析范式中，为进一步推动列宁“帝国主义论”的与时俱进略尽绵薄之力。

三、“帝国主义论”指引下的“十月革命”与苏联建设成就留下诸多宝贵经验

对于自1917年俄国社会主义“十月革命”取得全面胜利直至苏联解体、东欧剧变70余年间，苏维埃俄国、苏联（以及东欧）社会主义建设历程及其历史地位，毫无疑问，绝不应作出缺乏深入考察和细致研究的轻率否定性判断同一概而论粗糙的负面评价。事实上，可以毫不夸张地说，此数十年间持续不断发生和涌现出来的众多（且越来越多）“新事物”（如私人制的消灭及公有制的建立）、“新现象”（如拥有“伟大创举”美誉的“星期六义务劳动”）、“新事件”（如世界社会主义联盟的形塑），不仅均为人类社会历史数千年历程中闻所未闻、史无前例且携带着满满正能量，而且更为世界带来了“消除异化”“获得拯救”的“希望与曙光”。

尽管苏维埃俄国、苏联及整个东欧的社会主义建设事业伴随着苏联解体、东欧剧变而令人扼腕地成为了历史的一个遗迹，或一声沉重的叹息，然而，这却不意味着苏联、东欧的社会主义建设事业如同希腊神庙中的残垣断壁那般只是一个供后人缅怀、瞻仰的“历史古物”。事实上，苏联和东欧的社会主义建设事业曾经过往的点滴（其所取得的辉煌成就及遭受到的挫折和经验教训）并没有完全被尘封在历史过往的烟云中，恰恰相反，这一段伟大的社会主义建设历程犹如曾经“巴黎公社”所带来的绚烂光辉那样随着人类迈入21世纪的步伐愈益显得弥足珍贵。一方面，苏联和东欧社会主义建设事业所获得的众多宝贵经验由于其具有鲜明的正向价值始终具有相当蓬勃的生命力、感染力、号召力，因此，无疑十分值得当代世界社会主义国家及各国无产阶级左翼政党深入学习和借鉴；另一方面，苏联和东欧社会主义建设事业过程中相继出现的许多问题、难题，甚至沉痛社会历史教训当然也不应有意漠视、回避或弃之不顾，其无疑也都是需要认真学习和总结的良好教材，尽管可能是反面的，但仍然有着难以磨灭的意义和价值。与此同时，曾经指导苏维埃俄国、苏联及东欧社会主义建设事业发展的马克思列宁主义同许许多多熠熠闪光的社会主义理念观点、精神内涵、价值追求等均毫无疑问地成为

一笔难以估量的社会精神财富和珍贵思想资源。更为重要的是，沉睡在苏东社会主义建设历史进程中这些看似尘封已久的经验教训同理论精神资源直至今日仍源源不绝地惠泽世界上硕果仅存的几个社会主义国家、各国左翼政党组织及左翼人士、以无产阶级为首的广大劳动群众，乃至整个人类社会的一切进步力量。这一切恰如俄罗斯学者罗伊·麦德维杰夫坦言的那样：尽管苏联已然解体了许多年，可是，苏联社会主义建设事业所遗存下来的社会主义建设的经验教训（包括社会主义的价值理念等）均从未真正消失过，“苏联时期的许多成果依然存在于我们的日常生活、经济和文化领域中，仍然存在于独联体和后苏联时代的各族人民和国家的关系中。苏联在几十年中积累的沉痛的经验不是徒劳无益的。”①

四、“帝国主义论”对帝国主义历史结局的展望激励着当代世界一切进步力量

列宁“帝国主义论”当代价值中非常重要的一点乃是列宁在《帝国主义是资本主义的最高阶段》这部伟大学术著作中通过详尽考察帝国主义众多社会经济特征，特别是帝国主义时代越来越显著的“腐朽寄生性”，提出与重申了帝国主义的“过渡性”和“垂死性”，并进而铿锵有力地指出了帝国主义最终且必然的历史走向和历史结局：帝国主义是无产阶级社会革命的前夜。这一重要理论论断不仅极大地激励了列宁时代的世界革命者，尤其是俄国广大深处社会最底层，备受剥削压迫的劳动者，而且同样也对战后一段时期内积极、勇敢投身于国际共产主义运动、无产阶级社会革命事业，乃至于对一切寻求解放和自由的落后国家、地区、民族等世界进步力量都产生了非凡的理论引领同鼓舞激励作用。

正因为列宁在《帝国主义是资本主义的最高阶段》中科学揭示出帝国主义最终历史走向和历史结局，因此，在当代（国际）垄断资本主义处于史无前例全盛态势及国际共产主义运动还未完全走出低谷的历史时

① ［俄］罗伊·麦德维杰夫：《苏联的最后一年》，王晓玉等译，社会科学文献出版社 2013 年版，第 262 页。

期，在当前多元化思潮混淆纷乱、真假进步力量鱼龙混杂的历史时期，世界社会主义阵营及一切真正的进步力量就更应当自主自觉地坚信、坚定、坚守列宁曾经所作出的这一重要理论论断，并于现实实践中积极发挥主观能动性，竭尽全力将人类社会历史前进方向推移到列宁“帝国主义论”正确指引的光明路径与前景。越是在暗黑无光的岁月，越是要坚定自己高尚的信仰。我们这个时代最大的幸运就是长久处于一个较为和平，注重社会经济发展和个体成就的年代，然而，我们这个时代最大的不幸却是我们不得不同帝国主义（垄断资本主义）“共处一室”。假若列宁生活在这样一个既幸运又平庸的年代，他将会迸发出什么样的思想火花，又会采取什么样的革命实践措施呢？这当然永远都只能是一个谜。不过，列宁曾经无穷的榜样力量仍然活着，绵延燃烧着！类似于俄国社会主义“十月革命”的时代契机和历史机遇或许真的只是从一种相对意义上来说的，绝对合适的时代机遇也许从来就不曾光临过人类世界。在此意义上，哈特和奈格里在《帝国——全球化的政治秩序》中的言论颇具深刻性、启发性：以《帝国主义是资本主义的最高阶段》为典范的列宁“帝国主义论”“最重要的便是从主观的立场批评帝国主义，并将它与马克思主义的关于危机中的革命潜力的观点相联系。他给了我们一个工具箱，一套生产反帝国主义的主体性机器”①。

垄断资本主义时代（国际垄断资本居于世界统治地位的经济全球化历史时期），恰逢国际共产主义运动迄今为止仍处于低谷的不利局面下，应当怎样看待和应对落后国家、地区、民族的解放和发展问题，特别是作为世界最大社会主义国家和最大发展中国家的中华人民共和国（尽管GDP已经高居全球第二，但仍困于第三世界阵营中），如何在全球资本主义势力空前强盛的当前时期，既使国内市场经济发展保持一定程度的高速增长（即在某个范围内允许资本主义中蕴藏的先进因素得以最大化释放），同时又坚持好社会主义经济政治制度（仍然走在社会主义道路上），完善并推进社会主义核心价值观建设，进而，亦如当年列宁那样，

---

① ［美］麦克尔·哈特、［意］安东尼奥·奈格里：《帝国——全球化的政治秩序》，杨建国、范一亭译，江苏人民出版社2008年版，第225页。

在社会历史机遇允许的前提下，在与世界资本主义对抗的局面中，把握好、利用好社会时代所提供的一切有利条件，不仅在中国，同时更在全球范围积极推进社会主义建设和发展无疑是一个非常难以回答，但却又不能不首要回答的重大时代议题。当然，这要求我们必须首先在国内积极思考、建设未来超越和取代资本主义的更高级社会形态——社会主义社会的丰富内涵及其应当施行的价值文化理念（如伦理道德观等）、社会经济秩序、政治体制机制等诸多重要方面。

第四章　从“人民资本主义论”到“新帝国主义论”

——对西方有关当代垄断资本主义诸思潮的批判性考察

面对战后垄断资本主义在社会经济方面的众多最新演化和改观，西方资产阶级学者自始至终竭力作出一些看似新颖且独特的学术见解。不难想见，此类学术思想无疑会在一段时期内引起广泛而强烈的社会反响，甚至是激烈争议，与此同时，抛出这些观点和见解的学者也很容易因为哗众取宠而声名鹊起。然而，需要指出是，战后以来，众多西方学者对当代垄断资本主义所做出的诸般崭新界定同多维诠释，如所谓“人民资本主义论”“福利社会论”“后工业社会论”“新帝国主义论”，等等，由于囿于资产阶级政治立场、世界观、方法论，通常只是倾向于表浅而直观地从劳动者工作方式转变、居民生活条件有限改善、社会再分配局部调整、政府对社会经济干预调节日趋“常态化”等众多社会经济表象层面出发，并未真正触碰和深掘帝国主义最为深厚的经济基础，从而流于肤浅与粗陋。事实上，不难看出，无论是何种崭新界定与多维诠释，其最终旨向和深层诉求乃直指全面质疑、歪曲、否定列宁“帝国主义论”及由其深刻揭露出的“帝国主义真相”。这些聪明的西方学者当然不是没有看到当代垄断资本主义最为深厚的经济基础，以及建基于此之上一系列显著易辨的社会经济特征，只不过，他们刻意回避了马克思主义的政治学术立场、理论视角、研究方法，从而令其思想学说在客观效果上构成了对当代垄断资本主义的某种辩护、美化和粉饰，与此同时，也从反面结结实实地证明并暴露出其敌视社会主义、敌视马克思列宁主义的一贯立场。这一切亦如巴西学者特奥托尼奥·多斯桑托斯在其享誉全球的名著《帝国主义与依附》中深刻阐明的那样：“后周期资本主义论、消费社会论、福利国家论、工业社会论及其他许许多多的理论，都在谋求使表面上占优势的、经过改良的和新生的资本主义的积极成果永世长存。……当萧条呈悲剧性质时，马上就有即兴说词和理由为这个小歌剧的‘科学性’进行辩解，而它优美的风格和其他必要的表面装饰掩盖着它的真正失败。”①

第一节　“人民资本主义论”批判性考察

对垄断资本主义而言，资本主义股份制及股份公司当然早就不是什么新鲜事物或新奇社会现象了。早在马克思和恩格斯生活的历史时期（19世纪中后期），两位伟大的思想家就已在多个文献中分别对资本主义股份制及其现实组织形式——股份公司作出了深入而细致的考察与研究。马克思、恩格斯都曾明确指出，与垄断资本主义具有一致性，资本主义股份制及股份公司越来越显著地呈现出一种面向未来更高级社会形态——社会主义社会的“过渡”特质。战后初期，资本主义股份制及股份公司较之从前，尤其是相较于马克思、恩格斯生活的年代，出现了不小的演变和改观，逐渐形成一系列新近的社会经济特征。首先，由于大量小额股票长期持续发行，股份公司，尤其是那些具有高度垄断性的大股份公司的股权股份越来越呈现为一种空前“分散化”“社会化”“平民化”“大众化”的特征和发展趋向，资本主义社会购股、持股的普通民众，包括大量劳工阶级成倍增加。据有关资料不完全统计，截止1972年年底，全美股票持有者已经高达3250万人，许多企业和公司的“股东”（包括大量分散的社会小股民）往往动辄就有十数万、数十万（有的甚至逾百万）。据有关报道，“1952年美国的股票持有者为650万，1959年为1250万，1965年为2010万，1972年增加到3250万。许多大公司都有几十万、上百万的持股者。例如1973年底，美国电话电报公司的持股

① ［巴西］特奥托尼奥·多斯桑托斯：《帝国主义与依附》，杨衍永等译，社会科学文献出版社1999年版，第4—5页。

者达363万，埃克森公司72万，国际商业机器公司57万。”① 其次，各类具有法人资格的机构投资者（如商业银行信托部门、其他非银行金融机构、各类基金会、一些同垄断财团关系密切的高校和科研机构、宗教团体及各类工商企业等）正日益成为资本主义股份公司最重要的购股者、持股者。据美国证券委员会相关资料显示，美国商业银行、保险公司、投资银行等众多金融机构所持的股权股份比重，从1900年的6.7%猛增至1974年的33.3%。因而，这样一来，昔日那种仅仅由少数垄断资本家个体或私人家族持有众多企业公司大量股票的情形变得越来越罕见，而具有法人资格的各类机构投资者购买和持有股份公司大量股权股份的现象则越来越成为一种司空见惯的“新常态”。

正是依据垄断资本主义于战后呈现出的种种最新社会经济特征和现象，一种所谓“人民资本主义论”的思潮开始盛行起来。其观点大略为：随着战后世界资本主义股份制呈现出越益显著的“大众化”“社会化”“平民化”“分散化”演变趋势，资本主义企业和公司的“所有者”已不再仅仅是占社会总人口极少数的垄断资本家和金融寡头，而是逐步增加和扩充了的广大劳动者及普通居民，尤其是具有法人资格的各式机构投资者。因此，传统资本主义私人所有制经济关系和基础似乎发生了某种（激进的）革命性变化，资本主义企业和公司正逐渐褪掉原先那种由少数垄断资本家同金融寡头实际操纵及全面掌控的色彩和特质，日趋转变为由千百万普通劳动者和居民真正掌控与决策营运的一种全新“民主化”“社会化”“全民化”的“人民所有制”企业和公司。质言之，战后世界资本主义在不知不觉中已然发生了史所未见的巨大改观和变迁，正悄然演变为“人民资本主义”。以美国为例，早在第二次世界大战期间，美国商会会长约翰·斯通就曾在《不受限制的美国》一书中首次使用“人民资本主义”一词。战后初期，美国不仅竭力在国内全面推广“小额股票”，同时更是在企业和公司内部力主施行所谓“职工购买股票计划”，试图让每一名企业和公司内的普通员工手中都握有本企业和本公

① 复旦大学资本主义国家经济研究所编：《美国垄断财团》，上海人民出版社1977年版，第29—30页。

司的股权股份。到了20世纪50年代中期，美国通用电气公司在《华尔街日报》刊登了一则标题为“人民资本主义”的广告，该广告宣称：“376000个股东把储蓄投资在通用电气公司，因此，美国近乎每一个公民都是资本家!”1958年和1961年，美国资产阶级经济学家凯尔索（L. Kelso）和阿德勒（M. Adler）先后出版了《资本家宣言》与《新资本家》两本书。在这两本书中，两人以战后世界资本主义中有越来越多普通劳工成为资本主义企业和公司的股票持有者为有力证据，试图论证资本主义社会发生了所谓“革命性变化”，并正日益成为所谓的“人民资本主义”，与此同时，竭力鼓噪和宣扬未来世界应当属于资产阶级而非无产阶级，应当以《资本家宣言》代替《共产党宣言》。

资本主义股份公司股权日益“分散化”“社会化”“平民化”“大众化”发展趋势本就不是一件什么特别新奇的事物，其实，早在马克思和恩格斯所生活的岁月里，这一特征和发展倾向就已或隐或暗地有所显现。正因为这样，马克思和恩格斯才极为深刻地阐述和揭示出垄断资本主义面向新的更高级社会形态——社会主义社会的“过渡”特征，也即在马、恩看来，此类最新近的社会经济现象与发展趋向不仅不能证明资本主义（正在或已经）变得愈加有利于人民，从而因为其蕴藏巨大的弹性和调适度而将永世长存，恰恰相反，这些现象和发展趋势反而愈加有力地证明其日益向社会主义作出某种形式上的准备及持续靠拢。对此，列宁也在《帝国主义是资本主义的最高阶段》中提醒人们，需要注意和警惕帝国主义辩护士们正在竭尽全力地掩盖与粉饰垄断资本（集团）及其寡头的阶级剥削性和阶级压迫性。例如，垄断资本家及其豢养的学者鼓吹，资本主义股份公司股票持有日趋“民主化”的发展倾向必将会产生出“资本民主化”，从而在客观上起到加强社会中、小生产的作用。然而，列宁却批驳了这种由“股权民主化”终将导致产生“资本民主化”的论调：究其实质，资本主义股份公司股票“分散化”“社会化”“平民化”“大众化”的发展趋势，只不过是“加强金融寡头实力的一种手段而已”。在比较先进的或比较老的、有经验的国家里（如英国），法律准许发行票额较小的股票，而德国法律则不准许发行1000马克以下的股票，所以，德国金融巨头看见英国法律准许发行一英镑（等于20马克，约合10卢布）的股票“就很羡慕”。正因此，1900年6月7日，德国最大的工业家和“金融大王”西门子在帝国国会中毫无遮掩地说到“一英镑的股票是不列颠帝国主义的基础”。现实状况是，小股东根本没有可能参加股东大会，大资本家往往只需拥有40%的股票就能实际真正地操控一个股份公司的业务。所以，“虽然资产阶级的诡辩家和机会主义的‘也是社会民主党人’都期望（或者要别人相信他们期望）股票占有的‘民主化’会造成‘资本的民主化’，会加强小生产的作用和意义等等，可是实际上它不过是加强金融寡头实力的一种手段而已。”[①] 垄断资本家及其御用文人为了粉饰、掩盖由列宁深邃而卓越的分析所揭露出来的真相，竭尽所能地就现象而谈现象，大肆向社会民众散布如下观点：由于“股权民主化”和“资本民主化”进程飞速发展，世界资本主义正在向“人民资本主义”大踏步迈进。而机会主义者和改良主义者还作了如下“有益”补充：“股权民主化”和“资本民主化”有可能使资本主义逐渐“和平地”转变为社会主义而无需严酷、激烈的阶级斗争，无需剥夺垄断资本，无需从金融寡头那里夺取政权。[②] 这里，借着“人民资本主义论”的“东风”，伯恩斯坦主义曾经被列宁主义所驱散的“和平长入社会主义”幽灵又于新的历史时期再度飘荡于世界资本主义上空。

不容否认，“人民资本主义论”无疑是一种具有高度迷惑性、高度欺骗性、高度煽动性的观点，在其向社会大众广泛而持久的传播过程中，事实上，不仅已经深深影响了一大批质朴且没有分辨能力的劳动群众，而且甚至也动摇了一部分左翼进步人士。为了彻底批驳这种伪善论调，消除其错误引导，有必要对资本主义股份制及股份公司“股权民主化”现象崛起的深层原因作一大致分析。首先，需要明确一点，股份制和股份公司这种颇具“创新性”的事物之所以能够在资本主义社会得以广泛建构与施行当然决非源于资本家的慈心大发，其必定具有某种客观深层的社会经济原因。众所周知，伴随资本主义日新月异的快速发展，特别

---

① 《列宁专题文集——论资本主义》，人民出版社2009年版，第138页。

② ［苏］米·德拉基辽夫、格·鲁登科：《垄断资本主义——帝国主义基本特征概论》，国际关系研究所编译室译，世界知识出版社1965年版，第79页。

是生产和资本集中垄断趋势的不断加强，资本主义企业和公司之间的竞争变得越来越激烈而残酷。为了在这种"丛林法则"为价值主导的"弱肉强食""尔虞我诈"的社会中赢取胜利（或至少是保住生存的权利），资本家们就必须不断地扩大自身企业和公司的规模及整体实力，加之时有发生的对标的企业和公司的兼并（企图和行为），这些都需要大量资金作为坚强支撑与有力保证。然而，资本家们也不可能总是向金融部门进行借贷，因为高额的利息有可能会成为彻底压垮资本主义企业和公司正常运转的"最后一根稻草"或"定时炸药"。正是在这样的社会历史背景中，以向社会广泛募集资金为根本旨向的一种史无前例且极为聪明的"股份制度"和"股份公司"就应运而生了。于是，这样一来，资本家们就可以利用资本巨大的杠杆效应，在有限资金规模的前提下，撬动起越来越多的资本，用以持续扩大自身产业规模或营运更多（兼并而来的）企业和公司，并因而空前增强了自身的综合实力以及抗压、抗风险能力。"在本世纪初，一般有了40%的持股就可以控制企业，现在这个百分数大大降低。如1968年的美国国会调查报告说：实际上只要控制1%到2%的股票，就能给公司的政策和经营以极大的影响；若控制5%的股票，就能支配公司。"① 所以，这就能很好地解释为什么到了自由资本主义后期及垄断资本主义最初发展时期（马、恩以及列宁所生活的历史时期），不仅资本主义的股份制和股份公司如火如荼地迅猛发展起来了，而且就连"参与制"也一并兴盛了起来。尤其是到了战后资本主义社会经济发展"黄金时期"，由于实际控制一个企业或一个公司所真正需要的持股占比相较于列宁时代有了大幅下降，因而，资本主义社会中的股份制度和股份公司（包括"参与制"）就变得愈加隆兴。

其次，资本主义股份制和股份公司对垄断资本而言在客观上的确起到了大幅降低收购同营运成本，以及弱化资本家间竞争激烈尖锐程度等"良好且绝佳"的作用。假设若没有股份制和股份公司，那么，当一个由数名资本家共同出资兴办的资本主义企业或公司中的某个资本家企图

---

① 复旦大学资本主义国家经济研究所编：《美国垄断财团》，上海人民出版社1977年版，第31页。

单独获取这个企业或公司的绝对支配权时，他需要投入到这个企业或公司的资金总量同占比无疑是非常大的，而其他资本家为了保障自身在企业或公司中仅有的那么一点权益同样会恶性竞争式地增加投入（或采取其他诸般阴谋阳谋），双方遂或明或暗地展开了激烈角逐。不难想见，这种尖锐激烈竞争所可能导致的后果必将十分惨重。然而，由于股份制及股份公司的出现，其不仅可以募集到大量（闲散）社会资金，大大降低同稀释了资本家为控制一个企业或公司所需的投入占比与资金总量，从而使资本家有更多可能将剩余资金投向其他更为多样、更加广阔的经济生产领域，而且也大大降低了资本家间你死我活的、仅仅局限在一个狭小领域中的斗争的残酷、激烈程度。

再次，假如严格按照股份制和股份公司的一般组织建构原则来说，无论投资者向股份公司投融了多少资金，毫无疑问都应当被一视同仁地看做该股份公司的“股东”。在此意义上，作为股份公司投融资一份子的股东不仅理所应当拥有对公司规划、决策、运营等方面发表意见和提出建议的“天然权利”，而且同时也自然拥有监督企业生产及运行状况的权力。然而，这绝非垄断资本所乐于见到的，因此，垄断资本及其寡头始终致力于倡议与施行面向社会大量发行小额股票。这样做一个显而易见的好处是：当股份公司的持股人扩展为成千上万，甚至数十万、数百万人时，也即当越来越多普通居民和以工人阶级为代表的底层劳动者在表面上似乎也日渐成为资本主义企业或公司的股东时，以往召集股份公司股东们共同议事协商的“股东大会”却在不知不觉中丧失现实性、重要性，渐渐远遁，最终沦为彻彻底底花瓶一般华而不实的摆设；与此同时，那些仅由十数个或至多数十个大股东组构而成的股份公司“董事会”反倒是日益华丽转身为股份公司的真正实权决策机关；与此相应，那些在股份公司“董事会”中拥有高额占比股权的垄断寡头则成为股份公司核心权力的掌控者和“真正主人”，由于拥有相较于普通群众而言的巨量资金，他们可以轻而易举进入“董事会”，从而获取股份公司实际控制权（遗憾的是，这个“游戏规则”在股票交易所现实交易过程中已经被股民们所默认并严格遵守了），并以手中的有限资金实现“四两拨千斤”的资本杠杆效应，最终成为股份股权（股票）交易游戏的最大赢家。“董事会”取代“股东大会”一个相当重要的结果就是，空前加剧、强化了股份公司内大垄断资本家们露骨的“专制集权统治”：一方面，面对（资金要求）门槛如此之高的股份公司“董事会”，众多普通中、小股民只能望洋兴叹，在彻底丧失掉作为公司股东（应享有）的一切权利后，他们唯一的选择只能是，为了那点可怜而微薄的“投融资收益”，将自己手中紧巴巴的资金无可奈何地交给垄断资本（集团）及其寡头，任由其肆意操纵和挥霍；另一方面，在股份公司中，那些看似地位平等的“董事会”成员，其实也处在悬殊的权力结构中，正如一份美国国会调查报告所生动揭示的那样：“形式上，董事的权力都是平等的，即一人一票，实际上常常是少数人操纵董事会。如果某董事代表控制公司金融命运的银行，他的意见就一定比董事会中其他成员的意见有分量得多。……如果没有其他财团的挑战，控制金融的集团只需要在董事会中有一、两名代表，就可以行使有效的控制权了。”① 《纽约时报商业和金融指南》（1972 年）深刻揭露了此类以资本主义股份制和股份公司为代表的虚假的“股权民主化”现象和进程，“很多文章谈到‘人民资本主义’，说 3100 万个股票持有者对美国公司的影响，跟投票人在全国和地方政治中的作用相同。但显然这是一种神话。在股东年会上，甚至没有一人一票的现象。不仅是那些最大份额股票持有者在公司事务方面有最大的发言权，而且，同政治生活相反，在这里，完全可以购买其他投票权。”② 从历史上发生过的某些真实案例来看，所谓股份制和股份公司的“股权民主化”“股权分散化”“股权社会化”等新近社会经济现象，有时候甚至是出于使资本主义社会中某些企业、公司或整个国民经济系统摆脱其所面临的严峻的经济困境，将“经济亏损”同“经济风险”转嫁到普通居民身上的根本目的而人为推动的。例如，“从 1986 年以后，法国政府为了摆脱国民经济的困境，决定将一些国营企业私有化。采取

---

① 复旦大学资本主义国家经济研究所编：《美国垄断财团》，上海人民出版社 1977 年版，第 38 页。

② 复旦大学资本主义国家经济研究所编：《美国垄断财团》，上海人民出版社 1977 年版，第 31 页。

出售国有企业股票、分散股权、鼓励小额股票的购买办法。……美国西弗吉尼亚州的威尔顿钢铁公司，1983 年由于钢铁价格暴跌，公司大量亏损无法经营，决定把公司股票出售给职工。”①

最后一点，当然也是非常重要的一点，资本主义股份制和股份公司及其“股权分散化”“股权社会化”“股权大众化”“股权平民化”特征与发展趋势，在客观上起到了极大分散同弱化垄断资本（集团）及其寡头所面临的金融—经济风险的作用。正是这种在垄断资本及其寡头竭力推动下出现的看似有利于全民收获经济效益的股权社会化、分散化、大众化、平民化现象及趋势，其最深层、最根本的意旨当然绝不是出于为广大劳动群众和普通民众的根本利益考虑，恰恰相反，其深藏且不可告人的真实目的乃是将垄断资本（集团）及其寡头在运营企业和公司时所可能冒的（一切）金融—经济风险尽可能转嫁到人民群众身上，换言之，一旦当垄断资本（集团）及其寡头的经济投资或经济战略布局惨遭失败时，所有这些由资本家亲自策划与操作的投机性经济冒险所导致的惨重代价都终将由劳动人民来埋单。尤其是战后以来，由于科技飞速发展及垄断资本（集团）间的竞争越来越激烈而残酷，令大垄断资本家的每一次金融—经济投机冒险失败几率越来越大，可能损失掉的资金也越来越多，因而，普通劳动群众时时刻刻面临的投资风险自然也就相应地越来越大，其将背负上的经济负担有朝一日只能以自杀来偿付和结束的风险与概率与日俱增。综上所述，战后迄今，资本主义股份制和股份公司越来越显著的股权股份“分散化”“社会化”“平民化”“大众化”特征及发展趋势，尽管为垄断资本（集团）及其寡头带去了无以计数的好处及大量看得见、摸得着的经济利益，然而，其却在另一个方面令广大劳工和普通民众深陷与日俱增的金融—经济风险（甚至是倾家荡产、身败名裂）之中，难以自拔。首先，广大持有股份公司股票的中、小股民实际上正为垄断资本在全球范围广泛从事的越来越大的投机性豪赌分担着程度不等的巨大金融—经济风险；其次，由于普通民众手中持股额度

① 唐思文：《马克思主义与当代资本主义经济新特征》，中国金融出版社 1990 年版，第 35—36 页。

过低，无法加入到股份公司“董事会”中，自然也就无权介入、干预、监督股份公司的生产、运营等经济行为，同时也不能合理合法且畅所欲言地表达自己的观点和建议，总的来说，他们所受到的待遇同所处的地位无疑是极端不公正且极端弱势的，其唯一命运只能是为了赚取那点可怜巴巴的“投融资回报”，冒着任由垄断资本操纵及挥霍他们辛辛苦苦挣来的血汗钱的风险；再次，资本主义股份制和股份公司中客观存在着在“分红”等方面具有迥异差别的“职工股”同“资方股”“经理股”，如美国弗吉尼亚州丹列佛纺织品制造公司的股票就被分成 A、B 两个类型，其规定职工只能购买 A 类股票（每股为 22.5 美元），26 名资方和经理人员则购占公司股票总额 30% 的 B 种股票（每股为 2.06 美元），股值是每年估定的，如果公司盈利，两种股票的增值率是非常悬殊的。[①] 此外，西方各国资产阶级政府往往会采取一些强制性帮扶资本家的措施来避免众多濒临破产公司的彻底倒闭或持续性亏损，例如，这些政府通常会从国库税收中拿出数十亿、甚至数百亿美元的巨额专款，用以“输血式”地注入那些经济情况堪忧的企业或公司中，尽管这样一来能够保住一些劳工的“饭碗”，但是，这些资产阶级政府的所谓“救市”行为却无端地将国民财富和纳税人辛辛苦苦创造的税收白白拱手献给了那些垄断资本（集团）及其寡头们。

由资产阶级及其御用学者积极鼓噪和大肆颂扬的“人民资本主义论”，仅仅依靠就现象论现象的方法，试图以显而易见的社会经济发展新近特征与情况，一方面，竭力粉饰、掩盖垄断资本残酷无情的阶级剥削和阶级压迫本性；另一方面，妄图说服和笼络广大劳工阶级，让他们感觉到自己同垄断资本（集团）及其寡头一道，都在为着一个“共同伟大的经济目标”毕生并肩奋斗，同时也向他们传达出一个极端错误的信息，即资本主义已然发生了革命性演变，无产阶级与资产阶级的尖锐对立、对抗正逐渐消失，未来的人类社会要么是和平过渡到社会主义社会而不触及垄断资本任何实质性利益，要么是全民皆变为日复一日沉湎于“炒

---

① 唐思文：《马克思主义与当代资本主义经济新特征》，中国金融出版社 1990 年版，第 32 页。

股”的“资产阶级”。不用多说，“人民资本主义论”里当然没有一点马克思主义的气息，其通过刻意回避帝国主义最为深厚的经济基础——资本主义私人垄断，试图将人们的注意力始终局限在肤浅、粗陋的表象层面，竭力令人们忘记垄断资本（集团）及其寡头自始至终严苛的剥削压迫阶级本性同凶残面目，沉湎于看起来美轮美奂的股市交易中起起伏伏的虚幻数字里。特别是从“人民资本主义论”重要前置性修饰语“人民”中，不仅看出了这一资产阶级思潮企望以“混淆视听”的词汇，制造出思想上的混乱与迷茫，而且更通过这一思潮将“人民”同“资本主义”相联系，深刻体会出，其早已远离并彻底抛弃了马克思列宁主义的基本立场、理论原理、分析方法。“人民资本主义论”的确像一抹充盈着美好憧憬的幻彩，虽能诱人地飘扬于空中，但终究会彻底陨灭。

第二节 “福利国家论”批判性考察

以20世纪30年代奉行凯恩斯主义的罗斯福新政为一个显著开端，西方各国资产阶级政权日益深度介入日常社会经济生活事务中。受其影响，资本主义社会分配和社会保障领域出现了一些看似比较有利于劳工阶级的特征和趋向，广大劳动人民的生活工作水平及社会福利保障水平均获得了一定程度或多或少的提升。特别是第二次世界大战结束，当西方社会普遍迎来一个社会经济较为快速发展的“黄金时期”，西方劳工薪酬待遇及社会福利保障的增幅超过了以往历史水平。以享有“福利国家橱窗”美誉的瑞典为例，战后以来，其号称已经逐步建立起了一整套全面覆盖普通劳动者整个人生阶段的社会福利保障政策及具体措施，其中，瑞典国内施行的养老金制度与失业保障制度受到最为广泛的赞誉和好评，对此，人们常常用所谓“从摇篮到坟墓”这一生动形象的短语来描述和形容瑞典战后社会福利水平之高。正是据此，一些西方学者将积极成功施行普通居民社会福利保障制度的发达资本主义国家和地区称为所谓的“福利国家”或“福利社会”，进而，于此基础上，渐趋形成了一种为垄断资本及其统治进行粉饰和辩护的新的社会和学术思潮——“福利国家论”。

与所谓“人民资本主义论”“中产阶级论”之流相类，“福利国家论”的核心观点为：第二次世界大战结束以来，西方发达资本主义国家和地区（正在或已经）发生了某种质性上的改变，即由于社会生产力水平的持续大幅提升以及资产阶级国家政权对社会经济生活的积极介入，特别是资产阶级政权对西方社会分配领域和社会福利保障领域的大力干预和再调节，西方社会劳工阶级的薪酬待遇同社会福利保障逐渐增加，普通群众开始变得富裕起来。因之，世界资本主义，特别是西方发达资本主义国家和地区已经“消除了工人阶级的贫困”，同时也消除了“无产阶级同资产阶级的永恒对立和对抗”，战后西方发达资本主义社会已经变为“人人皆富裕”的“全民福利社会”。正是在这个意义上，马克思主义“带有激进革命色彩”的阶级学说被证明已然“过时”，并且变得“不再适用”，其所阐释的资本主义社会无产阶级同资产阶级永恒对立、对抗和斗争的激烈观点无疑已被客观现实彻底否定和推翻。事实上，应当明确，“福利国家论”是一种带有鲜明修正主义色彩且渊源于西方社会民主（工人）党的改良主义立场和思潮。“福利国家论”主张战后西方社会已经迈入“福利社会”的观点无疑还有更深层次的诉求，即既然西方发达资本主义社会能够通过自身稳步调整和持续革新逐渐使广大劳工阶级的收入、社会福利保障、日常生活水平等诸多方面得到提升，资本主义可以持续不断地进化、演进、优化，然而事实果真如此吗？

首先，看看“福利国家论”赖以依靠的“事实”——世界资本主义劳工阶级收入的普遍提高，也即所谓战后的“收入革命”。战后迄今，西方社会劳工阶级的薪酬待遇果真发生了如上所述的革命性改观吗？从收入的绝对量方面看，不容回避和否认，西方以工人阶级为首的广大劳动者往日极为微薄的收入的确有了一定程度的提升。然而，应当认识到：第一，垄断资本（集团）及其寡头极为有限地增加劳工收入决非出于一种“人道主义立场”或“大同社会”美好愿景，换言之，由于难以摆脱的周期性经济危机同社会萧条的长期影响和冲击，西方社会中的工人阶级长期处于普遍贫穷（或赤贫）状况，而就此所引发的社会动荡和社会危机自然不是垄断资本（集团）及其寡头所乐见乐闻的，因而，为了维系资本主义“永世长存”及其社会经济稳定、健康、持续发展，资本家统治集团只能“出此下策”，即在他们可以接受、可以容忍的范围与程度内适度给劳工阶级加薪；第二，西方劳工阶级收入有限度地提升难以从根本上彻底改变或改善资本主义社会日趋严重的贫富两极分化，“富者越富、贫者越贫”是内含于资本主义制度中的一个永恒特质，以所谓“累进税收制”为例，其实际所能产生的效果早已被众多实证研究和统计数据证明为完全无助于缓解和改善社会贫富两极分化的政策举措，事实上，垄断资本（集团）及其寡头在“累进税收制度”中失去的经济利益早就从别的地方以及加大对工人阶级的剥削压迫中获得了弥补；第三，由于受到日益严酷的剥削压榨以及周期性经济危机深入而广泛的影响，加之无法根治且长期存在于社会严重的通货膨胀及名目繁多的各类苛捐杂税，资本主义社会中的劳工阶级那点微薄的“得到增加的薪酬待遇”早就被冲淡和稀释得令人不忍直视了；第四，西方发达国家和地区中的劳工阶级工资收入的增加远远抵不过资本主义社会中“按资本盈利”的收入，换句话说，依靠股票、债券、房产租赁、生产资料租赁等“按资分配”所获得的收入毫无疑问远远大于一般劳动者依靠出卖体力、智力所获得的收入，因此，资本逻辑仍当仁不让地在社会财富分配领域占据着绝对统治地位，广大劳动者依然卑微而弱势的客观情形由此可见一斑；第五，以工人阶级为首的广大劳动者收入有限度的提升是比不上资产阶级政府这位“总资本家”通过各式各样手段补偿垄断资本（集团）及其寡头的力度的，譬如，战后一段时期内，一方面，西方发达国家资产阶级政权以高价赎买资本家手中本不值钱的不良资产和劣质企业，另一方面，将一些优质资产和企业廉价转让给垄断资本（集团）及其寡头。

其次，再看看资本主义社会中似乎是无偿提供给广大劳动者的众多社会福利保障。这些看似多种多样的社会福利同保障，如养老金、失业津贴、医疗补助、儿童抚养费、贫困户救济、求学低息或无息借款等，好像密不透风地覆盖到了每一位普通公民一生中的所有阶段，为每一位普通劳动者撑起了能够遮避人生灾难与风险的资金保障大伞。然而，事实上，以无产阶级为首的广大西方社会中的普通劳动者所享受到的国家政府提供的补助和津贴绝对不会来自于垄断资产者口袋中，归根究底，其实质上来源于自己多年的辛勤劳动中，直接地来源于自己上缴给国库的苛捐杂税中。此外，由于资产阶级政府所提供的社会福利保障的巨额经费常常是依靠向以资本主义银行为首的金融业大举借贷才能够得以解决，所以，西方各国政府为了填补国家由于长期施行福利政策而导致出现的巨额财政赤字亏空，同时及时偿付金融机构高额利息，因此，就不得不面向社会长期广泛地发放“公债债券”。然而，“公债债券”的大量发放不仅进一步加剧和促推了社会通货膨胀（而通货膨胀带来的显著恶果无疑就是极大地冲淡和稀释掉了劳动群众手中攥得紧紧的可怜巴巴的福利和资金），而且“公债债券”连本带利的资金总量也必将（通过各种形式，如苛捐杂税等）最终成为落到广大劳动群众身上结结实实的经济包袱。

“福利国家论”仅仅依凭二战后一段时期内新涌现出来的一些零星且细枝末节的社会经济表象就断言，资本主义社会发生了有利于劳工阶级的转变，并逐渐成为了一种“全民福利社会”，此类见解无疑是极为苍白且极端谬误的。垄断资产者及其国家政权为了维持自身统治地位的“永续长存”，以及社会经济持久稳定发展，对广大劳动人民作出了一定程度（极为有限）的“让步”，将社会经济发展所结出的硕果的“果皮”剥下来以飨劳工阶级，这是战后所发生的事实。然而，垄断资本（集团）及其寡头们哪里容得下“吃亏”这种在他们看来“天理难容”的事情，他们不仅通过继续加重对工人阶级的剥削压迫程度以获得经济上的补偿，而且还通过收取各类苛捐杂税堂而皇之地将公民们的社会福利保障待遇偷偷地转嫁到广大劳工阶级身上，最终令他们埋单。因此，西方发达资本主义国家和地区中广泛存在的贫富两极分化现象及趋势不仅没有任何消退或弱化的迹象，反而随着时光的推移变得愈发严重而难以弥合，西方社会当然更没有迈入一个所谓的“全民福利社会”中。经由以“撒切尔主义”“里根经济学”为代表的新自由主义（意识形态同实践）在全球范围的空前肆虐和猖獗，经济全球化时期，世界性的普遍贫困问题，特别是西方劳工阶级的普遍赤贫生存状况成为了与世界富裕阶层（尤其是垄断寡头）奢侈糜烂生活方式极不和谐的音程。历史一再证明，曾经的“全民福利体系建设”仅仅是垄断资本（集团）及其寡头一种经济利益有限且短暂的让渡，是一种虚幻的海市蜃楼，是一剂麻醉广大劳动者斗争意志的药品，是瞬间就可以消失得无影无踪的一抹幻彩和肥皂泡。究其根源，资产阶级同无产阶级自二者诞生之日起就永恒地处于矛盾对立同尖锐斗争的相互关系中。假设若没有广大的无产阶级奴隶，资产阶级又何以生存，又何以成为显赫的占据着社会统治地位的王者？

第三节 “后工业社会论”批判性考察

——以丹尼尔·贝尔的“社会预测”思想为例

美国学者丹尼尔·贝尔首度提出“后工业社会”概念。继而，他在1962年召开的一次有关技术和社会变革的学术研讨会上比较详尽地阐发了“后工业社会”思想，并于1973年公开发表了系统论证“后工业社会”思想的《后工业社会的来临》一书。随后，“后工业社会的概念成了美国科学与艺术学院（西元2000年委员会）的基本路线之一，并在该会发表的5卷《工作文件集》和《迈向西元2000年》（该委员会在1967年的一本文选）中得到反映。”① 由于魅惑于战后发达资本主义社会经济高速发展的“黄金时代”，西方某些左翼学者（包括一部分马克思主义学者）的思想开始动摇，开始尝试用“后工业社会”这一范式整合，甚至是消解马克思主义。② 譬如，法国学者安德烈·高兹就曾于20世纪80年代在他相继发表的《告别无产阶级——关于后工业社会主义的论文》和《通往天堂之路》等著作中提出了“后工业社会主义论”及“后工业

① ［美］丹尼尔·贝尔：《后工业社会的来临》，高銛等译，台湾桂冠图书股份有限公司2010年版，原序第34页。

② “后工业社会这个主题还出现于一批欧洲新马克思主义理论家著作中，诸如里克塔（Radovan Richta）、马莱（Serge Mallet）、戈尔茨（Andre Gorz）、图雷纳（Alain Touraine）、加罗迪（Roger Garaudy），他们强调科学与技术在改变工业结构中的决定性作用，并由此对社会变革中工人阶级作为一种历史力量的‘天经地义’的角色产生了怀疑。他们的研究产生了各种各样的理论，他们以不同的方式，强调科学与技术工作者与‘先进的’工人阶级的融合，或者提出了主要由熟练技术人员组成的‘新工人阶级’的理论。所有这些作者都感到社会结构变革的紧迫性，他们在‘新’‘老’工人阶级问题上的辩论，却冗长乏味得像讨论神学一样。因为他们的目的不是为了说明社会上实际的社会变迁，而是为了‘拯救’马克思主义关于社会变迁的概念和列宁关于变迁力量的理论。”［美］丹尼尔·贝尔：《后工业社会的来临》，高銛等译，台湾桂冠图书股份有限公司2010年版，第49—50页。

社会的乌托邦共产主义方案”。[1] 在贝尔看来，人类迄今所有社会均有某种特定的赖以运转的“社会轴心”，而一旦当“社会轴心”发生变化演进时就必然会引发整个社会结构的改观，从而推动人类社会历史变迁。[2] 在贝尔看来，后工业社会意味着：一种对社会结构性质（社会的一个面向）变迁而非社会整个构造变迁的“理想型”描绘和分析建议。其内涵中有几个相互勾连的部分：在经济上，它从制造业转为服务业；在技术上，它是以科学为基础的新工业为中心；在社会学上，它是新技术权贵的兴起以及新阶层原则的开始；在更加一般的意义上，它表明新轴心结构和轴心原则的兴起。[3] 后工业社会的“轴心”就是“科学技术和理论知识”，“‘后工业社会’的概念强调理论知识的首要性是组织新技术、经济成长和社会阶层的一个轴心。我们可以在经验上设法显示这种轴心原则正在先进工业社会中越来越居于主导的地位。”[4]

一、驳斥“后工业社会论”否定社会主义历史前景的论调

“若把社会看成一个独特的历史和政治实体，就少有社会可完全以马

---

① 徐崇温：《“后工业社会主义”的社会主义观》，《理论视野》2001 年第 4 期，第 40 页。

② “轴心原则和轴心结构的思想力图说明的不是因果关系（这只能用经验关系论来说明），而是首要性。在寻找社会如何结合在一起这个问题的答案，它设法在概念性图式的范围内说明为其他结构环绕的那种组织框架（organizing frame），或者指出在一切逻辑中作为首要逻辑的动能原则（energizing principle）。……托克维尔在《古代政府》一书中，对自己著作的整个系统阐述——强调革命前后法国社会的连续性——都是以政权集中于国家之手这个轴心结构为依据的。在《美国的民主》一书中，平等是说明美国社会中民主思想传播的轴心原则。对于韦伯来说，理性化（rationalization）过程是理解西方世界从传统社会变为现代社会的轴心原则……对马克思来说，商品生产是资本主义的轴心原则，而公司企业则是它的轴心结构。对于亚宏来说，机械技术是工业社会的轴心原则，而工厂则是它的轴心结构。”［美］丹尼尔·贝尔：《后工业社会的来临》，高銛等译，台湾桂冠图书股份有限公司 2010 年版，导论第 10—11 页。

③ ［美］丹尼尔·贝尔：《后工业社会的来临》，高銛等译，台湾桂冠图书股份有限公司 2010 年版，第 599 页。

④ ［美］丹尼尔·贝尔：《后工业社会的来临》，高銛等译，台湾桂冠图书股份有限公司 2010 年版，第 141—142 页。

克思所认为的单一体制来加以界定。即使在经济或社会结构方面可以把不同社会按一个轴心来加以比较，它们如果按其他轴心来加以比较可以有显著的不同。因此，按照财产的轴心，不同社会可以定为资本主义的，但是按照政治共识的轴心来比较，这些社会又可以区分为民主的和专制的社会。”

——丹尼尔·贝尔

以丹尼尔·贝尔有关思想为代表的西方“后工业社会论”，[①] 由于其学理逻辑紧紧围绕具有中立特征的“科学技术”和“理论知识”而展开，因而很容易令人望文生义地将这一思潮与其所描述和刻画的未来社会在内涵上等同视之，进而轻易做出“去意识形态”处理。然而，事实真相究竟是怎样的呢？实际上，以贝尔相关思想为代表的“后工业社会论”内含着鲜明的反马克思主义、反唯物史观、反科学社会主义，以及捍卫资本主义“永恒存在”的政治立场和价值取向：“马克思把社会变迁归根于社会结构或体制（而不是心理状态，虽然他对待思想过于傲慢或者把思想作为附带现象），他以命定的方式来说明社会变迁……如果人们必须指明某种命定主义，他就必须再次同马克思主义的鬼魂妥协。……在《资本论》中，马克思勾画了他关于社会发展的基本图示：他说，新社会的结构，即生产的社会化组织，在旧社会的母体中已得到充分发育；这种新结构反映了生产的社会化性质同‘资本的垄断’所产生的‘生产方式的桎梏’之间越来越大的矛盾；社会分化为两个阶级：一个数量日益缩小的资本巨人以及一个稳步成长的工人阶级；新社会的性质同旧社会的资本主义形式到了不能相容的地步，最后‘外壳就炸毁了’，社会主义世界来临了。……然而，事物并不是这样发展的。……马

---

① 一批学者，也对一种类似的历史不连续这一思想——有时称为“信息社会”，“服务社会”，或“以电子通信技术为特征的社会”——进行了探讨，其中，具有典范意义的包括：阿兰·图雷纳的《后工业社会》（1971），格雷格·卡尔弗特和卡罗尔·尼曼的《中断的历史：新左派和新资本主义》（1971），阿尔文·托夫勒的《第三次浪潮》（1980），拉里·赫希霍恩的《机械化之后：后工业时代的工作和技术》（1988）、《工作场所范围内：组织寿命的心理动力因素》（1987），斯蒂芬·S. 科恩和约翰·齐斯曼的《制造业关系重大：后工业经济之神话》（1987）等。［美］弗雷德·布洛克：《后工业的可能性——经济学话语批判》，王翼龙译，商务印书馆2010年版，第7—8页。

克思主义运动却只是在落后国家而不是在先进资本主义国家最为成功。更加重要的是，先进资本主义社会其社会结构的运转方式却和《资本论》第1卷概述中所设想的情况大不一样。”①

贝尔及其忠实拥趸坚信：经济（所有制）并不能对社会其他领域以及社会发展起决定（基础）作用，与之不同，科学技术的巨大力量却往往遭受忽视。基于此，贝尔认为，马克思主义存在一种严重的理论误区，即其将人类社会历史中各类所有制形式与生产技术过于僵化而机械地统一起来了，按此理论，人类社会历史只能中规中矩地按唯一的“单线”所有制或生产关系发展线索（原始共同体→奴隶社会→封建社会→资本主义→社会主义）行进。但是，现实世界中，人类社会历史却是在经济所有制同科学技术两个层面、两个维度上“共时性”演进与发展的。“假若我们以技术的横轴来划分一些国家，美国和苏联都是工业社会，而印尼和中共则否。然若以财产关系的纵轴来区分就有所差异，其中美国和印尼是资本主义社会，而苏联和中共则为‘社会主义的’或是‘国家集体主义的’社会。”② 贝尔提出，为了克服马克思主义这一缺陷，需要对经济学中的两个范畴——所有制和生产力技术——作出区分，即假若分别从所有制和生产力技术两个维度去理解人类社会历史发展历程的话，就可清晰看出，其实际上存在“两条线索”：“所有制线索”同“生产力技术线索”。“所有制线索”就是马克思主义所着力描述的：原始共同体→奴隶社会→封建社会→资本主义→社会主义；“生产力技术线索”就是：前工业社会→工业社会→后工业社会③。“封建主义、资本主义和社

① ［美］丹尼尔·贝尔：《后工业社会的来临》，高銛等译，台湾桂冠图书股份有限公司2010年版，第66—67页。

② ［美］丹尼尔·贝尔：《后工业社会的来临》，高銛等译，台湾桂冠图书股份有限公司2010年版，1976年序言第17页。

③ 贝尔认为，前工业社会、工业社会、后工业社会的差异为：前工业社会的意图（design）是和自然界竞争，它的资源来自采掘业，受到报酬递减律限制，生产率低下；工业社会的意图是和虚拟自然界竞争，它以人与机器之间的关系为中心，利用能源来把自然环境改变成为技术环境；后工业社会的意图则是人与人之间的竞争，在那种社会里，以资讯为基础的“智识技术”和机械技术并驾齐驱。［美］丹尼尔·贝尔：《后工业社会的来临》，高銛等译，台湾桂冠图书股份有限公司2010年版，第146页。

会主义这些名词，都是马克思主义架构内以财产关系为轴心所产生有先后顺序的概念图式。前工业社会、工业社会和后工业社会这些名词是以生产和使用的各种知识为轴心的概念顺序。”①

贝尔反复强调，其“后工业社会”观念并非一种对未来“特定时间的预言”，其只是一个“推测性的描绘”，是根据刚出现的一些特征所建构的“一种假定（as if）”，质言之，仅仅只是一种关于未来社会的“图式”：“这种新的社会形态究竟像个什么样子，现在还不完全清楚。……所以后（post）这个字首是要说明生活于间隙时期的感觉。”②“后工业社会的观念，如同工业社会的观念，或者资本主义的观念，只有作为一种概念图式才有所意义。它代表社会组织的一种新的轴心原则。”③不过，贝尔也不得不承认，无论是“所有制线索”还是“生产力技术线索”实际上均来源于马克思，因此，他认为，“后工业社会”作为一种社会图式应被视为“所有制线索”的有益补充，所以，可以有“社会主义的后工业社会”，也可以有“资本主义的后工业社会”。到此为止，贝尔“后工业社会论”企望通过发掘和阐释所谓“第二条历史线索”（科学技术和理论知识），彻底肢解历史唯物主义、否定马克思主义客观真理性的目的昭然若揭。贝尔认为，资本主义与社会主义的发展具有无法磨灭的“趋同性”，即无论苏联也好、美国也罢，世界上所有民族国家迟早都会步入消弭了意识形态差异与对抗的“后工业社会”。其实，贝尔的这一思想早在他的《意识形态的终结》中就已有所反映。该书认为，意识形态在西方终结于20世纪50年代。在西方社会，“知识分子们如今在政治问题上大抵达成了共识：接受福利国家，反对权力集中，认同于经济上的混合体制和政治上的多元主义。在此意义上，意识形态的时代已走到

---

① ［美］丹尼尔·贝尔：《后工业社会的来临》，高銛等译，台湾桂冠图书股份有限公司2010年版，导论第12页。

② ［美］丹尼尔·贝尔：《后工业社会的来临》，高銛等译，台湾桂冠图书股份有限公司2010年版，导论第47页。

③ ［美］丹尼尔·贝尔：《后工业社会的来临》，高銛等译，台湾桂冠图书股份有限公司2010年版，第144页。

了尽头。”[①] “我的出发点就包含在我《意识形态的终结》一书中的主题……《意识形态的终结》一书的主题，表示旧的政治热情已经衰竭，而发展到为后工业社会的这些理论，力图探讨科技治国思想与政治的关系。”[②]

然而，贝尔的“后工业社会”真是超越了意识形态“二元对立”“客观中立”的社会图式吗？答案无疑是否定的。首先，尽管“后工业社会”以科学技术和理性知识的“客观中立性”来装扮自己，然而，其实质却内含着不容置疑的资本主义质性。在“后工业社会”愿景中，经济领域，私有制度没有受到丝毫触碰和动摇，自由市场经济仍然存在；政治领域，西方仍然延续和保留资产阶级政权的一贯理念、制度同体制机制，官僚化问题仍根深蒂固、积重难返；阶级视域，社会中普遍存在统治阶级与被统治阶级的基本格局远未发生变化，而且工人阶级也仍处于被统治、被剥削压迫地位，正如贝尔自己所言，“后工业社会”中出现了一个新的技术专家阶级，“它可能或者不可能力求在社会确立一个新团体的内聚力，以成为一个新统治阶级。”[③] 总之，“后工业社会”的方方面面都是“资本主义社会”或“工业社会”的自然延伸：“后工业社会并不取代工业社会，就像工业社会并不废除经济中的农业部门一样。就像在羊皮上削去文字重写一样，这些新的发展将旧的一层除去，覆盖了新的一层而加厚了整个社会结构。”[④] “从历史的意义上看，富永（Kenichi Tominaga）教授这样说是对的：后工业社会是工业社会所展现的种种趋势的继续，而且许多发展是很久以前就已预见到的。”[⑤] 毫无疑问，这种

---

① Bell D., *The End of Ideology: On the Exhaustion of Political Ideas in the Fifties.* Cambridge, MA: Harvard University Press(originally 1960), 1988, pp. 402 – 403，转引自赵琴：《丹尼尔·贝尔的社会理论评析》，《江汉论坛》2005 年第 8 期，第 139 页。

② ［美］丹尼尔·贝尔：《后工业社会的来临》，高銛等译，台湾桂冠图书股份有限公司 2010 年版，导论第 41 页。

③ ［美］丹尼尔·贝尔：《后工业社会的来临》，高銛等译，台湾桂冠图书股份有限公司 2010 年版，第 150 页。

④ ［美］丹尼尔·贝尔：《后工业社会的来临》，高銛等译，台湾桂冠图书股份有限公司 2010 年版，1976 年序言第 23 页。

⑤ ［美］丹尼尔·贝尔：《后工业社会的来临》，高銛等译，台湾桂冠图书股份有限公司 2010 年版，第 146 页。

种趋势中当然包括了资本主义私人所有制以及垄断资本（集团）及其寡头不可动摇的统治地位。

其次，“生产力技术线索”同“后工业社会”图示力求通过提供一幅“意识形态终结”的未来社会前景，着力漂白、淡化历史唯物主义内涵的“经济所有制线索”。如同费耶阿本德“怎样都行”的“科学及认识论的无政府主义”一般，肆意鼓吹“政治相对主义”和“历史虚无主义”，妄图用科学技术和理性知识的“客观中立性”，确立“后工业社会”毋庸置疑的历史方向，否定马克思主义、否定历史唯物主义、否定科学社会主义，特别是否定社会主义历史前景。从表面上看，贝尔多少给历史唯物主义留下了理论正确性的空间，然而，事实上，其始终致力于否决马克思主义的妄心是一以贯之的。贝尔通过区分“马克思两个图式”（第一图式：揭示资本主义社会基本矛盾以论证资本主义的必然灭亡；第二图式：阐释以白领为代表的技术知识新阶级兴起的资本主义现象），试图指出：没有证据说明资本主义一定会由于制度内部的经济矛盾而崩溃，如果人们读到二十世纪上半叶阐述资本主义未来的社会学理论，他们就会看到，事实上，几乎所有都是和马克思第二种图式的对话。[①] 正因此，有人将以贝尔为代表的“后工业社会论”深层隐秘的诉求和旨向形象概括为一个简洁的公式：科学技术革命 + 资本主义 = 新型社会 = 资本主义永存！对此，日本学者河村望正确地指出：“后工业社会论”或“信息社会论”企图运用资本主义社会科学技术的发展来说明不同于资本主义社会的另一个社会到来的意义，这只不过是一种否定社会主义社会的未来的资产阶级意识形态。[②]

事实上，“后工业社会论”漏洞百出、逻辑混乱。首先，贝尔自始至终秉承“历史虚无主义”，对中国、苏联、美国等国家科技、工业化水平状况不作具体的、历史的考察，只是一味简单粗暴地将社会主义国

① ［美］丹尼尔·贝尔：《后工业社会的来临》，高銛等译，台湾桂冠图书股份有限公司2010年版，第75页。

② ［日］河村望：《“后工业社会”论批判》，若虚译，《国外社会科学文摘》1984年第10期，第62—64页。

家相较于西方资本主义的落后作为否定马克思主义（第一图式）的凭据。进而，在对苏联与美国科技、工业化水平进行比较和评价时，有意忽视其所有制状况，忽视苏联等诸多社会主义国家正是由于其优越的经济所有制，才能够在短时期内赶超许多西方发达资本主义国家和地区的客观现实。其次，从理论逻辑上看，“后工业社会论”的分析同样站不住脚：第一，贝尔提出的“生产力技术线索”具有较大的模糊性和抽象性，例如，怎样比较准确地衡量、判断、区分所谓“工业社会”与“后工业社会”？如何准确把握这些学术概念的内涵与外延？“后工业社会”之后还会不会有“后后工业社会”？（也许正是看到上述困难，贝尔始终强调其理论只是一种具有或然“预见性”的“图式”）第二，贝尔似乎也感觉到自身理论建构无法“整全”地解读社会多样化变迁同现实社会复杂状况，因而，不仅常常参照马克思主义，而且不得不无可奈何地给历史唯物主义的“经济所有制线索”留有余地。第三，贝尔提出的“生产力技术线索”难以清楚而准确地阐明同处于“前工业社会”中的原始社会是怎样转变为奴隶社会的，进而奴隶社会是怎样转变为封建社会的，换言之，贝尔的学说不仅严重抹杀了这几种差异极大的社会形态之间客观存在的根本区别，而且也严重抹杀了在这漫长“前工业社会”历史阶段中人类所取得的众多科技成就和智识积累。

二、驳斥“后工业社会论”对马克思主义阶级学说否定的论调

“从1850年到1860年，当马克思每天上午坐在大英博物馆的阅览室里的时候，他认为从每一点模糊的暴乱声中或者从每一次经济循环下降的吱吱嘎嘎声中都可以听到革命的轰鸣和看到社会的突然转变。在这方面，马克思所迫切等待的，正是社会学在19世纪初兴起以来所关切的中心：那就是，在历史的天空中寻找能推翻现有社会秩序的‘新阶级’的预兆。”

——丹尼尔·贝尔

丹尼尔·贝尔认为，“科学技术和理性知识”是“后工业社会”的

“社会轴心”，是社会变迁、（生产力）技术革新和制定政策的决定性推动力量。得益于此，特别是得益于新智识技术的产生（如模拟科技、系统工程、信息工程、生物化学等），专业科技和理性智识人群空前迅速扩张，并日趋取代企业主而成为社会的主导阶级，“在后工业社会中，关键问题不仅是新的权力基础从财产标准或者从政治标准转移到知识，而且是知识本身的性质发生了变化。现在对社会具有决定性意义的是：理论性知识的重要性，理论超越经验而居首位，把知识编纂成为各种抽象的符号系统而能应用于许多不同的且多变的情况。现在，各种社会都依靠发明和成长过日子，理论知识已经成为发明的基础。”“如果说过去百年间处于统治地位的人物一直是企业家、商人和产业经理人员，那么，‘新人’指的就是掌握新智识技术的科学家、数学家、经济学家和工程师。”① “就地位而论，知识阶级可能是新社会中的最高阶级。”② 由此一来，大学、专业高等教育学院、各式科研单位等智识与科技高度集中的部门也相应地日趋成为“后工业社会”中的主要机构（甚至是主导机构）。显而易见，一方面，“后工业社会论”在新的社会历史语境中复兴、巩固了西方传统理性主义；另一方面，贝尔依靠“社会轴心”（需要指出一点，他观察和总结的轴心原则、轴心结构呈现出多元化和随意性），试图彻底颠覆历史唯物主义及其所深刻揭示出的“经济基础决定性地位”，颠覆生产力（技术）变革对生产关系转型起到决定性作用的基本原理，换言之，生产力（技术）似乎是“独立”且与生产关系和社会制度完全“无涉”的，亦如他所列举的中国、苏联、美国等案例（如中、苏生产力技术落后，然而却号称经济所有制和社会制度优越于资本主义），亦如他所阐释的“后工业社会”，虽然科技智识有所突破和革新，然而，其社会的方方面面（尤其是资本主义私人所有制）却仍然延续了一贯的资本主义属性。

---

① ［美］丹尼尔·贝尔：《后工业社会的来临》，高銛等译，台湾桂冠图书股份有限公司2010年版，第416—417页。

② ［美］丹尼尔·贝尔：《后工业社会的来临》，高銛等译，台湾桂冠图书股份有限公司2010年版，第452页。

任何理论、学说、思想都建基于现实生活的沃土之上，贝尔“后工业社会论”自然也不能例外。事实上，其众多带有显著（盲目）乐观主义、抽象主义、虚无主义的理论遐思和论断均立足于战后西方社会经济建设现实状况，特别是立足于发达资本主义社会经济高速发展“黄金时期”所呈现出来的一系列最新时代特征及社会面貌之上：首先，“第三次科技革命”浪潮对科技、经济、社会等众多领域产生了空前深刻影响，西方发达国家和地区，一方面，更加注重科技研发同创新，竭力缩短科技成果广泛应用到生产实践中的时间；另一方面，专司科技研发及脑力劳动的岗位越来越受到政府和社会的青睐与重视。其次，西方资本主义社会由于各种原因积极在全球推行新的国际分工体系，因而出现了某种程度的“去工业化”趋势，例如，由于西方社会人力成本不断增加、环保压力持续增大等诸多因素，发达资本主义国家均纷纷将生产制造环节移出本土至第三世界（有些国家甚至将污染严重超标的工业企业大规模转移到落后国家和地区），转而将主要精力放在商品研发和销售环节上。“马茜（Massey）认为：‘任何一个特定区域的社会和经济结构，都是该区域在更广的国家和国际劳动分工序列内的角色连续的、组合的复杂结果。’20 世纪下半叶，由于现代信息技术的迅猛发展以及现代交通运输业的蓬勃兴起，各国经济文化交流日益便捷，加之欧美主要发达国家的人力成本不断升高、环境保护压力增大，因此逐步将商品生产的三个主要环节（即研发、制造、销售）中的制造环节移出本土至发展中国家，而把重点放在主抓产品的科研设计和销售，形成总部经济。”① 尽管“后工业社会论”建基于战后西方社会经济发展的客观现实之上，然而，由于其过于聚焦和关注表象层面，因而严重忽视了深层社会结构同经济基础，使其理论探讨流于一种盲目的乐观主义和浅薄的技术主义，并因其大肆鼓吹“意识形态终结”，最终沦为资产阶级意识形态。贝尔在强调科技与智识重

---

① 季卫兵、刘魁：《“后工业社会”理论的现实境遇与当代启示》，《社会科学论坛》2015 年第 8 期，第 241 页。

要性的同时，不仅忽略了生产关系（经济所有制）对人类社会历史发展进步所能够起到的现实功能和价值，而且也有意无意忽略了“物质基础和环境”（生产原材料、工具、资源等），忽略了工农业的重大作用，忽略了农民和蓝领工人应有的贡献同巨大的创造力。在这个意义上，贝尔的观点显得偏颇而极端。

与贝尔将科技智识视作“后工业社会”的“社会轴心”相联系，贝尔高度推崇“后工业社会”崛起的“新阶级”（白领职员、科研人员、技术生产者、知识分子等），并认为这一新兴且日益扩展的新阶级终将取代当前领导世界历史进程的资产阶级而成为“后工业社会”的主导阶级。对此，贝尔侃侃而谈道：马克思在《资本论》第3卷中预言企业管理中所有权与控制权的分离，预言了一个白领管理阶级的兴起，其人数远多于无产阶级。实际上，资本主义是按照马克思的这个（预言）图示发展的[①]（不过，贝尔也不得不承认，尽管马克思预见白领职员的数量会扩大，但始终坚信其必将趋向“无产阶级化”[②]）。实际上，贝尔之所以竭力鼓吹“后工业社会”“新阶级论”，这是与他始终致力于反对马克思主义阶级学说密不可分的。在他看来，马克思主义阶级理论，特别是马克思关于阶级斗争的观点是与资产阶级对无产阶级日益严酷的压迫剥削同以资本主义自身无法避免和克服的经济危机为代表的各类危机相联系的。但是，如果凯恩斯主义式的资本主义国家干预和调节长期而有效地发生作用，并因此而遏制或缓和了资本主义各式矛盾的激化，那么，马克思主义的阶级学说及其阶级斗争观点也就必将逐渐失去现实土壤，而最终沦为一种无效的理论范式。[③]

那么，究竟是贝尔的分析更正确一些呢，还是马克思主义阶级学

① ［美］丹尼尔·贝尔：《后工业社会的来临》，高銛等译，台湾桂冠图书股份有限公司2010年版，第51页。

② ［美］丹尼尔·贝尔：《后工业社会的来临》，高銛等译，台湾桂冠图书股份有限公司2010年版，第74页。

③ ［美］丹尼尔·贝尔：《技术轴心时代（下）——〈后工业社会的来临〉1999年版前言》，王建民译，《当代世界社会主义问题》2003年第3期，第41页。

说更接近于客观真理呢？首先，自《后工业社会的来临》问世迄今，世界资本主义发展情况表明：一方面，西方发达资本主义国家国内从事繁重体力劳动的蓝领工人和岗位不仅没有消失或大幅减少，反而在某些经济领域或产业部门呈现出持续旺盛的需求量；另一方面，曾几何时被大肆吹捧并浸泡在盲目乐观主义情绪中的白领阶层不仅没有成为社会的主导阶级（或最高阶级），反倒是伴随资本主义经济全球化进程（包括全球普遍贫富两极分化进程）的日益深化，在人数总量、实际薪酬待遇、个人资产等方面均出现了严重下滑趋势。“中产阶级正在坍塌”或“中产阶级无产阶级化”的警钟于经济全球化时期，特别是于金融—经济危机后一再重重敲响，就成为了这一现象最真实的写照。那些被贝尔赋予了高度期许同浪漫幻想的科技智识劳动者（包括科学家），不仅没有在任何方面显现出全面取代资产阶级的征兆，而且其作为资产阶级“白领工人”或“知识奴仆”的真实地位反而是越来越清晰可辨。由于身处资本主义环境，众多科技智识劳动者和蓝领工人一样，其付出的任何劳动以及赢得的任何劳动成果都必须严格遵循资本逻辑，严格遵循资产阶级供需买卖和最大化赚取利润的逻辑，换言之，他们并未改变为老板及那点可怜巴巴工资酬劳出卖自身劳动的命运（尽管是科技智识劳动）。除此之外，在资本主义劳动市场中始终存在着核心工人、边缘工人及临时工人的区分，而由科技飞速发展引发的新的分工又进一步加重了这一情形：“许多新的工作都因之而存在于第三部门，这些部门不仅通常是报酬低、工作安全性差，而且与此同时，由于缺乏充足的工作岗位，使大批个人不断从经济（和作为整体的社会）被边缘化。这就解释了，为何许多左派人士对任何接受后工业主义的企图都持怀疑态度，因为它并未向资本积累的逻辑或劳动市场的分裂提出挑战。……当今时代就不应该被冠以‘后工业主义’的称号，而毋宁冠以‘大众持续失业的时代’的称号。……‘收入的不平等和从事不稳定工作的人口比例已经急剧上升。非熟练的和新劳动力的补充者，构成了两个受到严重伤害的群体’。这似乎提示，与技能有关的两极化好像在扩大。”①

其次，贝尔曾经在高度亢奋和盲目乐观状态中提出的与他“新阶级论”密切相连的“未来人类社会的权力中心必将由企业和公司转向大学与科研机构”的展望式论断同样遭到当前世界资本主义发展的无情嘲笑与残酷讥讽。由于资本主义近些年所持续释放出的巨大生产活力和制度弹性空间，西方发达资本主义在经历了战后“黄金时期”之后，又于经济全球化时代迎来了一个空前有利可图的发展机遇期。在新自由主义意识形态及其实践深刻影响下，垄断资本正变得日趋国际化、全球化，其中的主角就是当仁不让的资本主义垄断跨国公司和企业。与此同时，一方面，西方发达国家国内各高等教育机构和科学研究机构均纷纷臣服于垄断跨国财团膝下，有的垄断资本集团不仅常年向大学和其他科研机构提供资金支持，甚至干脆自己建立属于本集团的科研队伍及相应机构，各类教育机构、科研机构同垄断资本财团之间俨然沦为了一种类似于“附属国”和“宗主国”的“依附关系”；另一方面，贝尔曾经引以为傲并反复提及的以美国为卓越代表的“高等教育民主化进程”也被垄断资本、越益严酷的贫富两极分化、越来越固化的社会阶层和低流动性等现状撕得粉碎！此外，贝尔强调的“后工业社会”中，以“服务行业”为

---

① “格尔舒尼公开承认，当英国不存在一个稳定的由个人组成的群体时——该群体构成一种低水平的与服务业相关的阶级的组成部分——它很可能要成为一种二元化的社会。后工业社会主义所反对的，恰恰是这种二元化和两极化的社会。格尔舒尼的思路得到了布洛斯费尔德（Blossfeld）、詹内利（Giannelli）和迈尔（Mayer）的回应，他们认为，在德国的非熟练的就业门类之间存在着高度的流动性、这就揭示，‘对于过剩的手工工人来说，非熟练的服务工作可以被视为“集合容器”’。反对一种新的后工业服务阶级的论证在雅科布斯（Jacobs）那里得到延续，他认为，‘好的消息是，后工业社会的底层根本不同于封闭社会……坏的消息是，从底层到顶层的经济距离在拉大’。同样地，迈尔斯（Myles）、皮科特（Picot）和瓦勒尔（Wannell）在颂扬来自加拿大的低水平的服务就业的流动性时，都认为：‘职业技能水平在战后时期已经提高，但是，除提高的技能水平之外，低工资就业比平均工资的或高报酬的工作增长得更快’。上述所有作者都集中于这一信念，即并不存在一个由后工业经济所创造的新阶级，同时，大家都承认，存在不断增长的社会的两极分化。”［英］阿德里安·里特尔：《论后工业社会主义》，郑一明译，《马克思主义与现实》2002 年第 2 期，第 37—39 页。

标志的“第三产业”将逐渐取代传统产业的论断同样也没能够“美梦成真”。经济全球化时代，发达资本主义不仅没有放弃工农业的“现代化”“电子信息化”“自动化”“智能化”等先进发展方向转而竭力推动实现“服务社会”，而且其更是在各类高尖端产业技术领域，如人工智能、新能源研发、核能高效安全利用、电子信息工程、生物工程、新材料科学、航空航天技术、激光技术、军工科技等方面倾注了巨大精力同高额研发经费，以期长期牢牢掌控和占据科学原理及高精尖产业技术的制高点。

三、结语

“人类从知识的伊甸园中被驱逐出来之后，他们一直在寻求一种共同的语言和统一的知识，寻找一套‘首要原则’，在知识的认识论上使之成为经验模式和理性范畴的基础，从而形成一套永恒的真理。通天塔图书馆模拟了这种傲慢自大：就像无边无际的空间，一切都在那里，一切又不在那里；就像哥德尔原理，知道它是矛盾，就使它不成其为矛盾了；诗人说，终了就是开端。这是衡量知识时曲折的吊诡和必要的谦虚。”

——丹尼尔·贝尔

垄断资本主义数十年来，特别是经济全球化时期的迅猛发展表明，“后工业社会论”殷切期盼的以科技发展和文明进步为时代表征及推动力量的灿烂而辉煌的人类社会愿景仍是一个兑现起来遥遥无期的海市蜃楼。绝大多数普通劳动者仍旧处于贫穷、边缘化、失业、绝望、苦难的泥沼之中而难以自拔，全球范围相当严重的普遍性贫富两极分化趋势持续推动上述境况朝着更加恶劣的方向越走越远；而被贝尔誉为未来社会主导人群的科技知识文化精英们非但没有夺过（垄断）资产阶级手中的“法老权杖”，反倒是同众多蓝领劳动者一样在这个艰辛、苦难的生活漩涡中竭力挣扎；以大学为代表的高等教育机构及各类科研机构同样不仅没有成为社会的主导机构，反而日渐沦为当前真正社会历史主宰——垄断（跨国）资本财团的“附庸”和“奴仆”。

贝尔羞羞答答、半遮半掩地承认“所有制线索”和“生产力技术线索”均源自于马克思，而且，“所有制线索”对认知和研究社会历史无疑也是有价值的，然而，他却希冀通过单独强调“生产力技术线索”，以及向世人展现一个虚无缥缈的“后工业社会”，否定及消弭马克思主义及由历史唯物主义所科学揭示的建基于“经济所有制”和“社会形态论”之上的科学理论范式，否定及消弭全面超越、扬弃资本主义的社会主义璀璨前景，否定及消弭现实客观存在的尖锐且激烈的意识形态对立和斗争，其在表象上呈现为无论什么意识形态“都无所谓”，只要能达至“后工业社会”就行的“费耶阿本德”式的面相，实质却早已沦为一种彻头彻尾否定社会主义和马克思主义阶级学说的资产阶级意识形态。科学技术和理性智识固然是中立的，然而，现实人类社会中的阶级却无论如何也不是中立的，只要是在阶级社会中生活的人，就要么是统治者，要么是被统治者。因此，生产力（科技）固然非常重要，生产关系（经济所有制）的重要性同样不容忽视。贝尔“后工业社会论”与马克思主义最大的区别在于：社会主义（共产主义）和阶级斗争学说深切观照资本主义社会中每一位挣扎在底层的普通劳动者，马克思主义经典作家往往是在真实体会被剥削压迫者现实困境和不良情绪的前提下展开研究的，马克思主义不仅具有科学性，而且更充盈着沉甸甸的人道主义关怀；“后工业社会论”在盲目乐观“科技主义”引领下，倾向于关注社会发展的“大数据”和“总体格局态势”，因此，不仅逐渐失去了“人性体温”，从而显得“冰冷”，而且严重忽视了现实际遇中作为个体劳动者的具体生活状况，以及个人真真切切的诸般心理感受。这一切诚如英国学者阿德里安·里特尔深邃指出的那样：贝尔“过分低估了先进资本主义中整体财富（它可以在非常狭小的范围内分配）与个体民众的生命体验之间的差别。这些个体饱受到具有当代资本主义社会典型特征的社会不平等、不安全和边缘化的痛苦。正如洛德齐亚克（Lodziak）所说的，‘后工业社会的理论家接受了一种有缺陷的权力概念，该概念可能使他们误解了社会总体与个人的关系。’”① 这或许是“后工业社会论”期望达到或至

① ［英］阿德里安·里特尔：《论后工业社会主义》，郑一明译，《马克思主义与现实》2002 年第 2 期，第 37 页。

少是其自动屏蔽的方面，因为只有视而不见这些现实中作为个体的普通劳动者的艰难生存境遇，才可以在一种虚幻缥缈“全社会共同体”一道仰望“玫瑰色”般绚烂未来愿景的前提下，去“成功”调和不同意识形态及阶级间长期存在着的严酷对立和斗争。

我们愿意相信贝尔提出“后工业社会论”的初衷与愿望是良好而善意的。不过，由于他这套“后工业社会论”全面地建立在反马克思主义、反历史唯物主义、反科学社会主义基础之上，因而，尽管他竭尽所能地避免“后工业社会”的“社会预言”归于失败，并沦为后世笑柄。①但是，其必然性历史结局注定只能是误入歧途且最终遭受现实世界的无情嘲笑和残酷讥讽。

第四节 “全球化新阶段论”批判性考察

面对垄断资本主义在全球日益肆虐的扩张步伐，西方学界近期涌现出一种所谓的“全球化新阶段论”。事实上，其并非一个严格意义上的学术流派或具有“家族相似”的学术团体，毋宁说，“全球化新阶段论”更像是一种因应时代变局，尤其是直接针对经济全球化作出及时反思同积极回应的社会学术思潮。当前时期，《全球资本主义论——跨国世界中的生产、阶级与国家》作者威廉·罗宾逊、被冠以“新时期《共产党宣言》”称谓的《帝国——全球化的政治秩序》作者麦克尔·哈特和安东尼奥·奈格里、拉尔夫·达伦多夫、莱斯利·斯克莱尔等西方学者（既有左翼也有右翼）可被视为该思潮的“领军人物”。概略地看，“全球化新阶段论”核心观点包含下述三个密切关联的方面：第一，（垄断资本）跨国公司在经济全球化时期脱离民族国家的“离心力”空前增强，其正

---

① “提出一种华而不实的理论，吹嘘它是历史上的一个惊人创见，这特别在今天是很容易做到的。但等到最后用事实来检验时。这种理论就变成了笑柄——诸如：三十年前本汉（James Burnham）关于权势精英的概念，或者罗斯托（W. W. Rostow）的经济成长阶段论，就是这种情况。我曾经力求避免采取那种冲动的做法。相反，我在这里研究的是趋势问题”。［美］丹尼尔·贝尔：《后工业社会的来临》，高銛等译，台湾桂冠图书股份有限公司 2010 年版，导论第 15 页。

日益成为“无国籍”或至少是“国籍模糊”的经济主体；第二，建基于第一点，经济全球化创造出了一个具有“统一意识形态”“统一利益”“自在且自为”的全球阶级——跨国资产阶级，他们负责对全世界的方方面面定调，而他们的价值观也日趋成为居于全球统治地位的价值观，跨国资本家是全球统治者，它代表跨国资本，是跨国公司和跨国私人金融机构这些世界主要生产资料的拥有者，这是一个新的霸权集团，他们提出了一个全球经济和政治的重建纲领，其中心是市场自由化，即“华盛顿共识”或新自由主义计划，并着手把全世界变成一个单一的、联合的全球资本主义；第三，建基于第一点和第二点，一方面，民族国家及其政权正处于日渐衰微的态势中，如威廉·罗宾逊就认为，民族国家并不是超越历史的，经济全球化已包含了消除民族国家作为资本主义社会生活的组织原则，另一方面，“跨国资产阶级政权”于经济全球化时期迅速崛起，并日趋成为凌驾于民族国家（政权）之上新的世界统治者，“跨国资产阶级政权”通过跨国公司、“超国家”经济政治组织（机构）以及一系列相应体制机制（如国际货币基金组织、世界银行、世界贸易组织、“八国集团峰会”“G20 峰会”等）实现对全球的统治。据上述，“全球化新阶段论”普遍认定：当前的经济全球化从本质上而言乃是资本主义在全球扩散这个长过程的顶峰，代表了一个划时代的转变，即资本主义的第四阶段，其一方面表现为技术上的芯片化和计算机化，另一方面则在政治上表现为 20 世纪社会主义建设尝试的部分失败，以及试图提出一个取代世界资本主义模式的第三世界民族解放运动的部分失败。列宁意义上“诸神混战”的“帝国主义时代”已然谢幕，世界资本主义正从“民族国家历史阶段”向“全球跨国历史阶段”过渡。

一、跨国公司“潜伏”的“国籍”

近期，有越来越多的人认为：伴随资本主义经济全球化历史进程持续深入发展，作为其主要运营载体或主体的跨国公司（尤其是那些发达资本主义巨型跨国垄断集团）似乎发生了一系列不同于往昔的“质变”。其中，最为显著的一点就是，跨国公司的“国籍”正在或已经消失，其越来越成为一种“无国界”“无中心”，以弥漫状态肆意跨越各国国境线的（集生产、销售、投资、营运等于一身的）经济主体。对此，有人甚至说：“没有什么德国公司或美国公司，有的只是成功的公司和失败的公司。”① 此类观点以下述理由论证自身的正确性：第一，当前，不仅几乎所有跨国公司（特别是那些家喻户晓的垄断资本集团，如 IBM、微软、通用、花旗银行等）均早已在全球广泛建立起了各式各类的分支机构（如直属子孙公司、代理机构、驻外办事处等），而且跨国公司的生产、销售、投资等众多经济行为也早已实现了真实而广泛的“全球化”。以跨国公司产业流水线化及其广泛的国际性分工为例，其早已不再仅仅为一国或某一区域内的事情了，换言之，世界大多数国家和地区（主要集中在广袤的第三世界）均为某种或某类国际品牌产品的最终上市及其全球垄断地位的持续巩固贡献了自身力量，并因而形成了较为稳固的国际分工体系。第二，由于众多跨国公司生产、销售、投资、营运等经济行为正日益变得国际化，其攫取经济利益的渠道、方式及地域也因之日趋多元而宽广。依据近年一些实证研究和统计数据，有越来越多的跨国公司在海外的收入正逐步赶超其于本土所赚取到的经济收益。第三，上述众多方面使得跨国集团中董事会成员的国籍身份（如大股东、主要债权人、具有法人资格的各类投融资机构等）也不再仅仅局限于母国，换句话说，跨国公司中的大股东、主要债权人、主要投融资者的国籍身份正日趋多元化、全球化。第四，跨国公司往日那种主要由其母公司（或母国总部中心）作为整个垄断集团规划、管理、决策、运营核心的传统模式悄然发生着改变，当前跨国集团越来越不再墨守此类“母公司核心化”的陈旧体制机制，并呈现出规划、管理、决策、运营系统扁平化、中心多元化、网络复合化等诸多新发展趋势。此外，许多跨国公司在向社会大众进行舆论宣传或推广自身企业文化时，也常常主动宣示自身对于国籍的超然独立性，例如，“美国宝洁公司称其为‘全球化公司’；日本东芝公司称其为‘地球内企业’；瑞士的 ABB 公司定位自己为‘处处

① 周通编写：《全球化与跨国资本家阶级（上）》，《国外理论动态》2001 年第 2 期，第 3 页。

为家的全球公司’”① 等。第五，由于跨国公司是一个拥有众多分支机构的超级经济复合体，其许多分支部门或机构从法律上来说均属独立法人，而这些法人毫无疑问都具有某一确定国籍，因而，欲图从法理或具体司法实践上对整个跨国公司进行国籍甄别则似乎越来越成为一个“不可能完成的任务”。

上述众多（垄断资本）跨国公司于经济全球化时期的最新近演变及其呈现出的特征成为“全球化新阶段论”思潮得以诞生及持续建构的牢固基石。以威廉·罗宾逊为例，他正是立足于对由跨国公司营运所导致产生的“全球生产链”及“弹性积累”分析之上提出：“全球范围内生产过程的碎片化和分散化是对全球资源和生产资料所有权的集中和控制，以及对全球生产的管理集中掌握在跨国集团的手中同时发生的。跨国资本成为世界范围内占主导地位的、带有霸权性质的资本组织形式。”② 基于这种逻辑理论，“全球化新阶段论”断言：经济全球化时期，跨国公司不再为某个特定国家（政权）所羁绊，也不再单独为某个特定国家（政权）服务，跨国公司的“国籍”已变得模糊不清、难以辨认，其似乎正处于逐渐“隐退”或“消失”的历史进程中。

必须指出，上述诸多理由看似无懈可击，却无论如何也难以彻底否定跨国公司应当、必须，而且也的的确确拥有既定国籍身份的客观事实。尽管在当前时期，大多数跨国公司可以依据“利润最大化原则”或者其他原因较为自主地选择国籍身份（从跨国公司自身利益最大化方向考虑，其与民族国家政权之间的确存在着难以忽视的各类矛盾，并由此导致产生出“摆脱”民族国家政权的强劲离心力），然而，跨国公司“不依赖某个特定国家”却不意味着其“可以离开所有国家”。“即使是在 ICSID（国际投资争端解决中心）或 NAFTA（北美自由贸易协定）的争端解决机制中，公司也需要首先是缔约国国民。……那些鼓吹跨国公司无国籍

① 关雪凌等：《发达国家跨国公司是如何为国家利益服务的——跨国公司的政治经济学分析》，《政治经济学评论》2014 年第 3 期，第 47 页。

② ［美］威廉·I. 罗宾逊：《全球资本主义论——跨国世界中的生产、阶级与国家》，高明秀译，社会科学文献出版社 2009 年版，第 26 页。

的人可能混淆了这样两对概念：第一，跨国公司在生产经营上可以全球化，但在维护权益时必须依赖国家；第二，维护权益时，跨国公司可以利用各国国籍法的差异和国际法的漏洞，选择这个强国或者那个大国，但却不能不做选择。”① 因此，经济全球化时期，跨国公司，尤其是那些掌控着巨量资本的世界资本主义超级跨国垄断集团的国籍身份决没有“隐退”或“消失”，其仅仅只是“潜伏”起来了。②

曾几何时，世界上绝大多数跨国公司由于其管理和决策核心机构——集团母公司（总部）在整个跨国公司系统中所拥有的至高无上的统治地位以及无法撼动的巨大权力，因而，就整个跨国公司而言，其自身的国籍毫无疑问应当由其母公司（总部）的既定国籍来决定。尽管在当前时期，跨国公司的权力结构与管理模式发生了诸多变化，如管理系统扁平化、中心多元化、海外设立多个总部中心等，然而事实上，直至今天，这个判断跨国公司国籍的传统方法并没有完全失去意义和价值。首

① 张磊：《论全球化条件下跨国公司对国籍的持续依赖》，《大庆师范学院学报》2012 年第 5 期，第 39 页。

② 下面通过两个真实案例来证明跨国公司国籍事实上从未消失而仅仅只是处于一种“潜伏”状态：2010 年 4 月 20 日英国石油公司（British Petroleum）在墨西哥湾钻井平台爆炸引发大量石油泄漏，“深水地平线”爆炸后沉入墨西哥湾，致死 11 人，导致持续 87 天漏油，从而造成美国历史上最严重的生态和环境灾难。经过协商和谈判，英国石油公司创建一笔 200 亿美元的基金，专门用于赔偿漏油事件的受害者。这笔基金的设立意味着英国石油公司的让步和奥巴马政府的胜利。BP 是做着无国籍公司幻想的跨国公司之一，为了淡化公司的英国色彩，BP 不惜重金，花费 2 亿美元将品牌内涵重新定义为 Beyond Petroleum。但是，在这次石油泄漏事件所引发的危机中，首先为 BP 呼吁的却是英国民众，最后挺身而出的是英国政府。英国民众和政府的介入与支持，为 BP 克服危机、挽回投资者信心均发挥了难以估量的作用，这充分证明母国的意义绝不只是个市场份额大小和利润比重高低问题。与这次 BP 石油泄漏危机中美国政府的强硬态度形成鲜明对照的是印度政府对博帕尔毒气泄漏案处置的软弱无能。1984 年，美国联合碳化公司印度子公司在博帕尔市发生毒气泄漏事故，致使当地居民两千多人丧生（几年后中毒反应死亡人数逾四千人），二十多万人受害，家畜死亡，庄稼受损，环境污染，商业中断。面对这场人类历史上悲惨的工业事故案件，印度受害人、印度政府与联合碳化公司进行了旷日持久的诉讼，最终该公司仅赔偿 4.7 亿美元，印度受害者死亡赔偿金折合美元仅为 3840 美元至 11530 美元。张庆伟：《美国对英国石油公司漏油事件的管制分析——兼论跨国公司的国籍问题》，《中共济南市委党校学报》2010 年第 4 期，第 109—111 页。

先，一般而言，作为跨国公司核心的母公司（总部）在整个跨国集团系统中仍具有明显不同于分支机构、众多海外子公司及海外管理中心的地方，相较于这些部门，母公司（总部）毫无疑问仍然是整个跨国公司这株大树赖以生存的"主要根基"；其次，大多数跨国公司母公司（总部）所拥有的资产总量与整个集团的资产比值仍然远远高于其他分支部门或海外中心总部的相应占比，正因此，母公司（总部）在整个跨国资本集团中仍具有无可取代、难以撼动的地位、声望、发言权；再次，绝大多数跨国公司母公司（总部）董事会成员、主要债权人、主要大投融资者等仍是整个跨国公司集团内掌控资产最多、权势最大的重量级人物，这些资本寡头当然不会因为跨国公司在海外设置分部或分中心总部基地就心甘情愿将自己攥有的巨大权柄拱手让予其他人或机构组织。

依据跨国集团母公司隶属国籍来指认整个跨国集团国籍在当下仍具较多合理性和准确性。但与此同时，我们绝不回避在当前时期，多数跨国公司在管理、规划、监督、决策等日常运转体制机制上的确呈现出了越来越显著的扁平化、网节化、中心多元化等众多最新近发展趋势和特征。所以，尽管跨国公司核心机构——母公司的地位仍然有别于其他分支部门或海外中心总部等，但是，毕竟当前各类变化纷呈且影响深远的改变还是或多或少使母公司（总部）昔日显赫地位及巨大权力受到影响和冲击。因而，鉴于近期各种复杂情况及新变化趋势，国内外学界涌现出了各式各样新颖独特且具有复合开放性的跨国公司国籍甄定方法。①

无论怎样：第一，尽管判断跨国公司国籍的标准正变得日益复杂而多元，但是，对母公司隶属国籍的关注和强调则始终处于辨别体系的显著（核心）位置；第二，跨国公司的国籍是一种客观存在，关键在于通过什么方式或根据什么标准去作出衡量、判断、指认。经济全球化时期，

---

① 例如，有这样一种辨别标准就比较具有典型性：（1）公司的大部分资产和雇员配置在哪个或哪些国家？（2）世界各地的分支机构被谁拥有和控制，母公司在哪一国被拥有和控制？（3）在母公司组织机构中，重要职位人员（如董事会成员）国籍如何，在东道国分支机构中，最高决策者国籍如何？（4）母公司法定国籍是什么？（5）在出现突发事件情况下，公司整体向谁寻求外交保护和政治支持？（6）哪一国的政府税收机构，有权向公司的全球收入而非其在当地的收入课税？贾琳：《再论跨国公司的国籍问题》，《企业经济》2012 年第 9 期，第 184 页。

尽管资本与生产，特别是跨国垄断资本早已被深深地烙上了国际化、全球化印痕，然而，事实却是，每个资本毋庸置疑都是有主的，即每个跨国公司都必然有它既定国籍身份同母国归属：一方面，跨国公司始终在竭尽全力地为它的母国和政府服务，特别是那些西方跨国资本集团的确或多或少起到了维护同加强世界资本主义经济政治优势地位及其霸权统治的客观作用；另一方面，这些民族国家及其政府反过来也毫无疑问地全心全意为本国国内垄断资本及其寡头忠诚服务。如果再另行深入考察西方主要发达资本主义国家跨国公司（以美国垄断财团为最典型）与其资产阶级国家政权二者在经济利益同人事制度上如胶似漆的关系之后就会更加明确这一点。这一切诚如西方某位学者正确指出的那样：当今的跨国资本不仅早就，而且始终与民族国家主权深深地纠缠在一起，由于母公司确实都具有某个特定的国家身份，并且它通常都是由一个或少数几个特定国家的管理者所控制，所以跨国企业决策者和管理者对国家或组织的忠诚必将与帝国主义势力融合在一起。①

二、“跨国资产阶级”是一种虚妄的理论想象

“全球化新阶段论”坚称，绝大多数跨国公司的国籍身份正处于急速“隐退”或“消失”的进程中（或者说其至少已经变得模糊不清了），因而，跨国公司已经或正在成为国籍身份不确定的“世界公民”与“全球性经济主体”。基于这种认识，“全球化新阶段论”拥趸者提出这样一种看法：经济全球化时期，一个自在又自为，迥异于传统民族国家资产阶级的所谓“跨国资产阶级”正在或已经悄然形成。拉尔夫·达伦多夫就曾在《全球阶级与新的不平等》中指出，全球化已经创造出了一个全球阶级，即跨国资产阶级，他们负责对全世界的方方面面定调，而与此相应，他们的价值观也成为了居于全球统治地位的价值观。② 与达伦多夫的看法相呼应，威廉·罗宾逊在《科学与社会》杂志 2000 年春季号

---

① ［美］理查德·斯克拉：《后帝国主义：跨国公司扩张的阶级分析》，载于曹义恒等编：《后帝国主义》，中央编译出版社 2007 年版，第 10 页。

② ［英］拉尔夫·达伦多夫：《全球阶级与新的不平等》，《国际政治研究》2005 年第 1 期。

（总第 64 卷第 1 期）上发表的《正在形成的统治阶级：全球化与跨国资本家阶级》中也如是写到：伴随全球化历史进程，资产阶级内部日益分裂为民族资本家和跨国资本家。跨国资本家是全球的统治者，它代表着跨国资本，即跨国公司和跨国私人金融机构这些世界主要生产资料的拥有者，其控制着形成中的跨国国际机构和全球决策，这是一个新的霸权集团，它由全世界包括北方发达国家以及南方国家中统治阶级内占主导地位的形形色色的经济、政治势力组成，这个阶级具有自觉的阶级意识，并一直在追求实现自己的目标，即实现资本主义全球化，建立跨国国家机构。他们提出了一个全球经济和政治重建纲领，其中心是市场自由化，即“华盛顿共识”或新自由主义计划，并着手把全世界变成一个单一的、联合的全球资本主义。正因此，跨国资产阶级已经既是自在的，又是自为的阶级了，尽管其内部始终存在着一些分歧。①

威廉·罗宾逊是“全球化新阶段论”的典型代表。他认为，传统那种将阶级视为依附于民族国家的观点必须进行修改。经济全球化时期，跨国资本家阶级处于全球化生产中，操纵着全球资本积累和循环，跨国资本家阶级是新的世界统治阶级。跨国资产阶级主要由构成跨国资本内部循环的具有阶级意识的跨国精英以及服务于跨国资本家阶级的跨国经理、跨国官僚、跨国技术人员、主流思想家和知识分子等共同构成。②

---

① 周通编写：《全球化与跨国资本家阶级（上、下）》，《国外理论动态》2001 年第 2 期。

② 关于“跨国资产阶级”，罗宾逊进一步阐述道：“跨国资本家阶级处于构建一个新的全球资本家历史集团的过程之中。这一新的全球统治集团包含了各种由跨国资本家阶级——这一阶级的政治主张和政策是由新的全球积累和生产结构所决定的——所领导的经济和政治力量。正是全球积累而非国家积累的逻辑，引导了这一统治集团的政治和经济行为，因而该集团被称为全球主义集团。在这一全球主义集团的中心是跨国资本家阶级，它由跨国公司的所有者和经理人，以及世界各地管理跨国资本的其他资本家所构成。这一集团还包括诸如国际货币基金组织、世界银行和世界贸易组织等超国家机构的精英和官僚人员。这一历史集团还集合了南北方国家主要政党、传媒巨头、技术精英和国家经理人中的主要力量，以及那些提供意识形态合法性和技术解决方案的经过选择的有机知识分子和魅力型人物。”［美］威廉·I. 罗宾逊：《全球资本主义论——跨国世界中的生产、阶级与国家》，高明秀译，社会科学文献出版社 2009 年版，第 98 页。

需要指出，以威廉·罗宾逊为代表的赞成一个既自在又自为的跨国资产阶级已经形成的观点决非什么新颖的见解。事实上，早在20世纪80年代，戴维·贝克尔和理查德·斯克拉就曾在《为什么是后帝国主义》一文中表达了类似看法：对于跨国公司、国际金融体系以及其他国际资本主义制度，应该立足于跨国阶级（特别是跨国资产阶级）的发展来展开分析。帝国主义——一个民族对另一个民族的统治——迟早会被跨国阶级对全世界的统治所取代。[①] 公允地讲，此类观点当然并非一无是处，因为它至少看到并指出了，经济全球化时期，世界资产阶级中涌现出了一批专司资本全球流动和全球循环的资本家群体，这部分资本家掌控和运营的巨量跨国流动资本在资本增殖条件、方式及过程等众多方面均出现了一系列与传统民族国家资本家阶级资本操作有所差异的显著特征。此外，其还进一步看到，资本主义社会中无论哪一个阶级，就其自身而言，包含着越来越明显的全球化意蕴和发展趋势，即无论是全球无产阶级也好，资产阶级也罢，其均在世界范围内出现了广泛而深刻的“同质化”演进趋向。

尽管这样，必须明确，全球各民族国家和地区内资产阶级“同质化”发展趋势绝不意味着一个具有“统一意识形态”“统一利益”“自在且自为”的跨国资产阶级在经济全球化时期业已形成！

首先，跨国公司的国籍并没有因为经济全球化的全面来临而日趋消失，其仅仅只是在某种程度上变得难以辨识了而已。那些任职于跨国公司海外分部中的当地管理者、经理人、技术人员、股权拥有者等人，一方面，不可能无视跨国公司真实的国籍身份，而将之幻想为一个彻底脱离了民族国家藩篱，绝对中立的“全球性经济体”；另一方面，更不会忘记自己固有的民族国家身份。因此，毋庸赘言，虚幻的跨国资产阶级光环必将被为跨国公司服务的成员具有的既定国籍彻底消退，民族国家身份就如同地心引力，总会将那些期望毫无羁绊地悠游于国界线与民族疆域的人从幻梦的高空重重拽回地面。

---

① ［美］戴维·贝克尔、理查德·斯克拉：《为什么是后帝国主义?》，载于曹义恒等编：《后帝国主义》，中央编译出版社2007年版，第69页。

其次，此观点夸大了“跨国资产阶级”内部的一致性、团结性，忽视和抹杀了“跨国资产阶级”内部客观存在着的多元性、分歧性，甚至是激烈的矛盾对抗。以莱斯利·斯克莱尔的观点为例，在他看来，跨国资产阶级应当包括：（1）跨国公司经理及其在当地的代理人（公司部分）；（2）全球化的官员和政界人士（政府部分）；（3）全球化的职业经理人（技术部分）；（4）全球化的商人和媒体（消费主义部分）。不过，显而易见，将技术人员、职业经理人、各地管理跨国资本的高层人士甚至是政界官员同跨国公司实质上的所有者，即垄断寡头们相提并论，并毫无区分地放入“跨国资产阶级”这个范畴中实在是荒谬至极。其严重混淆和模糊了跨国公司内部成员之间在经济实力、利益攫取、权力地位等众多方面存在的本质差异。同战后一段时期内迅速兴起的“经理人学说”“中产阶级论”“人民资本主义论”等具有某种相似性和一致性，“跨国资产阶级”论调客观上有意无意地也在做着同一件事情，即竭力抹杀剥削压迫阶级同被剥削压迫阶级之间的鸿沟，美化、粉饰垄断寡头的真实面貌，着意描绘一幅如同丹尼尔·贝尔曾信誓旦旦允诺的“超意识形态”“超阶级”的“后工业社会”般绚烂瑰丽的未来景观，鼓噪在不分社会阶级的“团结与合作”前提下共建某类“社会共同体”。尽管十分喧哗与热闹，然而，此类思潮背后所蕴藏的深意早已昭然若揭，一切看似无心和淡然的努力均直指：资本主义集权专制统治的“金字塔”永世长存。

再次，尽管第三世界资本家们因为搭上经济全球化高速列车而日益向西方垄断资产阶级靠拢，并自此促推了世界资产阶级的“同质化”进程，然而事实却是，南北方资本家们之间由于历史和现实经年累月的积淀性差异同隔阂自始至终一点儿也没有减少。特别是，由于新殖民主义在战后的迅速崛起及其深刻形塑的世界经济政治基本格局，正如同地理、科技、经济生产等方面存在着的严重“依附性”那般，第三世界资本家始终没有真正摆脱对西方“中心”区域垄断资本的依附，换言之，他们仍然只能充当发达资本主义跨国资本手下打理区域性事务的“民族帮办”，也即国际垄断资本豢养的“买办资产阶级”。对第三世界资产阶级来说，事实上，“很难加入全球化中的‘富人俱乐部’，成为跨国资产阶级的组成部分……他们既帮助本国政府引进外资、利用外部资源和市场，又帮助跨国资产阶级开拓本国市场，蚕食甚至控制本国一些重要行业。”[①]

此外，发达资本主义的所谓“跨国资产阶级”同样也远非铁板一块，他们之间的矛盾、分歧、冲突远远超过了他们可能存有的一致性、协调性、统一性。经济全球化时期愈演愈烈的国际贸易战争就是对此的最好注脚。为了捍卫各自切身利益，西方各国资产阶级最终均会毫无顾忌地撕掉“跨国资产阶级”假面，重新退回到民族国家资产阶级身份中去，并自然而然地以自己的民族国家及其政府为其大本营同最牢固的靠山。“发达国家之间相互融合的程度，远未像人们所想象的那么大，民族国家仍然是国际垄断资本不可或缺的立足地和大本营。……事实上，各国的国际垄断资本总是把本国政府的支持和协助作为在国际市场上竞争的武器；在国际市场上，各国垄断资本之间的分歧和斗争大于它们的共同利益和合作。”[②]

总之，由于与生俱来且根深蒂固奉行的极端利己主义（包括与此相伴相生的以“物竞天择”“丛林法则”为表征的“极端社会达尔文主义”），资产阶级始终从自身或小集团狭隘利益出发，资本家们几乎没有可能形成那种具有高度“统一意识形态”和“统一利益”，“自在且自为”的“跨国资产阶级”。正是在这个意义上，马、恩指出：工人通过结社而达到的革命联合必将代替资产阶级由于相互竞争而造成的分散状态；而列宁则据此认为考茨基的“超帝国主义”（资产阶级世界大联合）设想注定只能是一种错误观念以及远远脱离了现实状况的幻觉。[③] 民族

① 郭宝宏、蒯烨：《略论跨国资产阶级》，《宁波大学学报》（人文科学版）2014年第1期，第116—117页。

② 王金存：《帝国主义历史的终结——当代帝国主义的形成和发展趋势》，社会科学文献出版社2008年版，第220—221页。

③ 列宁明确指出，考茨基的“超帝国主义论”是无论如何也不可能从客观现实状况出发去揭示不平衡发展以及斗争很激烈的帝国主义列强是如何一致性地走向和平的“超帝国主义”历史时期的，因而其注定是会幻灭的一厢情愿的想象。当然，列宁也并没有完全否定资本主义在一定范围与程度内取得一个暂时和平时期的可能性。对此，美国学者詹姆斯·布劳特明确指出：列宁并没有坚持认为一种和平前景的资本主义是完全不可能的，只不过，他认为，这种和平前景并不会持久，并且与当前的斗争毫无关联。Blaut J. M.，“Evaluating Imperialism”. *Science & Society*, Vol. 61, No. 3(Fall, 1997), p. 388.

国家毫无疑问仍然是认知同理解社会阶级最重要的分析视域、维度与理论基石。这一点诚如英国学者约翰·斯科特正确指出的那样：只有当确实存在跨国地理联系，而且不同民族的阶级已经成为一个社会阶级时，才能认为全球性自为的“跨国资产阶级”已经形成。①

三、民族国家政权与跨国（国家）政权

威廉·罗宾逊认为，经济全球化时期，民族国家作为一种特殊政权形式正逐步被一种全新的形式——跨国国家政权所取代。在他看来，跨国国家政权是一种超越并凌驾于传统民族国家之上的绝对经济政治统治力量，它通过跨国公司（包括其众多分支机构）及建基于此之上的“超国家”经济政治组织（机构），以及一系列相应的体制机制（如国际货币基金组织、世界银行、世界贸易组织、“八国集团峰会”“G20 峰会”等）实现着对全球的统治。与罗宾逊的观点相近，哈特和奈格里的《帝国——全球化的政治秩序》一书也认为，当前是传统“帝国主义”向“帝国”转变的关键时期，由一系列国家、超国家机构、体制机制共同构建而成的“帝国”作为一种新主权形式乃是一个“无中心、无疆界”，统治世界的最高权力。《帝国——全球化的政治秩序》坚称：“帝国”绝不是帝国主义的一声微弱回响，它是一种全新且凌驾于民族国家之上的全球统治形式。

众所周知，现实国家政权得以存续最为关键之处乃在于，必须得有一个能保护统治阶级权益的强大“权力中心”。然而，无论是罗宾逊的“跨国（国家）政权”也好，还是《帝国——全球化的政治秩序》指认的作为一种“超国家统治机体”的“帝国”也罢，不管怎么看也仅仅只是一些或多或少反映了垄断资本利益诉求且极为松散的（各类各式）国际经济政治组织（或论坛）而已。这些空中楼阁式的“全球最高权力”形式根本无法成为真正全球跨国政权的深层原因就在于这些“超国家”机构组织或一系列相应的体制机制缺乏一个强有力且高度统一的权力中

---

① ［英］约翰·斯科特：《公司经营与资本家阶级》，张峰译，重庆出版社 2002 年版，第 313—314 页。

心。没有权力中心，当然也就难以形成真正的所谓跨国政权实体。谁都可以说，谁说了都算，谁说了也都不算的尴尬局面如何能号称在经济全球化时期已经形成了一种全新的全球主权形式呢？真相是，迄今为止，全世界根本就不存在一个如同罗宾逊所描绘的“跨国国家政权”，也不存在一个如同《帝国——全球化的政治秩序》所指认的“全新且凌驾于民族国家之上的全球统治形式——帝国”。弗雷德·布洛克说得好，一个真正跨国国家政权的形成，需要对合法性暴力进行有效垄断。为此，有两个前提不可或缺：（1）像美国这样的国家愿意将自己的军队永远置于某个跨国实体的指挥之下；（2）美国、欧洲、日本的士兵愿意为把新自由主义政策强加给世界而殒命。① 而当前的经济全球化时期，可以显而易见地看到，根本就不存在这样一个跨国政权实体能够真实垄断并统一指挥世界资本主义的暴力（机器）力量。

马克思主义指出，国家是从不可调和的对立阶级间激烈、尖锐的冲突和斗争中产生的。这意味着：第一，对立的社会各阶级自身内部已经具有高度“统一的意识形态和利益”了，换言之，社会各阶级不仅是“自在”的，同时也是“自为”的；第二，具有“统一的意识形态和利益”的阶级间的对抗与冲突必须达到一定的激烈程度和广泛程度。但是，当前时期，人们并没看到跨国资产阶级或跨国无产阶级中的任何一个所谓“新阶级”具有高度“统一的意识形态和利益”，即这些臆想出来的全球新阶级至少迄今为止还未达到“自在且自为”程度，那么，就更不用提这些“新阶级”之间存在着激烈、尖锐、广泛的阶级冲突和斗争了，没有跨国阶级之间的对立和斗争，就谈不上维护统治阶级根本利益的跨国政权的诞生。

另一个不容忽视的制约同影响全球政权产生的因素是世界各地、各民族多元且根深蒂固的民族文化—心理传统。我们很难相信，在短时期内，仅凭经济生产这单一力量就能完全且迅速地消弭或连根拔除各地区和民族长久以来得以持久传承、延续、弘扬的历史文化（包括信仰体

① 王宏伟：《“跨国资本家阶级”理论评析——经济全球化是否导致了“超帝国主义”?》，《国外社会科学》2004 年第 6 期，第 58 页。

系）以及由此在漫长岁月中逐渐形成的根深蒂固的文化—心理特质。地域和民族性的消退以至相互融合虽然从唯物史观来看是无可避免的人类社会历史发展趋势，但这一历史进程却无论如何是极为漫长且相当曲折的，而这一点在当前的经济全球化时期则远未达到或实现。对此，回顾一下约翰·格雷的看法是有益的：通常，跨国公司在赖以起家的经济体制和文化中保留着强有力的根系。几乎所有的跨国公司都表达和体现一种单一的民族文化。美国公司尤其如此。①

罗宾逊在《全球资本主义论——跨国世界中的生产、阶级与国家》中激烈批评以列宁为代表的早期帝国主义研究传统所提供的“民族国家分析框架”和“竞争型国家资本”理论。他认为，民族国家并不是超越历史的，当前的经济全球化已经包含了消除民族国家作为资本主义社会生活的组织原则。然而，与罗宾逊抽象理论迥然有别，事实上，经济全球化时期，民族国家政权毫无争议地仍然是全球经济、政治、军事和国际关系最为重要的主体同载体，国家主权也始终处于国际关系的核心考量与视野中心。就连《帝国——全球化的政治秩序》也不得不为民族国家主权的主体性保留了足够空间（某种程度上，可以视为其理论的必要修正），“民族—国家主权的衰落并不意味着字面意义上的‘主权’已经衰落。”② 经济全球化时期，资本绝不是比以前更少地依赖于民族国家，恰恰相反，它的依赖性反而变得更强了。当今世界，只有民族国家才能够设立政府，行使国家政权。所以“跨国政府这种东西并不存在……假如资本所属的国家政府垮台的话，资本就会失去其必不可少的保护者。那么，这种资本要么并入其他国家的资本，要么不再成为资本”③。对

① ［英］约翰·格雷：《伪黎明——全球资本主义的幻象》，中国社会科学出版社 2002 年版，第 75—76 页。

② ［美］麦克尔·哈特、［意］安东尼奥·奈格里：《帝国——全球化的政治秩序》，杨建国等译，江苏人民出版社 2008 年版，第 2 页。

③ Paul M. Sweezy and Harry Magdoff, “Note on the Multinational Corporation”. *Monthly Review*, 1969（5），转引自［美］理查德·斯克拉：《后帝国主义：跨国公司扩张的阶级分析》，载曹义恒等编：《后帝国主义》，中央编译出版社 2007 年版，第 10 页。

此，埃伦·伍德深刻指出：“全球化”并非是真正的一体化的世界经济，它也同样不是一种正在消亡的民族国家体系。[①]

四、反思与批判——“全球化新阶段论”是“超帝国主义论”新时期的历史翻版

“全球化新阶段论”通过指认，经济全球化时期，跨国公司的国籍渐趋消遁，进而，一种建基于其上的“跨国资产阶级”同“全球资产阶级政权”正在或已经形成，从而向世人展示了一幅世界资产阶级大联合的社会历史景观及未来愿景。这就不由得令人联想起当年被列宁批得体无完肤的考茨基“超帝国主义论”，以及考茨基那令人惊愕且臭名昭彰的口号：“全世界资本家联合起来！”作为“超帝国主义论”在经济全球化时期的某种翻版，“全球化新阶段论”罔顾现实客观情况，无疑是一种极端错误的思潮，其危害性不容小觑。

“全球化新阶段论”带有浓厚幻想主义色彩，是一种在思想实验室中诞生的极度抽象的理论虚构。“全球化新阶段论”在准确捕捉到世界资产阶级日益“同质化”历史趋势基础上误入了歧途，其不仅彻底摒弃了马克思主义诸多有益分析和正确论断，忘却了资产阶级与生俱来的伦理道德根基，而且一方面高估了这个阶级的统一性、团结性以及对和平的善意同渴求，另一方面却低估了垄断资本及其寡头的贪婪欲望以及由此导致产生的严重阶级裂痕。垄断寡头之间的（蜻蜓点水式的）有限合作永远只能是激烈而残酷永恒竞争间隙中的短暂妥协，就像列宁在谈论帝国主义战争与和平关系时深刻指出的那样：帝国主义列强之间的和平只可能是两次战争中短暂的喘息而已。

“全球化新阶段论”着力淡化殖民主义对世界经济政治格局及国际关系的深刻影响同形塑作用，摒弃世界体系“中心”—“外围”分析架构。其过多地从表象层面，如第三世界资本输出增长、某些跨国公司实力增强、某些资本家在拥有资本总量等方面赶上西方垄断资产阶级等，

---

① ［加］埃伦·M. 伍德：《资本的帝国》，王恒杰等译，上海译文出版社 2006 年版，第 104 页。

来考虑“跨国资产阶级”的形成问题。在以美国为首的“新帝国主义”崛起的历史背景下，其竭力宣扬的“跨国公司国籍消失”“民族国家日益衰微”“跨国资产阶级和政权正在形成”等一系列抽象而教条的说教无疑带有极大的麻痹性同危害性。这些言论似乎是专门说给第三世界听的，目的是要第三世界“明事理”“识时务”“讲科学”，从而心甘情愿地消除国界、放弃主权，为少数发达国家的商品、资本乃至一切投机家打开大门，让他们毫无阻碍地自由进出。①

“全球化新阶段论”时时处处散发出一股类似于“超帝国主义论”机会主义、等待主义的浓烈气息。其通过强调“跨国资产阶级”“跨国资产阶级政权”日益形成，民族国家政权渐趋衰微，向世界提供了一幅极端扭曲、极端臆想的错误画卷：经济全球化时期，全球资产阶级内部的一致性、团结协作性超越了矛盾性、分歧性和斗争性，资产阶级正从往昔斤斤计较、各自为政的短视、对立、散乱状况逐渐走向所谓的成熟、宽容与和谐共荣。因而，这样一来，一方面，“全球化新阶段论”毫无疑问美化和粉饰了资产阶级及其国家政权，歪曲性地强调了资本主义内涵的和平属性同愿望，以及资本主义全球化可能的和平前景，从而弱化了对垄断资本（及其暴力机器）残暴、贪婪、血腥等方面的关注，弱化了对矛盾丛生的资产阶级内部及其严重分裂（本性和现状）的关注；另一方面，其通过反复强调世界资本主义已然形成了一种“无中心、无疆界”，弥漫于全球的新主权形式，促使人们感觉到，跨国资产阶级和跨国资本主义政权是相较于以往民族国家资本主义及其资本家而言强大得多的世界统治者，全球方方面面都由其定调和掌控，因而，目前被统治者的任何反抗与斗争无疑都将是徒劳无益的；此外，该学说通过着意描绘资产阶级统治精英、各类资本主义跨国（全球）政治经济组织，以及相应的体制机制（如国际货币基金组织、世界银行、世界贸易组织、“八国集团峰会”等），制造出这样一种假象，即资本主义和资产阶级在当前时期正展现出空前蓬勃的生命力与活力，其在经济全球化时期无疑是

---

① 王金存：《帝国主义历史的终结——当代帝国主义的形成和发展趋势》，社会科学文献出版社 2008 年版，第 230—231 页。

大有作为的，而恰恰正是仰赖于它们，世界的和平稳定同繁荣发展才获得了坚实而可靠的保障。概言之，在当前及未来很长一段时期内，资本主义和资产阶级仍具有不容忽视的历史先锋性、进步性。这一点所产生的负面作用恰如当年布哈林批评卢森堡“积累理论”时所指出的那样：此类看似严密且科学的阐述使人们仅仅聚焦于资本主义相对意义上的“进步性”，却严重忽视了现实中阶级间存在的残酷压迫与剥削，忽视了广大劳动人民社会历史主体地位以及他们的主观能动性实践，忽视了资本主义作为一种特殊社会形态的历史局限性。其产生的实际后果就是：“资本主义还没有完成它的历史使命，因而人们还不能够预见到资本主义发展的末日。”①

马克思主义同当代许多左翼学者反复提醒：资本主义是一个有机系统，它倾向于不断繁殖自身所需的生存环境和条件，包括源源不断地生产出一个将资本逻辑视为“理所当然的自然规律”的无产阶级。《资本论》指出，“在资本主义生产的进展中，工人阶级日益发展，他们由于教育、传统、习惯而承认这种生产方式的要求是理所当然的自然规律。”所以，“发达的资本主义生产过程的组织粉碎一切反抗！”正因如此，“第二国际”时期曾经一度十分盛行的以“和平长入社会主义”观点为代表的修正主义、机会主义、等待主义不仅错误地理解了历史唯物主义真谛，从而描绘了一幅建基于“唯经济主义”之上资本主义被社会主义“和平”超越扭曲且注定破碎的历史幻景，而且其对于现实革命实践与斗争行动起到了不容忽视的消极阻碍作用。资本主义面向新的、更高一级的社会形态——社会主义社会的漫长“过渡”，不能仅仅依靠消极等待或单一专注于发展社会生产力和经济水平，这一艰难的历史进程自始至终需要倾注巨大的主观能动性以及非同凡响的实践努力。恰如迈克尔·勒博维茨所言：“‘资本主义内的危机’和‘资本主义的危机’之间有着巨大的差别。后者需要有意识的行动去挑战并击败资本的逻辑，并最终终结资本主义制度。……就像建筑师一样，在开始实际的建设之前，必须首先在自己的头脑中设计构造出这个目标性的东西，只有这样才能

① ［德］罗莎·卢森堡、［苏］尼·布哈林：《帝国主义与资本积累》，柴金如等译，黑龙江人民出版社 1982 年版，第 277、278 页。

击败资本的逻辑。”① 将帝国主义最新近发展解释为资本主义走向最终衰亡之前的“回光返照”，还是视为资本主义“永世长存”一个强有力证据，无疑是检验马克思主义信仰同理论水平屡试不爽的一块“试金石”，亦如当年的列宁与考茨基那样。

第五节 “新帝国主义论”批判性考察

——以大卫·哈维的相关研究为例

应当承认，新的历史时期（尤其是以新自由主义作为主导意识形态的经济全球化时期），“新帝国主义”呈现出来的众多最新变化同时代特征的确与列宁时期“诸神混战”的帝国主义有所不同，不过，这些差异仅仅限于表象层面：第一，从本质内涵看，“新帝国主义”与传统帝国主义无论在（私人）垄断经济基础、政治（阶级）结构、主流意识形态，还是由此催生的军国主义、殖民主义等方面并无二致；第二，帝国主义列强之间社会经济发展不平衡的状况及基本规律依然如故，在新的社会时代背景下仍延续着传统的尖锐矛盾以及或明或暗的激烈对抗，并因而历史性地重构了帝国主义对立、抗衡的时代新模式，例如，欧洲各国因自身实力无法单独同美国角逐与抗衡，因而，倾向于结为国际或地区联盟，形成所谓“集体帝国主义”等。正因此，经济全球化时期，列宁“帝国主义论”对人们进一步深入而系统地认知和辨析当代垄断资本主义及其所深刻形塑的世界经济政治格局同国际关系具有毋庸置疑且难以替代的重要理论价值及现实意义。

一、以美国为首的“新帝国主义”

“美国的计划是统治这个世界。尽管当前主要表现为‘单边主义’，但美国最终的目标还是控制整个世界。这就要求美国必须维持其压倒性

① ［加］迈克尔·勒博维茨：《21世纪的社会主义与“社会主义全球化”》，禚明亮等译，载曹苏红主编：《世界格局在巨变——社会主义新实践与帝国主义新特点》，社会科学文献出版社2013年版，第126页。

的军事优势，防止世界舞台上兴起新的竞争对手并给其带来挑战。这还要求美国既要控制其敌人，又要控制其盟友。这不仅要求美国必须拥有更加强大的力量，抑或最为强大的力量，而且要求美国拥有绝对强大的力量。”

——大卫·哈维

（一）从“舆论宣传”到“国家大战略”——“新帝国主义”的崛起

自“9·11”事件以来，有越来越多的西方学者、政客、舆论工作者不断高频地使用“现代罗马帝国”来表达对美国真正称霸并统治全球的热切期盼。① 有人甚至夸张地说，美国不止是“超级大国”，而且应当是“顶级大国”。2002 年 4 月 7 日，英国外交顾问罗伯特·库珀在《我们为什么仍然需要帝国》一文中毫不掩饰地说道：国际秩序始终介于权力平衡与霸权之间，权力平衡潜藏着战争的威胁，而帝国霸权则意味着秩序。全球国家可分为三类：前现代国家（失败国家）、现代国家、后现代国家。以英美为首的后现代国家（旧殖民主义时期“宗主国”）需要一种“新的帝国主义”，以先前“以暴制暴”“先发制人”的武力攻击甚至欺骗等方式来对付“前现代国家”（如索马里等历史上的殖民区域）及“现代国家”（如中国）。② 2002 年 3—4 月间，作家塞巴斯蒂安·马

① “美国对雄起一时称霸一方的波斯帝国、奥斯曼土耳其帝国、俄罗斯帝国乃至大英帝国不屑一顾，却对罗马帝国推崇备至。个中原因正如张西明先生在其新著《新美利坚帝国》一书中所指出的，在美国战略设计师眼中，罗马帝国不仅旷日持久，也不仅有凯撒、屋大维时期的政治军事全盛和文学艺术的繁荣，更重要的是他们认为罗马帝国奠定了基督教在社会生活中精神核心的地位，而且在自由、平等、法治这些从希腊文明发展而来的法律与权利的观念之下，罗马帝国征战与统治的目的始终是追求和平与正义，在这一旗帜下，它将所发动的战争视为正义与和平之举，将统治被征服者看作为他们提供公正的保障。所以今天新美利坚帝国的崛起，既非对大英帝国等先前帝国的回归，也不是对自己 19 世纪以‘门罗主义’与西方列强并肩争雄的新兴帝国和 20 世纪被第三世界国家群起攻之的‘美帝国主义’的简单重复，而是跨越千年对罗马帝国的复兴，在罗马帝国光荣与梦想的继承者和光复者的口号下，才有‘人权高于主权’‘做解放者而不是征服者’的行动。”朱琨：《从霸权主义到新帝国主义——浅析美国对外政策的战略转向》，《太平洋学报》2004 年第 1 期，第 49—50 页。

② Robert Cooper, “Why We Still Need An Empire?”. *The Observer*, April 7, 2002.

拉比在《不情愿的帝国主义者》一文中如是附和道：对恐怖主义发动的战争将世界关注点聚焦于那些秩序混乱且为极端无政府主义者和不法分子提供支持和庇护的国家和地区。面对国际混乱的局势，往昔世界强国的做法就是采取帝国主义。今天，由于美国强大的实力，美国只能做"不情愿的帝国主义者"以应对现在和未来全球范围内各种不确定的威胁。[①] 2002 年 6 月 1 日，美国总统乔治·布什在西点军校讲话中进一步明确提出了"新帝国主义"的国际战略。他认为，以"9·11"事件为标志，战后美国形塑的应对和抗衡苏联为首的世界社会主义阵营为目的的，以"遏制""威慑""均势"为特质的现实主义总方针已不再适用于全球化时期跨国恐怖主义等一系列全球性威胁，美国应当转而采取所谓"新帝国大战略"。作为赤裸裸的"霸权主义"和"强权政治"，布什设想的"新帝国大战略"包含：（1）单边主义外交；（2）国际关系中的"双重标准"；（3）建基于"人权高于主权"之上以反恐怖主义为幌子的"反恐高于主权"的"新主权有限论"或"主权相对论"；（4）"先发制人"思维和战略。布什认为，"新帝国大战略"在未来有这样几方面任务：第一，维持大国稳定；第二，保护和扩展自由民主；第三，对拥有大规模杀伤性武器且又有可能与恐怖组织保持联系的国家进行"先发制人"打击。至此为止，"新帝国主义"于较短时间内从一种单纯资产阶级舆论宣传、学理探索迅速演变为新的意识形态同现实国家大战略（舆论宣传、学理探讨、战略思维而非实践均可视为西方资产阶级视阈下的"新帝国主义论"）。然而，针对西方视阈的"新帝国主义论"，有学者认为，其迄今为止远未形成一套完整的理论，更为关键的是，其仅仅只是一些媒体人员和某些学者只字片语的零散言论汇集，缺乏思想大师的系统建构，因而，始终停留于非常表浅的层面，"'新帝国论'并非完整理论，迄今也没有成为美国学术界和外交政策的主流。"[②]

作为一种"新式"资产阶级意识形态同国家战略，"新帝国主义"

---

① Mallaby S.,"The Reluctant Imperialist: Terrorism, Failed States, and the Case for American Empire". *Foreign Affairs*, Vol. 81, No. 2(March – April, 2002), pp. 2 – 7.

② 张耀：《"新帝国论"评析》，《世界经济与政治》2003 年第 7 期，第 36 页。

的内涵与根本质性究竟为何，国内外学界存在激烈争议：一种观点认为，“新帝国主义”就是与世界各国和人民为敌的经济权力和军事权力，它的目的就是将全世界都置于跨国企业统治之下，国际货币基金组织和世界银行是这种帝国主义的两只手，而北约组织则是它的军事武器；一种观点认为，“新帝国主义”是一种建基于西方“自由、民主、人权”价值观之上的价值帝国主义；另一种观点认为，“新帝国主义”是继现实主义和自由主义之后正在形成的一种因应恐怖主义而构建起来的国际战略，它对美国应该如何运用其力量和构建世界秩序形成了一种更加宏观的观点，在这一新范式下，在打击恐怖威胁和寻求大规模杀伤性武器的无赖国家的过程中，美国将更少地被其伙伴和全球规则所束缚，而更倾向于扮演一个单边和预防性角色，质言之，美国将运用其无敌的军事力量来管理全球秩序。① 此外，还有学者认为，新帝国主义乃是对历史上老殖民主义、老帝国主义的否定之否定，即对殖民主义、帝国主义旧秩序的某种复归。以美国为首的西方列强正在捡起当年殖民主义老手段，以政治、军事方式，强迫“后发国家”，特别是像伊拉克这样不肯听命的“流氓国家”就范，强迫它们接受西方的剥削和压榨，把它们变成西方廉价资源和产品的供应地，剩余产品的销售市场和西方的垃圾站。②另一种从经济维度出发的观点则将“新帝国主义”视为“新自由主义”的经济政策，以“经济市场化”“金融自由化”“企业私有化”“政治西方化”为主要特征的新自由主义，肢解了民族国家的内部整合系统，扫荡了民族国家的国家主权，把美国的管辖权随同商品延伸到全球，通过“华盛顿共识”（有人甚至认为“共识”本身就是一种“新帝国主义”）将民族国家变成了帝国主义新的“殖民地”，从而建立新的帝国秩序。③

面对这一新近社会历史现象，有更多学者将之描述、界定、称谓为“高级阶段垄断资本主义”“新（后）殖民主义”“新干涉主义”“新霸权主义”“公司帝国主义”“文化帝国主义”“金融帝国主义”等。例

---

① 李玉峰：《“新帝国主义论”研究综述》，《毛泽东邓小平理论研究》2005 年第 5 期，第 79 页。

② 李丹：《“新帝国论”与小布什外交》，《华北航天工业学院学报》2003 年第 4 期，第 46—50 页。

③ 何秉孟：《新自由主义评析》，社会科学文献出版社 2004 年版，第 124—146 页。

如，美国《每月评论》的主编约翰·贝拉米·福斯特（John Bellamy Foster）就曾说过，“‘帝国主义’是用来揭露和批判垄断资本主义的一个术语，因此，他把‘新帝国主义’叫做‘以全球化高级阶段的垄断资本主义为特征的时代’。在其他左翼经济学者的论述中，‘新帝国主义’也常常作为‘全球跨国垄断资本权力’‘新自由主义的世界统治’或者‘美国金融霸权’等诸如此类与经济霸权相联系的概念的同义语出现。”① 不过，也有学者认为，西方左翼学者对“新帝国主义”内涵的阐释与界定“指向并不很明确”，因为，他们在“经济基础”和“国家政权”（或“资本积累”和“权力积累”）两个维度的论证常常处于一种“矛盾而混淆”的状态，“在这些学者看来，新帝国主义问题很大程度上等同于资本主义经济发展的问题，这样，他们对战争等超经济暴力形式的独特意义基本缺乏足够的或独立的分析；但另一方面，美国的军事霸权和战争行为又往往构成他们关于‘新美帝国主义’命题的重要内容和论证归宿，这就形成了一定的逻辑矛盾，……概念运用和议题的混沌，某种程度上也意味着不少左翼在‘新帝国主义’本质内涵，以及‘新帝国主义’理论所蕴含的问题核心上缺乏明晰的意识。”②

那么，“新帝国主义”究竟“新”在哪里呢？这当然是个仁者见仁、智者见智的问题。仅于表象层面而言：从经济上说，“新帝国主义”始终致力于奉行倡导“私有化”“自由化”“市场化”“全球化”的“新自由主义”经济理论；从政治上看，“新帝国主义”一如既往地坚守“自由、民主、人权”的资产阶级政治理念，并实质复归以施特劳斯学派为代表的“保守主义”路线；从殖民主义思维及实践上讲，“新帝国主义”放弃了旧式“军事—地理殖民主义”，转而积极施行“经济—文化殖民主义”；作为一种全球战略和国际格局，“新帝国主义”最显著的表现在于其主导者仅为美国这一“超级大国”，而非列宁时期“诸神混战”的帝国主义列强；作为一种国家大战略，“新帝国主义”明白无误的旨向

① 陈人江：《从帝国主义到新帝国主义：本质内涵与问题意识辨析——兼评国际左翼的帝国主义理论》，《教学与研究》2015 年第 7 期，第 79 页。

② 陈人江：《从帝国主义到新帝国主义：本质内涵与问题意识辨析——兼评国际左翼的帝国主义理论》，《教学与研究》2015 年第 7 期，第 79 页。

就是建基于欧洲和日本等盟国全力配合、协作之上的美国“一国独大”或“一国主导”的“单极化”，对以中国为首的社会主义阵营的全面压制，以及对“第三世界”的“再殖民化”诉求；作为一种意识形态和国际战略，“新帝国主义”拥有不容忽视的客观现实基础，其首先建基于“苏联解体”“东欧社会主义瓦解”“冷战”基本格局全面坍塌的国际经济政治格局之上（即其诞生于“后冷战时代”），面对东欧剧变在全球留下的巨大“地理—权力空间”及“意识形态真空”诱惑，这一资本主义最新意识形态和帝国主义最新形态的崛起无疑是迟早的事情，另外，其同时更是直接地建基于“全球跨国恐怖主义”盛行状况之上，作为一种积极应对恐怖主义的产物问世；与二战前不同，由于世界社会主义力量及第三世界于战后崛起，“新帝国主义”不再可能像传统帝国主义那样在全球范围内大肆狂妄施行殖民主义，加之世界资本主义阵营内部出于利益考量而日趋严重的“分裂发展倾向”和“小集团化发展倾向”（如“北约”的分化、英国“脱欧”等），美国尽管号称当今世界唯一“超级大国”和“新帝国主义”典范代表，并且也的确希望谋求在世界范围推行“单极化”，但它每一次涉及国际关系和外交事务的行为都不可能是随心所欲的，因为它不能不顾及上述各方势力的诉求与各自的利益底线；最重要的是，“新帝国主义”在政治和外交思维及实践上体现出显而易见的“霸权主义”“强权政治”色彩①，以美国为首的“新帝国主义”不仅在武装军事和政治方面企图实施全球管控与宰制，同时更企望在经

① 大卫·哈维具体阐述了过去几十年美国是如何实施霸权主义的：美国频繁地借助支配权和强制手段，从未放弃肃清其对手的努力。即使在国内，它也有一段野蛮的历史，尽管很多野蛮行径是在宪法和法治的掩护下进行的，这其中包括麦卡锡主义，谋杀或监禁黑豹党（Black Panther）的领导人，在二战中拘留日本人，对各类反对团体进行监视和渗透，现在更是准备用《爱国法案》和《本土安全法》代替《权利法案》。在国外，美国采取了一系列更为野蛮的行径：支持伊朗、伊拉克、危地马拉、智利、印度尼西亚和越南等国家发动政变，导致数以千计的人死亡；一有机会便在世界各国支持国家恐怖主义；中央情报局和特种部队遍布世界上数不清的国家。在对美国的上述行径进行研究之后，从乔姆斯基（Chomsky）、布鲁姆（Blum）、皮尔格（Pilger）和约翰逊（Johnson）等人开始，很多学者都将其描绘为地球上最大的“流氓国家”。［英］大卫·哈维：《新帝国主义》，初立忠、沈晓雷译，社会科学文献出版社2009年版，第33页。

济、意识形态、文化、宗教信仰等其他方面实施全球深度渗透，力求实现某种“单一”（或单调）的“同质化”社会历史进程，即“美国式”资本主义的全球化。概言之，“新帝国主义”“与原来意义上的帝国主义相比，更崇尚武力、更加肆无忌惮、变本加厉、更加赤裸裸地使用武力，同时还要输出民主、自由价值观”①。

依照马克思主义的帝国主义理论分析，帝国主义最深厚的基础乃在于——资本主义私人垄断，只要这一经济基础或时代特质没有发生任何实质性改变，无论帝国主义因应社会历史变局演化、变幻出什么新的具体形态，其与（列宁意义上）传统帝国主义就没有什么不同。这一点正如同西方左翼学者普遍认为的那样：“新帝国主义”植根于资本主义发展本性与资本逻辑之中，因此，“新帝国主义”与传统帝国主义本质上并没有什么不同，其均由资本竞争和扩张的本性所决定，它的出现仍是源自资本主义本质的一种体制性现实，是资本力量急剧膨胀的表现，是资本主义的垄断阶段，其目的和本质为资本主义强国为被其支配的国家和地区制定和输出“秩序”与制度，某种意义上，当前的经济全球化就是“新帝国主义”的代名词，是“帝国主义的最近变种”。②

（二）“霸权主义”和“强权政治”的内涵及其演化——“新帝国主义”政治外交思维与实践

1. “单边主义”

经济全球化时期，“新帝国主义”政治外交思维与实践主要集中体现在其“霸权主义”和“强权政治”的内涵、表征及其因应时局的持续演进上。以美国为首的帝国主义始终顽固奉行“单边主义”，小布什政府执政时期，美国“单边主义”表现尤为突出，例如，小布什连续单方面废除或退出多项重大国际条约，如《禁止生化武器条约》《全面禁止核试验条约》《京都议定书》以及与前苏联签订的《反弹道导弹条约》

---

① 王占宇、苏果云：《“新帝国主义论”的理论主题》，《山西高等学校社会科学学报》2008年第6期，第56页。

② 邢文增：《新帝国主义：理论、现实与发展趋势》，中国社会科学出版社2014年版，第45—46页。

等。某种意义上，“单边主义”可被视为“单极主义”的逻辑自然延伸。具体来说，“单边主义”是指垄断资本出于切身利益考量，在国际关系及国际事务中尊崇一种只顾及自身而完全无视其他国家、地区、民族（根本）利益，鄙夷国际协商体制机制的（极端）利己主义、功利主义的思维与实践。美国在国际外交中表现出来的“单边主义”最为突出：其自始至终仅从自身利益出发，罔顾他国、地区或民族的（一切）利益；为了一己私利，可以毫无顾忌地抛弃盟国，甚至可能将其当作自己的“替死鬼”和“挡箭牌”；一旦美国国会批准向其他国家、地区和民族实施制裁或发动战争，以联合国为首的众多国际组织、国际协议、国际舆论均被美国弃之不顾、置若罔闻；为了长久维持和保障自己唯一全球超级大国的地位，美国绝不允许“第二个苏联”再度出现在自己面前。因此，近些年来，美国一方面竭尽所能联合欧盟打压和制裁俄罗斯，另一方面则对中国采取高度警惕姿态，并时常以武力进行挑衅（如派遣各类军舰巡游南海，并恬不知耻地打着“维护南海航行自由”的幌子），常年来纠集中国周边一批国家，包括西欧众多发达资本主义国家，以期形成一个针对社会主义中国快速崛起的国际或亚洲经济、政治、文化、舆论的“战略包围圈”。

2. “双重标准”

“单极主义”和“单边主义”在伦理观上奉行资产阶级一贯的以“丛林法则”和“弱肉强食”为特征的“极端社会达尔文主义”，因此，其不仅不会对弱者产生“同情”与“怜悯”，反而会竭尽所能采取一切使自身利益最大化的举措，这里无疑包含了对弱者“冷酷无情”的压迫与宰制。于是，这样一来，国际外交领域中的“双重标准”就相应诞生了。库珀在《什么是新自由帝国主义》《世界秩序重组》等文中将整个世界划为三类国家：前现代国家、现代国家和后现代国家。他认为，由前殖民地、半殖民地构成的前现代国家（群体）（某种意义上可能还包括以中国为首的现代国家）是当今世界动乱和威胁的主要策源地，因而，由西方发达国家组成的后现代国家（集团）应该习惯并奉行“双重标准”，即在自身内部通过法律和合作来保证安全，而对于第一类国家（前现代国家），则应采取类似19世纪帝国主义的政策，通过使用新殖民化手段，向其输出稳定与自由。[①] 从历史和现实的双重维度来看，“双重标准”适用范围当然绝不仅限于“前现代国家”（或“现代国家”），事实上，其早已蔓延与渗透到当今国际关系同外交事务中的方方面面，换言之，“双重标准”早已同样广泛且深入地存在于所谓“后现代国家”之间，而美国无疑是自始至终深度奉行“双重标准”的“楷模”，克林顿所言则深刻揭示了“双重标准”大行其道的原因：一切都为了“神圣的国家利益”。

3. “先发制人”

以美国为首的“新帝国主义”由于“9・11”事件的极大刺激而制定出“先发制人”战略。2002 年 1 月 19 日，布什向国会提交的国情咨文在以往“流氓国家”“无赖国家”等荒谬观点之上继而又提出了骇人听闻的“邪恶轴心”说。布什认为，伊拉克、朝鲜、伊朗等“邪恶”国家为了获得大规模杀伤性武器正走向某种联合，美国“绝不允许世界上最危险的政权用世界上毁灭性最大的武器来威胁我们”。2002 年 5 月 22 日，布什在德国议会发表演讲时突出强调：可能采用“先发制人”战略来保卫美国和盟友的安全。2002 年 9 月 20 日，美国政府在《美国国家安全战略》中进一步详细阐述了布什“先发制人”相关思想：过去的敌人需要庞大的军队和巨大的工业能力才能威胁美国。现在，由个人组成的隐蔽网络只需不到一辆坦克价钱的代价，就可以给我们的国土造成巨大的混乱和苦难。出于常理和为了自卫，美国将在此类新的威胁完全形成之前对其采取行动。美国长期以来保留着先发制人行动来应对我们国家安全所面临的重大威胁的选择，为了遏制和防范我们对手的敌对行为，美国在必要时将先发制人。[②] 作为布什主义核心内容之一的“先发制人”战略（及其思维），一方面，淋漓尽致地展现出美国（经济、军事、科技等）在全球“一方独大”的现实情况；另一方面，却从侧面显示出美

---

① 李玉峰：《“新帝国主义论”研究综述》，《毛泽东邓小平理论研究》2005 年第 5 期，第 79 页。

② 王金存：《帝国主义历史的终结——当代帝国主义的形成和发展趋势》，社会科学文献出版社 2008 年版，第 310 页。

帝国主义正面临着巨大“安全危机”，即以美国为首的“新帝国主义”的“霸权主义”和“强权政治”，长期以来，由于东欧剧变及世界社会主义事业的低潮而愈加肆无忌惮地对其他国家、地区、民族（主要是第三世界）施行的宰制、欺侮、压迫、剥削，于全球范围激起了广泛而强烈的反弹，众多落后国家、地区和民族由此推动了有力挑战美国强大军事武装力量的“不对称战略”。

4. “新主权有限论”

长久以来，以美国为首的“新帝国主义”始终顽固奉行“主权有限论”或“主权相对论”思维及实践。当21世纪来临，西方帝国主义列强遭受到史无前例的跨国恐怖主义重创之后，又忙不迭地在以往惯唱的“人权高于主权”基础上炮制出了以反恐怖主义为幌子的“反恐高于主权”的所谓“新主权有限论”。美国政府近年来的一系列现实表现在这一点上尤为突出，其在高举反恐旗帜，高唱和平、发展、安全等表面光鲜的调子之下，提出在全球范围，但凡是那些与恐怖主义有涉的国家和地区，其主权都不应当受到国际法保护。于是，这样一来，只要是被以美国为首的“新帝国主义”“单方面”核准与认定的民族国家，其主权在西方站在“道德高地”且带有浓厚“政治正确”色彩的“反恐战争”意识形态及实际行动下均毫无例外地一概成为了“相对”而“有限”的，换言之，其主权遂不再具有充足的“合法性”，因而可以“任人践踏及宰割”（以“伊拉克”为代表的众多弱小发展中国家的现实命运正是如此），而与此同时，美国等西方发达资本主义国家的主权则不仅仍一如既往地受到国际法保护，不容别国任何干涉（甚至不容任何质疑与批评），处于“绝对合法”地位，并且其干涉别国政治（包括司法）与入侵别国领土的“权限”也同样是“绝对的”。立基于“人权高于主权”和“反恐高于主权”之上的“主权有限论”最为淋漓尽致地暴露出“新帝国主义”内涵的“单边主义”“双重标准”“先发制人”思维及实践，第三世界各国的国家主权哪里是“有限”的，在“新帝国主义”眼中，其简直就是任由西方“无限”形塑及蹂躏的“股掌之物”。

二、大卫·哈维对“新帝国主义”的考察与阐释

“资本主义活动的地理学景观充满了矛盾与紧张，在面对各种各样的技术和经济压力的时候，它永远处于不稳定的状态。竞争与垄断、集中与分散、固定与变动、动力与惰性，以及各种不同范围的经济活动之间的紧张状态，无一例外地都产生于资本的无限积累在时间与空间中的分子化过程。”

——大卫·哈维

（一）“权力的领土逻辑”和“权力的资本逻辑”

大卫·哈维将近年来在全球迅速崛起的“新帝国主义”阐释为由“国家和帝国的政治”以及“资本积累在时空中的分子化过程”两个因素辩证结合（原话为“矛盾的融合”）的历史性结果。第一个方面，即“权力的领土逻辑”，主要是指国家或国家联合体在全世界维护利益和实现目标时所提出及施行的各种政治、外交和军事战略；第二个方面，即“权力的资本逻辑”，是指经济权力在（全球）连续空间中的流动，其中，对资本的控制和利用是第一位的。在哈维看来，尽管“权力的领土逻辑”与“权力的资本逻辑”间存在较大差异，但两者会通过复杂的，有时候甚至是矛盾的方式相互纠缠或结合在一起，换言之，两者总体的关系呈现为“辩证共处”与“相互融合”。尽管某些时候哈维会认可“权力的资本逻辑”处于决定性支配地位，“使资本主义的帝国主义同其他帝国构想相区别的却恰恰是资本逻辑居于支配地位。”① 然而，在某些地方，哈维对“权力的领土逻辑”的超然独立性保留了一定空间，因而，他的指认变得不甚明确，有时候甚至呈现为前后矛盾。在回答“固定空间内‘权力的领土逻辑’如何应对资本积累对外扩张”问题时，哈维提出了著名的“时空修复理论”，即依靠时间的延迟和地理空间的扩张来解决资本主义（经济）危机，而时间的延迟与地理空间的拓展的可靠政治（权力）保障就是帝国主义及其“霸权主义”。

---

① ［英］大卫·哈维：《新帝国主义》，初立忠、沈晓雷译，社会科学文献出版社 2009 年版，第 29 页。

哈维的“两种逻辑学说”看似仍坚守“经济基础”决定性地位，然而，其不仅客观地潜藏着两种逻辑的“均等主义”意蕴，而且，事实上为彻底解构唯物史观经济基础同上层建筑辩证的社会结构观奠定了基础。例如，国内就有学人站在“国家自主”立场上将帝国主义指认为“作为霸权国家经济统治权力与政治统治权力的结合点”，并提出，帝国主义本质涉及两种权力（作为两种积累逻辑外在表现）在不同历史发展阶段的内在关系变化。[①]“当代新帝国主义研究方法具有浓厚的经济还原论色彩，……加拿大学者利奥·帕尼奇（Leo Panitch）和萨姆·金丁（Sam Gindin）……认为资本主义是经济和生产关系的领域，帝国主义则与国家行为或国家关系相关，二者分别属于经济与政治的不同范畴。……考茨基……指出，国家对外扩张虽然必须以经济条件为依据，但并不是每次扩张都出于直接的经济要求。……哈维也认为，‘领土逻辑’作为国家倾向的持久战略，它与‘资本逻辑’并不总是一致的。”[②] 不得不说，此类见解实际上早已偏离了历史唯物主义的结构性观点，偏离了列宁“帝国主义论”始终对作为帝国主义最为深厚基础——资本主义私人垄断“决定性”地位的一再强调，退回到“考茨基国家政策”的老路上去了。首先，唯物史观从不认为经济基础同上层建筑是“亦步亦趋”的“无缝对接”关系，并进而强调了上层建筑对经济基础的反作用原理，上层建筑的相对独立性（并非每次活动都出于直接经济要求）当然不能否认经济基础决定性地位和作用；其次，无论是哈维的“权力的领土逻辑”和“权力的资本逻辑”，还是考茨基的“超经济动机”和“经济动机”，都绝不是无层次性的，换言之，“权力的资本逻辑”或“经济动机”乃是经济基础的重要表征及深刻影响上层建筑（政治军事决策和国家行为）的原动力，其无疑始终归属于经济基础范畴，而“权力的领土逻辑”，尽管同样可被视为推动上层建筑的原动力之一，然而，其决不同

① 陈人江：《从帝国主义到新帝国主义：本质内涵与问题意识辨析——兼评国际左翼的帝国主义理论》，《教学与研究》2015 年第 7 期，第 82 页。

② 陈人江：《从帝国主义到新帝国主义：本质内涵与问题意识辨析——兼评国际左翼的帝国主义理论》，《教学与研究》2015 年第 7 期，第 79—84 页。

于“权力的资本逻辑”，因为它始终囿于上层建筑的藩篱之中；再次，列宁虽说过，帝国主义还有除“经济维度”之外的其他定义和理解，但他始终反复强调，帝国主义是垄断资本主义，其最深厚的经济基础乃是资本主义私人垄断，而这点决定了其他层面的所有一切（包括国家诸政策以及领土—军事行动），因此，“权力的资本逻辑”相较于“权力的领土逻辑”而言无疑是更加“本质性”“根源性”“始发性”的，两者决不能等同视之。哈维既看到“新帝国主义”的“权力的资本逻辑”，同时也看到“权力的领土逻辑”，无疑是一种较为全面而辩证的观点，做到了“两点论”。然而，他却在“重点论”上含糊与犹豫了。假若套用哈维“新帝国主义论”中相关范畴和逻辑来进行表述的话，符合马克思主义的帝国主义观点的说法应当是：“新帝国主义”具有“权力的资本逻辑”同“权力的领土逻辑”两个密不可分的方面，然而，“权力的资本逻辑”自始至终决定并时时处处深刻影响着“权力的领土逻辑”。恰如哈维自己所说的那样：“石油决定一切！”

（二）“剥夺性积累”

大卫·哈维在《新帝国主义》中提出了一个较为新颖（带有批判色彩）的观点，即在他看来，马克思在《资本论》中所作出的有关资本主义原始积累的分析存有一些比较“保守”的因素，如马克思将建基于欺骗、暴力、劫掠之上的资本主义积累仅仅视为一个存在于遥远“原始积累”阶段（时期）的独特社会经济现象，随着资本主义历史进程的不断持续推演，资本主义带有鲜明暴力特质和血淋淋样貌的原始积累将会逐渐消退。而与此同时，罗莎·卢森堡的观点也具有一定“保守性”，例如，她认为，充满暴力和血腥的资本主义原始积累仅仅存在于世界资本主义封闭系统之外的“非资本主义”环境中，也就是（地理与经济）殖民主义过程中。然而，当前（经济全球化时期）社会历史客观现状却毫无争议地一再表明，垄断资本主义同“新帝国主义”越来越不惜撕掉以往温情脉脉的人道主义伪善假面，而将马克思指认的仅仅局限于资本主义“原始积累”时期暴力而残忍的积累方式再度搬上当代世界舞台，并且其剥削压迫的程度以及影响波及的深广程度均可能远超马克思曾生动刻画与描述的那个资本主义“原始积累时期”！正是基于上述思考，哈维将垄断资本主义同“新帝国主义”于当前时期在全球范围广泛而深入施行的“不通过生产”途径占有剩余价值的资本积累方式形象地称为“剥夺性积累”（其主要通过运用如信贷体系、金融资本等工具，依靠公有财产私有化、资本资产和劳动力贬值等众多方法，来达至现实的“剥夺性积累”）！

哈维指出，在新自由主义意识形态及政治实践引领下迅速席卷全球的具有高度投机性和掠夺性的“金融自由化”与“金融全球化”风潮正日趋成为当代垄断资本主义欺诈、盗窃、剥削广大劳动人民财富的重要手段：第一，股份公司股权股份所谓日益“分散化”“社会化”“大众化”“平民化”特征与趋向不仅绝不是“人人都正变为社会资本家”充分且切实的经济基础，反而在实质上渐渐沦为给垄断资产阶级越来越具有高风险性投机行为埋单的“可靠而高效的途径”，同时，其还在客观经济运行过程中起到了帮助垄断资本最大化规避金融—经济风险的作用（即将风险转嫁到普通群众身上）；第二，垄断资本之间进行的大规模、大范围合并与兼并游戏最终催生出的高额资产剥离、债务水平空前提升等负面影响均在很大程度上令广大劳动人民日益深陷到以更多劳役偿还债务的悲惨境地；第三，垄断资本集团，尤其是其金融系统中惯用的“庞氏骗局”，令广大劳动人民不仅没有获得可靠而有效的“投资收益”，反而将手中紧紧攥着的可怜巴巴的小额资金赔得血本无归；第四，垄断资本常常通过促使股市崩盘以及公司或企业的破产与倒闭等众多卑劣方式达到劫掠劳动者财产与资金的目的，例如，金融寡头常常会精心谋划及实际操控一系列金融—经济危机（如 1998 年爆发的东亚和东南亚金融风暴），导致资本资产和劳动力大幅贬值，从而不断创造出与垄断资本相对立的“他者”，并从中赚取到巨额投机性利益。对此，哈维深刻揭示道：“一次次的资本贬值和资本损失作为一剂良药（通常是在国际货币基金组织结构调整计划的好意之下），被用来应对在扩大再生产过程中无法保持资本积累平稳进行的情况。在此我们可以找出很多例子，比如在 20 世纪 80 年代的拉丁美洲，美国金融资本侵入了拉丁美洲整个经济并重新获取了它们的资产。在其他一些国家，仅仅是实行了出口贬值。1997 年，对冲基金对泰国和印度尼西亚货币的攻击，加上国际货币基金组织要求它们实行严格的通货紧缩政策，导致整个东亚和东南亚地区陷入金融危机，大量公司破产，成千上万的人陷入失业和贫困的境地。这场危机还大大提升了美元的地位，确定了华尔街的主导地位，大幅增加了美国富人的资产价值。”①

其次，在新自由主义意识形态及政治实践引领下于20世纪80—90年代期间迅速席卷全球的“私有化”浪潮同样成为当代垄断资本主义无耻掠夺和压榨广大劳动群众手中财富与资金的最重要“剥夺性积累”手段之一。这一被哈维称为“剥夺性积累”的“事业”是在一种极为不公平的背景中展开的，资产阶级政府在这一过程中明显偏袒垄断资本（集团）及其寡头，换言之，从结果上看，垄断资本绝对是最大的受益者。“英国飞机制造公司、英国电信公司、英国航空公司、钢铁、电和煤气、石油、煤矿、自来水、公车服务、铁路，以及许多小型国家企业都在大规模私有化过程中被变卖了。英国在这一方面开拓性地向人们展示如何将这一过程做得合理有序还能盈利。撒切尔夫人相信，一旦这些转变发生了，那么这一过程将不可逆转：因此要快。”② 这场史无前例且无耻的“私有化”浪潮备受世界舆论批评的一个关键点就在于，垄断资本主义同“新帝国主义”已经、正在或将使越来越多的大众资产和自然资源一步步沦为垄断资本及其寡头的囊中之物。不仅全球属于天然环境的重要资源与重要物质，如土壤、淡水资源、良好的空气、森林、草原、自然矿藏等正被资本主义深具摧毁性、破坏性、污染性的恶性循环发展方式日益严重地损耗着，而且几乎所有的社会公共资源也逐渐受到“私有化”浪潮的不断冲刷同严重腐蚀。例如，作为社会最重要教育系统的大学、科研机构、以医院为首的社会医疗系统、社会住房系统、社会养老保障体系等均随着经济全球化深入而广泛地演进而日渐成为垄断资本（集团）及其寡头积累资本不可或缺的重要物质手段和经济营运方式。

① ［英］大卫·哈维：《新帝国主义》，初立忠、沈晓雷译，社会科学文献出版社2009年版，第55页。

② ［英］大卫·哈维：《新自由主义简史》，王钦译，上海译文出版社2010年版，第70页。

对此，大卫·哈维严厉地批评道：上述这一切均显示出新一轮的资本主义“圈地运动”正在如火如荼地进行着，资产重组日益有利于社会上层阶级或资产阶级，尤其是垄断资本（集团）及其寡头。当然，需要指出的是，也有一部分西方左翼学者指责哈维针对经济全球化时期所谓“剥夺性积累”的相关分析过于“偏激”了，因为其实际上远远没有成为世界资本主义最普遍、最一般的积累方式。

（三）“新帝国主义”的“阿基里斯之踵”

与许多马克思主义学者相似，大卫·哈维同样也认为，以美国为首的“新帝国主义”在经济全球化时期过于频繁的海外武装军事活动以及赤裸裸的侵略行为对于帝国主义自身而言，不啻为一种“豪赌式”的冒险，其既可能直接导致海外军事行动的彻底惨败，同时也可能在更加广泛的社会范围内引发强烈而持久的反战运动，甚至是反政府浪潮。哈维指出，“新帝国主义”之所以敢于冒巨大风险而屡屡展开海外军事冒险行动，自然有多方面深层社会历史或经济原因，其中，最为重要且根本的原因就在于，以美国为首的“新帝国主义”正日益深陷进国内外，尤其是国内各类越来越激化且尖锐的社会对立和矛盾中。因此，垄断资本（集团）及其寡头必然会竭尽所能地在海外“人为制造”出一个又一个虚拟的外部劲敌（如以本·拉登为代表的“邪恶”的跨国恐怖主义，以朝鲜为代表的“邪恶”的社会主义专制集权国家等），以此来达到最大限度调动起国内普通民众“同仇敌忾”的情绪，转移国内阶级矛盾和阶级斗争的视线，从而继续维系与巩固垄断资本统治的目的。大卫·哈维所指出的世界资本主义自21世纪以来出现的全面发展乏力的确是一个众所周知、不容忽视的事实。以美国为首的西方社会搭载上“新经济”（“知识经济”）发展快车而曾经一度获得的社会经济高速发展景象，由于其基本矛盾持续发酵和演变，以及由此导致产生的层出不穷的国内各类危机（金融危机、经济危机、社会危机等），已经一去不复返了。事实上，美国国内经济自进入21世纪以来呈现出持续衰退的征象，国内失业率逐年攀升，公司和企业的经济金融丑闻不断，账目混乱和管理混乱令华尔街声名狼藉，股票和其他资产的净值也出现严重贬值，最令人头疼的是，美国国内养老基金损失了大约1/4到1/3左右，医疗保健体系也处于混乱状况之中，可谓乱象频出、乱局不堪。

在哈维看来，尽管以美国为首的“新帝国主义”从主观上有着在全球范围持续不断扩张领土和攫取经济利益的愿望，然而，从单纯逻辑来看，“新帝国主义”这一寻求世界霸权，向外施行积极扩张与征服战略的进程毫无疑问注定不可能永远持续下去。至此，让我们简要回顾一下罗莎·卢森堡《资本积累论》中的相关看法。卢森堡认为，资本积累作为一个历史过程，在一切方面均严重依赖于“非资本主义环境”（非资本主义制度的地理疆域、政权、民族，以及非工人阶级和非资产阶级的“第三者阶层”等），然而，随着帝国主义时代资本积累持续不断地发展、推进，假设“非资本主义环境”以及“第三者阶层”有朝一日被全部资本主义化之后，资本主义就将因为不再能进行积累而最终走向灭亡（崩溃）。与卢森堡指认资本主义内在地具有某种“终极界限”相类似，大卫·哈维在《新帝国主义》一书中着重提到了以美国为首的“新帝国主义”内在地存在一种“过度延伸”的危险。哈维通过引用阿瑞吉的有关研究后进一步阐述到：当前时期，要想谋求全世界的霸主地位就不得不获得远远超过历史上曾经存在过的众多帝国主义国家（甚至是英帝国）的足够多的资源以及足够强大的生产能力，以支撑和维持全球性的庞大帝国系统——“新帝国主义”。不过，这样一来，“新帝国主义”由于“过渡延伸”可能带来的各种各样的危机就会空前地暴露出来，并最终成为“新帝国主义”的“阿基里斯之踵”。“如果阿伦特是正确的话，那么任何霸权都必须无休止地延伸、扩张和增加其权力，以保证能进行资本的无限积累。但是，正如保罗·肯尼迪（Paul Kennedy）在《大国的兴衰》一书中所警告的那样，这就产生了一个经常存在的危险，即过度扩张和过度延伸一次又一次地证明了霸权国家和帝国（罗马、威尼斯、荷兰、英国）的阿基里斯之踵。他（在1990年）关于美国也已经处于这种危险之中的警告，如果起初曾引起人们注意的话，那么很快便被人们抛诸脑后了。在《大国的兴衰》发表之后的十年时间里，美国明显地将其军事权力和政治权力扩张到了存在过度延伸的危险的境地。”[①] 具体来说，当前“新帝国主义”的主要代表——美国，仅从经济层面来看，光是巨额的军费支出就已经使其处于一种越来越难以支撑和招架的境地中了，“仅仅截至2003年9月，布什政府就在伊拉克战争中花费了750亿美元。据可靠估计，美国在伊拉克战争中的支出将不可能低于2000亿美元，而这还不包括一些计划之外的灾难，比如地区分裂和随之而来的内战。在美国的计划中，其‘正常的’军事开支应该相当于世界其他国家军事开支的总和。过度延伸将给美国带来严重的后果，特别是在联邦财政赤字不断扩大、州政府和地方政府的财政危机已经危及公共服务领域的条件下，情况更是如此。……为了石油和继续维持境况不佳的霸权，美国将不仅需要牺牲自身宝贵的血液，它还可能需要牺牲其整个生活方式。美国当前正在追寻的权力的领土逻辑将被权力的资本逻辑撕得粉碎。”[②] 然而，尽管哈维通过强调以美国为首的“新帝国主义”在全球拓展进程中可能由于“过度延伸”而出现所谓“新帝国主义”的“阿基里斯之踵”，并导致其最终灭亡的立论逻辑和心情是可以理解的，但是，依据马克思主义，资本主义或帝国主义彻底瓦解的根源既非来自于罗莎·卢森堡“非资本主义环境”的完全消亡，同样也非来自于帝国主义因“过度延伸”而引致的各种内外风险。事实上，“新帝国主义”无法避免的必然性命运（衰退以至彻底消亡）来自于资本主义自身永远无法克服与超越的内在基本矛盾及其日益激化和尖锐化所引发的巨大社会震荡。

三、结语

“正如卢森堡曾明确承认的那样，马克思辩证法的伟大之处在于它指出了市场自由化——自由主义者和新自由主义者的信条——将不会产生一个和谐的国度，其中所有人都会非常富裕。相反，它将产生前所未有

① ［英］大卫·哈维：《新帝国主义》，初立忠、沈晓雷译，社会科学文献出版社2009年版，第31页。

② ［英］大卫·哈维：《新帝国主义》，初立忠、沈晓雷译，社会科学文献出版社2009年版，第67页。

的社会不公平。马克思预言，这还将产生严重的和持续增长的不稳定，并最终会带来长期的过度积累危机（也就是我们现在正经历的危机）。”

——大卫·哈维

毫无疑问，如上所析，经济全球化时期，以美国为首的“新帝国主义”尽管出现了众多新的社会经济发展趋势和时代特征，然而，必须指出，其所呈现的新近社会历史景观仅仅局限于一种表象藩篱之中。帝国主义最为深厚的基础——资本主义私人垄断，以及建基于此之上的政治阶级结构、意识形态、军国主义、殖民主义，包括帝国主义列强长期以来客观存在着的“不平衡发展”等诸多帝国主义社会经济特征依然如故。因此，列宁“帝国主义论”对人们正确认知和深刻辨析当代垄断资本主义无疑仍具有无可替代的重大理论指导意义同时代价值。尽管哈维的“新帝国主义论”在及时总结和阐释当前世界经济政治格局、国际关系，以及世界资本主义最新发展趋向和特征上有诸多“可圈可点”之处，然而，其在某些方面还是或多或少地偏离了唯物史观基本原则同以列宁“帝国主义论”为典范的马克思主义的帝国主义研究范式。不过，值得肯定与赞赏的是，哈维的理论或多或少还是“坚持政治经济学批判范式，从马克思所倡导的社会物质再生产和资本积累过程内在机制出发，植根于当代资本主义生产和流通过程之中”①。

① 戴卫华、刘胜湘：《大卫·哈维新帝国主义资本批判思想探析——基于空间地理方法》，《社会主义研究》2015 年第 3 期，第 158 页。

第五章　帝国主义基本特征的持存与演化（之一）

——当代垄断资本主义集中与垄断的进一步加剧和扩张

自由资本主义向垄断资本主义过渡与演进的最重要特征就是世界资本主义呈现出越来越显著的生产和资本等要素的集中与垄断发展趋势。正是据此，列宁才在《帝国主义是资本主义的最高阶段》中得出了帝国主义就其经济实质而言乃是垄断资本主义，帝国主义是资本主义的垄断历史阶段等一系列深刻揭示帝国主义本质内涵的理论论断。尽管帝国主义时代存在众多社会经济特征，然而，毋庸置疑，在列宁看来，资本主义生产和资本的集中与垄断无疑是最为重要、最为根本的特征，其不仅决定了其他所有帝国主义社会经济特征，如金融资本的统治、资本输出、殖民主义、腐朽寄生性等，而且其也是得出帝国主义是过渡和垂死资本主义的本质性依凭。战后迄今，帝国主义这一最为重要、最为根本的社会经济特征，以及由此决定的基本历史发展趋势不仅没有发生一丝一毫实质性消退和弱化，反而呈现出愈演愈烈之势。当前时期，伴随由资本主义跨国公司，尤其是那些巨型垄断跨国公司为主要载体、运营者、执行者的经济全球化日益持续而深入的历史进程，资本主义生产和资本的集中与垄断得以在全球这一最为广袤的疆域和空间内快速展开。正是在这一历史阶段，资本主义生产和资本集中与垄断的范围和程度均大大超越了列宁时期，第二次世界大战全面爆发之前的历史阶段，以及二战后资本主义社会经济高速发展“黄金时期”。因此，资本主义内在基本矛盾不仅没有得到丝毫缓解或改善，反而伴随集中与垄断范围及程度的日益扩升而变得越来越尖锐和激烈。与此相应，垄断资本（集团）及其寡头对以无产阶级为首的广大劳动群众的剥削压迫也不仅没有出现任何缓和与改善，反而变得越来越严苛，资本主义社会中的劳动人民被有利于垄断资本的财政政策、税收制度，或隐或显的剥削压榨、频繁爆发的周期性金融—经济危机、长期令人困扰的失业待业状况等根根锁链牢牢绑在了贫富两极分化日趋严峻同绝对赤贫的“十字架”上无法动弹。当然，正如同弹簧被压到了最紧致处其反弹势能恰恰变得最大那般，一种超越于当下社会境况和生活境遇的希冀与动能也因之而越来越处于蓄势待发之状，经济全球化时期，帝国主义资本和生产于世界范围最广泛的集中与垄断为更高一级社会形态的全面来临做好了最充分的准备。

第一节　建基于私人垄断资本之上的国家垄断资本主义

第二次世界大战全面结束直至20世纪70—80年代初期，欧美垄断资本主义出现了两个比较显著的时代新特征：第一，二战结束后，世界资本主义在美国强大综合国力引擎的强劲推动下获得了较为快速的复苏与发展，并因此经历了长达数十年的社会经济发展“黄金时期”；第二，同时也是发达资本主义经济体得以快速发展的重要原因之一，即西方普遍奉行凯恩斯主义，倡导和推行国家政权积极介入到社会经济生活中，对其施行主动的干预、调节甚至是计划化，进而，依靠收购私人企业或公司的方式助推国民经济体系“国有化”进程，扩充国有经济成分，以期达到修正、调节或至少是缓解资本主义社会长期以来客观存在且相当严重的生产无政府糟糕状况。因而，在此基础上，一种迥然有别于私人垄断的国家垄断资本主义雏形开始得以形塑并日渐茁壮成长。当然，国家垄断资本主义其实并不是什么新鲜事物，其实际上是与私人垄断资本主义相伴相生的。“第二国际”诸多学者，如拉法格、希法亭、卢森堡等人均曾对垄断资本主义诞生初期资产阶级国家政权日益介入社会经济生活这一重要历史现象做出过详细论述，其中，如国家热衷于建构（保守性）关税壁垒、急遽增加国防开支、大力扶植国内私人（垄断）企业等。20世纪30年代，当世界资本主义爆发了一场空前严重的经济大危机并进而引致社会经济普遍衰微萧条之后，西方主要发达资本主义国家纷纷力主奉行凯恩斯主义（其中，闻名遐迩的如美国“罗斯福新政”），转变以往政府“守夜人”的保守角色。自此以后，国家垄断资本主义在西方得以全面兴盛，尤其是当第二次世界大战结束后，国家垄断资本主义不再仅仅是一种权宜之计，其俨然变成了资本主义社会经济生活中一种“新常态”。

粗略地看，国家垄断资本主义介入社会经济生活的基本举措有下述几类：第一，通过国家实际掌控的国有经济因素（如国有企业实体、国有资本、国有控股等）实现对国民经济的调节或规划；第二，通过国家财政收入和财政支出实现对国民经济的调整，具体来说，财政支出主要包括：国家直接投资、政府对商品与劳务采购支出、财政补贴、税收政策等；[①] 第三，政府通过调整法定准备金率、调整银行利率、放宽信贷、公开市场业务、发行国债等金融手段实现对国民经济的干预；[②] 第四，通过居民收入和物价调节手段实现对国民经济的介入；第五，通过实施

① 例如，美国政府不仅通过财政支出扩大军费开支，而且在经济危机时期还会进一步扩大公共开支，1953—1954 年危机时期，艾森豪威尔政府就大幅增加了（50%）政府的公共开支；1957—1958 年经济危机时期，美国政府增加联邦预算达 90 亿美元，而其中 70 亿美元用于非军事性的农业、住宅等公共开支；1960—1961 年的危机时期，政府把公共建筑指标提高到 175 亿美元，比 1960 年增加了 10%；1970—1971 年期间，美国国家支出增加 7.5%，1971—1972 年期间又增加了 11.9%。《战后美国经济》，上海人民出版社 1974 年版，第 468—471 页。

② 大举发行国债是资本主义国家通常惯用的一种弥补财政赤字的方式，同时也是通过国家机器动员筹措各类社会资金的重要渠道。然而，由于垄断财团持有政府绝大部分的债券，因而可以轻松获得巨额利润，所以，这一金融方式往往沦为进一步扩大阶级贫富两极分化鸿沟的推手。此外，当资本主义国家处于生产过剩危机和通货膨胀时期之际，其政府又必然通过央行调节法定准备金率和商业银行利率并实施宽松的信贷政策以刺激私人投资和扩大社会再生产，以期延缓经济危机的爆发。以美国为例，1969 年秋季以后，美国经济处于生产过剩危机和通货膨胀的夹缝之中。为了刺激投资，美国政府又不得不硬着头皮走过去的绝路，进一步扩大开支，降低利率，放宽信贷，但结果使 1971 年的财政赤字达到 232 亿美元的高峰，物价继续上涨，国际收支逆差扩大，并导致了战后美元的第一次贬值。1973 年初美元第二次贬值后，美国总统在 1973 年初的经济报告中又强调要控制联邦开支，采取紧缩政策。美国的信贷和金融政策忽儿松，忽儿紧，反映了美国的经济处于动荡不稳和不可调和的矛盾之中。《战后美国经济》，上海人民出版社 1974 年版，第 474—475 页。

国民经济的计划化或至少是比较有计划性的预算拨款方案（如设立国家建设项目）实现对国民经济的整体规划，例如，战后的法国相继连续实施了多个“五年规划”；第六，通过行政和法律手段干预国民经济；第七，通过积极推行资本输出实现对国民经济的调节，例如，美国在战后借助于“马歇尔计划”“共同安全法”“对外援助法”等计划或法案实现了对外进行大肆扩张和掠夺的目的。

通过国家（政府）实际掌控的国有经济成分调控和干预整个国民经济及其运行乃是国家垄断资本主义积极介入社会经济生活最重要的手段之一，正因此，战后西方各国均积极致力于推动“国有化”进程，因而，在一段时期内形成了蔚为壮观的世界资本主义“国有化”浪潮。这一时期的世界资本主义“国有化”进程主要包含下述两个方面：（1）广泛建立国家所有制企业；（2）广泛施行“国家参与制”，提升“混合所有制”企业中的国有资本占比。西方国家主要通过下述方式实现第一个方面：第一，接管大量在战前就已经存在的国家企业和资产，特别是那些具有重要经济价值和重大战略意义产业领域中的企业，如航空航天、新能源、电子化工、煤炭矿业、钢铁、电力、公共交通等领域中的企业，对于战胜国而言，还可以通过虏获战败国企业和资产达到扩充自身国有资产实力的目的；第二，在一些仅仅依靠私人资本投入难以有所建树的行业领域，如公共基础设施及各类高新技术领域（航空航天、新能源、生物医药、核能等），依靠国家财政直接拨款和投资兴建国有（控股）企业；第三，用高于一般市场行情的“高价”或给予高额补贴同赔偿金的方式大举收购那些原本生产效率低下，现代化水平不高，甚至长期处于经济亏损状态的私人企业，将其转变为国有（控股）企业。此类方式乍看起来好像是资产阶级政府为了提升国有化水平对资本家作出的适当让步，从长远发展以及整个国民经济体系角度来说似乎值得肯定，然而，日后的历史事实却证明，这种高价赎买和赔偿补贴手段的实质为，以广大纳税人的收入为濒临破产的资本家埋了单，因此，被“国有化”的资本家不仅将手中的“烫手山芋”顺利抛给了政府，从而趁机从国库中赚取到大量资金，而且还将手中拥有的巨额资本重新投向市场上有利可图的领域，继续着攫取剩余价值的资本旅程。当然，除了广泛使用接管、收购或投资兴建国有企业的方式之外，战后西方国家还通过积极推行“国家参与制”以期拓展和增强国民经济体系中的国有成分，其具体方式如下：第一，国家直接购买私人企业的股票，成为私人企业的股东；第二，国有企业积极拓展融资渠道和来源，留存一部分国企股权股份给私人投资者及以垄断企业为首的法人机构投资者；第三，政府与私人资本，特别是某些具有较强经济实力的私人垄断资本联合投资或共同创建“混合所有制”企业。正是依靠多元资本参与渠道，西方政府巩固并扩大了国有经济成分在整个国民经济体系中的控制力和参与度：一方面，政府利用有限资本参与到私人企业管理和经营之中，如果政府在私人企业的股权不断扩大，以至于最终有一天当国家投入私人企业的资金达到或超过某个占比时，此时政府将获得对私人企业的优先管理权和领导权；另一方面，国有企业通过允许私人资本购买其股权的方式不仅极大拓展了融资渠道，同时也将企业经营面临的风险分摊到众多股东身上，从而增强了国有企业的抗风险能力。当然，与此同时，也应当看到“参与制”“混合制”的另一面，私人垄断尤其是垄断寡头不仅同样获得了上述列举的诸多“实惠”，即寡头利用与政府合作的方式同样实现了资本以小搏大的杠杆“撬动”作用，更为重要的是，私人垄断资本在政府庇护下无疑也获得了在特定时候和特定条件下侵吞国有企业及资产的绝佳机会。

事实上，西方社会于战后迅速兴盛的国家垄断资本主义及其竭力鼓噪的“国有化”进程同社会主义社会具有高度组织性、计划性、原则性的社会经济发展道路本质上并不相同：一方面，绝不应将资本主义国有企业及资产等同视之为社会主义国有企业及资产，它们真正的或幕后的掌控者（包括受益者）截然不同，一方是垄断资本（集团）及其寡头，另一方则是人民群众；另一方面，尽管西方社会在战后受到“国有化”浪潮洗礼，然而，各主要资本主义国家的国有经济成分同其国内整个国民经济总量的比值仍然很低，换言之，这一比例仍然远远低于私有经济成分。譬如，法国国营部门从业人员总数仅占全国国内职工人数的11%，其营业额仅占全国工商企业营业额的10%；而美国的国有经济成分则更是长期低于欧洲（其在整个国民经济中的比重只占5%左右，在工业中还不到1%)。据统计，在美国经济中，“除邮政全部属国家所有外，铁路和电力的国营部分只占25%，其余各部门生产完全由私人垄断资本经营，国有企业的就业人数仅占全国总就业人数的1.5%。其原因在于美国由于自身的经济体制、政治制度等特点一向注意从形式上维护所谓‘自由竞争企业制度’，因此除个别关键部门外，美国在战后没有实行过大规模的国有化，此其一。美国的垄断财团在两次世界大战中都大发战争横财，因此，美国私人垄断资本实力雄厚。一般说来，建立现代企业所需巨额投资与私人积累的有限性之间的矛盾不如战后初期的西欧各国突出，因此在一般性生产行业中没有必要实行国家经营，此其二。”① 战后西方社会竭力推行的“国有化”进程从一开始就具有“使资产阶级国有经济成为垄断资本公开盗窃国库的工具”的鲜明特征。因此，资本主义私有制及其现实组织运营形式不仅没有因为所谓“国有化”浪潮而逐渐向公有制或集体制靠拢，恰恰相反，无论从整个世界资本主义，还是从某个特定发达资本主义国家或地区看，资本主义社会中资本和生产的私人集中与垄断反倒是呈现出愈演愈烈之势。

面对国家垄断资本主义及其较为广泛施行的“非阶级性”的“社会职能”部分，有人竟糊涂地认为，国家垄断资本主义有部分属性已朝着某种“超越阶级”或“无阶级”的方向转化，因为“社会职能”本身就是一种“中立”事物。事实上，这种观点无疑是十分苍白且脆弱的，其只是抓住了细枝末节，却忘记和丢弃了国家垄断资本主义形式同外壳之内深藏着的资本主义私人垄断所有制内核！国家垄断资本主义并没有因为“国家”这个看似具有“集体主义”“社会主义”“公有制”光晕的修饰性定语而褪去资本主义私人垄断的任何本质内涵，换言之，这里的“国家”毫无疑义仍然是垄断资产阶级的国家（政权），这就注定了其所履行和推动的一切“社会职能”或“阶级职能”均出于捍卫及保障垄断资本（集团）及其寡头所有利益的根本诉求。列宁曾对国家垄断资本主义做出过一个极为深刻而精辟的阐述：资产阶级政权的国家机器（无论

---

① 林玲：《美国国家垄断资本主义的特点》，《世界经济研究》1989年第5期，第1页。

是哪个资本主义国家）“‘调节经济生活’的结果都是给工人（在某种程度上也给农民）建立了军事苦役营，给银行家和资本家建立了天堂。这些国家的调节就是把工人‘勒紧’到挨饿的地步，就是保证（在私下用反动官僚手段）资本家获得比战前更高的利润”①。某种意义上，尽管可将战后西方普遍兴起的国家垄断资本主义视为朝向更高一级社会形态——社会主义社会行进的一个特殊中间历史环节，然而，究其自身实质，却无论如何也算不上是资本主义制度的一次“质的革新”或“以往传统的颠覆性变革”，充其量，其只能算做是资本主义经济政治制度的一种适应性调整同应激性发展策略而已，其不仅是资本主义生产关系与社会化大生产之间矛盾尖锐化的历史产物，而且自始至终忠诚地服从于资本的强力逻辑。这一点诚如西方马克思主义学者弗雷德里希·波洛克所言，“国家资本主义是私人资本主义的继承人，国家承担私人资本家的重要功能，利润依旧在发挥重要作用，但它决不是社会主义的。”②

第二节　战后前期世界资本主义集中与垄断的进一步加剧

列宁在《帝国主义是资本主义的最高阶段》中明确指出：资本主义自由竞争的持续发展将逐渐演化出生产集中，而当生产集中发展到一定程度后将导致垄断的出现。在《帝国主义是资本主义的最高阶段》中，列宁不仅依凭众多实证研究和具体数据对世界资本主义生产集中与垄断的基本情形及发展趋势分别从行业部门集中垄断、社会集中垄断、劳工数量、产值与资本集中垄断等诸视阈予以细致考察和深入分析，而且还重点提及了建基于合并同兼并之上并极大助推资本与生产集中垄断发展进程的“联合制”。上述学理分析无疑是列宁对马克思主义的垄断资本

① 《列宁专题文集——论资本主义》，人民出版社 2009 年版，第 220 页。

② Pollock, “State Capitalism”. *The Essential Frankfurt School Reader*, p. 72，转引自张一兵主编：《资本主义理解史》第 5 卷，江苏人民出版社 2009 年版，第 77 页。

主义研究传统作出的突出理论贡献，其对于未来人们更为深入而细致地考察世界资本主义生产和资本的集中垄断问题具有无可替代的理论价值同现实意义。战后初期直至 20 世纪 70—80 年代，世界资本主义，特别是西方发达资本主义资本和生产的私人集中垄断发展趋势非但没有丝毫弱化征兆，反而呈现出愈演愈烈之势。因此，尽管西方社会中的国有企业和国有资产相较于以往时期有所增加，然而，若与私人（垄断）资本相比，仍是小巫见大巫。概言之，一方面，由于激烈而残酷的竞争，资本主义社会中的中小企业、公司、工厂总体数量呈现出持续减少态势；另一方面，资本主义社会中拥有巨量资本和庞大产业规模的（巨型）垄断资本集团的数量却有所增加（当然，仍属极少数）。

一、资本主义集中与垄断进程的强劲推手：“联合制”同“参与制”

列宁在《帝国主义是资本主义的最高阶段》中论及了资本主义社会中企业和公司迅速提升生产和资本集中与垄断程度的一个重要手段，即所谓“联合制”。“联合制”在列宁那里原本仅仅是指帝国主义时代那种将不同工业生产部门联合起来并高度统一于同一企业或公司中的新的企业组织形式及制度。列宁指出，“联合制”有两种主要构建方式：第一种方式是那些具有“依次对原料进行加工”关系的工业生产部门间的联合，例如，《帝国主义是资本主义的最高阶段》中所列举的，将矿石炼成生铁，把生铁炼成钢，进而用钢制造各种成品，这就是具有所谓“依次对原料进行加工”关系的“上下游”产业链；第二种方式为那些具有“辅助作用”关系的工业生产部门间的联合，即“主要”生产部门同“辅助”生产部门间的联合，所谓起到“辅助作用”的行业及生产部门，就是如《帝国主义是资本主义的最高阶段》中所提到的专门为主要生产行业及部门加工下脚料或副产品，以及生产包装用品等的行业及部门。相较于列宁时期，战后西方的“联合制”发生了较大演变和改观：首先，“联合制”不再仅仅局限于资本主义工业产业领域，其实际上早已逐步蔓延并渗透进了工商业、农业，以及以银行为代表的金融行业及部门中；其次，这一时期的“联合制”突破了列宁所列举的上述两种最初的简单联合方式，日益朝着各经济领域及部门相互之间交叠复杂的“混合型”或“综合式”方向大踏步前进。质言之，二战结束迄今，列宁曾于帝国主义初期深刻洞察到的资本主义“联合制”雏形早已成长、成熟，其实现了类似于生物学意义上的某种进化，当前的“联合制”大大超越了某一既定行业领域的藩篱，日趋成为资本主义企业或公司多领域、多层级、全方位拓展“生存空间”的一条重要途径。

在深入阐释资本主义“联合制”时，列宁还曾重点提到了以银行为首的资本主义金融系统惯常采用的所谓“参与制”。对此，列宁指出，帝国主义时代，众多资本主义垄断型企业，包括以银行为首的金融系统，不仅仍通过以往那种以“联合制”为代表的直接吞并或兼并的老套方法来达到持续推动自身资本和生产集中与垄断进程的目的，同时还通过一种较为隐蔽的“参与制”方式来达到持续推动自身资本和生产集中与垄断进程的目的。具体来说，所谓“参与制”就是垄断资本通过购买股票、交换股票、借款放贷等多种金融途径，以有限资本拓展尽可能多元化的营运及赢利渠道，同时，将自身所面临的经济风险分散化，正如同俗语所言：不要将鸡蛋放在同一个篮子里。“参与制”的一种可能前景无疑就是垄断资本及其寡头通过循序渐进且掩人耳目的资本操作，最终“联合”“征服”“吸收”标的企业或公司，恰如列宁说过的那样：“用术语说，就是加入自己的康采恩！”毋庸讳言，“参与制”最大的好处就是显而易见的“杠杆效应”，即垄断资本能够以尽可能少的资本“撬动”起远超过本金的巨量资金，以及由此带来的各类权力同收益。列宁针对“参与制”如是说道：拥有不太多的资本，就可以统治巨大的生产部门。例如，如果拥有 100 万资本就能控制 1600 万、3000 万以至更多的资本。[①] 据此，列宁指出，帝国主义历史阶段，资本主义社会广泛兴起的“参与制”实际上极大拓展和强化了金融寡头及其垄断资本的实力。

二战结束迄今，西方社会各产业领域越来越广泛地既采用直接式的“联合制”，同时也采用更具隐蔽性和欺骗性的间接式的“参与制”。列宁在《帝国主义是资本主义的最高阶段》中深刻揭示出来的“原初简

---

① 《列宁专题文集——论资本主义》，人民出版社 2009 年版，第 137—138 页。

单”的“联合制”和“参与制”，得以在一种更加宽广且更为复杂的社会经济环境中形塑与发展。西方于战后时期不仅出现了工商业、农业相互之间“跨行业、跨部门、跨产业”的“联合制”和“参与制”，甚至还出现了工商业、农业同以银行为主的金融系统相互之间高度融合的“联合制”和“参与制”。因而，其所产生的一个极为重要的社会历史结果就是：世界资本主义生产和资本集中与垄断的范围、速度、程度均获得了空前提升，作为帝国主义最深厚基础的资本主义私人垄断相较于列宁时代或第二次世界大战时期已不可同日而语。以战后美国为例，其最大电讯业垄断集团“国际电话电报公司”多年来相继吞并了50余家与其老本行——电讯业毫无关联的企业和公司，从而令它的业务经营范围同利润来源由往日狭隘的制造及经销电讯器材方面迅速拓展至诸如人造纤维、餐饮行业、建筑业、保险业、旅馆酒店、投资基金等多元领域。据有关统计资料显示：由于战后西方社会混合经营突飞猛进的发展，到了20世纪80年代初，美国500家最大的工业公司中，已有400多家变成了典型的“综合性”联合公司，同一时期，西欧和日本的基本情况也与美国大致相似。伴随西方社会经济在“黄金时期”持续而快速的发展，凭借具有高度“混合型”或“综合式”特征的“联合制”和“参与制”，世界资本主义的资本和生产集中与垄断的范围、速度、程度相较于战前（包括二战期间）无疑有了显著拓增。然而，由于垄断资本（集团）及其寡头天生对资本永无止境的极度渴求及资本主义经济全球化日益深拓的步伐，垄断资本（集团）及其寡头自然不可能仅仅止步于此。随后的社会历史发展表明，在20世纪80年代初开始崛兴的新自由主义（意识形态及其实践）引领下，众多西方企业和公司开始朝向具有全球影响力和世界规模的（巨型）私人垄断跨国集团方向阔步迈进，私人垄断资本主义在经历了国家垄断资本主义之后，正空前热切盼望并切实推动着国际垄断资本主义的全面来临，而这一时期的“联合制”和“参与制”也正变得日趋“国际化”和“全球化”。

尽管资本主义于某种意义上的确反映了人类社会历史发展普遍规律中的一个重要趋向——社会生产力持续进步及生产社会化程度日益提升，然而，由于其所仰赖并生存于其间的具体社会形态乃是一个内部密布对抗性和矛盾性的母体，因此，其彻底消亡以及被全面超越和取代的历史命运无疑具有内在必然性。帝国主义时代，私人资本和生产“超乎想象”的集中与垄断（一种极端危险的私有化）程度及其发展趋势，以及同生产社会化程度持续提升之间日趋尖锐而激烈的矛盾，不由得令人耳畔回荡起马克思在《评弗里德里希·李斯特的著作〈政治经济学的国民体系〉》中的激扬文字：“工业用符咒招引出来（唤起）的自然力量和社会力量对工业的关系，同无产阶级对工业的关系完全一样。今天，这些力量仍然是资产者的奴隶，资产者无非把它们看作是实现他的自私的（肮脏的）利润欲的工具（承担者）；明天，它们将砸碎自身的锁链，表明自己是会把资产者连同只有肮脏外壳（资产者把这个外壳看成是工业的本质）的工业一起炸毁的人类发展的承担者，这时人类的核心也就赢得了足够的力量来炸毁这个外壳并以它自己的形式表现出来。明天，这些力量将炸毁资产者用以把它们同人分开并因此把它们从一种真正的社会联系变为（歪曲为）社会桎梏的那种锁链。”① 世界资本主义生产和资本的高度集中与高度垄断当然绝不可能永无止境地发展下去，尽管集中和垄断使得资产阶级能够在生产的无计划性及自由资本主义带来的恶性竞争上有所调整和改善，不过，这正如同饮鸩止渴一般，越来越显著的集中和垄断在一个又一个更高层级上持续激化着资本主义根深蒂固的内在基本矛盾，并由此带来了更为严重的社会生产无政府状况，以及手段、目的和结果都更加卑劣的恶性竞争。上述诸般态势毫无疑问必将把资本主义推向社会经济全面崩溃的边缘，在那里，资本主义将面临一次比一次更具毁灭性的经济危机及由此引发的各类社会危机。资本主义总危机必将到来，只不过，或早或晚而已。然而，到那时候却没有一艘能够提供给资产阶级利益集团保命的“诺亚方舟”！

二、从资本总量看战后前期资本主义集中与垄断的进一步加剧

毋庸置疑，世界资本主义集中与垄断进程须臾离不开资本强大的支

① 《马克思恩格斯全集》第42卷，人民出版社1979年版，第259—260页。

撑及推动作用。所以，尽管世界资本主义集中与垄断进程主要且显著地呈现在生产领域，即生产和再生产规模持续不断地扩张，然而，这仅仅只是一种表象，其背后潜藏着的是资本急遽的集中与垄断进程。对此，列宁明确指出，世界资本主义资本的集中与垄断程度远远超过其他所有一切方面的集中与垄断，如资本主义企业生产规模、劳动力数量、企业产量等诸多方面，换言之，垄断资本（集团）及其寡头真实拥有和掌控的资本占全国总资本规模的比值通常会高于其所拥有雇佣劳工人数、生产产量等方面分别占全国相应指标的权重。

二战结束后，伴随资本主义社会中大量中小企业和公司的普遍衰微，以及（巨型）垄断资本集团数量同实力与日俱增这样一种“双向”发展态势，世界资本主义的资本集中与垄断趋势始终强劲地发展着。以美国为例，其国内拥有资产总体规模超过10亿美元以上的垄断资本集团，在1901年大约只有区区1家而已，而当进入20世纪60年代后则迅猛增至接近100家了。与此形成强烈对照和反差的却是，一方面，这数量上不到100家（准确地讲，只有96家）的垄断资本集团仅占当时全美公司总数的万分之一还弱；然而，另一方面，它们所实际拥有和掌控的资产总额却已然高达3057亿美元，这笔数目非常惊人的巨量资本大约占到了当时全美公司总资产规模的25.3%！[①] 另据《美国统计摘要》和《幸福》杂志：1950年，资产逾5千万美元的1300家公司虽仅占美国股份公司总数的0.2%，然而，其拥有的资产却占美国股份公司资产总额的57.7%。其中，这1300家公司，资产逾1亿美元的有700家，仅占美国股份公司总数的0.1%，然而，其拥有的资产却占美国股份公司资产总额的50.8%。1968年，资产逾5千万美元的公司增至4100家，占全美股份公司总数的0.3%，拥有资产却占美国股份公司资产总额的69.7%。其中，资产在1亿美元以上的共2300家，占全美股份公司总数的0.2%，拥有的资产却占美国股份公司资产总额的63.9%。[②] 值得一提的是，战后的

① 南开大学政治经济学系经济研究所：《垄断·财团·大公司》（上），人民出版社1974年版，第4—5页。

② 《战后美国经济》，上海人民出版社1974年版，第404页。

美国还涌现出许多资产规模超过100亿美元的巨型垄断资本集团。此类垄断集团在1960年仅有6家，1972年增至24家，其中，最大的1家垄断资本财团的资产总规模居然逾600亿美元（考虑到20世纪70年代美元的实际购买力以及多年来持续不断的通货膨胀影响，600亿美元在当时无疑是天文数字般的巨量资本）。然而，与此形成强烈反差的却是，处在战后“双向”发展趋势另一极的乃是各类中小企业和公司持续不断的普遍衰微发展颓势。以美国工业领域为例，资产在1000万美元以下的中小企业和公司在全美工业公司资产总额中所占的比重从1960年的19%下滑至1971年的12%，其所获得的实际经济利润在全美工业公司利润总额中的比重则从1960年的20%猛跌至1971年的6%。[①]

表5－1　美国100家最大工业公司前20名所占资产情况（%）

位次	公司名称	资产（亿美元）	在工业资产总额中累积所占百分比（%）
1	通用汽车公司	874	4.3
2	埃克森石油公司	740	8.0
3	国际商用机器公司	637	11.1
4	福特汽车公司	450	13.4
5	莫比尔石油公司	411	15.4
6	通用电器公司	389	17.3
7	美国电话电报公司	389	19.2
8	谢夫隆石油公司	345	20.9
9	德士古石油公司	340	22.6
10	杜邦·德·尼摩尔公司	282	24.0
11	壳牌石油公司	269	25.3

① 《战后美国经济》，上海人民出版社1974年版，第404页。

续表

位次	公司名称	资产（亿美元）	在工业资产总额中累积所占百分比（%）
12	阿姆科钢铁工业公司	248	26.6
13	美国英国石油公司	233	27.7
14	大西洋里奇菲尔德石油公司	227	28.8
15	克莱斯勒汽车公司	199	29.8
16	USX 公司	196	30.8
17	菲利普·莫里斯烟草公司	191	31.7
18	坦尼科石油公司	185	32.6
19	RJR 纳比斯科公司	169	33.5
20	西方石油公司	167	34.3

资料来源：《幸福》杂志 1988 年 4 月 25 日、1988 年《美国统计摘要》，转引自李琮主编：《当代资本主义论》，社会科学文献出版社 2007 年版，第 134 页。

三、从行业部门看战后前期资本主义集中与垄断的进一步加剧

无论当前世界资本主义的集中与垄断发展到何种程度、呈现出何种样态，如若从发生学角度看，其毫无疑问首先必然发端于工商业、农业、金融业内某一特定领域及部门中，换言之，行业部门的集中垄断乃是资本主义社会范围乃至全球范围集中与垄断的基点同发轫处。实际上，早在列宁时期，资本主义行业部门的集中与垄断程度就已经非常之高了。对此，列宁在《帝国主义是资本主义的最高阶段》中有比较翔实的记录和描述。在列宁看来，帝国主义历史阶段，资本主义社会中某个特定行业部门的资本和生产，通常有十分之七八都会高度地集中于像卡特尔、托拉斯、辛迪加那样的垄断资本集团。例如，莱茵—威斯特伐利亚煤业

辛迪加在1910年时就已经集中和垄断了该地区总采煤量的95.4%；而美国的钢铁托拉斯们在1908年的钢产量就居然占到全美所有钢产量的56.1%。①

二战结束后，世界资本主义行业部门的集中垄断程度及其演进趋势不仅没有丝毫消退迹象，反而愈演愈烈。其主要表现为，社会上某一类特定商品中的几乎全部产量往往仅来源于少数具有高度垄断色彩的资本集团。例如，在汽车制造业领域，20世纪70年代，通用、福特、克莱斯勒3家巨型汽车制造公司几乎垄断了全美所有的汽车生产及供应，其中，仅通用汽车公司1家就占到了全美汽车总产量的40%左右；在美国钢铁冶炼行业中，位居前8的钢铁公司的钢产量居然占了全美总钢产量的72%左右，其中，最大的钢铁公司的产量占到了24%；而5家最大的石油托拉斯则牢牢掌控了美国绝大部分石油的生产和销售。② 特别是由于受到战后资本主义社会经济发展“黄金时期”的强劲推动，资本主义行业部门集中与垄断的范围、规模、程度正变得越来越史无前例。仍以战后的美国为例，到了“黄金时期”的末期，即大约20世纪70年代末80年代初，美国众多行业部门排名前3的垄断资本集团的生产总量占其国内行业部门总的市场份额为：电子计算机领域为84%（其中，国际商用机器公司就占到了67%）；汽车领域为91%（其中，通用汽车公司占比为43%，相较于20世纪70年代初有所上升）；铝业领域为90%（其中，美国铝公司占比为40%），等等。③ 应当说，某种意义上，行业部门的高度集中与垄断不仅是世界资本主义于更广范围、更大程度集中与垄断的牢固基石，而且更是其现状及未来演变趋向的深刻折射。

四、从社会视角看战后前期资本主义集中与垄断的进一步加剧

列宁的《帝国主义是资本主义的最高阶段》在深入细致考察和分析

---

① 《列宁专题文集——论资本主义》，人民出版社2009年版，第113—114页。

② 南开大学政治经济学系经济研究所编：《垄断·财团·大公司》（上），人民出版社1974年版，第4—13页。

③ 李琮主编：《当代资本主义论》，社会科学文献出版社2007年版，第129页。

帝国主义时代资本主义（资本、生产、劳工等）集中垄断状况及其发展趋势时，注意到并提醒人们：资本主义工商业、农业、金融业及其内部各个具体特定行业领域中的（巨型）垄断资本集团的数量和产业规模等均不会相同，换言之，某些具体特定行业部门拥有相较于其他行业部门而言更多的垄断资本集团，或某些具体特定行业部门所拥有的垄断资本集团的资本同产业规模要远远高于其他行业部门中的垄断资本集团。这种（极端）发展不平衡状况意味着：第一，世界资本主义各产业领域同行业部门的发展是非常不平衡的，其之间客观地存在着巨大差距；第二，如若仅从行业部门视角来考察和分析资本主义的集中与垄断问题无疑是比较具有局限性的，因此，亟须拓展眼界，将这一问题放置于全社会这一更加宽广的背景和视阈中。质言之，某种意义上，尽管行业部门视角和社会视角对考察研究资本主义集中与垄断问题可能是同等重要的，然而，如果欲求更为真实而清晰地衡量同辨别某些（巨型）垄断资本集团的集中垄断状况及其未来走势，以及世界资本主义集中垄断的总体态势，那么，毫无疑问，社会视角则是一个更加重要、更加关键的维度。正因此，在《帝国主义是资本主义的最高阶段》中，列宁十分注意从社会视角出发去考察与衡量某个行业或某个企业的雇工数量、企业产值等诸多指标同整个社会相关指标的占比情况。譬如，列宁指出：仅占德国全部企业 0.9% 的大企业的雇佣工人数量居然占到了全德国用工总数的 39.4%；而全美国所有企业的全部产值中竟然有差不多一半掌握在仅占全国企业总数 1% 的（巨型）垄断资本企业手中。

与行业部门的集中垄断快速发展相呼应，第二次世界大战结束后，世界资本主义社会视阈的集中与垄断进程同样异常迅猛，事实上，其已远超列宁时期及第二次世界大战战前（期间）的社会集中与垄断水准。据美国《幸福》杂志 1988 年公布的统计资料显示：在美国制造业的所有公司（数量约为 20 多万家）中，100 家最大的公司牢牢掌控了全国所有工业资产的 60%；与此相反，资产为 100 万美元以下的中小企业的总资产同全美所有股份公司资产总额的比值却呈逐年下降的趋势。20 世纪 80—90 年代，上述两极化趋势在西方各主要发达资本主义国家中持续深化发展。譬如，1990 年，美国 500 家最大的公司（不管它们属于哪个行业部门或产业领域）生产23000亿美元的产品和劳务，占美国国民生产总值的40%以上；在日本，截至1982年春，数目仅占全国公司总数0.7%的垄断资本集团所拥有的资产居然占到全国总资产的34%，而营业额则占到27.6%；在德国，仅就整个工业领域而言，1988年，拥有1000人以上的1000家大企业（只占全国企业总数的2%）的销售额占全国总销售额的44%。①

五、从劳工人数和产值看战后前期资本主义集中与垄断的进一步加剧

在考察和研究世界资本主义集中与垄断问题时，企业或公司雇佣劳工数量无疑也是一个相当重要的衡量同测评指标。在《帝国主义是资本主义的最高阶段》中，列宁就曾极为周详而细致地考察了19世纪末20世纪初德国国内企业雇佣劳工数量的具体状况。列宁将资本主义企业雇佣劳工数量划分出几个层级，如50人（以上）、100人（以上）、1000人（以上）等，并进而得出了资本主义企业雇佣劳工数量在帝国主义历史时期呈现为逐年持续上升之势的重要结论。

毋庸置疑，在列宁生活的历史时期，如果有实力雇佣50、100名（以上）数量的劳工，甚或有实力雇佣1000名（以上）数量的劳工，那么，这样的资本主义企业或公司理所当然可以被视为中型或大型（垄断）资本集团。然而，需要指出的是，衡量同测评的标准往往总是会伴随社会历史的持续变迁与演进而变动不居。第二次世界大战结束后，列宁曾经提出和使用过的那个衡量资本主义大中型企业的标准渐渐变得不合时宜了。具体来说，战后资本主义企业或公司的产业规模以及由此空前提升的雇佣劳工数量均大大超越了往昔。事实上，这一时期，雇佣劳工数量达到1000人左右早已算不上中型企业，更不用说大型企业了。战后"黄金时期"，特别是经济全球化时期，雇佣劳工数量过万甚至十数万的垄断资本集团可谓比比皆是，有的巨型垄断资本集团已达到甚或超

① 李琮主编：《当代资本主义论》，社会科学文献出版社2007年版，第131—135页。

过了百万雇佣劳工的总体规模。这一切正如前苏联学者在战后初期有关研究中所指出的那样：美国在20世纪初，满50人的企业就被认为是大企业，而二战后前期，连拥有250人的企业都已经不算大企业了。到了战后初期的20世纪50年代左右，美国拥有数千人以上的企业才能够算得上是名副其实的大企业，“1952年，这种企业总共只占企业总数的0.22%。可是，这部分数量很小的企业的职工人数，却占全部职工的20%，它们的产值占美国加工工业全部净产值的22%。”① 前苏联学者的这一研究及相关统计数据不仅充分证实了战后资本主义垄断企业和公司雇佣劳工数量始终处于持续不断的急遽集中进程中，而且同时也证明了列宁另一极为重要的理论论断：帝国主义时代，世界资本主义生产产量集中的程度要高于雇佣劳工集中的程度，这一点在战后“黄金时期”以及经济全球化时期正愈发显著。据《美国统计文摘》（1973—1975年）显示：美国制造业中50家最大的公司所拥有的企业虽然在数量上仅占全美所有工业企业的1%，然而，就是这为数极少的企业却高度集中与垄断了全美所有工业企业17%的工人以及25%的产量。②

六、企业集中垄断同公司集中垄断

在对世界资本主义集中与垄断问题的研究中，某些苏联学者认为，资本主义社会的许多公司在战后时期出现了日益显著的“集团化”现象，即在资本集中与垄断进程的有力推动下，特别是由于以“参与制”为典型的股份制的持续深化发展，资本主义私人垄断公司越来越具备资本实力去撬动并掌控更多的产业企业（这些企业可能属于完全不相关的产业领域及行业部门），因而，战后的资本主义公司正日趋竭力形塑一种具有高度“混合型”同“综合性”的（巨型）垄断资本集团，而其作为整个垄断资本集团的“母体”则始终处于核心位置。正是基于此类新近

---

① ［苏］米·德拉基辽夫、格·鲁登科：《垄断资本主义——帝国主义基本特征概论》，国际关系研究所编译室译，世界知识出版社1965年版，第25页。

② ［苏］H. H. 伊诺泽姆采夫主编：《列宁的帝国主义论与当代现实》，张承辉等译，中国社会科学出版社1980年版，第26页。

客观发展，某些苏联学者提出，欲图客观而深入地考察和分析战后世界资本主义集中与垄断问题就不得不在两个层面上展开相关工作：一个层面为“企业层面的集中与垄断”，另一个层面为“公司层面的集中与垄断”。

毋庸赘言，集团公司层面的集中与垄断必然远远高过具体产业企业的集中与垄断。譬如，在战后的美国，全美汽车工业中 3 家最大的集团公司垄断了该部门 90% 以上的产品生产；在卷烟、照相机以及航空工业和黑色冶金工业方面，美国 4 家最大的集团公司生产的产品分别占到这些行业部门全部总产量的 84%、74%、66%、45%；在石油加工、塑料、建筑和农业机械制造、发动机和发电机生产、造船等方面，美国 8 家最大的集团公司所取得的产品总量占到了这些行业部门全部产量的 50% 左右。① 由此可见，世界资本主义集中与垄断进程的“细胞基点”正在从往昔零散、孤立的企业或公司转变为具有高度“整合统筹”特征的垄断集团公司。进而，一部分苏联学者提出，除了意识到战后资本主义公司集团化现象之外，还需要深刻洞察，对于战后整个世界资本主义集中与垄断进程而言，“更加典型的乃是最大公司在公司总数中比重的增加”。这意味着：一方面，世界资本主义的集中垄断进程自始至终极大有利于垄断资本，并因而逐渐催生出越来越多盘踞于社会经济政治权力金字塔顶端的（巨型）垄断资本集团（即苏联学者称谓的“最大公司”）；一方面，随着垄断资本主义日益深拓，（巨型）垄断资本集团尽管会有所增加，然而，绝不会变得“过多”；另一方面，世界资本主义集中与垄断的历史进程形塑了（巨型）垄断资本集团，且其利益的天平始终向之倾斜，并令之成为最大受益者，反过来，（巨型）垄断资本集团必将时刻捍卫并竭力推动这一历史进程，因之，“最大公司”日益成为资本主义社会乃至全世界的真正统治者——帝国主义“法老”。

值得注意的是，列宁对股份公司、集团公司于不远将来的强势崛起似乎或多或少已有所洞悉和预料。在《帝国主义是资本主义的最高阶

---

① ［苏］H. H. 伊诺泽姆采夫主编：《列宁的帝国主义论与当代现实》，张承辉等译，中国社会科学出版社 1980 年版，第 31 页。

段》中，尽管列宁在谈论资本主义集中与垄断问题时主要或更多涉及的只是产业企业，然而，其中却也不乏对股份公司或集团公司的关注及考察。例如，在《帝国主义是资本主义的最高阶段》中，列宁曾作出这样的阐述：美国的统计把所有的工业企业分为属于个人的和属于合伙商行、公司的。后者在1904年占企业总数的23.6%，在1909年占25.9%，即1/4以上。这些企业的工人，在1904年占工人总数的70.6%，在1909年占75.6%，即3/4；产值分别是109亿美元和163亿美元，即占总产值的73.7%和79%。美国著名的钢铁托拉斯（美国钢铁公司）所有企业职工，在1907年达210180人。德国采矿业中最大的盖尔森基兴矿业公司1908年有46048名职工。①

表5-2 美国最大公司在制造业总产品中所占的比重（%）

公司类别	1947年	1954年	1958年	1963年	1966年	1970年	1972年
50家（最大的）	17	23	23	25	25	24	25
100家（最大的）	23	30	30	33	33	33	33
150家（最大的）	27	34	35	37	38	38	39
200家（最大的）	30	37	38	41	42	43	43

资料来源：《美国统计文摘》1970年第707页、1973年第705页、1975年第737页，转引自［苏］H. H. 伊诺泽姆采夫主编，张承辉等译《列宁的帝国主义论与当代现实》，中国社会科学出版社1980年版，第32页。

七、资本主义“非工业部门”的集中与垄断

毋庸讳言，世界资本主义资本、劳动力、产量产值等诸多因素的集中与垄断进程（既涵盖了企业一级的集中与垄断，同时也涵盖了公司一级的集中与垄断）不仅出现在资本主义工业生产领域，同时也毫无疑问地出现在其他非工业生产领域及行业部门。据《美国统计文摘》有关数据显示：1963年，美国商业、服务业中收入在10万美元以上的企业仅占该行业部门企业总数的6.6%，然而，它们雇佣劳工数量及总收入在全

① 《列宁专题文集——论资本主义》，人民出版社2009年版，第113—114页。

国的占比却分别为62.1%和66.4%。1972年的美国，其批发业中销售额在2000万美元以上的企业，仅占该行业部门企业总数的0.5%，但是，其销售总额却为该行业部门的22%；零售业中销售额在100万美元以上的企业仅占该行业部门企业总数的3.9%，但其雇佣劳工数量和销售总额占全美相关领域的比值则分别高达36.9%和46.8%。与此同时，战后，西方各主要资本主义国家国内的农业也始终处于持续且急遽集中与垄断的历史进程中，如1959至1969年，美国最大农场数量在全美所有农场的占比从2.7%猛增至8.2%，同时，其销售额占比也相应地从31.5%猛增至58.2%。①

第三节　国家垄断资本主义的衰微及新自由主义的崛兴

由于众多社会历史原因，如尖锐意识形态争锋、国内激烈阶级斗争、频频爆发的经济社会危机、政府与日俱增的赤字和财务困境、风云激荡的国际形势，特别是由于以1973年底国际市场石油价格暴涨为导火索并进而波及整个资本主义世界（尤其是西方发达资本主义经济体）的经济（滞胀）大危机，以及由此引致的严重经济衰退同社会大规模失业，虽然恋恋不舍，然而，西方社会只好挥别战后持续了数十年之久的“黄金时期”。与此同时，长期以来被坚定奉为社会经济发展“灵丹妙药”的凯恩斯主义也因之而遭受到了有史以来最深的质疑及最严苛的批评。自此次经济大危机、大萧条全面爆发，西方社会既苦于社会经济生产停滞，同时也苦于严重的通货膨胀。为了彻底摆脱困境，尽管毫无头绪，各国资产阶级政府还是硬着头皮纷纷出台了一系列相互矛盾、相互抵触的政策与举措。因而，不难想见，其实际效果是：第一，远未消弭经济危机所产生的负面影响；第二，国家政策同政府举措缺乏稳定性和连贯性，变动过于频繁，给人摇曳不定的感觉。概言之，这一时期，西方各国事

---

① ［苏］H. H. 伊诺泽姆采夫主编：《列宁的帝国主义论与当代现实》，张承辉等译，中国社会科学出版社1980年版，第27页。

实上始终未真正寻觅到一种能左右兼顾且具良好平衡作用的“危机治疗方案”。于是，这样一来，一方面，无疑进一步加深并激化了广大普通民众对凯恩斯经济思想及其“干预主义”的反感及排斥情绪，并为在不久的将来横空出世的新自由主义奠定了较为坚实的社会、思想、情感基础；另一方面，国家垄断资本主义同凯恩斯主义在西方各国频繁变动的国家政策及反复试错的实践中正变得摇摇欲坠。

当然，新自由主义并非20世纪80年代才出现的一种全新事物，事实上，其较为完备系统的思想最早约于20世纪30年代左右就已出现。20世纪30年代，这是一个十分独特而有趣的“历史缝隙”，即其既处于第一次世界大战结束与第二次世界大战全面爆发之间，同时又恰逢世界资本主义经济大危机、大萧条，以及凯恩斯主义逐渐受到信奉和追捧的时期。与此同时，苏联社会主义建设（包括深受其影响的东欧社会主义）在以斯大林为核心的联共（布）领导下正如火如荼地开展着，依靠数个“五年计划”的顺利实施，取得了世所公认的斐然成就。正是在这样一个既独特又伟大的历史时期，资产阶级古典自由主义经济理论遭受到了同时来自左、右两个阵营声势日趋浩大的质疑、批判、排斥浪潮。在此极端不利的社会历史环境中，以路德维希·冯·米塞斯及其弟子哈耶克为首的以坚决捍卫自由市场、自由竞争、自由贸易原则为己任的西方经济学人相互之间紧紧抱团，形成了一个“不合时宜”的学术小圈子，并逐渐形塑出新自由主义经济学派的极端派别——“新奥地利学派”。

20世纪70年代中期至80年代初期，由于世界资本主义爆发的大规模经济（滞胀）危机，以及由此引致的普遍社会萧条，以国家干预主义为鲜明特征的国家垄断资本主义及其主要指导思想——凯恩斯主义遭受到来自各方如潮水般的口诛笔伐。毫无疑问，这在客观上为新自由主义，尤其是作为其极端派别的“新奥地利学派”的滥觞提供了一次千载难逢的历史机遇。以米塞斯和哈耶克为代表人物静静蛰伏了数十年之久的新自由主义似乎一下子寻到了绝佳的出路和生机。正是在此社会历史背景下，一方面，新自由主义不仅趁势大肆攻击凯恩斯主义，以及政府对社会经济的监督、干预和调节，而且还借机竭力歪曲、污蔑、否定集体主义、社会主义、马克思主义；另一方面，新自由主义毫无节制地鼓吹和宣扬所谓“市场化”“私有化”“自由化”“全球化”，并在社会上极力推销所谓“个人绝对自由”高于、超越于其他所有一切的伦理价值观。需要指出，新自由主义之所以能在短短数年内最终彻底击垮凯恩斯主义并进而升级为某种左右资产阶级政权的国家意识形态同主流社会价值，毫无疑问，是无论如何也离不开（极端）右翼政治势力在现实中的保驾护航，以及在实践中的大力贯彻和推行的。世界资本主义在经历了数年充斥着众多摇摆不定且最终被证明并无多大收效（以克服70年代中期经济滞胀危机为宗旨）的国家政策及实践举措之后，到了20世纪80年代初期，代表英美大垄断（金融）资本集团（利益）且笃信新自由主义的美国共和党人里根及英国保守党人撒切尔夫人，先后在其国内上台执政，并进而强制推行新自由主义经济政策，从而形成了以“里根经济学”和“撒切尔主义”著称于世，系统而完备的新自由主义经济政治路线。

以“撒切尔主义”为例，撒切尔夫人，一方面，自始至终致力于彻底摒弃凯恩斯主义；另一方面，积极倡导并竭尽所能地推广以哈耶克思想为指导的（极端）新自由主义经济政策。撒切尔夫人坚决反对西方各国资产阶级政府介入到社会经济生活中，主张建立（完全）不受政府监管和干预的充分自由市场经济，否定并改革英国工党执政时期所推行的企业和资产“国有化”；同时在英国境内广泛而深入地推行“私有化”运动。在“撒切尔主义”的庇佑之下，英国保守党人对那些严重妨碍其国内“私有化”进程的左翼力量及工会组织采取了冷酷无情的排挤和打压措施。面对“撒切尔主义”鲜明的保守立场，以及倒行逆施的反动行径，大卫·哈维如是说道：撒切尔甚至诋毁进步的劳工委员会是“左派疯子”，而她的著名宣言就是：“没有社会，只有个体的男人或女人。”——后面还加上一句：“以及他们的家庭。”所有形式的社会团结都要因个人主义、私有权、个人责任和家庭价值的理由而瓦解。这种从撒切尔夫人的修辞技巧中流露出的意识形态攻击冷酷无情。[①]

---

① ［美］大卫·哈维：《新自由主义简史》，王钦译，上海译文出版社2010年版，第27页。

概括地看，以“里根经济学”和“撒切尔主义”为代表的新自由主义经济政策及具体措施大致如下：第一，在反干预主义思潮的指引下，限制、弱化、否定国家政府对社会经济生活的干预、调控与管制；第二，在全社会积极推行所谓“私有化”，政府将那些能够攫取高额利润或产能高效的优质企业和公司率先列入“私有化”名单；第三，推动施行在实际效果上完全有利于垄断资本和富人阶层的减免税政策，从而大大降低了（垄断）私人资本应当缴纳给政府的税收；第四，削减政府日常开支，包括社会福利保障部分，因而，政府财政赤字在得以缓解的同时，诸多事关国计民生的社会福利保障，如医疗、教育、住房、养老等方面的实惠几乎被一扫殆尽；第五，排斥和打压左翼进步力量，包括以工会为代表的众多劳工社团组织；第六，主张在金融领域施行“去政府监管”，鼓励金融“自由化”和“全球化”，而这无疑在客观上造成了金融业同实体产业渐行渐远的趋势，虚拟经济自此驶入快车道，并催生出越来越多的经济泡沫。

尽管新自由主义在短期内暂时减退了经济（滞胀）危机对世界资本主义所形成的威胁，局部缓解了西方各国政府长期以来未能彻底根治的财政赤字和债务问题等一大堆疑难杂症，在新的历史起点上重新有力推动资本主义社会经济的全面复苏与快速发展，然而，不容回避，新自由主义同时为资本主义社会乃至全世界带去了更多、更令人头疼的社会经济难题：战后初期资本主义社会广大劳动群众所争取到的诸多社会福利保障和进步发展趋势消失殆尽；垄断资本（集团）及其寡头通过政府大力倡导的“私有化”进程在短时间内窃取了巨量国有资产和全民劳动成果；全球贫富两极分化趋势越益明显，广大劳动人民不断深陷进相对或绝对贫穷的生活窘况之中；（极端）保守反动势力纷纷上台执政，成为国家领导统治集团核心，而与此相反，西方共产党、社会民主党，以及一切左翼进步力量均呈现出普遍衰微态势；全球社会风气和伦理价值观呈现出史无前例的反动、堕落、腐朽特征，（极端）个人利己主义、严酷阶级剥削压迫、血汗工厂等旧事物或是沉渣泛起，或是愈演愈烈。

经济全球化时期，人类整体生存状况呈现出一种令人担忧的倒退景象。以20世纪80年代逐渐崛起的新自由主义引领之下史所罕见的“私有化”浪潮为例，其尽管可能在一定程度上提升了经济效率，缓解了政府财政赤字及债务困境等诸多令人头疼的问题，但毋庸置疑的是，其同时更产生出了一系列空前严峻的社会和经济问题。被大卫·哈维称为“剥夺性积累”且最为臭名昭著的国有资产“私有化”进程，首先是在一种极为不公平的背景中展开的，西方各国在这一过程中明显倾向和偏袒垄断资本（集团）及其寡头，政府动辄就将大量国有资产，特别是某些具有高产值、高绩效、运转良好的优质国有企业和国有经济机构等，以远低于市场行情的低廉价格转让给资本家。撒切尔夫人无疑就是这一进程的忠实拥趸同旗手，“英国飞机制造公司、英国电信公司、英国航空公司、钢铁、电和煤气、石油、煤矿、自来水、公车服务、铁路，以及许多小型国家企业都在大规模私有化过程中被变卖了。英国在这一方面开拓性地向人们展示如何将这一过程做得合理有序还能（对资本来说）盈利。撒切尔夫人相信，一旦这些转变发生了，那么这一过程将不可逆转：因此要快。”① 当然，这里的“盈利”决非意味着广大劳动者能够获得社会福利保障及生活水平的切实提高，其仅仅只是指政府在短期内能够从国有资产“私有化”中得到实惠。其次，“私有化”不仅使西方国家的国有企业及国有资产持续落入极少数资产垄断者手中，而且，伴随“私有化”浪潮日益汹涌，垄断资本（集团）及其寡头开始将“资本抓手”伸向公共资源领域，如学校、医疗卫生系统、公共交通运输系统，以及地球上一切能够加以利用并转化为资本的自然资源，如矿藏、林木、珍稀动植物、淡水，甚至是有关个体生命的一切信息和物质，如遗传物质、物种血浆等。例如，《与贸易有关的知识产权协议》就极力主张确保垄断资本有权力将所获取的物种，如植物种子和遗传信息等据为私人财产。总之，在垄断资本眼中，全世界一切本该属于大自然和地球公民的珍贵资源同矿藏都应当而且必须尽快私有化，唯有如此，才能释放出难以估量的巨大利润空间。面对此等卑劣思想和行径，大卫·哈维愤慨地指责道：为了某些少数大医药公司的利益，生物剽窃正呈猖獗发展蔓

① ［美］大卫·哈维：《新自由主义简史》，王钦译，上海译文出版社2010年版，第70页。

延之势，而掠夺世界遗传资源库也正有条不紊地进行，这一切清晰地显示出新一轮资本主义“圈地运动”正如火如荼地进行着。再次，此次“私有化”浪潮由于其根本动力源于垄断资本利益最大化考量，因而，其于客观上不仅会扭曲和破坏传统生产及工艺手法，而且还会对自然环境资源以及人类生存状况构成实质性威胁。以私人垄断资本控制下的农业生产为例，私有化和自由化，一方面，对农民与广大消费群体造成了巨大损害；另一方面，令掌控农业的私人垄断资本（集团），如卡吉尔、孟山都等成为最大赢家。[①] 此外，“私有化”不仅蚕食鲸吞了世界进步力量曾竭力取得的一系列辉煌成就（如人民群众一度争取到的众多劳动权益和经济福利等），严重损害了西方社会广大劳动群众的切身利益，而且更进一步将这种破坏效应蔓延到第三世界，并通过战后滥觞的新殖民主义深化加重了对当地政府及劳动者的剥削压迫。曾担任世界银行高级经理的戴维斯·巴德霍（Davison Budhoo）在离职时就坦言道，“我们自1983年以来所做的每一件事情，都是基于这样一种使命感：不惜一切代价将南方国家私有化，为了实现这个目的，我们卑鄙地把拉丁美洲和非洲变成了经济上的疯人院。”[②]

---

① 垄断资本将农业系统分为三个部分：上层为种子、农药、农业机械和化肥，下层为贸易、加工和零售，而夹在中间的农业生产不仅不占据主动性，而且还会时时面临削减成本的压力，因而很容易使农民生产者卷入“恶性竞争”之中，或者干脆退出农业生产。与此同时，为了应付“恶性竞争”，农业中广泛采用的机械化与资本密集化大量消耗着自然资源，如地下水和化石燃料等。所以说，“这种工业化的农业并不能可持续发展。据说世界上将近40%的食品供应依赖河流、湖泊和地下水，这种灌溉造成的浪费消耗了地下水，使土地盐碱化。美国有23%的农场受到了因为浪费式的灌溉方式而汇聚的盐碱化的影响。此外，大量的化学品的使用毒侵了土地和水流，因而摧毁了动、植物的生命。这些生物是构成生态系统不可或缺的部分，生态系统通过循环运动担负着星球上每一种有机体的繁衍。目前，对生物多样性最具破坏力的是例如跨国公司孟山都引进的转基因作物。尽管转基因种子如除草剂或抗虫品种可能会在短期内提高生产力，但他们同时也会影响作物的多样性。转基因种子一旦使用，人们便很难控制他们的侵移，这样就很容易和其他植物发生异花授粉。此类事件已在许多国家报道过。”［日］福田泰雄：《世界贸易组织体制：帝国主义的新阶段——衰退的资本主义及其替代方案》，《当代经济研究》2010年第8期，第22—23页。

② ［美］阿兰·G. 纳赛尔：《资本主义的发展趋势与新自由主义的私有化浪潮》，徐洋摘译，《国外理论动态》2003年第9期，第12页。

“私有化”浪潮不仅空前损毁了广大劳动者的切身利益，而且更召唤出资本主义私有制度最贪婪、最残酷的一面。需要警惕的是，此次“私有化”浪潮所产生的最坏影响远不止于此，其史无前例地滞碍着人类文明同民主的前进步伐，日益蚕食并损毁人类应有的美德品质及一切基于利他主义伦理原则的精神和行为。“私有化”及其内涵的一切伦理价值就如同散发着恶臭的腐蚀剂同转基因制剂那样悄然改变着人类道德及文明中一切积极而正面的因素，相应地，一切最为扭曲异化的，不仅以往资本主义历史阶段已经出现的，而且甚至连以往资本主义历史阶段都不曾存在过的极端丑陋的社会经济现象，也都于短时期内令人惊愕地迸发于全世界视野之中。

以“里根经济学”和“撒切尔主义”为代表的新自由主义给整个世界带来的深远影响如同水中层层涟漪，直至今日不仅仍余波荡漾，而且不时会泛起汹涌巨浪。迄今，新自由主义已由最初单纯的经济政策逐步演化为一种资产阶级意识形态，其不仅助推了经济全球化进程，而且也的确促进了科学技术同社会生产力的发展，然而，究其实质，新自由主义所主导的数十年却是一个充斥同弥漫着浓烈退步、堕落、腐朽、反动气息的历史时期。全世界，尤其是第三世界及处于资本主义社会中下层的广大劳动者不仅通过数度一次比一次更为猛烈而严重的金融—经济风暴亲眼目睹了垄断资本（集团）及其寡头超乎想象贪婪而扭曲的赌博投机心态及其深度奉行的极端个人主义和利己主义伦理立场；同时也从如罂粟花般盛开于世界各个角落的“血汗工厂”中那些尽管风华正茂却已身影佝偻的青年劳工“囚于牢笼”般的生活和工作境况（甚至是仓促地结束了自己年轻的生命）中深刻窥见与洞悉到垄断资本难以掩盖和粉饰的残忍、冷漠、嗜血成性的真实本质；当然，更能从同全世界若干“经济权力地理中心”，灯火辉煌的金融城、CBD、城市别墅区、令人心旷神怡的高尔夫球场形成强烈反差的凋敝乡村、城市贫民窟、“城中村”中瞥见全球普遍存在并日趋严重的贫富两极分化及深陷相对、绝对贫困境况中难以自拔的居民和失业人群，这一点恰如大卫·哈维批判地指出的那样：“我们不是把财富、特权和消费都高度集中到了世界的各个城市中了吗？为什么联合国会把我们的世界描述为一个即将爆发的‘充斥着贫民窟的星球’呢?”“全球性城市化以令人惊叹的全球一体化的金融市场为基础，运用他们灵活的债务融资，支撑着从迪拜到圣保罗，从马德里、孟买到香港、伦敦的城市项目……几乎在世界上的每一个城市都可以看到因有钱人而产生的建设高潮……与之相伴的是农民在农业工业化和商业化中变得一无所有，洪水般地涌向城市，沦落为贫困的城市移民”①；尤其是，从近期爆发的全球金融—经济大风暴中，以美国为首的西方各国政府置大批社会失业者、低收入者、穷困人群眼巴巴盼着政府对人民施行经济“拯救”的迫切状况于不顾，却转而为了顾及和保障垄断资本利益将人民群众的巨额纳税款毫不犹豫注入垄断资本集团的所谓“救市”行为中彻底认清了垄断资本压迫剥削人民的丑恶嘴脸。经济全球化时期，人类整体上处在一种异常显著且严重倒退而非进步的历史进程中，这一点恰如美国学者威廉·罗宾逊深刻揭露的那般：全球化进程完全可以是截然不同于现在的另外一副样子。这一历史阶段极有可能为人类开启很多扇新门，开拓新的视野，克服陈腐的偏见和无知并消除分界线。不过，人类社会好像在21世纪初期就开始了朝向野蛮和原始的退化!②时光恍惚，全世界仿若在一瞬间重又退回到那个“每个毛孔都流着血和肮脏东西”，“野蛮”“残暴”“异化”深重的资本主义“原始积累时期”!

第四节　经济全球化时期世界资本主义的全球集中与垄断

一、一般跨国公司与巨型垄断跨国公司

伴随着国家垄断资本主义自20世纪80年代初以来逐渐日薄西山的

---

① ［美］戴维·哈维：《叛逆的城市——从城市权利到城市革命》，叶齐茂、倪晓晖译，商务印书馆2014年版，第5、12—13页。

② ［美］威廉·I. 罗宾逊：《全球资本主义论——跨国世界中的生产、阶级与国家》，高明秀译，社会科学文献出版社2009年版，第208页。

发展颓势以及新自由主义经济主张同政治实践的迅速崛兴，国际垄断资本主义渐渐成为世界资本主义乃至全球新的统治力量。自此，资本主义经济全球化的帷幕已然徐徐开启。经济全球化时期，首先，以国际直接投资（FDI）为主要形态的生产资本的国际化程度持续不断提升，来自资本主义世界的私人资本的海外直接投资额呈现逐年大幅递增的基本态势。据2001年联合国贸易和发展会议《世界投资报告》有关资料显示：2000年，FDI增长了18%，达到1.3万亿美元，其增速要远快于其他经济领域，如世界生产、资本形成、国际贸易等，FDI的流入量从1982年的570亿美元猛增至2000年的1.27万亿美元。1986—1990年，FDI的增长几乎是固定资本增长的两倍；在90年代初期，几乎是后者的三倍；到20世纪90年代后半期，则接近为后者的一百倍。[①] FDI开始更多、更快地流入第三世界，与此同时，第三世界投资者参与FDI的比率也在逐年攀升。其次，经济全球化时期，国际贸易有了长足进步，西方发达国家间的贸易发展最为迅猛，如果从世界贸易量同世界生产量的比值上则能更好、更清晰地辨识出国际贸易全球化所达到的新高度。1981—2001年期间，世界贸易总量远超世界产出总量，而“它意味着世界产出的跨国贸易比例要远大于国内消费比例。这是跨国化的一项很明显的指标”[②]。再次，经济全球化时期，在新自由主义倡导和推动之下，金融自由化和金融全球化愈演愈烈，以国际信贷、国际债券、国际股票等具有高风险、高回报、高投机特征的金融投机性投资为核心的金融资本全球化步伐越迈越大。在新自由主义及金融自由化、金融全球化深刻影响下，西方各国政府均积极施行“去金融政府管制化”措施，竭力为国内金融业松绑，加之自20世纪80年代以来电子信息化在金融业中的广泛运用，肇始于20世纪70年代末80年代初的金融自由化和金融全球化历史进程在20世纪80—90年代获得了史无前例突飞猛进的快速发展。美国学者

---

① ［美］威廉·I. 罗宾逊：《全球资本主义论——跨国世界中的生产、阶级与国家》，高明秀译，社会科学文献出版社2009年版，第28—30页。

② ［美］威廉·I. 罗宾逊：《全球资本主义论——跨国世界中的生产、阶级与国家》，高明秀译，社会科学文献出版社2009年版，第33页。

威廉·罗宾逊对此评论到：全球经济与一个全新的、走向全球一体化的金融体系以及疯狂投机的金融投资密切联合在一起，结果使得全球资本主义获得了一个新的但也格外贴切的外号——“赌场资本主义”。

经济全球化时期，由于受到新自由主义（意识形态及其实践）的强劲推动，在世界资本主义社会经济获得普遍发展的同时，资本主义跨国公司的数量同实力与日俱增，巨型垄断跨国集团日趋成为国际垄断资本主义最重要、最核心的载体和营运者，并空前有力地推动了国际垄断资本主义的发展。根据联合国贸易与发展会议有关报告，“跨国公司的数量从20世纪70年代的7000家上升到1993年的37000家，1998年的53000家，直至2000年的60000家。这些跨国公司约占到了世界贸易的2/3。同样地，由跨国公司所控制的世界国内生产总值的份额从60年代中期的17%上升到1984年的24%，直至1995年的33%。2000年，大约80万家跨国公司的子公司生产了价值约7万亿美元的商品和服务。跨国公司的全球销售值从1982年的2.5万亿美元上升到1990年的5.4万亿美元，到2000年达到15.7万亿美元，另据估计，2000年国外子公司的资产价值达到21.1万亿美元。”①

当然，这并非意味着，资本主义经济全球化扩张道路仅仅始于20世纪80年代，事实上，自诞生之日起，资本主义就已经迈出了其急遽的经济全球化步伐。如同马克思那极富远见卓识的“世界历史”理论揭示的那样：资本主义大工业首次开创了世界历史。只不过，马克思时代的经济全球化进程不但主要局限于简单商贸层面，即所谓商品输出，而且其国际经济交往的深度、广度均停留在非常表浅的层次。到了垄断资本主义初期，经济全球化进程出现了巨大改观：一方面，商品输出在规模和总量上持续扩大，进而，在商品输出之外，资本输出逐渐成为这一时期最重要的输出形式；另一方面，经济全球化的主要承载者与执行者由自由资本主义时期零散的个体商人或工商业组织升级为国际性卡特尔联盟或多国公司等日益庞大的垄断资本集团。列宁在《帝国主义是资本主义

---

① ［美］威廉·I. 罗宾逊：《全球资本主义论——跨国世界中的生产、阶级与国家》，高明秀译，社会科学文献出版社2009年版，第70页。

的最高阶段》中对此论述到：资本主义国际卡特尔组织或者协定几乎在所有工商业和金融业领域完成了对世界的经济分割。不过，事情总是变动不居的。随着时代发展，国际卡特尔联盟渐渐显得有些不合时宜了，昔日里纵横驰骋于全球的以国际卡特尔或辛迪加形式出现的资产阶级工商业国际同盟日趋减少。据美国学者 P. L. 埃尔博的研究显示，到 20 世纪 70 年代初，有据可查的国际卡特尔仅剩下了区区 51 个。与之相反，作为国际垄断资本主义新的运营者和载体的（垄断）跨国公司则以突飞猛进的发展速度淹没和埋葬了国际卡特尔及辛迪加。“跨国公司的发展速度比卡特尔快得多，早在 20 世纪 60—70 年代，跨国公司已经成了国外投资的主体，其对外投资额已占资本主义国家对外直接投资总额的 70% 以上。1968—1969 年世界主要发达资本主义国家所拥有的大跨国公司已有 7276 家，其在国外的子公司或分公司 1969 年为 27300 家，1978 年为 82266 家，1980 年为 98000 家，1987 年达到 10 万家以上。”① 根据最近统计数据显示：近期，资本主义新一代跨国公司数量激增到 79000 家，其所拥有的国外子公司数目也相应地增加到 790000 家。这意味着：经济全球化时期，资本主义跨国公司在全球范围生产和资本的集中垄断进程，即其具有的国际垄断性正空前快速地强化发展。

表 5－3　跨国公司及其子公司数

年　份	跨国公司数（家）	子公司总数（家）	跨国公司数与子公司数之比
1970	7276	12000	1∶1.65
1980	15000	35000	1∶2.33
1992	37000	170000	1∶4.59
1995	45000	280000	1∶6.22
1997	60000	500000	1∶8.33

① 王金存：《帝国主义历史的终结——当代帝国主义的形成和发展趋势》，社会科学文献出版社 2008 年版，第 188 页。

续表

年 份	跨国公司数（家）	子公司总数（家）	跨国公司数与子公司数之比
1999	63000	690000	1∶10.95
2002	63834	866119	1∶13.57
2006	78000	780000	1∶10.00
2007	79000	790000	1∶10.00

资料来源：联合国贸发会议《世界投资报告》，1996 年、2001 年、2008 年，转引自李琮：《当代资本主义阶段性发展与世界巨变》，社会科学文献出版社 2013 年版，第 271 页。

尽管由于肆虐的新自由主义、“私有化”浪潮，以及国际垄断资本主义迅速崛起，跨国公司攫取到了以前连做梦都不敢想的经济利益，然而，这却不意味着，所有跨国公司都处于一种均势发展状态中。实际上，由于资本主义私有制度的基本质性，以及资本主义社会经济“不平衡发展”规律和现实状况，跨国公司之间毫无疑问客观存在着不以人主观意志为转移的巨大差异。相较于大多数一般跨国公司而言，那些居于跨国公司顶端的巨型垄断跨国集团几乎包揽了工、农、商、金领域中绝大多数产量产值，攫取到超过半数以上的销售总额，并进而拥有总量和规模日趋庞大的垄断资本。美国学者查尔斯·德伯在《公司帝国》中指出，“在众多的跨国公司中，排名前 200 位的企业也是最具活力的，它们每年的综合营运收益要比全世界 45 亿民众的个人收入总和还要多。而地球上的总人口也不过 56 亿。目前，前 200 家企业的总收入已经达到了 7.1 万亿美元。而这一规模远远超过了 182 个国家的经济实力之和。”① 据此，如若力求更为深入地考察和研判当代资本主义跨国公司，就必须首要地作出一般跨国公司与巨型垄断跨国公司的区分。事实上，依靠所谓“跨

① ［美］查尔斯·德伯：《公司帝国》，闫正茂译，中信出版社 2004 年版，第 293 页。

国指数”可以非常清晰地分辨出一般跨国公司与巨型垄断跨国公司之间客观存在着的差异。罗宾逊就曾以“跨国指数”来测量和生动描绘那些全球最大跨国公司的跨国程度。该指数根据三项比率（国外资产和资产总额之比、国外销售额和销售总额之比，以及海外雇佣人数和雇佣人员总数之比）对世界主要跨国公司进行了排序。根据这一指数，全球最大的25家跨国公司的跨国性的平均得分为59.9，“瑞士ABB电气公司的指数为94.1，宝马为60.9，福特公司为36.1，通用电气为36.7，IBM为53.7，德国曼尼斯曼公司为48.7，雀巢为95.2，西门子为56.8。联合国贸易与发展会议的报告指出，‘跨国公司50强和跨国公司25强的跨国化程度都增加了：前者从1998年的37%增加到1999年的39%；后者则从26%增加到32%。跨国公司100强的跨国性大致稳定在很高的水平上（53%）’。”① 不难想象，一般跨国公司和众多非垄断性的中小企业的跨国指数完全没有可能达至上述水准，而这就是一般公司同巨型垄断跨国公司之间难以忽视同消弭的差距。需要注意，跨国公司之间的差距亦如同社会贫富两极分化一样具有不容置疑的累积性、遗传性、递推性，其必将随着经济全球化日益深拓的步伐而变得越来越严重且不可弥合。巨型垄断跨国集团的全球化发展恰如宇宙“黑洞”那般，最终必将把一切难以与之相抗衡的一般跨国公司和众多非垄断性中小企业或公司统统吸进自己体内，并将之作为自己进一步持续扩大拓展的养料。列宁在《帝国主义是资本主义的最高阶段》中对这一点早已是洞若观火：帝国主义时代，资本主义垄断集团对广大中小企业形成了越来越严重的“高压”和“扼杀”态势。毫无疑问，这一状况在新的历史阶段——资本主义经济全球化时期将会一如既往持续演进下去，并于一个更加辽阔而广袤的范围内得到巩固、深化、推进。

二、从行业部门看（巨型）垄断跨国公司全球集中与垄断

经济全球化时期，以（巨型）垄断跨国公司为主要载体、运营者、

---

① ［美］威廉·I. 罗宾逊：《全球资本主义论——跨国世界中的生产、阶级与国家》，高明秀译，社会科学文献出版社2009年版，第71页。

执行者的世界资本主义集中与垄断进程得到空前的迅猛发展，与往昔历史阶段最大的区别就在于，这一时期生产和资本等因素的集中与垄断是在一个远远超越了民族国家狭隘疆域，甚为广袤而辽阔的全球范围内进行的。因此，以资本主义（巨型）垄断跨国公司为主要载体、运营者、执行者的世界资本主义集中与垄断，相较于以往而言，所达到的深度和宽广程度均有了质的飞跃与突破。某些西方学者甚至对此戏谑道，如今，我们生活在一个由（巨型）垄断跨国公司全面统治的时代！这句话尽管有玩笑成分，但也的的确确道出了跨国公司，尤其是那些虽为数极少，然而却手握经济政治重权的（巨型）垄断跨国公司，各种生产经济要素高度集中垄断的现状及发展趋势。可以说，当前时期，资本主义社会乃至全球，几乎每一个工、商、农、金领域及其部门都被为数不多的（巨型）垄断跨国公司牢牢掌控着。以日常生活中随处可见的品牌为例，在高新技术产业领域，全球电脑软件市场几乎被微软和电子数据系统两家垄断集团全面占领和统治；全球高档运动服装市场被耐克、阿迪达斯等少数几家西方公司所垄断；分支机构和零售点如雨点般散落于世界各个角落的肯德基同麦当劳两家跨国公司长期以来始终是全球西式快餐业的霸主；与之相应，百事可乐同可口可乐两家美国垄断公司多年来则始终分割和攫取全球碳酸饮料行业的多数份额，等等，不一而足。当然，需要强调指出的是，当前时期的集中与垄断主要还是体现在高新科技产业领域。以飞机制造业为例，其集中垄断已经达到了一个十分令人惊愕的程度。在世界军用飞机制造和销售方面，仅美国洛克希德·马丁公司一家就几乎占据了全球一半左右的军用飞机市场；在世界民用飞机制造和销售方面，全球几乎仅剩美国波音飞机公司和欧洲空中客车公司两家（巨型）垄断跨国集团相互之间进行着长期而激烈的对抗与竞争。查尔斯·德伯在《公司帝国》中如是说道，“在汽车、宇航、航空、能源、电子零部件、电器以及钢铁行业当中，排名前五名的企业控制着超过50%的全球市场以及更高比例的美国市场。在美国一些特定的细分市场中，这些企业的优势就更加明显了。埃克森石油公司控制着大约36%的石油和天然气市场；在商用喷气机市场上，波音公司则控制着大约60%的疆土（与麦道公司合并前的数据）；而通用电气公司则控制着35%的喷射引擎市场和40%的宽体客机引擎市场；通用汽车与福特汽车一道控制着超过50%的汽车市场，而且与丰田汽车……联手统治着全球的汽车工业。”①

三、从社会视角看（巨型）垄断跨国公司全球集中与垄断

尽管行业部门视阈是深入系统考察世界资本主义集中与垄断一个不可或缺的重要研究进路，然而，由于在现实中，各行业部门间客观存在着巨大差异，即某些行业部门（如航空航天、军事工业、电力能源等）产业规模和资本体量相当庞大，而某些行业部门（如一些轻工业部门，像服装衣帽、家居用品等）产业规模和资本体量则往往相形见绌，因而，如若仅从行业部门视阈来考量和判断当代资本主义全球范围的集中与垄断自然是远远不够的，换言之，因其狭隘封闭的视角自动屏蔽了“横向比较维度”，自动屏蔽了恢宏的“系统整体维度”，行业部门视阈实际上往往挂一漏万，并不足以真正阐明世界资本主义集中与垄断现实状况及其演化趋势。正因此，与战后初期至20世纪70—80年代这一历史阶段相似，为了更加真实而深入地认知经济全球化时期世界资本主义集中与垄断问题，在行业部门视阈之外，毫无疑问，应当增加“社会视角”这一极端重要的研究进路同观察维度，去考察和衡量当前以（巨型）垄断跨国公司为主要载体、运营者、执行者的世界资本主义集中垄断情状及其演变趋向。

众多实证研究和统计数据显示，如若从社会视角出发（经济全球化时期的社会视角既可指特定民族国家国内社会视阈同时也可指全球视阈），经济全球化时期，以跨国公司，特别是（巨型）垄断跨国集团为载体和主体的世界资本主义集中与垄断情形毫无疑问已经大大超越了战后初期至20世纪70—80年代这一历史阶段。依据设在华盛顿的政策研究所于1995年发表的一份调查报告：1995年，世界最大200家公司的销售额合计为7.1万亿美元，相当于全世界国内生产总值的24.3%。1999

---

① ［美］查尔斯·德伯：《公司帝国》，闫正茂译，中信出版社2004年版，第86页。

年，世界500家最大企业的营业额总共为12.7万亿美元，占当年世界国内生产总值的42.5%。[①] 不过，至此，仍需注意：第一，经济全球化时期，全球资本主义（巨型）垄断跨国公司何止200家、500家，其实际上是以千或万来计数的，因而，如果将所有这些（巨型）垄断跨国公司全部考虑在内，那么，其总产量或总产值同全世界所有国家地区生产总量或生产总值的比值无疑将会高得惊人，由此可窥一斑，当前，（巨型）垄断跨国集团在资本和生产等方面的集中与垄断达到了一个怎样富可敌国的程度；第二，如果不只是从（巨型）垄断跨国公司的生产总值、营业总额，而是从贸易总量、投资规模、雇佣劳工人数、资本总量等其他诸多维度来考察其同全球相应指标总体量的比值，那么，毫无异议，其同样会不出意料地处于一个非常高的水准，有资料显示，早在20世纪90年代中期，全球（巨型）垄断跨国公司“内部和它们之间的贸易额占世界贸易总额的2/3；它们的对外直接投资占世界对外直接投资总量的9/10”[②]；第三，随着经济全球化进程日趋深拓，越是排名靠前的世界级（巨型）垄断跨国集团，其全球集中垄断程度及其规模和体量就越是呈几何倍数增长，这意味着：（1）跨国公司间的两极分化愈演愈烈；（2）越是大资本集团，其指标同全球相应指标总量的比值就越大，集中垄断程度就越高。

四、从劳工人数、资本总量、销售额看（巨型）垄断跨国公司全球集中与垄断

与考察战后初期世界资本主义集中与垄断问题相似，在分析经济全球化时期世界资本主义集中与垄断情形时，同样可以在“行业部门”同“社会视阈”之外，使用“劳工人数”“资本总量”“销售额”（或“销售利润”）等一系列重要的辅助性指标。在“劳工人数”指标方面，列

① 李琮：《当代国际垄断——巨型跨国公司综论》，经济管理出版社2007年版，第80—81页。

② 李琮：《当代资本主义阶段性发展与世界巨变》，社会科学文献出版社2013年版，第279页。

宁曾在《帝国主义是资本主义的最高阶段》中指出，资本主义生产集中的首要表现就是雇佣劳工人员的集中程度。在书中，列宁介绍了当时德国资本主义工业企业雇佣劳工的大致情况：在1907年的德国，每1000个工业企业中，雇佣工人50人以上的大企业仅占9个；雇佣工人1000人及1000人以上的企业总共有586个。应当说，在列宁所生活的历史时期，雇佣劳工数量达到50人以上就已经算是一个中大型企业，而当雇佣劳工达到1000人以上时则是当之无愧的大型企业。然而，随着垄断资本主义的持续演进，世界资本主义集中垄断程度日益提升，垄断集团及其下属众企业和公司雇佣职员的数量也与日俱增。经济全球化时期，由于新自由主义的猖獗及国际垄断资本主义的崛起，跨国公司，特别是那些（巨型）垄断跨国集团所雇佣的职工早已是遍及了世界各个角落。因而，且不说与列宁时代相比较，即令是与战后初期国家垄断资本主义占统治地位的历史时期相比较，经济全球化时期，（巨型）垄断跨国公司雇佣劳工人数规模无疑是相当庞大的。通常情况是，一般跨国公司中的文职人员同下属企业中的一线劳工，动辄都是成千上万；某些（巨型）垄断集团，如通用汽车公司、波音公司、耐克公司、肯德基公司，等等，如若再加上其雇佣的临时工人，其雇佣劳工总体规模往往达数十万、甚至逾百万。考虑到高新科技多年来始终得以持续、快速、广泛地应用于企业生产销售过程中（按照一般逻辑，科技水平的提升同企业雇工人数应当成反比），不难想见，（巨型）垄断跨国公司在经济全球化时期的集中与垄断程度达到了一个怎样不可思议的水准。

与“劳工人数”指标一样，（巨型）垄断跨国集团“拥有资本总量”和“销售额”等也均是考察、研判世界资本主义集中与垄断，以及某些（某个）跨国公司或企业集中垄断程度及其演变趋势的重要指标和依凭。列宁在《帝国主义是资本主义的最高阶段》中就十分重视对当时垄断集团拥有资本总量情况进行考察。例如，他曾仔细统计过：在美国，仅洛克菲勒家族和摩根家族两家控制的金融机构就拥有相当于110亿马克的庞大资本总量！正是据此，列宁才深刻指出，帝国主义时代，几百万中小“业主”，甚至一部分大“业主”，实际上已经完全遭受到少数金融富豪日甚一日的奴役与盘剥。这一情形，经过战后数十年资本主义社会经济快速发展"黄金时期"，直至步入经济全球化历史阶段，并未发生丝毫实质性改观或呈现出任何弱化衰颓迹象，反而是愈演愈烈。譬如，"美国通用电气公司，1980 年净资产额为 82 亿美元，1994 年增至 2515 亿美元，2000 年增至 4370 亿美元，2005 年增至 6733. 4 亿美元，2008 年又增至 7927. 7 亿美元。通用汽车公司的净资产额，1980 年为 178. 15 亿美元，1994 年为 1986 亿美元，2000 年为 3031 亿美元，2005 年为 4760. 8 亿美元；2008 年因金融危机遭受重创，资产锐减。波音公司的净资产额 1980 年仅为 23. 15 亿美元，2000 年已增至 420. 3 亿美元，2005 年增至 600. 6 亿美元，2008 年又增至 727. 9 亿美元。……《幸福》杂志公布的 2000 年世界 500 强企业排名表中最后一家公司索迪斯联合公司的资产额为 61. 9 亿美元，其收入为 103. 1 亿美元；而 2005 年世界 500 强企业最后一名的收入为 137. 4 亿美元。不仅 100 年前的第二代跨国公司无从望其项背，即使是 50 年前的第三代跨国公司与它们相比，也是小巫见大巫。"① 同"拥有资本总量"指标具有某种一致性，（巨型）垄断跨国集团"营业销售额"指标长期以来不仅始终居高不下，而且还处于持续不断的攀升态势中。据美国《幸福》杂志统计：1995 年 100 家大公司的总资产约为 12. 44146 万亿美元，相当于当年世界国内生产总值的 40% 以上，其当年的销售额约为 5. 65884 万亿美元，相当于当年世界贸易总额的 56%，其利润总额约为 1277. 6 亿美元，相当于一个中等国家的国民生产总值。1999 年，世界 500 家大公司的营业额达 12. 696 万亿美元，占世界 GDP 的 42. 5%，2000 年此指标又提高到了 14. 06496 万亿美元和 44. 9%。②

五、从"跨国化程度"看（巨型）垄断跨国公司全球集中与垄断

20 世纪 70—80 年代初迄今，受到新自由主义（意识形态及其实践）

① 李琮：《当代资本主义阶段性发展与世界巨变》，社会科学文献出版社 2013 年版，第 274—275 页。

② 王金存：《帝国主义历史的终结——当代帝国主义的形成和发展趋势》，社会科学文献出版社 2008 年版，第 200—202 页。

和国际垄断资本主义在世界范围猖獗肆虐的深刻影响，跨国公司特别是那些（巨型）垄断跨国公司开始呈现出一系列新近社会经济特征及动向，其中，跨国公司跨国程度（即全球化水平）持续不断跃升日益成为最重要、最耀眼的社会经济特征之一。跨国公司跨国程度或全球化水平持续不断提升主要体现于下述两个方面：一方面，跨国公司在海外设置的分支机构和子孙公司越来越多，甚至出于生产运营上的一些客观需要，传统跨国公司那种比较僵化单一的“垂直管理型”“唯一中心型”权力组织架构同经营模式也正日趋转变为一种“扁平式”、多节点、多中心、“网络化”的新样态，这意味着，越来越多的跨国公司已不再局限于仅在国内设置一个总公司（总部），而是倾向于在海外同时拥有数个对众多分支机构拥有真实管制权和战略部署功能的（分）中心或（分）总部；另一方面，伴随跨国公司在全球范围的快速拓展，其从海外攫取到的销售总值、子孙公司生产总量及其众实体机构在海外拥有的资产总量等诸方面均处于持续快速增长态势之中，某些跨国公司在海外的总资产、生产总值、销售总额等指标甚至纷纷超过了其国内相应指标数值，跨国公司操持的“业务”有一半以上已逐渐挪到了海外而非国内。“早在1991年，波音公司的海外收入便占到其全部收入的61%，花旗公司为49%，可口可乐为64%，高露洁棕榄公司为63%，陶氏化学为51%，埃克森公司为78%，福特为39%，惠普为49%，IBM为59%，宝洁公司为45%，3M（明尼苏达大学矿业及制造业公司）为49%。”① 经济全球化时期，跨国公司的营运（生产和销售）和获益日渐依赖于海外市场，越来越离不开海外市场。事实上，这一点已经越来越成为当前资本主义跨国公司一般且普遍的重要特征。为了更形象而准确地考察和理解当前时期跨国公司的跨国程度或全球化水准，联合国贸发会议发表的《世界投资报告》提出了一项所谓“跨国指数”（Trans Nationality Index，TNI）作为评判准绳和基本依据。这项指数的最终得出有如下两个步骤：首先，计算跨国公司国外资产同其资产总额之比、国外销售额同其销售总额之

① ［美］威廉·I. 罗宾逊：《全球资本主义论——跨国世界中的生产、阶级与国家》，高明秀译，社会科学文献出版社2009年版，第36页。

比、国外雇员人数同其雇员总数之比；然后，将上述三项比值加以平均处理后得出一个综合指数，即所谓的“跨国指数”。根据这项指数，人们可以非常清晰地看到，随着经济全球化日益深化发展及国际垄断资本主义持续演进，许多资本主义跨国公司的跨国化程度或全球化水准正变得越来越高。例如，1971—1980 年，法国跨国公司的国际化程度从 44% 上升到 54%，德国从 46% 上升到 51%，英国从 29% 上升到 41%，美国从 23% 上升到 31%。某个特定跨国集团，如美国通用电器公司从 1994 年 16.7% 上升为 2000 年 40.3%；美国美孚石油公司从 63% 上升为 67.7%，等等。[①] 另据联合国贸发会议《世界投资报告》相关数据显示：世界 100 家最大跨国公司的平均跨国化指数从 1997 年的 55.4% 骤然上升到 2006 年的 61.6%。

表 5-4 世界最大跨国公司跨国化指数（TNI）

项　目	1997 年	2000 年	2001 年	2003 年	2004 年	2005 年	2006 年
资产（亿美元）							
国　外	17930	31130	29340	39930	47280	47320	52450
总　额	42120	61840	59140	80230	88520	86830	92390
销售额（亿美元）							
国　外	21330	23560	22350	30030	34070	37420	40780
总　额	39840	47480	43520	55510	61020	66230	70880
雇员数（万人）							
国　外	598.07	679.16	689.02	300.3	737.9	802.5	858.2
总　数	1621.03	1419.73	1838.39	555.1	1485.0	1510.7	1538.8
平均跨国化指数	55.4%	55.7%	59.4%	55.8%	56.8%	59.9%	61.6%

资料来源：联合国贸发会议《世界投资报告》，2003 年、2005 年、2007 年、2008 年，转引自李琮：《当代资本主义阶段性发展与世界巨变》，社会科学文献出版社 2013 年版，第 285 页。

---

① 王金存：《帝国主义历史的终结——当代帝国主义的形成和发展趋势》，社会科学文献出版社 2008 年版，第 196 页。

六、并购和战略联盟加剧了（巨型）垄断跨国公司全球集中与垄断

为了在越来越激烈而残酷的市场竞争中立于不败之地，几乎所有资本主义企业和公司均不得不长期坚持不懈地致力于持续不断增强自身综合实力的战略任务中。为达此目的，资本主义企业和公司，特别是那些跨国公司惯常使用的手段和方式主要有两个：第一、着眼于竭尽所能地提升内部竞争力，如适度适时扩大再生产以保证利润持续增加，或加大科技研发力度、增加生产科技含量，以期提升个别企业内部劳动生产率，等等；第二、着眼于从外部进行，如依靠直接兼并竞争对手，或其他领域中的目标企业、公司、银行等机构的途径，借此在一个较短时期快速强化和提高自身综合实力（如资本实力、技术实力、技术人员实力、产能实力等），并彻底排除竞争对手的威胁。

从内部提升科技水平和生产能力应当是资本主义企业和公司增强自身综合实力一种可靠而持久的手段，然而，事实却是，不断地从外部进行兼并与合并才是迄今为止资本主义企业和公司得以持续而迅速发展壮大的"灵丹妙药"。这一切诚如诺贝尔奖获得者、美国经济学家乔治·斯蒂格利茨坦言的那样：没有一个美国大公司不是通过某种程度、某种方式的兼并而成长起来的，实际上，几乎没有一家大公司是主要依靠内部扩张成长起来的！或许正是因此，列宁才在《帝国主义是资本主义的最高阶段》中着重提及所谓资本主义"联合制"。只不过，在列宁那个年代，"联合制"还远远没有呈现出如当前这般的复杂情状，换言之，经济全球化时期，（欲求成为）"包揽一切"的"万能垄断者"越来越成为垄断资本集团的内在驱动力和重要特征之一，而列宁当时主要是针对银行业务空前拓展所发出的"恐怖主义"慨叹如今也早已蔓延并渗透进经济生产的一切领域及部门中去了。当前时期，资本主义社会发生的兼并或合并行为绝不仅限于大垄断企业同一般中小企业之间，大垄断企业相互之间的兼并或合并案例越来越司空见惯。20 世纪 80 年代至 90 年代下半期，世界资本主义兴起了一股企业和公司的并购浪潮。在此次并购浪潮中，（巨型）垄断跨国公司不仅吞并了为数众多的中小企业，而且

为了抢占全球市场份额、享占更多高额垄断利润、增强自身国际竞争力，（巨型）垄断跨国公司之间也在持续不断地进行着相互并购。这一时期，跨国公司，特别是那些（巨型）垄断跨国公司之间的并购的确史所罕见：首先，其不仅几乎覆盖了工、商、农一切领域及部门，而且更是触及到了以银行为首的金融界；其次，此次并购浪潮中（巨型）垄断跨国公司之间并购交易所支付的资金总额达到了惊人的千亿美元，甚至万亿美元。联合国贸发会议发表的《世界投资报告》显示：交易额在 10 亿美元以上的（巨型）垄断跨国公司并购从 1995 年的 36 起猛增至 2006 年的 172 起，其总的交易额也相应从 1995 年的 804 亿美元猛增至 2006 年的 5836 亿美元。

经济全球化时期，（巨型）垄断跨国公司之间的并购主要在三个层面上进行：第一个层面是各国国内，即本国企业的互相并购。例如，美国波音飞机制造公司兼并麦道公司；美国电话电报公司（AT&T）买下美国电信公司（TCI）；美国第二大航空公司美国联合航空公司收购美国第八大航空公司环球航空公司；美国最大的石油公司埃克森公司以 813.8 亿美元兼并美国第二大石油公司美孚公司；美国因特网公司在线公司与传媒公司时代华纳公司结合，等等。第二个层面是同一地区内各国企业之间相互并购，目前最典型的是欧盟。例如，1998 年 12 月，欧元启动前夕，欧洲两大制药集团——英国捷利康和瑞典阿斯特拉公司宣布合并，德国大众汽车公司收购英国罗尔斯—罗伊斯公司等。第三个层面是全球范围内企业相互并购。例如，1998 年德国戴姆勒—奔驰汽车公司收购美国克莱斯勒汽车公司等。① 根据威廉·罗宾逊的统计，20 世纪 90 年代晚期出现的一系列著名跨国并购案有：英国电信集团和 MCI 世界通信公司（通信行业）；阿尔卡特和摩托罗拉（电话和电信设备行业）；西格拉姆公司对环球电影公司（MCA）和维旺迪娱乐公司的收购；赫斯特对玛瑞恩制药公司的收购；英国捷利康公司对瑞典阿斯特拉制药公司的收购，等等。事实上，这一时期，跨国公司的并购更多地发生在第三个层面上，

① 李琮：《当代国际垄断——巨型跨国公司综论》，经济管理出版社 2007 年版，第 36 页。

即跨国或全球范围的并购。因此，资本主义跨国公司，特别是那些（巨型）垄断跨国公司成为了这一历史时期并购浪潮当仁不让的主角。

除了并购（兼并或合并）这一方式外，（巨型）垄断跨国公司往往还会通过所谓“组建战略联盟”的方式去实现占领更多市场份额、享占高额垄断利润，以及提升自身国际竞争力等目标。所谓战略联盟是指，（巨型）垄断跨国集团相互之间发展出的一种股权或非股权协调合作形式，即其既可以是一种组织安排，同时也可以是一种营运策略（威廉·罗宾逊认为其涵盖了那些没有进行彻底并购的公司之间的一系列广泛的联系，如合资公司、少数股权投资、股权置换、共同研发、生产营销、技术共享、长期采购协议等）。20 世纪 90 年代至今，跨国战略联盟发展势头十分强劲。例如，1996 年美国公司共组建了 5200 个新的跨国战略联盟，到了 2000 年，则增加了几乎一倍。根据姜南训和酒井健太郎的研究，这种跨国战略联盟在 1989 年至 1999 年间增长了 5 倍以上，而且，这些战略联盟在规模和产值方面均远大于早期合作形式。（巨型）垄断跨国公司近些年形成的比较典型的跨国战略联盟有：“杜邦与索尼合作开发光存储产品；摩托罗拉与东芝联合开发微型处理器的制造工艺；通用与日立合作开发汽车上的电子元器件；富士通与西门子合资制造和销售计算机产品；美国航空公司、英国航空公司、加拿大航空公司、国泰航空公司、伊比利亚航空公司、澳洲航空公司和联众国航空公司联合组建‘环宇一家’（One World Alliance），共同服务全球航线。汽车制造业为我们提供了一个研究各个工业领域跨国联盟发展趋势的实例。近年来，汽车制造业每年大约都会组建 100 个新的联盟。”①

① ［美］威廉·I. 罗宾逊：《全球资本主义论——跨国世界中的生产、阶级与国家》，高明秀译，社会科学文献出版社 2009 年版，第 84 页。

第五节　垄断资本主义对劳动群众施行的严酷压迫和剥削

一、垄断资本主义对劳动群众压迫和剥削的阶级根源

二战结束初期，有类声音一度甚嚣尘上，其核心观点为：由于社会生产力和科技水平的持续进步，战后世界资本主义劳工阶级的物质生活水平相较于以往有了巨大改观，如大量便捷人们生活工作的电子产品如潮水一般涌入寻常百姓家中，甚至连曾经一度是身份和地位象征的交通工具——家用轿车，也渐渐成为了一种愈加稀松平常的生活出行必备品。他们认为：当代资本主义社会的劳动者日益摆脱垄断资本的残酷剥削，无产阶级悄然消失，以“白领”为主流的中产阶级正在勃兴，加之股票交易呈现出日趋显著的“社会化”“分散化”“大众化”“平民化”特征，西方似乎正在（或已经）进入一个人人持股、人人都是资本家的“人民资本主义”社会，特别是由于代表“全民”利益的政府日益深度介入社会经济生活，监督、调节并规划国民经济发展同国民收入分配，普通居民的社会福利因而不仅受到国家密切关注保护，而且持续不断增加，世界资本主义自此迎来了一个注重公平、发展、自由及全民利益共享的“福利社会”黄金时代！

然而，事实果真如此吗？根据历史唯物主义深刻揭示出的人类社会历史发展一般规律，资本主义无论怎样变化纷呈或被其卫道士们竭力粉饰，作为人类历史长河中一个特殊阶级社会形态，其残酷剥削压迫无产阶级的本质绝不会发生丝毫改变，换言之，尽管西方各国政府的“社会职能”日趋拓展，但这并不意味着其“阶级职能”会有所退化，西方社会也绝无可能转变为“无阶级差异”的“全民型”社会。垄断资本及其寡头毫无疑问依旧是整个社会的实权派与统治者，而以无产阶级为首的广大劳动者则仍然没能摆脱受剥削、受压迫的奴隶地位，阶级之间的剥削压榨和矛盾对立无时无刻不存在，它们之间激烈而尖锐的对抗斗争将直接推动资本主义发展、衰落、灭亡，直至社会主义最终建立。无产阶

级反抗资产阶级的斗争存在于整个资本主义发展的始终，其力量的强大与否不仅决定了资产阶级是否会将更多剩余价值让渡给广大劳动群众，而且还决定了资本主义究竟在何处终结自己的生命。质言之，阶级对抗斗争乃是伴随世界资本主义始终最重要的基调同内涵。

对于战后迄今世界资本主义所取得的一些成绩，包括以无产阶级为首的广大劳动群众生活工作条件相对而有限的改善等事实应当予以承认、肯定，然而，在肯定之余却不能不看到：第一，广大劳动群众生活工作条件的改善相较于垄断资产阶级攫取到的巨大经济利益而言无疑是相当微不足道的，劳动者同垄断寡头之间的贫富两极分化呈现出越来越难以弥合，越拉越宽阔的巨大鸿沟，并日益深陷相对或绝对贫困状况中；第二，战后西方社会人民群众物质生活水平一定程度的改善和提升绝不意味着各国资产阶级政府已经转变为“无阶级差异”的“全民型”政权，事实上，西方各国政府适时适度让步的最根本原因乃在于垄断资本，特别是垄断寡头出于资本主义社会长治久安同稳定发展所作出的权衡考量；第三，人民物质生活水平的好坏、高低，与阶级压迫剥削的存在与否并无任何实质性关联，即不能认为物质生活水平低就意味着这个社会必然存在剥削和压迫，同样也不能认为物质生活水平相对高就意味着这个社会一定不存在剥削和压迫，例如，中国革命时期，延安和陕北的人民群众生活水平并不高，但那个社会无疑并不存在残酷阶级压迫和剥削，相反，原始社会晚期恰恰是因为物质生活水平的持续提高而最终导致了原始公有制的最终解体；第四，最重要的是，无产阶级被统治、被奴役的社会地位并未发生实质改变，况且，其被垄断资本，特别是垄断寡头压迫和剥削的程度事实上不仅没有减弱，反而在直接或间接、明显或隐蔽剥削手段共同作用下正变得日益深重，如同《帝国主义是资本主义的最高阶段》指出的那样，帝国主义由于其最深厚经济基础——私人垄断，显现出相较于以往资本主义时期对广大劳动者（甚至是中小产业主）更为残酷、更加严苛的剥削压迫：社会化的生产资料仍旧是少数人的私有财产，少数垄断者对其余居民的压迫更加百倍地沉重、显著和令人难以忍受，现在已经是垄断者在扼杀那些不屈服于垄断、不屈服于垄断的压迫和摆布的企业了；[①] 第五，正因为第四点，战后至今，资本主义社会（甚至全球）无产阶级同资产阶级的对抗斗争无时无刻不存在，垄断资本及其寡头在忙于炮制和鼓噪西方各国已然转变为“全民型”政府及无产阶级正悄然消解神话的同时，却竭尽所能地排挤、镇压、迫害无产阶级及其相关组织和运动。例如，美国战后出台的一份重要反劳工文件——《塔夫脱—哈特利法案》（1947 年，在一些民主党议员支持下共和党控制的国会通过了该法案）就明确将同情罢工和联合抵制视为反政府的非法行为。某种意义上，该法案开启了世界资本主义垄断资本对劳工阶级战争的一个历史新阶段。20 世纪 70 年代末 80 年代初，“里根经济学”和“撒切尔主义”迅速崛起后，西方各国资产阶级政权更加明目张胆地掀起一股又一股针对无产阶级及其有关组织（如工会）和运动严厉打击的狂风浊浪，这样一来，劳工阶级在战后初期千辛万苦争取到的一点点社会福利保障同生活处境变好的微弱希望被彻底摧毁，广大劳动群众自 20 世纪 80 年代初以来便开始走向贫富两极严重分化及日益深陷赤贫的窘况。美国学者弗雷德·马格多夫和约翰·贝拉米·福斯特在有关研究报告中回顾道：1978 年，西蒙出版《时代的真相》一书，号召发动一场针对劳工、环保主义者及左翼人士的企业十字军讨伐运动。这些攻击促成了卡特总统在 1979 年向右急转，其标志便是任命保罗·沃尔克担任美联储主席。今天阶级战争的其他方面包括对城市和州一级的公共部门工人养老金的攻击，以及降低工作场所的安全保障水平。两位学者还在同一份研究报告中提到，由于金融危机的爆发以及茶党作为共和党右翼辅助力量的崛起，资产阶级对工人的攻击呈现进一步加剧的态势。美国经济政策研究所对 2010 年以来国家层面劳工政策和标准立法变化进行的研究显示：这一变化一方面严重削弱了工资、工作条件、法律保护以及有组织或无组织的雇员讨价还价的能力，另一方面却增强了雇主在劳工市场的力量。据上述，两位学者的最终结论是：这些不利于工人而有利于雇主的变化不是自然而然发生的，而是大企业集团发动的一场有目

① 《列宁专题文集——论资本主义》，人民出版社 2009 年版，第 116 页。

的的持续性的政治运动的结果。[①] 同样，大卫·哈维也在其著作《新自由主义简史》中如是说道，“撒切尔夫人承认必须抛弃凯恩斯主义，并且同意货币主义的‘供给学说’（supply—side）方案对于解决1970年代困扰英国经济的滞胀非常关键。……这就意味着对抗工会力量、攻击一切阻碍竞争性活力的社会团结形式（诸如那些通过市政管理体现的形式，包括许多员工及其社团的力量）……所有形式的社会团结都要因个人主义、私有权、个人责任和家庭价值的理由而瓦解。……里根政府接着便凭借进一步松绑、税收减免、攻击工会与员工势力，提供必要的政治支持。在1981年一次漫长而激烈的罢工中，里根彻底压制了航运管理组织（PATCO）。……劳工状况由此受到重创——下述事实是很好的说明：联邦最低工资由1980年与贫困线持平，到1990年降低至贫困线以下30%。由此开始了实际工资水平严重下跌的时期。”[②]

社会历史发展事实雄辩地证伪了垄断资本及其御用文人那套浮夸的粉饰性说辞。战后至今，世界资本主义（乃至全球）的确发生了不小的改观与变迁，然而，西方资本主义牢固的私人（垄断）经济基础、虚伪的民主政治制度，以及带有鲜明（极端）“社会达尔文主义”色彩的文化—心理等众多因素并未在实质上有所改变。所谓“人民资本主义”“福利社会”“后工业社会”等煞费苦心的新颖辞藻仅仅只是文字上的障眼法而已，资本主义社会中的社会阶级对抗斗争仍旧广泛存在，无产阶级也并没有从历史舞台上消失，恰恰相反，由于垄断资本对广大劳动者频频施加新颖且越益严酷的压迫剥削手段，无产阶级队伍呈现出日趋扩大之势，劳动群众也日渐深陷贫瘠困顿的泥沼之中。迈凯尔·哈林顿曾在《另一个美国》中揭露到：目前，成千上万的美国人在身体方面和精神方面都受到了摧残，他们生存在对人类体面来说是必要的水平以下。这些人虽然不至于饿死，但是他们却吃不饱。他们缺乏适当的住房、教

---

① ［美］弗雷德·马格多夫、约翰·贝拉米·福斯特：《美国工人阶级的困境》，王建礼、郭会杰译，《当代世界与社会主义》2015年第3期，第113页。

② ［美］大卫·哈维：《新自由主义简史》，王钦译，上海译文出版社2010年版，第27—29页。

育和医疗照顾。就连美国总统肯尼迪也不得不承认，美国战后“黄金时期”仍有“1700 万人每天饿着肚子上床”，“每 10 户有 1 户饮食不足”。[①] 经济全球化时期，由于世界资本主义集中垄断程度持续提升，资本家并没有放松和减轻，反倒是日益加重对工人阶级及一切劳动人民的压迫剥削。西方各国政府制定的一系列不利于劳动者的政策（如税收和工资调整等）、生产过程中劳动强度的不断提升、高科技生产技术和设备的广泛运用、产业后备军日趋庞大的队伍等，诸多方面就像根根锁链一样将资本主义社会的广大劳动人民牢牢地束缚和捆绑在贫病交加、挣扎、绝望、无尊严的“十字架”上而无法动弹。劳动人民正日益受到失业、实际工资下降（据统计显示，战后西方国家工人所获得的实际工资远低于他们在工作中所创造的价值总量）[②]、劳动强度增高、身心疲劳、疾病、贫富两极分化鸿沟持续拓宽，以及陷入赤贫可能性加剧等诸多问题的困扰，劳动者，尤其是非高科技劳工、非熟练劳工、临时雇佣工人、妇女儿童劳动者、移民工作者等处于劳工阶级最底层的群体是遭受垄断资本及其寡头压迫剥削最为深重、对经济全球化感受最为绝望的人。经济全球化不但没有使整个人类变得更加文明、有序、人道，反而日益陷入野蛮、残忍、冷酷的道德荒漠中，甚至连“血汗制度”“血汗工厂”这一资本主义原始积累时期最具标志性的事物也居然在号称科学、优雅、

① 杨重光：《美国工人阶级的贫困化》，《世界知识》1964 年第 6 期，第 12 页。

② 据美国劳工协会出版的《经济札记》1957 年 3 月报告：美国制造业工人从 1946 到 1956 年十年间平均每个工人的实际工资提高了 31%，但是在这段时期内每个工人的生产量平均提高了 47%，因此，工人的“相对低位”仍比 1946 年下降了。此刊 1959 年 5 月版进一步分析，美国制造业工人从 1953 到 1958 年平均每人实际工资提高 8. 2%，而同一时期每个工人生产量平均提高 18. 8%。而且，我们还没有把工人阶级受到的精神和肉体折磨考虑在内。正如福斯特所说：这种有限的改善总是处在经济危机、通货膨胀、罢工失败、过高的租税等的破坏性的效果的威胁下的，我们已经在许多国家看到，这些威胁可以把工人们经过几十年的斗争费了很大气力赢得的改善，一扫而光，把工人们投入群众贫困化的深渊。同绝大多数美国人民对生活的焦虑相对照，美国一小撮垄断资产阶级的利润正不断提高。譬如，1959 年第 1 季度，美国 637 家大公司在纳税后的纯利润比 1958 年第 1 季度增加了 8 亿 3 千多万美元，增幅为 47%。杨重光：《美国工人阶级的贫困化》，《国际问题研究》1959 年第 4 期，第 47—51 页。

文明、进步的当代死灰复燃，并日渐成为世界资本主义经济生产领域中一种极为稀松平常、见怪不怪的普遍现象。面对吊诡的经济全球化，美国学者弗雷德·马格多夫和约翰·贝拉米·福斯特坦言道：在当前金融垄断资本阶段，随着经济金融化程度的提高，富人和穷人的命运日益分化。对于工人阶级中相当大一部分人来说，这是最坏的时代。然而，对于社会上层1%人口，更确切地说是0.1%人口，尤其是处于社会最顶端的0.01%人口来说，这却是最好的时代！①

二、垄断资本主义利用垄断地位对劳动群众施行压迫和剥削

垄断资本（集团）及其寡头往往在市场上凭借和利用自身强大的垄断地位，采取垄断低价买入同垄断高价卖出相结合的手段最大限度地榨取剩余价值。具体来说：一方面，在购买企业或公司所需物品（商品）及资源能源时，垄断资本（集团）通常会自觉利用自身垄断地位，人为地将商品价格压低在一般市场或价值水平以下；另一方面，垄断资本（集团）及其寡头向商品市场出售其所生产的商品或加工过的资源成品等时，同样是倚仗自身高度垄断地位，人为地将商品价格抬高于一般生产价格或一般市场价格之上。于是，由此一来，垄断资本（集团）及其寡头凭借其市场高度垄断的优势地位，通过产品和资源的垄断低价收购与垄断高价售出这样一种“一进一出”的方式，在客观上形成了对工人阶级劳动力价值和实际收入的剥削与掠夺，即对工人在生产过程中所创造的剩余价值的更多剥夺。因此，垄断资本（集团）及其寡头通过这种方式不仅无偿且越来越多地占有了劳动者在生产过程中所创造出的剩余价值，同时也无偿掠夺了一部分劳动力价值。从现实工人阶级的角度出发，由于垄断资本（集团）和垄断寡头毫无疑义的统治地位，在垄断资本（集团）同广大劳动群众“两极”所构成的自由经济市场上，劳动群众通过出卖劳动而获得的本来就已经相当微薄的收入（通常主要表现为工资薪酬）所能拥有的市场实际购买力，在霸王条款一般的“垄断价

① ［美］弗雷德·马格多夫、约翰·贝拉米·福斯特，王建礼、郭令杰编译，《美国工人阶级的困境》，《当代世界与社会主义》2015年第3期，第117—118页。

格”面前瞬间就打了一个大大的折扣。这一点正如马克思曾极为深刻指出的那样：资产阶级对劳动者的额外剥削还可以通过生活用品的昂贵价格、房租和服务费等的增长来实现，所以说，一旦当工人拿着所获得的微薄工资到市场上购买、交换其他商品或服务时，就意味着新一轮“对工人的剥削重新开始”！

三、垄断资本主义利用各项调节和税收政策对劳动群众施行压迫和剥削

西方各国政府通过积极介入社会经济生活，制定并颁布了一系列针对性较强的剥削和压迫政策。除了那些比较明显的政策、政令，如延长劳动工作时间、计件制或效能制等之外，垄断资本政权通常还会采取一些比较隐蔽且具有麻痹性的政策措施来达到维系与深拓压迫剥削广大劳动群众的目的，其中，所谓“收入调节政策”就是典型代表之一。为了掩人耳目，西方政府往往赋予这种所谓的“收入调节政策”以一个“平抑物价”“控制国内通货膨胀”的光鲜外表，然而，实质上，其所起到的现实作用却是大大降低了国内以工人阶级为首广大劳动群众的实际收入。战后一段时期，美国政府一度十分惯于、精于通过颁布和施行各式各样名目繁多的劳工工资调节法案以达至客观上冻结广大劳动者实际工资薪酬的险恶目的。例如，1971 年 8 月 15 日，美国政府宣布从 1971 年 8 月 15 日起，冻结工资和物价 90 天，第二阶段自冻结期满开始，将冻结改为管制。然而，客观事实证明，自美国政府宣布实施“新的经济政策”以来的一年半内，其国内物价不仅没有得到有效控制却反而是月月上涨、周周上涨，尤其是其国内食品价格更是暴涨得离谱。由此可见，战后欧美各国频频颁布和实施的号称以稳定国内物价，控制通货膨胀为目的的“收入调节政策”，以及各类相关法案政令，实质上无非是垄断资本（集团）及其寡头对劳工阶级展开的“改头换面”的另一种剥削压迫方式而已，“冻结物价是假，冻结劳工工资才是真！”

除了“收入调节政策”外，西方各国政府还会颁布并强制实施各式各样抑制和减少劳工实际工资薪酬的政策同措施。例如，战后欧美各国就曾广泛推行过以“养老”“购房”“储蓄”等为名义，然而实质却干着

克扣工人实际工资薪酬卑劣勾当的政策政令。与此同时，资产阶级政府还常常在税收领域大做文章，其通过制定和出台明显有利于垄断资本（集团）及其寡头的国家税收政策及相关政令，不仅最大化地维护与保障垄断资本切身利益，同时也在另一个方面加大、深化了对国内劳动人民的剥削压迫，令广大劳动群众为资产阶级政府一切服务于垄断资本和垄断寡头的行为埋单。进而，一旦当资产阶级政府颁布与施行的一系列税收政策同其他诸多国家政策相结合后，税收制度一贯深具的剥削压迫特征就更加清晰地显现出来了：一方面，当巨额税款被纳入国家财政预算体系后，就自然而然成为垄断资本（集团）及其寡头高额利润的重要源泉之一，于是，越来越多的国家税收通过国家财政预算制度渠道最终转交到了垄断寡头及其集团手中；另一方面，以工人和农民为代表的世界资本主义劳动者却非但没有从国家税收政策和财政预算制度中获益，反而由于这些政策和制度始终偏向垄断资本一方而遭受愈益严苛的剥削压迫。以 1950 年至 1970 年为例，在这段时期内，美国的国民收入增加了 2 倍，而税收总额却从 511 亿美元增加到 2318 亿美元，也就是增加了 3 倍多，大大超过国民收入增长速度，其占国民收入的比重也相应地从 21% 增加到 29% 。同期平均每人负担的税额由 337 美元增加到 1132 美元，即增加了 2. 4 倍。如果把社会保险税也计算在内，那么 1970 年税收总额就是 2894 亿 6 千万美元，占到国民总收入的 36. 4% ，而每人平均负担的税额则变为 1413 美元。[①] 与此相反，战后一段时期，美国公司向政府实际缴纳的税率却大为降低，据不完全统计，美国（私人）垄断资本集团由此向国家少缴纳了高达数十亿美元的税款。当深度奉行新自由主义的“里根经济学”和“撒切尔主义”迅速崛起后，美、英制订及施行的“税收改革”不仅相较于以往时期更加显而易见“一边倒”地倾向垄断资本，而且此番改革更加充实了资本家们的储蓄库并空前刺激了垄断资本的内外投资。这种“劫贫济富”的税收制度（改革）真切折射并映照出头戴“（极端）社会达尔文主义者”桂冠的撒切尔夫人及其信奉的新自由主义一贯蔑视普通劳动大众，视“垄断资本”“资本精英”为

① 《战后美国经济》，上海人民出版社 1974 年版，第 179 页。

“社会脊梁”“世界精神”，极度庸俗而扭曲的哲学世界观：“为了我们共同的利益，给那些天才和俊杰们以发挥和表现的机会。人类的不平等是天生的，但这是一件好事。因为那些生于良好家庭的人，受良好教育的人，坚忍不拔的人会逐渐地给每一个人带来好处。”①

四、科技发展和劳动强度的增加

资本主义生产的终极目的或持续性目标就是不断追求提高剩余价值率，从而攫取到（最大化）剩余价值。从剩余价值率公式中，即 m’ = m/v［m 是剩余劳动（时间），v 是必要劳动（时间），m’即剩余价值率］，可以直接推导出促进剩余价值（及剩余价值率）提高的两种主要方式：第一，延长劳动者的绝对劳动时间或提高劳动者的劳动强度来增加绝对剩余价值量；第二，将高新科技广泛运用到劳动生产过程中以提升相对剩余价值量。随着时代持续变迁及科学技术不断进步，百余年来，世界资本主义生产中的科技化、自动化、智能化水平始终处在一个快速发展演化进程中，然而，与此密切伴随的却是，垄断资本、垄断寡头并未因此放弃通过延长劳动者绝对劳动时间或提高劳动强度这种早期资本主义生产广泛采用的“最粗犷”“最原始”的方式来实现攫取更多剩余价值的目的。不过，资本家不得不考虑，处于生产第一线的劳动者毕竟存在一个生理极限，太累就会病倒或死亡。因此，垄断资本不能完全指望这种单纯延长劳动时间和提升劳动强度的剥削方式能够在创造剩余价值方面带来更多惊喜。所以，当代资本家最常采取的方法就是在着力持续提高和升级生产科技水准基础上，较为隐蔽或间接地增加劳动者劳动时间同劳动强度。

由于工会等工人自发组织起来的机构和团体的长期抗争及各国旨在保障劳动者人身权益劳动法规的相继出台，资本家不敢再像以前那样明目张胆地肆意延长劳工劳动时间，或者即令是延长了劳动时间也不得不与劳动者作出某种协商（尽管大多数时候这种协商只是表面文章而已），

---

① ［法］苏珊·乔治：《新自由主义简史》，转引自李琮：《当代资本主义阶段性发展与世界巨变》，社会科学文献出版社 2013 年版，第 104 页。

并偿付高于平日工作薪酬的“加班费”。因此，资本家只能倾向于采取更间接、更隐蔽的方式剥削压迫广大劳动者，其中，在机械化、现代化、自动化、智能化程度较高的生产条件和过程中贯彻各种具有隐蔽性、欺骗性的手段以提升劳动强度就是比较常见且典型的方式之一。例如，在现代流水线生产中，资本家或企业管理者通常会采取偷偷加速流水线传送带运转速度、增加自动化程度等诸多不易察觉的方式来达到提高劳动者工作强度的卑劣目的。战后一段时期，西方企业和工厂还广泛施行所谓“计件制”或“评级制度”，以及由此产生的各式各样薪酬奖惩制度，以此刺激和激发劳动者“亡命工作”。苏联学者米·德拉基辽夫和格·鲁登科提到：美国在战后为了提高劳动强度，许多企业都采用了所谓“工种分析评定法”，即将工作分级指标评为相应级别，而为了达到评定级别标准，工人必须全力以赴。此外，西方各国纷纷成立了一些专门研究其他国家提高劳动强度经验的机构。资本家和生产管理者积极推行对劳动生产进行监督的制度，不但有公开的监督，而且还有秘密的监督。例如，美国许多企业，厂方甚至派驻了密探，他们偷听工人谈话，监视他们工作，并把听到和看到的全部情况向上级报告。① 实际上，除了上述资本家和生产管理者为增加工人劳动强度发明与施行的诸多间接且隐蔽的手段之外，资本主义生产过程现代化、自动化、机械化、智能化水平的持续提升本身就意味着工人在劳动过程中强度会不断提高。科技广泛应用于生产劳动过程的确带来了诸多显而易见的好处，如极大提高了劳动工作效率，减轻了职工在工作中的体力支出等，不过，恰恰越是高科技含量多的工作或某些特定工种，其实际上越是要求参与劳动的劳动者必须自始至终高度集中精神及保持全神贯注，因而，劳动者在工作中所付出和消耗的智力脑力、精神因素，及疲劳程度均无疑远远超过了简单体力劳动。在投入工作时，这些工作者的精神和脑力（包括体力）始终处在一个严重负载、高度紧绷、高速运转的状态中，譬如，那些在高度现代化、机械化、自动化、智能化企业工厂中劳动的工人们可谓受够

① ［苏］米·德拉基辽夫、格·鲁登科：《垄断资本主义——帝国主义基本特征概论》，国际关系研究所编译室译，世界知识出版社 1965 年版，第 242 页。

了高科技带来的压力、痛苦、麻烦。事实上，这些（在高科技企业工厂中工作的）劳工并不如人们通常想象中那般轻松自如，流水线的确有助于缓解工人们的体力支出，然而，由于他们长时间（一动不动）站在流水生产线旁，如同工厂自动化机器一个有机部分那样（规范化地）生产或装配着产品，不仅精神高度紧张，而且这种流水线工作也极容易令劳动者感觉异常无聊、单调、枯燥。对此，苏联学者深刻揭示到：“劳动过度紧张引起严重的疾病、神经系统失调、心脏病、血液循环失调，等等。其结果是使工人过早地残废，缩短工人的劳动寿命。……增加劳动强度是工伤事故增加的原因。在劳动过程中过分紧张引起工人疲劳过度，也使整个身体衰弱，使工人对外界的反应能力迟钝。对机器的注意力的减弱是生产中发生大量工伤事故的原因。西德的工业中每天平均要发生七千五百件工伤事故，其中有二十二起是致命的。在生产中受伤的工人，即使没有死亡，也要被迫脱离劳动；他们的健康状况日愈恶化，他们的劳动能力及其家庭的生活水平日趋下降。”①

假若资本家或企业工厂管理者有意延长劳动时间，那么，毫无疑问，参与到高科技条件及生产过程中的劳动者必将耗损掉更多精力智力，同时承受更加巨大的超负荷脑力体力劳动。如果再考虑到劳动者疲劳和辛苦程度是呈一个逐步递增态势，即随着劳动工作时间不断推移，劳动者会越来越感受到难以承受的疲劳与辛苦，那么，同资本主义“原始积累时期”相较而言，所谓高科技生产条件下的现代化劳动过程不仅不比以前显得轻松而愉悦，反倒是由于精神和智力（包括体力）的大量耗损，职工的疲劳感及辛苦程度空前增加了。正因此，某些“血汗工厂”中的劳工说出了这样令人百感交集的话：真希望在流水作业的过程中有一些什么零件偶然掉到地上，这样一来，趁着捡东西的空当就可以休息一会儿，而且监工也没有什么借口可以责罚你。

---

① ［苏］米·德拉基辽夫、格·鲁登科：《垄断资本主义——帝国主义基本特征概论》，国际关系研究所编译室译，世界知识出版社1965年版，第244页。

五、“劳动力后备军”和失业压力

具有讽刺意味的是，由于西方社会日益庞大的失业待业“劳动力后备军”的长期存在及其对在岗职工所产生的巨大心理压力或失业威慑，这一因素于客观上在延长在职职工劳动时间同增加其劳动强度等方面极大地帮助了资本家和企业工厂管理者，换言之，面对“劳动力后备军”对自身生存发展所构成的巨大压力和潜在威胁，在岗职工往往都自觉自愿地加班加点工作或竭力提高劳动生产效率。美国国家经济研究局针对这一现象阐述到：“用权势经济学（establishment economics）的话说，就是工人们看到市场对劳动力的总需求下降，他们意识到工作机会减少，但是更多的失业工人仍在找工作，他们便在工作中增加‘努力供给’（supply of effort）。……由于害怕丢掉工作，人们似乎变得越来越心甘情愿在任何给定的工作时间内满负荷干活，以便做得更多。而且他们已经能够忍受按小时计算的休假和削减报酬。面对持续的经济停滞（包括长期的就业复苏），大量的失业和就业不足的后备军，工资停滞，家庭负债以及在失业后丧失医疗保险，同时替代工人不断地挤压在岗工人，他们除了在眼下的工作中屈服于更高的剥削水平以外别无选择。”① 如同马克思在《资本论》中深刻揭示的那样，维系资本主义生产方式和剥削方式的一个重要条件就是社会上得保持一支人数庞大的“劳动力后备军”或“相对过剩人口”，“使相对过剩人口或产业后备军同积累的规模和能力始终保持平衡的规律把工人钉在资本上，比赫斐斯塔司的楔子把普罗米修斯钉在岩石上钉得还要牢。这一规律制约着同资本积累相适应的贫困积累。因此，在一极是财富的积累，同时在另一极，即在把自己的产品作为资本来生产的阶级方面，是贫困、劳动折磨、受奴役、无知、粗野和道德堕落的积累。”②

当代，这支规模日趋庞大的“劳动力后备军”主要由待业失业人

---

① ［美］弗雷德·马格多夫、约翰·贝拉米·福斯特：《美国工人阶级的困境》，王建礼、郭会杰译，《当代世界与社会主义》2015 年第 3 期，第 117 页。

② 《马克思恩格斯选集》第 3 卷，人民出版社 1995 年版，第 625 页。

员、半失业群体、临时工、（非法）移民、女性及未成年（儿童）等构成。毫无疑问，假如处于资本主义周期性金融—经济危机全面爆发时期，这支队伍必将由于大量失业人员的持续加入而迅速扩容，2008 年为此做出了最佳且最生动的注脚。然而，恰恰正是得益于这支规模庞大的队伍，资产阶级，特别是垄断寡头们才会对“常态化”延长在岗职工劳动时间及提升其劳动强度有恃无恐。尤其是当这支“劳动力后备军”队伍不断扩充时，资本家们当然会不出所料毫无廉耻地对在岗职工提出“无薪酬”加班或增加一定时间段内工作量等诸般无理要求。当某次金融—经济危机大规模爆发时，这种要求不仅显得如此合情合理，而且甚至都等不到资本家或生产管理者提出“无理要求”，由于愈发顾及被裁员及失业的可能性，特别是目睹社会上存在着规模如此庞大的一支时刻觊觎在职岗位的“劳动力后备军”，在岗职工不仅会铆足劲为资本家好好干活，竭尽所能地表现，而且还会主动请缨加班加点，自觉自愿增加劳动强度并延长劳动时间。某些实证材料清晰显示：正是由于长期存在着规模庞大的产业后备军，特别是受到 2008 年全球金融—经济危机深入而持久的影响，以美国为首的西方社会中在岗职工的危机意识及恐慌情绪正日渐增长。近几年来，这种不良情绪同意识甚至已经蔓延、渗透到了某些高端科技产业领域中，相应影响就是，当前大量从事 IT 行业的科技人员的工作时间和劳动强度均大大超越了十多年前同行业、同领域的员工。由此视之，科学技术在生产中的广泛运用和持续提升，社会上长期保持一支人数庞大的“劳动力后备军”，金融—经济危机的周期性爆发，当然，最重要的是资产阶级在卑劣伦理原则引领下挖空心思设计出各式各样、五花八门的压榨剥削政策及手段等各种因素，乃是垄断资本（集团）及其寡头长期以来有恃无恐（常态化）延长劳动者工作时间同提高劳动者劳动强度最坚实、最有力的前提和保障。

六、被肆意压榨和剥削的底层劳动者

事实上，以往学术界、舆论界较多关注和声援的那些被垄断资本（集团）及其寡头肆意压榨和剥削的劳动群众基本上属于资本主义社会“体制内劳工”，这意味着，资本主义社会那些所谓“体制外劳工”的相较而言则往往容易受到忽视，疏于得到关注和声援。粗略地看，“体制内劳工”包括在岗蓝领工人、在岗白领工人、高端科技工人等；“体制外劳工”则包括大量临时工、（非法）移民工人、妇女和儿童工人、非熟练工人，以及大批时而就业、时而又失业（有的失业待业时间多于在岗时间）的生活工作状况极不稳定的劳动者群体。“体制外劳工”由于其不稳定且非常微薄的经济收入，卑微的社会政治地位及糟糕的生活窘况，毫无悬念被划入社会“弱势群体”范畴，也正因此，其自始至终都是垄断资本同各类中小资产者肆无忌惮压榨与剥削的最底层劳动力对象。

战后迄今，这部分最底层劳动者的生活工作情状随着经济全球化持续深入运行呈现出越来越糟糕的景象及演进趋势，其中，“体制外劳工”所获得的相当低廉、极端微薄的劳动薪酬就是一个典型的说明。据美国《统计摘要》和美国劳工部《就业与收入》公布的资料显示：美国 1995 年非全日制工人每小时的劳动报酬（工资加福利）只有全日制工人的 46%，其每周的收入则不足全日制工人的 1/3。至于女工、童工及（非法）移民工人的收入则远低于成年男性工人和白人工人的收入，如 1999 年第一季度女工全日制工人的收入仅为男工的 76%，黑人工人和拉美裔工人的收入分别为白人工人收入的 79% 和 69%。[①] 加之，资本主义公司和企业广泛采取“外包”方式进行生产和营运，这部分“体制外劳工”的“二等身份”及其低薪酬呈现出日益固化的不佳征兆。通过“外包”方式，包括人力资源外包，垄断资本（集团）将以往需要支付给“体制内劳工”的诸多福利待遇及雇佣风险等统统转嫁到外包公司一边去了。对于雇佣方来说，由于外包人员属于流动性和变动性较大的临时职员，解雇和聘用都很容易，雇佣费用也低廉，因此为雇佣方节省了许多“不必要开支”。

美国学者弗雷德·马格多夫和约翰·贝拉米·福斯特在深入考察了这部分“体制外劳工”的现实境遇之后，将其形象地称谓为“穷劳族”。

---

① 靳辉明、谷源洋：《当代资本主义与世界社会主义——当代资本主义新变化及其未来走向》（上卷），海南出版社 2004 年版，第 236—237 页。

他们的有关实证研究表明，“穷劳族”虽然平均每人每年至少工作大约27周，然而，他们中绝大多数人所获得的收入与现实生活状况却依旧远低于官方设定的贫困线以下。根据两位学者的统计，在美国大约有15%的人口（4600万人）生活在贫困线下，其中就有大约1000万人左右属于这部分“穷劳族”。[①] 规模日益庞大的“穷劳族”中还包括了大量官方不列入统计范围的“非法移民工人”，西方各国移民局的主要工作就是竭尽所能地遣返这部分人员。尽管这个人口总量日渐增长的群体被合法公民和资产阶级统治集团视为令人厌恶的“过街老鼠”，唯恐避之不及，不过，难以否认的是，这部分底层人群对于维持并推动资本主义生产发展同社会经济繁荣，以及保证垄断资本获得更多源源不断的经济利润，无疑具有无可替代的重要价值。其中，非常重要的一点就是，他们在合法公民不愿从事的极端恶劣危险的工作岗位为欧美国家提供了难以估量和计数的低廉劳动和服务，2003年10月美国沃尔玛公司被查出使用大量非法移民劳工的事件就充分证明了这一点。对于这部分底层工人来说，给予他们劳动岗位的企业或公司是实实在在的“血汗工厂”，而恰恰正是因为这样，垄断资本（集团）及其寡头才能够从中轻而易举获取“超额剩余价值”：“这些非法劳工从事的都是夜班、长时间的体力劳动。今年28岁的墨西哥人扎瓦拉说，他每周工作56小时，只得到400美元的报酬，他已连续工作了16个月，只有两个晚上休息没上班。……在美国移民局逮捕沃尔玛的300名非法劳工中，有9人向法院提起诉讼，指控沃尔玛早就知道他们的身份，歧视他们，发很低的工资，还不给休息日。……分析人士说，这次劳工诉讼可能使沃尔玛和它的分包商们至少面临着3项指控：违反加班规定、社会保险法和工资法。……就这些劳工而言，虽然工资比以前高，但要忍受长时间疲劳工作、低报酬、无合法身份的辛酸。”[②]

---

① ［美］弗雷德·马格多夫、约翰·贝拉米·德斯特，王建礼、郭会杰编译，《美国工人阶级的困境》，《当代世界与社会主义》2015年第3期，第116页。

② 苏蔚：《沃尔玛：面对诉讼和调查缠身的日子——超市与“血汗工厂”》，《新经济》2003年第12期，第51页。

垄断资本通过（巨大）差别薪酬和（巨大）差别待遇，客观上将广大劳动者划分出数个差异性显著的阶层群体，造成并进一步激化了劳动者之间的矛盾对立、纷争竞争，特别是当垄断资本以远低于全日制正式职工的工资酬金设置了众多临时岗位，并进而大量雇佣（非法）移民工人或妇女儿童劳动者时，其不仅从中榨取、分割到了更多（超额）剩余价值，同时也在现实层面人为制造了正式职工同临时职工之间似乎永远无法消弭的鸿沟。垄断资本竭力保持庞大规模的“体制外劳工”，甚或是“劳动力后备军”，造成对“体制内劳工”的某种强势压力、威胁和挑战，并以此为适时适当降低在岗职工实际薪酬，以及堂而皇之促使正式职工自觉自愿延长工作时间同增加劳动强度的“底牌”和“筹码”！

第六章　帝国主义基本特征的持存与演化（之二）

——当代金融垄断资本统治

帝国主义时代，与世界资本主义生产日益集中垄断发展趋势具有高度一致性，银行同工商业愈趋紧密融合而产生的资本新形态——金融资本，也在以银行为首的金融系统内部，及其同工商业（包括农业和服务业）相互渗透、相互融合中实现着快速集中与垄断。依凭“参与制”，金融资本既将触角延伸至以银行为代表的各类金融机构，同时更蔓延、渗透进工商业界（包括农业和服务业）。随着时间不断推移，金融资本逐渐成为牢固掌控资本主义社会几乎一切生产经济领域及部门，带有高度垄断性质的“万能”统治者。经济全球化时期，在新自由主义（意识形态及其实践）推波助澜下，金融自由化和金融全球化浪潮大规模席卷资本主义世界乃至全球，金融资本由此得以在全球这一最为宽广的界域延展深拓：一方面，通过向实体经济领域进行资本输出（如直接投资、高额借贷、无偿援助、入股参股等）攫取数额巨大、渠道多元、更为稳定的经济收益；另一方面，依靠创新性“金融衍生品”“金融再衍生品”“国际游资投机”等方式推高虚拟经济，并因之制造出越来越多的泡沫效益，赚取大量投机利润。然而，不容忘却，虚拟经济同实体经济永恒处于密切联系、深度依赖，以及相互对立、离心竞争的辩证关系之中，纵使虚拟经济翱翔得再高远，本质上也难以超脱实体经济来自地面的绳索，虚拟经济永远都必须且只能建基于实体经济之上，受到实体经济制约或推动。金融资本通过制造各式令人眼花缭乱且具有高风险性、高投机性、高泡沫性的金融产品和金融工具，以及通过施行各类令人目不暇接的金融操作而获取的巨量经济利润，归根究底，自始至终均来源于实体经济领域，来源于广大劳动者辛劳创造之中。

第一节　战后前期资本主义银行集中与垄断的进一步加剧

从资本主义银行业数百年发展历史来看，其最初无非仅仅只是扮演一个资金储蓄和支付的普通中介角色，简单地说，其核心功能无非就是将个人或企业暂时派不上用场的资金变为可以与日俱增持续生产出利息的"活的资本"，即银行将来自各个渠道的资金收集起来转交给工商业资本家进行支配，帮助其在实体经济领域中攫取剩余价值，并从中分得一杯羹，而与此同时，也从自己的经济收益中让渡一部分剩余价值（即利息）给资金储蓄者。随着时光推移及社会变迁，资本主义银行不再仅仅满足于充当一个只能获得"微薄利息"的中介人角色，凭借自身雄厚资本实力，以及依靠长期以来对工商业界施行的高额借贷和"参与制"，其早已蔓延、渗透，并逐渐牢固掌控了越来越多的工商企业和公司。资本主义银行正从往昔普通资本中介角色日益转变为在资本主义社会具有举足轻重地位，经济政治权势空前强大的垄断者和统治者。同世界资本主义生产的集中垄断发展趋势具有高度一致性，资本主义银行在帝国主义历史时期也呈现出越来越显著的集中垄断发展态势：一方面，中小银行不断被大银行所排挤或彻底击垮，数量越来越少；另一方面，大银行的产业规模与资金总量在集中进程中如"滚雪球"般日积月累，渐趋成为了具有高度垄断特征的资本主义（巨型）银行垄断资本集团。

二战结束后，资本主义银行业在列宁时代所呈现出来的上述特征及演化趋势不仅未有所消退或减缓，反而呈愈演愈烈之势。以美国为例，其银行业的集中与垄断进程自 19 世纪末 20 世纪初发轫以来直至战后初期，不仅没有出现任何退化迹象，反而愈加强劲地发展着。其主要表现为：一方面，银行总数，特别是中小独立银行数量持续锐减；另一方面，垄断型大银行及其拥有和掌控的分支机构，包括资本体量处于不断增长态势中。譬如，1918 年美国拥有商业银行 28856 家，资产总额 364 亿美元；1971 年减至 13783 家，而资产却增至 5745 亿美元；1918 年到 1971

年数十年演化历程，美国商业银行减少了52.2%，资产却增加了14.1倍，分支机构也随之增加了若干倍。据有关资料显示：美国排名前50家最大商业银行占全美所有商业银行资产和存款的比重从1960年的38.9%和38.5%迅猛跃升至1971年的48.5%和47%，排名前50家大商业银行当中最大的10家，则无论在资产总量、存款总数、放款借贷等诸方面，均占到这50家大商业银行相关数据指标的一半以上。[①] 自20世纪80年代以来，世界资本主义银行业的集中与垄断速度及程度变得越来越令人咋舌，以1988年美国银行业为例，占全美银行总数仅为4.4%的580家大银行所拥有的资产总额居然高达23105亿美元，占全美银行总资产的73.8%。

表6-1 最大的资本主义国家银行资本集中的情况（截至1974年底）

	资产	
	10亿美元	百分比
美国		
所有的银行	919.6	100
其中十家最大的银行	312.7	34.0
英国		
所有的商业银行	159.2	100
“四巨头”（巴克莱银行、威斯敏斯特国民银行、密德兰银行、劳埃德银行）	111.9	70.3
德意志联邦共和国		
所有的信贷银行	226.7	100
七家最大的银行	149.9	66.1
“三巨头”（德意志银行、德累斯纳银行、商业银行）	76.8	33.9
日本		
所有的银行	564.9	100
十二家最大的银行（城市的）	303.9	53.8

资料来源：根据《世界经济和国际关系》杂志1976年第一期的统计，数字是根据有关各国国家统计材料算出的，载［苏］H. H. 伊诺泽姆采夫主编：《列宁的帝国主义论与当代现实》，张承辉等译，中国社会科学出版社1980年版，第56页。

① 《战后美国经济》，上海人民出版社1974年版，第208—209页。

众所周知，尽管与实体经济一样，银行同样渴求资本收益的最大化，但是，与实体经济迥然有别，以银行为首的资本主义金融业历来就充斥着挥之不去浓厚的经济投机文化和投机心理，因此，金融资本主义常常被人们冠以“赌场资本主义”称号，并随时光流逝呈现出愈加突显的投资虚拟性、运行风险性、收益泡沫性等特质。20 世纪初爆发的数次金融—经济大危机、大狂潮中，资本主义银行因其长期毫无收敛的投机行为付出了空前惨重的代价：许多企业和公司在危机时期难以为继纷纷倒闭，银行投入这些实体领域及部门中的巨额资金也相应变成了坏账、呆账而根本无法被收回，从而在严酷而漫长的危机寒冬中，许多实力不强的银行也被卷入“倒闭风潮”中。由于高度投机性而出现的不可遏制的银行倒闭风潮不仅严重影响到金融行业系统，同时银行倒闭风潮引致的负面效应也深刻波及其他众多行业领域，因而，对整个世界资本主义的社会稳定同经济发展构成了空前严峻的威胁。面对此情此状，以美国为首的西方各国纷纷制定并相继出台了一系列旨在严格管控银行具有鲜明投机色彩金融行为的“银行法”。例如，美国于 1933 年制定的《格拉斯—斯蒂格尔法》就明令禁止商业银行从事投资业务，包括不能经营证券的发行和买卖等。西方各国制定和出台的“银行法”尽管在一定时期、程度、范围内或多或少起到了有效管理、控制因为银行投机行为所产生的巨大金融风险的作用，不过，世界资本主义日后的发展历程却毫无争议地证明了资产阶级政府的相关立法并未真正奏效。在利润最大化终极诱惑下，银行家们纷纷“创新性”地发明了一系列跨越法律藩篱、钻法律空子漏洞的绝佳方式，其中，他们最常使用的两种办法是：第一，银行不再亲自扮演投资人角色，转而通过建立信托部门，设置信托基金，帮助信托人，如个体投资者或机构法人，对基金未来投资作出周详而全面的战略规划和部署，以此从中牟取巨额利润；第二，银行虽不再积极拓展和设立分支机构，但是，却一方面少量直接购买某些企业或金融机构的股票，以此获得一定股权占比，另一方面竭力将自身改为持（控）股公司，如美国大多数垄断银行通常所作的那样（这样操作有一个显而易见的好处，即因为从形式上而言，银行控股公司是公司而非银行，所以，此类实际上控制着银行股权的公司可以不受银行法限制而广泛参与金融、保险、房地产等众多经济投机活动中）。总之，欧美各国针对银行高度投机性而设立与颁布的法律规范在金融垄断资本狡黠且极具隐蔽性和欺骗性的运作之下最终沦为一纸空文，资本主义银行业集中与垄断的步伐不仅没有在这些法律面前止步，反而以更加迅猛的速度朝向资本和权力集中与垄断的高峰疾驰。

事实上，除了上述专打法律擦边球的几种方式外，战后资本主义银行集中与垄断的进程还十分依赖银行之间，特别是大银行之间积极施行的相互并购方式。尽管欧美各国相继设立并颁布了一系列法律法规以严格管控其国内银行，尤其是那些大银行之间的合并与兼并行为（如美国联邦政府于 1960 年 5 月修改了《联邦存款保险法》，规定如果事前没有获得联邦银行当局同意，凡是存款受到保险的银行，即存款由联邦存款保险公司加以保险的银行，不得与任何其他存款被保险的银行合并等），但历史事实却一再表明，资产阶级政府制定和颁布的管控银行并购的法律法规，同众多“银行法”一样，还是逃脱不了最终沦为一纸空文的尴尬宿命。同某种善良美好远景及资产阶级政权官样文章迥然有别，现实中，资本主义银行业于战后积极广泛施行的兼并合并不仅始终如火如荼地进行着，而且垄断大银行之间的并购规模和资金总量随时间推移一次超过一次，不断频频刷新历史纪录。1960 年到 1971 年，仅美国商业银行兼并或合并案例就有 962 起之多，垄断大银行之间的兼并或合并也从未停歇。譬如，纽约花旗银行同纽约第一国民银行于 1955 年合并为第一花旗银行；曼哈顿银行同纽约大通国民银行于同年合并为大通曼哈顿银行；制造商信托公司与汉诺威银行于 1961 年合并为汉诺威制造商信托公司；1968 年年底，英国巴克莱银行与马丁银行正式合并，组建起来的新巴克莱银行在英国银行“四巨头”中位居翘楚；1971 年 10 月，日本第一银行和日本劝业银行合并为第一劝业银行，其 1990 年资产总额高达 4064.04 亿美元，净收入达 93 亿美元。以上这些大银行，都是 1971 年 50 家最大商业银行中名列前 10、资产超过 100 亿美元的大垄断组织。①

通过合并兼并这一重要方式，资本主义银行，特别是垄断型大银行

① 《战后美国经济》，上海人民出版社 1974 年版，第 213—215 页。

在一个更高层次上实现着资本总量同运营规模空前迅猛的集中与垄断，银行业的全球化步伐也因之有了实质性拓展和深化。据有关统计资料显示：战后美国银行数量虽呈逐年减少趋势，但其分支行却扩充得很快，如 1971 年的分支行总数比 1945 年增加了 4.9 倍，26 年中增加了 20398 个；1953 年到 1969 年间，美国银行在海外的分支机构从 105 个增加到 459 个，增加了 3.4 倍；这些海外分支机构的资产也相应从 91 亿美元升至 411 亿美元，增加了 3.5 倍。据美国联邦储备委员会透露，美国最大的 20 家垄断型银行 1972 年 12 月下旬在海外的存款占其存款总额的大约 30% 左右，第一花旗银行的占比甚至达到了 46.2%。① 为了适应资本国际化流动持续不断增强的趋势，战后一系列主要由资本主义垄断型大银行联合组建而成的银行联合机构，如国际银行团或多国银行垄断组织等应运而生，其核心业务旨在有效扩大有价证券国际市场及在国际间进行创办发行业务等，如“华尔街白色世界投资公司同英国的罗斯柴尔德、斯·哥格瓦尔堡银行家之家一起，创办了一个在欧洲债券市场上投放巨额债款的银行团。该银行团的雇主不仅是大公司，而且是一系列资本主义国家的政府。英国巴克莱国际银行则加入了几个国际银行团。这些银行团，有的为伊朗建设一系列企业提供资金，有的给国际石油公司提供贷款，如此等等。”②

表 6-2 资本主义世界最大的银行（截至 1975 年底）

银行或银行集团	国　别	资　产 单位：10 亿美元
美洲银行公司	美国	65.7
花旗银行公司	美国	52.8
农业信贷银行	法国	49.1

① 《战后美国经济》，上海人民出版社 1974 年版，第 214—216 页。

② ［苏］H. H. 伊诺泽姆采夫主编：《列宁的帝国主义论与当代现实》，张承辉等译，中国社会科学出版社 1980 年版，第 85 页。

续表

银行或银行集团	国　别	资　产 单位：10亿美元
大通曼哈顿银行	美国	40.7
法国国家巴黎银行	法国	38.3
德意志银行	德意志联邦共和国	34.6
里昂信贷银行	法国	34.3
法国银行总公司	法国	33.1
巴克莱银行	英国	33.0
第一劝业银行	日本	31.6

资料来源：英国《银行家》月刊，1976年6月刊，第651页，转引自［苏］H. H. 伊诺泽姆采夫主编：《列宁的帝国主义论与当代现实》，张承辉等译，中国社会科学出版社1980年版，第60页。

尽管欧美各国于战后初期相继制定并颁布的一系列“银行法”（包括严格管控银行并购的法律法规）或多或少限制与束缚了商业银行的投资行为，不过，就根本和整体而言，资本主义银行，尤其是那些最大的私人垄断银行的集中与垄断进程并未受到任何实质影响同干扰。战后初期，垄断型大银行不仅在掌控资本总规模及拥有分支机构数量等方面远超往昔，而且随着经济全球化悄然来临，一种具有超级垄断特征且在全球范围深具影响力的“巨型跨国垄断银行”也于不知不觉中逐渐浮出水面。资本主义银行业始终处于如同生物有机体一般的“进化”历程中。当代，世界资本主义银行正通过与其他诸多金融机构、工商业、农业、第三产业，甚至第三世界复杂多样的微妙交往中攫取到空前巨大的经济利润和政治权益，也因之将列宁一度细致描述的“银行恐怖主义”提升到一个史所罕见的新高度，并越来越接近于“包罗一切性质”的“万能金融综合体”。列宁过往对资本主义银行集中与垄断问题所作出的深刻阐述和基本判断远未过时，这点恰如苏联学者伊诺泽姆采夫等人正确指出的那样，“列宁所谈到的那些主要规律，依然为现阶段银行的发展所固有，尽管这一发展无疑已具有新的特征和特点。”①

第二节 战后前期非银行金融业集中与垄断的进一步加剧

西方资本主义“黄金时期”，与银行业同时崛起的还有其他众多金融领域及部门，其可被统称为非银行金融业。尽管此类非银行金融领域及部门大体说来基本上是各司其职，如保险行业领域、基金投资领域等，然而，这却丝毫也不妨碍其于战后初期全方位、多领域（包括向传统银行借贷领域日益广泛而深入地渗透）拓展自身金融业务的基本发展态势。列宁曾在《帝国主义是资本主义的最高阶段》中谈到，帝国主义初期，资本主义社会涌现出一批新型非传统银行的金融领域及部门，虽然它们是拥有自身既定金融业务范围的领域及部门，如保险业、储金局、邮政机构等，但这却不妨碍其展开与银行之间激烈的借贷竞争，“储金局和邮政机构开始同银行竞争，它们是更加‘分权’的，也就是说，它们把更多的地区、更多的偏僻地方和更广大的居民群众纳入自己的势力范围。……储金局为了支付4%和4.25%的存款利息，就必须给自己的资本找到‘有利的’投资场所，如从事票据、抵押等业务。银行与储金局之间的界限‘日益消失’。”② 首先，以列宁重点提及的“储金局”为代表的各类非银行金融领域及部门所经营的业务在战后正变得越来越多样而丰富，它们甚至已经开始全面抢占传统银行业的借贷领域，不言而喻，非银行金融业同传统银行业之间的对抗和冲突是愈发激烈而尖锐了，例如，战后初期的法国，就不仅扩大了本国储金局办理存款的有关权限，使之享有税收方面诸多优惠条件，而且还准许其办理某些属于传统银行的业务等；其次，战后，西方众多保险公司不仅越来越成为汇集居民货币储

---

① ［苏］H. H. 伊诺泽姆采夫主编：《列宁的帝国主义论与当代现实》，张承辉等译，中国社会科学出版社1980年版，第53页。

② 《列宁专题文集——论资本主义》，人民出版社2009年版，第127—128页。

蓄同积极向各产业经济领域及部门提供资金的最重要领域和渠道之一，而且其集中与垄断程度也日益提升，例如，1971 年，美国保险业 50 家最大人寿保险公司的资产和保险额占全美所有人寿保险公司相应指标的比重为 82.4% 和 72.8%。；再次，除了保险公司，其他众多非银行金融领域及部门战后初期也异常活跃，以美国为例，1929 至 1971 年，商业银行在信贷—金融领域总资产中所占比重从 48.2% 锐减至 35.5%，保险公司份额则从 17.1% 跃升到 21.3%，储蓄机构从 12.6% 上升到 17.4%，投资公司从 2.2% 上升到 5.5%。[①] 1990 年的《美国统计摘要》的相关数据显示：美国 1970 年非银行金融机构所持有的金融资产仅为 8250 亿美元，1988 年则迅速上升至 67330 亿美元，年均增速高达 12.4%。暂时抛开不同资本主义国家和地区的（巨大）差异不谈，概言之，由于大量非银行金融领域及部门于战后初期的迅速崛起，银行业传统存储借贷业务或多或少还是被抢占和瓜分了。受此深刻影响，资本主义银行业在存款储蓄、借款放贷、信托投资或其他众多金融业务中呈现不断被挤占同持续下滑的基本态势。

需要注意的是，尽管银行各项指数占整个金融业的比重持续下滑，但这却不意味着，银行在整个国民经济系统中的重要性已然丧失，或正让位于非银行金融业：第一，从整个资本主义金融体系来看，银行所实际掌控及运作的资金总量和产业规模仍处于毫无悬念的绝对优势地位，以 1971 年美国为例，商业银行的总资产高达 5745 亿美元，雄踞金融业界首位；第二，二战结束后，西方银行（资本、产业、职员等）的集中垄断规模和程度均远远超过同时期非银行金融领域及部门，特别是伴随战后那些带有高度垄断色彩的大银行之间频繁发生的合并兼并，银行实际掌控的资本体量与经营规模自然也是水涨船高，经济全球化时期，具有世界范围高度垄断性的巨型银行也开始崭露头角；第三，在非银行金融业向银行传统领域昂首阔步进军的同时，资本主义银行业也从未示弱，其不仅始终将传统银行业务，如资金储蓄、借款放贷等牢牢抓住，而且

---

① ［苏］H. H. 伊诺泽姆采夫主编：《列宁的帝国主义论与当代现实》，张承辉等译，中国社会科学出版社 1980 年版，第 62—63 页。

还积极利用手中越来越多的巨量资金，以及各类非银行金融领域及部门之间长期存在的恶性竞争等因素，趁势拓展非银行业务，如各式保险、风险投资、基金债券等；第四，银行利用自身雄厚的资本优势，不仅对大量实力弱小的非银行金融机构施行并购，而且还通过“参与制”等投融资方式，逐渐获取实力较强的非银行金融机构的一定股权占比，并于随后日子不断寻求扩大股权占比的机会，力图最终实现对这些非银行金融机构人事、资本、经营、管理等全方位掌控。战后以来，尽管遭受非银行金融业的强有力挑战，但是，西方银行的综合实力不仅没有因此而削弱，恰恰相反，其通过巧妙利用自身雄厚资本实力、丰富管理营运经验、良好战略布局、垄断寡头阴谋阳谋，正日益成为牢牢钳制其他各类非银行金融领域部门，以及资本主义工商业（包括农业和服务业），具有高度集中与垄断色彩的名副其实的“万能金融综合体”！

第三节　战后前期金融资本实力与统治地位的进一步强化

战后一段时期，西方学界涌现出这样一种奇谈怪论：由于西方各国相继制定并颁布了一系列旨在严控银行从事高风险性、高投机性金融业务（主要为不能经营证券发行和买卖、不能过度采用“参与制”、不能过度拓展分支机构、不能直接大规模投资实体经济等）的“银行法”，加之，随着工商业界资本持续积累积聚，越来越多欧美企业和公司不再像从前那样动辄就伸手向以银行为首的各类金融机构举债，工商业与金融业正处于一种渐行渐远的剥离状态，而决非如列宁所坚称的那般：两者日趋融合。在此意义上，（垄断）金融资本帝国开始“崩溃”，（垄断）金融资本似乎已踏上逐渐“消殒”的道路。然而，不难看到，战后世界资本主义发展的客观情况却是：一方面，银行不仅通过一系列具有高度创新性的营运方式（如建立信托部门、创建银行控股公司等）仍进行着广泛而持续的工商业投资，同时，其始终致力于不断拓展自身金融业务范围并积极推动银行之间、银行同其他各类非银行金融机构之间的并购；另一方面，工商业界也不甘示弱，自战后以来，它们在传统实体产业经济领域之外竭力增设和开拓各类金融业务。质言之，战后由于以银行为首的金融业同工商业更加密切、更加水乳交融的往来与互动，（垄断）金融资本不仅没有走上“消殒”之路，反而在总体规模、集中垄断程度、经济政治权力等几乎一切方面超越了以往时期，并空前巩固、强化了自身统治地位。

一、银行作为“万能金融综合体”的形成

（一）银行对工商业界的渗透与控制

长期以来，为了谋求自身发展，工商业在资金方面形成了对银行的高度依赖，而银行也趁势通过给予巨额借贷及“参与制”等多元方式和渠道同工商业形成了相当密切的合作（甚至监管）关系，并逐渐由单一借贷中介人角色华丽转变为牢牢掌控工商业及非银行金融业，具有高度垄断色彩，“包罗一切”的“万能金融综合体”。由于持久而深入地渗透及控制工商业及非银行金融业，银行的集中与垄断程度实际上早已远超其他任何一个行业领域，其甚至令一些大产业托拉斯和辛迪加都感到汗颜。面对银行的高度垄断，列宁强调了其“恐怖主义”特质，他说：“银行业发展的最新成就还是垄断。……银行把大量资本‘收集’在自己手里，如果办理某个企业的往来账使银行能够愈来愈详细和充分地了解它的顾客的经济状况（事实上也确实如此），那么，结果就是工业资本家愈来愈完全依赖于银行。……在工商界经常听到有人抱怨银行的‘恐怖主义’。”①

“黄金时期”，工商业对银行在资金方面的依赖有增无减并逐年攀升。其主要原因如下：第一，世界资本主义集中与垄断趋势持续演进使得工商业界中的大垄断企业或公司在几乎每个方面都亟须巨量资金流；第二，由于战后高科技突飞猛进，为了获得及保持技术优势，或为了攫取相对剩余价值，垄断资本家投入科技研发和科技转化为生产力方面的资金呈几何倍数增长；第三，垄断资本（集团）不再仅仅局限于上下游产业链的简单延展，其更倾向于一种“混合式”“多元综合型”的生产

① 《列宁专题文集——论资本主义》，人民出版社2009年版，第130—133页。

营运模式，因而，此时资本家亟待更多资金；第四，资本主义工商企业资本体量和产业规模日趋庞大，假若力图令这些巨型工商企业相互兼并或联合，那么，所需资金无疑相当巨大，不过，为了达成并购或联合战略目标，垄断资本（集团）往往不惜“举债并购”。概言之，由于诸多原因，工商业对银行的依赖可谓越陷越深，以至无法自拔，而银行当然不会错失大好时机，其紧紧抓住并利用工商业高度依赖银行这个前提，一方面，创设多种金融产品和融资方案，借此攫取大量经济收益；另一方面，依靠借款放贷、“直接参与”（如购买股份股权）、“代理参与”（如信托基金投资）、将自身改为银行控股公司等众多方式日益深度渗透进工商企业中。

列宁在谈论“银行恐怖主义”时曾举了一个银行通过借贷手段（威胁不向企业提供贷款）介入工商企业日常管理营运的例子：1901 年 11 月 19 日，柏林一家最大的垄断银行在给西北德—中德水泥辛迪加管理处的一封信中这样说道：“兹阅贵处本月 18 日在某报上登载的通知，我们不得不考虑到贵辛迪加定于本月 30 日召开的全体大会，可能通过一些改革贵企业而为敝行所不能接受的决议。因此我们深感遗憾，不得不停发贵辛迪加所享有的贷款……但如此次大会不通过敝行不能接受的决议，并向敝行提出将来也不通过这种决议的相应保证，敝行仍愿就给予贵辛迪加以新的贷款问题举行谈判。”① 战后，西方银行尽管没有完全放弃上述方式以达到渗透和掌控工商企业的目的，但是，这一时期的银行却更倾向于通过“参与制”途径，即购买或交换企业和公司发行的股票、有价证券，在企业和公司内部股份股权上实现或超过一定占比，从而达到最终掌控这些企业和公司的目的。不过，由于欧美各国纷纷设立并颁布了银行法以严控商业银行的风险投资，因而，商业银行很难再明目张胆地将巨量资金直接投入工商企业，“参与制”似乎走到了生命的尽头。

然而，经济利润及其最大化始终如同大象眼前的香蕉那样牢牢地吸住垄断资本（集团）及其寡头贪婪的目光，因此，银行家们挖空心思、竭尽所能想出了各种钻法律漏洞、打法律擦边球的卑劣手段和狡黠方法，

① 《列宁专题文集——论资本主义》，人民出版社 2009 年版，第 133—134 页。

其中，信托基金投资及将自身改为银行控股公司的两种方式最具典型性、代表性。所谓信托基金投资可被视为某种意义上的“代理参与”，其指在银行受到银行法严格管控前提下，设立专门为委托客户（既包括个人也包括各类机构法人，如各式非营利组织，其中，以旨在逃避缴纳税收而建立的慈善基金会为典型）进行企业投资同股票经营的信托部门。表面上，银行似乎又再度回归中介人角色，但实际上，银行却保留了股东法定享有的一切权利和职能，如拥有股东大会表决权，向企业和公司董事会委派自己的代表等多项（具有实质意义的）权力（或权利）。正是通过信托基金投资，银行不仅没有被银行法所限制和约束，反而获得了空前发展，其资本触角更是进一步蔓延、渗透到工商业、金融业等多个领域及部门。20 世纪 60 年代末，以各种方式和渠道投融进美国企业公司的 1 万亿美元资本中，银行居然占到了 6070 亿，而这笔钱相当大一部分则是信托管理的资本。所以“银行已成为许多主要工业公司和商业公司最大的股东了”。1970 年，美国商业银行拥有信托管理的资产约为 2920 亿美元，这笔不列入资产负债表的款额，类似冰山的“水下部分”，等于全部有统计的银行资产的 2/3。同时，这笔实行信托管理并几乎全部已向工业公司投股的款子有一半是属于 20 家美国最大的银行垄断组织所有。①

除了信托基金投资方式，银行还竭力通过向银行控股公司，特别是“多家银行控股公司”转变实现对外投资。银行控股公司是指由某一集团出资成立一个股权公司，再由该公司通过收购等方式控制两家以上银行，并拥有 25% 以上的投票否决权。银行控股公司之所以在战后大行其道，最重要的原因无非是由于银行法对银行投资参股等行为作出了严格限制与规约。依靠建立银行控股公司，一个资本集团不仅可以同时拥有数家银行，而且还可以绕开银行法对商业银行参与投资、购买股权等方面的相关管控，将资金投放到金融、保险、房地产等高风险、高投机、高收益领域中以期获取更多利润，此外，银行控股公司还可以采取诸多

---

① ［苏］H. H. 伊诺泽姆采夫主编：《列宁的帝国主义论与当代现实》，张承辉等译，中国社会科学出版社 1980 年版，第 82—83 页。

银行无法使用的方法为自身募集资金，如发行商业票据等。以战后美国为例，1965 年美国仅有 53 家银行受控股公司控制，到了 1972 年受控股公司控制的银行数量则激增到 2720 家，美国银行控股公司控制着其全部银行存款 60% 以上资金，几乎所有 200 家美国最大的银行都加入了重建的银行控股公司，如纽约第一花旗银行就成为了花旗银行控股公司的核心金融机构。总之，“这种变化，使美国银行资本一方面可克服商业银行活动常遇到的地域上的局限性，另一方面又能使自己的业务多样化。控股公司的飞速发展，加快了美国银行资本的积聚过程。”①

其实，无论是信托基金投资，抑或是银行控股公司，均为银行家和银行业应对银行法的变通策略，究其实质仍属某种“参与制”。曾于战后轰动一时的美国“环球航空公司事件”中霍华德·休斯被金融贷款方排挤以至被彻底撵出公司董事会的著名案例②就相当透彻地表明：战后资本主义银行不仅仍通过资本借贷等传统方式介入、干预、监控工商企业的生产经营，而且更通过信托基金投资和建立银行控股公司等诸多花样翻新的“参与制”实现着对工商企业的蚕食鲸吞，以及自身资本的高度集中与高度垄断，从而最终由一个普通资金借贷中介人华丽转身为掌握巨大经济政治权力的金融垄断者，成为“包罗一切性质”的“万能金融垄断者”。

---

① ［苏］H. H. 伊诺泽姆采夫主编：《列宁的帝国主义论与当代现实》，张承辉等译，中国社会科学出版社 1980 年版，第 59 页。

② 霍华德·休斯曾被称为“世界上最富有的人”，他在环球航空公司还只是一个小企业的时候，就获得了该公司的控制权。随着第二次世界大战结束后航空业的巨大发展，环球航空公司成为一家重要的企业。但由于它购买喷气式客机的资金超过了休斯的能力限度，因而，休斯向一个以洛克菲勒和摩根财团为首的银行、保险公司贷款辛迪加举债，该辛迪加同意贷款，但是以控制环球航空公司董事会作为条件。因此，尽管休斯拥有股票的 78.2%，却从董事会中被赶出。根据协议，休斯不能按照股票享有表决权，要到债款全部偿还，才能重获控制权。而环球航空的新经理们却于 1961 年上诉法院，强迫休斯出售他在该公司的股份，并永远结束了他在该公司的所有利益。最终环球航空被摩根、洛克菲勒和芝加哥财团共同控制。复旦大学资本主义国家经济研究所编：《美国垄断财团》，上海人民出版社 1977 年版，第 37 页。

（二）银行金融业务的拓展同自身实力的增强

资本主义银行“包罗一切性质”的“万能金融垄断者”身份不只体现在其向资本主义工商业领域的大肆侵入及深度掌控，同时还体现在银行通过信托基金投资、银行控股公司等多种方式和途径持久渗透非银行金融领域及部门，竭力丰富和拓展自身金融业务，以及积极施行（大）银行间的并购等众多方面。

面对战后各式非银行金融机构（如保险公司、放贷协会、互助储蓄银行、各类基金、金融公司、投资公司等）雨后春笋般迅速崛起的严峻情形，资本主义银行尽管受到了一定程度的挑战和冲击，一部分市场利润也由此被抢占与分割，但是，凭借强大雄厚的资本实力、丰富的管理营运经验，以及各种灵活变通的投资盈利模式，银行仍当仁不让地居于世界资本主义金融体系中的核心位置。不过，非银行金融机构迅猛发展势头迫使银行在保持和强化自身传统业务之余，也不得不竭尽所能地拓展自身金融业务。于是，战后初期，银行除了借款放贷等传统业务之外又持续不断地增设了如保险、基金投资、金融咨询等一系列种类庞杂的非银行传统业务，以期进一步增强自身市场竞争能力。资本实力比较雄厚的大银行在各方面条件均成熟和具备的前提下，或迟或早会参与（尽管多数时候是一种间接参与，如通过信托基金投资方式等）到那些非银行金融领域及部门中，同时也会积极促推银行与非银行金融机构间的并购与联合，由于银行相较于非银行金融机构而言往往占据优势地位，所以，此类并购与联合，最大的受益方无疑是银行。美国则主要通过组建银行控股公司来实现银行业务与资本的拓展宏图。例如，随着战后美国联邦储备委员会允许银行控股公司从事多达22种以上非银行业务，垄断银行就趁机通过持股公司大举兼并其他各类金融机构，仅1971—1977年，便吞并了976家非银行金融机构。对此，苏联学者伊诺泽姆采夫等人指出：银行本身业务的多样化固然重要，但它在现代条件下并不是万能化的唯一方向。竞争的逻辑提醒各银行垄断组织还得寻求其他途径来扩大自己的势力范围，那就是把专业化的信贷机构也纳入自己的集团。在美国，这是通过发展银行控股公司来实现的，后者集中了其他金融机构的股票控制额。根据美国1956年的银行控股公司法，以及后来1970

年的几项修正案，银行控股公司可以拥有或加入下列信贷机构：抵押贷款银行和消费信贷银行、人寿保险公司、金融公司、租赁公司、运输公司，等等。银行垄断组织还力求取得控制储蓄和放款协会以及所有保险公司的权利。为了说明美国的银行大王们如何不放过一切机会，可以举花旗银行的一项野心勃勃的政策为例。仅在1970—1973年间，这个银行垄断组织就收买了在14个州拥有85家分行的消费信贷公司、抵押贷款银行和一个金融咨询公司。① 上述战后银行业的新动向恰如列宁在《帝国主义是资本主义的最高阶段》中所言：银行同以储金局为代表的非银行金融业务和机构之间的界限正“日益消失”，“任何银行都是交易所，——这是一句现代的名言。银行愈大，银行业的集中愈有进展，这句名言所包含的真理也愈多。”② 对此，希法亭的《金融资本》似乎也切中了要害：银行正把自己“变成证券市场”。③

为了增强自身资本实力和抵御竞争风险的能力，尤其是为了应对非银行金融领域及部门迅猛发展及其日益强劲的挑战，资本主义银行除了积极拓展自身非传统银行业务及间接参与或兼并一些较为弱小的非银行金融机构外，更为重要的方式就是推动与施行银行间，特别是大垄断银行间的并购。正因此，西方于战后出现了一股常刮数十年而不衰的银行“兼并及合并”风潮，并由此涌现出一批集中垄断规模都空前的所谓“巨型垄断银行”。例如，1968年年底，英国巴克莱银行与马丁银行正式合并，组建起来的新巴克莱银行在英国银行“四巨头”中位居翘楚；1971年10月，日本第一银行和日本劝业银行合并成立了第一劝业银行，其1990年资产总额高达4064.04亿美元，净收入达93亿美元。当然，资本主义银行间的兼并及合并，特别是大垄断银行间的兼并及合并决非二战后才出现的新鲜事物，其实际上早在20世纪初就已经是一个比较普遍的社会经济现象了。《帝国主义是资本主义的最高阶段》中就论及这

① ［苏］H. H. 伊诺泽姆采夫主编：《列宁的帝国主义论与当代现实》，张承辉等译，中国社会科学出版社1980年版，第72—73页。

② 《列宁专题文集——论资本主义》，人民出版社2009年版，第128页。

③ ［德］鲁道夫·希法亭：《金融资本》，李琼译，华夏出版社2013年版，第161—162页。

样一宗案例：当柏林最大两家银行，德意志银行和贴现公司争夺霸权时，贴现公司因为与另一家第一流的大银行沙夫豪森联合银行进行合并，令其资本从1908年的1.7亿马克迅速跃升至1914年的3亿马克。① 列宁时代，最大垄断银行往往支配几十亿巨款，但显而易见的是，战后资本主义银行兼并与合并的规模及其进行交易的资金流无疑已远远超过了列宁时期，由此一来，“银行恐怖主义”也就变得愈加肆无忌惮，并为“包罗一切性质”的“万能金融垄断者”的最终形成奠定了牢靠坚实的资本基础。

二、工商垄断资本向以银行为核心的金融领域的反向渗透

金融资本内含一种“双向互动”辩证维度，即金融资本一方面是由于银行资本向工商业领域的流动和渗透形成的，这是人们通常强调得比较多的一个维度；而另一方面，工商资本向以银行为首的金融业领域的拓展与延伸同样能形成金融资本，但人们却容易忽视或忘却这个重要维度。恰如苏联学者德拉基辽夫和鲁登科正确指出的那样，希法亭仅仅将金融统治局限于“银行控制工业”范畴，实际上，相互渗透及混合生长才是金融统治的突出特点，“在银行垄断组织渗入工业的同时，也进行着相反的过程——工业垄断组织渗入银行业。工业公司购买大银行的股票，并开设自己的银行。这就使它们不仅能够分享银行利润，而且还能够获得大量有利的贷款，并在竞争中利用银行。”② 所以，在观察、研讨及全面理解帝国主义时代金融资本同一切涉及金融领域的现象和规律时，就不能仅仅只从银行渗透和掌控工商业角度出发，换言之，在阐释和理解金融问题时，工商业向银行渗透的进程同银行向工商业渗透的进程同样重要。

对此，国内一些学者在讨论混合制资本流向规律时也曾着重提及过。他们说：二战后，不少混合联合公司吞并商业银行、保险公司、投资银

---

① 《列宁专题文集——论资本主义》，人民出版社2009年版，第126页。

② ［苏］米·德拉基辽夫、格·鲁登科：《垄断资本主义——帝国主义基本特征概论》，国际关系研究所编译室译，世界知识出版社1965年版，第72页。

行、金融公司等金融机构，即在金融垄断资本向各个实体产业渗透的同时，一些工商业领域中的巨型企业也在向金融业渗透，从而形成了工商垄断资本向以银行为核心的金融领域的反向渗透。“产业资本向金融业的渗透一般有两种形式，第一种是通过兼并、控股方式打入大银行或其他金融机构，插足各种金融业务。西尔斯·罗巴克百货集团就拥有一家大型储放协会的持股公司——全州储放协会。通用汽车公司、福特汽车公司、美国钢铁公司、国民钢铁公司都持财力收购储放协会开展消费信贷、保险、共同基金等业务。美国钢铁公司属下的联合金融公司拥有全州储放协会，在加州有 85 家分行。第二种方式是为了扩大本企业产品的销售，或弥补原经营领域缩小的损失，而建立起附属于本企业的金融机构。许多大制造业公司都建立起销售金融公司，为购置耐用消费品提供信贷，藉此占领更大的市场。”① 据有关资料显示，战后，西方大多数发达国家国内的工商垄断企业早已“不务正业”，其主要收益既有实体企业的生产所得，同时也有巨量金融业务方面的收入，甚至某些时候其金融收益远超实体生产收益。例如，1988 年，日本各大企业，如日产、松下、三洋等企业和公司从股票中获得的收益几乎是它们从事实体生产获得收益的 20 倍。美国在战后往往通过组建混合控股公司来实现工商业资本同银行资本的相互融合，如“泛美公司这个庞大的控股公司就为最大的美洲银行购买股票。……在日本，相互持有公司和银行的股票是形成财团的重要环节。……这些股票额往往具有‘相互持有’的性质，反映出公司在业务方面的相互联系”②。控股公司通常是组建垄断资本（集团）最重要的组织和资本基础，所以，垄断资本（集团）就是工商业资本同银行资本相互渗透、相互融合，当代最重要、最典型的资本组织形式。在垄断资本（集团）中，银行资本单向对工商企业渗透的格局正在（或已经）被银行资本同工商业资本相互融合的新局面所取代，不过，这并不是说，加入垄断资本（集团）各个机构的地位是绝对平等的。事实上，

① 李琮主编：《当代资本主义论》，社会科学文献出版社 2007 年版，第 189 页。

② ［苏］H. H. 伊诺泽姆采夫主编：《列宁的帝国主义论与当代现实》，张承辉等译，中国社会科学出版社 1980 年版，第 84 页。

银行由于掌控着巨额资金仍毫无疑义地处于整个资本财团的核心，起着统一协调和规划的基本作用，换言之，在银行或管理金融资本中心机构的统一协调和规划下，加入资本财团的各个单位进行着愈加密切的生产同经济合作，而这意味着，当代时期，“金融资本势力在加强对资本主义生产进行控制上，已进入一个新阶段。”①

三、工商垄断集团同以银行为核心的金融垄断集团的人事结合

金融资本内涵的“相互融合”特质，不仅体现在银行资本同工商资本的相互渗透、相互融合方面，同时也体现在银行同工商企业的人事结合方面。列宁对此有着深刻洞察和说明，他在《帝国主义是资本主义的最高阶段》中指出，帝国主义时代，伴随垄断资本主义的不断发展，大银行同大工商企业之间的人事结合，依靠双方互相占有股票，以及银行和工商企业相互任命对方的监事（或董事）等方式而变得日益紧密。不过，列宁还提醒到，在银行与工商企业相互渗透和融合的过程中体现出帝国主义一个独特现象，即代表银行势力与代表工商企业势力的董事之间的地位并非对等，换言之，银行及其代表（代言人）在与工商业界打交道的过程中始终处于一种强势主导地位。

第二次世界大战结束后，由于世界资本主义集中垄断趋势进一步加剧，银行同工商企业之间早已存在的千丝万缕的融资、股权渗透等诸多相互关系的密切程度又更上一层楼，尤其是那些大垄断财团的混合特征相当显著。因而，由此一来，银行同工商企业之间的人事结合现象不仅仍广泛存在，而且变得越来越密切和深入。首先，银行高层人士一如既往地被委派到与之关联及存在大量切身利益的工商企业中担任要职，所以，无论我们列举哪一个资本主义国家为例，那里的工商大产业集团或公司中的董事会、财理会、监理会等均有银行、保险公司及其他金融机构的驻派代表或利益代言人。值得指出的是，银行委派的代表往往具有

① ［苏］H. H. 伊诺泽姆采夫主编：《列宁的帝国主义论与当代现实》，张承辉等译，中国社会科学出版社1980年版，第97页。

某一特定工商领域及部门十分专业的知识技能，正因此，他们在工商企业或公司的董事会、财理会、监理会等高级管理层中无疑是能够听得懂企业生产运营内在门道的专业人士，所以，他们的反馈意见和相关建议对于银行而言具有十分重要的价值和意义。与此同时，工商企业也会向以银行为首的金融机构的关键岗位派驻自己的利益代言人。以美国为例，1960 年初，美国 140 家主要工业公司和运输公司，同全国 40 家最大的商业银行有 502 名共同的董事，同 20 家最大的投资银行有 80 名共同的董事，同 30 家最大的保险公司有 177 名共同的董事。纽约 4 家最大的商业银行同 55 家其他公司（其中包括 297 家工业公司）有共同的董事。1967 年，根据美国众议院银行货币委员会的调查，49 家大银行向全国 6591 家公司派出了 8019 名兼任董事。[①] 随着股东大会实力的日渐衰微，以及董事会开始真正问鼎垄断财团掌控权，“银行恐怖主义”不仅没有得到收敛，反而愈发猖獗。其中一个典型表现就是列宁所深刻揭示的，以银行为首的金融机构派驻工商企业代表在企业董事会、财理会、监理会等高级管理层中所处的主导优势地位不仅没有消退，反而日益显著：首先，如果某个董事会成员是实际控制着公司发展命运的银行代表，那么，他的意见无疑要比其他成员更有分量；其次，工商企业中来自企业外部（主要是各类金融机构）的董事呈现持续增长的发展态势。

以垄断银行为首的各类金融集团同工商垄断集团之间互相派驻关键人物，即人事制度日趋密切的状况，在战后已不仅仅只是单纯履行银行对工商企业的监管和督促，事实上，由于欧美各国垄断财团（垄断银行集团与垄断工商集团）之间的利益正趋于一致化（有时甚至是牵一发而动全身），以银行为首的金融垄断机构日益处于一个监督、协调、规划的核心地位，它们只有平衡及协调好银行同各工商企业和公司在生产营运方面的关系与合作，才能为工商垄断财团和自身赚取尽可能多的经济利润，所以，这一时期，双方密切的人事结合还担负着及时交换信息、沟通意见、互通有无、共同谋划等诸多重要任务。

---

① 《战后美国经济》，上海人民出版社 1974 年版，第 220—221 页。

第四节　经济全球化时期金融资本的全球集中与垄断

一、经济全球化进程的重要引擎：金融自由化同金融全球化

由于诸多社会历史原因，如西方各国政府长期深陷财政赤字危机、70 年代美元汇率下调、1973 年中东战争爆发、OPEC 成员国大幅提高石油市场价格等持久而深刻的影响，欧美工业生产同国民经济遭受到了自二战以来最为严重的冲击。由此一来，不仅引发了世界资本主义经济大危机、大萧条，而且更进一步导致产生横贯绵延 20 世纪 70—80 年代初颇为严重的经济滞胀。为了迅速而有效地扭转和改观此番困境，欧美各国开始推行并积极实践新自由主义。

正是在此社会历史背景下，一种同样渊源于新自由主义经济思潮，力主金融领域应当彻底摒除以凯恩斯主义为指导的政府监管和调控，从根本上转向一切由市场自发决定和调适，并于客观效果上有利于（大）垄断资本，融社会思潮、经济政策、政治实践于一体的资本主义金融自由化浪潮开始席卷全球。以美国为例，自 20 世纪 80 年代初里根上台执政后，美国率先通过制定和修改法律，放宽对金融业的限制，积极推进所谓金融自由化及金融创新进程。美国国会先后通过了《加恩—圣杰曼储蓄机构法》《1987 年公平竞争银行法》《1989 年金融机构改革、复兴和实施方案》及 1999 年《金融服务现代化法》等一系列法律法规，彻底废除了 1933 年《美国银行法》（即格拉斯—斯蒂格尔法）的基本原则，竭力将银行业与证券、保险等风险投资领域间的壁垒消除掉，从而为金融市场化、金融创新、金融投机打开方便之门。“美国对金融业减少控制的步骤如下：第一，所有‘利息和金融交易费用’的规章制度至 1986 年全部废止；第二，1985 年，所罗门兄弟公司发明了按揭证券化；第三，禁止银行绕过国家网经营分行的《麦克法登法》，从 1974 年起便一步步放松了控制，最终于 1994 年被取消；第四，其中包括一项禁止持有公司的银行拥有另外金融企业规定的《高盛公司法》也最终在 1999 年被宣布无效；最后，商品期货交易于 2000 年放松控制，接着一些颇具影

响力的条款在2004年予以废除。这些减少控制的议案是在美国政府和华尔街的合作下进行的。”① 大致说来，金融自由化包括：价格自由化、业务经营自由化、资金流动自由化、利率自由化、银行自由化、金融市场自由化，等等。概言之，其核心内涵既要求逐步取消或松绑战后以来一系列资产阶级政府对金融市场和金融业务运营，即无论资金是用作生产性投资还是投机性投资等方面较为严格的监管与制约，同时也要求一种在跨国意义上对外金融的完全自由化，即主张和要求用作投资或投机的资金应当且可以在全球范围国家与国家之间，地区与地区之间不受过多干预同阻碍地自由流动。于是，当新自由主义（意识形态及其实践）及作为其重要经济内涵之一的金融自由化滥觞之时，一个“反人民、反劳工”（萨米尔·阿明），本质具有集权和霸权色彩的垄断资本统治集团重新回归人类社会历史舞台。

肇始于20世纪70—80年代的金融自由化所产生的一个最为重要的客观结果就是直接有力地促推了金融全球化进程。国内有学者认为，金融自由化既是贸易自由化的必然结果，同时也是金融全球化的金融制度基础，“金融自由化，为80年代末期以来金融全球化提供了新的制度基础，因为，各国金融活动的逐步自由化以及阻碍资金跨国流动的藩篱被不断拆除，使得本来各自独立运行的各国国内金融，日益融合在全球金融的大潮之中。”② 历史而客观地看，资本主义经济—金融全球化漫漫历程实际上自资本主义诞生之日起就已徐徐揭开了序幕，世界资本主义数百年的发展同时也就是资本主义经济—金融全球化的历程。既然资本主义金融全球化并非20世纪80—90年代才开始的，那么为什么将这一时期的金融全球化明确为一个具有显著特征的历史时期而加以强调呢。究其原因，大致如下：第一，这一时期的金融全球化并不孤单，其实际上只是新自由主义的经济内涵之一而已，尽管金融全球化早已展开，然而，20世纪70—80年代以来迄今的此次金融全球化却迥然有别于以往全球化

---

① ［日］福田泰雄：《世界贸易组织体制：帝国主义的新阶段——衰退的资本主义及其替代方案》，《当代经济研究》2010年第8期，第22页。

② 李扬等：《金融全球化研究》，上海远东出版社1999年版，第104—105页。

历程，原因就在于，新自由主义始终为其掌舵并将主旨思想源源不断灌输进此次金融全球化浪潮中，因而，这次历时数十载的金融全球化带有明显易辨的新自由主义色彩与痕迹；第二，这一时期的金融全球化还作为金融自由化的一个客观结果而存在，即在新自由主义深刻影响下产生的金融自由化思想、实践、现实制度均无疑是此次金融全球化的牢固基础同充分前提，“全球金融自由化构造了一种真正的金融活动的全球基础”①；第三，这一时期的金融全球化，在演进的深广程度及在全球广泛流动的资本体量同规模上无疑均远超往昔，因而，其全球化流动的特征异常显著，从而能够成为一个表征时代的典型社会经济特征。

二、金融资本的全球集中与垄断

战后初期，西方某些学者依据：第一，以银行为首的金融业日益受到“银行法”的严格管控与制约，第二，工商垄断集团自身资金与融资渠道越来越多等社会经济特征提出，“金融帝国”已濒临崩溃，曾高居统治地位的“金融资本”也正步入“消殒”之路的观点，假若还能在战后一段时期，如“黄金时期”，隐约寻觅到某些流于表象的“证据”的话，那么，经济全球化时期，上述观点不仅不攻自破，而且还显得荒诞不经。20 世纪 70—80 年代，在刚刚崛起的以“里根经济学”同“撒切尔主义”为代表的新自由主义深刻影响下，抛开了政府监管、约束的金融市场同金融行为的自由化与全球化这对孪生兄弟如同脱缰野马般在全球广阔的经济金融市场任意驰骋。经济全球化浪潮中，它们不仅彼此促进，而且更在世界范围共同将资本主义金融资本的集中与垄断推向一个史无前例的新高度。

经济全球化时期，银行同众多非银行金融机构（如保险公司、投资公司、基金公司等）所拥有的资本总量及分支机构（包括海外分支机构）呈逐年扩大攀升之势，与此相应，金融领域的集中与垄断日益加剧。以美国金融领域为例，其国内最大 10 家银行及非银行金融机构的金融资产总额占全美金融总资产的比重从 1990 年的 10% 迅猛增至 2008 年的

---

① 李扬等：《金融全球化研究》，上海远东出版社 1999 年版，第 104 页。

50%左右，由此可见，这一时期，世界资本主义金融业的集中与垄断程度及速度无疑是相当惊人的。假若仅看银行业，例如，美洲银行的资产额2000年为6422亿美元，其分支机构多达4800个，到了2005年，该银行的资产额急遽增加到12918亿美元，其在全球的分支机构也几乎翻了一番；再如，美国花旗银行在2000年的资产额为9022亿美元，到2005年则跃升至14940亿美元，其在全球100多个国家和地区设有众多分支机构。[①] 加之，考虑到大垄断银行在资金营运上具有的"杠杆效应"所能撬动总量和规模更加庞大的资本，其事实上早已成为人们形容与描述的"大得不能倒"的银行了。除资本主义银行外，资本主义非银行金融业集中与垄断的速度及深广程度同样也达到了令人瞠目结舌的程度。以美国投资公司为例，由于近些年全球证券业飞速发展，美国大投资公司资本实力因而呈逐年递增之势。2000—2005年间，高盛公司在全球500强中的排名迅速从第112位蹿升至第72位，摩根士丹利公司从91位上升到第61位，美林公司则始终保持在第70位。特别是，2008年金融风暴中，美国政府以最大量资金全力救援的美国国际集团（AIG），"它是美国最大的，也是全世界最大的保险公司，据报道AIG在几个重要市场中都发挥着不可或缺的作用，如信贷衍生品、抵押、企业贷款和对冲基金市场，它几乎与全球所有金融机构都有联系，最重要的是，它是庞大而无人监管的信贷违约市场中的'中流砥柱'。"[②]

经济全球化时期，金融资本的全球集中与垄断在很大程度上得益于金融领域刮起的一阵又一阵强劲的并购风潮（其中，20世纪90年代后半期掀起的全球企业跨国并购成为一个高潮），尤其是得益于大银行或其他大金融垄断组织相互之间的国内与跨国兼并或合并。毫无疑问，大垄断银行和其他大垄断金融机构是并购浪潮中的最大获益者，经过一轮又一轮并购浪潮的洗礼，大垄断银行和其他大垄断金融机构在全球集中与

---

① 李琮：《当代资本主义阶段性发展与世界巨变》，社会科学文献出版社2013年版，第341页。

② 李琮：《当代资本主义阶段性发展与世界巨变》，社会科学文献出版社2013年版，第341—342页。

垄断及跨国性上均获得了极大提升。美国《财富》杂志于1999公布的世界500强企业中，有64家是大银行和其他大金融机构；在前50名最大企业排行中，大金融企业有12家；2005年，世界500强企业的前50名中，大金融企业占到了15家。

与资本主义金融业全球集中与垄断程度遽增相伴随，世界资本主义乃至全球金融流动资金总量和规模空前增加。这一时期，在世界范围广泛流动的资本主义金融资本既包括传统股票、信贷、债券、外汇资本，同时也包括一些创新金融资本，如金融衍生品（再衍生品）、私募股权基金、对冲基金等。自20世纪80年代以来，全球金融资本总规模（包括股票、债券、其他证券和银行存款，不包括不通过市场进行买卖的金融衍生品和私人持有资产）处于持续快速扩张进程中，相较于战后初期其总量已经翻了几番，而且甚至已远超全球GDP总产值。全球金融资产规模在1980年为12.1万亿美元，为当年全球产出（GDP）的109%；2000年时，总额猛增至97.6万亿美元，占当年全球产出总值的比率为312%；到了2007年时，全球股票、债券、其他证券及银行存款等金融资产总额则已高达165万亿美元，占当年全球产出总值的331%。①

不过，需要强调的是，全球金融资产总规模（总值）持续数十载迅猛增长所带来的金融—经济红利不仅没有惠及广大劳动者，反而空前加剧并恶化了本已存在的个体与个体之间、国家与国家之间严重的贫富两极分化现象：国家层面，西方发达资本主义国家占有了全球庞大金融资产的绝大部分，第三世界则贫困落后依旧；个体层面，绝大部分全球金融资产牢牢掌握在占人类极少数比例的私人垄断寡头手中，大部分人即令不是两手空空，其所拥有的资产同垄断寡头相较而言也几乎可以忽略不计。如果拿政府掌控和运营的金融资产总量同私人掌控和运营的金融资产总量相比较的话，据有关统计显示，私人金融资产总规模在经过数十年漫长发展之后，目前已远远超过官方金融资产总规模。对此，国内某学者谈到，全球金融资产总规模按照持有者身份可分成两大部分，即

① 李琮：《当代资本主义阶段性发展与世界巨变》，社会科学文献出版社2013年版，第339—340页。

以国家及国际经济组织（如世界银行、国际货币基金组织、亚洲开发银行等）等官方为主体的双边、多边援助和开发建设贷款等；以及以私人为主体的商业银行借贷同通过发行股票和各种债务工具所引起的资金流。自90年代以来，官方金融资产增长速度放缓，而以直接投资、发行债券、发行股票和银行借贷为主要内容的私人资本流动量却逐年递增。金融自由化和金融全球化大的历史趋势中呈现了一个显著特征，即私人金融资产规模已远超官方金融资产规模。例如，1997年，国际债券的净发行量已达到5959亿美元，而国际组织发行规模仅为304亿美元，占全球发行总额的5%；与此同时，以私人资本为主的国际信贷市场高速增长，1992—1997年，国际银行贷款净额从1650亿美元增长到5000亿美元，平均年增长率达40%以上，远远高于同期世界经济增长速度；对发展中国家来说，情况也是如此，据国际货币基金组织的统计报告，在1990年，全部流向发展中国家的资金中，净私人资本流入和官方来源的净借入大约还算平分秋色，而到了1997年，私人资本则已占到90%左右了。①

在金融自由化、金融全球化强劲推动下，经济全球化时期，演化出一系列以"金融衍生产品""金融再衍生产品""私募股权基金""对冲基金"等为最新代表的高收益性、高投机性、高风险性金融产品和金融工具，资本主义金融市场中也因而弥漫着越来越浓厚的赌博投机氛围同价值取向，表面上看，资本主义金融业似乎日益成为一个可以脱离实体经济支撑的独立经济领域。正因此，世界资本主义金融业、金融市场、金融行为日益呈现出高虚拟性、高泡沫性、高投机性，从而空前加剧并推高了资本主义全面深陷金融—经济危机的风险。由美国房地产市场显著具有高投机色彩（同时暗藏高风险性）的"次贷危机"（其说到底是一种由借贷购房演变为金融衍生产品所导致的危机）所全面引爆并席卷全球多国、多地区的2008国际金融—经济大风暴，毫无疑问，就是西方长久以来深度奉行新自由主义，过度推崇金融自由化和金融全球化，以及严重忽视社会实体经济建设发展而必然会结出的一个恶果。

---

① 李扬等：《金融全球化研究》，上海远东出版社1999年版，第180—185页。

第五节　金融寡头的经济政治统治

一、金融寡头的经济统治

列宁指出，由于握有巨量资本，金融垄断寡头事实上早已成为资本主义社会乃至全球经济政治的真正统治者：垄断既然已经形成，而且操纵着几十亿资本，它就绝对不可避免地要渗透到社会生活的各个方面去，而不管政治制度或其他任何“细节”如何。金融资本统治，是资本主义最高阶段——帝国主义时代或垄断资本主义历史时期的典型特征，这时候，金融资本对其他一切形式资本的（绝对）优势，意味着食利者和金融寡头占统治地位，意味着少数拥有强大金融资本“实力”的国家处于和其余一切国家不同的特殊地位。

帝国主义时代，最为显赫的金融寡头无疑是那些发迹于19世纪或20世纪并深深隐藏在世界500强企业排名背后的真正资本大鳄——垄断财团的实权人物。尽管垄断财团自战后初期迄今的漫长岁月中发生了某些或隐或显组织管理形式上的变化，如垄断财团间相互渗透、垄断企业兼并产生合作管理新形式、寡头退出经营管理层转而进入核心企业高层或银行董事会等（正因此，有人曾一度抛出所谓“战后家族财团消亡论”），不过，实际上，这些局限于表象层面的演变与改观从来就未曾真正动摇过垄断寡头私人所有制的统治地位，换言之，由于垄断财团资本总量与产业规模日趋扩大，资本寡头（及其家族）虽然放弃了一些企业和公司的股权及经营管理权，然而，其仍牢牢掌控着垄断财团核心权力同足以影响财团走势的巨额资本，他们在其他机构部门享有的股权及资本市值始终呈持续上升基本态势，更重要的是，代表资本寡头（及其家族）根本利益的众多代言人广泛分布于垄断财团众多重要（或核心）岗位上，垄断寡头及其家族并没有衰微，战后一度甚嚣尘上的“家族财团消亡论”只见树木却不见森林。以几个西方发达国家为例，这些依凭无与伦比巨量资本财富实现着对资本主义社会乃至全球统治的垄断寡头家族有：美国的摩根家族、洛克菲勒家族、梅隆家族、杜邦家族、福特家族、雷诺斯家族、皮凯恩家族、尤兹家族、阿林诺夫家族等；英国的作为旧贵族和大地主的博克柳家族、汉密尔顿家族，以及依靠银行业发家致富的罗思柴尔德家族、拉萨尔家族等；德国的克虏伯家族、西门子家族、弗利克家族、蒂森家族、汉尼尔家族、布格道夫家族等；日本的住友家族、三井家族、安田家族等。尽管战后世界资本主义出现了一场所谓“经理人革命”，但实情却是，作为企业管理者的职业经理并没有形成一个可以取代垄断资产者的别的一个什么新阶级，尽管他们中高层人士拥有企业公司许多（相对劳动者与一般管理者而言）股票，但“如果他不是财阀的话，总的说来，他与金融巨头的关系还是处于从属地位。假如由于某种原因被雇佣的管理人员的活动不符合‘科学地榨取’利润的任务，那么金融巨头就会解雇这个管理人员”①。那些身处或已亲历了所谓“经理人革命”的管理者，从本质上来说，仍是为资本寡头老板打工的被雇佣者。客观现实无情地彻底湮灭了以丹尼尔·贝尔为代表的盲目乐观主义。

金融寡头在利用手中富可敌国的资金财富及牢牢掌控的垄断财团，竭尽所能拓展自身垄断资本帝国版图的同时，实现着对资本主义社会乃至全球生产经济领域的真正统治。这一点如同列宁于 1912 年写作的《美国总统选举的结果和意义》文中所描绘的那般：摩根财团和洛克菲勒财团把美国全部国民财富 1200 亿美元的 1/3 左右控制在手中，是美国 8000 万名雇佣奴隶的领主！二战后，由于世界资本主义势不可挡的集中与垄断趋势进一步深化加剧，以及一系列崭新营运管理方法及模式的涌现，如财团间互相参股、人事相互深度渗透、“职业经理人制度”成为主流管理方式等，垄断寡头的经济统治正经历一个质的提升阶段。

伴随资本主义企业公司并购浪潮不断兴起，战后世界资本主义生产和资本越来越集中到少数巨型垄断资本（集团）手中。据 1975 年 7 月美国《幸福》杂志统计：从 1950—1965 年间，美国金融界共发生 2200 起合并，纽约 10 家大银行合并成 5 家更大的银行；在重工业领域，集中垄

① ［苏］H. H. 伊诺泽姆采夫主编：《列宁的帝国主义论与当代现实》，张承辉等译，中国社会科学出版社 1980 年版，第 101 页。

断程度更高，以美国汽车制造业为例，1973 年，通用、福特、克莱斯勒三大汽车公司的汽车产量居然占到了美国全部汽车总产量的 94.5% 左右；其他产业领域，如石油、电机、化学、电子、飞机制造、导弹制造等，也同汽车制造业一样被少数几家最大的企业和公司高度垄断着。而这些重要产业的垄断大企业和大公司又进一步被寥寥几家由金融寡头领导的垄断资本（集团）牢牢掌控。① 于是，金融垄断资本（集团）的集中与垄断程度随着其下属众多大企业和大公司集中与垄断程度的持续提升而变得愈加超乎想象同骇人听闻。“经过战后近三十年的扩张，美国各大财团所拥有的资产额大大膨胀了。据粗略估计，1974 年美国十大财团控制的资产总额达 12505 亿美元，约占美国全部公司资产总额的 30%。其中，洛克菲勒财团的资产达到 3305 亿美元，为 1935 年的 50 倍，摩根财团的资产达到 3019 亿美元，为 1935 年的 10 倍。其余各财团的资产也有不同程度的增长。”② 尽管众多财团间的确真真实实地存在不平衡发展情形，以及存在新老财团差异等问题，但总的来说，资本财团的集中与垄断水平相较于战前在总量及规模等众多方面均获得了空前提升和扩容，特别是最大的数十个垄断财团当仁不让地成为战后西方社会经济发展“黄金时代”的最大受益者。

同资本主义财团与日俱增的集中垄断进程相伴随的另一个突出经济特征是，垄断财团涉足的产业经济领域获得了极大拓展，垄断财团“万能性”在战后变得日趋显著。以美国垄断财团为例，如洛克菲勒财团，其除了仍牢牢占据着传统产业部门，即石油、化学、商业银行、投资银行等之外，还将资本势力范围迅猛扩展至其他诸多经济领域，如商业、轻工业、冶金、航空运输、铁路运输、军火制造、房地产、文化（出版）、基金会，以及电话电报和电力系统等。正如人们常说的那样，垄断财团包揽了从食品和化妆品直至导弹和飞机等几乎所有产业经济领域及

---

① 复旦大学资本主义国家经济研究所编：《美国垄断财团》，上海人民出版社 1977 年版，第 13 页。

② 复旦大学资本主义国家经济研究所编：《美国垄断财团》，上海人民出版社 1977 年版，第 13—14 页。

部门。尽管在垄断财团日益变得“万能化”“多样化”的同时，也正越来越丧失曾经令其无比骄傲和自豪的专业性，然而，这对于垄断寡头而言却并不是一个坏消息，正是基于对投资风险同收益平衡的老谋深算，几乎所有垄断资本（集团）及其寡头都从经营广泛化、投资多元化中获得了莫大好处。苏联学者伊诺泽姆采夫等人曾言：美国许多最大的家族和地区性财团——杜邦财团、梅隆财团等，通过所经营和涉足业务的万能性与多样性，始终保持着最近10年来的高速发展态势：即使是考虑到美元购买力下降这个极为重要的影响因素，美国的大多数垄断财团资产也急剧增加了50%至2倍。①

垄断寡头相当习惯，当然也最擅长于使用种类纷繁的金融手段从虚拟经济领域中赚取巨额利润以巩固扩大自己的经济统治地位。正如列宁所指出的：“由于创办企业、发行有价证券、办理公债等等而获得大量的、愈来愈多的利润，巩固了金融寡头的统治，替垄断者向整个社会征收贡赋。”② 二战结束后，由于世界资本主义集中与垄断趋势进一步深化加剧，众多财团资本实力持续增长，以及在不平衡发展基础上对外扩张等因素影响，出现了这样一种新的社会经济现象：越来越多代表不同财团的银行或企业分别购持着原先由一个财团独家掌控的银行、企业、公司的股票，同时，董事会中也充斥着越来越多不同财团的利益代言人，从而形成了多个财团共同控制管理某个企业或公司的局面。因而，这样一来，垄断寡头不仅在针对广大中小企业公司时仍沿用传统金融手段，如借贷、购买股票、发行有价证券等，而且，其更通过垄断财团间的相互持股同人事渗透等新方式来实现巩固和扩大自己经济统治地位的目的。尽管垄断财团间相互持股同人事渗透或多或少冲淡了财团往昔的家族色彩，不过，寡头们依靠这种方式不仅充分利用了手中日益增多的投资资金，切实拓展了自身业务领域和实际控制力，而且还使利润来源变得多元化，从而令经济收益变得愈加稳定而高效。依仗这种方式，垄断寡头

① ［苏］H. H. 伊诺泽姆采夫主编：《列宁的帝国主义论与当代现实》，张承辉等译，中国社会科学出版社1980年版，第90页。

② 《列宁专题文集——论资本主义》，人民出版社2009年版，第142页。

在条件允许的情况下，凭借持有的一定比例股权及人事渗入等优势条件，将达到趁势完全掌控或彻底并吞标的机构的终极目的。

由于垄断财团资产总量和组织规模越益庞大，财团寡头们渐渐不再事事躬亲。于是，垄断财团家族成员直接担任财团大公司、大银行领导职务的情形日益减少，寡头们转而更倾向于集中精力主抓财团核心金融机构或占据董事会要职，至于其他那些不那么重要的企业或公司，以及不那么重要的岗位，则委派代理人去打理。根据1972年—1973年有关资料，除了摩根财团的主要投资银行——摩根士丹利公司仍由亨利·摩根领导，个别的保险公司（如康涅狄格通用保险公司）仍由他担任董事之外，财团所属的许多大银行、大企业的董事会中都再没有摩根家族的人了。而有的财团，如杜邦公司的主要领导岗位则基本上都是通过财团寡头一手扶植起来并在财团中拥有一定利益的代理人来担任的。[①] 当然，这决不意味着寡头们放弃了经济统治的法老权杖。事实上，诚如列宁深刻指出的那样：帝国主义时代，资本的占有同资本在生产中的运用的分离达到了空前大的程度，而这恰恰表明，金融资本对其他一切形式资本的优势，以及金融寡头和食利阶层成为了社会的统治者，并因为这种空前的“分离”形式，不劳而获地攫取到了极大经济利益。

战后以来，垄断寡头常常通过组建家族信托基金及“慈善基金会”的方式来达到巩固和扩大自身经济利益的目的：第一，通过家族信托基金和“慈善基金会”将寡头持有的大量股票或任何其他财产转交给他的合法继承人时不需缴纳高昂遗产税，尽管这样做将会损失一部分由这笔巨款带来的利息或股息，但实际上，当且仅当免除上缴的税收（远远）超过利息或股息收益时，寡头们才会将钱“捐给”基金会；第二，寡头尽管将大笔股票或资金“捐给”基金会，但他们仍保留对这些股票或资金的使用权，因而，可利用基金会从事证券交易、借贷业务，以及在房地产等（高风险高回报并存）领域进行投机活动，这一切正如美国学者菲迪南德·伦德伯格所讽刺的那样，通过基金会，创立人用他们的美元

---

① 复旦大学资本主义国家经济研究所编：《美国垄断财团》，上海人民出版社1977年版，第40—41页。

换取了更多的东西——而且手里还剩下了更多的美元；第三，基金会往往背负意识形态或政治使命，战后以来，西方各类基金会逐渐沦为资产阶级政权同垄断财团施行内政外交、展开文化教育渗透的重要组织机构、渠道和阵地之一。例如，福特基金会自 1936 年成立至 20 世纪 70 年代，已对美国 50 个州，包括哥伦比亚特区，以及 83 个国家和地区的 6165 个机构提供“捐献”高达 38 亿美元。福特基金会“赠款”的一个重要方面是教育和文化，从 1957 年 3 月到 1971 年 11 月，其在文化艺术方面的“赠款”共计 2.32 亿美元，其中，包括音乐、电影、舞蹈、戏剧等。美国各基金会还特别着力对大学和高级研究机构进行全方位渗透，例如，仅 1969 年一年，美国各基金会就向大学等高级教育科研机构“赠款”达 3.52 亿美元。美国各基金会还经常举办种种研究活动，发表专著文章，制造有利于加强金融资本统治的社会舆论，用以影响政府的政策。①

二、金融寡头的政治统治

“金融寡头把经济命脉集中在自己手中之后，便在资本主义国家里实行政治统治。他们调整内外政策，使它符合保证最高利润的原则。”② 战后以来，私人垄断资本早已实现了同资产阶级政权的“密切联合”“个人联合”，垄断寡头凭借着垄断财团雄厚经济实力，日益深入渗透并控制干预政府决策和国家战略部署。垄断寡头对资本主义社会的政治统治依靠两个看似相反实则具有内在一致性的进路而得以巩固：垄断寡头及其利益代言人担任国家政府要职，直至窃取到总统这一终极宝座；政府官员在仍担任政府职位或退下来之后去垄断财团管理经营或咨询岗位上担任一定职务。其实，不论哪个方面，其宗旨都毫无疑义地指向一个共同目标：为垄断资本（集团）及其寡头同他们的一切利益全心全意服务。正是借助上述方式，垄断寡头成功实现了对资本主义社会全面深入的政

---

① 复旦大学资本主义国家经济研究所编：《美国垄断财团》，上海人民出版社 1977 年版，第 60—61 页。

② ［苏］H. H. 伊诺泽姆采夫主编：《列宁的帝国主义论与当代现实》，张承辉等译，中国社会科学出版社 1980 年版，第 104 页。

治统治，进而，垄断寡头的政治诉求及意识形态逐步扩散、蔓延到社会经济生活中的方方面面，甚至精神文化（信仰）领域中。“美国的垄断财团对美国政治、经济、文化及社会生活各方面有着决定性的影响，操纵着国家政权，左右着美国的内外政策。在五十年代以前，摩根财团是美国政府的最大后台老板。在五十年代以后，摩根的势力相对削弱，洛克菲勒财团对美国政府的操纵力量大大增强。……垄断财团还深入上层建筑各个领域进行控制。它们通过设立‘基金会’‘捐款’‘慈善事业’等各种形式，把垄断统治伸向科学、文艺、体育、教育、卫生、出版、广播等领域。”① 美国最具典型性，其垄断财团及其寡头主要通过介入、干预、操纵总统选举，争夺政府、国会、央行中的要职席位，建立资本家基金会及其他各种非政府组织等方式，积极且深度涉足国务活动同军事行动。事实早已证明，以美国为代表的西方资产阶级历届政府，无论怎样粉饰和鼓吹其两党制或多党制，民主选举及三权分立等所谓“民主政治制度”，其毫无疑问都难以抹掉其政府的资产阶级属性，西方国家的民主政治制度及其相关活动越来越像一场又一场滑稽无聊的“政治秀”同戴着假面的“闹剧”。仅看美国政府，事实上，不管是哪个政党（民主党抑或共和党）所组建的政府班子，其总统选举与内阁组建在任何时候都决不能缺少垄断资本（集团）及其寡头“选举资金”的鼎力相助。因此，无论哪个政党，一旦获得某个或某些垄断财团资金支持而赢取胜利之后，其所组建的政府同内阁就必然要为那个或那些垄断财团的切身利益及其主要意愿全心全意服务（最终与选举时信誓旦旦允诺必将竭尽所能关注和改善国计民生的言辞及愿景渐行渐远）。罗伯特·赖克在《被淹没的美国民主》一文中开门见山地指出：“美国人对民主制度渐渐失去了信心，其他许多民主国家的公民也同样信心不再。35 年前，绝大多数美国人认为，我们的民主政府是为所有人谋福利的，但是几十年后的现今，这种信心普遍地发生了动摇。现在，绝大多数人认为，政府由极少数大利益集团操控，是它们谋求私利的工具。其他民主国家的调查

---

① 南开大学政治经济学系经济研究所：《垄断·财团·大公司》（上），人民出版社 1974 年版，第 60—61 页。

也显示出，公民对政府的信任和信心呈现类似的下滑态势。这到底是为什么？对于美国以及这种现象目前程度略轻、但同时愈演愈烈的其他国家来说，更可能的原因是金钱在政治中扮演着日益重要的角色——特别是来自大公司的政治献金。那些献金正是促使经济繁荣的超级资本主义产生的副产品。随着公司开始利用公共政策寻求竞争优势，竞争扩展到了政治领域，其负面结果就是：民主制度回应公民意愿的能力下降了。”①

美国总统选举在充分呈现出美国最大垄断财团间激烈竞争与比拼景观的同时，深刻揭示出资本主义政治领域潜藏着的资本逻辑，并因之将自身丑化、娱乐化为一出又一出四年一度的“爆米花”“政治超级碗”。在美国总统竞选这一“重大政治事件”中，众多垄断财团出于未来数年自身利益最大化考量，必将使尽浑身解数竭力使自身利益代言人成为总统，然而，最终结果不由主观意愿决定，却由“资本实力”决定。众所周知，战后初期至50年代，由于摩根财团在美国众财团综合实力中位居第一，因此，代表摩根财团利益的杜鲁门及其后继者艾森豪威尔（尽管两人分属民主党和共和党，当然，也由此看出美国党派区分的“无意义”性）理所当然地相继当选为美国总统；而到了20世纪50年代末，当洛克菲勒财团整体实力逐渐赶超摩根财团，代表洛克菲勒财团利益的肯尼迪也同样顺理成章地登上了美国总统宝座。由上述可知：第一，以美国为代表的西方资产阶级民主政府的首脑往往都是某一个（或某几个）特定垄断财团根本利益的代言人和代理人；第二，从自身利益出发，垄断财团均会为了自身在未来数年获得良好发展而积极寻找能够代表财团利益的首脑候选人并将使尽浑身解数试图将之最终推到国家元首宝座上，于是，资本主义各垄断财团之间在总统选举这一重大焦点事件上必定会爆发激烈而尖锐的竞争。当然，垄断寡头有时会不满足于仅仅寻找一位利益代言人并将之推为总统，一旦有需要，他们甚至亲自披挂上阵竞选政府首脑。以美国为例，美国垄断资本（集团）及其寡头长期以来就始终致力于“使华尔街金融寡头和华盛顿的政治头目直接结合。早在

① ［美］罗伯特·赖克：《被淹没的美国民主》，载《西式民主怎么了Ⅱ——西方人士评西方民主》，学习出版社2014年版，第22页。

1928年，梅隆财团的重要人物安德鲁·梅隆就想争当总统，与赫伯特·胡佛竞选，后在共和党内被摩根财团控制下的政治势力击败。战后，这种情况更是每见不鲜。洛克菲勒财团的头头纳尔逊·洛克菲勒从1960年到1968年曾先后三次竭力争当总统。1974年8月，经过财团间的激烈斗争，纳尔逊·洛克菲勒被福特提名为副总统”[①]。尽管随后出现的布什家族父子（乔治·布什和乔治·沃克·布什）在资本实力与财富总量上远远不能同洛克菲勒家族或摩根家族等垄断财团的寡头们相提并论，但是，他们相继成为美国总统的事实无疑再度印证了那句资本主义社会广为流传谚语所具有的真理性：“金钱乃为政治的母乳！”

垄断寡头除了在总统选举上大做文章外，还会退而求其次，即力求亲任各类高级国务职位，而一旦有朝一日从政府高位卸任就又退回垄断财团中重操旧业，并再度寻找代表自身利益的下一届政府阁僚候选人。以里根内阁班子为例，副总统乔治·布什是萨帕塔近海石油公司创始人和总经理；国务卿亚历山大·黑格是联合技术公司总经理及大通曼哈顿银行董事；财政部长唐纳德·里甘是梅里尔·林奇公司总经理、董事长及纽约证券交易所副总经理；国防部长卡斯帕·温伯格是比奇特尔公司副总经理及百事公司等垄断集团的董事；司法部长威廉·司密斯是太平洋电话公司、太平洋照明设备公司、太平洋互惠人寿保险公司、乔根森钢铁公司等垄断机构的董事；商务部长马尔科姆·鲍德里奇是美国机器与铸造公司、康涅狄格互惠人寿保险公司、东北公用事业公司、沃特伯利储蓄银行及美国链条电缆公司等集团的董事，等等。[②] 当然，资产阶级政府的众多国务职位并非谁想担任就能担任的，其在很大程度上受到总统选举的影响，换言之，这些高级国务官职大多是留给那些与当选总统同一阵营的人员的。例如，摩根财团曾经捧出的总统杜鲁门，就在其政府内阁要职分配上明显偏向于摩根财团系统：国务卿小爱德华·斯退

---

① 复旦大学资本主义国家经济研究所编：《美国垄断财团》，上海人民出版社1977年版，第48页。

② 李琮：《当代资本主义论》，社会科学文献出版社2007年版，第164—166页。

丁纽斯和詹姆斯·贝尔纳斯都是摩根财团的人；国防部长罗伯特·洛维特是摩根财团和杜邦财团所控制的北美航空公司的老板；其他人事构成，如陆军部长小弗兰克·佩斯是摩根财团大陆石油公司及通用动力公司的董事长。而到了 20 世纪 60 年代后，随着洛克菲勒财团实力的持续递增，不仅代表洛克菲勒财团利益的肯尼迪被捧上了总统宝座，而且在他组建的政府内阁班子上，一方面竭力排挤摩根财团的势力，另一方面大量安插洛克菲勒财团的政治代理人。①

除了依靠上述方式日益深度介入及干预政府决策同国家战略部署外，垄断寡头们还常常通过垄断财团和他们所组建的各类委员会、协会、同业公会、基金会等非政府组织来影响并左右资产阶级政府的政治实践。其中，在美国比较著名的此类非政府组织有：对外关系委员会、经济发展委员会、商务委员会及各种慈善基金会等。此类非政府组织的主要或核心成员一般为金融寡头、企业主、政客或垄断资本御用学者等，其领导职务则基本由垄断寡头亲自担任。例如，美国对外关系委员会曾一度由大通曼哈顿银行董事长戴维·洛克菲勒控制，这个委员会的经费由洛克菲勒基金会、卡内基公司等提供。出于自身利益最大化考虑，上述非政府组织常常会推荐它们的领导人担任国家政府机关中的重要职务。据美国《民族》周刊统计，截止 1972 年年中，美国经济发展委员会已有 87 名理事和顾问出任美国政府高级官员。垄断资本（集团）及其寡头依靠政府中众多代言人和代理人正日益深入渗透进国家政治领域的方方面面，并逐渐成为真实掌控政局的幕后实权派，而上述非政府组织也日渐成为实至名归的“幕后政府”或“幕后内阁”。这些非政府组织“经常开会商讨国内外重要政策，有时还和政府有关部门共同制订执行方案。美国政府的重大决策以及各项政策措施，事先曾由对外关系委员会和经济发展委员会分别商讨研究。在研究中两个委员会还作了分工：对外关系委员会着重在外交政策和反对国际共产主义运动方面，经济发展委员会着重在美国垄断资本的对外扩张、攫取西欧经济利益方面。美国政府

---

① 复旦大学资本主义国家经济研究所编：《美国垄断财团》，上海人民出版社 1977 年版，第 48—49 页。

经济顾问委员会主席斯坦曾公开表示，1971 年 8 月 15 日美国总统宣布的‘新的经济政策’，是在商务委员会督促下作出的。在发生经济事变时，这些委员会的负责人往往直接向总统提出他们的意见。例如 1967 年以色列发动侵略阿拉伯国家的战争时，戴维·洛克菲勒就向约翰逊提出对外关系委员会建议的美国政府应采取的政策。对于比较长期的战略方针和外交政策方面的意见，这些委员会则往往写成专题报告或论文公开发表”①。

帝国主义之所以能于短期迅速崛起并得以长久维系的一个重要原因就在于其极具扩张性和侵略性的军国主义全面复兴，换言之，垄断资本（集团）及其寡头攫取巨额利润及其统治地位的稳固都深深依赖军国主义这条滋养其生命不可或缺的“脐带”。因而，为了保障经济利益的最大化同可持续性，保障全面渗透且牢固掌控国家政权，垄断资本（集团）及其寡头绝不会容忍军国主义同武装军事力量变得衰微。以美国为例，战后迄今，垄断资本（集团）及其寡头同五角大楼的关系日甚一日地密切，并因而逐步形成了一个空前庞大的“军事—工业综合体”。艾森豪威尔对此曾说道：“美国出现了‘一个庞大的军事部门同一个巨大的武器工业结成的联合’，其‘全部影响——经济的、政治的、甚至是精神上的影响——在每个城市、每个州议会，联邦政府的每个机关都表现出来’。”② 事实上，垄断财团与美国政府，尤其是五角大楼，长期以来早就形成了一种“水乳交融”“如胶似漆”般的人事渗透制度。一方面，大型军火工业制造商常常会聘请退役军官或国防部官员到企业公司任职。美国国会联合经济委员会主席在 1969 年初透露，接有军事订单的最大 100 家公司中，雇有 2072 名退伍的、军衔在上校以上的军官，而这比十年前平均每个公司雇请的退休军官人数增长了 3 倍。根据 1972 年初的相关资料，美国几家主要军火承包商雇请的高级军官人数为：洛克希德飞机公司 269 名、波音公司 246 名、麦克唐纳—道格拉斯公司 203 名、通用动力公司 136 名、北美罗克韦尔公司 136 名。这些高级军官中，有

① 《战后美国经济》，上海人民出版社 1974 年版，第 458 页。

② 复旦大学资本主义国家经济研究所编：《美国垄断财团》，上海人民出版社 1977 年版，第 68 页。

不少人还担任着一些大垄断企业的要职。例如，前美国第八集团军司令、侵朝美军总司令汉密尔顿·豪兹，后来到贝尔直升机公司担任负责生产计划的副总经理；前空军一个司令部的司令詹姆斯·弗格森负责武器发展和采购工作，1970 年退役后，当了联合飞机公司副总经理；曾任东南欧盟国陆军司令威廉·迪克在退役后到洛克希德飞机公司任高级军事顾问；原负责采购"民兵"导弹的戴维斯中将，退休后任北美罗克韦尔公司副总经理；前陆军部长小弗兰克·佩斯在通用动力公司主持工作时，该公司上升为当时第一号军火承包商；前海军部长丹·金布尔在通用飞机公司任总经理时，7 年中接到 23 亿美元的军火订单；前美国参谋长联席会议主席马克斯威尔·泰勒退休后当上了加里尔—通用公司、联合服务人寿保险公司、全国证券公司等企业的董事等等。另一方面，垄断寡头们也会要么自己亲自出马，要么将他们的代理人派驻到政府国防机构中担任重要职务。事实上，通过每一届美国总统组阁的情况可以清晰地看到，第二次世界大战后迄今，美国政府历任国防部长、副部长及各军种的部长（如空军、海军、陆军）等，大多数都是垄断财团、大企业、大公司的总经理或董事会成员，"据美国国防部调查，1969—1971 年的 3 个财政年度里，有 232 个公司经理到国防部任职。战后历届政府里的国防部长和三军主要负责人，多数是大资本家出身。"①

同国内多个垄断资本（集团）及其众多下属军火制造商有着广泛人事勾连的美国国防部日渐散发出仅有唯利是图商人和企业才有的浓厚"铜臭"气息。西摩·梅尔曼教授如是说道，五角大楼"已经'形成了一个管理系统，来管理全国最大的工业企业网。''这个国家经济管理系统也是美国政府最有权力的决策中心，因此，联邦政府已不是为企业'服务'了，因为新的管理系统本身就是最大的企业。'"②。正由于垄断财团同资产阶级政府、议会，特别是国防机关有着如此密切的人事关联，垄断财团与国内军界的利益诉求正变得越来越具有一致性。欧美国家的

① 复旦大学资本主义国家经济研究所编：《美国垄断财团》，上海人民出版社 1977 年版，第 65—68 页。

② 《战后美国经济》，上海人民出版社 1974 年版，第 498 页。

国防部门不仅一如既往花费巨额资金向垄断财团及其下属军工企业采购大量军火武备，而且还千方百计为垄断财团攫取超额利润人为提供了多种便捷方式和渠道，如政府和国防部制定有利于军火商的法令法规；实行有利于军火采购的制度和承包方式；为军火商垫付研究费用；为军火商无偿提供资金支持（如美国国防部给予军火商分期付款并给付利息等类似方式隐蔽地向垄断财团提供大量无须偿还的资金）等。

第六节　垄断资本主义对全球施行的金融掠夺和剥削

一、美元霸权的掠夺性

尽管同样付出了惨烈代价，然而，不容否认的是，通过第二次世界大战，美国的的确确发了战争财、国难财，并因之而成为全球最为强大的帝国主义国家。美国仰仗着国内极其雄厚的财力物力，以及逐渐渗透蔓延全球的政治军事影响力，于第二次世界大战还未完全结束之际（1944 年），主导成立了一个史上非常著名的国际货币体系——布雷顿森林体系。依靠布雷顿森林体系，美联储，即美国中央银行确立了美元与黄金相挂钩（即 1 盎司黄金兑换 35 美元），进而，世界各国国内发行的货币与美元相挂钩的一种具有固定汇率的所谓“双挂钩货币制度”。

然而，随着时间不断推移及全球社会经济的持续发展和变迁，特别是自 20 世纪 60 年代以来，美国依靠布雷顿森林体系所最终确立的这一“双挂钩货币制度”，却在现实经济运行中给美国及其以美元为国际核心货币的相关制度带来了一系列接踵而至却难以化解的“特里芬悖论”①。

① “特里芬悖论”又称“特里芬难题”，它是美国耶鲁大学教授特里芬在 1960 年出版的《黄金与美元危机》中提出的一个观点：由于美元同黄金挂钩，而其他国家的货币又与美元挂钩，美元因而获得了国际核心货币的地位。然而，各国为了发展国际贸易，必须用美元作为结算和储备货币，这就势必导致流出美国的美元在海外不断沉淀，这样一来，将使美国发生长期贸易逆差；但美元作为国际核心货币的前提是必须保持美元币值稳定和坚挺，这又要求美国必须是一个长期贸易顺差国。上述两个方面相互矛盾，因此形成了一个难以破解的悖论。

为了摆脱困境，美国政府开始酝酿美元与黄金脱钩的货币战略。1971 年 8 月 6 日，美国众议院国际交易和收支委员会分会发布报告指出，“美元估值过高”，应该采用弹性汇率解决美国赤字问题。这份报告引起了新一轮抛售美元的狂潮，第三次美元危机爆发。同年 8 月 13 日，英格兰银行要求美联储对其持有的部分美元做出保证。8 月 14—15 日在戴维营举行的会议上，尼克松在反复权衡利弊之后最终接受了康纳利的建议，即采取“一种大规模、大胆的方式”，推出“新经济政策”，并将各种建议的关键要素囊括在内。8 月 15 日晚，尼克松公布了此项计划，并宣布美国单方面关闭“黄金窗口”，终止以美元兑换黄金的义务。这一事件在史上被称为“尼克松冲击”（Nixon Shock）。[①] 布雷顿森林体系至此宣告终止，国际货币体系从以美元为中心的固定汇率体系转变成美元为主、多种货币共同成为国际储备资产的浮动汇率体系，全球货币金融体系自此进入了以石油—美元计价机制为根本特征的“后布雷顿森林体系时期”或“牙买加体系时期”，换言之，尽管布雷顿森林体系寿终正寝，然而，美元的国际货币霸权地位并没有随着布雷顿森林体系的终结而消退，其只是换成了某种新的货币霸权形式而已。自此之后，由于美元摆脱了黄金作为货币价值基础和衡量标准的制约同束缚，美国“国际货币权力”得到空前扩张，从而开启了一个美元统治全球的新时代。大卫·哈维对此评价道，“此后，一种完全不同的体系主要在美国的监护下诞生了。黄金作为衡量货币价值的物质基础被抛弃，世界从此进入没有物质实体加以衡量的货币体系时代。”[②] 国内有学者担忧道，“后布雷顿森林体系时期”，“作为国际关键货币的发行国，美国一方面需要根据国内经济发展确定相应的货币政策目标；另一方面，相对于国际体系而言，又需要追求一个在全球水平上的合力和稳定的货币政策。但当这两个目标相悖时，它就将以本国的利益为中心而损害别国利益，而别的国家却往往难以采

---

① 李晓耕：《布雷顿森林体系的解体与演变分析——基于美元霸权的视角》，《北京航空航天大学学报》（社会科学版）2015 年第 1 期，第 104 页。

② ［英］大卫·哈维：《新帝国主义》，初立忠、沈晓雷译，社会科学文献出版社 2009 年版，第 52 页。

取主动措施，只能根据美国的政策被动地调整本国经济金融政策。这些国家受到货币政策不对称的冲击，有时甚至将遭遇灾难性的后果。”① 美国与其他发达国家相继签署的“广场协议”和“卢浮宫协议”就是在“后布雷顿森林体系时期”美国不惜损害他国经济利益，对他国持续施压，以维护自身经济利益和美元霸权地位最充分、最生动的真实写照。总之，历史发展证明，无论是“布雷顿森林体系时期”还是所谓的“后布雷顿森林体系时期”，美国均不遗余力地通过美元霸权地位始终致力于积极维护自身利益，并利用各种货币手段实施对其他国家和广大劳动人民的金融—经济掠夺和剥削。

（一）美国凭借美元霸权攫取巨额国际铸币税

如若某个国家国内流通使用的某一特定货币（事实上，现在各国流通的主要是“货币符号”，如纸币，而非传统意义上真正的货币，如金币、银币等）不仅仅是一种国内流通的普通货币，其同时更是一种世界本位货币（如当前国际通用并得到广泛认可的美元、欧元等），那么，这个国家就可以理所应当地使用这种货币在全球范围进行广泛的国际交易、国际结算及作为储备用途，进而，这个国家就可以通过这种货币的世界流通性而攫取到由这种货币所带来的具有高度垄断特征的一种经济利润——国际铸币税收益。

需要明确，尽管这种经济收益习惯性地被称为“国际铸币税”，但其事实上当然并不是通常意义上的国家政府税收。要想弄清楚什么是“国际铸币税”，首先就应当明确什么是“铸币税”。所谓“铸币税”最原始的意义是指：在过去人类社会主要还在广泛地使用贵金属货币（如金币、银币、铜币等）时，那些没有能够按照十足贵金属成色与分量铸造的贵金属货币与其所代表的“面值”之间的差额就是所谓的“铸币税”。举一个简单的例子来说，如果在古代中国，某人手中有一锭价值十两的银子，只不过，实际上这锭银子的成色或分量只有八两，那么，这锭银子的“铸币税”就是二两银子。由此视之，因为当代，全世界基本

① 李晓耕：《布雷顿森林体系的解体与演变分析——基于美元霸权的视角》，《北京航空航天大学学报》（社会科学版）2015 年第 1 期，第 105—106 页。

都不再使用贵金属货币，转而大量使用所谓的“货币符号”（如纸币甚或是当前广泛采用的电子货币等），因此，据上述“铸币税”原始意义，毫无疑问，纸币及电子货币，其所产生的“铸币税”不仅远远大于过往历史时期，而且可以说，这种情况下的“铸币税”大体上100%等于该张钞票或电子货币表征的“面值”。所以说，在当今世界各国，一国的铸币税总量几乎等同于该国中央银行投放的基础货币量。

众所周知，第二次世界大战结束后迄今，美元始终是全球最重要的世界本位货币（其重要性与影响力无疑远远超过了当前的欧元、日元、人民币等国际货币），也因此，美利坚合众国长期以来充分享受着全球范围的国际铸币税收益。特别是，当美国一国发行的美元告别了战后“布雷顿森林体系时期”与黄金挂钩的货币体制之后，美元不用再时刻担忧会发生在“布雷顿森林体系时期”黄金挤兑的糟糕情形，因而，其事实上早已沦为彻头彻尾的“纸币”了。这也就意味着，美元在“纸币信用”体制下，能够更加随意和更加巨量地攫取到国际铸币税收益，因为只要美国国内的印钞机一开动，国际铸币税就会源源不断地产生出来，如同传说中的聚宝盆一样。“2003年美国获得的传统意义上的国际铸币税约为231亿美元，至2003年已累计获得传统意义上的铸币税约为4319亿美元，1990—2004年平均每年获得的传统意义上的铸币税为181亿美元。”① 因此，尽管说“铸币税”“国际铸币税”本身并不是政府税收意义上的“税”，但却是世界本位货币发行国向全球各国、各地区、各民族征收的一种极端不公正、极端不合理的“税收”，尤其是当这种世界本位货币不再与任何贵金属挂钩以后。

（二）美国凭借美元霸权赚取国际通货膨胀税

假设一个国家所发行的货币仅仅只是国内流通的货币，并非世界本位货币，那么，一旦当这个国家发行的货币发生贬值现象时，从有利的角度来看，可以在一定程度上改善和促进该国商品或劳务的出口情况；从不利的角度来看，因为该国的货币发生贬值，那也就意味着，偿还同

① 程恩富、夏晖：《美元霸权：美国掠夺他国财富的重要手段》，《马克思主义研究》2007年第12期，第30页。

等数量的外债却需要出口更多数量的本国商品或劳务，所以，其所欠外债负担相较于贬值前无疑是大大加重了。

假设一个国家所发行的货币不仅是其国内流通的货币，同时也是世界本位货币，如美元、欧元等，那么，一旦当这个国家发行的货币发生贬值现象时，一方面，与那些不是世界本位货币的国家一样，货币的贬值无疑可以改善和促进该国所生产的商品或劳务的出口情况；而另一方面，也就是外债压力方面，却迥然有别于那些非世界本位货币的国家和地区，即由于世界上其他非世界本位货币的国家和地区握有大量该世界本位货币（如美元），因此，一旦当这种世界本位货币发生贬值现象时（如美元发生一定程度的贬值），那么也就意味着，这些国家和地区的债权相对缩水了。然而，这对于世界本位货币的发行国家，如美国而言，却无疑是好消息，因为这样一来，世界本位货币发行国的海外债务负担相对地得到了缓解，就如同攫取到一种所谓的“国际通货膨胀税”。“国外拥有的美元资产是一种债权，对于美国来说不断增加的国际债务也是一种隐性的负担。因此，美元的贬值就可以导致国外债权的缩水和美国债务的减轻。……如果估定 1967—2006 年美国的外债累计为 3 万亿美元左右，那么通过美元贬值 90%，美国因减轻外债负担而获取国际通货膨胀税为 2. 7 万亿美元，年均获益 675 万亿美元，而美国的债权国相应的总共损失 2. 7 万亿美元，年均损失 675 亿美元。”① 正因此，所以说，尽管与上述提及的“国际铸币税”相类似，所谓的“国际通货膨胀税”也并非传统或一般意义上的政府税收，但从实际效果与最终影响来看，世界本位货币发行国家，如美国，通过美元的持续不断贬值可以在很大程度上缓解与减轻美国自身的国际债务压力，因而，世界本位货币的贬值就“相当于拥有世界本位货币国家向非世界本位货币国家征收的一种税”，即所谓的“国际通货膨胀税”。②

---

① 程恩富、夏晖：《美元霸权：美国掠夺他国财富的重要手段》，《马克思主义研究》2007 年第 12 期，第 32—33 页。

② 程恩富、夏晖：《美元霸权：美国掠夺他国财富的重要手段》，《马克思主义研究》2007 年第 12 期，第 32—33 页。

（三）美国凭借美元霸权规避汇率风险并节约有关成本

美元凭借着自身长期以来最重要世界本位货币的霸权地位，在进行国际结算和支付过程中有效地避免了外汇市场由于汇率持续波动而带来的经济风险。因为在当前时期的国际结算和支付行为中基本都是以美元为主要货币手段，而且，因为美国政府于20世纪70年代初期宣布了美元与黄金脱钩，并且同时牢牢地守着国内美元印钞机，因而，美国在国际贸易过程中完全用不着担心美元储备问题。假若现存美元储备真的不能应付局面时，只要美联储开动印钞机，任何问题都必将迎刃而解。譬如，在2003年，“美国进出口总额为19771亿美元（其中进口12607亿美元，出口7164亿美元），估定外汇即期与远期汇率差价为1%，美国企业2003年可节约的风险规避成本约为198亿美元。……美国凭借美元本位可以拥有较少的外汇储备。美国由此获得的经济利益可以从国际公认的适度外汇储备额（相当于3个月的进口额）与美国实际外汇储备额之间的差额计算出。例如，2003年，美国出口货物为12607亿美元，其应维持的外汇储备为3152亿美元，但美国当年除黄金以外的外汇储备仅为751亿美元，差额为2401亿美元。根据收益率5%计算，2003年，美国因少持外汇储备而获取的收益为120亿美元。”① 这就是说，美国可以凭借美元霸权地位以较少的美元储备应付国际贸易并因此而获得更多、来源更加广泛多元的经济利益，如可将“多余”的资金用作海外风险投资或借贷等其他可以生利生息的用途。

二、“金融衍生品”的掠夺性和破坏性

从本质上看，金融衍生品乃是建基于金融原生产品之上的“一种金融合约”，其价值取决于一种或多种基础资产或指数，金融衍生品是与金融相关的派生物，其共同特征是保证金交易，即支付一定比例的保证金就可进行全额交易，不需实际上的本金转移，合约了结一般也采用现金差价结算的方式进行，只有在满期日以实物交割方式履约的合约才需要

---

① 程恩富、夏晖：《美元霸权：美国掠夺他国财富的重要手段》，《马克思主义研究》2007年第12期，第33—34页。

买方交足贷款。根据原生产品不同性质，金融衍生产品可以分为远期、互换、期货、期权四种；按市场的组织程度，可分为场内交易产品和场外交易产品；按金融基本因素，金融衍生产品可分为利率衍生产品市场、外汇衍生产品市场、股票衍生产品市场、商品衍生产品市场等。此外，随着金融市场的发展，还出现了衍生工具之间组合的金融衍生产品，即所谓的“金融再衍生”产品。

20 世纪 80 年代以来，随着各国金融监管陆续大幅度松绑及由此而来的金融自由化、全球化趋势日益强化，金融市场交易和金融产品创新在世界范围内变得史无前例地活跃，特别是从传统债券、股票、外汇等金融交易标的物逐渐衍生出了一批更为复杂和抽象的金融新产品——“金融衍生产品”，其不仅使得全球金融市场达到空前繁荣，而且还使金融部门的年交易量远超实体经济，金融业日益脱离实体经济发展的趋势也愈加显著。截止 2000 年，全球金融衍生产品的交易值实际已高达 100 万亿美元。根据国际清算银行报告，“2001 年 3 月衍生工具的数量为 119.1 万亿美元，从那时到 2004 年，衍生产品日成交量增长 77%，达到 1.2 万亿美元，全年成交量超过 300 万亿美元。此后，其交易额继续猛增，到 2007 年市场上流动的衍生工具合约已超过了 700 万亿美元。”① 由于以金融衍生产品交易为核心特征的虚拟经济越来越脱离实体经济，加之金融衍生品具有浓厚的杠杆效应与投机性，即保证金越低，杠杆效应越大，风险也因之越大，因此，其所可能产生的金融—经济风险也就与日俱增。巴塞尔银行监管委员会于 1994 年主持完成的“普罗米歇尔报告（The Promisel Report）”中指出：与金融衍生交易相关的风险可以分为企业特定风险（Firm - specific Risk）和系统性风险（Systemic Risk）两类。进而，企业特定风险又可划分为：市场风险、信用风险、流动性风险、操作风险、法律风险等；而系统性风险则是由涉及整个金融活动的经济、政治和社会因素造成的，它指的是金融体系抵御动荡的脆弱性。2008 年美国第四大投资银行——雷曼兄弟公司的破产，可以被视为金融衍生品

① 李琮：《当代资本主义阶段性发展与世界巨变》，社会科学文献出版社 2013 年版，第 346 页。

自始至终潜藏着巨大风险性和破坏性最典型的例子之一。雷曼兄弟公司因次贷金融衍生品投机失误而陷入资金困境，摩根等银行大财团根据之前签订的金融衍生产品投资风险合同索取了全部担保资产，从而促使雷曼兄弟公司的最终破产，并自此诱发了全面次贷危机。

由于金融自由化和金融全球化数十年来的强劲发展，民族国家间的金融壁垒早已被打破，金融业呈现出全球统一的规则同组织管理原则，加上大量国际游资的全球性疯狂流动，金融衍生产品所蕴藏或实际产生的风险必将且已经呈现出全球感染同迅猛波及之势。由于华尔街对金融衍生品过度创新、过度使用所最终导致的2008年美国次贷危机，就是金融自由化和金融全球化推波助澜而不幸引爆，却注定迟早发生的全球范围的金融—经济大危机。尽管金融衍生品面临众多或隐或显的经济风险，但现实状况却是，更多的金融衍生创新产品仍在源源不断地推陈出新，并且人们也似乎十分乐于介入这个领域，究其原因，就在于金融衍生品交易显而易见的剥削性、寄生性，以及由此带来的高额回报，“这一市场的发展是极其惊人的，其复杂程度是非专业人士不敢问津的。只是万变不离其宗，所有的金融衍生品交易，都是以钱生钱的市场活动，都追求的是资本收益，即非劳动收入性质的剥削收入。”① 依靠金融衍生产品环环相扣的多节利益链条，人们从中攫取到高额甚或暴利性利润。以高盛、摩根士丹利为代表的西方投资银行及其他金融机构都从金融衍生品中牟取暴利，又由于有些人往往想着如何不用从事物质生产，不用辛苦劳作就可以大把挣钱，所以，金融衍生品自然而然就成为这些人实现梦想的“绝佳途径”。这一点仅从下述巴菲特的回答中就可以窥见一斑，有人曾经问巴菲特为什么不把钱投入到实体经济从事真正的生产，巴菲特的回答则是，“既然股票、债券以及衍生品的交易如此简单，为什么要去做那些辛苦异常而且又费力不讨好的事情呢?”

然而，一旦金融衍生品（及其交易）引爆金融—经济危机之后，一方面，资产阶级政府往往斥巨资“救市”，但这里的“救市”并不是拯

---

① 钱津:《必须遏制金融衍生品市场泛滥》,《湖南社会科学》2009年第2期，第94页。

救失业、低收入或经济遭受损失的广大普通民众，而是竭力保证垄断资本（集团）高管的“天价”收入，并向垄断财团注入巨量资金，以保证其流动性，而这恰恰正是金融危机爆发后全球广泛掀起“占领”运动的关键所在。另一方面，资产阶级政府首先想到的是将危机所导致的巨大破坏同经济损失转嫁到普通民众身上，并竭力保护金融衍生品（交易），当然，保护金融衍生品（交易）实质无非是保障垄断资本。2012 年 12 月 10 日，美国联邦存款保险公司和英国中央银行联合发布了一份文件，其预见到即将爆发更大规模的金融危机并声称：促使全球具有系统重要性的私营金融机构恢复正常经营的一种有效办法，就是将银行提供未担保资金的信贷人（包括存款、债券、养老基金等债权持有人），转变为银行股东，这样将足够数量的债权转变为股权，从而为经营失败的银行提供足够的资本恢复正常经营。于是，在政府和垄断资本的合谋下，金融—经济危机的所有损失就轻轻松松转嫁到民众身上，新模式的目标，就是不计任何代价挽救私人“僵尸银行”，无论纳税人和存款人付出多大代价也在所不惜！这些投机失败的大银行高管非但不受惩罚反而尽情享受着公众埋单换来的高额奖金，并继续着投机高风险游戏。近几年来，美国联邦存款保险公司文件和多德弗兰克金融法案都声称必须给予金融衍生避险合同超级优先待遇。[①] 金融衍生品投机由于其交易的“杠杆效应”，因此，在开始交易时只需预付占全款很小比例的保证金就能够顺利进行，然而，在爆发金融—经济危机后却要享受超级优先权，并获得全额担保资产赔偿，而大量未参与金融衍生品投机行为的人却要为此埋单。西方“民主、自由、公正、人权”政治传统是何等的“令人叹服”。资产阶级政权为了最大化维护垄断资本，不仅将危机损失转嫁到本国人民头上，同时更不遗余力地试图转嫁给第三世界。2007 年 7 月 13 日，当美国已显现次贷危机苗头，美国住宅与都市发展部部长杰克森（Alphonso Jackson）却大肆鼓噪中国应增加对美国住宅抵押贷款支持证券的投资。杰克森恬不知耻地声称，住宅抵押贷款支持证券的收益率要高于相同信

① 杨斌：《重视金融衍生品与全球民众存款面临掠夺威胁的问题》，《探索》2015 年第 2 期，第 182—183 页。

用级别的美国国债。据美国住宅与都市发展部统计，2003 年 6 月，中国投资者仅有不足 30 亿美元的美国住宅抵押贷款支持证券，然而，到了 2006 年 6 月，则已迅猛增长至 1075 亿美元。[①] 即令如此，美国垄断资本及其代言人仍嫌本国金融风险转嫁给第三世界还不够多，还在竭尽所能鼓吹金融衍生品的所谓可观收益。

三、“国际游资”的掠夺性和破坏性

游资即通常所说的“热钱”，或称投机性短期资金，国际游资也就是所谓的“国际热钱”，其主要是指来自于境外的（投机性）投资资金，其根本目标是为了寻求和攫取短期投机盈利，而决非为了促进当地国民经济和社会建设的良性发展，也决非为了制造就业机会或创新开拓服务等，其主要包括现金、活期和短期存款、短期政府债券、商业票据、衍生产品、各类基金，以及其他流动性较强的资产或资产组合。《新帕尔格雷夫经济学辞典》将游资解说为：在固定汇率制度下，资金持有者或者出于对货币预期贬值（或升值）的投机心理，或者受国际利率差收益明显高于外汇风险的刺激，在国际间掀起大规模的短期资本流动，这类移动的短期资本就被称为游资。按照一般看法，游资具有如下特征：第一，高收益性与高风险性；第二，高信息化与高敏感性；第三，高流动性与短期性；第四，投资的高虚拟性与投机性等。从本质上说，国际游资的肆虐泛滥乃是新自由主义倡导下金融自由化和金融全球化持续发展的必然产物。

自 20 世纪 90 年代以来，由于金融自由化和金融全球化的深刻影响，国际游资出现了一些新的特征与动向：第一，高流动性，特别是由于现代高度发达的通讯和电子技术，某笔巨额资金交易只需在电脑上通过互联网就能够轻松完成；第二，国际游资日益显示出“机构化”倾向，即投资人往往委托专业投资机构管理资金，因而形成机构投资成为投资界主角的新现象；第三，交易杠杆效应倍增，金融衍生工具最显著的特点

---

① 钱津：《必须遏制金融衍生品市场泛滥》，《湖南社会科学》2009 年第 2 期，第 97 页。

就是“杠杆效应”，即以较少资金去撬动和营运几十倍甚至上百倍于本金的巨额资本，这一特质也逐渐成为国际游资的标志性特征之一；第四，第三世界越来越成为国际游资恣意肆虐的“重灾区”。据国际货币基金组织资料显示，1990—1993 年间，流入环太平洋国家和地区的资本比 80 年代增加了 5 倍。而且，流向发展中国家的资本构成发生很大变化，主要表现在证券投资比例迅速上升，总量已经超过直接投资。同时，根据有关数据可以看到，七国集团在 1990—1997 年间向其他发达国家和新兴市场经济国家投资的主要倾向是进行流动性高的证券类投资。[①] 以中国为例，我国国际游资自 2002 年 12 月开始由负值转为正值，2003 年表现出大幅度波段式增长，且一度在 2004 年 12 月达到 184. 94 亿美元。根据中国国家统计局 2006 年上半年统计数据，2006 年 2 月涌入中国的热钱达到 10. 2 亿美元，3 月为 44. 5 亿美元，4 月为 53. 1 亿美元，5 月达到 125 亿美元。由此表明，2002 年之前我国总体上呈现资金外逃趋势，但自 2002 年之后却明显呈外资流入趋势。[②] 大卫·哈维对短期内急遽流入中国境内且规模和体量均过于庞大的国际游资所可能产生的负面影响表现出了深深地担忧。[③]

当代资本主义发展史早已清晰地展现出国际游资对资本输入国经济所造成的严重危害性与破坏力，其中，具有代表性的历史事件，如 1992 年英镑危机、1993 年摩根士丹利由于调整全球股票投资组合中港股比例造成的香港股市危机、1994 年墨西哥金融危机，以及 1998 年东南亚金融风暴等。首先，游资短期内大量涌入或流出某个特定国家和地区势必将造成人们对该国和地区汇率的误判（高估或者低估），如当游资大量涌入时，人们往往会对该国和地区的货币抱有过大信心和希望，并由此推动该货币持续升值，从而影响东道国出口商品的竞争力，而当游资短期内大量逃离某国和地区时，则又会导致东道国货币严重贬值，从而诱发

---

① 李扬等：《金融全球化研究》，上海远东出版社 1999 年版，第 198—200 页。

② 彭菲娅、刘兵权：《国际游资引发资产泡沫》，《经济导刊》2007 年第 11 期，第 74 页。

③ ［英］大卫·哈维：《新帝国主义》，初立忠、沈晓雷译，社会科学文献出版社 2009 年版，第 100 页。

经济、金融、债务危机；其次，由于国际游资的投机性非常之高，加之其对利率存在高敏感性，因此，其还会妨碍东道国执行独立的货币政策，影响国内货币供应量的适度增加与缩减，在一段时期内增大了当地政府进行宏观调控的难度；最后，游资的高投机性往往能在短时间内加速股票、期货、房地产等领域经济泡沫持续发酵，诱发市场某类或多种商品价格暴涨暴跌现象。以中国楼市为例，中国近十多年来可谓“疯狂”的高企房价主要并不是由国内居民对住房的真实需求所推动，已经有越来越多实证研究和统计数据表明，中国楼市的持续疯狂走高在很大程度上是由国际游资大举涌入中国房地产领域而导致的。国际游资通过推高中国楼市价格，从而导引中国居民对国内楼市保有持续上扬心理预期，在跟涨不跟跌普遍心理机制作用下，中国绝大多数居民甚至农民必将不惜血本地用压箱底的资金投向楼市，于是，国际游资趁势而为，当有朝一日赚得盆满钵满时便迅速撤资，将房地产价格过快上涨所产生的全部泡沫效应留给中国及其国民来承担。与此同理，中国股市也因为国际游资的大量涌入而存在“严重虚高”问题。正如国内某些学者所指出的那样，如果扣掉新上市的工商银行、中国银行等大盘股的虚增成分，中国事实上并没有创出真正的历史新高。加上中国股市的上市公司收入质量仍然不高，因此，中国股市的市盈率应当更靠近15倍而不是更高，所以，当国内市盈率超过25倍之后就应当视为泡沫存在。“由于过度流动性的强劲推动，加之上市公司基本面发展的相对滞后，中国当前的股市存在一定的泡沫。但泡沫不会在短期内破灭，在持续的流动性推动下，泡沫还将存在一段较长时期。无论A股有多少上涨理由，但有一点是十分明确的，就是股市的泡沫已经吹大。至于这个泡沫能吹得多大，中国股市的牛市能够持续多久，尽管是不确定的，但是吹大的泡沫总有一天会破灭。”① 针对国际游资的高投机性及其对国民经济建设发展所可能造成的巨大毁坏性，国内某学者指出：国际游资的“金钱游戏”和转移速度已经形成一种独立的力量，它已经超越了国际金融组织的权利和能力

① 刘兵权、彭非娅：《国际游资与资产泡沫》，《环渤海经济瞭望》2007年第12期，第33页。

所及，将东道国的经济和金融形势的不稳定，迅速传递给所有其他国家。游资的特性使它能够随时对任何瞬间出现的暴力空间或机会发动闪电式袭击，当管理当局发现时，它们早已留下一堆烂摊子而逃之夭夭了。①

国际游资对当地（尤其是广大发展中国家和地区）国民经济及国内广大劳动群众空前的经济掠夺性是显而易见的。加之，由于新自由主义推动下的金融自由化和金融全球化进程仍在强劲持续演进，因而，其无疑必将把国际游资的高度投机性及其所可能产生的破坏性迅速而深广地播散到其他许多相关或不相关的行业领域，严重时会深刻影响同危及一个（多个）国家，甚或全球整体经济生态系统。

四、金融债务——高悬于劳动人民头上的“达摩克利斯之剑”

为了稳定和维持资产阶级政权，为了延缓周期性经济危机的频繁爆发，同时也为了攫取更多经济利益，垄断金融资本在战后发明了所谓“借贷消费”方式，通俗地讲，就是将资金以较高利率借贷给广大劳动群众，使其通过提前预支消费能力的方式在短期内迅速购买到一些大件商品，如高端电器、轿车、房屋等。在美国，普通群众欠商业银行的消费债务，1945 年不足 10 亿美元，1975 年则迅速增至 787 亿美元。在德意志联邦共和国，商业银行从战后初期开始提供消费信贷，到 1975 年底已达 428 亿马克。在美国，商业银行几乎提供了全美所有消费信贷的 2/3 左右。在西德，大约也有至少 1/3 的消费信贷是由商业银行提供的。“资产阶级理论家们把‘分期付款’制度吹嘘成美国工人生活‘幸福’的根据之一，不少工人拥有住宅、汽车等。这些表面现象看起来很唬人，骨子里却完全是另一回事。这是战后美国垄断资本为了缓和国内生产过剩的危机，利用社会虚假购买力以扩大市场、特别是消费品市场，维持所谓‘繁荣’的手段之一。1958 年 6 月 3 日‘皮克世界通货报道’说，美国按人口计算平均每人负债 1591 美元，居世界第 1 位。根据最近美国联邦储备委员会的统计，今年 4 月份美国新增加的‘分期付款’债务总额达到 345 亿美元。用‘分期付款’购买商品的制度是垄断资本家剥削工

---

① 李扬等：《金融全球化研究》，上海远东出版社 1999 年版，第 202 页。

人阶级的一个毒辣手段。它使消费者每年至少要多付 10% 的利息。"①“这笔巨额债务中的大部分落在收入较低的劳动人民肩上。……许多工人每周拿来工资以后，总的有 1/4 或 1/3 用来偿付赊购债务。在美国，一个人用分期付款抵押贷款来购买一所房子，往往从 18 岁付起一直要付到 50 多岁，这所房子才算归自己。一旦失业或偿还不起债务，所有赊购的东西都得全部退回。这也成了垄断资产阶级胁迫工人，使他们不敢轻易发动罢工的手段之一。"②

更为引人瞩目的是，战后至今，以银行为首的各类金融垄断机构，不仅只提供消费信贷，同时还向居民兜售一整套个人所需的金融服务，“银行所创办的一种‘金融百货公司’，力求履行多种职能（向个人客户提供贷款，为他们付账、购买股票和其他有价证券，办理人寿、住宅、汽车保险，编制报税单，制订家庭开支计划等等）。在今后打算完全借助电子计算机进行的非现金结算体制中，这些机构将起重要作用。美国的银行大王们不仅在国内，而且也正在国外他们有分支网的地方开办这类‘金融百货公司’。"③ 向消费者提供信贷已成为商业银行、人寿保险公司最大的贷款项目之一。这一方面刺激了当下需求，有利于缓解资本主义生产过剩的矛盾，另一方面却在无形中给工人阶级和广大人民套上了重重的债务锁链，迫使他们在未来更多地出卖劳动力。1981 年，美国私人非金融部门工商企业和居民个人的借款各占 55.6% 和 38.6%，工商企业的借款总额超过个人借贷；1983 年，个人借贷总额首次超过工商借贷数量；1989 年，工商企业借款比重降为 40.2%，为 2119 亿美元，居民借贷比重上升为 54.1%，为 2850 亿美元。④ 大卫·哈维明确将此类贷款行为视为资本主义的“剥夺性积累”之一，“我们可以仔细分析一下美国房地产市场著名的‘炒楼’行为。一处劣质房产被以极低的价格购得，

---

① 杨重光：《美国工人阶级的贫困化》，《国际问题研究》1959 年第 4 期，第 48 页。

② 杨重光：《美国工人阶级的贫困化》，《世界知识》1964 年第 6 期，第 12 页。

③ ［苏］H. H. 伊诺泽姆采夫主编：《列宁的帝国主义论与当代现实》，张承辉等译，中国社会科学出版社 1980 年版，第 71—72 页。

④ 李琮主编：《当代资本主义论》，社会科学文献出版社 2007 年版，第 179 页。

经过表面的装修后，在售房者所安排的按揭贷款的帮助下，以昂贵的价格出售给一个渴望实现‘居者有其屋’的低收入家庭。如果这个家庭难以按期付款或应付严重的维修问题，而这通常是肯定会发生的事情，那么这栋房子则会被收回。这并不完全是非法行为（购房者要小心了），但由此而产生的结果是掠夺了低收入家庭，骗取了他们数额少得可怜的存款。这就是剥夺性积累。这种类型的活动（合法的或非法的）比比皆是，它们使一个阶级掌握了财富，而另一个阶级则失去了财富。”①

不言而喻，从消费角度沦为垄断资本债务奴隶的远远不止工人阶级，各行各业广大劳动群众及诸多小企业主和管理人员均没有逃脱此厄运。以“按揭房贷”为代表的资本主义金融债务套索不仅成为严格规范和限制广大劳动群众社会行为、思想动向的有力工具，而且还成为垄断资本和资产阶级政权向社会一切进步力量施行打压与攻击的专制武器。这一点恰如大卫·哈维在《新帝国主义》中深刻阐述的那样：20 世纪 80 年代初，美国曾利用金融权力来规范工人阶级的运动，而这无疑为资产阶级政权从正面打击劳工力量和降低工会在政治进程中的作用提供了有利契机，令这一时期的工人阶级运动只能算作是一种保守性质的“后卫战斗”，即仅为了保护工人阶级在扩大再生产过程中以及在福利国家里所取得的地位与某些权利，而非一种积极进攻性质的“转型变革”运动，但这些运动大部分也终究都归于失败。因而，这样一来，发达资本主义国家劳工权利及其社会地位相较于 80 年代以前是处于相对下降的趋势中。②

概言之，一方面，尽管表面上资本主义市场呈现出异常繁荣与兴盛的景象，但事实却是，由于广大劳动群众的消费能力提前预支，并于短期内被消耗殆尽，所以，从长远来看，这种鼓励透支消费的借贷生活方式或文化心理无异于饮鸩止渴，其必将空前激化资本主义内在基本矛盾，从而不断引爆史无前例的金融—经济大危机以及社会大萧条；另一方面，由于过度且过快地完成消费行为，即不但将眼前的消费能力用光，同时

---

① ［英］大卫·哈维：《新帝国主义》，初立忠、沈晓雷译，社会科学文献出版社 2009 年版，第 124 页。

② ［英］大卫·哈维：《新帝国主义》，初立忠、沈晓雷译，社会科学文献出版社 2009 年版，第 53 页。

将未来潜在的消费能力一并耗掉，广大劳动群众自此之后不仅日益缺乏蓬勃的消费能力，而且还因之背上了极其沉重高利贷式的“债务包袱”，与此相反，依靠所谓“分期付款”方式，金融垄断资本家却攫取到空前高额的贷款利息。以借款买房为例，因为房屋需要的款额远远大于其他消费项目，如某些家用电器、汽车、高等教育所需学费等，所以，发达资本主义国家国内的劳动人民为了购置一套属于自己的房产，几乎是倾尽全力、倾囊而出，有的甚至倾全家几代人之财力物力，竭尽所能偿还银行巨额借贷本金及由此产生的高额利息。如果以收入较为稳定的工薪家庭来看，试图彻底偿还完这笔购房借款所需时间是极为惊人的，有的几乎要耗费一生时光。然而，最糟糕的情况却是，一旦当购房的工薪家庭面临失业或长期待业局面的话，其必定无力继续偿还银行贷款。那么，这样一来，一方面，房屋将会被银行没收，或拿来抵押，或拿来拍卖；另一方面，失去房屋的工薪家庭只能露宿街头，成为流浪者。

伴随金融资本借贷持续演变，金融借贷领域和范围越来越宽泛，借贷项目也越来越多样化，甚至可以这样说，在资本主义社会，一个人从生到死几乎所有要用到资金的地方和环节都让“善解人意”“心思缜密”的金融资本家们考虑到了。资本主义社会的广大劳动者，甚或连一部分拥有产业的“中间阶层”也越来越深度依赖金融借贷与融资。如此这般产生的后果无疑就是：资本主义金融业，将“资本”触角延伸至市民社会每一个角落，令“资本”逻辑渗透进每一个普通家庭，使“资本”力量深刻持久地影响每一位普通居民，从而，将“高息借贷”的“达摩克利斯之剑”悬于每一名普通劳动者头上，令其每夜胆战心寒，并继而在每一个白昼为能偿还银行慷慨解囊借贷的本金及由此滋生的巨额利息而全力以赴地拼命劳作。被“利滚利”巨额债务绳索越勒越紧的广大劳动群众，不仅日益呈现出对“资本”的深度“依附性”，从而逐渐丧失人格的独立性、思想的批判性、道德感的饱满性，以及精神（信仰）的超然性，而且，更因将自身血肉同灵魂义无反顾投入资本主义持续制造压迫剥削、贫富两极分化、赤贫生活窘况，以及人民群众深受奴役严丝合缝的机器齿轮中，被辗轧得粉碎，并继而转化成维系资本主义活的有机体源源不断的血液与能量。

第七章　帝国主义基本特征的持存与演化（之三）
——新殖民主义和资本输出

帝国主义既是一个古老的历史遗迹，同时依据列宁的思想则更是资本主义发展史上一个迥异于以往历史阶段的崭新时代。帝国主义理论话语同理论范式之所以能在 19 世纪末 20 世纪初得以以一种悠久传统“再度复兴”“再度回归”的方式迅速崛起，最主要的原因之一就在于，人们易于从西方列强积极推行的殖民主义及其所制定的一切对外政策同政治实践表象层面将悠久历史与当代景观联系并交叠重合起来：古希腊帝国、古罗马帝国、奥匈帝国、土耳其帝国、俄罗斯帝国等诸多在人类历史长河中烙上深刻印痕的统治政权，其显著的外侵扩张性、军事强权、中心—外围等级，以及拥有的广袤殖民地和众多殖民奴隶，同当代资本主义的全球殖民拓展是何其相似。正是据此，许多学者纷纷将近现代具有资本主义属性和内涵的帝国主义直接而简单地等同于往昔的古老帝国，这种看法不仅存在于“第二国际”时期，同时也相当顽固地延续到了经济全球化时期。对此，列宁在《帝国主义是资本主义的最高阶段》中从经济基础维度出发予以了坚决反对和批评。当然，有一点是毋庸置疑的，即垄断资本主义积极推动和施行的殖民主义无疑始终是当代帝国主义最主要的时代内涵同最为显著的社会经济特征之一。

第二次世界大战结束后，曾经一度不可一世的帝国主义旧世界殖民体系（军事—地理殖民体系）如同“多米诺骨牌”般于短时间内迅速坍塌。往昔殖民地和半殖民地纷纷获得独立，成立了民族自决的国家政权，并因而逐渐形成了同国际共产主义运动遥相呼应的第三世界阵营。面对旧世界殖民体系的全面崩毁，有人开始认为，殖民主义彻底消亡了，当代历史时期已然不存在殖民思维、殖民主义、殖民体系，列宁主义（包括“帝国主义论”）有关殖民主义的论述和阐释显然“过时”了，其正在（或已经）被人类社会历史发展的客观事实所“证伪”！然而，事实却是，此类观点将列宁的殖民主义思想作出了过于狭隘的解读，因而最终流于肤浅。其实，列宁对殖民主义范畴的理解既包括以军事入侵和武装占领为主要特征的军事—地理殖民主义，同时也包括以资本输出为主要特征的经济殖民主义。尽管战后以来，旧世界殖民体系（军事—地理殖民体系）早已烟消殒灭、土崩瓦解，往昔张牙舞爪的帝国主义列强也相继纷纷从各个势力范围撤出，并老老实实龟缩于本国疆域内，然而，透过诸多最新社会经济现象可以明确，经济全球化时期，帝国主义的殖民思维及有关实践仍顽强地存活着：第一，以资本输出为主要特征的经济殖民主义不仅依然存在，而且以更为强劲的势头迅猛发展着；第二，除了军事和经济途径外，当代帝国主义越来越倾向于更多地采取文化帝国主义“软实力”、“软手段”，借此向社会主义国家和第三世界的意识形态（思想信仰）领域发动异常猛烈的洗脑式攻击；第三，出于自身利益最大化考量，垄断资产阶级政权绝不会完全放弃军国主义同武装军事力量打击的传统强硬手段，换言之，历史事实一再表明，以美国为首的全球帝国主义在很多时候相当仰赖于其强大的军事武装势力，假若条件允许，世界军事—地理殖民体系是否会得以重建，帝国主义列强对全球的地理瓜分是否会卷土重来均无法彻底排除其可能性。

第一节　旧世界殖民体系的全面瓦解

毫无疑问，旧世界殖民体系的迅速崩溃与全面瓦解，乃是自以苏联为首的世界社会主义阵营形成以来对帝国主义全球统治的又一次沉重打击。某种意义上，帝国主义旧世界殖民体系的彻底崩毁，甚或可与俄国社会主义“十月革命”相媲美。旧世界殖民体系于战后迅速瓦解自然有众多深层原因：首先，两次世界大战极大消耗与削弱了全球帝国主义的总体力量，许多老牌帝国主义国家，如英国、德国、法国、日本等，几乎一蹶不振；其次，以苏联为首的世界社会主义阵营强势崛起；再次，殖民地和半殖民地广大劳动人民日益觉醒，多年来始终坚持不懈地反抗帝国主义殖民侵略与奴役。

然而，西方却始终不愿直面旧世界殖民体系于战后彻底而全面瓦解的真正根源。出于各种目的和想法，特别是希望最大限度地粉饰与掩盖殖民主义的罪恶同帝国主义列强丢掉殖民地的狼狈，垄断资产阶级及其御用文人炮制出了各种令人啼笑皆非、忍俊不禁，甚至近乎于荒诞的“原因”。其中，被冠以“新时代《共产党宣言》”美誉的《帝国——全球化的政治秩序》一书就试图用一种极度抽象而苍白的帝国主义“永久和平”说辞来遮蔽垄断资本主义贪婪而残忍的一贯本性，以及倒在帝国主义屠刀下无以计数的累累尸骸。《帝国——全球化的政治秩序》如是说道：“尽管帝国的实践不断地沐浴在血中，但帝国的概念一直用于一种在历史之外的永久而普遍的和平。”[①] 问题是，既然这种“永久而普遍的和平”存于历史之外，就如同存于康德“彼岸世界”，那么，这种所谓的“永久而普遍的和平”，或换言之，这种极度抽象的柏拉图“理念”（eidos，idea）式的“和平”对于生活于现实世界的普罗大众而言又能有什么价值和意义呢？安东尼·布鲁维尔在收录于《批判的范式：帝国主义政治经济学》的《回顾帝国主义》一文中为旧世界殖民体系的崩塌给出了一个荒诞至极的原因。他说：“帝国的崩溃不难解释，……帝国主义列强没有建立帝国的需要，搞帝国的费用始终很大，它从来不是很有利可图的。”[②] 毋庸置疑，安东尼·布鲁维尔的这种观点是在又一次重弹亚当·斯密及边沁等人唱过的老调。然而，由于人类社会历史早已发生了巨大变迁，倘若说，当初斯密和边沁等人以“拖累说”或“亏本说”来力劝英国放弃其在世界广袤殖民地上统治权的做法对于当时的英帝国主义切身利益还算具有一定合理性的话，那么，到了20世纪中后期以至21世纪，还继续使用类似说辞用以解释二战后旧世界殖民体系的全面瓦解，

① ［美］麦克尔·哈特、［意］安东尼奥·奈格里：《帝国——全球化的政治秩序》，杨建国、范一亭译，江苏人民出版社2008年版，第5页。

② ［美］罗纳德·H. 奇尔科特：《批判的范式：帝国主义政治经济学》，施杨译，社会科学文献出版社2001年版，第95页。

就无疑变成了全无道理的赤裸裸诡辩。此外，安东尼·布鲁维尔进一步提出，由于美国从来就没有过继承殖民帝国或者欧洲式殖民主义的历史传统，因此，当美国于战后一跃而成为全球，特别是资本主义世界的“主导型国家”之后，美国不仅是很高兴看到，而且是必然会引领帝国主义列强自觉自愿放弃昔日占领的殖民地与半殖民地。言外之意，旧世界殖民体系的崩毁最重要且最根本的原因不是其他，如世界社会主义整体力量的日渐强大、战后第三世界各地区和民族的积极抗争、欧美帝国主义由于世界战争极大损耗而呈现的疲态和衰微等，而是所谓“主导型帝国主义国家”——美帝国主义仁慈善心大发后的“主动放权”及其在世界资本主义阵营中的“模范带头”作用。当安东尼·布鲁维尔侃侃道完上述奇谈怪论之后，又抛出了一个令人倍感索然无味的陈词滥调：由于民族主义、民主主义的理念和理想从欧洲广泛传播出去了，因而使帝国主义的敌人们获得了武器。特别是当印度反抗的例子给全球殖民地和半殖民地指明了道路之后，整个军事—地理殖民大厦就注定了要倒塌。在这个解释中，一方面，可以清晰地看到，安东尼·布鲁维尔不得不正面全球广大被压迫剥削民族与人民持久而激烈的反抗同斗争对旧世界殖民体系解体所产生的巨大作用；另一方面，可以或隐或显洞察到，他不仅在字里行间流露出一丝对帝国主义列强的嗔恨之心，而且更流露出了异常明显的从“欧洲中心主义”骨子里散发出来的帝国主义者十足的傲慢与自恋的情结和态度。在他看来，战后，全球殖民地和半殖民地的解放与独立，根源性的力量来自于代表人类“最先进”“最文明”“最优秀”的一整套西方资本主义价值观，倘若没有这些“伟大”价值观长期潜移默化的深刻影响，那么，殖民地和半殖民地的那些“野蛮人”“奴隶”是不会懂得去反抗自己的主人的。除了上述比较典型的荒唐“见解”外，西方学界还有许多五花八门、林林总总用以解释战后旧世界殖民体系迅速崩塌原因的观点。颇具代表性的如所谓“帝国殖民政策偶然论”“美国解救说”“欧洲文明效果说”等。这些所谓的“理论阐释”在不遗余力地为帝国主义旧式国际经济政治统治秩序彻底失败进行粉饰和美化的同时，另一方面却竭尽所能着力抹杀、淡化殖民地和半殖民地民族民主抗争运动，以及世界社会主义革命力量对旧世界殖民体系最终瓦解所起到的决定性作用。事实上，如同现实和历史一再真切告诉人们的那样，世界上不会有自觉自愿主动放弃殖民地、半殖民地统治的帝国主义。

以曾一度狂妄自诩为“日不落帝国”的英帝国主义为例。二战结束后，尽管英国是以最主要战胜国之一的面貌呈现于世，不过，由于二战远甚于一战的惨烈程度及由此遗留下来的大量社会、经济、政治等诸多棘手难题同现实困境，均令这个昔日不可一世，骄傲哼唱着“切斯特顿诗句”（大地是英国立国的地方，转遍地球都可看到这个国家。红色的都是英国的版图，别处是一片灰暗。这就是帝国时代的意义）的大英帝国长期徘徊在社会经济全面崩溃和社会生产严重衰微的悬崖边缘。加之，大英帝国所拥有的广袤殖民地和半殖民地掀起的以反英为主旨的民族独立解放运动的惊涛骇浪汹涌而至（从游行示威、罢工罢市直至大规模武装起义暴动，各种要求独立的团体政党如雨后春笋般在短期内纷纷涌现出来，加上世界社会主义对殖民地和半殖民地民族独立解放运动的支持），早已从昔日一流资本主义强国沦为世界二、三流国家的“日不落帝国”越来越感到力不从心、难以为继。以素有英国殖民地“皇冠上的宝石”美誉的印度国内如火如荼展开的大规模民族独立解放运动为典型代表同肇始（某种意义上，其可被视为第三世界解放运动一个新时期的开端），“日不落帝国”遭受到了一系列史所罕见来自殖民地和半殖民地强大抗争与驱逐浪潮的沉重打击。战后初期直至20世纪70年代，大英帝国曾经一度牢牢掌控的广袤殖民地和半殖民地持续不断地挣脱了英国的统治。直至1997年香港回归中华人民共和国，往昔英帝国主义全球殖民统治体系庞大版图上仅仅剩下了一些大洋上“孤独”的岛屿聊以慰藉一下当年“日不落帝国”的“辉煌”及始终备受指责的情怀。

毋庸置疑，帝国主义只要有机会、有条件、有实力，就决不会仅仅满足于停留在纯粹的怀旧感伤同追忆“似水年华”的绵绵情绪之中。这突出表现在，对于眼前还能勉强控制的殖民地和半殖民地，以及一些行将脱离其殖民统治的地域，帝国主义会使尽浑身解数（阴谋与阳谋共用）苦苦挽留之。“日不落”大英帝国无疑是这方面的“垂范”，英国“一方面玩弄各种手法对付民族独立运动，一方面继续谋求帝国的扩张与发展。……为了阻止和延缓独立运动，维护殖民统治，英国殖民主义者采取了各种手法，玩弄了各种花招。在能够待下去的地方，他们就赖着不走。……他们的一切行动都是为尽可能地维护英国殖民统治，而当实在无法阻止殖民地独立时，则尽可能地保持英国在殖民地的利益”①。1982 年全面爆发的“英阿马岛海战”、近期苏格兰独立公投等事件，均深刻折射并透露出英帝国主义在面对“日不落帝国”无可挽回的衰微颓势及挽歌奏响时，既恋恋不舍又痛苦无奈的纠结情绪。

帝国主义列强之间长期尖锐而激烈的竞争对抗，20 世纪上半叶相继爆发的两次空前惨烈的世界大战等诸多因素均沉重打击并削弱了世界帝国主义整体实力，从而将一大批显赫的列强，如英帝国主义、德帝国主义、日本帝国主义等迅速拽进二、三流国家行列中。这些在战争中付出惨痛代价且劫后余生的列强于战后初期面临着堆积如山的社会、经济、政治、文化、道德，甚至民心相背（国民凝聚力）等严峻难题同现实困境。这些因素最终成为旧世界殖民体系再也无法维持支撑下去的重要原因之一。但是，旧世界殖民体系彻底瓦解，以及自此之后旧殖民主义一蹶不振最深层且最根本的原因乃是，在世界社会主义同一切进步力量的鼎力支持帮助下，殖民地和半殖民地国家与人民针对帝国主义殖民统治和军事侵略所进行的长期不屈不挠、英勇无畏的反抗斗争，以及由此推动的独立解放和民主自由等思潮日渐深入人心。事实上，殖民地国家和人民反抗殖民统治的斗争自入侵者踏上他们曾经独立自由的家园那一天就未曾停歇过。以中国为例，自第一次鸦片战争以来，中华民族众多优秀儿女为了反抗帝国主义殖民者入侵和奴役爆发了无数次民族独立运动同自由解放战争。但是，直到中国共产党诞生，之前所有反帝斗争最终都归于失败。这意味着，社会主义及其现实力量对于全世界被压迫、被剥削民族和人民彻底获得解放、独立、自由具有某种“终极意义”：第一，现实和历史雄辩地证明，只有当落后国家、地区和民族的独立解放运动紧密地与世界社会主义进步力量相结合后才有可能出现获取胜利的

---

① 陈启能主编：《大英帝国从殖民地撤退前后》，方志出版社 2007 年版，第 15—16 页。

曙光同希望；第二，正是得益于世界社会主义力量同国际资本主义反动势力全面抗衡，帝国主义列强对落后地区和民族的剥削、压迫才不得不有所收敛，第三世界也因之获得了史上良好的民族独立解放机遇；第三，由于绝大多数发展中国家和地区并未选择社会主义，而是走上资本主义道路，因而，其客观上沦为帝国主义全球经济政治体系中一个有机部分与补充，壮大了帝国主义整体实力，并以新的被剥削和被压迫形式日渐深陷进“中心”—“外围”或“宗主”—“依附”关系的怪圈。事实上，列宁早在1919年分析东方各国人民革命运动及其同帝国主义相互关系时就曾深刻指出：“东部各民族的革命运动，目前只有和我们苏维埃共和国反对国际帝国主义的革命斗争直接联系起来，才能顺利地发展，才能有所成就。”[①] 苏联学者伊诺泽姆采夫等人也认为：只有当落后国家和落后地区逐渐转向社会主义道路时，才能从根本上彻底消除对帝国主义的经济依赖并克服长期落后状态。[②]

正是由于世界社会主义声势日隆（在苏联支持帮助下，一批新的社会主义国家在战后相继成立，并逐渐形成了与帝国主义势力相抗衡的社会主义阵营），及其对殖民地和半殖民地民族独立解放事业的鼎力支持，全球反帝反殖斗争因之掀开了崭新篇章。二战结束后，国际共产主义运动同殖民地和半殖民地民族民主运动相互呼应、相互支持，不仅彻底摧毁了旧世界殖民体系，沉重打击了国际帝国主义，同时更深远地影响并变革了战后世界经济政治基本格局，撼动了国际旧秩序，并为新的属于劳动者的国际经济政治新秩序的最终出现奠定了坚实基础。国际格局能成为今天这样，一路走来，踏着的并不是鲜花与欢歌，而是那些曾为争取民族自由、独立、解放抛头颅、洒热血的英勇民族儿女的累累白骨和汩汩鲜血。正因为它残酷的真相反倒极为清晰地映衬了垄断资产阶级及其御用学者粉饰和歪曲历史背后那丑陋、邪恶、阴暗、自私自利的嘴脸达到了何种程度的鲜廉寡耻！殖民主义者哪里会是什么具有仁慈高尚品

---

① 《列宁选集》第4卷，人民出版社1972年版，第95页。

② ［苏］H. H. 伊诺泽姆采夫主编：《列宁的帝国主义论与当代现实》，张承辉等译，中国社会科学出版社1980年版，第204页。

质的公正与美德世界秩序的缔造者，其事实上就是赤裸裸谋求利益最大化鼠目寸光的贪婪之辈，就是只会牢牢盯住别人丰富资源矿藏、廉价劳动力的无情剥削压迫者、残忍军国主义者及恬不知耻的无赖之徒！面对经济全球化时期，以美国为首“新帝国主义”的“霸权主义”和“强权政治”日益猖獗肆虐（如美国罔顾联合国和平决议对其他主权国家悍然发动的可耻武装军事入侵及诸多干涉行径），许多有良知、有正义感的西方左翼学者，如乔姆斯基（Chomsky）、布鲁姆（Blum）、皮尔格（Pilger）以及约翰逊（Johnson）等人，均纷纷将作为“新帝国主义”最主要代表的美帝国主义指认为当今地球上最大的“流氓国家”。①

第二节　新殖民主义滥觞

一、新旧殖民主义

旧世界殖民体系的全面坍塌同彻底瓦解并不意味作为帝国主义重要内涵和显著社会经济特征之一的殖民主义（思维及实践）也随之一同消殒。军事—地理殖民主义尽管不再肆虐，然而，另一种建基于民族国家不平等关系之上，同样带有恃强凌弱色彩，以经济—文化“软实力”为主要侵略掠夺手段的新殖民主义却于战后显现并日益猖獗。更糟糕的是，最近二三十年来的国际关系和外交事务动态日趋表明，殖民主义内含的武装军事暴力因素并未因经济全球化时代的全面来临而销声匿迹，恰恰相反，其不仅与经济—文化殖民方式形成了相互配合、相互呼应之势，而且，某些时候、某些境况，人们甚至又能再次隐约窥见军事—地理殖民主义的身影。据上述，那种仅凭战后殖民地和半殖民地不再受制于帝国主义军事—地理殖民统治而（在形式上）纷纷获得国家独立同民族解放表象就断言，殖民主义已从人类社会历史舞台上彻底消殒，因而，列宁的殖民主义思想，特别是其有关帝国主义依靠军事武装力量在地理上

① ［英］大卫·哈维：《新帝国主义》，初立忠、沈晓雷译，社会科学文献出版社 2009 年版，第 33 页。

“瓜分世界”的见解被“证伪”且“过时”了的观点是站不住脚的。

殖民主义曾经的确主要以军事入侵和武装占领面目呈现于世，然而，这并不意味着殖民主义的内涵和外延仅限于此。事实上，列宁在《帝国主义是资本主义的最高阶段》中早已既重点论及了经济殖民主义，同时也深入阐述了军事—地理殖民主义，而且，还是在首先谈论完经济殖民主义之后才进入军事—地理殖民主义题阈的。那么，列宁有关帝国主义在地理上“瓜分世界”的论述是否真的过时了呢，换言之，能否或怎样用列宁关于帝国主义在地理上“瓜分世界”的思想去解读旧世界殖民体系（军事—地理殖民体系）崩塌这一历史现象呢？列宁一再提醒人们，应当注意帝国主义瓜分世界殖民现象的根源乃在于帝国主义最为深厚的经济基础——资本主义私人垄断。只要这个经济基础坚固依旧，那么不仅军事—地理殖民主义会长期存在，而且列强也必将会进行（或迟或早）瓜分世界的争夺。加之由于世界资本主义社会经济严重“不平衡发展”造成的列强实力的起起伏伏，帝国主义国家必将会为夺得一个同其综合实力匹配的殖民势力范围而爆发激烈的摩擦、冲突，甚至是大规模战争。因此，在列宁看来，由于垄断经济基础，列强瓜分世界的殖民主义终将导致全球被瓜分完毕，而瓜分完毕之后接着又会发生“重新瓜分”及“重新瓜分完毕”，如此循环，永不衰竭。这意味着，帝国主义对全球地理上的殖民瓜分乃是一个“常态性存在”。尽管旧世界殖民体系全面彻底瓦解是值得欣喜的事情，不过，由于垄断经济依然存在，并且在经济全球化时期变得愈加坚固，加之苏东社会主义阵营解体，因此，难以彻底排除将来某个时期当条件允许或时机成熟时，极端军国主义同军事—地理殖民主义会再度卷土而来（当前时期，日本应是一个很好的例子）。战后迄今，以美国为首的“新帝国主义”对社会主义国家，如朝鲜、越南悍然发动的侵略战争，对广袤第三世界，如索马里、伊拉克、叙利亚、利比亚等悍然发动的侵略战争，以及仰仗全球性军事存在对多个国家和地区内政外交的粗暴干涉与阴谋挑拨等，均早已淋漓尽致暴露出当代帝国主义源自军事—地理殖民主义不可遏制的冲动及其对全球进步力量一次次别有用心的挑衅。列宁有关帝国主义在地理上“瓜分世界”的思想远未过时，当然更没有被“证伪”，帝国主义潮水般从昔日殖民地撤退就如同一个被撕开裂口且具有高度弹性的袋子一样，其是否会被永久性地撕裂或彻底撕毁，还是说又会重新合拢，从根本上取决于以社会主义为首的全球一切进步力量的强弱及其与国际帝国主义整体实力的博弈和角逐。

新殖民主义与旧殖民主义在差异形态的遮蔽下，拥有完全一致的本质内涵，即均为出于一小撮垄断资产者私利最大化考量，建基于一种极度不平等国际关系之上，对广袤落后国家和地区经济财产、丰富矿藏、战略资源、生产原材料，以及大量廉价劳动力施行巧取豪夺的“强盗”行径。战后至今，凭借历史性累积形成的经济、政治、军事、文化等多方优势，帝国主义始终牢牢掌控着国际关系和对外交往“游戏规则”的制定权、裁定权、主动性，帝国主义与第三世界之间仍在重复和继续着昨日故事。殖民主义这瓶老酒经过数十载漫长发酵，在新时期又装进了以经济和文化等“软实力”为主要压迫剥削手段的新殖民主义这个新瓶中，殖民主义魂魄没有消殒，其又以新殖民主义躯壳得以重生于世。

新殖民主义通过各式具有隐蔽性和欺骗性的经济—文化“软实力”殖民手段不仅决定并形塑了第三世界的经济产业结构形态，全面监控着落后国家和地区的社会经济发展进程，而且严重破坏了当地国家主权和政治生态完整性，并借此获得了干预同掌控当地政权的特殊权力。新殖民主义对广袤第三世界资源、经济、政治的掠夺性、侵略性、实际控制力等诸多方面丝毫不逊于军事—地理旧殖民主义。新殖民主义经济—文化“软实力”手段依靠其隐蔽性、欺骗性，相较于军事侵占更具显著的深层渗透能力（经济、文化、意识形态、信仰等），以及武装暴力的辅助，获得了比旧殖民主义时期更加牢固、更加全面、更加深入、更加持久的影响力、控制力、统治力。对此，资本主义全球社会化适应理论正确地指出：从表面上看，战后，旧世界殖民体系的瓦解似乎导致了帝国主义列强决策的分散化，不过，事实却正好相反，目前新殖民主义的泛滥反而表明帝国主义的“社会控制”有所延伸和强化。[①] 与资本主义全

---

① 赛尔·沙茨：《社会化适应：一项关于世界资本主义的考察》，载曹义恒等编：《后帝国主义》，中央编译出版社 2007 年版，第 38 页注释 3。

球化适应理论相关看法具有一致性，国内学者王金存也认为，传统帝国主义可称为“殖民占领型帝国主义”，而当代帝国主义则可称为“全球控制型帝国主义”，这种全球控制型的帝国主义体系不仅比殖民占领型的帝国主义更隐蔽，而且也更复杂。因为，要实现对全世界的控制，就需要建立并维护一种世界秩序和世界霸权，这比占领和统治一个殖民地要复杂得多，困难得多。①

二、新殖民主义的经济殖民

（一）新殖民主义的经济殖民手段

作为战后新殖民主义重要内容或手段之一的经济殖民，不仅仍延续并持续强化着具有数百年悠久历史的商品输出和国际贸易，同时更加注重资本输出，如产业资本输出、借贷资本输出、其他各类金融输出，以及各式“对外援助”等。值得强调的是，尽管资本输出对垄断资本主义而言具有无可替代的重要意义，但这却丝毫不排除商品输出和国际贸易仍能对帝国主义社会经济发展及垄断寡头攫取巨量剩余价值作出“非凡贡献”。战后迄今，商品输出、国际贸易同资本输出呈现为相互促进、共同发展、共存共荣的“和谐画面”。西方的商品输出和国际贸易，特别是面向第三世界的商品输出和国际贸易的规模及总量，不仅没有受到资本输出的冲击与影响，反而呈现出逐年攀升态势。只不过，显而易见，第三世界与帝国主义进行的国际贸易是在一种极不公平的基础上展开的，这种不公平乃是由国际分工的不平等多年逐渐形塑而成的，换言之，其是国际分工不平等的自然延展及最深刻体现：一方面，第三世界社会生产力总体水平相较西方而言无疑非常落后，加之大多数发展中国家和地区的经济产业结构并不完整，甚至极不完整（有的国家和地区仅能从事工农业领域中的几项生产，如橡胶、棉花或其他农作物等），因而，它们要么是只能进行一些初级（农）产品加工生产，要么干脆将丰富矿藏资源及能源廉价卖给西方；另一方面，欧美发达经济体的科技和社会生产

---

① 王金存：《帝国主义历史的终结——当代帝国主义的形成和发展趋势》，社会科学文献出版社 2008 年版，第 101—104 页。

力始终处于引领世界方向的先进水准，因而，其工业产品包含的科技智力成分远超第三世界的（初级加工）工农产品。于是乎，在欧美发达经济体同第三世界的国际贸易中，发展中国家和地区往往只能无可奈何地处于一种劣势而被动的地位，西方则可以在肆无忌惮恶意压低第三世界出口商品价格的同时不断抬高自身工业产品，特别是某些（具有科技垄断色彩的）高科技产品，如电子产品、汽车、飞机、轮船、大型产业设备、军工产品、前沿科技产品等的价格，从而在双方贸易中赚取巨额“剪刀差”利润。除此以外，依靠与第三世界广泛持久的国际贸易，欧美发达经济体还顺利获取了维持国内工农业生产和再生产不可或缺，然而却时常感到捉襟见肘的众多原材料、动力能源及廉价劳动力。

战后迄今，西方时常会假装站在“人道主义”道德高地，高擎“经济技术合作”或（经济、科技、军事等）“援助”幌子，颇为“热心”地向第三世界积极提供先进科技设备、技术辅导、工农业合作项目，甚至看似“无偿”的资金赠予。据美国主要援外机构“国际开发署”资料显示，自1945年7月至1972年6月，美国总共对全球120多个国家和地区提供经济援助高达1670亿美元。那么，欧美发达经济体是否真的从面目狰狞的帝国主义侵略者和掠夺者焕然转变为第三世界及广大人民群众知冷知热的“人道主义朋友”了？真相当然是令人沮丧的：一方面，欧美发达国家从未，也永远不会真正关怀第三世界社会经济发展同广大劳动者生活工作状况的改善，其甚至都从来不曾真诚关怀本国工农业发展及国内劳工阶级；另一方面，其向第三世界源源不断提供的众多产业设备、技术合作项目、低息资金借贷或赠予等也从来不会是完全“无偿”的，换言之，这些“热情不减”的帮助同援助实质为进一步控制与奴役落后国家和地区的一种相当隐蔽、相当具有欺骗性的“障眼法”，“无偿”背后往往潜藏着垄断资本众多不可告人的诉求与阴谋。例如，早有学者揭露，西方在“冷战”期间给予发展中国家和地区的（无偿）经济援助，其真实目的并不在于协助当地社会经济发展，而是希望第三世界与西方资本主义形成牢固联盟以共同对付社会主义。这就不由得令人联想到毛泽东在《别了，司徒雷登》中的生动叙述：美国有很多钱，可惜只愿意送给极端腐败的蒋介石反动派。送是可以的，要有条件。什么条件呢？就是跟我走。美国人在北平，在天津，在上海，都洒了些救济粉，看一看什么人愿意弯腰拾起来。太公钓鱼，愿者上钩。嗟来之食，吃下去肚子要痛的。[①] 事实也的确证明，欧美向第三世界提供的每一项援助背后都不仅附带大量有损国家民族尊严和社会经济利益的苛刻条件，而且还或隐或显存在诸多侵害受援国国家主权和政治利益的条款内容。战后，欧美空前乐于援助第三世界决非帝国主义出于“利他主义”的美德，“仁慈之心”大发后的一种“人道主义”行为，同样也非帝国主义发生了某种具有进步色彩的实质转变。归根究底，几乎所有对外援助的旨向均为：在旧世界殖民体系崩塌的时局下，能继续从经济、政治、军事等方面重新全方位掌控第三世界，并进而为垄断资本（集团）及其寡头攫取经济利益。欧美发达国家给予第三世界的援助，反而恰恰是广大“外围地区”对西方“中心地区”所施以的援助。“无论美帝国主义如何玩弄手法，都掩盖不了‘美援’的侵略和掠夺的实质。‘美援’事实上就是援美，它给受‘援’国带来的并不是什么‘发展’和‘进步’，而是使它们陷入深重的被奴役和被剥削的桎梏之中。”[②]

经济殖民众多手段和方式中，尽管商品输出、国际贸易、对外援助占据着重要位置，但是，一旦将它们与资本输出相比较，那么，毫无疑问，资本输出始终居于“王者”般的显赫位置。通常而言，资本输出包括，产业资本输出、借贷资本输出、其他各类金融输出等。战后至今漫漫数十载，几乎所有资本输出方式均获得了空前发展，美国、欧洲、日本则成为资本主义世界中三个最重要的资本输出策源地。据有关资料显示，美国对外资本输出，由于深受社会经济快速发展“黄金时代”的强劲推动，已由 1945 年区区 168 亿美元猛增至 1972 年的 1809 亿美元。经济全球化时期，以石油输出国（如伊拉克、伊朗、沙特、阿联酋等）和某些新兴经济体（如中国、印度、巴西等）为典型代表的许多发展中国家和地区也开始加入全球资本输出国“俱乐部”中。此外，世界资本输出流向有所改观，即从战前 70% 左右的资本输出主要集中在殖民地和半

---

① 《毛泽东选集》第 4 卷，人民出版社 1991 年版，第 1495 页。

② 《战后美国经济》，上海人民出版社 1974 年版，第 310 页。

殖民地及其他许多不发达国家和地区，转变为70%左右的资本输出主要集中在欧美发达国家，而美国与欧洲“对向资本输出”又占据了西方国家资本输出的绝大部分，美国和欧洲俨然成为全球资本输出的“主阵地”。但是，需要强调，上述却丝毫没有减退或弱化帝国主义面向第三世界施行资本输出的殖民意蕴，以及输出资本在第三世界所具有的掠夺性、侵略性、破坏性。

（二）经济殖民与“中心”—“外围”不平等国际关系

由于两次世界大战，特别是第二次世界大战史无前例的巨大消耗同几近毁灭的打击，战后初期的欧美诸国如同重病初愈的患者那样长期陷于一种虚弱疲惫的状态。尽管美帝国主义一国独大并迅速崛起，然而，伴随同样不甘示弱的国际社会主义力量日益壮大，以及众多殖民地和半殖民地纷纷获得民族解放和国家独立，垄断资本主义全球统治遭遇前所未有的强劲挑战。正是据此，苏联政界和学界具有（盲目）乐观主义色彩的“资本主义总危机论”曾一度广泛流行，某些苏联学者甚至明确将世界社会主义阵营的日趋成型及全球范围如火如荼展开的民族解放运动视为国际资本主义总危机“深化第二阶段”的主要特点。

事实上，全球帝国主义总体实力及其深广影响力仍不容小觑。正因此，绝大多数殖民地和半殖民最终选择了资本主义发展模式，并于不知不觉中沦为帝国主义世界统治体系一个有机部分与补充。欧美帝国主义凭借强大科技、经济、政治、军事、文化等诸优势，在同第三世界日益广泛而深入的国际交往中形构了一种取代传统“宗主国”—“殖民地”世界体系的新的“中心”—“外围”不平等国际关系，正是在这种“新型国际”关系中，第三世界，尤其那些选择资本主义制度的国家和地区，逐渐沦为帝国主义“中心”的“外围”依附者。因而，某种意义上，战后迄今的国际基本格局同国际经济政治秩序可被视为往昔旧国际格局及秩序的某种（实质）延续。为了维系和巩固这种新的“中心”—“外围”不平等国际格局与关系，西方发达经济体竭力推动并积极施行一系列令第三世界饱受压迫剥削的经济殖民手段：（1）构建各类能切实保障并拓展垄断资本利益的国际金融—经济机构，如世界银行、国际货币基金组织、世界贸易组织等；（2）在与第三世界经济政治交往中，积极而广泛地同发展中国家和地区签订众多有利于自身，却极度不利于第三世界的条约和协定；（3）持续加强和提升自身已娴熟掌握的高科技垄断，以此巩固和更深入推进国际分工不平等的发展趋势。帝国主义将这些极具隐蔽性和欺骗性，然而，侵略性和掠夺性都空前显著的卑劣手腕同资本输出、商品输出、对外援助紧密结合起来，形成了（新殖民主义的）经济殖民主要内涵，同时也成为战后第三世界始终深陷贫穷、落后、困顿泥潭而不能自拔的最根本国际原因。这一切恰如某些西方马克思主义者指出的那样：以不合理的国际分工为基础的国际生产体系，以不平等交换为基础的国际贸易体系，以及以垄断为基础的国际金融货币体系正日益成为第三世界贫困与落后的最重要根源！

战后初期，欧美发达资本主义出于利益最大化考虑，相继构建了世界银行（成立于1944年，1946年6月开始营业）、国际货币基金组织（成立于1946年5月，1947年3月正式运营）、关税及贸易总协定（1947年10月在日内瓦签订，1948年1月开始临时使用，后被1994年成立的世界贸易组织所取代）等一系列国际金融—经济机构及相关协定。尽管这些国际金融—经济机构和协定最初对外宣称的宗旨带有浓厚人道主义援助色彩同建设平等互助国际经济政治新秩序的根本诉求（如世界银行一开始赋予自身的使命就是帮助在第二次世界大战中被破坏国家的重建及资助其他发展中国家克服穷困并提高当地人民生活水平等，国际货币基金组织宣称其宗旨乃是为国际货币问题磋商和协作提供方法并通过国际贸易的扩大和平衡发展促进成员国就业、生产资源发展、实际收入提高等，关税及贸易总协定的目标则是通过削减关税和其他贸易壁垒以期达到消除国际贸易中的差别待遇及促进国际贸易自由化等），但是，由于其缔造者主要为垄断资本，加之随着时间不断推移，欧美国家采取资本和人事渗透的方法（如在人事制度方面，世界银行的总裁基本都是美国人，而国际货币基金组织的一把手则往往都是欧洲人），逐渐牢固掌控了这些国际金融—经济机构，因而，上述国际金融—经济机构最终沦为西方推行和实践新殖民主义可靠且得心应手的强有力工具，以及维系、巩固不平等国际经济政治格局和秩序的坚强依靠。经济全球化时期，这些国际金融—经济机构又继而转变为新自由主义在全球泛滥猖獗最重要的制度和机构保障。随着操纵这些机构娴熟度的日益提升，帝国主义通过这些机构的对外（主要是同第三世界）经济交往，频频提出各式各样对别国经济政治主权有所损害的附加条款，以此达到干涉和控制别国内政的目的。以世界银行为例，世界银行往往通过与第三世界各国政府打交道过程中呈现出来的“中立”假象，积极主动地向众多发展中国家和地区推荐各式五花八门的经济建议和经济预算，其最终目的无非就是希望第三世界各国政府能够广泛兴建各种远超当地实际社会经济发展需要，大而无当且花费高昂的工程项目，在这一过程中，依靠给予第三世界的巨额借贷，继续不劳而获地享受高额利息回报。对此，约翰·帕金斯在《一个经济杀手的自白》中坦言道：“这些所谓的贷款从来就没有离开美国一步：这些钱仅仅是从华盛顿的各借款银行转移到美国建筑或工程公司……的账户中。”① 当然，世界银行不仅通过借贷方式积极“帮助”第三世界开拓国内社会经济建设（既作出规划，又对在实际中开展的建设项目进行监督，还给予资金资助），而且还会同众多卷土重来的以专家、顾问、经济援助官员等身份重返昔日殖民地的各类西方驻派利益代言人沆瀣一气，结为利益攻守同盟，并进而与当地买办资产阶级一道共同介入和干预当地内政外交，侵犯当地经济政治主权，以此服务垄断资本。

二战结束后，欧美各国同第三世界签订了各类覆盖面广泛的（不平等）经济条约、投资协议、技术援助合同，凭借这些条约和协定，一方面，不仅能最大限度掠夺落后国家和地区的生产资源与重要战略物资，而且还能获得更多经济利益；另一方面，能确保本国资产阶级政权和垄断资本在这些区域的诸多特权及政治军事权益。不平等条约和协定主要涉及西方下述诉求：（1）掠夺第三世界各类丰富资源并倾销国内剩余产品，例如，美国同缅甸等国签订的经济合作协定均列出专门条款，规定接受美国援助的国家必须以优惠条件向美国提供美国国内缺乏或可能缺乏的物资；（2）保障私人投资利益并享受特惠税收等政策，众多条约和协定不仅都对第三世界的国有化进行了严格限制，而且还竭力保障欧美

---

① ［美］约翰·帕金斯：《一个经济杀手的自白》，杨文策译，广东经济出版社2006年版，第16页。

公民在受援国家和地区享有国民最优待遇和最惠国待遇，并几乎免除了一切苛捐杂税和其他方面的费用支出，例如，1951 年 3 月，美国和哥伦比亚关于技术合作的条约中明确规定，美国向哥伦比亚输入的任何资金、物资、装备应免缴税收、服务费及投资保管手续费等，美国援助哥伦比亚人员及其随行家属的收入可向美国政府缴纳所得税或社会安全税，免除向哥伦比亚缴纳一切所得税和社会安全税，免缴个人财产税，这些人员在缴纳关税和进口税方面享有美国驻哥使馆外交人员相同待遇；（3）保障西方列强在第三世界享有各种特权（如外交特权、获取各种情报的特权），例如，1950 年 9 月，美国和缅甸的经济合作协定明确规定，美援缅代表团成员将被视为美国驻缅甸外交使团的一部分，享有外交使团的特权和豁免权，并为其提供充分便利等，而在获取情报方面，例如，1951 年，美国和哥伦比亚签订的关于技术合作的换文规定，哥伦比亚要向美国提供与援助计划有关的各种情报。①

国际不平等秩序和格局得以形塑并持续至今的重要原因之一就在于，全球体系存在以不合理国际分工为基础的国际生产体系，以及由此产生的以不平等交换为基础的国际贸易体系。为什么会出现以不合理国际分工为基础的国际生产体系呢？关键在于，长期以来，欧美发达国家的科技和社会生产力始终处于世界先进水平并引领世界发展潮流，于是西方历史性形成了对第三世界的巨大领先优势，而且此种优势还在持续扩大（往往呈现为科技同产业“代差”）。在西方高科技产品（如电子智能、生化医药、航空航天、军事工业等领域）同第三世界几乎全都是工农业初级加工生产产品、自然矿藏、能源产品等的国际贸易中，欧美发达国家，一方面竭力抬高自身产品交换价值，另一方面恶意压低第三世界产品交换价值，以此攫取丰厚的国际贸易“剪刀差”经济利润。为了长久维系上述不平等格局同关系，欧美各国近来越来越注重以跨国公司为载体和执行者的科技研发及其在生产领域中的应用，并渐渐形成了一种全新垄断形式——科技垄断。据联合国贸易和发展会议有关材料显示，“在目前发展中国家批准的外国公司持有的专利中，90%—95% 并未用于当

① 张顺洪等：《英美新殖民主义》，社会科学文献出版社 2007 年版，第 80—83 页。

地生产，而是成了垄断和限制发展中国家商品进出口及抑制当地技术发展的一种手段。”① 由此视之，列宁曾深刻揭露的以“停滞”为主要特征的帝国主义“腐朽性”已一览无遗。

军事暴力对于维持和巩固国际关系和国际格局，特别是对于维持和巩固当前仍顽固带有浓厚旧殖民色彩的国际经济政治秩序具有不容小觑的作用。因而，这就决定了新殖民主义远非一种真正和平与文明的国际交往方式，换言之，在某些特殊情况下，其会毫不犹豫撕掉资产阶级温情脉脉的假面，袒露出帝国主义由于欲壑难填而催生的狰狞与残暴。但是，通常在断然决定使用军事暴力手段之前，帝国主义惯用的伎俩则是对第三世界广泛施行所谓以“金元外交”为主要内容，具有“准军事化”色彩的“政治干涉主义”。以战后美国为例，政治干涉行动的主要承担者就是大名鼎鼎的中央情报局。大卫·哈维揭露了美国政权与1973年智利民选总统阿连德被推翻“政变”之间的某种深层关联：在美国国务院关于智利1973年军事政变的档案中有一份中央情报局的电报，其大致内容如下：“通过军事政变推翻萨尔瓦多·阿连德是一项持续而坚定的政策……我们将利用所有能够利用的资源，继续尽最大努力向智利方面施压，以最终实现这一政策。我们将尽可能秘密和安全地执行相关计划，确保美国政府和美国的干预活动不为外界所觉察。”② 应当明确，这里所提到的“尽最大努力”当然不完全排除以“肉体消灭”为直接目标的赤裸裸暗杀行径。

毫无疑问，帝国主义决不会止步于这种仅仅具有“准军事化”特征的“政治干涉主义”，当代帝国主义仍需对那些“不听命令”“不谙指示”“不守规矩”，且不与欧美愉快合作的目标政权或政治组织保留军事入侵和暴力打击的权力。战后以来，美国在这方面的“斐然成就”，如朝鲜战争、越南战争及近期罔顾联合国反对，针对伊拉克、利比亚等国家而悍然反动的无数场大大小小侵略战争，均越来越清楚地向全世界表

① 樊亢主编：《资本主义兴衰史》，经济管理出版社2007年版，第319页。

② ［英］大卫·哈维：《新帝国主义》，初立忠、沈晓雷译，社会科学文献出版社2009年版，第8页。

明，旧殖民主义基因仍深深潜藏于当代帝国主义骨血之中。不过，当今时代毕竟不同于旧殖民主义时期，碍于世界社会主义、民族解放运动，以及爱好和平等一切进步力量的日益强大，欧美帝国主义不可能再像旧殖民主义时代那样频繁猖獗地肆意动用军事暴力手段，它们也不能不顾及世界舆论的批评同全球各类力量的强劲反弹等诸因素。于是，欧美帝国主义在经济全球化时期上演了一幕幕颇具讽刺意味的“战争戏剧”，它们为了在道德高地上寻得一个安身之处，竭尽所能地将自己打扮成自由民主的“布道者”及受困于集权主义群体的解放者，同时，为军事入侵和暴力打击第三世界标的国家或组织找寻诸多冠冕堂皇的借口，例如，大家耳熟能详的“大规模杀伤武器”和“生化武器”借口，“反人类罪”借口、“全球恐怖主义”借口，等等。大卫·哈维对此辛辣地讽刺道：美国抛出的诸般令人感到啼笑皆非的侵略借口，“使得中东地区的战争犹如某些长期上演的中世纪道德剧的情节一样（萨达姆扮演魔多，布什扮演勇敢的佛罗多，布莱尔扮演佛罗多忠实的仆人山姆）。最后，对伊战争听起来就像是美国和英国承担起了某种神圣的使命，要将伊拉克人民从水深火热中解救出来。”①

第三节 资本输出

一、正确理解列宁“资本输出是垄断资本主义典型特征”的重要论断

列宁在《帝国主义是资本主义的最高阶段》“资本输出”章节中明确指出：对自由竞争占完全统治地位的旧资本主义来说，典型的是商品输出。对垄断占统治地位的最新资本主义来说，典型的则是资本输出。②这是整个“资本输出”章节（甚至包括后面“资本家同盟瓜分世界”章

① ［英］大卫·哈维：《新帝国主义》，初立忠、沈晓雷译，社会科学文献出版社2009年版，第10页。

② 《列宁全集》第27卷，人民出版社1990年版，第376页。

节）提纲挈领的关键语句，尽管简洁，但却蕴含着深邃而丰富的理论内涵。因此，要想正确理解列宁所做出的这个极为重要的论断就必须首要地明辨几个问题。

尽管资本输出作为垄断资本主义时期最重要、最基本的社会经济特征之一，但它却并不同资本主义商品输出构成根本矛盾及相互排斥，恰恰相反，在垄断占据统治地位的帝国主义时代，特别是战后以来，无论从整体规模上看还是从资本总量上看，世界资本主义的商品输出不仅没有因为资本输出的强势崛起归于暗淡和衰微，反而呈现出与世界资本主义资本输出齐头并进的迅猛发展态势。众多实证研究和统计数据纷纷显示：事实上，资本输出正日益成为持续促推商品输出的强劲引擎。譬如，当国内市场日趋变得相对狭小时，“资本输出给商品出口提供了新的市场。……对某些国家提供的信贷和贷款，在很大程度上被用来向债权国购买商品，即所谓受约束的信贷。”①

依据列宁在分析垄断资本主义时始终注重对经济基础进行深入剖析的唯物史观方法，资本输出之所以能成为垄断资本主义时期最为典型的社会经济特征之一，其最为根本的深层原因无疑就在于帝国主义最深厚的经济基础——资本主义（私人）垄断。这一点正如列宁所言：资本输出及其所攫取到的巨额利润充分说明了“金融资本和垄断组织的时代的特性”②。列宁指出，19 世纪末 20 世纪初，由于自由资本主义逐渐向垄断资本主义过渡，资本主义各国国内生产及资本的集中垄断速度和程度较之以往均出现了前所未有的显著提升，垄断资产阶级与垄断资本集团雏形已然显现，许多大资本集团不仅在国内形成了高度集中垄断态势，而且更进一步蔓延全球，形成了众多世界垄断同盟组织或国际卡特尔组织与协定。于是，这样一来，一方面，资本主义社会的国内市场相对显得狭小了，即列宁所说的“有利可图的投资场所已经不够了”；另一方面，垄断者手中的资本则越来越“过剩”。因而，垄断寡头们开始向遥远地平线另一头（广袤的殖民地和半殖民地）眺望。由于这些地区，

---

① ［苏］H. H. 伊诺泽姆采夫主编：《列宁的帝国主义论与当代现实》，张承辉等译，中国社会科学出版社 1980 年版，第 124—126 页。

② 《列宁全集》第 27 卷，人民出版社 1990 年版，第 379 页。

“资本少、地价比较贱、工资低、原料也便宜”，加之其“已经卷入世界资本主义的流转，主要的铁路线已经建成或已经开始兴建，发展工业的起码条件已有保证等等”①，因此，这一时期，掌握在垄断寡头手中的巨量资本源源不绝向这些地区倾泻，并在声势上远超商品输出。

当然，列宁在《帝国主义是资本主义的最高阶段》中提到的先进国家与垄断寡头手中掌控的“过剩资本”并非绝对意义上的真正“过剩”，其只具有一种相对性，即这种资本的过剩如同经济危机爆发时社会商品的过剩那样。资本过剩永远都只是对于垄断资产阶级而言的，就一般普通劳动群众而言哪里存在什么“过剩资本”。“过剩资本”始终是建立在资本主义社会经济极端不平衡发展同严酷阶级压迫剥削之上的。对此，列宁愤慨地谴责道，“假如资本主义能发展现在到处都远远落后于工业的农业，假如资本主义能提高在技术获得惊人进步的情况下仍然到处是半饥半饱、乞丐一般的人民大众的生活水平，那当然就不会有什么过剩资本了。……但是只要资本主义还是资本主义，过剩的资本就不会用来提高本国民众的生活水平，而会输出国外，输出到落后的国家去，以提高利润。”②

在列宁看来，帝国主义时代，资本输出不仅日益成为帝国主义和资本家同盟争夺世界市场的重要手段，而且正现实性地强劲促推列强和资本家同盟在“转义”意义上“瓜分”世界的基本态势。列宁指出，“随着资本输出的增加，随着最大垄断同盟的国外联系、殖民地联系和‘势力范围’的极大扩大，这些垄断同盟就‘自然地’走向达成世界性的协议，形成国际卡特尔。”③ 列宁在文中重点举了电力工业领域美德两国托拉斯相互竞争并最终达成一致与妥协的例子：“1907 年，美德两国的托拉斯订立了瓜分世界的协定。竞争消除了。通用电气公司（G. E. C.）‘获得了’美国和加拿大，电气总公司（A. E. G.）‘分得了’德国、奥地利、俄国、荷兰、丹麦、瑞士、土耳其和巴尔干。”④

依据列宁在《帝国主义是资本主义的最高阶段》中的有关阐述，资

---

① 《列宁全集》第 27 卷，人民出版社 1990 年版，第 377 页。
② 《列宁专题文集——论资本主义》，人民出版社 2009 年版，第 150—151 页。
③ 《列宁全集》第 27 卷，人民出版社 1990 年版，第 381 页。
④ 《列宁全集》第 27 卷，人民出版社 1990 年版，第 383 页。

本输出主要是指产业领域的直接投资同金融借贷两种方式。经济全球化时期，资本输出还衍生或空前突显了另一种极端重要的形式，即“金融游资”对海外证券市场、房地产市场等众多具有高收益性、高投机性、高风险性领域的投机性投资，或曰“炒作”！不过，无论哪种形式，只要是帝国主义施行的资本输出，在列宁看来，其正日渐成为帝国主义压迫和剥削世界大多数国家、民族、人民，以及少数最富裕资本主义国家腐朽性、寄生性越益显著的坚实基础！事实确如列宁所说那样，丝毫不差。首先，垄断资本依靠资本输出的第一种方式，即对实体产业领域的直接投资，不仅从偿付地皮价格、生产原料到租金、劳工薪酬等诸多方面大大节省了经费开支，而且还通过生产经营获得了源源不断输入资本主义“中心区域”的自然矿藏、动力能源、廉价劳动力。其次，垄断资本依靠资本输出第二种方式，即借贷资本，不仅赚取到高额利息收益，而且还凭借各式附加条件攫取到难以计数的好处。这就是列宁所说的“金融资本往往从一头牛身上剥下两张皮”的含义。列宁说：规定拿一部分贷款来购买债权国的产品，尤其是军用品、轮船等，作为贷款的条件。法国在最近 20 年中（1890—1910 年）常常采用这种手段。资本输出成了鼓励商品输出的手段。奥匈帝国驻圣保罗（巴西）领事在报告中说：“巴西修筑铁路，大部分用的是法、比、英、德的资本；这些国家在办理有关修筑铁路的金融业务时已规定由它们供应铁路建筑材料。”① 据有关资料统计，20 世纪 70 年代初，美国、英国、法国对外直接投资总计约为 1200 亿至 1250 亿美元，以利率 8% 左右计算，这笔投资的收益将达 100—110 亿美元。大卫·哈维指出：谢里尔·佩耶（Cheryl Payer）通常称谓的第三世界“债务陷阱”实际上可以被视为一个将贫穷国家拽入资本循环体系的过程，通过这一过程，它们可以成为剩余资本的“接收器”，这样一来，那些资本输入国将不得不因为资本贬值而付出代价，而资本输出国则会完全避免资本贬值的损害，于是，贫穷国家的资源便在债务偿还严格规定下遭到劫掠。②

---

① 《列宁全集》第 27 卷，人民出版社 1990 年版，第 379—380 页。

② ［英］大卫·哈维：《新帝国主义》，初立忠、沈晓雷译，社会科学文献出版社 2009 年版，第 96—97 页。

二、资本输出：新殖民主义经济镣铐

第二次世界大战结束后，世界资本主义的资本输出呈现出异常迅猛的增长势头。西方主要资本主义国家在海外的直接投资有大幅度提升，“仅私人直接投资累计即达3500亿美元，如加上其它形式的资本输出，估计总额至少还要比这个数字大一倍。”① 从短期角度看，资本输出无疑或多或少促进了资本输入国的产业技术进步同社会经济发展，然而，假若从根本且长远的角度看，资本输出却给资本输入国带来了难以回避的隐忧，甚或灾难性恶果：第一，垄断资本凭借投入第三世界实体经济领域中的巨量资本，在地价、租金、开采自然资源、劳动力成本等众多方面节省了无以计数的资金支出；第二，垄断资本依靠直接资本输出，掠夺到大量珍贵稀缺的自然资源、战略矿藏、动力能源、廉价劳动；第三，垄断资本对第三世界持续直接资本输出进一步强化了发达资本主义对核心科技的垄断及不合理国际分工，造成并固化了第三世界经济产业结构“片面化”“单一化”状况，有的国家和地区甚至严重扭曲到仅仅只能从事几项农作物初级加工生产（如橡胶、棉花或其他），这样一来，由于国民经济产业结构过于单一，就根本不可能奢谈什么独立而完整的国民经济体系建设;② 第四，尽管引入外资在一定程度上的确能促进落后地区生产经济水平的提升，并且产生了反抗殖民主义的民族阶级力量，但

---

① 李琮：《关于当代资本输出的若干理论问题》，《北京大学学报》（哲学社会科学版）1982年第1期，第2页。

② 一经实现了片面专业化，宗主国和落后国家之间就会在这种物质基础上形成奇怪的社会经济关系：第一，落后国家物质生产的发展根本取决于垄断资本的利益，而非本国国家和人民利益；第二，片面化生产不取决于国内市场及其容量，而只取决于帝国主义对这种产品的需求；第三，由于片面化生产，落后国家不能生产本国所必需的许多产品，因而它们本身的消费也完全依赖于外国垄断组织的供应，并且这些供应品的价格也无疑由垄断组织规定。早在1953—1955年，这种经济结构迫使落后国家将全部出口产品的2/3以上输出到帝国主义国家，并向它们购买占输入商品总额2/3以上的商品。因此，在外国垄断组织统治落后国家的情况下，这些国家经济发展的所有这些特点主要说明了一个事实：在现代殖民主义长时期的统治下，还没有一个殖民地能够建立起自己的发达和独立的民族经济。[苏] 米·德拉基辽夫、格·鲁登科：《垄断资本主义——帝国主义基本特征概论》，国际关系研究所编译室译，世界知识出版社1965年版，第210—213页。

是，由于西方掠夺性开掘不可再生资源和珍贵矿藏所导致的对当地自然生态环境的严重破坏无疑是灾难性且不可逆的。对此，苏联学者德拉基辽夫说道：当外国资本在用尽了原料产地的矿产之后，便会将企业关闭，而将资本汇回国内，外国资本的专横给落后国家留下的只是原料产地的空山废矿和变为雇佣工人但又丧失了劳动机会的新的大批生产者。① 战后迄今，伴随日甚一日的直接资本输出，帝国主义将越来越多的劳动密集型和污染严重的工厂企业大规模向发展中国家转移，由此导致许多发展中国家出现了日趋严重的自然生态环境恶化问题。

资本输出乃是帝国主义寄生性的坚实基础！无以计数的统计资料和实证研究均显示：历史上首先占据了生产领域优势地位的欧美资本主义，其巨量资本在流向第三世界的过程中并非优先进入当地工农业实体经济领域，而是踊跃投入金融信贷领域或那些对进步反抗力量施行严酷打压的帝国主义暴力机构中。19 世纪末 20 世纪初，美国投入拉丁美洲全部资本的 3/5，法国投入法属西非的几乎全部资本，统统都不属于直接资本输出。正因此，列宁才明确将法国称为高利贷帝国主义。时至今日，西方给予第三世界的贷款与日俱增，加上以所谓“有偿经济援助”面貌出现的各式名目繁多的借贷，其在规模与总量上已远超列宁时期，与此相应，第三世界所背负的巨额债务也日益被卷入“利滚利”看似无止境的漩涡之中。例如，仅在 1946 年到 1955 年战后最初十年，委内瑞拉就输入了 15 亿 9600 万美元的西方资本，转交给外国垄断集团的一部分资本收入为 39 亿 1800 万美元，然而它们欠这些垄断集团的债务却从 1938 年的 2 亿 6200 万美元增加到 1955 年的 14 亿 2800 万美元同 1957 年的 26 亿 8300 万美元。② 1960 年，作为非洲一些国家独立的代价，前殖民者把总数为 590 亿美元的外债，强加给这些刚刚独立的国家，并且单方面规定了 14% 的利率，这乃是发展中国家负债的开端。20 世纪 80 年代，利

① ［苏］米·德拉基辽夫、格·鲁登科：《垄断资本主义——帝国主义基本特征概论》，国际关系研究所编译室译，世界知识出版社 1965 年版，第 212 页。

② ［苏］米·德拉基辽夫、格·鲁登科：《垄断资本主义——帝国主义基本特征概论》，国际关系研究所编译室译，世界知识出版社 1965 年版，第 138 页。

率急剧上涨，这就意味着第三世界偿还的款项越来越多地仅仅只是在支付利息，而非本金。尼日利亚总统奥巴桑乔就本国所面临的债务困境曾无奈地说道：“我们所借的贷款总额大约50亿美元，而我们已经支付了160亿美元，但我们得知，我们还欠280亿美元。这280亿美元是根据外国债权人确定的不公平利率产生的。”① 1996年，贫穷国家每天要向北方国家的银行、政府和金融机构支付3.30亿英镑的利息。据统计，拉美一些国家每获得1美元的救援款，就要拿出11美元用于还贷。20世纪末，发展中国家（前东方集团国家未计入）的总债务已达到天文数字般的20060亿美元。② 另据联合国开发计划署《人类发展报告》（1990年）统计显示，1981年，有426亿美元的净资金从富裕国家流入第三世界，而到了1988年，则有325亿美元的净资金从贫穷国家流入富裕国家，其中大部分用作债务偿还。

西方资本主义通过与第三世界广泛签订的各类带有损害当地经济政治主权内容的不平等条约和协定进一步强化了战后滥觞的新殖民主义。在这一系列不平等条约和协定中，围绕帝国主义资本输出或经济援助的条约为数甚多，与其他各式条约和协定一样，围绕资本输出或经济援助而签署的条约和协定同样包含着大量不平等且对当地经济政治主权有所侵害的内容。例如，1957年6月美国和约旦关于《提供经济、技术和有关援助的换文》中明确规定：美国为实施协定输入约旦或在约旦获得的任何供应品、物资、设备或资金应免除任何财产税与其他捐税，并免受对投资和存款的要求与货币管制的限制等；以美国为首的西方发达资本主义国家享有“准治外法权”等。③ 更为严重的是，以美国为首的世界帝国主义势力还通过与第三世界签订的经济条约和协定得以进一步将其

---

① 王金存：《帝国主义历史的终结——当代帝国主义的形成和发展趋势》，社会科学文献出版社2008年版，第131页。

② 王金存：《帝国主义历史的终结——当代帝国主义的形成和发展趋势》，社会科学文献出版社2008年版，第131页。

③ 张顺洪等：《英美新殖民主义》，社会科学文献出版社2007年版，第80—82页。

反动势力渗透进当地经济、政治、社会、文化等领域中，以期迫使这些国家和地区制定出符合其垄断资本集团根本利益的众多政策，并营造出一个令其感到满意的政治局面同社会氛围。

事实上，如同古罗马帝国那般，作为全球资本主义统治体系“宗主国”“中心区域”的西方帝国主义在显赫身份耀眼光环下残留的仅仅只是一副羸弱躯壳，它深深依赖于广袤但却地位卑微的（新）“殖民地”“外围”，不得不依靠长期吮吸这些地域和人民劳动创造出来的丰盈成果而苟延残喘。早在1881年，马克思就曾对殖民地源源不断向宗主国“输血”，以及宗主国严重的“寄生性”作出深入论述。他以印度和英国的关系为例指出，印度向大英帝国支付的作为地租、红利、官员养老金及印度境外战争费用等用途的“贡赋”，已超过印度6000万农业工人和工业工人收入的总数。战后以来，以经济殖民为主要方式的新殖民主义尽管在表面上取缔（事实上是“丧失”）了“贡赋”一类对殖民地直接经济占有，但却通过更具隐蔽性、欺骗性的以资本输出为主的经济殖民继续附着在第三世界鲜活的生命体上，源源不断汲取它体内丰富的血液和养分。帝国主义不能没有殖民地，“中心”不能没有“外围”。尽管旧世界殖民体系早已土崩瓦解，帝国主义军事入侵和武装打击第三世界的行为较之以往也大为收敛，但决不能因之认为，以经济殖民为主要特征的新殖民主义仅仅只是帝国主义一种权宜之策或不成熟的以用来仓促消极应对新国际经济政治形式“更为和平”的方式。事实上，新殖民主义无疑是一种非常成熟的殖民主义形态，其依靠一系列以资本输出为主要手段的经济殖民方式，较之旧殖民主义剥削、压迫和掠夺是有过之而无不及的。与此同时，也绝不能对国际关系和国际格局的未来抱过多（盲目）乐观主义，一方面是由于当前以社会主义为代表的世界进步力量总体处于守势，另一方面是由于帝国主义内在本性一直存有一种不可遏制的期待重返“旧殖民主义时代”的强烈冲动，其始终在谋划着如同为第三世界打造一副经济镣铐那样，打造一副更加牢固的军事政治镣铐，从而令昔日世界殖民体系得以再度重建，让广大第三世界劳动人民再度沦为自己的海外奴隶。诚如列宁所言，“对金融资本最‘方便’最有利的当然是使从属的国家和民族丧失政治独立这样的支配。”① 总之，当代帝国主义正借助以资本输出为主的经济殖民，时刻等候并窥探着有利时机，盼望有朝一日重返昔日“旧殖民主义”一统全球的美好“伊甸园”中。

三、对“资本输出”两种错误观点的批驳

（一）对第一种错误观点——西方“资本输出”必将有力推动和促进“第三世界”社会经济发展——的批驳

1. 迥异的立场：西方“资本输出”同“第三世界”关系

在西方向第三世界施行的资本输出对其而言到底意味着什么这一问题上，国内外学术界历来存在两种截然不同的立场和观点。第一类观点的核心看法是，此类资本输出具有一种积极且正面的意义，究其原因：第一，西方向第三世界推行的资本输出恰好弥补了当地资金严重匮乏这一短板，在客观上有力促进了落后地区社会经济发展；第二，此类资本输出，特别是向实体经济领域的资本输出必将在客观上起到将先进科技同高效管理模式等因素传入当地的作用，第三世界因之甚或可实现某种程度的“跨越式发展”。赞同这种看法的学者早期（19 世纪末 20 世纪初）有经济学家 A. 萨尔托里乌斯、C. 阿利特曼、P. 利夫曼、舒尔采·格弗尼茨等，近来主张这种观点的西方学者也为数不少，甚至一些西方左翼学者也加入这一阵营。他们强调：尽管此类资本输出可能或显或隐侵害了第三世界经济政治主权，同时也令当地广大民众背负上沉重债务包袱，但是，应当看到，毕竟有一部分西方给予的经济援助或物资援助是无偿的，而且从客观结果看，此类资本输出也的确促推了当地社会经济发展并为当地人民提供了大量（甚至高薪酬）工作岗位。

与上述观点迥然有别，另一种声音则严厉批评了西方面向第三世界的大规模资本输出。其核心观点为，尽管从实际影响和客观后果看，此类资本输出在某种程度和某些方面推动并促进了第三世界科技和社会生产力的（有限）提升，不过，更应当看到：第一，为第三世界谋发展、谋福利、谋进步，绝非西方资本主义的真实初衷，此类资本输出最深层、

① 《列宁专题文集——论资本主义》，人民出版社 2009 年版，第 169 页。

最本质推动力量无疑仍是垄断资本自身利益的考量与权衡；第二，由于第一点，第三世界必将在资本输入中遭受到来自帝国主义从经济到军事，从文化到政治多层级、全方位的渗透、制约、压迫及掌控，从长远而根本的角度看，第三世界接受西方资本输出相当不利于民族独立解放同社会经济发展。由此可知，此类资本输出实质乃为西方对落后国家、地区和民族施行的更加深入而持久的剥削、压迫和掠夺，其于客观上起到了持续强化殖民主义意识形态和政策实践的作用。除西方大部分左翼学者外，早期持有此类观点的还有自由资产阶级学者约翰·阿特金森·霍布森、阿·兰斯堡、查理·肯尼特霍布森等，近期持有此观点的学者也不在少数，其中，埃伦·M. 伍德比较具有代表性。她曾在《资本的帝国》中很好阐释了经济全球化背景下，西方与第三世界的关系：尽管这两者之间已不再是“宗主国”与“殖民地”，而是拥有独立主权的国家之间的相互关系，但事实上，这种关系却是不平等的，广大发展中国家和地区早就沦为了一个随时能服务于西方（垄断）资本的“第三世界”。美国让一些国家开放市场，并非真正想促进这些国家的经济发展，而是要让这些国家无力面对资本市场时最终沦为其“附属国”。

当然，还有很多学者则更倾向于对西方面向第三世界的资本输出采取“利弊双重性”的视角与立场，力图对西方资本输出影响第三世界社会经济发展的“利弊双重性”作出辩证考察。尽管如此，其实，任何“两点论”最终还是会落脚到某种“重点论”上，即其要么偏向于认可“西方对第三世界的资本输出主要是积极而正面的”，要么偏向于认同“西方对第三世界的资本输出主要是负面且带有剥削压迫性质的”。

2. 反思与批评

（1）西方“资本输出”对“第三世界”社会经济发展产生的积极影响

西方面向第三世界的大规模资本输出不仅可以局部、暂时性缓解当地资金严重匮乏的困境，而且伴随持续资本输出，尤其是面向实体经济领域的资本输出，西方发达资本主义的先进科技、产业工艺、管理经验等，或多或少、或早或迟将被落后国家和地区逐渐消化，从而最终转化为自身的东西。正是在这个意义上，西方面向第三世界的资本输出具有有力促推第三世界社会经济发展和进步的一面。“亚非拉有些发展中国家实行适当的发展战略，发挥本国优势，利用外国资本和技术，促进了工业生产以至整个经济的迅速发展。过去殖民统治造成的经济畸形落后状况已有所改变，经济逐渐多样化，从单纯原料生产逐渐变成多种加工制造业生产，技术水平不断提高，对外贸易迅速扩大，出口商品构成中，制成品所占的比重有所提高，有些商品在世界市场上具有一定的竞争能力。”① 战后以来，尤其是经济全球化时期，亚洲一些新兴经济体之所以能在短时期内得以迅速崛起，西方资本的积极引入无疑是一个不容忽视的重要推动力量，而这也正是我国自 20 世纪 80 年代改革开放以来，长期始终倡导引入外资的关键原因所在。

（2）西方“资本输出”对“第三世界”社会经济发展产生的负面影响

西方“资本输出”并不等同于一般具有“中立”意蕴的“资金输出”，换言之，因其深具的资本主义属性，伴随资金（以及科技同管理经验等）源源不断流入第三世界，资本主义生产关系、资本主义政治理念和制度、资本主义意识形态（包括诸多次级观念、价值信条、伦理观）等也将泥沙俱下，一同涌进发展中国家和地区。经济全球化时期，作为新殖民主义最重要的手段和内涵，西方面向第三世界的持久大规模资本输出意味着广大发展中国家和地区被日益深度裹挟进新帝国主义或新殖民主义世界统治秩序和格局中，意味着“宗主国”—“殖民地”，“中心”—“外围”剥削压迫逻辑的再度塑造与不断巩固。列宁曾敏锐地捕捉到了这点，他说：“资本输出在那些输入资本的国家中对资本主义的发展发生影响，大大加速这种发展。”从全球宽广视阈来看，资本输出“也一定会扩大与加深资本主义在全世界的进一步发展”②。所以，一方面，这很好解释了为什么绝大多数第三世界国家和地区在战后告别了殖民地和半殖民地那段绵延了数百年悲惨而屈辱的历史后，却又旋即转过

① 李琮：《关于当代资本输出的若干理论问题》，《北京大学学报》（哲学社会科学版）1982 年第 1 期，第 10 页。

② 《列宁专题文集——论资本主义》，人民出版社 2009 年版，第 153 页。

身来纷纷选择重蹈宗主国资本主义的道路；另一方面，也能从根本上完美解释为什么尽管第三世界于战后纷纷走上独立自主发展道路，但却远未真正摆脱贫穷落后，远未真正实现独立自主。当第三世界选择了资本主义，却不仅没能成为比肩欧美国家的新兴资本主义强国，反而在不知不觉中融入以西方国家为主导的世界资本主义经济政治层级森严的统治系统中，并日趋沦为紧紧围绕“中心”旋转的“外围”经济政治“卫星体”。选择资本主义的发展中国家和地区不仅在当地域内仍将阶级间的残酷剥削和压迫视为一种无须追根溯源“天然合法”的社会存在，而且更是在全球范围通过将自身沦为西方垄断资本忠诚奴仆进一步巩固和加剧了资本主义内涵的剥削压迫同极端不平等。正因此，某些学者试图通过将西方资本输出划分为“社会属性”和“物的表现”两重特征，来论证经济全球化时期第三世界“利用外资”已经彻底摒弃了西方资本输出的“社会属性”，即资本主义属性，而仅仅只利用了其“纯而又纯”“中立”的“物的表现”的观点是相当值得商榷的。①

以资本输出为主要手段的经济殖民带给第三世界新形式下的压迫、剥削、掠夺，以及由此导致的广大劳动群众的悲惨生活同暗淡生命前景无疑是“两点中的重点”。殖民主义从来都不是温情脉脉的人道主义或饱含“善意”的世界主义。刺刀与经济锁链是帝国主义惯常交替使用或共同使用以捍卫其永恒利益的“左右带刀侍卫”。旧殖民主义时代，帝国主义以露骨的军事入侵和武装占领方式疯狂、残酷地掠夺压迫广大殖民地和半殖民地；而在新殖民主义时代，帝国主义则偶尔将带血的“锋刃”藏于身后，但另一只手却将沉重的经济锁链套在第三世界脖颈。首先，国际垄断资本主义始终倾注力量在全球构建满足及符合垄断资本自身需要与诉求的世界经济秩序和规则，并竭力使西方国家在这种规则的制订、执行、裁定中居于主导地位。其次，西方通过与第三世界广泛签订的各类带有损害当地经济政治主权内容的不平等条约与协定进一步强化战后滥觞的新殖民主义。再次，经济全球化时期，西方对第三世界施

① 吴健、解德源：《“资本输出作用的利弊两重性”不是一个科学论断——兼论资本输出与利用外资的若干问题》，《经济研究》1986 年第 4 期，第 73—78 页。

行的（直接）资本输出具有的残酷剥削压迫性（及其导致的全球不公正问题）日益显现：第一，垄断资本依靠向实体经济领域的直接投资，不仅从偿付地皮价格、生产原料到租金、劳工薪酬等诸方面大大节省了经费开支，而且还获得了大量稀缺自然矿藏和动力能源；第二，垄断资本依靠借贷资本，不仅赚取了高额利息，而且还凭借各种附加条件赚取到难以计数的好处；第三，垄断资本对第三世界的资本输出进一步强化了发达国家对核心科技的垄断及不合理国际分工秩序的深化；第四，西方对第三世界不可再生资源和珍贵矿藏的掠夺性开掘，导致当地自然生态环境遭受空前严重毁坏。

（二）对第二种错误观点——西方"资本输出"质性和内涵正发生变化——的批驳

1．战后迄今全球资本输出呈现的新特征、新动向

（1）从单向度到交叠网格——全球资本输出主体与流向的改观

第二次世界大战结束以来，全球资本输出的状况发生了显著改观。往昔（如列宁时代）资本输出主体仅为西方各国，资本输出方向主要体现为西方单维流入殖民地的基本格局被全球资本输出主体日益多元及其形塑的网格状流动路径所取代：第一，西方对第三世界资本输出的规模和总量有所缩减，而西方国家之间，如美欧、美日、欧日等地区和国家"对向资本输出"的规模和总量则出现大幅攀升，西方发达国家已成为全球资本最为青睐的重要投资场所。"在 1967 年到 1975 年期间，主要资本主义国家的对外投资中，投往发达国家的那部分所占的比重由 69% 上升到 74%，投往发展中国家的则从 31% 下降为 26%。美国的私人对外直接投资，1950 年投在发达资本主义国家和发展中国家的大致相等，但后来，前者的比重逐步提高，后者逐步下降。到 1979 年，投在西欧、加拿大等发达国家的已占 72%，投在发展中国家的只占 28%"；[①] "在世界对外直接投资流入额中，发达国家 1993－1998 年和 2004 年分别占 63.8% 和 58.6%；在世界对外直接投资流入存量中，发达国家 1980 年和 2003

① 李琮：《关于当代资本输出的若干理论问题》，《北京大学学报》（哲学社会科学版）1982 年第 1 期，第 7 页。

年则分别占 56.4% 和 69.2%。”① 第二，部分发展中国家和地区（包括社会主义国家，如中国），如中东石油输出国、亚洲新兴经济体，不仅不再像从前那样高度依赖西方资本输入，而且已经开始向境外展开较大规模的资本输出了（横向输出同逆向输出并存），尽管它们资本输出的对象仍以第三世界为主，但其资本输出目标国名单上已赫然列出了某些西方发达国家和地区（其对西方的资本输出以提供借贷和购买公司股票债券等为主），譬如，伊朗购买了克虏伯钢铁公司的股份，科威特购买了戴姆勒—奔驰汽车公司的股票等。

（2）从私人资本输出到（国家）经济援助——战后迄今（西方）资本输出“逐利”色彩褪减

第二次世界大战结束以来，西方资本输出的主体发生了由往昔以私人为主到资产阶级政府逐渐介入越来越多资本输出行为中的转变，而且，从表象上看，西方资本输出（主要是政府主导的）似乎越来越不仅不以盈利和追逐经济利益为目标，反而日益聚焦并关注资本输入国的社会经济建设，乃至环境保护、医疗卫生建设、人道主义救援等诸多国计民生领域。“以双边和多边援助形式所进行的国家资本输出，数额巨大，甚至超过了私人资本输出。这是当代条件下资本输出又一重要的新特点。国家资本输出，一部分是贷款，收取的利息通常较私人贷款为低；另一部分是‘赠予’，不但不要利润或利息，也不要求还本。这样，岂不是出现了不仅不追求高利润率，也不谋取高利润量，甚至完全不要任何利润的资本输出了吗？难道这还算是资本输出吗？”② 据上述，西方某些学者开始指责马克思主义，特别是列宁的“资本输出”理论是“极不成功的”，其能解释的范围过于狭窄，存在“一定的历史局限性”，并且似乎已“过时”了。有人甚至抛出所谓“资本输出去殖民性质论”，即从战后以来，世界资本输出（特别是西方发达资本主义对外资本输出）的情形

---

① 联合国贸发会议：《世界投资报告》（2004）（2005），转引自郭飞：《马克思、列宁的资本输出理论与当代国际投资》，《马克思主义研究》2007 年第 6 期，第 35 页。

② 李琮：《关于当代资本输出的若干理论问题》，《北京大学学报》（哲学社会科学版）1982 年第 1 期，第 8 页。

来看，资本输出反映的是一种人类社会历史客观必然性，（西方）资本输出并非如马克思主义所说的始终“充斥着殖民主义色彩与质性”，（西方）资本输出正（或已）逐渐褪去了逐利色彩同狰狞的“剥削压迫”面相。

2. 反思与批评

（1）怎样看待战后迄今全球“资本输出”主体与方向上的改观

二战后迄今，全球资本输出主体同流向上相较于马克思、列宁时代的巨大改观到底是一种社会历史必然，抑或仅仅为一个偶然性的历史玩笑？马克思主义，尤其是列宁的资本输出理论是否遭遇了“滑铁卢”，其是否真的过时了，到底应当怎样看待此类颇具戏剧性的演变？

毫无疑问，西方资本输出流向上的历史性演化自然有其深层社会历史原因。首先，由于旧世界殖民体系于战后的全面瓦解与坍塌，昔日殖民地和半殖民地纷纷赢得政治独立和经济自主，再加上以苏联为首的世界社会主义的鼎力支持，西方面向第三世界的资本输出不再像战前那样如入不设防的无人之境，又由于某些国家十分敌视和抵触西方资本，动辄就将外国资本彻底没收，因而，西方对第三世界的资本输出大为收敛，这点正如苏联科学院院士伊诺泽姆采夫等人所言：许多发展中国家将外国资产收归国有，并采取了强硬措施限制把进款汇出境外，帝国主义“首先尝到了年轻的获得解放的国家限制外资专横措施的味道”①；其次，战后西方科技同生产力有了质的提升，实体产业中技术含量及对劳动者素质要求增高，所以，西方更倾向于将巨量资本输出到发达国家和地区，以及在这些国家和地区的高科技（研发）部门，而非亚非拉等落后区域同原材料初级加工领域；再次，由于欧美是中高端商品主要消费地，西方垄断资本为了稳固并持续扩大产品销路，同时尽可能令关税壁垒及其他贸易障碍最小化，必然将资本源源不断投进发达国家和地区。除上述原因，还有一些较为宏观的社会历史影响因素：第一，伴随美国以帮助和促进西欧经济复苏为目标而实施的以马歇尔计划为代表的经济援助深入持续展开，美国对西方的资本输出总量同规模不断攀升，因而在“黄

① ［苏］H. H. 伊诺泽姆采夫主编：《列宁的帝国主义论与当代现实》，张承辉等译，中国社会科学出版社 1980 年版，第 119—120 页。

金时期”，欧洲自然而然成为美国资本输出的（最）重要场所；第二，由于拥有广袤殖民地，英国在战前曾一度为最主要资本输出国家，不过由于其综合国力在战后不可遏制地衰微，加之属下殖民地纷纷摆脱其管制而走上民族解放同国家独立的道路，英国的资本输出遂形成了“龟缩”于西欧和美国的基本态势；第三，“战后发生的科学技术革命，导致国际分工进一步加深。……即使是小国，也有自己的专业部门可以向其他发达国家进行资本输出，如瑞士的药品、电气和食品工业部门，荷兰的电气、合成纤维，瑞典的轴承、电气和某些农业设备等”①，于是，一批欧洲小国，如瑞士、瑞典、荷兰、丹麦、挪威、奥地利等，于战后相继成为比较重要的资本输出国，加之欧洲经济政治一体化进程持续演进，欧洲各国贸易壁垒逐渐被削低，相互之间的经济贸易、经济合作进入一个空前繁盛的时期。据上述，战后迄今，西方对第三世界的资本输出空前萎缩，其资本输出主要集中于欧美发达经济体“流动方向”上的改变是由多重社会、历史、政治、经济因素共同形塑而成的，其绝不意味西方放弃了对第三世界的压迫剥削，更不意味资本输出正逐渐转变为“去殖民内涵”的“中性”之物。事实上，这种局面，“从总体来说，对垄断资本集团是十分有利的。因为进行资本输出的跨国公司，是从全世界范围来计算盈利和考虑积累的。为了取得最大限度的利润和更迅速地进行积累，它们把一部分资本输往发展中国家，以利用那里的廉价劳动力和丰富的原料；又把另一部分资本输往发达国家，以利用那里的熟练技术力量、发达的金融机构和广大的制成品市场。因为这样，它既能输出大量资本，又能保证比较高的利润率。”②

由于自然生命体的有限性及某段社会历史的局限性，马克思、列宁都没能亲眼目睹战后迄今全球资本输出所发生的一系列改观，当然也就不可能对这些新的时代特征加以理论描述和阐释，人们不应当对此求全

① 李琮：《关于当代资本输出的若干理论问题》，《北京大学学报》（哲学社会科学版）1982 年第 1 期，第 6 页。

② 李琮：《关于当代资本输出的若干理论问题》，《北京大学学报》（哲学社会科学版）1982 年第 1 期，第 8 页。

责备。不过，这却不意味着列宁的“资本输出”理论是错误的、过时的。从一般和特殊的哲学关系上看，“资金输出”是一般，“资本输出”是特殊，换言之，“资本输出”的一般普遍形式是“资金输出”，其原初意涵是指“资金输出”，其原初功能与“资金输出”的客观作用具有一致性。然而，列宁却将“资金输出”这一最一般普遍的形式置于旁侧不顾而大谈“资本输出”，这意味着：列宁的“资本输出”理论仅仅专注于资本主义特殊形式的“资金输出”——“资本输出”。马克思主义认为，资本之所以成为资本，就在于其不仅具有“物”的形式，而且始终承载并彰显着资本主义特殊的“生产关系”。正因如此，列宁的“资本输出”并不是泛指一切形式的“资金输出”，而是专指资本主义（帝国主义）时期特殊的“资金输出”形式——“资本输出”。据此而言，即令列宁有幸看到了第三世界、社会主义国家之间，及其面向西方发达资本主义的资本输出景象，他应当既不会给予过多关注，也不会大惊小怪，因为，列宁只会将其视为一般普遍意义的“资金输出”，他的聚焦点则始终放在帝国主义“资本输出”上。因此，列宁才睿智而深刻地指出：资本输出不仅是帝国主义压迫和剥削世界上大多数民族和国家的坚实基础，同时也是极少数最富国家资本主义寄生性的坚实基础![①] 将当前时期，第三世界（如某些石油输出国、亚洲新兴经济体）、社会主义国家相互之间的资本输出当作“资本输出已褪去殖民色彩”及西方资本输出“无害”的现实证据无疑是站不住脚的，其仅仅只是“南南合作”视阈中的一般“资金输出”而已，与西方帝国主义资本输出毫无瓜葛![②] 与

① 《列宁全集》第27卷，人民出版社1990年版，第378页。

② “正如市场经济并非是资本主义的专利一样，国际投资也并非是资本主义的专利。资本主义的企业（或企业集团）和国家可以进行国际投资，社会主义的企业（或企业集团）和国家也可以进行国际投资，全球性的金融组织还可以进行国际投资。当然，主要由于经济实力相差悬殊，无论在国际直接投资或国际间接投资领域，发达资本主义国家一直占据主要地位。以国际直接投资为例。……在世界对外直接投资流出额中，发达国家1993—1994年和2004年分别占85.9%和87.3%；在世界对外直接投资流出存量中，发达国家1980年和2003年分别占89.2%和88.7%。”郭飞：《马克思、列宁的资本输出理论与当代国际投资》，《马克思主义研究》2007年第6期，第34页。

此同时，发展中国家（包括社会主义国家）面向西方施行的资本输出同发达资本主义的“反向”资本输出在质性上迥然有别，不仅因为其量上远低于西方，而且更因为当前国际经济政治秩序与主要规则基本被西方所掌控、操纵、垄断，所以，第三世界向西方施行的资本输出绝不可能像西方对第三世界的资本输出那样具有如此显著的侵害和损坏别国经济政治主权的特征，换言之，其在西方领土上必然中规中矩，恪守当地法律秩序并尊重当地经济政治主权，所有经济合约与协定中也不可能见到帝国主义那些带有浓郁殖民主义色彩的附加条款。

其实，西方某些发达国家对外资本输出长期以来就始终主要集中于欧美而非第三世界，如英、法、德等国均是如此，这一特征甚至在列宁时期就已经非常显著地存在了，但谁又能说上述列强对第三世界的资本输出不具有殖民主义色彩与内涵，不算一种对第三世界的剥削压迫呢？列宁在《帝国主义是资本主义的最高阶段》中曾给出了一份帝国主义资本输出的类型谱系表，1910 年前后：英国在欧洲投资 40 亿马克、在美洲投资 370 亿马克、在亚非澳投资 290 亿马克，总计 700 亿马克；法国在欧洲投资 230 亿马克、在美洲投资 40 亿马克、在亚非澳投资 80 亿马克，总计 350 亿马克；德国在欧洲投资 180 亿马克、在美洲投资 100 亿马克、在亚非澳投资 70 亿马克，总计 350 亿马克。由此视之，只要西方资本输出的资本主义属性没有发生改变，即使其对第三世界进行资本输出的规模和总量再少，都无法改变其殖民主义的浓郁色彩同根本质性，这一点就像病毒，哪怕是再少量的病毒，其终究还是病毒！

西方对第三世界资本输出在量上的相对减弱同样不应被视为其在质性上的根本改变（或改善），实际上，只要资本主义还是资本主义，其所施行的对落后国家和地区的资本输出无论总量和规模上发生什么改变，其内涵的殖民主义意蕴决不会出现丝毫褪色。尽管西方流向第三世界的资本有所减少，然而，一方面，“这笔外资在发展中国家的国民生产总值中所占的比重却要比发达资本主义国家高得多。在六十年代末，二者分别为 10% 和 3.6%。这个对比表明，外国资本在发展中国家经济生活中的作用，远远大于在发达的资本主义国家中的作用”①；另一方面，外资所产生的剥削性、压迫性、掠夺性对于广大发展中国家及其劳动人民来说并不因其总量和规模的相对弱化而显得轻松，相反，那些在第三世界广泛设立的“血汗工厂”日益体现出的令人发指的剥削性和压迫性，以及最终降落到普通劳动民众肩上“不能承受之重”的高利贷式的债务均令第三世界广大劳动者几乎喘不过气来。假若从绝对总量和绝对规模上来看，这笔由西方流向第三世界的资本事实上一点也不少，例如，当前时期，美国垄断组织全部直接投资的30%左右，日本全部直接投资的2/3，西欧直接投资的1/3均投向了广大发展中国家和地区。

（2）怎样看待战后迄今西方“资本输出”“逐利”色彩褪减趋向

战后迄今，西方资本输出原初鲜明而强烈的“逐利”色彩是否正在逐渐褪色？答案无疑是否定的。首先，西方私人资本输出仍表现出不容置疑的“逐利”诉求和特征，其绝大部分主要投入资本输入国实体经济领域同金融领域，以期攫取高额资本利润；西方国家资本输出也并非全部用作无偿“经济援助”，其一部分要么投入实体经济领域，要么作为有偿贷款借贷给资本输入国。其次，即令是贴上（双边或多边）“经济援助”标签的国家资本输出，其真实目的也决非如其标榜的那样“纯而又纯”，换言之，“经济援助”背后潜藏着众多不可告人的真实诉求与意图：第一，反共，如美国战后给予“经济援助”的国家和地区，除了欧洲外主要是社会主义国家周边国家和地区或受社会主义影响较大的地区，原因之一就是“这些区域和欧洲一起包围着共产党国家”；第二，攫取经济利益，以美国为例，其主要诉求在于从第三世界获取原材料、攫取高额利润、推销美国货、为美私人资本输出开辟道路等；第三，控制经济资源，以美国对非洲资本输出为例，其主要动机就是获取丰富的自然资源和稀缺矿藏。② 再次，西方国家资本输出，特别是“经济援助”并

① 李琮：《关于当代资本输出的若干理论问题》，《北京大学学报》（哲学社会科学版）1982年第1期，第10页。

② 张顺洪等：《英美新殖民主义》，社会科学文献出版社2007年版，第92—95页。

非无偿“给予”，或出于善良愿望的支援救助，其往往附带大量苛刻且极端不公正的（经济政治）“附加条件”。政治附加条件主要涉及反共和损害受援国主权与尊严两个方面；经济附加条件主要涉及获取控制权、购物权、进口权、运输权等经济权益。

质言之，战后迄今，西方资本输出，尤其是打着“经济援助”为幌子的国家资本输出，并没有褪去其绵延了数百年之久的“逐利”根本诉求和终极目的，恰恰相反，国家资本输出的“新形式”也好，“经济援助”的假面也罢，均是为了在新的社会历史形势下更隐蔽、更多地攫取经济利润，更好地为西方垄断资本服务。对此，费利克斯·格林精辟地总结道：“‘援助’就是给其他国家提供购买力，好让这些国家能够购买美国的商品，借此使美国避免经济萧条；‘援助’给美国提供了倾销剩余产品的有效方法；‘援助’是一种手段，美国籍此可以对其他国家进行政治讹诈和经济讹诈；‘援助’有助于美国投资者向发展中国家投资开路；美国通过‘援助’迫使其他国家给它提供军事基地和军事设施；‘援助’有助于使贫穷国家继续处于长期负债累累的境地，从而使它们继续处于落后状态；通过‘援助’使暴虐的执政者继续当权，并通过他们去镇压人民的解放运动；‘援助’是美国在经济上、政治上和军事上控制其他国家的工具。”①

历史和现实一再表明：帝国主义永远不会自觉自愿撤出第三世界，在这殖民主义尚存的、由金融垄断资本统治的全球经济政治体系中，垄断资本（集团）及其寡头从第三世界攫取到难以计数的经济利益同政治军事权力，因而，它们的所有希望无非是：金融垄断寡头统治的层级森严的“金字塔”世界体系永存，为了榨取最大利润而对国内外劳动者广泛施行的“残酷压迫剥削”制度永存！

---

① 费利克斯·格林：《美利坚帝国真相》，丰平生节译，香港南粤出版社 1971 年版，第 117—118 页，转引自张顺洪等：《英美新殖民主义》，社会科学文献出版社 2007 年版，第 97—98 页。

第四节　与“血汗工厂”签订的“浮士德契约”

“血汗工厂”（sweatshop）在很大程度上早已成为表征世界资本主义原始积累最为重要的符号之一。由于资本主义原始积累的极端残酷性同早期劳工阶级对抗资方集体博弈行为的相对弱小或缺失，因而，此类“血汗现象”或“血汗制度”一度成为资本主义社会中一种司空见惯的普遍状况。但凡一提及“血汗工厂”，映入人们脑际的就是类似下述这样一幅幅画面：在拥挤、昏暗、阴湿的厂房中，机器轰鸣声震耳欲聋，众多忙碌又好似生产机器有机组成部分的劳动者们（包括大量女性工人和童工）或站在巨大机器旁，或站在组装流水线边，挥汗如雨且默不作声，时刻面临因过度疲劳、困倦、营养不良而可能引发的意外事故步步紧逼的威胁，长达十数小时没完没了地劳动着，工人们长满厚厚老茧的双手、僵硬的站立姿势、灰暗枯槁的容颜，一双双憔悴呆滞的眼神均流露出对未来人生境遇和生活方向的极度忧虑、困惑、绝望。令人感到悲哀的是，“血汗制度”下众多劳工一切艰辛付出，甚或以健康和生命为赌注与代价的“工作”所换回的仅仅只是勉强维持一家生计可怜巴巴的微薄收入！马克思、恩格斯在他们撰写的多部作品中均淋漓尽致“写实性”地揭露了“血汗工厂”不能再更糟糕的基本生产条件及广大劳工悲惨工作生活状况。正如他们深刻阐释的那样：（资本主义）大工业在原始积累时期已使劳动本身成为工人不堪忍受与重负的东西了，合理劳动演变为“异化劳动”；而“异化劳动”可能产生的一切畸形与非理性因素均在“血汗工厂”中达到了史无前例的水准！最糟糕的是，这一梦魇毫无阻碍地延续到了当代！当然，“血汗工厂”“血汗制度”并不仅仅局限于资本主义工业领域，其同样广泛存在于资本主义农业、商业、金融业。康奈尔大学教授爱德华·巴普蒂斯特就曾在《我们不知道的另一面：奴隶制和美国资本主义的形成》中将早期资本主义种植园（农业）视为某种形式的“血汗工厂”。他在书中这样描述到：这里是一座残忍而高效的“血汗工厂”，无论男人女人，一旦发现自己要被带到这里，可以绝望到做出任何事情，有的逃跑，有的像野兽般反抗，有的甚至试图用斧头砍掉自己的腿。

列宁在《帝国主义是资本主义的最高阶段》中曾说：帝国主义历史阶段，生产社会化了，但是占有仍然是私人的，少数垄断者对其余居民的压迫却更加百倍地沉重、显著和令人难以忍受了。这一时期的“血汗工厂”和“血汗制度”则最为集中地体现了垄断资本主义对广大劳动者极尽残酷和非人性的剥削与压迫。二战后以来，由于西方社会出现的一系列最新发展与变化，如工人阶级日益提高的觉悟、以共产党为首的左翼政党势力的壮大、国内劳工组织的广泛建立、劳动保护法律法规的出台等，使得发达资本主义国内的“血汗工厂”和“血汗制度”悄然发生了某些改观：一方面，国内众多“血汗工厂”由剥削、压迫国内劳工转而重点剥削、压迫国内移民工人，特别是非法移民；另一方面，“血汗工厂”和“血汗制度”在以（巨型）垄断跨国公司为载体和执行者的推动下［跨国公司通常采取外包或 FDI（FDI 指外商直接投资）方式］大规模向土地、矿藏资源、动力能源丰富且劳动力异常廉价的第三世界进行转移，因而，尽管在西方国家内部也存在“血汗工厂”及或明或暗的“血汗制度”，但是，当前，通常提及的“血汗工厂”或“血汗制度”主要是指西方跨国公司在第三世界设立的外资工厂及转包外包企业等。经济全球化时期，广泛存于第三世界疆域内的“血汗工厂”和“血汗制度”一如既往呈现下述特征：劳工工作时间普遍偏长、待遇薪酬非常低、工厂企业劳动环境差、工人精神和肉体压力巨大、资方或管理者蔑视员工并肆意践踏其人权人格的行为日益“常态化”。第三世界“血汗工厂”的劳工境况一点也不比原始积累时期西方“血汗工厂”劳动者的工作生活状况要好，因而，可以毫不夸张地将第三世界“血汗工厂”中的工人视为“经济全球化的劳动奴隶”或“新时代包身工”。他（她）们不仅遭受与西方社会无产阶级一样的“剥削压迫待遇”，而且更遭受到资本主义奴隶制度的“非人类待遇”。

近年来，有越来越多的全球著名品牌企业被相继指责为“血汗工厂”，这其中包括耐克、阿迪达斯、可口可乐、苹果等为数众多的垄断资本集团及其下属工厂企业。它们或通过在第三世界直接投资设立企业，或通过外包转包方式将一个个新世纪“血汗工厂”矗立于众多发展中国家和地区的领土上。“血汗工厂”“血汗制度”备受指责和争议的一点就在于其剥削压迫的极端残酷性及其对普通劳动者人权，甚至人格尊严的完全蔑视。1994 年《波士顿环球》杂志上一组题为《肮脏的交易》的系列文章详细叙述了一位名叫亚提的印尼年轻女人的故事：她是一名为美国 Reebok 公司生产网球鞋的工人，亚提在拥挤的厂房里每周工作达 63 小时，每月工资却仅为区区 80 美元，相当于一双鞋在美国的售价，小时工资不到 32 美分，亚提的住处是一间仅长 12 英尺、宽 10 英尺没有家具的小屋，她和另外两名同伴睡在泥砖混合的地上。[①] 2011 年，一位自称曾在深圳“GUCCI”旗舰店工作过的中国员工在网上发布公开信控诉“GUCCI”公司虐待员工、违反劳动法规。公开信写到：“GUCCI”也许是一袭华美的袍子，但是却长满了虱子。以近年来在中国以“16 连跳”或“17 连跳”“闻名遐迩”的台湾“代工王企业”富士康为例，2012 年 3 月，FLA（Fire Labor Association，公平劳工协会）受美国苹果公司委托，针对富士康劳工状况展开了调查，结果相当触目惊心：在订单与利润贪婪驱动下，每月高达 130 小时的违法加班；强大的精神压力、无法实现的休息和娱乐、缺少沟通的管理体系、缺少社区的温馨关怀，以及遇阻的民主参与等。[②] “代工王企业”富士康内部真实的生产情形如下：工厂里的生产机器几乎不停，工人们倒两班，连续 8 小时或 12 小时工作，吃饭时间仅为 1 小时，在富士康深圳龙华工业园生产一线上作业的职工大都是一些 20 岁上下的农村青年，他们学历不高，辛辛苦苦劳动工作一个月的总报酬大约仅为区区 1000 多元人民币。富士康车间里严禁工人们随意交谈，生产线上也没有可供职工们坐下的椅子或凳子，因为据说生产车间如果设置座椅或允许劳动职工随意交谈的话必定会严重影响职工的劳动效率，所以除极少数员工外，大多数工人在劳动过程中始终

---

① ［美］约翰·米勒：《反血汗工厂运动》，《挑战》2003 年 1/2 月号，转引自《国外社会科学文摘》2003 年第 6 期，李禅林译，第 34—35 页。

② 郑晓姗：《日本过劳自杀工伤规则之借镜——从富士康事件谈起》，《中外法学》2013 年第 2 期，第 423 页。

只能站立操作，连续 8 小时或 12 小时，像罚站一样马不停蹄地埋头干活。正因此，有工人甚至如是说道，假如在流水线上碰巧掉下什么东西，他们能够去拾捡的话都应当算是一种休息或劳动姿势的调整。在结束了一天忙碌辛苦的劳作之后，许多一线工人还不得不被强令留下开夜会。据有关人士透露，遇到晚上倒班，有些在一线工作的小姑娘吃完晚饭后只能在厂区楼梯上稍坐一下，然后再进入生产车间直至第二天清晨，不过，要是谁在楼梯上躺着或倒头睡觉，将会被工厂管理人员记过。①

大致来说，经济全球化时期，第三世界的“血汗工厂”和“血汗制度”具有下述几个共通特征：第一，“血汗工厂”中劳动者的劳动强度非常高，远超普通企业的一般平均劳动强度，这些被“血汗制度”深深压迫剥削的劳动者们不知不觉早已沦为工厂生产机器和生产流水线上的一个有机组成部分了；第二，在暴虐“血汗制度”压榨下，劳工们的“工作时长”普遍高于一般工厂和企业，“血汗工厂”的资产拥有者和上层管理者出于利润最大化考虑，以占总利润额极少部分的所谓“薪酬”“奖金”作为劳工“加班”诱饵或“合法加班”证据，“非法”甚或“违法”肆意延长劳工工作时间，严重的甚至已侵害到劳动者正常休息和身心放松的法定权力，概言之，“血汗工厂”劳动者们没有不加班的自由，却只有不断加班并无休止延长劳动时间的自由；第三，大量实证研究和统计资料显示，“血汗工厂”给予其劳动者的薪资报酬实际上是相当微薄的，特别是拿少得可怜的工资与其生产产品赚取的高额利润相比更是如此；第四，“血汗工厂”之所以被冠以“新时代奴隶制度”称谓，其中一个关键之处就在于其“泯灭人性”和“人道主义虚无化”的企业管理文化，即出于对经济利益无止境追求同极端扭曲的贪欲，企业所有者和高层管理者制定了异常严苛的管理体制及奖惩机制，基于这一整套制度（往往与国家法律严重抵触），“血汗工厂”各级监工和管理人员可以对劳动工人随意施行经济惩罚、人格侮辱、甚至体罚。以富士康为例，有人曾仔细考察过其“惩罚式”管理模式，在其企业《员工手

---

① 豁达：《富士康——“代工王”还是血汗工厂》，《中国品牌与防伪》2010 年第 6 期，第 21—23 页。

册》中有关惩罚的规定居然多达127条。对此，工人们说：“我们在生产线上不能讲话、不能说笑、不能随便走动，很不自由”，如果做不好，就有各种惩罚措施，如警告、骂人、做检讨、写保证书、扣加班费、罚做义工，等等。① 有人愤慨地指出，囚禁在富士康兵营中的个体生命是窒息的，自杀抗争只是问题的极端反映，“走投无路”才是富士康人的普遍绝望！

然而，“代工王企业”富士康仅仅只是全球众多以“逐底竞争”为特征的“血汗工厂”中的普通一员而已，在第三世界的某些国家和地区，事实上还存有大量远不及富士康“人道”和“人性”的“奴隶式”“血汗工厂”。在那些暗无天日的“血汗工厂”中，劳动环境更加恶劣，管理制度更加“残暴”，压迫手段更加冷酷而血淋淋，剥削程度更为深重；众多底层劳动者只能以“经济全球化奴隶”身份为能持续向垄断资本（集团）及其寡头创造剩余价值而勉强维持其生物性存在。苏联学者米·德拉基辽夫和格·鲁登科愤慨谴责道：在最新的、“先进的”垄断资本那里的雇佣制度在落后国家还具有奴隶占有制时代所特有的一系列特点!② 经济全球化时期，“血汗工厂”和“血汗制度”的再度崛兴及广泛蔓延只能证明这样一件事情：“血汗工厂”和“血汗制度”内生于资本主义，资本主义不消殒，无论遭受多少严厉斥责和批判，“血汗工厂”和“血汗制度”就必将永葆旺盛的生命力与活力。

与全球严厉谴责同深刻批判“血汗工厂”和“血汗制度”浩浩汤汤的“反血汗工厂运动”背道而驰，西方社会中长期以来顽固存在着另一类早已泯灭了人性和良知，浑身散发出卑鄙无耻气息的“反‘反血汗工厂运动’之运动”（或立场）。此类立场和运动核心成员同拥趸者包括垄断资本（集团）及其寡头、既得利益群体、主流经济学家、政府高层官员、御用学者等。扼要地讲，此类立场和运动所炮制的维护“血汗工厂”和“血汗制度”的理由大致如下：第一，“血汗工厂”中的众多劳

① 程平原、潘毅、沈承、孔伟：《囚在富士康——富士康准军事化工厂体制调查报告》，《青年研究》2011年第5期，第62—72页。

② ［苏］米·德拉基辽夫，格·鲁登科：《垄断资本主义——帝国主义基本特征概论》，国际关系研究所编译室译，世界知识出版社1965年版，第110页。

动者事实上拥有毋庸置疑的人身自由、行动自由、选择自由，即他们是在没有任何外在强制力量胁迫前提下自觉自愿来到工厂和企业参加工作的；第二，西方垄断资本集团多年来源源不断向第三世界落后国家和地区输出资本，不仅在客观上改善并促进了当地社会经济发展，同时也由于向当地居民提供众多就业岗位从而部分缓解了当地就业同温饱问题；第三，倘若西方垄断资本集团持续不停给第三世界劳动者加薪，其结局必将是大大降低企业经济利润，从而令西方垄断资本集团及其属下工厂企业生存环境变得愈发恶劣，加之当地政府对西方公司和企业课以重税并实行严格立法监督等，那么，最终西方跨国公司和生产企业必将因难以承受上述压力而不得不选择逃离，那这样一来，不仅会使大批当地劳动者失业，而且还会使第三世界错失宝贵的社会经济发展机遇；第四，其实，矗立于第三世界广袤版图上的"血汗工厂"给予当地劳工的薪酬算是比较高的，至少比多数本土岗位报酬高，因此，尽管当地劳工在这些工厂企业工作会辛劳一些，但毕竟获得的薪酬待遇是"丰厚"的；第五，人们毋需对"血汗工厂"和"血汗制度"施加过多抱怨同指责，历史地看，当今世界几乎所有发达国家都曾经历过以劳动密集为重要特征的"血汗工厂"发展阶段，因此，不仅发达国家应当感激它们的昨天，而且世界任何一个国家和地区都必须且只能遵循这一历史规律，密切依靠"血汗工厂"巨量资金、先进高科技、充沛产能，而非那些徒劳且愚蠢的"反血汗工厂运动"（或立场）。依据上述非凡的"远见卓识"，"血汗工厂"著名铁杆之一，莫雷·维德鲍姆（Murray Weiderbaum）甚至将诺贝尔奖获得者米尔顿·弗里德曼（Milton Friedman）的个人身世拿来作为印证第五个观点的有力证据，他说，"如果他的父母不愿意在血汗工厂里长时间辛劳工作，他们就无法挣到供他受教育的钱"，所以说"我们应当感谢弗里德曼家族上一代的投资"。[①]

实质上，此类"反'反血汗工厂运动'之运动"（或立场）并非什么新鲜玩意儿，其与"资本输出能够且本来意愿就是为了帮助促进落后地区发展"等之流的诡辩同属一丘之貉，均在竭力粉饰、美化新殖民主

① ［美］约翰·米勒：《反血汗工厂运动》，《挑战》2003 年 1/2 月号，转引自《国外社会科学文摘》2003 年第 6 期，李禅林译，第 36 页。

义同帝国主义的资本输出。其实，"反'反血汗工厂运动'之运动"（或立场）维护"血汗工厂"和"血汗制度"的依凭理由相当荒谬：关于支持"血汗工厂"的第一个理由，实际上，马克思早已对此予以过辛辣嘲讽同严厉批驳，资本主义社会形态下，劳动者的确摆脱了奴隶社会和封建社会中的人身依附关系，并因之获得了"选择的自由"，只不过，这种所谓自由的范围是狭隘与无奈的，无产阶级的自由无非是选择工作或选择不工作的自由，无非是选择到这家"血汗工厂"或到那家"血汗工厂"的自由，这似乎类似于让人自由选择不同死亡方式一样。假若这真能算资产阶级意识形态与资本主义政治实践数百年来不渝追求的"自由"，那么，实在看不出其到底蕴藏多大意义和价值。支持"血汗工厂"的第二个理由，绝对称得上是一个对客观现实和真实历史赤裸裸的歪曲，且不说西方跨国公司向第三世界施行资本输出和技术输出所造成的当地大量传统手工业的持续衰败，也暂时不谈西方依靠资本输出从落后国家和地区攫取到的源源不绝的生产资源、珍稀矿藏、动力能源、物质财富，仅看众多"血汗工厂"对当地自然生态环境和丰富矿藏资源所造成的"不可逆"的严重毁坏，就足以"证伪"西方"资本输出从根本上有助于第三世界社会经济发展"之流的荒诞论调。回首中国、印度等曾深陷帝国主义殖民侵略和掠夺魔掌的国家和地区，谁会认为，当她们作为西方殖民地和半殖民地时，其域内社会经济发展水平同广大劳动者的生活水准会强于民族解放与国家独立的历史时期呢？马克思就曾指责英国在印度实行的殖民政策，除了使当地农民破产，迫使"农民举行一系列的地方性起义"外，"任何有利于农业的事都没有做。"英国对印度的侵略，特别是它对公社的破坏，"不是使当地人民前进，而是使他们后退。"因此，对于殖民主义必须予以彻底否定。① 至于辩护"血汗工厂"的第三个理由，早已有大量实证研究和经济学材料证明，如果设立在第三世界疆域内的外资企业能适当为"血汗工厂"中夜以继日劳作的工人们增加工资，是无论如何也不会真正影响，甚或恶化跨国资本集团在广大发展中国家和地区的产业环境的，同样也不会实质降低跨国资本集团

① 《马克思恩格斯选集》第1卷，人民出版社1995年版，第765页。

在第三世界所榨取到的高额经济收益。[①] 维护“血汗工厂”的第四个理由同样不符合实际情况。其实，大多数外资企业劳工的实际收入不仅不会普遍高于本土工厂企业工人的酬劳，有的甚至还会远远低于当地劳工一般工资水平。因此，此类观点充其量只是国际垄断资本用以混淆社会视听同迷惑社会舆论的一种臆想而已。需要强调的是，假若有朝一日“血汗工厂”劳工们的酬劳会偏高一些，但是，不应忽视这种所谓的“高薪”与其劳动强度和辛苦程度永远都不成正比，“血汗工厂”劳工薪酬的背后是人类极限劳动，以及由此导致的工人们备受摧残的身心、斑斑血泪、日渐残缺干瘪的身体和灵魂！尽管“血汗工厂”“存在合理性”第五个理由的炮制鼓吹者竭力扮演人类社会历史发展规律的发现者同历史进程真理钥匙的掌管者，不过，事实上其难以掩盖理论依据的众多漏洞与道德上的苍白。美国学者约翰·米勒指出，这种论调严重歪曲了历史事实，误解了社会进步与经济发展的关系：首先，假设所有发达资本主义国家都经历过“血汗工厂”阶段，但这并不能有效地证明“血汗工厂”引起了生产率的提高，从而产生了工作条件的改善；其次，发达国家“血汗工厂”历史阶段的结束并不是单单由市场力量所致，而是结合了“血汗工厂”卫道士们觉得非常讨厌的大规模群众和社会行动的。[②]

“血汗工厂”的忠实拥趸者及卫道士们之所以能如此心平气和并坦然地向人们娓娓道来，“血汗工厂”是一种人类社会历史进程中无可避免的事物，所以，不仅应当从容接受它，而且还要学会拥抱并感恩它，

---

① “要求跨国公司及其承包商把工资提高到当地最低工资以上、接近基本工资的劳动法，是否就会扼杀就业机会呢？……罗伯特·波林等经济学家最近仔细研究了这个问题。他们对墨西哥和美国的服装工人的工资提高一倍对服装在美国的零售成本有什么影响进行了考察。他们的初步结论是，非管理性工人的工资提高一倍，美国售价为32美元的男式休闲衬衣的生产成本只增加50美分，即只是零售价的1.6%。……波林等人从1992到1997年对45个国家作了调查，……主流经济学家认为改善全球出口工厂的岗位质量（通过增加工资）将减少岗位的数量这一看法没有得到数据上的证实。”［美］约翰·米勒：《反血汗工厂运动》，《挑战》2003年1/2月号，转引自《国外社会科学文摘》2003年第6期，李禅林译，第36页。

② ［美］约翰·米勒：《反血汗工厂运动》，《挑战》2003年1/2月号，转引自《国外社会科学文摘》2003年第6期，李禅林译，第36—37页。

原因就在于：第一，“血汗工厂”的坚定捍卫者绝大多数早已沦为帝国主义、新殖民主义、资本输出的利益既得者；第二，卫道士们往往将自身置于一个“客观”“冷静”旁观者位置，他们无需体会和深切感受“血汗工厂”底层劳动者必须时刻面对的苦难与艰辛，无需承担底层劳动者身上背负着的沉甸甸的生存重担，无需直面第三世界被压迫剥削者们“惨淡的生活境遇”同“看不到希望曙光的未来”，所有有关“血汗工厂”的研究资料和统计数据仅仅只是资料和数据而已。假设若当“血汗工厂”拥趸者和卫道士们正竭力为“血汗制度”的“历史必然性”和“历史合理性”寻找充要理据，或正肆无忌惮鼓噪其乃为人类社会历史演化进程中一个无法逾越的“必要环节”，并高唱苦难与牺牲总是需要的时候，此刻毋庸争论，只需邀请他或他最为疼爱的人进入其所认定的这一“历史必然性”环节中，成为这一黑格尔式神秘“历史圆圈”中的“高尚殉道者”，那么，他一贯的立场与见解肯定不会是如此的冥顽不化的。

第八章　困境与展望

——经济全球化帷幕下的垄断资本主义

伴随经济全球化进程日益深拓，西方社会在新自由主义蛊惑下将战后一段时期建构而成有利于广大劳动群众的一系列社会福利保障基本涤荡殆尽，加上金融资本根深蒂固的投机性、掠夺性、破坏性愈益显著，垄断资本主义产生出众多（具有内在关联性）严重且难以根治的社会经济难题和困境，日趋严峻的全球普遍贫富两极分化及劳工阶级深陷“赤贫”是这一时期各类棘手难题同困境的重要症候。由于贫富两极分化的持续加剧同“赤贫”生存状况的普遍蔓延，全球范围“阶级简化”和“阶级同质化”正朝着马、恩曾正确指出的方向大步疾行：一方面，所谓“中产阶级”正（或已）迅速坍塌、瓦解，其注定的前景就是恢复无产阶级面貌；另一方面，全球无产阶级和资产阶级在各自阶级认同中日益“同质化”，东西方、南北方资产者越来越相似，与此同时，全球无产者在贫穷困顿、待业失业、生活艰辛等特质上也越来越成为一个具有高度“同质性”的社会阶级。全球范围内无产阶级同资产阶级间的尖锐矛盾和激烈对抗不仅没有消退或弱化，反而愈演愈烈。更糟糕的是，尽管已演进为国际垄断资本主义，然而，世界资本主义仍无法凭借自身力量克服和超越那一可怕梦魇——资本主义周期性金融—经济危机，垄断资本主义在经济全球化时期呈现出来的一系列社会经济困境及演化趋势反过来又加剧和恶化了周期性金融—经济危机，并进而引发严重的社会危机、政治危机、精神（信仰）危机——资本主义系统危机。

第一节　资本主义经济全球化的历史步伐

全球化是一个内涵和外延均十分丰富而深广的范畴。假若从“地理大迁徙”角度看，人类全球化历程甚或应追溯至数百万年前始于“东非大裂谷”的漫漫种群进化远征。正是得益于祖先勇敢而卓绝的探索精神及实践，当今地球才密布人类足迹；也正是得益于人类在地理上从未停歇的漫长全球化进程，安处于世界各个角落的人们才逐渐有了日益频繁且深入的交往，资本主义经济全球化也才因之获得了坚实基础。

依据资本主义经济全球化数百年发展历程及其呈现出的特征，国内外学界普遍倾向于将其分为三大阶段：第一阶段为资本主义商业或商贸资本的全球化时期；第二阶段为以帝国主义资本输出为基本特征的产业资本的全球化时期；第三阶段为肇始于20世纪70年代中期或80年代初期并延续发展至今的资本主义金融资本的全球化时期。对此，李崇富教授阐释到：自近代开始，当资本主义来到世间，它就力求克服封建中世纪的地域分割、地域封锁，努力把封建主义狭隘的地域史，变为资本主义的世界史。资本主义生产方式首次开创了世界历史，因为它使每个文明国家以及这些国家中的每一个人的需要的满足都依赖于整个世界。18世纪是商业的世纪；19世纪是由自由资本主义开始发展到垄断资本主义的世纪，其中，和商品输出不同的资本输出具有特别重要的意义；20世纪是金融垄断资本居于支配地位的历史时期。从商业资本的全球化到产业资本的全球化，再到金融资本的全球化，是资本主义经济全球化扩张的三个历史阶段。① 需要注意，“三阶段”划分方案，并不意味每一特定历史时期仅仅只存在唯一一种资本形态的全球化进程。例如，商贸资本全球化时期，就不仅存在商贸资本全球化，同时还存在以资本输出为特征的产业资本全球化及金融资本全球化。其实，三种资本形态的全球化进程自资本主义诞生之日起就已密不可分地纠缠和勾连在一起了，只不过，在不同历史阶段，某个特殊资本形态的全球化始终占据着整个资本主义经济全球化进程的主导优势地位，也正因此，人们才将那个占据主导优势地位的资本形态的全球化用以描述、界定和表征某个历史阶段的资本主义经济全球化进程。

---

① 李崇富：《经济全球化与劳动阶级的解放》，《中国人民大学学报》2001年第4期，载《李崇富选集》，中国社会科学出版社2010年版，第639页。

既然资本主义经济全球化并非全新之物，那为什么人们惯于将当前历史阶段，而非将此前资本主义数百年历程一并统称为经济全球化时期呢？事实上，主要原因应为下述：第一，新自由主义及其竭力倡导的私有化、自由化、市场化、全球化（包括金融自由化和全球化）乃为当前世界资本主义主流意识形态，这一点有别于以往；第二，由于第一点，西方各国政府对经济的监管和调控受到严重冲击与削弱，全球资本流动性由此空前提升，世界资本主义的生产、贸易、投资、金融等的全球化达至一个史无前例的新高度、新境界，加之，巨型跨国资本（集团）为资本主义经济全球化提供了坚实的物质、科技、生产、人员基础；第三，政治方面，由于苏联解体、东欧剧变，以及众多发展中国家和地区，乃至社会主义国家纷纷摒弃计划经济转而选择市场经济，这就使得从表面上看，资本主义及其市场经济似乎已一统全球。面对当前史无前例的经济全球化进程，美国学者威廉·罗宾逊坦诚表达了自己的种种困惑：“全球化是指一个过程还是一种状态？它是20世纪末最后十年的一种新现象吗？它是资本主义和现代性数个世纪的扩散的终极产物吗？它抑或已经有数千年的历史？全球化是经济、政治和文化过程的核心吗？是否最好应该把全球化看成是先前的历史过程的延续，即量变？或者我们应把它看成是历史过程的断裂，即质变，或是一个崭新的时代？”[①] 最终，威廉·罗宾逊在《全球资本主义论——跨国世界中的生产、阶级与国家》中明确表示：当前经济全球化应被视为数个世纪以来资本主义生产在全世界扩散这个长过程的“顶峰”，在此阶段最为显著的时代特征就是跨国资本、跨国资产阶级及跨国政权的崛兴。

由于资本主义具有“比较意义”（同奴隶和封建社会形态）上的“先锋性”，因而，经济全球化进程内涵具有一定程度的“进步性”“必然性”，即其深刻体现出生产力日益社会化的演进趋势并在很大程度和范围提升了全球科技、产业能力、经济发展水准。然而，在认知经济全球化“先锋性”“进步性”“必然性”之余，决不应忽视，其存在一个关键

---

① 威廉·I. 罗宾逊：《全球资本主义论——跨国世界中的生产、阶级与国家》，高明秀译，社会科学文献出版社2009年版，第1页。

性前缀修饰词——资本主义。这意味着：随着经济全球化进程日趋深拓，资本主义内涵的一切负面、反动因素也必将相应地在全球范围得以急遽扩张，换言之，当前的经济全球化远非"去意识形态""去阶级""去压迫剥削"色彩，属于广大劳动群众真正具备"普适性"的历史进程，必须清醒，这一时期的社会历史主角仍是牢固掌握经济政治权柄的垄断资本（集团）及其寡头。对此，第三世界同社会主义国家必须引起高度警惕和戒备，必须对经济全球化及其演进趋势积极尽早做出应对之策，否则，其温情脉脉面纱之下极具破坏性和凶残性的一切消极因素必将对落后国家和地区造成难以弥合的伤害。"不论全球化为富人所提供的利润有多少，它已经给贫困国家带来了严重的损害。这种危害涉及那么多的方面，有着那么强的动因，以至于除了完完全全的灾难以外难以看到别的结局。"① 对此，李崇富教授一针见血地指出：经济全球化实质上为发达国家一种国际经济政治战略或政策，尤其是新自由主义的政策主张，本质上损害广大发展中国家和广大劳动人民利益，而有利于西方垄断资本。他们是以加速推行"全球化"或"一体化"之名，行谋取本国垄断财团及其少数人的私利之实。正是为这种狭隘私利所驱动的国际经济战略或政策，才造成和加剧了近几年全球若干区域性的经济危机和金融危机。所以，对经济全球化的不适当宣传和不适当对待，不仅无益而且有害，特别是对广大发展中国家和劳动阶级尤为有害。经济全球化，一方面是通过精心建构的经济机制（包括股票、有价证券和其他衍生金融工具），去驱使产业资本、金融资本及虚拟资本，去追求利润的最大化；另一方面是促进资本流向劳动力最为廉价、资源就地取材、产品就地销售的地方去牟利。当然，这样扩散、辐射到国外特别是发展中国家的跨国垄断企业或其子公司，大多是劳动密集型、工艺技术行将过时和污染严重的产业。至于那些拥有核心技术和生产高精尖产品的高级产业，则大多留在其本国，以巩固并加强技术垄断和对主导产业的控制。这样，西方垄断资本及其大财团就坐收"一石三鸟"之利：既能更多榨取当代工人剩

① ［美］道格拉斯·多德：《不平等与全球经济危机》，逸昊译，中国经济出版社 2011 年版，第 87 页。

余劳动，又输出工业污染，还能就近占领国外市场。由国际垄断资本所主导的经济全球化，是资本权力的进一步强化，也是工人劳动的进一步异化。从实质上看，经济全球化只是美国为首的少数发达西方大国在策动和促成东欧剧变、苏联解体之后，想把这种政治上的得分变成经济上的“和平红利”。①

经济全球化不仅没有将它攫取到的巨量“经济红利”适度拿来同第三世界及国内外广大劳动者分享，反而越发显露出狰狞贪婪的面容与残酷狡黠的剥削压迫本性，这突出地表现在，西方发达资本主义国家与众多发展中国家和地区，垄断资本（集团）及其寡头与全球劳动者（尤其是底层劳动者，如“穷劳族”“血汗工厂”劳工）之间贫富两极分化的鸿沟，正伴随垄断资本日盛一日的剥削压榨及周期性爆发的金融—经济危机而不断拓宽。建基于经济垄断之上，资产阶级愈加肆无忌惮地以强硬政治“铁腕”同军国主义刺刀捍卫其多年来精心构建的全球政治军事统治体系。更为糟糕且令人扼腕的是，处于上层建筑的精神道德（信仰）领域也日趋被（极端）利己主义、奉行“丛林法则”和“弱肉强食”的（极端）“社会达尔文主义”、冷漠的人际交往、扭曲的拜金主义，以及对人类同胞施行戕害的暴力行径等长久浸染与牢牢占据。

时光荏苒，一幕幕悲喜剧飞逝而过，不断被定格在人类演进的历史长河中。当前时期的经济全球化尽管展现出一定程度及范围的“先锋性”“进步性”“必然性”，然而，却始终难掩其由资本主义质性所导致产生且日益显著的“腐朽寄生性”“压迫剥削性”“贪婪掠夺性”“暴虐反动性”等消极黑暗面相。这一切诚如美国学者威廉·罗宾逊慨叹的那般：全球资本主义聚宝盆的底部，是黑暗的另一面，是不断恶化的贫困、不平等、边缘化和权利被剥夺以及大规模社会动乱、社会保障措施缺位和机会的不断减少。② 然而，正是透过黑暗与光明的辩证关系，人们在

---

① 李崇富：《经济全球化与劳动阶级的解放》，《中国人民大学学报》2001年第4期，载《李崇富选集》，中国社会科学出版社2010年版，第638—641页。

② ［美］威廉·I. 罗宾逊：《全球资本主义论——跨国世界中的生产、阶级与国家》，高明秀译，社会科学文献出版社2009年版，第208页。

当前经济全球化进程中不仅只看到了痛苦与绝望，更看到了社会革新的璀璨前途及某种美好生活愿景和希冀。世界资本主义于当前时期生动演绎的经济全球化正日益成为人类走完具有过渡垂死色彩资本主义，朝向更高级社会形态——社会主义社会迈进的激昂前奏曲。

第二节 “分裂”与“极化”

——日趋拓宽的贫富分化鸿沟

萨米尔·阿明说过：与资本主义相联系的现代全球化进程在本质上必将导致贫富两极分化。尽管阿明没有进一步揭示经济全球化催生贫富两极分化的内在原因，然而，这一内在原因是显而易见的：自始至终且根深蒂固潜藏在资本主义机体中的社会经济“不平衡发展”状况及基本规律。资本主义内涵的社会经济“不平衡发展”不仅体现在国家之间，而且更体现在资本主义的几乎一切方面，如行业之间、企业之间、资本家之间，以及资本家同劳动者之间等。资本主义由来已久的社会经济“不平衡发展”不仅全方位渗透世界资本主义方方面面，而且更推动和加剧了社会普遍贫富两极分化。

既然是一种“极化”现象，那就意味着，全球贫富两极分化突出表现在两个“逆向”发展趋势上：一方面，全球落后国家和地区（包括当地广大劳动者），以及西方社会无产阶级的贫困程度和范围正日益深化与扩大；另一方面，全球发达国家和地区，尤其是垄断资本（集团）及其寡头拥有和掌控的财富、资本、生产资源、自然矿藏，以及由此衍生的各类权利（权力）如滚雪球般快速而持续积累、积聚。这样一来，世界各国之间或明或暗、或隐或显的矛盾和冲突不仅没有得到有效抑制与缓解，反而愈演愈烈。南北、北北、南南之间的关系长期以来始终处于一种不稳定、不和谐、分歧与纷争丛生、极为动荡不安的状态中。与此相应，全球最富裕阶级同底层劳动群体持续拓宽的贫富差距越来越令人感到一种无以名状的匪夷所思、惊愕、不安。“近 50 年来，全球生产的物质财富按国民生产总值计算，增长仅 6 倍。但仅占世界人口 20% 的少数富国与一批穷国，其占有社会财富的比例，则从 1960 年的 30：1，扩大到1997年的74：1。联合国《2000年发展报告》曾指出，当今世界3个最大的亿万富豪占有的财富，比48个最贫穷国家一年的国内生产总值的总和还要多。”① 2016年1月18日，即瑞士达沃斯世界经济论坛召开前一天，一个具有国际影响力的发展和救援组织——英国“乐施会”（Oxfam）发布的一份名为《为1%服务的经济》研究报告清晰显示：目前，世界1%最富裕的人所拥有的财富总量超过了其他99%人口所拥有的财富总量；全球最富裕的62人所拥有的财富总量相当于全球最贫穷36亿人口的财富总和！这区区全球最富有的62人真可谓“富可敌半球”！全世界越来越多的社会财富和资本资金正日益集中于极少数人（且越来越少，如同列宁常常使用的词汇：“一小撮”）手中！面对此种情状，乐施会国际执行主席温妮·贝妮玛也不得不由衷慨叹道：竟然人类中一半人口的财富总值还比不上一辆巴士车上的富豪的财富，这真令人悲哀，而且这种不平等状况还在加剧！②

富裕无疑是一个人人都愿听闻的好消息，然而，假如考虑到富裕人群占全人类总数的比例越来越小，而不富裕或深陷赤贫的人口总规模却在持续不断激增，加之这部分贫困群体所拥有的财富与资金处于急遽缩水的糟糕状况中，试问，当前时期，一部分人越来越富裕还能被称为是一个令人欢欣鼓舞的好消息吗？事实上，令人感到窒息与惊愕的不是富裕阶层“单纯的富裕”，而是这个群体的富裕富足同奢侈糜烂牢固建基于那容易触痛人类灵魂深处柔软同情的普遍贫穷之上。当约翰·伊斯比斯特在《靠不住的诺言——贫穷和第三世界发展的背离》中论及世界发达工业国家中劳动群众贫困的生活状况时，也不由得发出了这样的感慨：这是一种“多么令人心碎的贫困啊”！加拿大学者M. 乔休多夫斯基通过考察前苏联、巴尔干及美欧城市贫民窟的生活水平后坚定认为，20世纪晚期是全球贫困化的一个重要时期，其主要特征为发展中国家生产体系、

① 李崇富：《经济全球化与劳动阶级的解放》，《中国人民大学学报》2001年第4期，载《李崇富选集》，中国社会科学出版社2010年版，第637页。

② 《乐施会：全球1%的人比另外99%的人拥有更多财富》，观察者网2016年1月18日。

公共设施和文教卫生规划的大规模普遍衰落。需要指出，乔休多夫斯基的研究更多展现的是宏观贫困景象，然而，全球普遍贫困却更多、更集中、更直接地在中微观层面（尽管宏观、中观、微观无疑相互联系、相互影响）对具体而微的个体发生深刻影响，如微薄的收入、堪忧的健康状况和医疗条件、较低的预期寿命、高文盲率、恶劣的住房条件、安全食品与饮水的严重匮乏等。统计数据和实证研究往往是冰冷而抽象的，因此，欲求深入而真切理解全球贫富分化问题，包括贫困和赤贫问题，就应当竭力窥望、洞察研究报告和统计数据浓密遮蔽与掩盖的真实生活。

一、国家间的贫富两极分化

马克思主义经典作家，包括列宁，均重点提及并强调了资本主义国家间长期以来存在一种“动态”社会经济“不平衡发展”状况及内在规律。之所以称为“动态”社会经济“不平衡发展”有这样两层含义：第一，资本主义社会经济“不平衡发展”作为一种现存状况或内在规律自始至终从未消失；第二，“动态”并不是指这种不平衡性忽隐忽显，时而存在、时而消失，而是指处于不平衡“跷跷板”两头的资本主义国家会随时间推移而不断更迭，就像曾经称霸世界的葡萄牙、西班牙、法国、德国、英国等昔日霸主，今时今日，已远不及一度落后于它们，并备受鄙夷的美利坚合众国。正是基于社会经济“不平衡发展”，经济全球化时期，美国同一般资本主义国家或地区，如希腊、意大利、葡萄牙、西班牙、比利时、瑞士、瑞典、挪威、丹麦等众多小国或弱国相较而言，不仅科技发达水准远超它们，社会经济发展水平远超它们，而且富裕富足程度同样也远超它们，并持续不断与上述国家或地区拉开贫富两极分化的距离。

当然，尽管西方各国客观存在不容忽视的社会经济“不平衡发展”，以及由此持续推升的国家间贫富两极分化，不过，当前时期，这一议题主要还是放置于所谓“南北”关系（即发展中国家与发达国家间的关系）论域中进行阐释和理解。由于一系列历史原因：第一，北方国家和地区，自工业革命以来，始终走在世界科技前沿并引领社会生产发展潮流及方向；第二，由于西方数百年来施行了相较于以往更为先进的生产方式，因而极大解放和发展了社会生产力，积累了巨量资本和财富；第三，资本主义数百年来积极推行以抢占掠夺、压迫剥削为主要特征的殖民主义，因而，虏获及攫取了难以计数的自然矿藏、生产资源、资本财富、廉价劳动力等；第四，二战结束后，在旧世界殖民体系土崩瓦解后，西方又不遗余力积极推行以资本输出为主要特征的新殖民主义。因此，据上述，西方发达资本主义不仅仍继续垄断着高新技术生产领域、掌握着巨量资金流，而且更通过建立建设众多服务于垄断资本的国际经济机构（如世界银行、国际货币基金组织、世界贸易组织等），深度操纵国际经济关系的“游戏规则”，在与第三世界的经贸金融交易中既当运动员、又当监督者和裁判员，攫取到无可估量的巨大经济政治利益，从而加剧了西方同第三世界之间的社会经济“不平衡发展”，并因之日益拓宽“南北”国家之间贫富两极分化鸿沟。

经济全球化时期，第三世界，尤其是以非洲为代表的最不发达地区的振兴之路日益举步维艰。广大发展中国家和地区的 GDP 及国民人均总收入（GNI）等同西方发达国家对应指标相较而言无疑均显得非常低，如果再考虑到第三世界所背负的越来越沉重的巨额债务，那么，第三世界在贫富两极分化“负极点”上越走越远的趋势似乎成为了一种注定的历史命运！首先，从国内生产总值占世界生产总值份额来看，1980—1997 年期间，发达国家 GDP 占世界份额由 73.1% 提高到 78.8%；第三世界则由 26.6% 降到 21.2%；一些最不发达国家和地区所占比例则由 2.46% 降到 1.12%；拥有全球 1/5 人口的最发达国家占全世界 GDP 总量的 86%，拥有全球 1/5 人口的最贫困国家仅占全世界 GDP 总量的 1%。[①] 其次，从人均国民生产总值来看，1980—1998 年，发达国家（OECD）人均国民生产总值从 10640 美元提高到 25480 美元；发展中国家从 1150 美元提高到 1755 美元；一些最不发达国家，如撒哈拉沙漠以南的非洲国家，反而从 1980 年的 650 美元降到 1998 年的 510 美元；1998 年世界贫

① 刘洪主编：《国际经济年鉴（1999）》，中国统计出版社 1999 年版，第 83—87 页，转引自宣烨：《经济全球化与全球贫富分化》，《世界经济与政治论坛》2002 年第 3 期，第 6 页。

困人口又增加了4亿，共计17亿。[①] 最后，从国家人均收入来看，发达国家与发展中国家的收入差距从1960年的30：1急速扩大到1999年的300：1；具体来说，如2001年，瑞士人均年收入为36970美元，美国为34870美元，英国为24230美元；而占世界人口将近半数的49个最贫穷国家的人均年收入仅有可怜巴巴的430美元。[②] 面对此种情状，联合国开发计划署《人类发展报告》（1999年）也颇为忧虑地指出：那些受益于全球化体系的与那些仅仅被动接受全球化影响的国家之间，出现了奇怪而又危险的两极分化！

国家间的社会经济“不平衡发展”及由此固化并持续推波助澜的贫富两极分化正伴随经济全球化日益深拓的进程而变得越趋严重，一种国际关系视阈中的“双重依附”，即第三世界“外围”对发达资本主义“中心”的依附，以及一般资本主义对发达资本主义（如美国）的依附关系正在形成并不断强化。全球资本财富、自然资源、珍贵矿藏、劳动力等“呈扇形状”向发达资本主义“中心”，特别是向垄断资本（集团）及其寡头源源不断，急遽而大规模地集中；与此对应，天文数字般的债务连同夜以继日生成的高额利息也同样“呈扇形状”向第三世界，最终向落后国家和地区的广大劳动者源源不断，急遽而大规模地集中（某种意义上，可暂将之称为“贫困落后”积累），并日趋成为难堪重负的巨大经济政治压力。

二、发达资本主义国内阶级贫富两极分化

（一）发达资本主义国内阶级贫富两极分化日趋严重

帝国主义最为深厚的经济基础——资本主义私人垄断，不仅是社会普遍贫富两极分化的重要社会经济根源，同时也在各个方面持续加剧贫富两极分化的速度及深广程度。资本主义经济垄断，一方面，为垄断资

① 宣烨：《经济全球化与全球贫富分化》，《世界经济与政治论坛》2002年第3期，第6页。

② World Bank, *World Development Report* 2003, New York: Oxford University Press, 2003, Table 1，转引自［美］约翰·伊斯比斯特：《靠不住的诺言——贫穷和第三世界发展的背离》，蔡志海译，广东人民出版社2006年版，第26页。

本（集团）及其寡头榨取丰厚经济利润提供了前提和保障；另一方面，却令普通劳动者备受压迫剥削并日益深陷贫困。套用美国学者约翰·伊斯比斯特的话："贫穷从来都不是每个人平均享有的"，同样，在发达资本主义国家，"富裕也从来都不是每个人能平均享有的！"

经济全球化勃兴三十余载，由于深受新自由主义影响，世界资本主义广泛致力于在社会经济生活中"去政府化"，锐意削减政府公共开支同普通公民的社会福利和养老保障，将大量国有资产转为私人资本，并极力鼓吹所谓完全而彻底的"市场化""私有化""自由化""全球化"。于是，在新自由主义浪潮汹涌席卷下，战后"黄金时期"劳工阶级和普通居民竭力争取到的众多福利待遇及有利于劳动者的社会制度环境等均被涤荡殆尽，一种"反人民、反劳工"（萨米尔·阿明），以美国为首的新帝国主义世界统治体系逐渐得以形塑和建构。帝国主义仍旧对内严酷镇压剥削，对外竭力强取豪夺。因此，不仅第三世界长久以来始终遭受垄断资本的残酷压榨和掠夺，而且西方社会广大劳动者也同样不得不忍受越来越严厉的阶级压迫剥削。这突出表现在：首先，随着金融自由化和金融全球化迅猛发展，西方资本输出愈演愈烈，发达国家一方面持续加大对海外实体经济领域的投资力度，另一方面将国内众多高能耗、高污染的企业及劳动密集型工作岗位源源不断转移到第三世界，于是这样一来，势必造成国内大量中低端工作岗位和就业机会流失外逃，国内许多不具备高技术、高智识的劳动者因之长期失业待业；其次，高失业率意味着国内长期存在大量劳动后备军，资产者往往乐见此状，并以此作为一种对在职劳动者的"常态化"威慑，于是资产者在大幅削减在职劳动者实际薪酬待遇之余，千方百计强化他们的劳动量和劳动强度，以期榨取更多剩余价值；再次，数十载新自由主义的泛滥肆虐导致西方社会劳动阶级曾一度充分合法享受的众多社会福利保障，如良好的住房条件、廉价或免费的医疗、接受高等教育的机会、失业救济金和养老金等，均逐渐被政府所取缔或大幅削减掉了。以美国为例：2005 年，美国有 3700 万贫困人口，占总人口的 12.6%，平均每 8 个美国人就有 1 人生活在贫困中，其中，将近 1600 万人陷于"极度贫困"状态，比 2000 年增加了 26%，而有色人种，如黑人和拉丁裔美国人的贫困率则是白人贫困率的

3倍左右。与此同时，饥饿与无家可归的状况也日益严峻，2005年，美国有3480万人无法获得足够食品，约有60多万人无家可归。[①] 2009年，美国无家可归人数遽增至数百万，仅加利福尼亚一个州就有超过50万无家可归者，况且这还是美国最为富庶的州之一。[②]

在贫富分化的“另一极”，欧美发达资本主义垄断（集团）及其寡头仰仗和凭靠由于历史原因所掌控的巨额资本、各类财富，以及建基于此之上的经济政治权力，持续不断从资本输出、金融自由化、金融全球化进程中攫取巨量经济利润。例如，他们可以通过分享股息、不动产以及各类实体和金融投资等方面巩固或扩充本就十分庞大的财富资本规模，他们所持财富资本随经济全球化进程呈现出“滚雪球”般的快速累积与叠加效应。据美国国会预算办公室2007年发布的资料：从2003年到2005年，美国排名前1%的人的收入远远超过20%最贫困者的收入总和；前110万美国家庭的收入总和为1.8万亿美元，占美国总收入的18%，这些收入来自于投资和资本利得……在2003年，对于资本利得的征税被减少了。[③] 富裕群体过着与普通劳动群体形成强烈反差且带有典型“炫耀性质”的奢侈糜烂生活。例如，人们常常看到或听闻垄断寡头和（顶级）富豪不仅拥有为数众多的豪华游艇、私人飞机、顶级品牌汽车，在衣物、饰品上镶嵌价值连城的钻石和宝石，举办花费不菲的奢华聚会等，而且还在全球许多国家和地区大量购置豪华别墅、各类地产、酒庄果园等。《人民日报》于2014年10月27日撰文说，旧金山曾一度被视为美国创新的基地和百万富翁的诞生地，然而，旧金山当前却变成了全美贫富分化最为厉害的“重灾区”。据美国人口普查局统计数据显示，2012年美国的基尼系数是0.477，而旧金山为0.523，比非洲卢旺达的0.508还高。面对如此严峻的国内贫富两极分化现状及趋势，甚至连美联储主

---

① 许建康：《资本全球化和美国工人阶级的贫困化》，《海派经济学》2008年第1期，第85—87页。

② ［美］道格拉斯·多德：《不平等与全球经济危机》，逸昊译，中国经济出版社2011年版，第160—161页。

③ ［美］道格拉斯·多德：《不平等与全球经济危机》，逸昊译，中国经济出版社2011年版，第94页。

席珍妮特·耶伦也不得不发出了这样饱含批判和质疑的“美国之声”：美国不平等和贫富差距已经逼近最近100年来的最高水平，这令我感到非常忧心。这种趋势是否与备受推崇的机会平等这一美国价值观相背离呢?

然而，更令人深感忧虑的是，西方发达资本主义高等教育体系对国内社会阶层（顺畅）流动的促进与调节作用日渐失效（例如，美国高校，特别是那些“常青藤”名校“好专业”的学费是极昂贵的，一般工薪家庭几乎交不起这样高昂的学费，某些中产阶层家庭的学生也不得不为缴纳学费在小小年纪就背负上银行的“助学贷款”），其不仅无法有效润滑、平衡、阻碍贫富两极分化，反而日益成为贫富两极分化的凝固剂和助推器。因而，欧美社会中“社会阶层和地位遗传”的现象变得越来越普遍（布什家族接二连三竞选或任职美国总统就极好地证明了这一点），“社会流动性”大幅减弱，“社会阶层板结化”程度不断攀升等问题持续发酵并日趋尖锐化。世界资本主义不知不觉已进入一个“富者越富、贫者越贫”，“龙生龙、凤生凤”，对于垄断资本及其寡头而言极为美妙的时代！面对这种现象，美国布鲁金斯学会高级研究员卡罗尔·格雷厄姆在《破碎的美国梦》中指出，美国“社会流动性”最近几十年来呈现持续下降趋势，甚至低于其他一些资本主义国家，如加拿大、芬兰、德国等，相应地，美国社会阶层和地位的“遗传性”与“固化程度”却大大提升，因此，当前时期，人们可以大致依据一个美国年轻人的家族背景比较清晰地预测他将来可能获得的社会地位及收入状况。面对此类局面，道格拉斯也如是批评道：生物学家斯蒂芬·古尔德说他“对于爱因斯坦大脑重量和弯曲并不感兴趣；相反，他更关注那些与爱因斯坦有着同等智力、却还在棉花地和血汗工厂里生活并死去的人”。几个世纪以来，富裕社会都有能力为所有人提供更多、更好的教育，但我们的权力团体从没有想过要这样做。和卫生医疗一样，教育应该满足所有人的需要和机会，而不仅仅是为了社会角落里的那一小部分拥有特权的人。①

---

① ［美］道格拉斯·多德：《不平等与全球经济危机》，逸昊译，中国经济出版社2011年版，第153、160页。

经济全球化时期，帝国主义呈现出的在人类文明、平等、自由、民主方面的某种（急速）倒退无异于向全世界宣告：以标榜机会平等、社会公正、重视个人能力为重要特质的“美国梦”为典型代表的资本主义意识形态归根究底也仅是一种无论如何都无法摆脱其深深阶级烙印的虚幻、色彩斑驳，然而终究会破裂的“肥皂泡”而已！

贫困的生活固然令人感到沮丧和不悦，然而，如果这一切是发生在一个高度重视个人才能、给予每一位公民平等机会，以及施行公正奖惩的社会中，那毫无疑问，贫困状况应当首先在个体层面进行追问（比如，个体的好逸恶劳、缺乏能够贡献于社会与社群发展的能力等等），而非社会体制机制层面。不过，倘若这一切发生在帝国主义时代的西方社会，那么，阶级问题而非个体问题，才是首当其冲需要考虑的根本原因。正因为资本主义仍然是人类社会历史进程中一个阶级对抗异常尖锐激烈的社会形态，所以，当前世界上几乎所有资本主义国家的资产阶级与无产阶级之间的贫富两极分化，以及劳动群众普遍贫困的生活状况才会变得越来越严重。最糟糕的是，资产阶级与无产阶级“两极分化”的社会地位和财富状况将会由于其阶级间无法调和的矛盾对立而永续强化并“遗传”下去。

（二）世界资本主义居高不下的劳工失业率

资本家对剩余价值的无止境欲求需要社会上长期保持一支规模庞大的劳动后备军。劳工阶级持续不断，或于今天、或于明天的失业待业情形自资本主义诞生之日起就始终为其社会经济“常态”。尽管战后“黄金时期”西方社会较为有效地控制并弱化了长久而广泛的社会失业待业情形，不过，到了经济全球化时期，世界资本主义，尤其是西方发达国家的失业率相较于战后初期而言，又呈现出持续增高的态势。即使是到了21世纪，这一基本态势也没有得到真正改善或缓解，倘若碰上周期性金融—经济大风暴，如2008年那种横扫全球的世界金融—经济大危机，那毫无疑问，资本主义社会的失业率又必将会不断到达及刷新历史峰值。以具体数据为凭，2012年1—8月，美国失业率始终在8.1%—8.3%之间徘徊；在欧洲，2012年前7个月，欧盟和欧元区的平均失业率分别为10.3%和11.1%，其中，2012年7月欧元区失业率达到11.3%。从国别来看，2012 年前 7 个月，欧洲有 15 个国家的平均失业率均超过 10%。其中，西班牙的失业状况最为堪忧，其失业率高达 24.4%，其次为希腊，国内失业率为 22.6%。此外，葡萄牙、塞浦路斯、意大利的失业率也处于持续上升态势，分别达到 15.3%，10.4%、10.4%。[①] 更为详细具体的失业信息可参见下表。

表 8－1　发达经济体的失业率变化情况　　单位:%

	2010	2011	2012
发达经济体	8.3	7.9	8.0
欧元区	10.1	10.2	11.2
七国集团	8.2	7.7	7.5
加拿大	8.0	7.5	7.3
法国	9.7	9.6	10.1
德国	7.1	6.0	5.2
意大利	8.4	8.4	10.6
日本	5.0	4.6	4.5
英国	7.9	8.0	8.1
美国	9.6	9.0	8.2

资料来源:《世界经济年鉴》（2012—2013），世界经济年鉴编辑委员会 2013 年版，第 2 页。

从上述这张统计表可以清晰看到，尽管某些发达资本主义国家国内失业率自 2010—2012 年以来呈现出逐年下降的发展趋势，如加拿大、德国、日本、美国，不过，坦白地说，这种所谓逐年下降的幅度无疑是非常有限的。例如，日本国内的失业率 3 年来从 5.0% 下降到 4.5%，下降幅度仅为区区 0.5%。与此同时，其他发达资本主义国家和地区的失业率却没有表现出如加拿大、日本、美国等国家这样的“乐观发展态势”（尽管这种乐观景象是如此微不足道）。也就是说，其要么在总体态势上

① 《世界经济年鉴》（2012—2013），世界经济年鉴编辑委员会 2013 年版，第 2—3 页。

呈现出一种反反复复徘徊与震荡的曲线发展路径，典型的如法国；要么就是干脆呈现出一种不断上扬的路线，典型的如英国和意大利。而且，如果从总体上来讲，上表所反映的众多发达资本主义国家的国内失业率仍然应当算是处于一个历史较高水平上。此外，需要补充的一点是，可能是由于走资本主义道路及资本主义经济全球化深刻影响的缘故，第三世界众多国家和地区也同样患上了国内劳工高失业率的“顽疾”，而且其程度与规模一点也不逊色于发达国家。例如，1993 年，墨西哥的失业人口高达 350 万，而巴西的纺织业和制鞋业仅最近数年就有 200 万左右的人失业等。毋庸置疑，世界资本主义长期存在的广泛而普遍的劳工失业待业状况，无疑进一步恶化了广大劳动者的生活水平，在很大程度上固化并加剧了广大劳动群众的普遍贫困（甚至是赤贫）状况。

（三）发达资本主义工薪阶层实际工资呈现相对或绝对意义上的下降趋势

新自由主义尽管在一定程度上缓解了 20 世纪 70 年代中期爆发的经济危机及由此引发的大衰退、大萧条，不过，新自由主义也因其激烈反对国家（政府）监管和调控社会经济生活，并倡导全面彻底的“市场化”“自由化”“私有化”“全球化”，而将战后初期广大劳动群众竭力争取到的社会福利保障与有利于劳工的社会制度环境如秋风扫落叶般摧毁殆尽。其中，经济全球化时期，西方社会劳工实际收入（有时甚至是被多年来通货膨胀赤裸裸稀释和冲淡掉的账面收入）的持续下降，就是典型表征之一。以世界资本主义龙头老大——美国为例，若以购买力计算，美国工人阶级所获得的实际工资尽管在 1947—1973 年间呈现出显著增长的态势，但却在 1973—1995 年短短 22 年间呈现出急遽下降的总体趋势。此外，美国公司执行官阶层的收入与普通工人平均工资的比值则从 1967 年的 24 倍跃升至 2000 年的 300 倍。[①]“‘尽管 1973—1995 年美国的生产率增长了 35%，但社会中层人们的实际平均工资率在最近几年还是很低，收入的不平衡上升到 70 年前的水平’，反库茨涅兹‘倒 U 型分

---

① 许建康：《资本全球化和美国工人阶级的贫困化》，《海派经济学》2008 年第 1 期，第 85 页。

配曲线’规律的现象已经初现端倪了。‘甚至在整个工业国家，出现了新的阶级——‘有工作的贫民’，即有工作、但工资几乎与第三世界相差无几’。”① 克鲁格曼在《华尔街日报》（2014 年 1 月 21 日）上发表的文章《别替美国贫富分化遮丑》中提到：自 20 世纪 70 年代至今，美国在下层的那一半劳动力的实际工资停滞不前，甚至还出现下滑，而顶层那 1% 的人群却上升了将近 3 倍，最顶层的 0.1% 实际收入增幅事实上可能还要大得多。

三、全球资产阶级与无产阶级贫富两极分化

短短数十载光阴，经济全球化呈现出空前繁荣的景观，为社会创造出巨大物质财富，有力促推了科技进步，并将社会化大生产提升至一个全新高度。不过，欣喜之余，必须清醒认识到，在经济全球化华彩幻梦般的外表下，由资本主义根深蒂固具有的一切负面因素，包括其内在基本矛盾所导致引发的一系列社会经济、政治文化等负效应也随之波及并蔓延全球，其中，世界范围日趋严重的资产阶级同无产阶级长久以来客观存在的普遍贫富两极分化就是最为显著的负面效应或结果之一。

世界范围严重的贫富两极分化除了体现在国家维度外，同时还广泛存于并深刻体现在各类复杂社会阶级关系同矛盾对立中：第一类为世界资本主义，特别是西方发达资本主义内部资产阶级与无产阶级矛盾对立关系；第二类为西方垄断资本（集团）及其寡头与第三世界（买办）民族资产阶级矛盾对立关系；第三类为第三世界劳工阶级与西方垄断资本（集团）及其寡头矛盾对立关系。由于第三世界劳工阶级与西方垄断资本（集团）及其寡头分处于全球垄断资本主义统治体系“金字塔”的最底层和最巅峰，分处于全球垄断资本主义生产剥削和资本积累循环链条中收入分配、财富分配、政治经济权力的“两个极点”，因此，不仅第三世界劳工阶级与西方垄断资本（集团）及其寡头间的矛盾对抗毫无疑问是上述三类关系中最为激烈和尖锐的，而且，第三世界劳工阶级与西

① 程恩富、朱富强：《经济全球化：若干问题的马克思主义解析》，《上海经济研究》2000 年第 7 期，第 33 页。

方垄断资本（集团）及其寡头间的贫富两极分化也是最为严重、最为显著的。

事实上，以第三世界劳工阶级为代表的全球（贫困）无产阶级同以西方垄断寡头为代表的全球（富裕）资产阶级间的贫富两极分化不仅由来已久，而且自20世纪70年代中期迄今，这一两极分化趋势正愈演愈烈：一方面，全球（贫困）无产阶级穷苦艰辛的生活境遇有目共睹，据有关权威统计资料显示，迄今为止，全球60多亿人口中，3亿人每天生活费不足2美元；有12亿到13亿人每天生活费不足1美元；每晚有81000万人在饥饿中睡去，而那些生活在永久性饥饿的人群中，有20000万是不到5岁的孩子。或许，“他们一般有足够填饱肚子的食物，但是他们却经常得忍受饮食在热量和营养上的不足。他们的衣服很少，没有私家车，没有假期，也没有钱来购买超出生活必需品范围的东西。……最糟糕的是，他们常常遭遇较差的健康状况——高婴儿死亡率、儿童发育不良、易于感染疾病以及不确定的寿命。”① 另一方面，与此形成强烈反差和对照的是，据联合国开发计划署《人类发展报告》（1999年）显示，尽管全球化带来了财富的增长，然而，这些财富却日益集中在少数“超级巨富”手里，21世纪初期，世界排名前3的超级富豪（美国微软公司总裁比尔·盖茨拥有财富总额达到900亿美元，投资家沃伦·巴菲特拥有财富总额为360亿美元，微软公司创办人之一的保罗·艾伦拥有财富总额为300亿美元）所拥有和掌控的财富资本总量已超过全球35个最贫穷国家的国民生产总值，即3个人的财富总量相当于约6亿居民的收入总和。而2016年1月，英国“乐施会”（Oxfam）在一份题为《为1%服务的经济》研究报告中揭露了一个骇人听闻但却属实的情况：当前世界上最富裕的1%人群所拥有的财富总量超过了其他99%人口所拥有的财富总量；全球最富裕的62人所拥有的财富总量相当于全球最贫穷36亿人口的财富总和！

当面对愈演愈烈的全球普遍贫富两极分化时，经济全球化的合法性

---

① ［美］约翰·伊斯比斯特：《靠不住的诺言——贫穷和第三世界发展的背离》，蔡志海译，广东人民出版社2006年版，第27—28页。

及其对人类社会历史所具有的进步意义遭受到了空前质疑同激烈批判。随着经济全球化进程日益深拓，不仅那种极力恭维和唱赞资本主义经济全球化必将持续改善与推进世界各国各民族科技、生活、经济水平，以及那种将第三世界贫穷落后归因于悠久历史文化拖累的陈词滥调显得黯然失色，[①] 而且，那种要么将当前全球范围普遍贫富两极分化和全球劳工阶级贫困状况视为经济全球化进程的一种历史必然，要么将之归咎于某些国家、地区、民族在经济全球化方面还推行得远远不够（这种观点想说，现在某些国家、地区、民族的贫困落后不是经济全球化造成的，而恰恰是由于其推广施行资本主义远远不够造成的，一旦资本主义经济全球化达至一定程度，全球贫困及贫富两极分化就会迎刃而解）等诸多陈腐反动观点同立场，在面对日趋恶化而严酷的经济全球化现状时，均变得越来越苍白无力并备受责难与批判。无论怎样掩盖和粉饰，经济全球化时期，愈发严重的世界普遍贫困同贫富两极分化绝不是一种偶然的社会历史现象。倘若非得强调其为一种历史必然，那么，也仅仅是说，在全球竭力推行资本主义就一定会产生这一系列难题与困境，即世界普遍贫穷同贫富两极分化根源于资本主义及其全球化进程，因而，如果不改变并超越资本主义，上述或类似问题一个也不可能破解。

在摆脱了国家（政府）监管和束缚的“野蛮资本主义”（经济全球化）时代，受新自由主义（意识形态及其实践）蛊惑及深刻影响，恶性竞争主义、（极端）利己主义、（极端）社会达尔文主义相继复活，与此同时，集体主义、社群准则、利他主义伦理几近摧毁，以劳动雇佣为表征的人际关系和国际关系呈现出野蛮、血腥、残暴、冷漠等一系列退归

---

① 针对此类荒谬绝伦的观点，约翰·伊斯比斯特给予了坚决批驳：第三世界的贫穷不是“传统的”，这并非古老的生活方式。第三世界传统文化丰富多样，它们与日常生活结合得更为紧密，倒是在工业化世界传统受到冲击，被湮没。第三世界的古老习俗与贫穷关系不大。第三世界的伟大宗教——印度教、佛教和伊斯兰教——不必为贫穷感到歉疚，它们都是一种整合的世界观，将各代人凝结在一起。几千年来形成的人生观和风俗习惯带来一种归属意识，而不是排斥意识。［美］约翰·伊斯比斯特：《靠不住的诺言——贫穷和第三世界发展的背离》，蔡志海译，广东人民出版社 2006 年版，第 27—28 页。

“原始丛林”的迹象，人类“美德”水准大幅跌落。与作为经济全球化重要症候之一的全球普遍贫困同全球严重贫富两极分化相伴随的，还有资本主义经济政治集权统治日益严苛、社会民主化步伐受阻、人类文明程度和道德感持续弱化、金钱拜物教盛行、劳动异化深重、“跨国恐怖主义”肆虐，而这一切早已将21世纪为人类“文明”和“进步”世纪的神话彻底击碎！诚如美国学者威廉·罗宾逊所言，人类社会在21世纪初就开始了朝向野蛮与原始的退化！不过，正因为资本主义经济全球化不断深陷以全球普遍贫困和贫富两极分化为重要症候的重重困境之中，如同弹簧被压到了最紧致、最密集的收缩状态，人类社会历史也才因之而获得更加强劲且富有生命力的“超越力量”！资本主义经济全球化历史进程有待被克服和超越的希望在越来越难行的泥泞道路中旺盛成长，日益茁壮！

第三节　“简化”与“同质化”
——全球阶级演进趋向

一、概述

“黄金时期”，西方社会劳工阶级的薪酬待遇和社会福利保障出现一定程度提升，加之以智识脑力劳动为特征的白领阶层（或中产阶级）兴起，于是，一方面，“阶级一体化”“中产阶级崛起”“人民资本主义”等论调一度甚嚣尘上；另一方面，马克思主义阶级学说及其内涵的“阶级简化”和“阶级同质化”思想被视为是不合时宜的“异端”与谬误。然而，事实胜于雄辩，经济全球化时期，由于受新自由主义深刻影响和强劲推动，全球出现了日益显著的普遍贫困及贫富两极分化，进而，“白领阶层”“中产阶级”在周期性金融—经济危机的冲击下也逐渐褪去昔日耀眼光芒，并显露出黄金色里深藏的无产阶级“生铁本色”。当前时期，全球呈现出越来越清晰可辨的“阶级简化”和“阶级同质化”发展趋势。

马、恩曾明确提出，资本主义时代内涵伴随其始终的“阶级简化”

发展趋势。这点从根本上迥异于马尔库塞的“阶级一体化”理论，“阶级简化”揭示出一种“阶级两极分化”的蕴意，而“阶级一体化”则彻底抹杀了这种“极化”特征与趋势。《共产党宣言》对资本主义时代“阶级简化”进程，尤其对社会各阶级（包括资产阶级、中间等级等群体）如何逐渐加入无产阶级进程作出了精辟阐述。在马、恩看来，多个社会阶级朝向无产阶级简化的历程首先由社会中间等级开启。社会中间等级（包括小工业家、商贩、手工业者及较为富裕的农民等），特别是其阶级中的下层人群，要么由于他们所拥有和掌控的资本不足以经营大工业，要么由于他们根本就经不起与大资本进行激烈竞争，要么由于他们的传统手艺已被新的大工业技艺所淘汰，这个群体迟早会成为无产阶级庞大队伍的有益补充，即一个“行将转入”无产阶级的重要社会群体。其次，马、恩指出，一部分资产阶级早晚也会加入无产阶级队伍中，其根本原因就在于，要么由于资产阶级内部激烈残酷的竞争所导致，即一部分资产者在此过程中沦为破产者，要么由于在阶级斗争接近决战的时刻，资产阶级中的一部分人，“特别是已经提高到从理论上认识整个历史运动这一水平的一部分资产阶级思想家”（如同恩格斯本人那样），也同样会转到无产阶级队伍中。上述就是马、恩在他们所生活时代对“阶级简化”，特别是对朝向无产阶级简化进程的大致认知及逻辑推论。

以资本主义漫漫数百年历程视之，马、恩有关社会阶级必将呈现一种带有“极化”特征的“简化”发展趋势的判断是无比深刻而准确的。战后“黄金时期”，作为“橄榄型”稳定社会“肚子”部分所谓“中产阶级”的强势崛起，一度或多或少干扰与影响了人们对资本主义社会“阶级简化”的认知同判断：一方面，垄断资本及其御用文人借机以貌似褪掉阶级意识形态色彩的“后工业社会论”“人民资本主义论”“福利社会论”等哗众取宠的思潮着力粉饰、美化资本主义；另一方面，以马尔库塞等人为代表的部分左翼学者也被战后异彩纷呈的新现象、新景观、新见解所蛊惑而渐趋迷失于“改良资本主义”迷宫中。然而，20 世纪 70—80 年代伊始，在以“里根经济学”和“撒切尔主义”为旗手的新自由主义深刻影响下，经济全球化内涵的负效应越益显著，加之频繁爆发的大规模周期性金融—经济危机（近期以 2008 年国际金融风暴为典型），曾经散发着耀眼光芒的“中产阶级”（或“白领阶层”）渐渐褪掉了表面华彩的“玫瑰色”，露出无产阶级真实身份。这一多年来以社会中流砥柱自我标榜，以社会精英自我认知的群体，不仅在生活质量、幸福感、受压迫程度等抽象方面，而且在薪酬薪金、福利保障、阶层人群数量等具体方面，均呈现不同程度的严重下滑与收缩态势。作为一度仅次于资本家阶级且被广大（蓝领）劳动者盲目膜拜的“中产阶级”如今也不得不日复一日面对白领贫困化、薪酬低端化、财富严重缩水、高失业待业率、以住房贷款为主的各类生活债务堆积如山等众多真真切切，严峻而残酷的生活工作境况。经济全球化时期，以“中产阶级”普遍衰微为重要表征的“阶级简化”现象又再度异常清晰地重现于世（事实上，这一历史进程从未真正消失）。

带有“极化”特征的“阶级简化”蕴含这样一个维度：处于经济政治权利（权力）两端的对立对抗阶级——资产阶级和无产阶级，各自在其阶级内部正日趋变得一致，即所谓“同质化”。值得注意的是，资产阶级和无产阶级的“同质化”却引致两种截然不同的“阶级团结”。资产阶级始终从（极端）利己主义伦理原则出发，信奉“弱肉强食”“物竞天择”的“丛林法则”，囿于自身或小集团狭隘利益考量，其“同质化”难以真正形成具有“统一利益”和“统一意识形态”，“自在且自为”高度团结的阶级。与资产阶级不同，无产阶级却可以在“奴隶般”阶级地位及“赤贫”基础上结成最广泛而真诚的阶级联盟。正是在这个意义上，马、恩指出，工人的革命联合必将代替资产阶级由于相互竞争而造成的分散状态；而列宁则据此认为考茨基“超帝国主义”（资产阶级的世界大联合）设想归根究底只能是一种错误幻觉。

二、虚幻“中产阶级”视阈中的“阶级简化”

第二次世界大战结束后，西方经历了一段较为繁荣的“黄金时期”。在这个普遍充盈饱满乐观主义的大发展时期，不仅社会生产力由于高科技源源不断渗入而获得持续快速提升，而且更由于高科技因素在社会经济发展中扮演越来越重要的角色，因而，一方面，非体力劳动者（如高智识、高科技人才）及其在整个社会生产链中所居的位置被涂抹上了更加重要、更加耀眼的色彩；另一方面，体力劳动岗位由于科技发展和进步而变得日益萎缩。于是，资本主义社会劳动阶级结构和成分渐趋发生了某种改变：首先，社会生产力的高速发展及由此催生的对科技人员和脑力劳动者（如以职业经理人为代表的企业营运管理群体）需求量的急剧增加大大挤压了体力劳动（蓝领）岗位需求量；其次，由于科技人员和脑力劳动者地位的提升，非体力劳动者的薪酬待遇往往高于体力劳动者；再次，伴随社会经济迅猛发展及科技飞速进步，科技人员和脑力劳动者队伍日益壮大，某些时期或某些国家，其一度与体力劳动者人数持平甚或远超体力劳动者总体规模。例如，1977 年，美国国内脑力劳动者几乎已占整个就业人口的 50.1%，80 年代这个比例则达到了 54% 以上，而到了 90 年代中期，美国白领劳动者占全国劳动力总数的比例迅速上升至 83%。

正是依据上述最新情况，许多西方学者纷纷著书立作，相继提出了诸如中产阶级崛起、专业管理阶级形成、知识分子新阶级迅速兴起等看似“与时俱进”的新锐观点。此类流行思潮认为，西方迅速崛起的以高科技脑力劳动（白领）人士为主流群体的所谓“中产阶级”，乃是一个在薪酬收入、生活方式、审美情趣、政治立场、世界人生观等方方面面完全有别于无产阶级、小资产阶级、资本家阶级的新的社会阶级。由于“中产阶级”往往拥有较高的收入、稳定的生活，以及温和保守的政治立场，所以，其注定（或已经）成为社会稳定的中坚力量，即“橄榄型社会”的“大肚子”部分。此类思潮在充当客观描述资本主义社会变迁“科学的社会学”之余，无疑有着更为深远的诉求，即希冀通过强调“中产阶级”崛起来否定马克思主义阶级学说同国家理论。其内在逻辑为：既然资本主义社会中有大量既非资产阶级，亦非无产阶级的“中产阶级”存在，况且，这一阶级既是整个社会系统的平衡稳定力量，又是社会物质财富的主要贡献者，那么很明显，马、恩曾经作出的有关资本主义社会阶级日趋简化为资产阶级和无产阶级，被雇佣劳工阶级日益贫困化，无产阶级必将取代资产阶级等论断就无疑是错误的。所谓“新马克思主义”阶级理论学者赖特和波朗查斯就曾明确提出，资本主义社会，在资产阶级和无产阶级以外，还存在着一大批不属于这两个社会阶级的人群，如专业人员、管理人员、小业主、自雇自营劳动者等，他们共同构成了西方社会的中产阶级或中间阶级。而所谓“（后）工业理论”学者古尔纳德和贝尔等人也认为，随着工业社会持续发展及后工业社会的日益临近，资本主义社会中从事科技智识劳动的所谓白领职员（如专业人员、经理人员、技术人员等）正变得越来越多，因此，可以说，在西方资本主义社会已经产生了一个迥异于传统工人阶级的新的劳工阶级，即现代中产阶级。尽管他们目前还未取得社会统治地位，但可以预期，随着其整体实力及影响力的不断增长，其必将在不远的未来取代资产阶级和无产阶级而居于社会主导地位。受上述西方错误思潮的深刻影响与长久浸淫，我国国内也逐渐出现了一批拥戴上述学说的学者。例如，国内学者何新就认为，“马克思当年认为资本主义将消灭中间阶级（中产阶级），最终只存在资产阶级与无产阶级的判断‘与今天世界及中国的现实完全不符，无论发达国家还是中国，今天都是中间阶级（中产阶级、小中产阶级）人数居多’。”①

马克思主义关于社会阶级划分的主要依据有这样三条：生产资料的占有关系，在社会劳动组织（生产过程）中所起的作用和地位，财富资源的分配方式与多寡。不过，马克思主义划分社会阶级最根本准则还是生产资料的占有关系，而非其他（尽管马克思和恩格斯也没有完全否定其他因素对于塑造及判别社会阶级的作用，如文化教育程度、生活方式等）。当代广泛流行的“中产阶级”称谓看似指称明确，然而事实上，此范畴内涵与外延却相当模糊、混淆，正因此，国内外理论界对“中产阶级”概念的争论从未停歇。有人认为，当下备受追捧且略显泛滥的“中产阶级”范畴同马、恩曾提及的“中间等级”具有一致性。其实，这种看法是不准确的。马克思和恩格斯在《共产党宣言》中已经对“中间等级”给出了相当明确的界定，他们指出，“中间等级”是指这样一些群体：小工业家、小商人、小食利者、手工业者、农民（实际上，马克思和恩格斯将这个“中间等级”视为一个“行将转入”无产阶级队伍

---

① 郭文亮、廖皇珠：《国内理论界关于阶级斗争理论与无产阶级专政学说争论述评》，《衡阳师范学院学报》2015 年第 4 期，第 167 页。

中的具有高度流动性、不稳定性的社会群体，而非真正意义上的社会阶级)。被马克思和恩格斯划入“中间等级”的上述群体所具有的一个最大共同点就是：他们几乎都拥有生产资料，有的群体甚至与资本家阶级一样还可雇佣劳动者。只不过，他们所掌控的那点为数尚少的生产资料是无法与资本家阶级相提并论的。在马克思和恩格斯看来，真正的资产阶级仅仅是这样一群人，即有资格称得上“资本家”的群体和集团：在所有文明国家里已经几乎独占了一切生活资料和生产这些生活资料所必需的原料与工具（机器工厂、产业材料、能源资源)。当代所谓“中产阶级”却主要是指那些从事科技工作的人才，从事脑力劳动的白领人士(如职业经理人、律师、文案工作者等)，以及从事教育和研究工作的高级知识分子等。这些人群有一共通之处：并不掌握生产资料、依靠智力脑力劳动为生，是典型的工薪阶层。以此视之，当代广泛流行的“中产阶级”与马克思和恩格斯所提及的“中间等级”并不等同，也没有更多一致性。所以，如果严格以马克思主义阶级划分标准来判断，现在以“工薪族”为主体的所谓“中产阶级”毫无疑问应被划入无产阶级范畴。当代资本主义社会的“中产阶级”所拥有和掌控的所谓“产业”，如房屋、汽车、家具电器等，仅属于生活资料，而非生产资料，更遑论能源源不断产生剩余价值的“资本”！最重要的是，以“工薪族”为主体的“中产阶级”在生产劳动过程中同资产阶级雇主的阶级关系与广大蓝领体力劳动者一样，并无丝毫差别，即在生产劳动过程中，“中产阶级”实际上仍时刻遭受到垄断资本的压榨与剥削。提出以脑力劳动者为主体的“中产阶级”范畴，事实上，无非仅仅只是强调和描绘了一个收入较为富裕、工作环境较为干净整洁、从事更多科技智识内涵工作的资本主义新时代无产阶级较高阶层，或称“脑力工人阶级”而已。事实上，其既对正确分析和理解当代资本主义无益，同时也对反抗和超越资本主义无益。

资本主义社会“中产阶级”近年来的迅速萎缩同大范围坍塌（其阶层人数和真实收入均在锐减）在归根究底的意义上属于无产阶级内部变化，即阶级上层趋向于阶级中下层的演进（贫困化趋势)，而这也正体现了马克思主义阶级学说中包含的社会阶级“简化”与“极化”同步进行的意蕴。由于“中产阶级”具有的某些特殊性，如拥有财富资本往往超过蓝领工人、较高的受教育程度、具有一定社会影响力等，其在经济上所遭受的严重冲击及由此呈现出的贫困化演进趋势，无疑应被视为资本主义社会“阶级简化”的某种重要表征。在马克思和恩格斯看来，全球无产阶级内部日益趋同的贫困化及其他阶级朝向无产阶级贫困状况的“下降”均属“阶级简化”范畴。因此，在分析当代资本主义社会“阶级简化”问题时，除了考察掌控小部分生产资料的“中间等级”在垄断资本（集团）及其寡头残酷排挤、打压之下，逐渐丧失手中少量生产资料而最终“下降”为无产阶级的情况之外，也应着重考察所谓“中产阶级”日益萎缩的发展态势。

随着经济全球化日益深拓及新自由主义全球性肆虐，资本主义社会的“中产阶级”出现了史无前例的衰微及坍塌趋势，这恰好反映了资本主义社会“阶级简化”历程不仅从未衰退或消失，反而愈演愈烈：首先，一部分“中产阶级”顶层人士跃升为资本家阶级，但需要指出，这部分人仅占整个“中产阶级”微乎其微的比例；其次，大部分“中产阶级”中下层人士在众多不利因素打压下（最为显著的就是2008年国际金融—经济大风暴），要么薪酬待遇和生活水平一降再降，要么干脆被裁员而成为失业大军或无家可归群体中的一员；再次，由于庞大劳动力后备军的存在，因此，在岗“中产阶级”薪酬待遇被资本家阶级一再恶意降低，为了保住工作岗位、为了能继续偿还各类高额借贷、或为了有限增加收入，昔日悠闲自在的“中产阶级”开始自觉自愿加班加点，甚至打上了零工；此外，即令是“中产阶级”中的上层人士，也仍然没有摆脱被雇佣、被奴役的地位，例如，高层管理岗位的职业经理，虽然其收入远高于一般职员，但是，一个难以回避的事实却是，这些薪酬待遇无论如何也无法与垄断资产阶级相提并论，况且更糟糕的是，就算他们为了保住工作岗位比其他人更加勤奋、更加卖力地拼命工作，其仍然不可能彻底摆脱随时被解聘的风险，这群人令人羡慕的优质工作生活状况是岌岌可危的。以美国为例，自1979年以来，美国被裁雇员总数近5000万人，相当于全美就业总人数的1/3以上，波及3/4的家庭。特别是在20世纪90年代企业裁员风潮时期，几百万“中产阶级”人士瞬间就失去了昔日稳定高薪的工作岗位。“中产阶级为了维持原有的消费水平，不得不大量地增加劳动时间或举债。美国中产阶级典型的已婚夫妇2000年总劳动时间为3632小时，比1979年上升563个小时，升幅达18.4%，其中主要是女性的劳动时间大大增加，从1970年919小时增加到2000年的1420小时，共计增加了501个小时。”① 上述种种无疑均印证了美国学者哈里·布雷夫曼在《劳动与垄断资本》中的深刻洞见：资本主义社会职业构成的“白领化”演进趋势，其表面是向着一个庞大非无产阶级的“中等阶级”发展，结果却创造了一支庞大的新型无产阶级队伍。

按照马克思主义划分社会阶级的根本标准，无论某个个体或某个群体（集团）在物质生活富裕程度、受教育程度、文化水平等诸多方面如何优越于以体力劳动为主要特征的蓝领工人阶级，只要不掌握生产资料，那么，其就应当被毫无疑义地视为无产阶级队伍中的普通一员。这就是为什么以“脑力劳动工薪族”为主体的所谓“中产阶级”尽管可能在薪酬待遇及工作生活水准上同马克思和恩格斯曾重点论及的“中间等级”不相上下，却仍被划归为无产阶级的根本原因。经济全球化时期，世界资本主义的社会“阶级简化”方面，不仅“中间等级”在同垄断资本的残酷竞争中不断被抛入无产阶级队伍，而且，曾经一度被过于美化并赋予了过多期许和想象的“中产阶级”众多优裕“假面”也被无情撕掉，开始了朝向无产阶级贫困化越来越显著的“阶级简化”历程。资本主义“橄榄型”稳定社会永远都只能是一剂麻痹无产阶级力求改变自身命运的迷幻药，而介于资产阶级和无产阶级之间，富裕、悠闲、有教养、有品位，具有强大社会稳定与凝聚功能的“中产阶级”同样也只是一厢情愿的幻梦及主观“虚构”罢了！

三、资产阶级“同质化”趋势

众所周知，西方发达资本主义同第三世界在科技和生产力水平、资本财富总量、全球资本主义生产链中的位置等方面存在难以逾越的差距。

---

① 孙寿涛：《中产阶级理论的破产与“美国梦”的破裂》，《毛泽东邓小平理论研究》2013年第9期，第75页。

不过，伴随资本主义经济全球化日趋深入运行，第三世界越来越多民族（买办）资产阶级在拥有资本规模、生活方式、富裕程度、对劳动群众严酷剥削等众多方面却逐渐向西方垄断资产阶级“无限靠拢”，换言之，二者的相似性或“同质化”程度愈益增高。

长期以来，第三世界十分缺乏西方发达资本主义所拥有的先进科技、高端设备、管理经验、高素质职员，尤其缺乏能投入实体经济领域的资金，因而，这些曾经的殖民地和半殖民地落后经济体在独立设计与生产高科技产品方面举步维艰，加之战后新殖民主义的猖獗肆虐，其整体国民经济体系及产业系统往往单一、不完整，且远远落后于西方，因此，随着时间推移，第三世界逐渐同西方发达资本主义形成了典型的“外围”—“中心”“依附式”国际经济关系。进而，由于科技生产、经济贸易的（极度）不平等地位，第三世界在政治上日渐沦为西方帝国主义的“附属”或“新殖民地”，与之相应，第三世界民族资产阶级也日趋丧失独立性而演变为西方帝国主义的“买办资产阶级”。这一切正如以费尔南多·卡多索（Fernando Henrique Cardoso）为代表的“历史依附论”所言：资本主义的发展给许多“外围”经济体带来了不断增加的工业产品和国民收入，然而，这些经济体缺乏发达国家拥有的先进技术、设备和人员，因而，都不能独立生产某些技术含量高的产品，它们是“结构上不完整的”（Structurally Incomplete），为了保证经济体的正常运行，它们只能与发达国家的跨国公司所统治的世界经济保持着“依附性的联系”（Dependent Articulation）。相应地，在政治层面，当地的资产阶级被剥夺了工业领导者的形象，当地的政府也被剥夺了总体规划“国家”利益的权力和能力，主权因此变得不完整。其政治也日益走向要么是准威权的民粹主义（Quasi—Authoritarian Populism），要么是在军事首领和平民技术官僚庇护下的官僚威权主义（Bureaucratic Authoritarianism）。①

因而，不难想见，第三世界广大（底层）劳动者长久以来始终遭受到来自世界资本主义（西方和当地垄断资本及资本家阶级）的“双重压

① 曹义恒等编：《后帝国主义》，中央编译出版社2007年版，第63页。

迫剥削”，进而，在如此极度扭曲畸形的经济政治环境中，当地几乎一切本应属于国家和人民的公共资源、自然矿藏、能源资源、战略储备，以及全体劳动群众多年来创造的物质财富等，也均被国内资产阶级统治集团及特权阶层通过各式名目繁多、冠冕堂皇的国家建设工程、社会项目、外交活动、政治借口（甚或根本就不公之于众暗地里）而中饱私囊（例如，中东地区以当地酋长为首的一批社会权贵人物就往往通过直接向西方国家廉价贩卖石油等本属于国家和全民的重要物资而致富）。于是，这样一来，这些科技生产同经济贸易本来就很不发达的国家和地区的资产阶级掌权者（包括一批权贵人物）的私人财富资本总量却在连年以惊人速度增长着，其甚至一点儿也不逊色于西方发达资本主义的垄断寡头们。

突然富裕起来的第三世界资产者们（权贵人物们）利用手中牢牢掌控的巨量资金，不仅过着与大多数发展中国家和地区落后状况及广大劳动者生活深陷贫困严重脱节的富足富裕，甚或挥金如土般“炫耀型”奢侈糜烂生活，而且与西方发达资本主义垄断寡头们一样，这些资产权贵中的某些人已不再仅仅满足于那种单纯依靠压迫剥削国内劳动者及低价贩卖国内丰富自然资源致富的路子，换言之，这帮经济政治垄断寡头为了攫取更多经济利润，开始主动“逆向”对西方发达经济体施行资本输出，并频频成功入股或收购多家西方知名企业或公司。因而，这样一来，就有越来越多第三世界的垄断资本集团闯入世界 500 强排名榜。“1993 年至 1995 年，第三世界国家前 50 位跨国公司的国外资产增长了 280%，而同一时期核心国家前 100 位跨国公司的国外资产仅增长了 30%。……‘发展中国家的前 50 位跨国公司——其中最大的公司与世界 100 强中最小的公司在规模上相当’……值得注意的是，自 1995 年以来，第三世界有 56 家跨国公司一直名列《财富》全球 500 强名单。”① 面对此类新现象，美国学者威廉·罗宾逊正确指出：在经济全球化历史阶段，资本主义世界体系的“中心”和“边缘”越来越属于一种社会分类而非仅仅是一种传统意义上的地理分类。

---

① ［美］威廉·I. 罗宾逊：《全球资本主义论——跨国世界中的生产、阶级与国家》，高明秀译，社会科学文献出版社 2009 年版，第 90—92 页。

当前时期，无论是西方发达经济体还是第三世界，全球（垄断）资产阶级“同质化”进程正在突飞猛进，换言之，那些手握巨量财富资金的东西方、南北方垄断资本家们，其在奉行的伦理价值观、资本运营方式、严酷压迫剥削劳工阶级、奢侈糜烂生活方式等方方面面越来越具有一致性。不过，尽管如此，由于资产阶级所深度信奉的（极端）利己主义道德原则、狭隘利益考量习惯、尔虞我诈的经济实践，以及由此引发的永无止境的明争暗斗，特别是由于目前南北资产阶级处在一种极端不平等的国际经济政治地位上，因此，全球（垄断）资产阶级永远不可能形成拥有统一意识形态和共同利益且具有高度内部团结的坚固世界阶级联盟。仅就当前状况而言，全世界资产阶级真正大联合之间还隔着一道难以逾越的“万里长城”，恰如柏拉图的“理念世界”同康德的“彼岸”一样触不可及！

四、无产阶级“同质化”趋势

马克思主义经典作家早已深刻洞悉，资本主义时代，全世界无产者正在受压迫剥削、受奴役、受迫害，以及绝对贫困生活窘况基础上实现着真实的社会阶级“同质化”进程。这一切如同马克思和恩格斯深刻阐述的那样，全世界无产阶级“同质化”在受到残酷压迫和剥削地位上，在一贫如洗的生活境况中，在褪去了任何民族独特性的质点上，甚至作为个体人格一切独特性都在逐渐消退这一点上，获得了越来越多的一致性和共同点。“机器使劳动的差别越来越小，使工资几乎到处都降到同样低的水平，因而无产阶级内部的利益、生活状况也越来越趋于一致。”①“当每一民族的资产阶级还保持着它的特殊的民族利益的时候，大工业却创造了这样一个阶级，这个阶级在所有的民族中都具有同样的利益，在它那里民族独特性已经消灭，这是一个真正同整个旧世界脱离而同时又与之对立的阶级。”② 马克思主义经典作家坚信，正是在这种“一无所有”“了无牵挂”，只有解放了全人类之后才能真正彻底解放自身的“同

---

① 《马克思恩格斯选集》第1卷，人民出版社1995年版，第281页。
② 《马克思恩格斯文集》第1卷，人民出版社2009年版，第567页。

质化”进程中，全球无产阶级抛弃了（极端）利己主义，抛弃了狭隘（民族）偏见，从而必将形成一个拥有统一意识形态及共同利益且具有高度内部团结的坚固全球社会阶级联盟，并进而在现实世界和革命实践中实现真正的全球无产阶级大联合。

战后，欧美各国经历了一段值得炫耀（或值得追忆）的社会经济发展“黄金时期”。这一时期，社会就业率有所增高，劳工阶级生活水准也获得了一定程度提升，与此同时，以白领工薪劳动者为主体的所谓“中产阶级”开始崛兴，大多数普通居民手中“余款”也日渐增加，并用于购买上市公司和企业的股票。一时间，西方社会似乎已不存在赤贫无产阶级同脑满肥肠资产阶级尖锐而激烈的阶级对立对抗了，类似“人人都是资本家”“人民资本主义”等新潮思想一度甚嚣尘上。例如，20世纪50年代中期，美国通用电气公司就曾在《华尔街日报》登载过这样一则广告，广告的标题毫不隐讳地使用了“人民资本主义”一词，该广告措辞道：“376000个股东把储蓄投资在通用电气公司，这是美国的典型，美国近乎每一个公民都是资本家。”

然而，随着经济全球化日益深拓的步伐及新自由主义（意识形态及其实践）浪潮汹涌而至，全球无产阶级生活水平、生活质量“下行”的“同质化”变得越发显著，曾经一度被西方社会经济高速发展所掩盖和遮蔽的激烈而尖锐的阶级对立对抗再次高调浮出水面。首先，长期备受鼓吹和追捧的“中产阶级”渐渐褪去了昔日无比耀眼的光环，并逐渐显露出其黄金漆色下深藏的工人阶级“生铁本色”，换言之，作为无产阶级上层群体，这个群体正朝着贫困绝望作出某种“下行极化”回归。“随着白领工人的不断增长，白领工人在职责和权力上越来越接近工厂工人，在工作性质上，在教育和收入方面优于蓝领工人的状况正在改变，这清楚地说明了这些白领工人不是在什么‘中产阶级化’，而是在‘无产阶级化’。”[①] 其次，西方发达资本主义蓝领工人与在第三世界“血汗工厂”挥汗如雨的底层劳动者尽管在生活工作的物质条件方面仍存有不容忽视的差距，不过，越来越多的实证研究却显示，当前时期，西方广

---

① 徐崇温：《当代资本主义新变化》，重庆出版社2004年版，第544页。

大劳工遭受到垄断资本日益残酷的压榨剥削，正因此，两者的共同点（极悲惨的生活工作境遇）正逐渐增多。威廉·罗宾逊谈到，垄断资本正通过下述方式空前强化对劳动人民的剥削和压迫程度：转包和合同劳动、外包、兼职和打临工、非正式的工作、家族作坊和家庭劳动、血汗工厂和其他压迫性生产关系等等。这套新的劳动压迫和控制系统通过“工作条件的下降”“去工会化”、与资本输出相似的对移民团体的过度剥削以及延长劳动工时等强制性方式大大增强了资产阶级对底层劳动者的剥削，并由此产生了全球无产阶级的贫困化。因此，可以清晰看到，经济全球化时期，不仅是第三世界底层劳动人民，而且包括发达资本主义劳工阶级，甚至是以白领劳工为主体的“中产阶级”正遭受到越来越严酷的压迫剥削，并日益深陷灾难般的普遍贫穷（甚至赤贫）、贫富两极分化、集权压制、政治迫害，以及完全看不到未来希望和曙光的盲目挣扎中。英国政治经济学家弗里曼（Alan Freeman）相关研究揭示了全球劳动者日渐陷入赤贫境况的悲惨景象：1980—2002 年间，全球数十亿计人口的收入不断下降，贫困程度日趋加深！至此，耳畔不由得回荡起《共产党宣言》中那掷地有声的论断：现代工人的生活状况并不随工业的进步而上升，而是越来越降到本阶级的生存条件以下。无产阶级工人日益变成赤贫者，贫困比人口和财富增长得还要快。资产阶级不能统治下去了，因为它甚至不能保证自己的奴隶维持奴隶的生活！

与资产阶级迥然有别，全球无产阶级由于自身所面临的恶劣生存境况，如失去生产资料，受到垄断资本残酷剥削压迫，陷于相对或绝对贫困生活等，以及长期在大工业生产过程中培养出来的集体主义伦理准则及某些高尚道德感，他们是一个不存在根本私人利益冲突及最为大公无私的先进社会阶级。按照马克思主义经典作家的观点，无产阶级只有首先解放其他社会阶级和劳动者后才能最终彻底解放自身。由此看来，整个漫长资本主义发展时期，全球无产阶级在“深受剥削压迫”与“赤贫”为基石的“同质化”进程中获得了相较于全球资产阶级而言，更高、更统一、更真实的“阶级团结”与“阶级认同”，换言之，全球无产阶级可以拥有一个较为统一的意识形态、共同利益、前途命运，而这恰恰是“全世界无产者联合起来”最为坚实的基础与保证！经济全球化时期，在以跨国公司为主要载体和营运者的世界资本主义经济生产体系运转过程中，过去那种属于某个既定民族国家的劳动者纷纷被统一组织到跨国公司全球资本主义生产流水线上及全球管理系统中，为推动跨国世界生产链条和资本积累循环而共同劳动工作，资本主义生产社会化从而达到了一个更高的层次和水平。众多垄断跨国公司拥有来自不同国家、地区和民族的第一线劳动者。身处跨国公司中的普通员工在共同为跨国集团发展贡献和倾注自己力量的同时，也均遭受到跨国资本深重的剥削与压迫。因此，正是在这种真真切切的国际合作与国际交往中，居于跨国集团生产流水线各端与各类管理岗位上的全球无产阶级获得了由跨国公司所赋予的阶级一致性、高度认同感，甚至是相互之间产生的阶级同情与共鸣，从而在某种程度上形成了世界范围牢固的“阶级认同”和“阶级团结”。对此，西方某些学者甚至断言，跨国工人阶级或国际工人阶级业已成为一个“自在且自为”的全球阶级了。

在目睹了“福利社会”“中产阶级”“股权社会化”“国家垄断资本主义”等世界资本主义数十载以来涌现的众多纷乱且短暂的社会历史景观之后，一旦面对20世纪80年代伊始迄今新自由主义的猖獗肆虐，以及由此引发的众多社会经济问题与困境，人们就不得不再度承认：无产阶级消失、阶级对抗消失、资产阶级剥削本性消失等试图抹黑和否定马克思主义阶级学说的企图与说辞在残酷现实面前显得是多么苍白、无力、虚妄。此类不务实、一厢情愿、极具误导性的错误思潮，某种意义上，可被视为一种“空想资本主义”！全球资产阶级与全球无产阶级的“阶级简化”，以及在“极化”方向上大踏步前进的“阶级同质化”均不以主观意志为转移地又再度变得显著，从而引爆了经济全球化时期世界资本主义阶级矛盾和阶级对抗的激化与升级。同全球贫富两极分化相似，“阶级简化”和“阶级同质化”尽管在很大程度和范围给经济全球化时期世界各国、各地区、各民族的稳定、发展平添了诸多难以忽视的困境与烦扰，然而，硬币的另一面却是全球资产阶级与全球无产阶级各自在“极点”上的“同质化”进程也为新的全球化前景带来了更加强劲的反作用力、希望同曙光！

第四节　垄断资本主义无法克服的周期性金融—经济危机

一、2008 年金融—经济危机的直接触发原因

以银行为首的各类资本主义金融机构将大量资金借贷给商品购买者，一方面，购买者就可以凭借从资本信用系统中所贷到的“巨款”（对普通劳动者而言）顺利而超前地从商家购买到自己希望得到的商品（这些商品的价格往往都是相对比较高的，也因而通常会超过了普通劳动者的个人或家庭年收入及消费能力），如汽车、家电、珠宝、名表、独栋别墅、联排公寓等；另一方面，以银行为首的各类资本主义金融机构（也包括一些非法机构和方式，如黑市高利贷、私人众筹），凭借向外释放的大量借款，从中攫取高额经济利息。事实上，此类以银行为首的金融系统攫取普通劳动者资金财富的手段和伎俩，自由竞争时代就已广泛存在于资本主义社会了，其并非一种全新之物，换言之，这是一种当劳动群众面对市场严重通货膨胀及自己囊中微薄的薪酬收入时，假若想有地方住、能购买汽车，或有能力供养子女接受高等教育、看得起病等，尽管明知“借款”利息高昂，却也不得不接受的一种由金融信用系统制定并执行的“霸王协定”或剥削方式。一般而言，即令借贷者由于各种原因，如失业待业、罹患重大疾病、遇到突发事故、实际收入贬值等，再也无力偿还债务，金融机构仍能采取多种应急方案和措施尽可能规避由“信用丧失”所带来的经济风险，例如，将所售商品罚没、转售或公开拍卖等。因此，通常来讲，此类“不再履行”借贷信用合同的行为难以对资本主义金融系统产生过于严重的冲击。

然而，作为 2008 年前后爆发的这场波及面甚广且影响极为深远的国际金融—经济大危机导火索的美国房地产市场次贷危机（或称“次债危机”“次级房贷危机”等），同以往那种一般私人借款“信用丧失”产生的经济风险有着实质区别。正因为这样，此次美国房地产市场次贷危机才会导致如此严重而恶劣的金融—经济后果。此次在美国房地产市场出

现的“次贷行为”事实上是一种“金融衍生”“金融再衍生”行为，即当美国国内购房消费者通过向以银行为主的各类金融机构申请按揭方式买到房屋后，那些放贷金融机构最初出于避免信用风险（即预防购房者无法偿还借贷）基础上利润最大化考量，将这种购房贷款信用“创新性”地发展成为一种可以继续赢利的“金融衍生品”，即所谓“住宅抵押贷款支持证券”，进而，放贷金融机构将这种“金融衍生品”拿到金融市场上进行再交易，也就是说，把这笔住宅抵押贷款彻底证券化。当然，事情到这一步还远未结束。既然是一种已经被证券化了的“金融衍生产品”，那么，就意味着其可以不断反复“易手”。于是，这样一来，这种被称为“住宅抵押贷款支持证券”的“金融衍生产品”通过金融市场上一系列不断推高其真实价值的投机性交易后，最终形成了一条长长的虚拟（泡沫）资本交易链条。而一旦当借款按揭购房者不再能履行购房信用合同时，这条长长金融衍生产品虚拟（泡沫）资本交易链条就将发生严重断裂现象，换言之，处于这条交易链条某个环节（或多个环节）中的交易者们由于缺乏足够资金去履行当初签订的带有高风险性和高投机性的合同协定，许多参与这项金融衍生投资行为中的银行、保险公司、证券公司等众多金融机构和投资者就必将因受到影响与冲击而纷纷破产或濒临破产边缘。由于美国在新自由主义蛊惑下多年来始终致力于金融自由化和金融全球化进程，以及建基于此之上的虚拟经济发展，其虚拟（泡沫）金融利益链条千丝万缕，可谓牵一发而动全身，加之参与此次美国房地产市场次贷金融衍生品交易的金融机构非常之多，涉及的资本总量非常巨大（据有关统计：涉及银行、保险公司、证券公司等金融机构多达 2500 多家，全球 45 家大银行和券商也都纷纷卷了进去，美国“次贷”的总额度虽然只有区区的 1.2 万亿—1.5 万亿，但是经过金融衍生行为推高之后，其总规模膨胀到了惊人的 10 万亿美元）[①]，因此，一开始仅仅还只是限于美国国内房地产市场的次贷危机风暴，不久后就迅速刮遍了整个美国金融领域，进而从美国金融领域进一步扩展、

① 李德水：《关于美国次货危机的若干判断》，《红旗文稿》2008 年第 14 期，第 31 页。

蔓延，最终波及全球金融市场及几乎全部实体经济产业领域。

这场以美国国内房地产市场次贷危机为最初引爆点的金融—经济大危机，正是欧美各国长期以来深度奉行新自由主义，弱化政府监管和规划力量，并竭力推行金融自由化和金融全球化的必然结果。其在全球产生了严重的“多米诺骨牌”效应，导致全世界多个国家和地区出现了史所罕见的全球性金融危机海啸狂潮，并进而引发了全球经济大衰退、大萧条（众多世界主要经济体因之在一段时期内相继出现显著经济下滑现象，多个世界发达经济体出现几十年来未有所见的同步衰退，全球经济增速也大幅下滑），最终导致了一场全面且影响深远的世界资本主义系统性危机。

二、2008 年金融—经济危机的深层原因

美国房地产市场不幸发生的次贷危机无疑是引爆全球 2008 年金融—经济大危机、大风暴的主要触发因素和导火索，既然次贷危机仅仅是此次金融风暴的导火索，那么也就意味着，次贷危机并非此次金融风暴的深层原因。伴随 2008 年金融—经济危机“后遗症”频频发作及其在全球金融领域同诸多实体经济领域的持续扩散，人们越来越清晰地认识到，只要新自由主义及其大肆鼓噪的金融自由化和金融全球化（以长期存在于美国华尔街对虚拟经济和金融投机行为极端推崇的风气和扭曲心态为典型）存在于世上一日，那么，不仅 2008 年金融—经济危机的爆发或早或迟是必然的事情，而且其所产生的一切负面效应和影响也必将持续恶化，甚或新一轮全球金融—经济危机的大爆发已在不远将来的某个阴暗角落等待着人们了。对此，法国经济学家杜梅尼尔正确指出，引起此次金融危机的体制因素，除了有效金融法制监管的严重缺失外，无疑还包括美国所选择的新自由主义经济发展道路。甚至连澳大利亚总理陆克文也愤慨地指责道：全球金融危机的始作俑者就是过去 30 多年来自由市场意识形态所主导的经济政策。这一政策被称为“新自由主义、经济自由主义、经济原教旨主义、撒切尔主义或华盛顿共识”，其主要思想包括：反对征税、反对监管、反对政府、反对投资公共产品，推崇不受管制的金融市场、劳动力市场和自由修复的市场。美国经济学家大卫·科茨则

更加明确地指出，导致这次金融危机的深层次原因是新自由主义的资本主义。[①] 国内经济学家程恩富教授认为：首先，美国推动的金融自由化导致了一系列基本矛盾的激化（如导致利益更多向资本家倾斜，而非劳工阶级；导致利益更多向金融垄断资本倾斜，实体部门利润下降；导致利益向美国等发达国家倾斜，发展中国家地位相对下降等）。其次，金融自由化直接助长了美国"次贷"泡沫的累积（如鼓励了消费信贷尤其是次级房贷的膨胀；助长了金融资产泡沫尤其是"次贷"衍生产品泡沫）。再次，金融自由化埋下了美国金融危机恶性扩散的隐患。[②]

概言之，新自由主义及其竭力推动和广泛施行的金融自由化、金融全球化乃为2008年金融—经济危机爆发的深层原因，毫无疑问，其应当为此次金融风暴负主要责任：首先，尽管此次国际金融风暴的直接导火索是美国房地产市场次贷危机，然而从深层根源看，长期以来，在新自由主义蛊惑下，美国始终竭力主张政府对金融市场的监管和介入应力求"最小化"，因而，这样一来，无疑就大大助长了美国金融业界"高投机性""高风险性"的歪风邪气，促推金融领域投机赌博行为的泛滥，从而极大刺激并推动了房屋买卖"次贷""金融衍生品"的问世，将一系列具有交易关联的组织机构及资本一并卷入这场暗藏"多米诺骨牌效应"的投机交易中。随着时间推移，美国房地产市场"次贷""金融衍生品"交易不仅裹挟越来越多的投资交易主体和资金，而且由此令美国金融市场所面临的风险陡然剧增。

其次，在新自由主义推崇及施行的金融自由化带动下逐步形塑的金融全球化，同样应对2008年金融—经济危机负责。这是因为，金融全球化进一步将由严重缺乏政府监管与督导的金融自由化所产生的一系列或明或暗、或隐或显的金融—经济风险推向整个资本主义世界，乃至全球。金融全球化不仅为此次金融风暴最终转变为全球性经济危机埋下了"恶

---

① 罗文东：《国际金融危机中新自由主义的衰落》，转引自李慎明主编：《国际金融危机与当代资本主义——低潮中的世界社会主义思潮与理论》，社会科学文献出版社2010年版，第56页。

② 程恩富、王佳菲：《"猛虎"是怎样放出笼的——论金融自由化与美国金融危机》，《红旗文稿》2009年第1期，第15—17页。

性扩散的隐患”及一系列“有利”条件，而且还在现实层面对此次金融风暴持续扩散起到了推波助澜的负面作用，并进而加剧了整个人类社会的动荡及恶性发展局势。对此，西班牙学者施泰因贝格在《世界金融危机：原因与政治对策》中明确指出：“‘世界金融危机是20年来金融自由化和全球资金流动过量的结果。’……美国房地产泡沫的破裂促使危机爆发，金融全球化又将危机迅速传播到全世界。”①

再次，新自由主义及其大力推崇和广泛施行的金融自由化和金融全球化，一方面，在社会上刮起了一股十分凶猛的“投机”之风，资本主义社会躁动情绪比比皆是，人们不再安于踏踏实实从事实体经济工作，而具有“高风险性”“高投机性”色彩的金融行业同建基于此之上的“虚拟经济”则越来越受到人们的青睐和追捧；另一方面，金融寡头趁此良机在全世界大肆从事“投机性”投资，从事金融欺骗讹诈，并由此攫取到前所未有的高额利润，从而实现了其资本的迅速积累和集中。不过这样一来，却不仅导致资本主义社会“富者越富、贫者越贫”的贫富两极分化日趋严重，而且更由于新殖民主义火上浇油，进一步促推了全球普遍贫困状况异常堪忧。据美国经济政策研究所报告显示：2009年美国最富有的1%家庭收入占所有家庭总收入的21.1%，10%最富有家庭的收入占全部家庭总收入的47.1%；到了2012年，美国10%最富有人群的收入占全民年收入的48.2%，创下1928年以来最高纪录。②更严重的是，全球最富裕群体同最贫困群体之间的财富收入差距多年来持续倍增。

正是由于垄断资本在新自由主义蛊惑下对全球劳动者施行了长达数十载的严酷剥削压迫，才产生了当前异常严重的贫富两极分化，致使劳动群众不具备有效经济能力去履行“按揭还贷”，从而最终导致一场由美国房地产市场次贷危机直接触发的全球金融—经济大危机全面爆发。

---

① 罗文东：《国际金融危机中新自由主义的衰落》，转引自李慎明主编：《国际金融危机与当代资本主义——低潮中的世界社会主义思潮与理论》，社会科学文献出版社2010年版，第58页。

② 《美国财富分配差距有多大?》，BWCHINESE 中文网2011年11月14日。

然而，更令人愤慨的是：在这场危机期间及之后一段时期，西方各国政府（主要以美国政府为代表）不仅不对引发危机的金融垄断资本（集团）及其寡头实施严格监管并处相应惩罚，反而斥巨资加以救助，并美其名曰为："救市"！因而，这样一来，无疑令广大劳动群众经济危机中的悲惨生活"雪上加霜"。例如，布什政府在 2008 年 9 月签署了高达 7000 亿美元的"问题资产解救计划"，其中 3000 亿美元用于资助 AIG、"两房"和摩根大通，3000 亿用于资助花旗银行，其余用于资助其他大金融机构。在欧洲，各国也纷纷向金融机构注资，如法国、比利时和卢森堡联合向 Dexia 银行注资 64 亿欧元，英国在 2008 年 10 月以 500 亿英镑购买主要金融机构的优先股，为其提供资本金，并为银行间贷款活动提供 2500 亿英镑的担保。欧洲央行和各国中央银行还与美联储联手，向银行体系注入流动性。各国资产阶级政府对垄断资本（集团）的大规模救助令国家背上了沉重的财政赤字。美国 2009—2012 年财政赤字分别为 1.41 万亿美元、1.29 万亿美元、1.1 万亿美元和 1.089 万亿美元。欧盟 27 国的国债占国内生产总值的比重逐年攀升，2008—2011 年分别为 62.5%、74.8%、80% 和 82.5%。国债的巨额攀升使普通民众背负上了沉重债务负担，生活环境日益恶化。与此同时，垄断资本（集团）并未将其接受到的巨额资助金用于提高企业员工福利待遇或调整企业运营机制等，反而是用作继续维持高管的高薪。例如，2010 年 7 月，肯尼思·范伯格（Kenneth Feinberg）发布报告，有 17 家接受纳税人资金援助而走出困境的银行在危机期间向其高层管理人员支付了总额为 16 亿美元的奢华薪酬。①

三、2008 年金融—经济危机本质上源于资本主义基本矛盾

2008 年金融—经济危机的直接触发点或导火索乃是美国房地产市场次贷危机，而其深层原因则是新自由主义及其竭力倡导与广泛施行的金融自由化和金融全球化。但是，需要强调指出，引发 2008 年金融—经济

① 吕薇洲、邢文增：《从金融危机看当代资本主义的矛盾与困境》，《郑州大学学报》（哲学社会科学版）2013 年第 4 期，第 16 页。

危机的本质性原因事实上同导致资本主义历次金融—经济危机的最根本原因是一样的，即资本主义自身无法克服和超越的资本主义内在基本矛盾（生产资料的资本主义私人所有制同生产的日益社会化），以及由此进一步引致的资本主义社会生产无限扩大同广大劳动群众购买力日趋相对缩小之间不可调和的尖锐矛盾。诚如马克思在揭示资本主义经济危机爆发原因时所作的深刻阐释：“一切危机的最根本的原因，总不外乎群众的贫困和他们的有限的消费，资本主义生产却不顾这种情况而力图发展生产力。”①

美国房地产市场之所以会出现次贷危机并由此引发出一连串始料未及的惨痛金融—经济后果，一方面，是与新自由主义所带来的金融投机文化和社会赌博氛围分不开的，另一方面，当然也是同积极参与此次金融衍生行为的投资者自身错误分不开的。然而，归根究底，此次次贷危机之所以发生，乃在于美国广大劳动群众和普通公民没有办法（即没有资金）继续依照以银行为首的各类资本主义金融机构借贷时所制定的高额利息偿还抵押贷款，因而，不得不彻底放弃银行赋予的借贷信用。所以“美国次贷危机的表现并不是建造出来的房屋卖不掉，而是通过贷款买到住房的穷人无力现实地支付贷款，这使实体经济领域中已经存在的生产过剩危机暴露了出来”②。事实上，一方面，正是因为美国国内经济，特别是其国内实体经济长期发展的疲软和不景气，令广大劳动者时刻面临低薪酬、失业待业、偿还贷款等诸多压力，加之通货膨胀逐年攀升，众多社会消费品，如房屋、车辆、电器、食品、日常用品等都在涨价；另一方面，垄断资本出于经济利益最大化考量，又源源不断地制造出各类产品投放市场。正因此，广大劳动群众日趋萎缩的消费能力同资本主义无限扩大的社会生产之间的矛盾越益突出、尖锐、激烈。然而，为了最大程度缓和或化解这一矛盾，资产阶级政府不是将更多社会经济

① 《资本论》第3卷，人民出版社1996年版，第561页。

② 徐崇温：《国际金融危机与当代资本主义》，载于李慎明主编：《国际金融危机与当代资本主义——低潮中的世界社会主义思潮与理论》，社会科学文献出版社2010年版，第56页。

发展所获得的福利及时而广泛地与劳动者分享，反而是采取刺激普通居民信贷消费和创造“金融衍生产品”等方式，持续不断制造出一幕幕虚幻的社会市场繁荣假象，“帮助”大众日益提升其脆弱的虚荣心，并由此进一步形塑金融业界推崇高风险、高投机行为的氛围，从而最终导致了由于“金融衍生产品”不断推陈出新而催生的房地产市场泡沫及空前严重的次贷危机。所以，归根结底，资本主义周期性金融—经济危机的爆发本质上还是源于资本主义内在基本矛盾。

质言之，2008 年由美国房地产市场次贷危机所直接触发与引爆的全球金融—经济大危机，同资本主义历史上历次金融—经济危机一样，其爆发的本质性根源仍然为资本主义基本矛盾，稍有差异的是，此次金融风暴被涂抹上了更多时代新色彩。诚如国内一些学者所坦言的那样：如果用列宁的帝国主义学说来解读当前的危机，就会找到和讲清它的制度根源——金融全球垄断资本主义的基本矛盾。只要存在资本主义制度，周期性的金融—经济危机就不可避免。它同 20 世纪 20 年代末发生的经济危机并没有本质区别。① 此次全球性金融大风暴不仅淋漓尽致地揭露出以华尔街为首的资本主义金融业贪婪、投机、短视的丑陋嘴脸，同时更充分展现出资本主义社会广大劳动者贫困无奈的生活境遇。

四、“占领华尔街”：从金融—经济危机到资本主义系统性危机

世界资本主义发展史上所爆发的每一次金融—经济危机无疑都是这种社会形态同经济政治制度病入膏肓的症候及发作，其历经的一次又一次金融—经济大风暴，好似资本主义机体一次比一次愈发严重的痉挛与抽搐，其最终历史命运必将如同罗莎·卢森堡所描绘的那样，准备着在更加剧烈的痉挛震动下走向彻底灭亡。2008 年全球金融—经济大风暴印证了这一观点，其不仅充分暴露出资本主义，特别是以新自由主义为主导意识形态和时代表征的经济全球化时期的垄断资本主义仍乏力超越、

① 高晓林、张晓忠：《论全球金融危机的成因、根源及实质——基于列宁金融全球化思想的视角》，《社会科学家》2010 年第 12 期，第 49 页。

克服，或彻底摒除其内在基本矛盾，同时更昭示出，伴随经济全球化日益深拓，资本主义内在基本矛盾的对抗性爆发，必将以更为前所未见的高烈度及更加广泛的规模频频显现，并直指资本主义本身，换言之，此次世纪之初引爆并迅速蔓延全球的大规模金融—经济危机，不仅只是深刻揭露出资本主义金融—经济领域的极端“腐朽性”“寄生性”“垂死性”，而且也由此深刻揭露出世界资本主义的“腐朽性”“寄生性”“垂死性”。

美国房地产市场次贷危机引发了一场全球性金融—经济大危机，由此而来，更进一步引爆了一场直指资本主义的全面而深刻的社会政治危机同意识形态（信仰）危机，即资本主义系统危机。全世界透过这场空前的金融—经济大风暴彻底认清了资本主义的历史局限性，认清了垄断资本家阶级对资本渴求贪婪、近视短视、自私自利的丑陋嘴脸，认清了垄断资本对广大普通劳动人民极端残忍而冷酷的压迫剥削本质，当然，更认清了西方政府全心全意为垄断资本（集团）及其寡头服务的真相。套用或仿用王若水曾于20世纪90年代苏联解体、东欧剧变后质疑马克思列宁主义的话：现在，全世界人民对整个资本主义的经济制度、社会文化、政治制度及其意识形态（信仰）的“怀疑产生了，增长了，发展了”！应对此次全球性金融—经济大危机负主要责任的新自由主义及其竭力倡导的金融自由化和金融全球化，自“里根经济学”与“撒切尔主义”盛行以来迄今数十载的所作所为，充分暴露出垄断资本及寡头贪婪、自私、短视及其对劳动者残暴、冷酷根深蒂固的难移本性。“投机资本主义”“赌场资本主义”追求的绝不可能是国家民族的发展、科技生产的进步，以及普通劳动者的富裕幸福，“利润最大化”考量无疑永远是垄断资本时时萦绕于心间的唯一目的及生命存在的所有意义、一切价值！此次全球金融—经济大危机全面爆发后，人民群众“雪亮的眼睛”空前清晰看到，资产阶级政府不是着力于去解决普罗大众的窘迫生活困境，而是转过身将来源于劳动群众辛勤工作所创造出来的巨量财富和资金没有丝毫顾忌和犹豫地注入私人垄断资本（集团）及其寡头“金库”中，积极对垄断资本实施所谓“有为”“救助”。这无疑再次印证了马克思主义阶级国家学说的无比正确性。

正是在这样特定的社会历史背景下，从普罗大众到专家学者对周期性金融—经济危机本质内涵的认知逐渐跳出传统“政府与市场”关系的窠臼及西方主流经济学的理论藩篱，转向了更为宽广的社会形态与历史变迁视阈。众多西方左翼人士和马克思主义者更是及时指出此次危机所深刻昭示与折射出的资本主义巨大局限性、狭隘性，以及资本主义依靠自身根本无从超越和克服的内在基本矛盾，并由此（积极而大胆）展望了“另一类全球化”愿景、资本主义历史终结，以及代表人类先进方向的社会主义。美国《国际社会主义评论》编辑乔尔·戈伊尔认为，此次金融—经济危机实为一场国际范围的资本主义系统性危机。在这场危机影响下，工人的阶级意识正逐渐觉醒，社会主义左派的复兴将迎来历史性机遇。美国左翼思想家伊曼纽尔·沃勒斯坦也认为，现在是资本主义体系危机，资本主义体系将会消失并被另外一种（迥然有别）世界体系所完全取代。面对此次相当严重的金融—经济大危机，甚至连福山也开始修正其先前的（偏激）观点，被迫承认西方自由民主可能并非人类社会历史进化的终点，并进而严厉批评了西方自由民主制的僵化性。与此同时，越来越多人慢慢意识到，新自由主义就其作为一种意识形态而言，实乃为一种代表大垄断资产阶级利益的意识形态，完全适应大金融垄断资产阶级操控金融市场剥夺全世界的需要，并进而对资本主义方方面面产生了幻灭感。德国经济学家马尔特·菲舍尔指出：“金融危机和全球经济衰退动摇了对资本主义和市场经济自愈能力的信仰。”埃及阿拉伯投资者联盟主席贾迈勒·卜尤米也强调，此次国际大危机“印证了自由资本主义的失败。而这一失败的原因则在于自由资本主义无法控制自由资本产生的黑洞”。执教于纽约大学的鲁里埃尔·罗比尼教授在 2011 年 8 月 13 日接受《华尔街日报》采访时明确指出：马克思的理论足以解释当今全球经济动荡的现象与原因，马克思所说的是对的：资本主义到一定阶段就会自我毁灭，市场机制已经失灵。①

更重要的是，由此次金融—经济大风暴所空前激发出的越来越多的

① 吕薇洲、邢文增：《从金融危机看当代资本主义的矛盾与困境》，《郑州大学学报》（哲学社会科学版）2013 年第 4 期，第 15—16 页。

群众运动同社会运动均纷纷毫不犹豫地将斗争矛头尖峰直指经济全球化时期的垄断资本主义同垄断资产阶级，特别是那些长期盘踞在经济政治权力金字塔顶峰的一小撮垄断（财团）寡头们。“占领华尔街”运动就是其中最为典型、最具代表性的一次大规模群众社会运动。尽管“占领华尔街”运动最终以美国警方的暴力血腥镇压暂告一段落，但是，整个占领运动并未就此画上句号。事实上，占领运动前后延续了半年多时间，从“占领华尔街”到“占领华盛顿”，从“占领美国”到“占领全球”，从“占领经济”到“占领政治”“占领文化”，占领运动持续发展壮大，其所蕴含的丰富思想和先进性必将在日后漫长岁月中逐渐得以释放。

“占领华尔街”运动全面爆发于2008年全球金融—经济大风暴期间，因此，此次群众社会运动的锋芒无疑首先直指以美国为首的全球垄断金融资本主义及整个世界资本主义自20世纪80年代广泛倡导并积极施行的新自由主义。全世界都清晰看到，自金融危机持续深化并不断在全球范围扩散以来，以美国为首的西方资产阶级政府不仅始终缺乏有效措施去真正解决或改善国内居高不下的失业待业问题，缺乏实际行动去积极救助陷入困难生活中的广大普通群众及其家庭，反而动辄就斥巨资向国内众多私人垄断企业注入巨量“流动性”（美其名曰“救市”）以图挽救垄断资本集团及其一切经济利益，与此同时，竭力保障垄断资本集团“高层”人士的“天价薪酬”。事后有越来越多实证研究和统计数据显示，此次金融风暴之后，一些垄断资本集团和垄断寡头们所实际拥有和掌控的资本财富总量不仅没有下降，反而有所上升。正因此，不难想见，此类政策及行为不仅充分暴露出资本主义及其金融系统的高度“腐朽性”“寄生性”，而且更激怒了长期为金融垄断资本集团及其寡头们做牛做马的广大劳动人民群众。当然，此次运动的意义远不止于此，事实上，可以在某种意义上将“占领华尔街”运动视为一次具有里程碑意义和价值的社会进步运动，其在更为深远的逻辑上能与全球民族民主运动，甚或国际共产主义运动产生高度共鸣并相互呼应。“美国著名经济学家理查德·沃尔夫教授认为，‘占领华尔街’运动是数十年来首次有群众运动从总体上质疑资本主义，在美国影响巨大。应将当前的危机称之为资本主义危机，因为这是整个制度的危机：是华尔街和中产阶级的危机，是金融业和工业的危机，是出口和劳务市场的危机。……英国共产党总书记罗伯特·格里菲斯认为，这次金融和经济危机暴露了资本主义制度中深层次的结构性问题。资本主义所有权的集中，即垄断造成巨大的经济和政治权力向少数庞大公司积聚。资本主义政治是一种‘财团政治’，‘占领华尔街’表达了美国民众对政府的不满，表明他们已经理解由资本支持和控制的政府不可能是人民的政府，因而也不可能从根本上反映和代表广大人民的根本利益。”① “占领华尔街”运动的示威群众甚至已经喊出了“资本主义应被某种更好的东西取代”“革命已经开始”等极为响亮、极度震撼且极具颠覆性意义的口号。肯尼迪记者奖和普利策奖得主泰德·罗尔就在其著作《新美国革命——一个美国人的反美宣言》中旗帜鲜明地发出了社会革命的号召：从布什执政那几年看到现在，革命将会成为正确的时间里一场正义的战争。对于想要改善自己生活的人，对于其他人和其他生物，从道德上讲这都是必须的。而从物质上讲——没有一个健康的星球我们就无法生存。所以让我们面对它吧——我们长期以来从未见过像现在一样团结的现象。美国人暴怒、绝望，并且很快会变得既暴怒又绝望。一个以其被动性著称的民族——星条旗永不落？才怪！——也许就会马上起来为自己、为正义的事业斗争。这个体制是脆弱的，衰竭的，并且几乎会自己走向灭亡。时候到了！②

“占领华尔街”运动虽暂告一段落，但是，整个运动所展现并迸发出的普通劳动群众蕴藏的巨大反抗力量，不仅对全球广大被压迫剥削民族和人民的自由解放、独立发展事业具有重大启迪意义，同时也相当剧烈地震撼了当代垄断资本主义、新自由主义、投机赌场资本主义、垄断资本集团，以及金融寡头等一切资本主义腐朽因素，令其不得不在一段时期内采取缓和而怀柔的政策同措施以求继续苟延残喘。然而，人类社会历史发展趋势是注定和必然的，毫无疑问，资本主义必将在类似“占

---

① 吕薇洲、易艳华：《“占领”运动、金融危机与资本主义的历史命运》，《山东社会科学》2012 年第 8 期，第 8 页。

② ［美］泰德·罗尔：《新美国革命——一个美国人的反美宣言》，吴文君、林琳译，重庆出版社 2011 年版，第 138 页。

领运动”的其他众多群众运动、社会运动，乃至社会主义革命运动中由当前的颓势、尴尬、狼狈、抱头鼠窜走向彻彻底底的灭亡！

五、垄断资本主义无法从根本上克服周期性金融—经济危机

列宁在《帝国主义是资本主义的最高阶段》中明确指出：那种认为可以用卡特尔消除危机的观点实质上是一种为资本主义涂脂抹粉的无稽之谈。事实同列宁的深刻论断完全一致，伴随资本主义经济全球化日益深拓的历史进程，人们愈益清晰地看到，整个世界资本主义生产和市场的“无政府”状况正变得越来越严重，换言之，资本主义基本矛盾愈演愈烈。垄断，毫无疑问，并未减缓或弱化资本主义周期性金融—经济危机爆发的烈度与频度，更遑论“消除危机”。这一现实状况充分印证了列宁的阐述：垄断资本主义历史阶段，除了农业和工业发展不相适应的现象变得更加严重以外，卡特尔化（或垄断）程度最高的重工业，使其余工业部门“更加严重地缺乏计划性”，各种各样的危机，特别是经济危机又大大加强了集中和垄断的趋势。正因如此，当以伯恩斯坦为首的“第二国际”修正主义抛出所谓资本主义经济危机可以被托拉斯和卡特尔的发展消除的观点时，列宁给予了坚决否定与严厉驳斥。除了《帝国主义是资本主义的最高阶段》外，列宁还在《马克思主义和修正主义》一文中严正指出：“危机的时代并没有过去：在繁荣之后，接着就来了危机。各个危机的形式、次序和情景是改变了，但是危机仍然是资本主义制度的不可避免的组成部分。卡特尔和托拉斯把生产联合起来了，但是大家都看到，它们同时又使生产的无政府状态变本加厉，使无产阶级的生活更加没有保障，资本的压迫更加严重，从而使阶级矛盾尖锐到空前的程度。最新的巨型托拉斯恰恰特别清楚、特别广泛地表明资本主义正在走向崩溃。”①

帝国主义时代，既然垄断资本主义空前提升了生产社会化的程度与范围，那为什么却不能够哪怕是稍微减弱或延缓资本主义周期性经济危

① 《列宁专题文集——论马克思主义》，人民出版社 2009 年版，第 151—153 页。

机呢？对此，列宁给出了解释：垄断资本主义中的生产社会化虽然“紧紧接近最全面的生产社会化”，然而，其生产资料的占有却仍然是“私人的”，这就是说，资本主义私有制不仅没有发生丝毫改变，反而在更大程度上得到强化、巩固、拓展。所以，垄断资本主义绝不可能克服或超越周期性经济危机。垄断资本主义不仅忠实继承了以往资本主义的几乎所有特征，而且还将其最为恶劣的方面变得更加恶劣，例如，垄断资本主义一方面巩固了私有制并竭尽全力为少数垄断资本家及其组织集团服务；另一方面，其在剥削、压榨、迫害劳动人民，甚至小资产者的程度上却变得比往昔更加凶残暴虐，以至于这种压迫剥削已经直接威胁到了众多非垄断的中小企业。

世界资本主义生产和资本的日趋垄断化带来了一个极其重要的社会经济后果，即生产社会化获得了史无前例地扩展与深化，甚至连技术发明同技术改进也日益变得社会化。然而，历史及现实客观情况却一再表明：由于生产资料的资本主义私人所有制始终如一地存在并持续发展，引发生产社会化程度日益提升的垄断资本主义非但不能克服和超越由资本主义基本矛盾所引发与导致的周期性金融—经济危机，反而在更深程度同更广范围加剧并恶化了资本主义周期性金融—经济危机。垄断资本主义与周期性金融—经济危机的相互关系再次有力证明了马克思主义关于资本主义无法超越和克服由其自身基本矛盾所引发的一次又一次周期性金融—经济危机论断的无比正确性。正如美国经济学家努里尔·鲁比尼在接受《国际商业时报》采访时所言：当前的经济危机源于马克思在一百多年前发现的资本主义的基本矛盾，周期性经济危机的爆发是资本主义自身不可克服的缺陷。①

---

① 吕薇洲、易艳华：《“占领”运动、金融危机与资本主义的历史命运》，《山东社会科学》2012 年第 8 期，第 10 页。

结　语

列宁写作及最终完成《帝国主义是资本主义的最高阶段》迄今已整整一百年！一百年来，整个国际共产主义运动既曾历经高潮，也曾跌陷低谷，总体而言，在曲折中艰难探索前行。毋庸置疑，这一百年对于国际共产主义运动乃是一个史无前例的伟大时代。正是在马克思列宁主义及列宁“帝国主义论”光辉引领下：社会主义从理论变为现实，从一国实践变为多国实践；昔日备受残酷压迫蹂躏的广袤亚非拉殖民地和半殖民地最终得以摆脱欧美宗主国的军事—地理殖民统治。另一方面，这一百年于整个西方垄断资本主义而言却无疑是一个备受致命打击及遭遇空前严峻挑战，并一步步走向必然衰亡的漫漫历程。资本主义数个世纪一统全球的基本格局被伟大的俄国社会主义“十月革命”撕裂；二战以后以中国为典范的世界被压迫民族寻求独立、自由、解放的浪潮则彻底瓦解、涤荡了旧世界殖民主义体系。尽管世界资本主义自战后以来被迫竭尽所能地在社会经济领域作出某些适应性调整同诸般改良，然而，这却如同沉沉夜幕中忽隐忽现的“萤火”，其决不足以令垄断资本主义真正望见超越根源于其基本内在矛盾的周期性金融—经济危机频频爆发的曙光。

由于迥异立场，在人类阶级历史长河中显现的所有思想和观念自然不可能有哪一种或哪一个（学说）能完全而彻底获取全人类普遍认同，列宁主义及其“帝国主义论”亦概莫能外。西方垄断资本及其御用文人从未停止过对马克思列宁主义进行诋毁、攻击、诽谤，甚或妖魔化。具体到如何认识当代资本主义问题上，他们自始至终竭力否定列宁“帝国主义论”的合理性，否定其深刻揭示出的帝国主义最深厚的经济基础——资本主义私人垄断。战后初期，他们仅凭一系列新近社会经济表象，如西方社会广泛弥漫的股份股权“分散化”“社会化”“大众化”，战后欧美部分劳动者社会福利保障相较于以往历史时期有所提高，以脑力劳动为主要特征的“白领阶层”悄然崛起等，竭力鼓噪并炮制众多旨在掩盖粉饰且论证垄断资本主义永恒性的学说，如“人民资本主义论”“后工业社会论”“福利社会论”“全球化新阶段论”等。加之20世纪90年代初的东欧剧变，许多早已沦为机会主义和修正主义者的社会民主党人紧紧抓住这一历史事件大做文章。他们将斗争方向直指列宁、斯大林及俄国“十月革命”，妄图全面否定列宁主义，全面否定苏东社会主义建设。他们断言，列宁主义“背离”了经典正统的马克思主义，因此，在列宁主义及其“帝国主义论”指引下所发动的俄国“十月革命”充其量仅仅只能算作是一场与社会主义革命毫无关联的“阴谋政变”，而在“十月革命”之后如火如荼展开的苏东社会主义建设则更是一个“超阶段”的“早产儿”，其注定的命运毫无疑问就是回归资本主义“温暖怀抱”中。在他们看来，苏联解体、东欧剧变既是一种“历史必然”，同时更意味着一种“解放”同“社会进步”。由于受到垄断资产阶级及机会主义、修正主义思潮的长期浸淫与深刻影响，一部分信仰不够坚定的马克思列宁主义者的立场渐渐发生了动摇，并随着西方垄断资本的指挥棒一唱一和起来。经济全球化时期，以美国为首的西方帝国主义依仗其竭力推动的新自由主义得以在全球肆掠、猖獗，资本主义那套散发着浓厚“丛林法则”气息的（极端）“社会达尔文主义”戴着“普世价值”假面，以文化帝国主义为“急先锋”到处招摇撞骗，乐此不疲地给全世界劳动群众及社会主义国家中的一部分知识分子和党员干部“洗脑”。正是在这样的社会历史背景中，列宁主义及其“帝国主义论”逐渐淡出了人们的视野与言辞。列宁的“帝国主义论”，甚至帝国主义范畴也渐趋沦为了一个连希腊神庙残柱都不如的“历史遗迹”！

然而，毫无疑问，人类社会历史客观进程同基本规律绝不会以人的主观意志及一厢情愿的设想为转移。客观事实就是客观事实，科学规律就是科学规律。无论西方垄断资本及其御用文人（包括机会主义、修正主义）如何质疑、歪曲、丑化、否定马克思列宁主义，如何像中世纪占星家那般故弄玄虚地预言人类历史未来发展趋向，如何巧舌如簧地向人们允诺一个“超越意识形态”瑰丽而美好的社会愿景，如何持续不断炮制出一系列具有较大隐蔽性、欺骗性的“学说”，当代垄断资本主义持续演变事实上并没有否定列宁“帝国主义论”于一百年前深刻揭示出的垄断资本主义的本质内涵及众多社会经济特征，换言之，以《帝国主义是资本主义的最高阶段》为典范的列宁“帝国主义论”对深入观察、深度剖析当代垄断资本主义仍具有不可替代的重大理论价值和重大实践意义。首先，世界资本主义生产和资本集中与垄断的发展趋势自《帝国主义是资本主义的最高阶段》诞生之日起迄今未曾显示出一丝一毫弱化或停歇的迹象，却反而愈演愈烈；其次，银行及其他非银行金融资本和金融机构的集中与垄断程度也伴随垄断资本主义持续演进得以不断强化，经济全球化时期，形成了一批以“大到不能倒”银行为代表的巨型（私人）垄断金融机构，这批巨型（私人）垄断金融机构运用手中巨量资本牢牢钳制住了资本主义工商业、农业、服务业等几乎一切社会经济领域及部门，形成了越来越牢固的统治，从而，（私人）垄断金融资本日益彰显出的“万能金融性”同“金融恐怖主义”已远超列宁时代；再次，尽管旧世界殖民体系战后以来土崩瓦解，然而，这却不意味着殖民主义已从人类社会历史中彻底消殒，恰恰相反，依凭强大而雄厚的科技、经济、军事综合实力，以经济和文化“软实力”为主要手段的新殖民主义不仅依旧实现着垄断资本对第三世界的严酷压迫和剥削，而且，战后迄今众多历史事件早已表明，新殖民主义实际上并不排斥以武装入侵和军事打击等“硬实力”为主要手段的旧殖民主义内涵。由此视之，决不能仅仅因为当前时期旧世界殖民体系的荡然无存及帝国主义暂时没有从地理上瓜分全球而指认列宁的殖民主义观已“过时”。殖民主义的旧“魂魄”远未消亡，其仅仅是老酒装进了新瓶中而已。也正因此，习近平总书记才深刻指出：世界潮流，浩浩汤汤，顺之则昌，逆之则亡。要跟上时代前进步伐，就不能身体已进入21世纪，而脑袋还停留在过去，停留在殖民扩张的旧时代里！

当然，毋庸回避，《帝国主义是资本主义的最高阶段》诞生百年来，当代垄断资本主义的确出现了诸多不同于列宁时代的改观或变迁，不仅列宁“帝国主义论”重点阐述的几个基本社会经济特征持续演化出了新形式，而且更在以往众多时代特征之上衍生出一系列新近社会经济现象。

首先来看作为帝国主义最深厚经济基础的（私人）垄断。事实上，战后以来，世界资本主义生产、资本等诸方面的集中与垄断进程须臾未停，正因为这样，垄断资本主义历经数十载，从私人垄断资本主义、国家垄断资本主义演进到了国际垄断资本占据社会经济统治地位的历史时期——资本主义经济全球化时代！这一点诚如列宁所言：无论是私人垄断资本主义还是国家垄断资本主义，均无疑是迈向更高一级垄断资本主义形态的“中间环节”而已！当前以（垄断）跨国公司为主体的国际垄断资本在生产、流动、利润攫取、管理经营等众多方面正日益趋向全球化。当代垄断资本主义除了在资本和生产上一如既往地行进在高度集中垄断道路上，还竭力实行（核心）高科技垄断和品牌垄断。于是，这样一来，一方面，中低端生产越来越多涌入第三世界，而核心（专利）技术则牢牢掌控在垄断资本手中，如汽车或飞机发动机关键制造技术，电脑芯片制造技术，等等，不一而足；另一方面，在产品生产制造方面，第三世界，尤其是中国和印度成为“世界工厂”，由于“贴牌生产”，西方垄断资本牢牢掌控的品牌集团（如耐克、阿迪、可口可乐、通用、苹果等）往往获利最丰，而第三世界及负责具体生产加工的工厂企业则相对获利微薄。当然，上述这一切均离不开“万能”的私人垄断金融资本。在某种意义上，它早已成为资本世界握有生杀大权的“上帝”，所以，在产业全球垄断的背后是那位真正的“垂帘听政”者——私人垄断金融资本！经济全球化时期，私人垄断金融资本不仅热衷于持续推高实体经济领域的垄断程度，而且更热衷于推高以高投机性、高风险性、高泡沫性为主要特征的虚拟经济，进而导致西方发达国家和地区实体经济产业日益“空心化”，这一趋势近年来逐渐向全球蔓延，包括第三世界。加上新自由主义（意识形态及其实践）的深刻影响及推动，金融自由化和金融全球化自此驶入一个竭力解除政府管控和束缚的快车道，由此一来，垄断金融资本催生出了越来越多的“金融衍生品”和“金融再衍生品”。依靠这些具有高度“创新性”的金融工具和金融产品，金融寡头不仅掠夺到源于千千万万劳动者在实体经济领域辛辛苦苦创造出来的巨量剩余价值和物质财富，同时也空前提升了资本主义周期性金融—经济危机爆发的频率、烈度及破坏性。金融寡头手中握有的大量“闲置性”“游资”

频繁出入于世界各国、各地区，特别是第三世界的股票证券、房地产、大宗期货等众多高投机性市场，通过“炒高”和“撤资”等方式攫取到难以估量的资金与财富。此外，依靠对外，尤其是向第三世界释放出的大量金融借贷，金融寡头也是赚得盆满钵满。私人垄断金融资本在经济全球化时期所呈现出的“万能金融性”同“金融恐怖主义”毫无疑问均大大超越了以往任何一个时期。凭借难以估量的雄厚资本实力，私人垄断金融资本及金融寡头不仅在社会经济领域，同时也在政治领域成为了人类权力金字塔上真正的现代“法老”。凡是有利可图的地方，就必定会有垄断金融资本的身影。因此，在旧殖民主义宣告彻底破产之后，垄断资本自然不会善罢甘休。于是，以经济和文化“软实力”为主要手段的新殖民主义不仅仍一如既往地残酷压迫和剥削第三世界广大劳动者，而且，正是依靠五花八门的资本输出方式，如产业资本输出、借贷资本输出、“经济和军事援助”等，私人垄断资本事实上又重新夺回了昔日广袤的殖民地和半殖民地，并再度回到令当地民族资产阶级（有的早已转变为买办资产阶级）和劳动民众臣服的统治宝座上，继续颐指气使地驱动第三世界广大“现代奴隶”，依靠他们出卖劳动、健康躯体，甚至生命为自己攫取巨额经济利润。当然，新殖民主义的“成功”无论如何不意味着垄断资本止步于此，实际上，只要时机成熟，垄断资本必定会不顾一切卷土重来，直奔往昔军事—地理殖民主义的“伊甸园”中。战后以来，以美国为首的西方诸国罔顾联合国（安理会）决议、世界舆论，以及一切爱好和平的声音而悍然频频发动的武装入侵和军事干预行动均无疑可被视为这一有待观察和警觉发展趋势的最佳注脚。间接的臣民与奴仆哪里比得上直接的臣民和奴仆呢？得益于新殖民主义的肆虐，以及垄断金融资本对全球极尽所能的疯狂压榨和掠夺，垄断资本及“一小撮”盘踞于经济政治权力金字塔顶峰的垄断寡头“寄生性”愈加显著，受到“主子们”的影响，大大小小各层级资本家，包括一部分第三世界的垄断寡头和买办资产阶级，也逐渐成为这股“寄生”风潮的拥趸和受益者。与此同时，凭借对高科技相对或绝对意义上的垄断，垄断资本及其寡头不仅始终牢牢把守着与其他国家和地区，尤其是第三世界技术交流的关隘，以防高新技术流向这些国家和地区从而丧失掉其科技垄断的优势地位，而且常常通过将高科技产品内涵技术逐步渗出的方式，如人为将这些技术分成若干批次，每隔数年、十数年投放市场（典型的如移动电话领域、家用电器领域、汽车领域等），以期最终达到延缓高新技术社会化运用同最大化攫取利润的目的。由上述可见，当前垄断资本主义的“寄生性”同“腐朽性”不仅十分突出，而且其所达至的程度同样也已大大超越了列宁时代。当然，除了以上列宁曾着重提及和阐述过的诸多帝国主义基本社会经济特征，如集中和垄断、（私人）金融垄断资本的统治、经济和军事—地理殖民主义等持续发生着改观外，当代垄断资本主义还于漫长岁月流逝中逐渐演化出了一系列新近社会经济现象，其中，较为典型的如文化帝国主义、意识形态全面渗透、以霸权主义和强权政治为主要表征的“新帝国主义”渐趋形塑等。需要强调的是，上述所提到的这些当代垄断资本主义发生的最新近变化并不能否定掉以《帝国主义是资本主义的最高阶段》为典范的列宁“帝国主义论”蓬勃的理论生命力。列宁“帝国主义论”范式的“核心层”，如对私人垄断、金融资本统治、殖民主义、垄断资本主义“寄生腐朽性”与“过渡垂死性”等基本时代特征的深刻分析（以及相关重要理论论断），对进一步研究和剖析当代垄断资本主义仍具有无可替代的指导意义，换言之，上述社会经济特征毫无疑问仍是当代垄断资本主义最为根本、最为主要的时代内涵。

在新自由主义意识形态及其现实实践的推动下，一种极端有利于垄断资本及其寡头，带有鲜明“反人民、反劳工”（萨米尔·阿明）色彩的国际垄断资本主义逐渐浮出水面并日趋成熟，资本主义经济全球化厚重历史帷幕也由此得以徐徐开启。不过，由于资本主义根深蒂固的基本内在矛盾并未得到真正克服和超越，所以，当前奉行新自由主义的经济全球化历史进程正日益深刻且广泛地暴露出垄断资本贪婪、野蛮、残酷的真面目，以及资本主义社会面临的种种复杂难解的深刻社会矛盾同历史困境：在国际垄断资本严苛统治下，全球广大劳动者日趋深陷进一个普遍贫穷和贫富两极分化严重的糟糕境况；曾经作为资本主义“原始积累”时代重要标志之一的“血汗工厂”如罂粟花般“灿烂地盛开”于全球各个角落，全球劳动者遭受到垄断资本越来越冷酷无情的剥削和压迫；

由于新殖民主义猖獗肆虐，第三世界正承受着极端残酷的经济剥削和无情压榨，国民经济体系（结构）因而受到垄断资本的严重冲击并变得异常畸形，广大发展中国家和地区背负上了永远也无法偿还完的天文数字般的巨额债务；与欧美发达资本主义国家和地区风景如画、景色宜人的良好环境迥异，由于西方自战后以来向第三世界持续输入、迁进了大量高耗能的重工业企业与污染严重的产业机构，第三世界的自然生态环境日趋恶化，珍贵自然资源和矿藏逐渐枯竭；根源于垄断资本主义基本矛盾且周期性爆发的金融—经济危机及由此引发的一系列制度危机、社会危机、精神信仰危机一次比一次波及面广，一次比一次影响深刻，一次比一次破坏性巨大。对于垄断资本及其寡头而言，经济全球化无疑是一个极好的时代；而对于全球以工人阶级为首的广大劳动群众而言，经济全球化却是一个无以复加的糟糕时代。对此，美国学者弗雷德·马格多夫和约翰·福斯特坦言道：在当前金融垄断资本阶段，随着经济金融化程度的提高，富人和穷人的命运日益分化。对于工人阶级中相当大一部分人来说，这是最坏的时代。然而，对于社会上层1%人口，更确切地说是0.1%人口，尤其是处于社会最顶端的0.01%人口来说，这是最好的时代！

正是处于这样的社会历史背景中，一方面，世界范围持久而广泛的"反全球化运动"正如火如荼地开展着；另一方面，许多人在尝试构想或论证一种迥然有别于当前资本主义经济全球化发展路径的"新全球化"可能前景。对于"另一种人类的全球化"问题，萨米尔·阿明认为，当前经济全球化内在蕴藏着两个互相对立且辩证存在的力量：一个力量无疑是居于统治地位的垄断资本主义；另一个力量则是受到垄断资本主义压迫与戕害的世界一切进步力量。正是基于两者间辩证共处的关系，以及两者间长期以来持续不断的对抗斗争及暂时妥协和让步，才最终形成了今天人们所身处的这个经济全球化历史时期同历史进程。当今的全球化进程除了继续朝着垄断资本所规约和力主推动的方向前进之外，无疑还存在另一个与之完全不同的方向，即一种非资本主义属性的"人民大众的全球化"！如果力图使这种"人民大众的全球化"得以顺利实现，就不得不削弱或摧毁五类现存于世的资本主义垄断：（1）对新技术的垄断；(2) 对全球范围金融流动的垄断；(3) 对自然资源获取的控制；(4) 对通讯和媒体的控制；(5) 对大规模杀伤性武器的垄断。进而，阿明提出，与上述反资本主义五大类垄断相适应或相呼应，应当在全球范围内组织并建立起一个强大的反垄断（反帝国主义或反买办）的人民民主阵线。与萨米尔·阿明的想法具有一致性，美国学者威廉·罗宾逊也在其著作《全球资本主义论——跨国世界中的生产、阶级与国家》中试图提出另一种可能的全球化前景，即将当今存在于世而且异常强大的资本主义经济全球化转变成为一个“自下而上的、完全民主的全球化”。威廉·罗宾逊倾心于在全球建立一种类似于“凯恩斯主义”的（跨国）政权来取代当前经济全球化时期带有新自由主义色彩的资本主义政权。在他看来，他的这个新的全球化方案是一条典型的“第三条道路”，只不过，这条所谓的“第三条道路”并不是指一条完全不同于“左翼”和“右翼”的发展模式，而是指一条介乎于以新自由主义为代表的资本主义“右翼”同以旧凯恩斯主义和福利社会为代表的资本主义“左翼”之间的中间路线。尽管罗宾逊不时地会强调说，他在一定程度上是极为同意马克思有关“只有彻底、完全消除资本主义，才是真正解决人类社会发展问题”的思路，然而，他却在《全球资本主义论——跨国世界中的生产、阶级与国家》中的结尾处毫无顾忌地再度恢复了他一贯的“折中主义”风格同“右倾”立场：“建立在普遍民主基础之上的民主社会主义也许是人类社会‘最终、最好’而且也许是唯一的希望。反对跨国资本的全球反霸权斗争必须演变成争取民主社会主义的全球性斗争。”① 恰恰因为资本主义经济全球化持续不断地深陷进以全球普遍贫困和贫富两极分化日趋显著为重要症候的重重社会经济困境之中，特别是深陷进资本主义周期性金融—经济大风暴中，就如同弹簧被压到了最紧致与最密集的收缩状态一样，人类社会历史的发展也才因之而获得了更加强劲且富有生命力和活力的“超越力量”！资本主义经济全球化历史进程有待被克服及彻底超越的希冀正在当前越来越难行的泥泞道路中

① ［美］威廉·I. 罗宾逊：《全球资本主义论——跨国世界中的生产、阶级与国家》，高明秀译，社会科学文献出版社 2009 年版，第 232 页。

空前旺盛地成长起来，日益茁壮！

在短暂摆脱了备受指责与诟病，野蛮而残忍的“原始资本积累”时期之后，经济全球化并没有成为资产阶级学者曾信誓旦旦许诺的“超阶级”“超意识形态”、中立的“人类共同体”社会（或时代），恰恰相反，由于资产阶级政权及垄断资本的统治地位并未发生丝毫实质性改变，人类社会仍处于严酷而尖锐的社会阶级对抗和斗争历史时期。马克思主义曾经深刻揭示出的人类社会历史发展的一般进程和基本规律于经济全球化时期再度显现出不容置疑的客观性、科学性、真理性！这一切亦如英国学者阿尔布里坦所著一本书名所显示的那样：《马克思还是对的》！我们要说的，以及试图证明的是，作为马克思主义经典作家之一的列宁，同样也是对的！正因此，对当代垄断资本主义以及在这段时期所发生的诸多重大历史事件及相应一系列演变无疑都应纳入马克思列宁主义正确、恢宏且内涵丰富的社会历史发展观中来作出具体观察同深入分析。当代垄断资本主义在一次次频频爆发且于规模、波及范围、影响深刻程度都愈加广泛而严重的周期性金融—经济危机，以及由此进一步引发的各类复杂难解的社会问题和困境，包括不定期爆发的制度危机、社会危机、精神信仰危机中持续地苦苦挣扎。而这一切无疑都是对垄断资本因其渴求永生而以各种卑劣手法美化、挽留这种终将逝去的剥削压迫制度，并自始至终竭力抹黑马克思列宁主义同社会主义（共产主义）行为最强有力的迎头痛击和极大嘲讽。无论垄断资本主义在当前历史时期看似多么强大而繁盛，这一切无疑只是海市蜃楼或昙花一现的景观罢了，其注定的历史结局同必然命运早已由马克思主义经典作家在一百多年前深刻地揭示出来了：资本主义、资产阶级的必然灭亡同社会主义、无产阶级的必然胜利是人类社会历史发展不可动摇的基本规律及一定发展趋势！经济全球化时期，世界垄断资本主义由于其史无前例的贪婪、残暴、短视，备受诟病、质疑、谴责，并从反方向将全世界最广大的劳动群众团结起来，其呈现出越来越明显日薄西山的发展颓势，资本主义、帝国主义朝向更高社会形态——社会主义社会的“过渡”特征和“垂死”特征从未像现在这样显著，资本主义、帝国主义全面的衰败征兆及其“总危机”的爆发似乎已依稀可辨！

参考文献

著作类文献：

《马克思恩格斯选集》第1—4卷，人民出版社2012年版。

《马克思恩格斯文集》第1—9卷，人民出版社2009年版。

《列宁全集》第3卷，人民出版社2013年版。

《列宁全集》第4卷，人民出版社2013年版。

《列宁全集》第27卷，人民出版社1990年版。

《列宁选集》第1—4卷，人民出版社2012年版。

中央编译局编：《列宁专题文集——论马克思主义》，人民出版社2009年版。

中央编译局编：《列宁专题文集——论辩证唯物主义和历史唯物主义》，人民出版社2009年版。

中央编译局编：《列宁专题文集——论社会主义》，人民出版社2009年版。

中央编译局编：《列宁专题文集——论无产阶级政党》，人民出版社2009年版。

中央编译局编：《列宁专题文集——论资本主义》，人民出版社2009年版。

《毛泽东选集》第1—4卷，人民出版社1991年版。

《拉法格文选》（下卷），人民出版社1985年版。

［德］鲁道夫·希法亭：《金融资本》，李琼译，华夏出版社2013年版。

［德］罗莎·卢森堡：《资本积累论》，彭尘舜等译，三联书店1959年版。

[德] 罗莎·卢森堡;[苏] 尼·布哈林:《帝国主义与资本积累》,柴金如等译,黑龙江人民出版社 1982 年版。

[俄] 尼·布哈林:《世界经济和帝国主义》,蒯兆德译,中国社会科学出版社 1983 年版。

[英] 约·阿·霍布森:《帝国主义》,纪明译,上海人民出版社 1960 年版。

[德] 卡尔·考茨基:《帝国主义》,史集译,三联书店 1964 年版。

李崇富:《李崇富选集》,中国社会科学出版社 2010 年版。

李崇富:《较量——关于社会主义历史命运的战略沉思》,方志出版社 2007 年版。

靳辉明、李崇富主编:《马克思主义若干重大问题研究》,社会科学文献出版社 2011 年版。

靳辉明、罗文东主编:《当代资本主义新论》,四川人民出版社 2005 年版。

靳辉明、谷源洋:《当代资本主义与世界社会主义——当代资本主义新变化及其未来走向》(上卷),海南出版社 2004 年版。

程恩富:《程恩富选集》,中国社会科学出版社 2010 年版。

程恩富等主编:《马克思主义经济学的五大理论假设》,人民出版社 2012 年版。

侯惠勤等主编:《马克思主义哲学的历史和现状》(上、下卷),南京大学出版社 2009 年版。

李慎明主编:《国际金融危机与当代资本主义——低潮中的世界社会主义思潮与理论》,社会科学文献出版社 2010 年版。

李慎明主编:《社会主义的机遇、挑战与复兴——资本主义危机与社会主义未来》,社会科学文献出版社 2013 年版。

李慎明总撰稿:《苏联亡党亡国 20 年祭——俄罗斯人在诉说》,社会科学文献出版社 2013 年版。

李琮:《当代资本主义论》,社会科学文献出版社 2007 年版。

李琮:《当代国际垄断——巨型跨国公司综论》,经济管理出版社 2007 年版。

李琮：《当代资本主义阶段性发展与世界巨变》，社会科学文献出版社 2013 年版。

王金存：《帝国主义历史的终结——当代帝国主义的形成和发展趋势》，社会科学文献出版社 2008 年版。

陈启能：《大英帝国从殖民地撤退前后》，方志出版社 2007 年版。

张顺洪等：《英美新殖民主义》，社会科学文献出版社 2007 年版。

何秉孟、姜辉编著：《阶级结构与第三条道路：与英国学者对话实录》，社会科学文献出版社 2006 年版。

何秉孟、李千：《新自由主义评析》，社会科学文献出版社 2012 年版。

曹苏红主编：《世界格局在巨变——社会主义新实践与帝国主义新特点》，社会科学文献出版社 2013 年版。

徐崇温：《当代资本主义新变化》，重庆出版社 2004 年版。

李扬等：《金融全球化研究》，上海远东出版社 1999 年版。

冯颜利：《全球发展的公正性：问题与解答》，中国社会科学出版社 2008 年版。

邢广程：《苏联高层决策 70 年——从列宁到戈尔巴乔夫》第一分册，中国社会科学出版社 2007 年版。

赵智奎：《改革开放 30 年思想史》（上、下卷），人民出版社 2008 年版。

樊亢：《资本主义兴衰史》，经济管理出版社 2007 年版。

《战后美国经济》，上海人民出版社 1974 年版。

复旦大学资本主义国家经济研究所编：《美国垄断财团》，上海人民出版社 1977 年版。

南开大学政治经济学系经济研究所编：《垄断·财团·大公司》（上），人民出版社 1974 年版。

《国际共产主义运动史》编写组：《国际共产主义运动史》，人民出版社 2012 年版。

王伟光、严书翰主编：《社会主义通史》第 2 卷，人民出版社 2011 年版。

王伟光、侯才主编：《社会主义通史》第3卷，人民出版社2011年版。

王伟光、叶庆丰主编：《社会主义通史》第4卷，人民出版社2011年版。

王伟光、刘海涛主编：《社会主义通史》第5卷，人民出版社2011年版。

王伟光、王怀超主编：《社会主义通史》第6卷，人民出版社2011年版。

王伟光、康绍邦主编：《社会主义通史》第7卷，人民出版社2011年版。

张一兵主编：《资本主义理解史》第2卷，江苏人民出版社2009年版。

张一兵主编：《资本主义理解史》第5卷，江苏人民出版社2009年版。

曹义恒等编：《后帝国主义》，中央编译出版社2007年版。

王学东编：《考茨基文选》，人民出版社2008年版。

陈其人：《帝国主义理论研究》，上海人民出版社1984年版。

陈其人：《卢森堡——资本积累理论研究》，中国出版集团东方出版中心2009年版。

王茂湘等：《列宁的〈帝国主义论〉和当代资本主义》，四川人民出版社1982年版。

仇启华：《现代垄断资本主义经济》，中共中央党校出版社1987年。

唐思文：《马克思主义与当代资本主义经济新特征》，中国金融出版社1990年版。

蔡中兴：《当代帝国主义理论》，上海三联书店1992年版。

王萍：《贫困化：拉丁美洲现代化的悖论》，《“发展中国家现代化模式”学术讨论会论文汇编》2005年版。

熊敏：《资本全球化的逻辑与历史——罗莎·卢森堡资本积累理论研究》，人民出版社2011年版。

邢文增：《新帝国主义：理论、现实与发展趋势》，中国社会科学出版社 2014 年版。

田文峰：《列宁帝国主义理论及其当代价值研究》，中国社会科学出版社 2013 年版。

刘维春：《列宁帝国主义论的再理解》，社会科学文献出版社 2013 年版。

《西式民主怎么了Ⅱ——西方人士评西方民主》，学习出版社 2014 年版。

［苏］米·德拉基辽夫、格·鲁登科：《垄断资本主义——帝国主义基本特征概论》，国际关系研究所编译室译，世界知识出版社 1965 年版。

［苏］H. H. 伊诺泽姆采夫主编：《列宁的帝国主义论与当代现实》，张承辉等译，中国社会科学出版社 1980 年版。

［苏］哈·尼·莫姆江：《拉法格与马克思主义哲学》，张大翔、张凡琪等译，国际文化出版公司 1987 年版。

［俄］根纳季·亚纳耶夫：《捍卫苏联的最后一搏》，胡昊译，社会科学文献出版社 2012 年版。

［俄］罗伊·麦德维杰夫：《苏联的最后一年》，王晓玉等译，社会科学文献出版社 2013 年版。

［俄］亚历山大·雅科夫列夫：《雾霭——俄罗斯百年忧思录》，述弢译，社会科学文献出版社 2013 年版。

［英］伊凡·亚历山大：《真正的资本主义》，杨新鹏等译，新华出版社 2000 年版。

［英］约翰·格雷：《伪黎明——全球资本主义的幻象》，张郭敏译，中国社会科学出版社 2002 年版。

［英］约翰·斯科特：《公司经营与资本家阶级》，张峰译，重庆出版社 2002 年版。

［英］安东尼·布鲁厄：《马克思主义的帝国主义理论》，陆俊译，重庆出版社 2003 年版。

［英］伊姆雷·拉卡托斯：《科学研究纲领方法论》，兰征译，上海译文出版社 2005 年版。

［英］大卫·哈维：《新帝国主义》，初立忠、沈晓雷译，社会科学

文献出版社 2009 年版。

［英］大卫·哈维：《新自由主义简史》，王钦译，上海译文出版社 2010 年版。

［美］菲迪南德·伦德伯格：《富豪和超级富豪——现代金钱权势的研究》，山西大学编译室等译，商务印书馆 1977 年版。

［美］罗纳德·H. 奇尔科特：《批判的范式：帝国主义政治经济学》，施杨译，社会科学文献出版社 2001 年版。

［美］查尔斯·德伯：《公司帝国》，闫正茂译，中信出版社 2004 年版。

［美］约翰·伊斯比斯特：《靠不住的诺言——贫穷和第三世界发展的背离》，蔡志海译，广东人民出版社 2006 年版。

［美］约翰·帕金斯：《一个经济杀手的自白》，杨文策译，广东经济出版社 2006 年版。

［美］麦克尔·哈特、［意］安东尼奥·奈格里：《帝国——全球化的政治秩序》，杨建国、范一亭译，江苏人民出版社 2008 年版。

［美］威廉·I. 罗宾逊：《全球资本主义论——跨国世界中的生产、阶级与国家》，高明秀译，社会科学文献出版社 2009 年版。

［美］帕尔默：《现代世界史》，董正华等译，世界图书出版社 2009 年版。

［美］道格拉斯·多德：《不平等与全球经济危机》，逸昊译，中国经济出版社 2011 年版。

［美］泰德·罗尔：《新美国革命——一个美国人的反美宣言》，吴文君、林琳译，重庆出版社 2011 年版。

［美］伊曼纽尔·沃勒斯坦：《现代世界体系》第 1、4 卷，吴英译，社会科学文献出版社 2013 年版。

［加］埃伦·M. 伍德：《资本的帝国》，王恒杰、宋兴无译，上海译文出版社 2006 年版。

［法］米歇尔·阿尔贝尔：《资本主义反对资本主义》，杨祖功等译，社会科学文献出版社 1999 年版。

［匈］卢卡奇：《历史与阶级意识》，杜章智等译，商务印书馆 2012

年版。

［巴西］特奥托尼奥·多斯桑托斯：《帝国主义与依附》，杨衍永等译，社会科学文献出版社 1999 年版。

［埃］萨米尔·阿明：《全球化时代的资本主义——对当代社会的管理》，丁开杰等译，中国人民大学出版社 2013 年版。

论文类文献：

杨重光：《美国工人阶级的贫困化》，《国际问题研究》1959 年第 4 期。

杨重光：《美国工人阶级的贫困化》，《世界知识》1964 年第 6 期。

李琮：《关于当代资本输出的若干理论问题》，《北京大学学报》（哲学社会科学版）1982 年第 1 期。

李述仁：《垄断资本主义发展到了国际垄断资本主义新阶段》，《经济学周报》1982 年第 10 期。

王光华：《“国际垄断资本主义新阶段论”质疑》，《经济学周报》1982 年第 26 期。

韩淑颖：《恩格斯对马克思的垄断理论的发展》，《教学与研究》1985 年第 3 期。

余泽波：《战后西方某些帝国主义理论的评介》，《经济科学》1985 年第 1 期。

何剑：《当代帝国主义与列宁的帝国主义论——介绍一些苏联学者的观点》，《世界经济与政治》1987 年第 4 期。

叶卫平：《评西方“列宁学”所谓的列宁主义同马克思主义的哲学“对立”》，《中国人民大学学报》1987 年第 3 期。

谭君久、何宏非：《论社会垄断资本主义》，《湖北社会科学》1987 年第 5 期。

于光远：《学习马克思恩格斯关于社会资本主义的论述》，《马克思主义研究》1988 年第 4 期。

杨世友：《对列宁“一国首先胜利”学说创立依据的再认识》，《许昌师专学报》（社会科学版）1988 年第 4 期。

林玲：《美国国家垄断资本主义的特点》，《世界经济研究》1989 年第 5 期。

张晓明：《美国现代社会的“血汗工厂”》，《国际展望》1996 年第 9 期。

张祥云：《对落后国家社会主义革命首先取胜的再思考》，《科学社会主义》1998 年第 6 期。

俞良早：《“东方列宁学”论“列宁主义”的定义》，《孝感师专学报》（社会科学版）2000 年第 1 期。

余文烈、姜辉：《21 世纪社会主义流派发展展望》，《教学与研究》2000 年第 3 期。

程恩富、朱富强：《经济全球化：若干问题的马克思主义解析》，《上海经济研究》2000 年第 7 期。

徐崇温：《“后工业社会主义”的社会主义观》，《理论视野》2001 年第 4 期。

顾海良：《关于“如何认识资本主义发展的历史进程”问题》，《教学与研究》2001 年第 6 期。

王亦楠：《跨国垄断：资本主义发展的新阶段》，《求是》2002 年第 1 期。

甄炳禧等：《当代资本主义的变化及对中国的影响和要求》，《世界经济与政治》2002 年第 5 期。

赵汇：《关于资本主义发展阶段的划分与论争》，《教学与研究》2002 年第 11 期。

金灿荣、阮宗泽、周德武、张敏谦：《为“新帝国主义论”把脉》，《世界知识》2002 年第 15 期。

李丹：《“新帝国论”与小布什外交》，《华北航天工业学院学报》2003 年第 4 期。

张耀：《“新帝国论”评析》，《世界经济与政治》2003 年第 7 期。

苏蔚：《沃尔玛：面对诉讼和调查缠身的日子——超市与“血汗工厂”》，《新经济》2003 年第 12 期。

朱琨：《从霸权主义到新帝国主义——浅析美国对外政策的战略转

向》，《太平洋学报》2004 年第 1 期。

王宏伟：《“跨国资本家阶级”理论评析——经济全球化是否导致了“超帝国主义”?》，《国外社会科学》2004 年第 6 期。

吴英：《马克思的世界历史理论与全球化历史进程的实践》，《史学理论研究》2005 年第 4 期。

李玉峰：《“新帝国主义论”研究综述》，《毛泽东邓小平理论研究》2005 年第 5 期。

刘守义：《“新帝国主义论”的基本内容及其产生背景》，《信阳师范学院学报》（哲学社会科学版）2005 年第 6 期。

赵琴：《丹尼尔·贝尔的社会理论评析》，《江汉论坛》2005 年第 8 期。

熊乐兰、詹真荣：《国外学者关于列宁帝国主义理论的研究综述》，《杭州师范学院学报》（社会科学版）2006 年第 6 期。

刘维春、刘怀玉：《列宁两种资本主义观的历史意义与当代价值》，《南京大学学报》2007 年第 6 期。

彭菲娅、刘兵权：《国际游资引发资产泡沫》，《经济导刊》2007 年第 11 期。

程恩富、夏晖：《美元霸权：美国掠夺他国财富的重要手段》，《马克思主义研究》2007 年第 12 期。

刘兵权、彭菲娅：《国际游资与资产泡沫》，《环渤海经济瞭望》2007 年第 12 期。

张士海：《“列宁主义观”史论》，《社会主义研究》2008 年第 4 期。

高放：《“列宁主义”再认识》，《探索》2008 年第 4 期。

王占宇、苏果云：《“新帝国主义论”的理论主题》，《山西高等学校社会科学学报》2008 年第 6 期。

张传平：《西方“列宁学”视域中的列宁主义及其批判》，《南京社会科学》2008 年第 12 期。

程恩富、王佳菲：《“猛虎”是怎样放出笼的——论金融自由化与美国金融危机》，《红旗文稿》2009 年第 1 期。

钱津：《必须遏制金融衍生品市场泛滥》，《湖南社会科学》2009 年第2期。

张保和等：《罗莎·卢森堡的〈资本积累论〉与其帝国主义理论的内在逻辑——兼论其帝国主义理论的功绩与不足》，《科学社会主义》2010年第2期。

张庆伟：《美国对英国石油公司漏油事件的管制分析——兼论跨国公司的国籍问题》，《中共济南市委党校学报》2010年第4期。

豁达：《富士康——“代工王”还是血汗工厂》，《中国品牌与防伪》2010年第6期。

高晓林、张晓忠：《论全球金融危机的成因、根源及实质——基于列宁金融全球化思想的视角》，《社会科学家》2010年第12期。

程平原、潘毅、沈承、孔伟：《囚在富士康——富士康准军事化工厂体制调查报告》，《青年研究》2011年第5期。

罗文东、易艳华：《欧美“新帝国主义”剖析与批判》，《国外社会科学》2012年第5期。

吕薇洲、易艳华：《“占领”运动、金融危机与资本主义的历史命运》，《山东社会科学》2012年第8期。

贾琳：《再论跨国公司的国籍问题》，《企业经济》2012年第9期。

张磊：《论全球化条件下跨国公司对国籍的持续依赖》，《大庆师范学院学报》2012年第5期。

郑晓姗：《日本过劳自杀工伤规则之借镜——从富士康事件谈起》，《中外法学》2013年第2期。

吕薇洲、邢文增：《从金融危机看当代资本主义的矛盾与困境》，《郑州大学学报》（哲学社会科学版）2013年第4期。

孙寿涛：《中产阶级理论的破产与“美国梦”的破裂》，《毛泽东邓小平理论研究》2013年第9期。

郭宝宏、蒯烨：《略论跨国资产阶级》，《宁波大学学报》（人文科学版）2014年第1期。

刘国光、程恩富：《全面准确理解市场与政府的关系》，《毛泽东邓小平理论研究》2014年第2期。

关雪凌等：《发达国家跨国公司是如何为国家利益服务的——跨国公

司的政治经济学分析》,《政治经济学评论》2014 年第 3 期。

李雪阳:《“全球化”视阈中的帝国主义——列宁“帝国主义论”作为一种社会科学“研究纲领”的当代适用性辨析》,《贵州师范大学学报》(社会科学版)2014 年第 4 期(双月刊)。

李晓耕:《布雷顿森林体系的解体与演变分析——基于美元霸权的视角》,《北京航空航天大学学报》(社会科学版)2015 年第 1 期。

杨斌:《重视金融衍生品与全球民众存款面临掠夺威胁的问题》,《探索》2015 年第 2 期。

戴卫华、刘胜湘:《大卫·哈维新帝国主义资本批判思想探析——基于空间地理方法》,《社会主义研究》2015 年第 3 期。

郭文亮、廖皇珠:《国内理论界关于阶级斗争理论与无产阶级专政学说争论述评》,《衡阳师范学院学报》2015 年第 4 期。

陈人江:《从帝国主义到新帝国主义:本质内涵与问题意识辨析——兼评国际左翼的帝国主义理论》,《教学与研究》2015 年第 7 期。

季卫兵、刘魁:《“后工业社会”理论的现实境遇与当代启示》,《社会科学论坛》2015 年第 8 期。

孙立冰、丁堡骏:《论中国特色社会主义及其基本经济原则》,《马克思主义研究》2017 年第 5 期。

李雪阳:《“全球化新阶段论”批判性考察》,《当代经济研究》2017 年第 8 期。

李雪阳:《“新帝国主义论”批判性考察——以大卫·哈维为例》,《贵州师范大学学报》(社会科学版)2017 年第 4 期。

李雪阳:《“后工业社会论”批判性考察——以丹尼尔·贝尔的“社会预测”思想为例》,《毛泽东邓小平理论研究》2017 年第 11 期。

李雪阳:《对西方两类资本输出观的批判性考察——兼析列宁的资本输出理论的当代适用性》,《经济纵横》2018 年第 4 期。

[英] E. J. 霍布斯鲍姆:《19 世纪英国的工人贵族》,吴木生摘译,《当代世界与社会主义》1988 年第 2 期。

[英] 阿德里安·里特尔:《论后工业社会主义》,郑一明译,《马克思主义与现实》2002 年第 2 期。

［美］詹姆斯·布劳特：《捍卫列宁的帝国主义理论》，刘维春编写，《国外理论动态》1998 年第 4 期。

［美］丹尼尔·贝尔：《技术轴心时代（下）——〈后工业社会的来临〉1999 年版前言》，王建民译，《当代世界社会主义问题》2003 年第 3 期。

［美］约翰·米勒：《反血汗工厂运动》，《挑战》2003 年 1/2 月号，李禅林译，转引自《国外社会科学文摘》2003 年第 6 期。

［美］阿兰·G. 纳塞尔：《资本主义的发展趋势与新自由主义的私有化浪潮》，徐洋摘译，《国外理论动态》2003 年第 9 期。

［美］弗雷德·马格多夫、约翰·贝拉米·福斯特：《美国工人阶级的困境》，王建礼、郭会杰译，《当代世界与社会主义》（双月刊）2015 年第 3 期。

［加］M. 乔休多夫斯基：《20 世纪晚期的全球化贫困》，宁跃译，《国外社会科学》2000 年第 6 期。

［日］河村望：《“后工业社会”论批判》，若虚译，《国外社会科学文摘》1984 年第 10 期。

［日］福田泰雄：《世界贸易组织体制：帝国主义的新阶段——衰退的资本主义及其替代方案》，《当代经济研究》2010 年第 8 期。

外文文献：

Harding N. , *Lenin's Political Thought,* Volume 1, New York: St. Martin's Press, 1977.

G. A. Paul, Lenin's Theory of Perception, *Analysis*, Vol. 5, No. 5(Aug. , 1938) .

Ratner S. , Review, *The American Political Science Review*, Vol. 43, No. 1 (Feb. , 1949) .

Smith D. G. , Lenin's "Imperialism": A Study in the Unity of Theory and Practice, *Journal of Politics*, Vol. 17, No. 4(Nov. , 1955) .

Gavin Kitching, The Theory of Imperialism and Its Consequences, *MERIP Reports*, No. 100/101, Special Anniversary Issue(Oct. - Dec. , 1981) .

Utsa Patnaik, Lenin and Contemporary Imperialism: Report on a Seminar, *Economic and Political Weekly*, Vol. 16, No. 42/43(Oct. 17 – 24, 1981).

Light I., The Lenin – Hobson Theory of Imperialism, *Teaching Sociology*, Vol. 14(Oct., 1986).

Blaut J. M., Evaluating Imperialism, *Science & Society*, Vol. 61, No. 3 (Fall, 1997).

Willoughby J., Rejoinder to Blaut, *Science & Society*, Vol. 61, No. 3(Fall, 1997).

Mallaby S., The Reluctant Imperialist: Terrorism, Failed States, and the Case for American Empire, *Foreign Affairs*, Vol. 81, No. 2(March. – April., 2002).

Robert Cooper, Why We Still Need Empire? *The Observer*, April 7, 2002.

致　谢

丹尼尔·贝尔曾言，“致谢是作者的美差，却往往是读者的负担”。我却深感，尽管致谢某种意义上可算为作者的美差，然而，更可能是作者必须面对的一项艰巨任务。其难度就在：于极有限的篇幅内既要兼顾创作的心路历程，同时还要回溯过往细微的点滴；既要交代学术思想的承启脉络，同时还要吐露内心丰富的情感。尤其是，一路走来，关怀并帮助过自己的师长同窗、亲朋好友甚多，怎样言说及表达谢意均终觉“言难尽意”，更何况，致谢往往难以摆脱挂一漏万的窘况。

本书能最终得以完成，首先必须衷心感谢中国社会科学院学部委员李崇富教授。作为中国马克思主义学术界德高望重的老前辈，李崇富教授对本书的构思及写作提出了诸多深具启发性和极为宝贵的指导意见。毋庸置疑，先生的谆谆教诲已然成为我一生弥足珍贵的思想资源与美好记忆。更令人动容的是，已逾古稀之年的先生始终对新世纪青年学者继续坚定地坚持及拓展马克思列宁主义研究寄予厚望且不吝勉励之辞。其次，必须衷心感谢中国社会科学院学部委员程恩富教授。程恩富教授斐然的学术造诣及成就无疑是有目共睹的，然而，于我而言，程恩富教授更是一位思想深邃、幽默风趣、平易近人的长者，先生多年来对我工作、学习、生活上的关怀令人倍感温暖。李崇富教授和程恩富教授始终坚定地站在马克思主义学术立场和政治立场上，时常心忧无产阶级劳动大众，处处展现出深厚的“阶级情谊”，他们深刻的学术思想同悉心讲解总是充盈着昂扬斗志与澎湃情感。最后，还得衷心感谢对书稿构思及写作给予关怀、鼓励，并提出具体修改意见的中国社会科学院侯惠勤教授、姜辉教授、吕薇洲教授、赵智奎教授，北京大学闫志民教授，清华大学王传利教授、刘书林教授，人民大学郝立新教授。

尽管书稿的完成的确是一件令人感到愉悦的事情，然而，就我个人而言，面对年迈的父母，油然而生的却是亏欠与惭愧之情，这种复杂的心绪绝非一两句感谢之言所能涵盖。回望数年前毅然辞职的决定，已近古稀的父亲和母亲以比我更加坚毅的态度同铿锵的语气给予了我莫大精神支持。数年间，父亲除以身作则、一如既往地耕耘在他无限热爱的影视剧创作沃土上，还尽可能利用一切闲暇时光（如散步、晚餐），与我分享令我们均受到启迪、深为感动的马克思列宁主义著作经典阐述及语句，耐心、认真地聆听我关于书稿的构想，并常常做出一些令人惊讶和叹服的论断。父亲就是这样一位令我每每提及就肃然起敬的人，同时，他也是一位在生活中慈祥可爱的老人。父亲是我一生竭力效仿的榜样，但注定是我永远不可企及的高峰！母亲不善言辞，是一位心地十分善良的中国传统女性。她的专业是声乐，然而，为了减轻父亲的压力，母亲毅然加入父亲的影视剧创作中，辅佐父亲，并挑起家庭生活重担，将细琐的日常生活打理得井井有条。此外，我也难以忘怀二姨、二姨父、三姨多年来，尤其是在我生命至艰时期所给予的鼎力支持同悉心爱护。

任何人的一生均无法离开朋友。正是得益于萦绕身旁及在远方的众多朋友，我才能在异常繁重的科研工作中坚持下来，敢于挑战生命中墨守成规的东西，并积极展望未来生活。感谢在中国社会科学出版社工作的好友张昊鹏，从前在中国社会科学院科研局工作及乒乓球竞技过程中结下的深厚兄弟之情是我多年来在北京求学、工作、生活岁月中所收获到的最宝贵的友谊；感谢在北京结下深厚友谊的同学孙立冰、李淑清、许敏、刘洋、刘伟、贾振博、陈荣荣、雷昌伟、翟金懿，正因有了你们，我的求学生涯才如此多姿多彩；感谢中国社会科学院昔日同事朱渊寿老师、刘白驹老师、薛增朝老师、董文柱老师、池重阳、魏钦恭、刘扬、宋爱萍、何馨，很怀念与你们共处时的欢声笑语；感谢远在家乡贵阳的“发小”，王静、田蜜、杨洋、冯雯、曾慧、杨颖、刘黔坤，你们的支持令我倍感温暖；感谢广东省社会科学院当代马克思主义研究所同事曾欢、郭立、廖胜华一年多来给予的关照；感谢广东人民出版社的编辑老师们，正是得益于你们的细致编辑和辛勤校改，书稿才得以顺利出版。

时光荏苒、光阴似箭。当指尖在键盘上敲下最后一个字符，一瞬间，世间一切的一切似乎均突然定格在这个令人略感讶异却无数个日夜都翘首盼望的奇妙时刻。这个时刻于三十好几的年华岁月既如同一次具有浓厚宗教意味的“冠礼”仪式，也恰似整条生命长河中具有特殊意义的分水岭。此时此刻，心绪是释然而舒适，从容而宁静的；此时此刻，我感悟：我需时常怀揣一颗感恩之心，感恩那些陪伴我一路走来，我深爱以及深爱我的人！

李雪阳
2018 年 5 月